国际贸易实务与惯例书系

# 国际贸易保险

## （第四版）

## INTERNATIONAL TRADE INSURANCE

姚新超 **编著**

对外经济贸易大学出版社
中国·北京

**图书在版编目（CIP）数据**

国际贸易保险／姚新超编著. —4 版 . —北京：对外经济贸易大学出版社，2019. 5
ISBN 978-7-5663-2054-4

Ⅰ. ①国… Ⅱ. ①姚… Ⅲ. ①国际贸易-国际保险 Ⅳ. ①F840. 685

中国版本图书馆 CIP 数据核字（2019）第 118131 号



**国际贸易保险（第四版）**
**INTERNATIONAL TRADE INSURANCE**

姚新超 **编著**
**责任编辑**：王延新

对 外 经 济 贸 易 大 学 出 版 社
北京市朝阳区惠新东街 10 号 邮政编码：100029
邮购电话：010-64492338 发行部电话：010-64492342
网址：http://www.uibep.com E-mail：uibep@ 126.com

北京时代华都印刷有限公司印装 新华书店经销
成品尺寸：185mm×260mm 24. 75 印张 602 千字
2019 年 9 月北京第 4 版 2019 年 9 月第 1 次印刷

ISBN 978-7-5663-2054-4
印数：0 001-3 000 册 定价：56. 00 元

# 第四版前言

拙著自1997年第一版问世以来，已被全国许多高等院校和企业作为国际贸易专业的指定教科书和业务操作指导用书，并受到广大读者和业界的喜爱和好评。根据形势的发展和变化，遵循读者至上的原则，本着严谨的治学态度和认真负责的精神，笔者对拙著第三版进行了修订，以便更好地满足广大读者和国际贸易从业人员的实际需要。

此次修订主要完成以下工作：

（一）增加了“风险管理概论”一章。因风险与保险紧密相连，同时保险就是基于风险而存在和发展起来的。因此，研究保险，必须对风险管理有所认识。

（二）更新和完善了“中国海运货物保险”一章中的部分内容。近年中国对《海洋运输货物保险条款》（1981年版）进行了修订，并开始实施新的版本。笔者对本章的相关内容予以调整。

（三）更新了部分案例分析。此次修订对部分相关案例分析予以更新，以使读者和业者进一步了解现实的最新进展。

此版拙著修订的完成，得益于以下同仁的参与和大力帮助，他们是马艳、姚尧、王静、安欢欢、柯梦频、赵俊淇、任飞飞、张茜、韩方园、赵斐然、姚新丽、张玉岩、张培龙、张明超、康鑫、张恒志、汪进艳、费峰、丁峰、罗劢哲等，在此一并深表谢意。

由于国际贸易保险的实践性较强且处于不断发展变化之中，尽管笔者已尽最大努力，但囿于自身的学识水平，拙著中的疏漏和不足之处在所难免，笔者恳请业内专家、学者和广大读者给予指正，以便再版时使之更臻完善。

作者的电子信箱：yxinchao@ 163. com。

**姚新超**

**2017年2月于北京励博斋**

# 目　　录

## 第一篇　总　　论



## 第二篇　海 上 保 险

## 第三篇　国际运输货物保险

# 第一篇

# 总　论

# 第一章　风险管理概论

**本章学习重点**

风险与保险紧密相连。人类社会的发展总是面临诸多风险，科学技术进步的同时，也给社会带来了前所未有的风险。保险就是基于风险而存在和发展起来的，也是分散风险和分摊损失的最主要方式。因此，研究保险必须对风险管理有所认识。读者在研读本章的过程中应重点掌握以下内容：

1. 风险管理的概念、起源及学科的形成；
2. 风险管理的分类、目标及内容；
3. 风险理论和风险类型；
4. 可保风险及条件。

## 第一节　风险管理的起源及形成

### 一、风险管理的概念及起源

风险管理（Risk Management）是一门新兴的管理学科并与保险有着紧密的关系。风险管理是指，通过风险识别、风险估计、风险控制和风险处理等一系列活动来防范风险的管理工作。换言之，在降低风险的收益与成本之间进行权衡并决定采取何种措施的过程。任何活动都有风险，但不同的活动其风险不同，因此，风险管理的内容也不同。

关于风险管理的起源，一种观点认为，风险管理最早起源于美国。在 20 世纪 30 年代，因受 1929~1933 年的世界性经济危机的影响，美国约有 40% 的银行和企业破产，经济倒退了约 20 年。美国企业为应对经营上的危机，许多大中型企业都在内部设立了保险管理部门，负责安排企业的各种保险项目。因此，当时的风险管理主要依赖保险。另一观点认为，风险管理作为企业的一种管理活动，起源于 20 世纪 50 年代的美国。当时美国一些大公司发生了重大损失，使公司高层决策者开始认识到风险管理的重要性。其中一次是 1953 年 8 月 12 日通用汽车公司在密歇根州的一个汽车变速箱厂因火灾损失了 5 000 万美元，成为美国历史上损失最为严重的 15 起重大火灾之一。这场大火与 50 年代其他一些偶发事件一起，推动了美国风险管理活动的兴起。

毋庸置疑，随着经济、社会和技术的迅速发展，人类开始面临越来越多、越来越严重的风险。科学技术的进步在给人类带来巨大利益的同时，也给社会带来了前所未有的风险。1979年3月美国三里岛核电站的爆炸事故，1984年12月3日美国联合碳化物公司在印度的一家农药厂发生的毒气泄漏事故，1986年苏联切尔诺贝利核电站发生的核事故等一系列事件，大大地推动了风险管理在世界范围内的发展。同时，在美国的商学院首先出现了一门涉及如何对企业的人员、财产、责任、财务资源等进行保护的新型管理学科，即风险管理。目前，风险管理已发展成企业管理中一个具有相对独立职能的管理领域，在围绕企业的经营和发展目标方面，风险管理和企业的经营管理、战略管理一样具有十分重要的意义。

### 二、风险管理学科的形成

1938年后，美国企业开始采用科学的方法对风险管理进行研究，并逐步积累了丰富经验，至20世纪50年代风险管理发展成为一门新的学科。20世纪70年代之后，在世界范围内逐渐掀起了全球性的风险管理运动。此后，随着企业面临的风险复杂多样和风险费用的增加，法国从美国引进了风险管理并在法国传播开来。与法国同时，日本也开始了风险管理研究。

经历多年的发展后，美国、英国、法国、德国、日本等国家先后建立了全国性和地区性的风险管理协会。1983年在美国召开的风险与保险管理协会年会上，世界各国专家、学者云集纽约，共同讨论并通过了“101条风险管理准则”，这标志着风险管理的发展已进入了一个新的发展时期。1986年，由欧洲11个国家共同成立的“欧洲风险研究会”将风险研究扩大到国际交流的范围。1986年10月，风险管理国际学术讨论会在新加坡召开，风险管理已由环大西洋地区向亚洲太平洋地区发展。进入20世纪90年代，随着资产证券化在国际上兴起，风险证券化也被引入风险管理的研究领域中。而最为成功的例子是瑞士再保险公司发行的巨灾债券和由美国芝加哥期货交易所发行的巨灾保险期权。进入21世纪，企业风险管理已形成了特定的概念，它来自美国全美反虚假财务报告委员会发起人机构（COSO）于2004年9月发布的《企业风险整合框架》，系统地为现代企业管理当局（包括董事会、管理层、执行部门和其他员工）提供了一个以内部控制为基础的具有指导意义的逻辑框架，运用于企业战略的多层面、流程化的风险管理过程，为企业实现经营目标提供了有效的保证。除此之外，国际标准化组织（ISO）发布的ISO31000标准，即《风险管理——原则和指导方针》，也为企业风险管理提供了一整套行之有效的标准化流程。此后，风险管理逐渐发展成为一个比较成熟的学科。

中国对于风险管理的研究开始于20世纪80年代。中国学者将风险管理和安全系统工程理论引入中国，在部分企业的试用中效果比较明显。但中国大部分企业缺乏对风险管理的认识，也没有建立专门的风险管理机构。作为一门学科，风险管理学在中国仍然处于起步时期。目前，中国已翻译和出版了部分风险管理的教科书。

## 第二节　风险管理的分类、目标及内容

### 一、风险管理的分类

风险管理主要分为经营管理型风险管理和保险型风险管理两类。

经营管理型风险管理，主要研究政治、经济、社会变革等所有企业面临的风险的管

理，比较注重宏观管理。保险型风险管理，主要以可保风险作为风险管理的对象，将保险管理放在核心地位，将安全管理作为补充手段，比较注重微观管理。对风险管理的研究方法，主要采用定性分析方法和定量分析方法。定性分析方法是通过对风险进行调查和研究，总结经验，吸取教训，做出逻辑判断的过程。定量分析方法主要采用系统论方法，将若干相互作用、相互依赖的风险因素组成一个系统，抽象成理论模型，运用概率论和数理统计等数学工具，定量计算出最优的风险管理方案。两种方法各有其特点。

风险管理目标由两个部分组成，即损失发生前的风险管理目标和损失发生后的风险管理目标。前者目标是避免或减少风险事故形成的机会，包括节约经营成本、减少忧虑心理；后者的目标是努力使损失的标的恢复到损失前的状态，包括维持企业的继续生存、生产服务的持续、稳定的收入、生产的持续增长、社会责任等。二者有效结合，构成完整的风险管理目标。

## 二、风险管理的内容

风险管理的内容包括风险识别、风险预测与衡量和风险控制与处理三个方面。

### （一）风险识别

风险识别是风险管理的首要任务和一项基础性工作，其主要任务是明确风险的存在并找到主要的风险因素，为以后的风险度量和风险决策奠定基础。具体而言，风险识别是，确定哪些事项可能构成风险及其产生的影响，最重要的是量化不确定性的程度和每个风险可能造成损失的程度。

常见的风险识别主要有三种方法：

1. 生产流程分析法

生产流程分析法，是对企业整个生产经营过程进行全面分析，对其中各个环节逐项分析可能遭遇的风险，找出各种潜在的风险因素。生产流程分析法可分为风险列举法和流程图法。

（1）风险列举法，是指风险管理部门根据该企业的生产流程，列举出各个生产环节所有可能发生的风险。

（2）流程图法，是指企业风险管理部门将整个企业生产过程的所有环节系统化、顺序化，制成流程图，从而便于发现企业面临的风险。

2. 财务表格分析法

财务表格分析法，是通过对企业的资产负债表、损益表、营业报告书及其他有关信息进行分析，从而识别和发现企业现有的财产、责任等方面可能面临的风险。

3. 保险调查法

以保险调查法进行风险识别有两种形式：（1）企业可依保险公司或专门保险刊物的保险险种一览表，选择适合该企业需要的险种。这种方法仅对可保风险进行识别，对不可保风险则无能为力。（2）委托保险人或保险咨询机构对该企业的风险管理进行调查设计，找出各种财产和责任存在的可能风险。

### （二）风险预测与衡量

在风险识别之后须进行风险预测与衡量，以便确定其影响的严重性并采取相应的措施，它是运用一定方法对风险发生的可能性或损失的范围与程度进行估计和衡量。风险预测与衡量，是由风险管理人运用科学的方法，对其掌握的统计资料、风险信息及风险的性质进行系统分析和研究，进而确定各项风险的频度和强度，为选择适当的风险处理方法提供依据。

风险的预测与衡量一般包括两个方面：（1）预测与衡量风险的概率，即通过资料积累和观察，寻找造成损失的规律性。一个简单的例子：一个时期内一万栋房屋中有十栋发生了火灾，则风险发生的概率是 1/1 000。由此对概率高的风险进行重点防范。（2）预测与衡量风险的强度，即若风险发生，导致企业的直接损失和间接损失有多大。对于容易造成直接损失且损失规模和程度大的风险应重点防范。

（三）风险控制与处理

风险管理的目标主要是风险控制与处理。企业应采用积极的措施，通过降低风险损失发生的概率，缩小其损失程度，以达到控制风险的目的。控制风险的最有效方法就是制定切实可行的应急方案，编制多个备选方案，最大限度地对企业所面临的风险做好充分的准备。当损失发生后，按照预先方案实施，将损失控制在最低限度，但不同企业的方案会有所不同。随着社会的发展和科技的进步，现实生活中的风险因素越来越多，进行风险管理的必要性和迫切性更加突出。处理风险的基本原则：以最小的成本获得最大的保障。常见的处理风险方法包括回避风险、预防风险、自留风险和转移风险四种方法。

1. 回避风险

回避风险是指主动躲避损失发生的可能性。虽然回避风险可能消除隐患，但这种方法有很大的局限性，因为并不是所有的风险都可回避或应该进行回避。例如自然灾害、火灾等，无论如何小心翼翼，这类风险总是无法彻底消除。再如，因担心海上风险而拒绝海上开发，担心有风险而拒绝科学试验等，这类风险虽可由此而完全避免，但将给国家和社会及日常生活带来极大不便，实际上是不可行的。对企业而言，为避免生产事故而停止或减少生产，为避免投资风险不予投资，这种处理方法无法实现企业的经营目标。

2. 预防风险

预防风险是指采取预防措施，减小损失发生的可能性及损失程度。预防风险涉及现时成本与潜在损失比较的问题：若潜在损失远大于采取预防的措施所支出的成本，则应该采用预防风险手段。以修堤坝为例，虽然施工成本很高，但与洪水泛滥造成的巨大灾害相比，可能微不足道。再如，开发新产品需要付出巨额成本（科学试验成本、风险成本等），但不开发新产品丧失市场份额的损失更大。因此，为减小损失发生的可能性及损失程度付出必要的成本和采取预防措施是值得的。

3. 自留风险

自留（自保）风险是指企业非理性或理性地主动自己承担风险。“非理性”自留风险是指，对损失发生存在侥幸心理，或对潜在的损失程度估计不足，从而暴露于风险中。如，自认为某种风险的概率很小而不予转移，只投保部分风险，自留部分风险。“理性”自留风险是指经正确分析后，认为潜在损失在承受范围之内，且自己承担全部或部分风险比购买保险要合算。自留风险的处理途径包括：损失程度低且发生概率小的风险可纳入生产经营成本，损失发生时运用企业的收益补偿；若为发生频率和强度较大的风险，可建立意外损失基金，损失发生时用以补偿。但自留风险的不足之处是，挤占了企业的资金，降低了资金使用的效率；若为大企业，可建立自保公司。

4. 转移风险

转移风险是指，在风险发生之前，通过出售、转让、保险等方法，将自己面临的风险全部或部分转移出去。通过转移风险而获得保障，是应用范围最广、最有效的风险管理手段，保险就是其中之一。

## 第三节 风险理论、风险类型及可保风险

### 一、风险理论及风险类型简介

风险理论分为纯粹风险理论和全部风险理论。

纯粹风险，又称静态风险，即只有损失而没有获利可能的风险。如环境污染、地震、火灾等。纯粹风险说以美国学派为代表。纯粹风险理论将企业风险管理的对象放在企业静态风险的管理上，将风险的转嫁与保险密切联系起来。该学说认为，风险管理的基本职能，是对威胁企业的纯粹风险的确认和分析，并通过分析，在风险自保和投保之间选择最小成本、获得最大保障的风险管理的决策方案。该学说是保险型风险管理的理论基础。它比较适合中小企业的风险管理，以求企业稳定。

全部风险理论以德国和英国学派为代表。该理论将风险管理的对象设定为企业的全部风险，包括企业的静态风险（纯粹风险）和动态风险（投机风险），认为企业的风险管理不仅要把纯粹风险的不利性减到最小，也要使投机风险的收益性达到最大。该理论认为，风险管理的中心内容是与企业倒闭有关的风险的科学管理。该理论是经营管理型风险管理的理论基础。它比较适合大中型企业的风险管理，以求企业获得较大、较快发展。

关于风险的类型，目前尚无统一标准。金融界依据巴塞尔协议通常将风险分为：市场风险、信用风险、操作风险三种类型。中国国务院国有资产监督管理委员会在《中央企业全面风险管理指引》中将风险分为：战略风险、市场风险、运营风险、财务风险、法律风险。

国外比较流行的是安达信的风险类型，通常包括以下风险：

1. 市场风险，即市价波动对于企业营运或投资可能产生亏损的风险，如利率、汇率、股价等变动对企业损益的影响。

2. 信用风险，即交易对手无力偿付货款或恶意倒闭致求偿无门的风险。

3. 流动性风险，即影响企业资金调度能力的风险，如负债管理、资产变现性、紧急流动应变能力等。

4. 作业风险，即作业制度不良与操作疏失对企业造成的风险，如流程设计不良或矛盾、作业执行发生疏漏、内部控制未落实等。

5. 法律风险，即合同的完备和有效与否对企业可能产生的风险，如承做业务的适法性、对外文合同及外国法令的认知等。

6. 会计风险，即会计处理与税务对企业盈亏可能产生的风险，如账务处理的妥适性、合法性、税务咨询及处理是否完备等。

7. 资讯风险，即资讯系统的安控、运作、备援失当导致企业的风险，如系统障碍、资料消灭、安全防护或电脑病毒等。

8. 策略风险，即在竞争环境中，企业选择市场利基或核心产品失当的风险。

在日常生活和实际工作中，“风险”（Risk）一词有多种解释，并常与“灾害事故”（Peril）、“危险因素”（Hazard）等词混用。

“风险”通常是指，灾害事故发生的可能性及人们对灾害事故的发生在认识上的不确定性。所谓灾害事故发生的可能性，指灾害事故的可能发生或不发生。人们对灾害事故的发生，在认识上的不确定性，指人们对灾害事故可能发生的时间、地点、原因及其造成的后果在主观认识上的难以确定和预料。

“灾害事故”又称“危险事件”或者“危险”，是指损失的直接原因，即损失的媒介，如火灾、爆炸本身，是难以避免的。“危险因素”是指，足以引起或增加事故发生可能的条件，如气候干燥是森林火灾发生和扩大的条件。危险因素可分为自然因素、主观因素及道德因素，其中大部分是可避免的。

风险可按不同标准划分为不同种类，其含义也不相同。

1. 按风险的性质划分，风险可分为纯粹风险和投机风险。

纯粹风险（Pure Risks），亦称“单纯风险”，是指那些风险发生的后果只有损失机会而没有获利机会的风险。例如，在海上航行的海轮若发生碰撞，船东一般只会遭受经济损失，而不会有任何利益可得。

投机风险（Speculative Risks），是指那些风险发生的后果，既有损失机会，又有获利可能的风险。例如股票价格的变动对投资者的影响，股票价格下跌可使其遭受损失，但价格上涨却可使其获利。

纯粹风险总是不幸的，而投机风险则可能有利可图，带有诱惑性，是使人为获利而甘冒损失的风险。在一般情况下，投机风险是不能保险的。

2. 按风险发生的原因，风险可分为自然风险、经济风险和社会风险。

自然风险（Physical Risks），是指由于自然界的异常变化，可能造成人身伤亡和财产损失的风险，如暴风、地震、洪水、雷电等。

经济风险（Economic Risks），是指生产、流通等经济活动中，由于经营不善、信息不灵、决策失误及市场变化等可能造成的收入减少乃至亏损、破产的风险。

社会风险（Social Risks），是指由于个人或团体的行为可能造成的人身伤亡和财产损失的风险，如偷窃、抢劫、暴乱、战争等。

3. 按受损标的的种类，风险可分为财产风险、人身风险和责任风险。

财产风险（Property Risks），是指可能导致各种有形的财产发生损坏、灭失或贬值的风险，如船舶触礁、沉没的风险。

人身风险（Personal Risks），是指由于人的疾病、意外伤害，造成残废、死亡的风险。

责任风险（Liability Risks），是指个人或团体行为上的疏忽或过失，造成他人的伤害或财产损失，依照法律、合同或道义应负的经济赔偿责任的风险。

## 二、可保风险及条件

在当今社会经济生活中，保险虽然已成为处理风险的一种最为普遍、有效的方法，但是，由于客观存在的风险繁多，保险人并非对所有可能造成物质财富损失或威胁人身安全的风险都予以承保。通常，保险人可以承保的风险——简称“可保风险”(Insurable Risks)，应具备以下几个基本条件：

1. 风险必须是偶然的。所谓风险必须是偶然的，是指风险导致的损失必须既是可能发生的，又不是必然发生的。如果某一特定风险肯定不会发生，则不会给被保险人带来损失，就无须保险，投保人也不会要求保险；反之，如果某一风险肯定会发生，并肯定会带来损失，就无法保险，保险人也不会同意承保。只有那些风险损失对投保人和保险人都是偶然的风险，才是可以保险的风险。有些特定风险事故的发生虽是肯定的，但它发生的时间是不确定的，如人都是要死亡的，但何时死亡、为何死亡是无法预知的、偶然的，因而是可以保险的。所以概括地说，风险存在的客观性以及损失发生的偶然性，才导致了保险经营的可能性。

2. 风险必须是意外的。所谓风险必须是意外的，是指风险导致的损失后果必须是在被保险人意料之外的。意料之内的风险是不能保险的。例如，货物固有的瑕疵或由货物特性引起的腐烂变质的损失，机器的磨损，房屋的折旧，储运货物的合理损耗等损失，保险人都不予承保。保险人在保单上常以免赔率的形式把这种非意料之外的损失予以扣除。至于出于被保险人道德原因故意造成的损失，如纵火、沉船或保险标的遭受灾害后坐视不救而扩大的损失，保险人更是不予赔偿。

3. 风险不是投机的。可保风险主要是指那些只有损失机会而无获利可能的纯粹风险，如火灾、爆炸、轮船沉没、飞机坠落等；而对既有损失机会又有获利机会的投机性风险，在一般情况下，保险人是不给予承保的，如市价涨落、股票投机、外汇买卖、货币贬值等。

4. 风险必须是可用货币衡量的。这是指可保风险导致的损失必须是可以确定的，能够用货币来衡量的。保险赔偿都采取货币形式，若风险导致的损失是不明确的，或不能以货币衡量的，保险人就无法补偿，也就无法保险。虽然人的身体和生命也是不能以货币来衡量其价值的，但因人身保险不是补偿性的，而是给付性的，是为满足人们特定的经济需要的，合理的经济需要是可以合理确定的，因而人的生命和身体是可以保险的。

5. 风险必须是大量标的均有遭受损失的可能性。如果风险只是一个标的或几个标的所具有的，那么保险人承保这一危险就等于下赌注进行投机。我们之所以强调保险不是赌博，是因为大数法则是保险人建立稳固保险基金的科学的数理依据，而只对一个标的或几个标的所具有的风险承保就失去了这一基础，因此是不可保风险。另外，保险人收取的保险费一定要同他所承担的赔偿义务成正比。保费过高，要求保险的人负担不起；保费过低，保险人无法经营。所以只有大量的统计和观察才能使保险人有可能估计出比较精确的损失概率，作为其制定保险费率的依据。而只有以可能遭受同样危险的大量标的作为基础，才能进行大量统计，况且，危险若不是为大量标的所具有，保险的广泛需要性也就不存在了。

6. 风险必须是重大的。这是指可保风险导致的损失应该是相当重大的。如果风险可能造成的损失是轻微的，风险发生的频率极低，这些风险损失，企业和个人可以自行解决，就无须参加保险。只有那些发生的可能性较大，且一旦发生就会造成巨大损失的风险，企业或个人无法依靠自己的力量解决，或自己解决极不经济，才会参加保险来转移风险。所谓损失重大，是与企业或个人能够并愿意承担多大损失的风险相对而言的，不是绝对的。如损失过于重大的巨灾风险或巨额风险，一般又是不可保的，或只有在特定的条件下才是可保险的。

以上几点是构成可保风险的基本条件，而可保风险和不可保风险的界限又是相对的，在一定条件下是可以相互转化的。事实上，随着社会经济的发展、保险资金力量的壮大和经营技术的提高，特别是再保险的发展，可保风险的范围正在不断扩大。

## 复习思考题

1. 如何理解风险管理与保险的关系？
2. 如何理解风险的含义？
3. 简述风险管理的目标及内容。
4. 简述可保风险的条件。

# 第二章　保险概论

## 本章学习重点

保险是在风险管理的基础上，当社会与经济发展到一定时期的必然产物。保险业已成为经济发达国家的重要支柱产业之一，也是国民经济的重要组成部分。在中国，保险业迅猛发展，是最具有发展前景的服务业之一。作为一种经济补偿手段，保险在国际贸易发展中起着不可替代的作用，并且与国际贸易的发展密不可分，两者互相促进，共同发展。本章主要论述保险的一些基本知识，因此，读者在研读本章的过程中应重点掌握以下内容：

1. 保险的含义及其意义；
2. 保险的职能与作用；
3. 货物保险在国际贸易中的作用；
4. 保险基金的性质及其运动过程；
5. 保险的分类。

## 第一节　保险的含义及其意义

保险是指投保人或被保险人与保险人订立保险合同，通过缴纳保险费，将风险可能造成的不可预见的损失转移给保险人承担。保险也是风险的转移，对于保险人而言，通过集中大量同类风险，运用概率论和大数法则，确定损失的概率，从而收取一定数额的保险费以弥补不确定的损失。

### 一、保险的含义

"保险"一词，是从英文"Insurance"和"Assurance"翻译而来的，其英文的原意是以缴纳一定费用为代价来换取遭受危险损失时的补偿。这种解释在一定程度上反映了保险的基本特性。现在，多数学者都认为保险是一种经济补偿手段，是对危险造成的损失进行补偿的制度。它是指人们为了保障日常生产和生活的稳定，对同类危险事故发生所造成的损失或经济需要，运用多数单位的力量建立共同准备金，并根据合理的数学计算建立的经济补偿制度或金钱给付的安排。

中国《保险法》第 2 条对保险的定义："本法所称保险，是指投保人根据合同约定，向保险人支付保险费，保险人对于合同约定的可能发生的事故因其发生所造成的财产损失承担赔偿保险金责任，或者当被保险人死亡、伤残、疾病或者达到合同约定的年龄、期限时承担给付保险金责任的商业保险行为。”按照上述定义，商业保险具有以下含义。

（一）保险是一种合同关系

商业保险不同于社会保险，也不同于其他由法律或者社团组织建立的社会保障制度。通常所指的保险是一种商业保险关系。这种关系是以合同为基础的，有关保险人、被保险人等当事人之间的关系是一种合同关系。

当事人的权利义务以保险合同的具体规定为依据，因此，保险合同对合同当事人的权利义务应有明确规定，而且，这些规定均具有法律约束力。保险合同作为一种损失补偿或履行保险金额给付义务的合同，要求投保人支付保险费，保险人在保险标的遭受承保责任范围内的风险损失时承担赔偿责任，或者在约定事故发生和约定期限届满时履行给付保险金的义务。保险合同可分为两大类：一类是财产保险合同；另一类是人身保险合同。前者称为补偿合同，是被保险人因发生保险责任范围内的危险事故而遭受实际经济损失时，才对其予以赔偿。例如被保险的货物被焚毁、被保险的船只沉没，保险人就对被焚毁的货物和沉没的船只的损失，按保险金额或实际损失价值给予赔偿。后者除医疗费补偿外均称为给付合同，只要发生合同内订明的事故或者到达合同约定的期限，保险人就给付保险金。例如被保险人在保险合同有效期内因遇车祸丧失劳动力或因故死亡，保险人则给付保险金；如果保险合同约定的期限到期时，被保险人安然无恙，保险人也依照约定给付保险金。由此可见，不同的保险合同，其内容也各不相同。

（二）保险承保的是一种不确定性风险

保险合同中约定承保的风险事故或事件是否发生或者何时发生，必须是不确定的。因为，假如约定的事故或事件肯定不会发生，则没有必要保险；反之，若约定的事故或事件一定会发生，则没有一个保险人愿意承保。因此，只有订立合同时，风险事故只是有可能发生，而到底是否发生、何时发生、发生时造成的损失多大，都是不确定的，当事人之间的保险关系才能成立。

（三）保险承保的风险无法预见或难以控制

保险承保的风险事故或事件的发生是投保人与保险人都无法预见或者难以控制的。因此，若在订立保险合同时，保险人或者投保人知道事故或事件已经发生，或者投保人在订立保险合同后故意制造事故或事件，则保险合同无效。

（四）保险承保的风险发生后，保险人承担赔偿或给付责任

保险人在承保的风险事故发生后承担赔偿或给付责任。履行此项责任时，保险人通常支付相当于损失金额的货币。

总之，保险以集中起来的保险费建立保险基金，用于对被保险人因自然灾害、意外事故或外来原因造成的经济损失进行补偿，或对人身伤亡或丧失工作能力给付保险金。保险双方订立保险合同，按合同约定，投保人向保险人缴付保险费，保险人对被保险人或受益人履行损失补偿或给付保险金义务。

## 二、保险的意义

从社会的观点看，保险是一种社会互助性的经济补偿或保险金给付制度。它以概率论和大数法则为科学依据计算和收取保险费，集中有同一危险的多数单位和个人的资金，建

立起保险基金，采用“分散危险，分摊损失”的办法，对少数参加者，即被保险人由于特定的灾害事故所造成的损害或责任进行经济补偿，或对人身伤亡给付保险金，以达到互助共济的目的。从法律的观点看，保险是一种与经济补偿或保险金给付有关的契约行为。一方面，被保险人必须向保险人提供一定的对价（即保险费），另一方面，保险人对被保险人将来可能遭受的某些损失或意外事故负赔偿责任或给付保险金。

在人类社会中，有些灾害或事故是客观存在、难以完全避免的。尽管目前科学技术已高度发达，人们可凭借先进的技术和科学的管理方法加强对灾害事故的预防措施，提高对灾害事故的抵御能力，但要完全消除或杜绝这些灾害事故的发生，是不可能的，而且，随着新的科学技术在生产和生活中的广泛应用，不可避免地又会产生许多新的风险。因此，在灾害事故发生之后，对其造成的损害或灭失进行补偿或给付保险金，便具有十分重要的意义。

在商品经济条件下，对灾后的补偿有两种方式：一是物质形态上的补偿，即通过建立物资储备对损失进行补偿，如建立仓储制度，贮存一部分粮食或生活物资，以备灾年补偿损失之用；二是价值形态上的补偿，即建立资金储备，进行损失补偿，如建立集体公积金和在国家财政预算中提留后备基金等，以备损失补偿。保险便是从价值形态上进行补偿的一种方式。作为价值形态补偿方式的保险，是建立在概率论和大数法则的数理基础之上的。根据大数法则，保险人从大量的同质风险中，测知该种风险可能造成的损失，并据以合理地制订保险费率，计收保险费，建立稳固可靠的保险基金。当个别被保险人遭受承保风险的损失时，保险人则使用来自全体投保人缴纳的保险费所建立的保险基金进行补偿。

总之，保险实际上是在把可能遭受的同质风险以及由此造成的损失平均化的基础上建立起来的一种补偿制度，是一种用经济方法分散和转移风险，使个别被保险人所遭受的意外损失由全体投保人共同分摊的损害补偿制度。

保险作为一种经济补偿手段，在现代经济生活和人民日常生活中占有重要地位，特别是在经济和贸易发达的国家，保险业务已经渗透到社会经济的各个领域，成为国民经济不可缺少的环节。

## 第二节　保险的职能与作用

### 一、保险的职能

保险的职能，是指由保险本质所决定的、保险所固有的职责和功能。保险职能是保险本质的具体反映，正确地认识保险职能，对于保险方针政策的正确制订、保险业务的正常营运以及保险作用在国民经济中的充分发挥，均有重要意义。

对于保险职能的涵义，保险理论界迄今尚无统一的认识。有人主张“专一职能说”，认为保险只有一种职能，即组织经济补偿或保险金给付；有人主张“双重职能说”，认为保险除具有补偿职能之外，还有分摊职能；还有人认为“专一职能说”和“双重职能说”都不能体现保险这一复杂机制的本质，因而提出了“多职能说”。但是，无论是哪一种说法，都是以经济补偿和保险金给付的职能为基础，组织经济补偿和保险金给付可以说是保险的基本职能，其他职能大多是从属的或派生的职能。

（一）保险的基本职能

保险的基本职能可分别从组织经济补偿和组织保险金给付两个方面来说明。

1. 组织经济补偿职能

保险是社会经济发展的必然产物，属于服务业，是为生产、分配、交换和消费服务的。保险的产生和发展都是为了满足补偿灾害事故损失的需要。当被保险人的生产力遭受某种破坏，保险人就可以提供恢复生产力的资金，从而保证了简单再生产的顺利进行。人们在经济生活实践中创造了保险形式，即以分散危险、聚集资金，给以经济补偿，从而保证再生产过程的顺利运转的经济管理形式。补偿损失是建立保险基金的根本目的，也是保险形式产生和形成的根源。组织经济补偿职能是保险所特有的本质功能。

2. 组织保险金给付职能

保险的组织经济补偿职能主要是就财产保险和责任保险而言的。人身保险由于保险标的的性质不同于财产保险和责任保险的标的，其基本职能不是补偿损失而是组织保险金的给付。

人身保险的保险标的是人的生命和身体。人的生命和身体的价值是不能以货币来表示的，所以在人身保险中，对于人的死亡、丧失劳动力或生存达到一定年限，保险人组织对被保险人或其受益人的保险金给付不属于损害赔偿性质，不能认为是价值补偿。另外，人身保险一般都具有保险和储蓄的双重性质。

（二）保险的派生职能

保险的派生职能是指在保险基本职能的基础上，为适应一定社会经济条件的要求所派生出来的特殊职能。常见的保险派生职能有以下几方面：

1. 金融投资职能

在保险人利用被保险人缴纳保险费所建立的保险基金中，除了一部分是在灾害事故发生时应用于经济补偿或保险金的给付之外，还有相当一部分经常处于闲置或沉淀的状态。利用这部分闲置、沉淀的资金进行金融投资，不仅可以使它们在国民经济建设中发挥作用，为资金短缺的生产企业提供资金来源，同时，可以投资所得利润来弥补保险亏损。因此，利用保险资金进行金融投资是客观经济发展的需要，也是保险的一项派生职能。

2. 防灾防损职能

防灾防损是保险经营的重要职能。保险经营的特点决定了保险公司必须积极配合所有防灾防损主管部门和有关单位搞好这项工作。首先，保险公司有积极参与防灾防损工作的社会责任，因为保险公司的日常业务都是有关灾害事故损失的（人身保险除外），它掌握了财产的设置、分布和各种灾害事故损失的统计资料，有着丰富的防灾防损的经验，所以，防灾防损理所当然应成为保险的一个职能。其次，从保险公司自身的经营利益出发，防灾防损能够减少灾害事故损失，从而减少保险赔款的支付，增加保险资金的积累，所以，保险公司也愿意配合社会各单位做好防灾防损工作。

## 二、保险的作用

保险的作用是指保险在执行其职能的同时，对社会所产生的积极影响。

（一）微观方面的作用

保险的作用首先表现在微观方面，即保险的经济补偿和保险金给付职能对投保单位和个人的作用。

1. 保证企业生产和经营的迅速恢复

灾害事故的发生是偶然的，它在何时何地发生以及其对财产造成的损失程度大小等都取决于偶然因素，人们不可能通过预防措施杜绝一切灾害事故的发生。但企业财产若办理了保险，保险事故一旦发生，则能够及时有效地、合理地获得保险人的经济补偿，从而保证企业的生产和经营获得迅速恢复，并由此减少企业因停产而造成的损失。

2. 有利于企业加强经济核算

由于保险可将不确定的灾害事故损失转变成固定的、少量的保险费用支出，而此项费用又能摊入生产或经营成本之中，因而便于产品价值的计算，有利于企业经济核算的实施。而且，企业通过缴纳保险费，将风险转嫁给保险人，不仅不至于因受到灾害事故损失而影响生产和经营，而且也可稳定企业的财务成果。

3. 促进防灾防损工作

如前所述，防灾防损是保险的一项职能，保险公司在经营中非常重视保险标的的防灾防损工作。为减少财产损失和减少保险理赔，保险公司经常从保险索赔和理赔工作中查找损失的起因及其发生的规律，及时总结经验，促使被保险人提高防损意识，加强防损准备，帮助被保险人不断改进生产管理，改善和提高工作质量与水平。

4. 安定生活和增进社会福利

社会财富的损失会给人们的生活带来不幸，而保险赔偿可以使生产及时得到恢复，同时安定了人们的生活，鼓舞了人们从事生产的积极性。此外，人身保险和家庭财产保险又从另一个侧面安定了人们的经济生活。对享有劳动保险的职工来说，各种人身保险也可成为劳保福利制度的补充。

（二）宏观方面的作用

保险的作用还表现在宏观方面，它对全社会和国民经济的总体发展起着巨大的作用。

1. 保障国家的财政收支和信贷计划的平衡

灾害事故损失常对生产力造成破坏，导致企业生产中断，生产计划无法实现，这样，受损的企业就丧失了上缴国家财政收入和归还银行信贷的能力，而且企业可能还需要财政拨款或银行贷款来重新购置生产资料以恢复生产。但若企业办理了保险，财产的损失可得到保险赔款，企业恢复生产就有了资金保证。生产恢复之后，又可以为国家上缴财政收入，银行贷款也可得到清偿的保证。

2. 积聚社会资金，为生产建设服务

保险公司以保险费形式积聚社会资金，从而建立保险基金。保险公司积聚的资金大部分存入银行，其中人寿保险公司的保险费收入作为储蓄存款，财产保险公司的保险费收入作为一般企业存款存入银行，它们是银行信贷资金的来源之一，可以为生产建设服务。

3. 促进对外经济贸易发展，增加外汇收入，增强国际支付能力

保险在对外贸易和国际经济合作业务中是不可缺少的环节。在对外贸易中，无论是商品的进口还是出口都须办理保险，保险费是国际贸易商品价格的三个构成要素之一。中国进口商品多在国内办理保险，出口商品在国内投保的比例也不断增加。对于进口货物，如能采用 FOB 或 CFR 条件成交，由中国进口商在国内办理保险，就可以为国家节约外汇保险费支出。对于中国出口货物，如能采用 CIF 条件成交，由出口商向中国保险公司办理保

险，就可把保险费计入货价中，从而为国家增加外汇收入。在国际经济合作业务中，由于各种合作项目一般金额巨大、风险集中，更是离不开保险的保障。因此，保险在促进对外贸易发展、对外经济合作和技术交流方面具有重要作用。同时，对外经济贸易业务的发展也反过来促进中国保险业务的发展，增加了中国的保险外汇收入，从而提高了中国的国际支付能力。

## 第三节　保险基金

### 一、保险基金的概念

根据马克思主义经济理论，按照社会的需要，社会总产品通过分配环节，分割为不同的份额，建立各种社会基金，主要包括补偿基金、积累基金、消费基金和后备基金。其中，后备基金是指从社会总产品中通过各种分配形式建立的、为应付各种自然灾害和意外事故、保障社会生产持续发展和人民生活安定所必需的物资储备和资金储备。后备资金的形式主要有三种，即集中形式的国家后备基金、分散形式的后备基金和保险基金。保险基金亦称“保险准备基金”。它是为补偿意外灾害事故造成的经济损失，或因人身伤亡引起的经济需要，由保险人向投保人收取保险费而集中起来的专用货币基金。由于集中形式的国家后备基金和分散形式的后备基金同保险基金一样都是用于应付各种自然灾害和意外事故的，所以人们常把上述三种形式的后备基金总称为“广义保险基金”。

### 二、保险基金的性质

通常，保险基金是指狭义的保险基金，也就是保险形式的后备基金。它是由保险人和其他保险组织通过经济合同方式收取保险费而筹集的，而保险费是社会总产品价值的一个构成部分，属于社会新增价值，是社会剩余产品的一部分。

由于保险基金来源于社会新增价值，所以其数量规模主要取决于两个因素：一是一定时期内社会新增价值总量的规模。假设保险基金占社会新增价值的比例一定，很显然，社会新增价值规模越大，保险基金的规模也就越大。二是全体保险标的的预期损失规模。预期损失越大，投保规模越大，保险人收集的保险费越多，保险基金的累积规模也就越大。

保险基金的数量规模还受保险人承担的经济补偿责任的制约，两者应保持平衡。保险基金规模过小，不足以满足保险补偿责任的需要，会危及保险公司自身的生存；反之，保险基金规模过大，则会损害投保人的利益。而调节保险基金数量规模的阀门是保险费率。在保险标的数量和保险金额不变的情况下，费率的提高就意味着保险基金规模扩大，费率的降低则意味着保险基金规模缩小。

保险基金本身的性质是决定其运用客体的依据。由于保险基金与财政后备基金有着本质的区别，因此，保险基金不能由财政无偿使用。保险基金也不能完全交给银行运用，因为商业银行的资金具有期限短、波动性大、周期性强等特点，而保险基金则具有相对的稳定性，所以由银行运用保险基金可能造成长期资金用于短期贷款，稳定性资金投入周期性轨道的弊端，其结果是资金使用效率的降低，违背保险基金的增值性原则。

### 三、保险基金的运动

保险基金的运动是指它在国民经济中的运动，即从社会资金总运动的角度来考察保险基金运动所显现的形态。

保险基金来源于社会生产领域和社会生活领域流出的保险费，而社会生产和社会生活是无穷无尽的连续过程，这就使得保险基金这个蓄水池永不枯竭。在保险费源源注入的同时，保险基金的一部分以赔偿或给付的方式不断流回到社会生产或社会生活领域，以弥补这两个领域中因灾害而引起的经济损失。与此同时，保险人利用保险费流入到保险赔付发生之间的时间差，将闲置部分保险基金以投资形式重新注入社会生产和社会生活领域。这不仅扩大了社会生产规模和消费规模，而且投资收益的实现使保险基金的自身规模也得到扩大。在这个连续的过程中，社会生产在不断发展，社会生活水平在不断提高，所以在这两个领域中的保险需求也在随之扩大，流出的保险费相应地在不断增多，保险基金的规模也就不断地得以扩充；相应地，回流到社会生产和社会生活领域的保险基金也在不断增多。由此可见，保险基金的运动是一个连续的不断递增的过程。

## 第四节　保险的分类

目前，国际上尚未形成一个固定的保险分类原则和统一的分类标准，因此，保险的种类可以从不同的角度划分；角度不同，保险的种类则不同，有时同一种保险可以从不同的角度分类。常见的分类主要有以下几种。

### 一、按保险对象分类

这是一种最基本的分类方法。按照保险的对象或标的，保险可分为财产保险和人身保险两类。

（一）财产保险（Property Insurance）

财产保险既包括以各种物质实体如建筑物、货物、运输工具、农作物等有形财产作为保险标的的保险，也包括以与各种物质财产有关的无形财产如运费、预期利润、专利、版权、责任、信用等作为保险标的的保险。在此类保险下，保险人须对由于特定的自然灾害或意外事故造成的保险财产的毁灭、损失负经济赔偿责任。

（二）人身保险（Personal Insurance）

人身保险是以人的生命或身体作为保险对象的一种保险。保险人对被保险人因意外伤害、疾病、衰老等原因而导致丧失工作能力、伤残、死亡或年老退休等，给付约定的保险金。

### 二、按保险的实施方式分类

按保险的实施方式，可以把保险分为强制保险和自愿保险两类。

（一）强制保险（Compulsory Insurance）

强制保险，又称法定保险。这是通过国家颁布法律法规，规定必须参加的保险。这种保险又有两种实施形式：一是通过立法规定，在特定范围内建立保险人与被保险人的关系。这类立法对保险人、被保险人及保险标的都规定了具体范围，不论被保险人或保险人是否同意，都没有选择的余地；双方在权利和义务方面均受法律的约束。二是有关法律、法规规定一定范围内的人或物都必须参加保险，否则不允许从事法律所许可的业务或活动。这种实施形式，既有强制性的一面，即对被保险人具有约束力；也有非强制性的一面，即对保险人不具约束力，他可自由选择保险对象。保险关系的产生仍需通过双方协商，签订保险合同，以确定双方的权利和义务。例如，许多国家的劳工法规定，雇主必须为他所雇佣的员工投保人身意外伤害保险，但由哪家保险公司承保，取决于双方当事人（投保人和保险人）在平等原则上协商的结果。

（二）自愿保险（Voluntary Insurance）

自愿保险是保险人与被保险人在自愿的基础上，通过签订保险合同而成立的保险。自愿保险的办法与形式比较灵活，易于满足各方面对保险的不同需要，是一般商业保险的主要实施形式。

## 三、按保险的性质分类

按保险的性质，可以将保险分为商业保险、社会保险和政策保险三类。

（一）商业保险（Commercial Insurance）

商业保险也是自愿保险，是指投保人与被保险人订立保险合同，根据保险合同约定，投保人向保险人支付保险费，保险人对可能发生的事故因其发生所造成的损失承担赔偿责任，或者当被保险人死亡、疾病、伤残或者达到约定的年龄期限时给付保险金责任的保险。商业保险主要是一种经济行为，但也必须符合法律规定。通常所说的财产保险、人身保险、责任保险、保证保险等均属商业保险性质。

（二）社会保险（Social Insurance）

社会保险，是社会保障（Social Security）的重要组成部分，是指国家通过立法对社会劳动者暂时或永久丧失劳动能力或失业时提供一定的物质帮助以保障其基本生活的社会保障制度。当劳动者遇到生育、疾病、死亡、伤残或失业等危险时，国家以法律的形式由政府指定的专门机构为其提供基本的生活保障。社会保险一般都是强制性的，凡符合法律规定条件的成员均须参加。在保险费的缴纳和保险金的给付方面，也不遵循对等原则。所以，社会保险实质上是国家为满足劳动者在暂时或永久丧失劳动能力或待业时的基本生活需要，通过立法采取强制手段，利用国民收入进行分配和再分配而形成的专项消费基金在物质上给予这部分劳动者社会性帮助的一种形式和社会福利制度。

（三）政策保险（Policy Insurance）

政策保险，是指政府为了某项特定政策的目的，以商业保险的做法而实施的保险。如，为扶助农牧、渔业增产增收的种植业保险与养殖业保险；为促进出口贸易的出口信用保险。政策保险通常由国家设立专门机构或委托官方或半官方的保险公司具体承办。

## 四、按保障的范围分类

按保障的范围划分，保险大体可以分为财产保险、责任保险、保证保险和人身保险四类。其中财产保险和人身保险已在前文作过简单介绍，这里实际上是在原来广义的财产保险的基础上作进一步的分类。狭义的财产保险，专指以各种物质财产为保险标的的保险。它包括除了责任保险和保证保险以外的各种与财产保险有关的保险，如海上保险、火灾保险、内陆运输保险、盗窃保险、农业保险、运输工具保险、工程保险等。

责任保险起源于19世纪，近年来，由于各种责任诉讼案件不断增多，责任保险业务越来越受到重视。责任保险主要有下列几种：

（一）公众责任保险（Public Liability Insurance）

公众责任保险，又称第三者责任保险，它主要承保被保险人因违反法律规定的义务对第三者造成人身伤亡或财产损失，依法应负的经济赔偿责任。

（二）职业责任保险（Professional Liability Insurance）

职业责任保险，又称职业赔偿保险，是承保各种专职人员或专业技术人员，如医生、律师、会计师、设计师等因过失或工作疏忽而造成合同对方或他人人身伤害或财产损失的经济赔偿责任的保险。职业责任保险可分为医疗责任事故保险（Medical Malpractice Insurance）和错误与疏忽保险（Errors and Omissions Insurance）两类。

（三）雇主责任保险（Employer's Liability Insurance）

雇主责任保险，又称劳工保险。根据法律规定，雇主对其雇员因与工作有关的伤亡事故负有法律赔偿责任，包括医疗费、工资损失、抚恤金等。雇主责任保险就是承保雇主的这些经济赔偿责任。

（四）产品责任保险（Products Liability Insurance）

产品责任保险，主要承保被保险人因制造或销售产品的品质有缺陷，以致消费者或使用人遭受人身伤亡或其他财产损失所引起的经济赔偿责任。

保证保险实质上是一种担保业务，这种担保业务有两种类型：一种是由保险人代被保险人向权利人提供担保，保证若因被保险人不履行契约义务或有不法行为而使权利人受到经济损失时，由保险人负赔偿责任。这种保险中最常用的是履约保证保险，保证被保险人履行所有合同责任，如工程将按合同规定完成，若一幢建筑物没有按时完工，保证人（保险人）要对项目完成和雇用另一个承包人的额外费用负责。另一种是保险人向被保险人提供担保，保证被保险人在同他人所建立的契约关系中，如因对方不履行契约义务而遭受损失时，承担赔偿责任，例如“忠诚保证保险”“信用保险”等。忠诚保证保险（Fidelity Bonds）是对雇主因其雇员的不诚实行为，如贪污、挪用、诈骗等所遭受的损失提供保障；信用保险（Credit Insurance）是以被保险人的信用为标的的一种保险，承保债权人因债务人不偿付债务而遭受的损失，如承保出口商因收不到进口商的货款而遭受的损失。

## 五、按经营主体和方式分类

（一）国营保险与私营保险

这种划分方式是根据经营保险的主体和所有权的不同而分类的。在社会主义国家，国营保险一般占主导地位。中国也是如此。原苏联和大多数东欧国家过去都是由国家经营保险，不少发展中国家的保险也多由国家经营。在经济发达的西方国家，保险主要由私营保险组织经营，一般都有几十家或几百家私营保险公司。西方国家的社会保险一般都由政府部门经营，如美国的主要社会保险项目有“老年、遗属、残疾和健康保险”、失业保险和劳工保险。此外，美国政府机构还经营一些私营保险公司不能全部承担的保险，如洪水、农作物、犯罪和政治风险保险，并与私营核保险集团联合经营核电站保险。因此，美国的保险也分为国营和私营保险两大类。

（二）营利保险和相互合作保险

这种划分方法是根据经营的目的分类的。西方国家的私营保险公司一般分为两大类，即股份保险公司和相互保险公司。私营的股份保险公司一般以营利为目的。相互保险公司没有股东，由保险单持有人选举产生董事会。相互人寿保险公司一般出售参与分红的人寿保险单，而股份人寿保险公司一般出售不参与分红的人寿供险单。不能简单地认为国营保险就是非营利保险，国营保险和私营保险均有营利和非营利保险。

## 六、按保险单承保风险的种数分类

（一）单一保险

单一保险是指保险合同规定只对某一种原因造成的损失给予赔偿，或对某一种类型的风险提供保障，如责任保险中的职业责任保险。

（二）综合保险

综合保险是指保险合同规定对数种原因造成的损失给予赔偿，或对不同类型的风险提供保险保障。例如，在财产保险中承保运输、生产、储存、进出口各个环节的风险。目前国际上愈来愈多地使用的一揽子保险单（A Package Policy），把多个保险合同合并在一份保险单内，同时提供财产保险和责任保险，即属综合保险的形式。美国在 20 世纪 50 年代以前，保险公司不能在同一份保险单中提供私人住宅和个人责任保险，后来通过了综合法律，允许单份保险单包括这两种保险责任。

## 七、按承担责任次序的不同和承保方式的不同分类

按保险人承担责任次序的不同以及承保方式的不同，保险可分为原保险和再保险。

（一）原保险（Original Insurance）

原保险是指投保人与保险人经直接订立保险合同，建立保险关系，投保人将风险损失转嫁给保险人，原保险的投保人不能是保险机构，即原保险合同是保险人与一般单位或个人之间开展的保险业务活动。

在原保险中，一般情况下，每笔保险业务只有一个投保人与一个保险人。人们通常所说的保险多指原保险。但有时根据需要，由两个或两个以上的保险人共同承保同一标的的同一风险，且保险金额不超过标的的保险价值，这种保险一般称之为“共同保险”，简称“共保”(Co-insurance)。在发生赔偿责任时，其赔款按保险人各自承保的金额比例或责任限额比例等分摊，分别向同一个被保险人赔付。若出现保险金额低于保险标的的实际保险价值的不足额保险，其不足部分视为被保险人自保，当发生损失时，不足额部分由被保险人自负。这种不足额保险也可视同是保险人和被保险人的共同保险。若两个或两个以上的保险人共同承保同一保险标的的同一风险，当所有保险人的保险金额相加超过保险价值

时，这种保险一般称之为重复保险。

关于重复保险的问题将在“保险的基本原则”一章详述。

（二）再保险（Reinsurance）

再保险，又称“分保”，是原保险（又称“直接保险”）的保险人为了分散本身承担的风险，在支付事先商定的保险费条件下，将所承保的风险责任的一部分转让给其他的一个或几个保险人承担。中国《保险法》第 28 条给再保险作了如下定义：“保险人将其承担的保险业务，以分保形式部分转移给其他保险人的，为再保险。”中国《再保险业务管理规定》（2015 年修订）第 2 条规定：“本规定所称再保险，是指保险人将其承担的保险业务，部分转移给其他保险人的经营行为。”凡经再保险的业务，当发生保险责任范围内的损失时，原保险人在向投保人理赔后，可向再保险人取得相应部分的赔款补偿。

再保险的投保人本身就是保险人，即原保险人（Original Insurer），又称保险分出公司（Ceding Company）；再保险业务中接受原保险人转让保险责任的人，为再保险人（Reinsurer）或称保险分入公司（Ceded Company）。按照中国《保险法》第 28 和第 29 条规定，再保险分出人应再保险接受人的要求，将其自负责任及原保险的有关情况告知再保险接受人；再保险接受人不得向原保险的投保人要求支付保险费，原保险的被保险人或者受益人，不得向再保险接受人提出赔偿或者给付保险金的请求，再保险分出人不得以再保险接受人未履行再保险责任为由，拒绝履行或者迟延履行其原保险责任。

再保险与共同保险虽然都是分散风险的手段，但两者不同：共同保险是由两家或两家以上的保险公司对同一保险标的、同一风险商定分担承保比例，在发生保险事故时，各自按照承保比例直接向被保险人承担赔偿责任，每一个保险人都直接面对被保险人，各保险人之间的地位是相同的，风险在各保险人之间被横向分摊；而再保险中，投保人直接面对原保险人，原保险人又与再保险人发生业务关系，投保人与再保险人并无直接联系，而是通过原保险人发生间接关系，风险在各保险人之间被纵向分摊。

再保险是保险业务的不可缺少的组成部分。任何从事直接保险业务的保险组织，不论其资历如何，只要其承保的某项风险可能造成的损失特别巨大，超过自身的承受能力时，保险人就可将超过其自身能力部分的风险通过再保险来分散、转移出去，以减轻其所承担的保险赔偿责任。现在，各国保险公司办理再保险业务，已不限于在本国范围内进行，对于巨额的保险业务往往需要超越本国范围向许多个国家办理再保险，因而再保险已发展成为一项国际性的业务，而且，国际上已经出现了不少专门经营再保险业务的专业再保险公司和再保险集团。如果再保险超越国界，就是在国际范围内分散风险，这在客观上把各国的保险基金集中成为一个国际性的整体。集中的保险标的越多，基金越雄厚，保险的财务基础越巩固，不仅能促进各国保险业的发展，而且可以减少经济的不确定因素和社会的不安定因素，更能发挥保险的稳定经济和稳定社会的积极作用。中国于 1996 年成立了中国再保险公司，专营再保险业务。

## 复习思考题

1. 怎样理解保险的含义？
2. 为什么说保险是一种经济补偿手段？

3. 保险有哪些基本职能和派生职能？
4. 保险在国际贸易中有哪些作用？
5. 简述保险基金的性质。
6. 保险基金的运动分为哪几个阶段？
7. 保险从不同的角度划分，有哪些分类？
8. 何为原保险与再保险？两者有何区别？

# 第三章　保险基本原则

**本章学习重点**

保险基本原则是包括中国在内的世界各国保险法、海商法共同认可和遵循的原则。学习和掌握保险的基本原则，对于研究保险理论、从事保险业务以及妥善处理国际贸易中与保险有关的问题都具有重要意义和作用。因此，读者在学习本章的过程中，应重点掌握以下内容：

1. 最大诚信原则；
2. 可保利益原则；
3. 补偿原则；
4. 代位追偿原则；
5. 重复保险分摊原则；
6. 近因原则。

## 第一节　最大诚信原则

### 一、最大诚信（Utmost Good Faith）原则的概念

任何一项民事活动，各方当事人都应当遵守诚信的原则。诚实信用原则是世界各国立法对民事、商事活动的基本要求。中国《民法通则》第4条规定："民事活动应当遵循自愿、公平、等价有偿、诚实信用的原则。"中国《保险法》也在第5条特别强调："保险活动当事人行使权利、履行义务应当遵循诚实信用原则。"所谓诚实是指一方当事人对另一方当事人不得隐瞒、欺骗；所谓信用是指任何一方当事人都必须善意地、全面地履行自己的义务。在一般的民事活动中，当事人一方没有特别提出要求，另一方当事人不必将有关标的的各种情况，特别是标的的缺陷告知对方当事人。因此在一般合同的订立中，只要求一般性的诚信即可。但在保险合同的订立中，基于保险业务的特殊性，法律对保险当事人的诚信程度的要求远远高于其他合同。它要求当事人双方在订立和履行保险合同时，必须遵守"最大诚信"的原则。例如，英国1906年《海上保险法》(Marine Insurance Act，以下简称"MIA1906") 第17条规定："海上保险契约是以最大诚信为基础。如果任何一方不遵守最大诚信原则，另一方可以主张此项契约无效。"

所谓最大诚信原则，是指在保险合同的签订和履行过程中，双方均应本着绝对的诚意

办事，恪守信用，互不隐瞒和欺骗，特别是在签订保险合同时，无论是否被问及，双方当事人均应自动地把与投保标的有关的重要情况向对方作充分、正确的披露（告知）。最大诚信原则，又称最高诚信原则，它是保险法各项基本原则中的首要原则，严格遵守最大诚信原则是维持保险业务正常进行的前提条件。

英国于2015年2月通过了《2015年英国保险法》（The Insurance Act 2015，UK），并于2016年8月生效。该法对MIA1906中关于“最大诚信原则”及“保证”在内的相关规定进行了修改。但对于海上保险而言，该法不是强制性的法律，仍是保险合同的补充，即保险双方可排除适用该法。

## 二、最大诚信原则确立的依据

现代保险是从海上保险发展而来的。最大诚信原则最早来源于海上保险。在最初的海上保险中，由于通信工具落后，被保险人在向保险人投保海上保险时，船舶或货物可能已经离开港口远航于海外，这时保险人要对保险船舶或货物进行实地调查或察看是不太可能的。此时保险人对于投保人的投保要求能否接受，以及应按什么条件承保，均有赖于投保人充分、正确的申述。

科学技术的发展，特别是通信技术的进步，为保险人了解保险标的的实际情况提供了极大的便利，在绝大多数情况下保险人对保险标的已不再是一无所知。但是，最大诚信原则在保险业务中的重要意义并不因此而降低。因为随着科学技术的迅速发展，新技术和新产品的广泛使用，新的风险和危险因素也在不断增加，保险人仍然无法对其业务所涉及的标的的所有情况都详尽了解，也无法事事都进行直接调查。因此，保险人在承保与否以及保险费率的确定上，仍然有赖于投保人或被保险人对保险标的有关情况的如实告知与陈述。

最大诚信原则按理应同等程度地适用于保险合同的双方当事人，但在各国保险立法实践中，最大诚信原则更多地强调了对投保人或被保险人的要求。这样做的目的，是为了保证双方当事人在对保险标的有同等了解的基础上平等地订立保险合同。理由如前所述，在保险业务活动中，投保人或被保险人对保险标的情况最为了解，他可以结合常用的保险条款和保险单的内容，主动地作出是否投保的决定。而保险人则与此相反，他对保险标的情况往往知之甚少，甚至是一无所知，他只能被动地根据投保人或被保险人的申述来决定是否承保和承保的条件。如果投保人或被保险人申报不实，或者有意隐瞒和欺骗，保险人便有可能在承保方面作出错误的决定，订立于己不利的保险合同。

对于保险人在最大诚信原则方面应尽的责任，各国保险立法通常没有特别规定。但中国《保险法》在第7章“法律责任”中规定，保险公司及其工作人员在保险业务中隐瞒与保险合同有关的重要情况，欺骗投保人、被保险人或者受益人，或者拒不履行保险合同约定的赔偿或者给付保险金的义务，构成犯罪的，依法追究刑事责任；尚不构成犯罪的，由保险监督管理机构对保险公司处以罚款；对有违法行为的工作人员，处以罚款；情节严重的，限制保险公司业务范围或者责令停止接受新业务或吊销业务许可证。保险公司及其工作人员阻碍投保人履行如实告知义务或者诱导其不履行如实告知义务，或者承诺向投保人、被保险人或者受益人给予非法的保险费回扣或者其他利益，构成犯罪的，依法追究刑事责任；尚不构成犯罪的，由保险监督管理机构责令改正，对保险公司处以罚款；情节严重的，限制保险公司业务范围或者责令停止接受新业务或吊销业务许可证。

与其他国家的保险法律相比较，中国的保险法给予被保险人或投保人充分的保护。因此，保险人在协商保险合同条件的过程中，同样地应恪守最大诚信原则，不得隐瞒信息或作不真实的表述，更不得欺骗投保人或被保险人；同时，在合同订立之后，对由于承保风险所致的损失，应按规定履行保险赔款或保险金给付义务。

## 三、最大诚信原则的内容

最大诚信原则主要涉及三个方面的问题，即告知、陈述和保证。由于告知与陈述的内容很相近，因而中国《保险法》和《海商法》将两者合并，统称为告知。

（一）告知

1. 告知的概念

告知（Disclosure）主要是指，投保人或被保险人在签订保险合同前或同时，应将他所知道的或在通常业务中应当知道的与保险标的有关的重要情况尽量告诉保险人，通常称之为告知义务。告知存在于合同签订之前，它并不是合同规定的义务，而是保险立法加诸投保人或被保险人的特别义务。但是，告知义务的履行并不是保险合同成立的前提条件，只是合同上权利存续的条件；违反告知义务，保险合同仍可成立，只是保险人有权解除合同而已。

充分告知也是保险人应尽的一项义务。英国曼斯菲尔德法官（Lord Mansfield）在Carter v. Boehm（1766年）一案中曾作出以下判决："保险合同是最大诚信合同，最大诚信合同禁止任何一方当事人隐匿信息，导致他方当事人由于不知该项事实，并相信相反的事实而订立保险合同。如果保险人隐匿其所知悉的任何事实，投保人同样地也可解除合同。例如，保险人承保于航行中的某艘船舶，若他已私下知悉该船已经到达，则在这种情况下，保险人应负有返还已缴付的保险费的义务。"中国《海商法》第224条也有类似的规定："订立保险合同时，……保险人已经知道或者应当知道保险标的已经不可能因为发生保险事故而遭受损失的，被保险人有权收回已经支付的保险费。"中国《保险法》在第17条也规定："订立保险合同，采用保险人提供的格式条款的，保险人向投保人提供的投保单应当附格式条款，保险人应当向投保人说明合同的内容。对保险合同中免除保险人责任的条款，保险人在订立合同时应当在投保单、保险单或者其他保险凭证上作出足以引起投保人注意的提示，并对该条款的内容以书面或者口头形式向投保人作出明确说明；未作提示或者明确说明的，该条款不产生效力。"由此可见，告知是保险活动当事人双方的义务，只不过是其内容形式因人而异，有所区别而已。

对于保险合同签订以后保险标的所发生的重要情况，特别是有关危险增加的情况，保险合同条款中常规定被保险人负有"通知"的义务。例如，中国《保险法》第52条规定："在保险合同有效期内，保险标的危险程度增加的，被保险人按照合同约定应当及时通知保险人……被保险人未履行前款规定的通知义务的，因保险标的危险程度增加而发生的保险事故，保险人不承担赔偿保险金责任。"有人认为，保险合同中的此项"通知"义务是保险立法中的"告知"义务的扩充，① 因而把保险立法中的"告知"义务单独称为

① ［英］约翰·伯茨著《现代保险法》一书将此项"通知"称之为"合同期间的告知"。

狭义的告知义务；把保险立法中的“告知”义务与保险合同中的“通知”义务合并称作广义的告知义务。本书中所提到的告知义务仅指保险立法中的告知义务。

2. 告知的范围

根据中国《海商法》第222条的规定以及其他国家保险法的规定，被保险人在订立保险合同前应向保险人告知的重要情况，包括被保险人实际知道的重要情况和在通常业务中应当知道的或称推定知道的重要情况。

（1）实际知道（Actual Knowledge）的重要情况

实际知道的重要情况，是指具体保险合同中的被保险人实际知道的重要情况。例如，某船船东（被保险人）的管理部门在办理投保时，收到了船长和轮机长提交的报告，反映船舶的主机润滑油泵经常失压，需要尽快检修。这一事实就是被保险人实际知道的重要情况，被保险人在投保时必须告知保险人。

（2）推定知道（Presumed Knowledge）的重要情况

依据MIA1906第18条第1款，所谓推定知道的重要情况，是指“在一般业务过程中所应知道的重要情况”。这些情况，不管被保险人实际上是否知道，均视为被保险人已经知道。例如，某艘海轮不久前曾经发生过火灾，有关的专业报刊已经作过详尽报道，已成为一般租船人所周知的情况，某人如果租用这条船装运货物，就应在办理投保时向保险人告知这个情况。否则，保险人得以被保险人违反告知义务为由而解除合同。被保险人不得以自己没有阅看报章为由推卸其不告知的责任。

判断被保险人是否实际知道或者应当知道某一重要情况，通常决定于个案中的具体情况以及法官的裁判。在法国，审判法庭（Trial Court）具有判定被保险人是否知悉应告知的事实和情况的最高权力。

在一般情况下，下列事项常被认为是重要情况：

① 表明保险标的可能遭受较正常风险为大的风险的情况。例如，在海上保险中，由于某种原因，将航运习惯上原应装入船舱内运送的货物，改为装于舱面（甲板）上运送。

② 表明被保险人的投保具有特殊动机的一切情况。例如，被保险人为了在保险标的发生损失时，能向保险人获得超额的保险赔款，在海上船舶保险中加保了运费及船舶费用的超额附加险；在海上运输货物保险中高估保险标的的价值，超额保险。

③ 表明保险标的有疑问的情况。例如，保险标的物中包含有“二手货”“清仓销售货”，因而加重保险人承担责任的情况。

④ 损害保险人的代位请求权，影响其向第三者责任方进行追偿的情况。例如，被保险人在同承运人订立的运输合同中，加入了免除承运人某些责任的条款。

⑤ 保险人提出询问的情况。

此外，在非海上保险中，同一保险标的在以往其他保险人的保险单项下曾经发生过重大损失和赔款，或其他保险人曾拒绝承保，或在保险单上增添限制性条款等事实，一般都属于必须告知的重要情况。但在海上保险中，上述情况如保险人没有问及，被保险人可以不告知。例如，在Dodwell & Co.，Ltd v. The British Dominions General Insurance CO.，Ltd.（1918年）一案中，法院判决：被保险人没有义务告知在其以往所装运的各批油类货物中曾发生过严重渗漏和索赔，以及原保险人对其后各批货物拒绝承保的情况。

3. 重要情况的检验标准

在各国保险法中，对重要情况一般都规定有检验的标准。MIA1906 第 18 条第 2 款对重要情况的定义："凡能影响谨慎的保险人关于确定保险费的事项，或关于决定是否承保的事项，都是重要情况。"

根据上述英国海上保险法的定义，一件事项是否属于重要情况，并不是从被保险人的角度，按照被保险人的想法来确定的，而是从保险人的角度，按照"谨慎的保险人"(a Prudent Insurer) 所要求的标准加以判定的。由于这个规定有利于保险人而不利于被保险人，所以长期以来不断受到人们的批评。近年来，在学术界和一些判例中曾出现以"通情达理的保险人"(a Reasonable Insurer)，甚至以"通情达理的被保险人"(a Reasonable Insured) 的概念取代"谨慎的保险人"概念的主张。

此外，还有人认为，"谨慎的保险人"是个抽象的或虚拟的标准，它是根据有关保险行业中整体上一般知识水平、习惯做法、经验等所确立的"典型性"的保险人标准。在这个标准下，不告知一项事实对所涉及的具体保险合同中的实际保险人是否会有影响，是无关紧要的，只需证明它对一个"谨慎的保险人"是否有影响即可。例如，Scrutton 法官在 Glasgow Assocn. Corp. v. Symondson (1911 年) 一案中曾说：即使保险人得知了未告知的情况后仍会承保，但只要该情况对"谨慎的保险人"来说是重要的，则未告知此事仍构成不告知。

在实际保险工作中，有些事实从"谨慎的保险人"的标准来衡量虽然无关紧要，但对具体保险合同中的实际保险人来说，却有重要关系。因此，完全以抽象的"谨慎的保险人"的标准作为检验重要情况的标准，而置该情况对个案中特定保险人的影响于不顾，也是不够合理的。正因为如此，在向来严格坚持"谨慎的保险人"标准的英国，其上诉法院在 Pan Atlantic Insurance Co. , Ltd. & other v. Pine Top Insurance Co. (1994 年) 一案中也重新审查了判断重要情况和影响的标准，并在很大程度上改变了以前的判例。英国上诉法院在这个新的判决中，对重要情况的判定标准，一方面顾及对实际保险人的影响，要求保险人在解除保险合同时，必须证明未告知的情况已实际上使他（实际保险人）作出了不同的决定；另一方面也考虑到"谨慎的保险人"的检验标准，要求证明未告知的情况是"谨慎的保险人"在评估风险时所希望知道的，或若不存在未告知或错误告知，一个"谨慎的保险人"会认为"风险是不同的或者更大的"(但不必是对一个"谨慎的保险人"有决定性的影响)。

《2015 年英国保险法》采用客观和主观相结合的"双重标准"规定："重要情况"是指一个"谨慎的保险人"在决定是否接受承保，或以何种条件接受承保时会有影响的情况（不必是决定性影响，此即所谓客观标准)；而且是对本案保险人有实际影响的情况(此即所谓主观标准)。

中国《海商法》第 222 条对重要情况的定义："有关影响保险人据以确定保险费率或者确定是否同意承保的重要情况。"中国《保险法》第 16 条也作出了类似的规定。但它们对保险人是指"实际保险人"，还是指"谨慎的保险人"未加明确。同时，对未告知的情况是否必须对保险人有决定性影响才能解除合同，条文内也未作规定。

4. 告知的方式

从各国保险立法来看，关于投保人或被保险人的告知方式一般分为以下两种方式：

（1）无限告知

无限告知又称客观告知，即法律对告知的内容没有确定性的规定，而是只要事实上与保险标的危险状况有关的任何重要事实或情况，投保人或被保险人都有义务如实告知保险人，而且须与客观存在的事项相符。目前，法国、比利时及英美法系的一些国家大都采取这一告知方式。

（2）询问回答告知

询问回答告知又称主观告知，即保险人在投保单上将自己所要了解的事项列出，由投保人或被保险人逐项回答。凡投保单上所询问的事项都被认定为重要情况，投保人或被保险人只需逐项如实回答，即认为已履行了告知义务；对保险人询问以外的问题，投保人或被保险人没有告知义务，即使询问以外的情况具有重要性，亦不负告知义务。采取这种方式不仅符合现代保险技术进步的趋势，而且也足以保护被保险人的利益。目前多数国家都采取询问回答告知方式。

对投保人或被保险人的告知方式，中国《保险法》和《海商法》有不同的规定。中国《保险法》第16条规定："订立保险合同，保险人就保险标的或者被保险人的有关情况提出询问的，投保人应当如实告知。"可见，中国《保险法》的规定与询问回答告知方式相近。而中国《海商法》第222条的规定："合同订立前，被保险人应将其知道的或者在通常业务中应当知道的……重要情况如实告知保险人。"因此，中国《海商法》所取的是无限告知的方式。在这一方式下，被保险人告知的内容并不局限于投保单上所列项目和保险人所询问的事项。

在海上保险中，无论保险人是否问及，投保人或被保险人一般至少应如实告知下列情况：

一是在船舶保险中，应告知：① 船舶的性能及特殊构造；② 船级及船龄；③ 船舶的名称及其国籍；④ 船号；⑤ 船舶受损的情况；⑥ 开航时间等。

二是在海运货物保险中，应告知：① 船名及其国籍；② 货物装于甲板的情况；③ 货物在运输开始前有可能遭受损害的情况；④ 货物装卸使用驳船的情况；⑤ 在船舶保险中应告知的重要情况，对海运货物保险也须告知。

三是在海运运费保险中，应告知通常在船舶保险和海运货物保险中的有关重要情况，在海运运费保险中也同样重要，均须如实告知。

5. 违反告知义务的法律后果

在保险业务中，一方当事人（一般指被保险人）在订立保险合同时，未将重要情况告知另一方当事人（一般指保险人）即构成违反告知义务。对违反告知义务的法律后果，各国保险法律的规定不尽相同，主要分为保险合同无效和保险人有权解除保险合同两种。

（1）保险合同无效

这种规定的立法依据：履行告知义务是保险合同生效的要件，违反告知义务等于保险合同失去了存在的基础，因而保险合同应当"自始无效"。由于这种规定过分严格和刻板，任何告知义务的违反，均可导致合同无效，与现代保险业务的发展情况不相适应，因而目前世界上采取这种规定的国家很少，仅有比利时、荷兰等少数国家。法国现行保险法典（French Insurance Code）仅对故意违反告知义务采取此种规定。

（2）保险人有权解除保险合同

所谓有权解除保险合同，是指在被保险人违反告知义务时，保险人可以解除合同。这是法律赋予保险人的一项权利。保险人有权解除的合同，在法律上称为“可解除的合同”（Voidable Contract），它与“无效合同”（Void Contract）不同。后者是指按照法律不能成立的合同，也是法院不予强制执行的合同，这种合同不需要什么人去解除它，它本身根本就是无效的。

关于被保险人违反告知义务使保险人解除合同的权利，不同国家的法律有不同的规定。有的国家法律对被保险人的违反告知义务，不考虑其是否故意所为，只要不告知的事项属于重要事实，均规定保险人有权解除合同。MIA1906 的规定就是如此。有的国家则区别故意的违反和非故意的违反，对其法律后果作不同的规定。目前，世界上大多数国家采取这种做法。中国《海商法》和《保险法》的规定也是如此。根据中国《海商法》第 223 条的规定，被保险人故意和非故意违反告知义务的法律后果分别如下：

① 被保险人故意违反告知义务的法律后果

A. 保险人享有解除合同的选择权。

B. 若解除合同，保险人对投保人所缴纳的保险费不予退还。

C. 对解除合同之前由于保险事故所造成的损失，保险人不负赔偿责任，即使被保险人违反告知义务与该项损失之间没有任何关联也是如此。

若保险人已知道了被保险人未如实告知重要情况仍继续收取保险费或者支付保险赔偿的，不得再以被保险人未如实告知重要情况为由解除合同。

② 被保险人非故意违反告知义务的法律后果

A. 保险人享有解除合同的选择权。

B. 若不解除合同，保险人可要求投保人相应增加保险费。

C. 若解除合同，对于合同解除前由于保险事故造成的损失，保险人应负赔偿责任。

这里应注意，这种赔偿是以该项赔偿与被保险人未如实告知重要情况无关为前提。

D. 若解除合同，但未告知或错误告知的重要情况对保险事故的发生有影响者，保险人可以不负赔偿责任。

在这里的“影响”是指未如实告知或者错误告知的重要情况与保险事故的发生存在一定的因果关系，换言之，保险事故的发生与赔偿只有在二者无因果关系的情况下，保险人才予以赔偿，否则不赔。

根据中国《保险法》第 16 条的规定，投保人故意和因重大过失违反告知义务的法律后果分别如下：

① 投保人故意违反告知义务的法律后果

A. 保险人享有解除保险合同的选择权。

B. 若要解除合同，保险人对于合同解除前发生的保险事故不承担赔偿或者给付保险金的责任，即使投保人违反告知义务与该项保险事故的发生之间没有任何联系也同样如此。

C. 若要解除合同，保险人不退还投保人已支付的保险费。

② 投保人因重大过失违反告知义务的法律后果

A. 保险人享有解除合同的选择权。

B. 若要解除合同，保险人对于合同解除前发生的保险事故可以不承担赔偿或者给付保险金的责任，但应当退还保险费。

这种保险人免责的规定，必须要有一个前提，即投保人因重大过失违反告知义务对保险事故的发生有严重影响，否则保险人应予负责。换言之，投保人的因重大过失未如实告知与保险事故的发生两者之间存在因果关系，保险人才应免责。是非故意的，因过失未履行如实告知义务，若保险人要行使保险合同解除权，必须满足投保人的违反如实告知义务的后果足以影响他（保险人）决定是否同意承保或者提高保险费率，否则不应解除合同。

此外，中国《保险法》在第16条还规定：保险人在合同订立时已经知道投保人未如实告知的情况的，保险人不得解除合同；发生保险事故的，保险人应当承担赔偿或者给付保险金的责任。这一规定充分显示：中国的保险立法为了保护被保险人或投保人的权益，全面地阐述了诚信原则，呈现出一种高度的公平性，同时也是符合中国国情的。

6. 无需告知的情况

投保人或被保险人在办理投保时，并非事事均须向保险人作告知。对此，各国法律一般都有具有规定。

根据MIA1906第18条第3款的规定，下列事项若保险人没有问及，被保险人无须告知：

（1）关于减少风险责任的任何事项。

（2）有关保险人所知悉的或可以推定为知悉的事项；彰明公开的事项以及保险人在一般业务过程中所应知悉的事项。

（3）保险人表示免于告知的任何事项。

（4）由于明示或默示的保证条款，被保险人无须告知的事项。

中国《海商法》在第222条中也规定："保险人知道或者在通常业务中应当知道的情况，保险人没有询问的，被保险人无需告知。"例如，有这样一个案例：保险人承保了一艘旧战舰从Chatham拖往Brake的船舶航次险。承保期内，因该舰主机失灵，只得在荷兰岸边冲滩，保险人以被保险人没有告知该舰无蒸汽动力帮助舵机工作为由拒赔。但法院判定被保险人无须告知该舰不具备蒸汽动力这一事实，因为对于这一类军舰无蒸汽动力是公开的业务知识，推定保险人应该知道。

（二）陈述（Representation）

在保险业务中，所谓陈述，一般是指在保险合同的磋商过程中，由投保人或被保险人（或他们的代理人）将其所知悉的与保险标的有关的情况，向保险人所作的说明。陈述可以采用口头的方式或书面的方式进行；可以由投保人或被保险人主动作出，或根据保险人的询问作出。投保人或被保险人所作出的陈述，可以在保险合同成立之前撤回或改正。

1. 陈述的种类

根据MIA1906的规定，陈述可分为以下三种类型：

（1）对重要情况的陈述

这里的"重要情况"与前面告知义务中的重要情况含义相同。被保险人对重要情况的陈述必须真实，如果不真实，或者对保险人所询问的问题保持沉默不作回答，即构成错误陈述，保险人则有权解除合同。

（2）对一般情况的陈述

一般情况是指“重要情况”以外的情况。对于此类情况的陈述，一般只要求达到基本上正确（Substantially Correct），亦即只要当其与实际发生的情况之间差异不大，从谨慎的保险人来看不认为这种差异是“重要”的，即视为真实的。

（3）对希望或想法的陈述

对希望或想法（或信念）等所作的陈述，不是对事实的陈述，因此，只要是出于诚信作出的，一般即视为真实的陈述，这种陈述即使与事实有出入，也不能解除合同。

2. 询问与回答

如前所述，陈述可以在保险合同磋商期间由投保人或被保险人主动作出，例如对告知事项作进一步的说明，也可以由投保人或被保险人根据保险人的询问作出。在实际业务中，保险人常将需要了解的事项以印刷字体印于投保单上要求投保人或被保险人填写回答。投保人或被保险人在投保单上所作的回答即属于陈述。当然，除了投保单上所列问题之外，保险人如果还有其他特殊事项需要了解，仍可以书面或口头方式提出，由投保人或被保险人书面或口头回答。

对于投保人或被保险人在投保单上所作的回答，保险人如果有疑问或不够满意时，应立即向投保人或被保险人作进一步询问。若保险人未作进一步的询问就签发了保险单，则他就不得再以不告知或错误陈述为由拒绝承担合同义务。因为签发保险单的行为表明他已放弃了要求告知或陈述的权利。例如，在 Keeling v. Pearl Insurance Co.，Ltd.（1923 年）一案中，被保险人在人身保险单上回答的年龄与出生日期不一致。保险公司明知有此矛盾，仍然签发了保险单。法院判决，保险公司不得以存在该矛盾为由拒绝赔偿。

《2015 年英国保险法》对 MIA1906 规定的最大诚信原则进行了重大修改，不再分别规定为“告知义务”和“陈述义务”，将其统称为对风险的“公平提示义务”（The Duty of Fair Presentation），重新平衡了保险双方的权利义务。

在履行“公平提示义务”方面，被保险人有义务对可能的重要情况进行“合理查询”，合理清楚地且正确提供（不得误述），使得保险人获得重要情况的完整信息或足够的信息，使保险人能判断为确定风险还需要询问什么信息；同时，保险人也应为判断风险而主动地、清楚地向被保险人询问所需的信息。

在违反“公平提示义务”的救济方面，新法修改了 MIA1906 合同自始无效的单一救济方式，而是区分被保险人违反该义务的主观状态及对保险合同的具体影响程度，给予如下相应的救济：

（1）被保险人故意或轻率违反公平提示义务的，保险人有权视合同无效，且不退还已收取的保险费；

（2）被保险人非故意或轻率违反公平提示义务，而公平提示且保险人不会承保的，保险人有权视合同无效，但需退还已收取的保险费；

（3）被保险人非故意或轻率违反公平提示义务，且保险人会包含其他承保条件的，保险人有权主张该其他承保条件是合同的一部分（可能导致拒赔某种损失）；

（4）被保险人非故意或轻率违反公平提示义务，且保险人会收取更高的保险费的，保险人有权相应减少保险赔付金额。

（三）保证（Warranty）

1. 保证的含义及其性质

保证，又称担保，是最大诚信原则的另一项重要内容。根据 MIA1906 的规定，保证是指被保险人在保险合同中所作的保证要做或不做某种事情；保证某种情况的存在或不存在；或保证履行某一项条件等。

在一般商业合同中，保证是一项从属于主要合同条款的许诺，如果一方违反保证仅仅使另一方具有请求赔偿的权利而已。但保险合同中的保证则是合同赖以成立的基础，若被保险人在保险有效期内，违背了其在保险合同中所做的保证，则无论违背的事项是否重要，是否给保险人造成损害，保险人均可以从被保险人违反保证之日起解除保险合同，除非保险单另有明文规定。因此，保证是保险合同中的重要条款之一，被保险人必须严格遵守。

保险合同中的保证条款，对保险当事人（特别是被保险人）具有相当的约束力，双方当事人可以进行约定。在中国《保险法》中，对保证问题虽未做专门规定，但该法在第 18 条中规定，投保人和保险人在第 18 条规定的保险合同事项（必要事项）外，可以就与保险有关的其他事项做出约定。换言之，若认为必要，可在保险合同中对这一条款（即保证条款）进行约定。中国《海商法》提及保证条款，但未作进一步的解释。

在保险合同中，保险人之所以要求投保人承诺某种保证，主要是出于以下原因：首先，确保良好的管理能得以贯彻。例如，在火灾保险中，垃圾应及时清除；在盗窃险中，报警系统应处于良好的工作状况；在海运货物保险中，不得从事违法货物运输，保证船舶适航适货及货物包装适合运输方式等。其次，确保未经保险人同意不得进行某些风险较大的活动，因为保险费是基于不存在这些活动的前提下而收取的。例如，在海运货物保险中，某种货物没有置于舱面，其保险费的收取也未考虑这一风险因素，因此，被保险人必须保证该货物不得存放于舱面。在磋商保险合同时，保险人一般不会同意在保险条款中取消上述第一条所描述的保证条款；至于第二条所描述的保证条款，若事先通知保险人并在加缴一定保险费的前提下，保险人有可能同意予以免除。

2. 保证的类型

MIA1906 根据保证存在的形式，将保证分为明示保证和默示保证两种类型。

（1）明示保证（Express Warranties）

明示保证是指保险合同双方当事人以任何形式（主要是书面形式）在合同中约定的事项或指保险合同中的保证条款。在多数情况下，保险人为慎重起见，在投保单或保险单中印有保证条款，投保人或被保险人一旦签订了合同，就必须遵守该条款的规定。例如，在船舶保险中，为了冬季航行的安全，保证条款中规定："保证不在北纬 60°以北地区航行。"

（2）默示保证（Implied Warranties）

默示保证是指保险合同双方当事人在合同中没有作明确的规定，而是根据法律或惯例推定应该履行的条件或事项。这种保证在海上保险中表现得最为明显。例如，MIA1906 中规定了海上保险中的三个默示保证。

① 被保险人要保证开航时船舶的适航性。由于船舶的不适航而引起的货损，保险人不予以负责。

② 船舶不得绕航。是指在正常情况下船舶不得随意绕航，因为绕航会增加船货受损的危险。但由于下列原因所产生的绕航除外：

A. 保险单规定船舶可以绕航；

B. 由海上救助人命或财产的需要而产生的绕航；

C. 因紧急避难而绕航。

③ 被保险人必须保证本航次航行的合法性。因船舶装运走私品、违禁品、非法品而受到有关国家部门的扣押、查缉，而使货物受到损失，保险人不予以负责。

美国有关的保险法根据保证事项是否已经确实存在，把保证分为确认的保证和承诺的保证两种类型。

（1）确认的保证（Affirmative Warranty）

确认的保证是指投保人或被保险人对在保险单签发前过去或现在某些事实存在或不存在的保证。如在船舶保险中，投保人保证船舶已经过检修，确认没有问题；在火灾保险中，投保人保证房屋备有报警和灭火设备等。这种保证除非明文提及将来，否则只是对过去或投保时的保证，不包括对该事实继续存续的保证义务。

（2）承诺的保证（Promissory Warranty）

承诺的保证是指投保人或被保险人保证在保险合同生效后及继续存在的期间内，某些事项的存在或不存在以及要做或不做某些事项的保证。例如，在海运货物保险中，投保人或被保险人保证在夏季不装运印度煤炭；或保证不在存货仓库内存放易燃、有毒物品等。

3. 违反保证的法律后果

由于保证是保险合同成立和存在的基础，也就是说，如果没有投保人或被保险人的保证，保险人可能不会签订合同，或签订不同的合同。因此，各国法律一般都对违反保证应承担的法律后果加以具体规定，但其内容并不完全相同。

根据 MIA1906 的规定，保证是一项必须准确遵守的条件，除非保险单另有明文规定，被保险人如不准确遵守，保险人可以在违反保证之日起，解除保险合同，但对于该日之前保险人所应负的责任，并不发生影响，即违反保证之日前发生的保险事故予以负责。同时该法还规定，违反保证后，被保险人不得借口在损失发生前已经弥补了对违反保证的行为，或已履行了保证，提出抗辩。换言之，保证一旦被违反，即使被保险人在发生损失前，对违反保证已采取补救措施或已履行了保证，保险人仍然可以从违反保证之日起，解除合同。

《2015 年英国保险法》对保证制度做出了三项改革：（1）废除了将合同成立前被保险人向保险人提供信息的义务转化为保证的“合同基础”条款。（2）在违反保证时，保险人的责任不能自动解除，只能暂时中止；保险人对被保险人更正违反保证的行为后提起的有效索赔继续承担责任。（3）若保证或其他条款与某一特定类型的损失相关，则保险人不能以被保险人未遵守此类保证或条款为由对实际发生的不同类型的损失拒绝承担责任。

与 MIA1906 相比较，中国法律对违反保证的法律后果相对宽松。中国《海商法》在第 235 条中规定：“被保险人违反合同约定的保证条款时，应当立即书面通知保险人。保险人收到通知后，可以解除合同，也可以要求修改承保条件，增加保险费。”据此，被保险人违反合同约定的保证条款时，应尽通知义务，其作用在于使保险人及时了解合同履行情况，对被保险人违反保证条款的行为采取相应的自我保护措施。对保险人而言，若被保险人违反保证，他具有较灵活的选择权，即无论被保险人是否有过失，他均可解除合同，并对被保险人违反保证后发生的损失不负赔偿责任，即使该损失与违反保证义务之间没有直接的因果关系；若被保险人尽了通知义务，保险人也可采取要求修改承保条件或增加保险费的措施，作为不解除合同的条件。如果保险人收到被保险人的通知后，并收取保险费或支付保险赔偿，不得再以违反保证为由解除合同。

保险人依照该条规定解除合同的，应当将自合同解除之日起至保险期间届满之日止的保险费退还给被保险人，对合同解除前与违反保证无关的保险标的的损失，应依合同约定支付赔偿。

美国法律对违反确认的保证和违反承诺的保证的法律后果采取不同的规定。如果投保人或被保险人违反确认的保证，保险人有权自始取消保险合同；投保人或被保险人违反承诺的保证，保险人得自违反保证之日起才可解除保险合同，在保险人有权解除合同之前的保险期间内发生的因保险事故导致的损失，仍承担赔偿责任。

4. 保证的免除

根据多数国家的保险立法规定，投保人或被保险人的保证义务在一定条件下可以免除履行。例如，按 MIA1906 的规定，由于情况发生变化，保证不再适用于保险合同的，或法令变更而使合同中的保证条款不合法时，保证可以免除履行；凡被保险人违反保证条款时，保险人可以放弃要求（弃权）。

这里的弃权是指保险人放弃因投保人或被保险人违反保证而产生的保险合同解除权。保险人的弃权行为，可以通过明示和默示两种形式表示。前者是指保险人直接向投保人或被保险人表示放弃合同解除权；后者是指保险人通过行为或其他方式表示，可以合乎逻辑地推定其放弃了合同解除权。例如，保险人明知投保人或被保险人违反保证，仍为其签发保险单或接受其缴纳的保险费，或承担赔偿责任。保险人一旦放弃合同解除权则不得重新提出。保险代理人的弃权行为所产生的法律后果由保险人承受，即代理人明知投保人或被保险人违反保证而收取保险费，签发保险单，保险人也不得以违反保证为理由行使合同解除权，应视为保险人弃权。

另外，保险人的上述弃权行为也适用于投保人或被保险人违反告知义务。

保险中的保证对投保人或被保险人来说是十分严格的，稍有违反就有可能导致保险人行使合同解除权。这对投保人或被保险人是一种利益上的约束。在实务中，有些保险人经常在投保单上加列一条声明：投保人同意，投保单上投保人所回答问题的真实性是尽其所知和所信的，并作为保险合同的基础。近年来这一滥用保证条款的情形受到人们的批评，目前许多国家的保险立法开始对此加以限制，以维护被保险人的利益。例如，在签订和履行保证条款时，应做到：保证的事项必须是重要的；投保单中的保证条款应在保险单中加以确认或重新载明，以提示被保险人注意；若被保险人违反保证义务，保险人应向被保险人发出书面通知后，方可解除合同等。

## 案例分析

**案例 3-1：被保险人违反如实告知争议案**

**案情简介①**

原告：上海星星货运公司（以下简称“星星公司”）

被告：皇家保险公司上海分公司（以下简称“皇家保险”）

2000 年 12 月 12 日，星星公司填写了皇家保险提供的综合运输责任保险投保书，选择投保附加险中的（C）受托人责任保险和（G）第三者责任保险，保险有效期限为 2001 年 1 月 1 日至 2001 年 12 月 31 日。在投保书所列的基本险 A 提单责任保险中“损失记录：请注明在过去五年中发生的所有提单项下的索赔/损失”一栏中，星星公司填写为“无”。

2001 年 2 月 13 日，星星公司以传真方式通知皇家保险决定投保该投保书中列明的险种：（A）提单责任保险和（B）财务损失，接受免费赠送（D）包装责任保险，并要求将 AIR SEA TRANSPORT INC.；SHANGHAI AIR SEA TRANSPORT INC.（星星公司）；AIR SEA AIR CARGO INC.；AIR SEA TRANSPORT（HK）LTD.；BONDEX AIR & SEA LOGISTICS INC.；BONDEX CHINA CO.，LTD.；HAICHENG AIR SEA INTERNATIONAL TRANSPORT AGENT CO.，LTD.；CHINA LOGISTICS CO.，LTD. 和 AIR SEA TRANSPORT（CANADA）INC. 九家公司一并列入保险单，保险期间为 2001 年 2 月 1 日至 2002 年 1 月 31 日。上述被保险人中，只有 AIR SEA TRANSPORT INC.；BONDEX CHINA CO.，LTD 和 CHINA LOGISTICS CO.，LTD. 有自己的提单。星星公司和 AIR SEA TRANSPORT INC. 曾经被作为共同被告，发生提单责任项下的索赔和涉讼，但星星公司未将上述事实告知皇家保险。

2001 年 2 月 15 日，皇家保险签发了保险单，星星公司与其他八家公司为被保险人，险种为公众责任险下的提单责任保险、财务损失（错误和漏保）保险以及包装责任保险，保费为 47 630 美元。涉案保单中公众责任险规定的责任范围：在保险期间，被保险人因经营业务发生意外事故造成第三者的人身伤亡和财产损失的，依法应由被保险人承担的经济赔偿责任由保险人承担；对被保险人因上述原因而支付的诉讼费用以及事先经保险人书面同意而支付的其他费用，保险人亦负责赔偿。保险单中规定被保险人的义务：被保险人应在投保时对投保书中列明的事项及保险人提出的其他事项作出真实、详尽的说明或描述。

另查明，2001 年 6 月，AIR SEA TRANSPORT INC. 为提单承运人、福建亚明电器有限公司为托运人的提单项下的货物被无单放行。2002 年 1 月 21 日，该无单放货纠纷被托运人起诉至厦门海事法院。

2002 年 3 月 25 日，厦门海事法院以星星公司并非提单承运人，也无证据证明星星公司是无单放货的责任人为由驳回了托运人的起诉。星星公司为应诉发生律师费计人民币 33 480 元。2002 年 4 月 11 日皇家保险通知星星公司：由于星星公司在投保时有故意隐瞒重要事实的行为，保险单从签订之日起就属无效保险单，皇家保险不承担该保险单项下的

---

① 资料来源：中国法律资源网，http：//www.lawbase.com.cn/lawcase/lawbase_@1099.htm。

保险责任。

由于皇家保险拒绝保险理赔，星星公司遂起诉请求确认涉案保险合同有效；皇家保险赔付星星公司因涉讼产生的案件处理费用。

试分析保险人的拒绝赔偿是否有理。

（提示：投保书作为保险合同的一个组成部分，也是保险人确定被保险人是否履行如实告知义务的重要依据。投保书上填制的内容对于保险人确定是否承保和确定保险费率高低具有至关重要的作用。

上海海事法院认为，星星公司与皇家保险间订立的是海上保险合同。但对星星公司而言，其仅作为承运人的代理，对于提单项下发生的责任赔偿，并无损失产生，也不必承担责任，其不具有可保利益，就该险种为内容的保险合同应为无效。根据中国《海商法》的规定，星星公司投保时，应将其知道的或者在通常业务中应当知道的所有被保险人的有关影响保险人据以确定保险费率或者确定是否同意承保的重要情况，如实告知保险人。但星星公司未履行上述义务。据此，皇家保险依法有权解除合同，并拒绝退还保险费。

星星公司不服一审判决，提起上诉。二审法院认为，原判依中国《海商法》对涉案保险合同的是否成立作出认定，适用法律并无不当。星星公司作为承运人的签单代理，有可能承担提单项下货物的装卸等承运人责任，即享有提单责任险下的可保利益，保险合同应认定有效。但在涉案保险事故中，星星公司仅为 AIR SEA TRANSPORT INC. 在装货港的签单代理，与在目的港无单放货行为无涉，不承担有关提单项下的责任，不涉及提单责任险下的可保利益问题。星星公司在原投保书提单责任险中关于近五年内“无”索赔或损失记录的陈述属实。但在要求将其与另外 8 家单位列入保险单时，星星公司未将自己和 AIR SEA TRANSPORT INC. 曾经被列为共同被告，发生过提单责任项下的索赔和涉讼的事实如实告知皇家保险，构成故意未履行如实告知义务，皇家保险拒赔理由依法有据。星星公司在厦门海事法院涉讼的案件中不负赔偿责任，所产生的律师费用不构成因保险事故造成的损失，不属于保险理赔范围，皇家保险不应承担赔偿责任。综上，原判适用法律正确，但关于保险合同为无效合同的认定有误，应予纠正。星星公司要求皇家保险赔偿律师费损失的上诉请求缺乏事实和法律依据，不予支持。由此可见，根据中国《海商法》的规定，因被保险人故意未将应如实告知的重要情况告知保险人的，保险公司有权解除合同，且不退还保险费，并对损失不承担赔偿责任。）

**案例 3-2：保证条款争议案**

**案情简介**①

原告：深圳华联粮油贸易公司（以下简称“粮油公司”）

被告：华安财产保险公司（以下简称“保险公司”）

1997 年 10 月 27 日，粮油公司与瑞士迪高谷物公司签订买卖合同，向后者购买 12 000 吨（可增减 10%，由卖方选择）散装黄豆粕，约定贸易条件为中国蛇口 CFR FO（成本加运费，承运人不负责卸货）。粮油公司为上述进口豆粕与保险公司签订了一份货物运输保

① 资料来源：北大信息法律网——北大法宝，2007 年 8 月 3 日。

险单，投保了“一切险”。1997年12月2日，该保险单项下豆粕在印度孟买港开始装上“仁达思”轮，12月15日装船完毕。承运人印度船务公司签发了清洁提单，提单记载的卸货港为“蛇口”。同年12月30日，“仁达思”轮抵赤湾港，次日开始卸货。卸货当天，粮油公司以传真函通知保险公司，货物已于昨天下午运抵赤湾港卸货，请速派员到港口勘查。

1998年1月1日，装卸工人发现第四舱内豆粕发红变质。粮油公司及时通知了保险公司，次日保险公司派人到现场查看。粮油公司申请深圳进出口商品检验局对货物进行检验，鉴定了上述货物发红变质系货物装船后运输过程中发生的。

1998年1月6日，粮油公司向广州海事法院提出诉前财产保全申请，请求扣押“仁达思”轮，责令承运人印度船务有限公司提供1 776 920美元的担保；同日，广州海事法院裁定准许了粮油公司的申请，扣押了“仁达思”轮，随后承运人提供了担保；1月9日广州海事法院解除了船舶扣押。粮油公司于1998年1月24日向广州海事法院对印度船务公司提起诉讼。

发现货物出险后，粮油公司与保险公司双方对残损货物的处理和赔偿问题进行了协商。其后双方又对赔付额和赔付条件进行了协商。因协商未果，粮油公司于1998年5月20日向法院提出撤回对印度船务公司的起诉的申请。1998年7月3日，广州海事法院裁定准许粮油公司撤回对印度船务公司的起诉，并返还了担保。

粮油公司于1998年7月28日向广州海事法院起诉，称粮油公司所投保的货物在保险公司承保期间和承保责任范围内发生货损，保险公司应予保险赔偿。被告保险公司辩称：保险公司签发的保单记载的卸货港为“中国蛇口 ”。但货物没有在保单约定的卸货港卸货，而是在赤湾港卸货。粮油公司单方面变更保单载明的卸货地，违反了保证条款，无权依保单向保险公司提出任何索赔。

但粮油公司提供了深圳港务局出具的一份证明，内容为：“赤湾港航公司（属赤湾港区）为深圳港务局行业管理的港口企业，在地理位置上均属蛇口区域，不具体指某一确定企业。”

保险公司又辩称：粮油公司撤销对承运人的起诉，构成放弃向第三人要求赔偿的权利；且在向承运人主张权利的诉讼时效届满前，其仍未对承运人提起诉讼，而使针对承运人的请求超过诉讼时效，因此产生的法律后果应由粮油公司承担。请求法院驳回粮油公司的诉讼请求。

试分析本案的症结所在。

（提示：法院判决，“蛇口”作为商业区域包括赤湾，认为货物在赤湾卸下没有超出保险合同约定的运输范围，符合深圳当地的一般商业概念，是适当的。保险公司为拒赔而从“蛇口”和“赤湾”的字面差异提出被保险人违反保证条款的抗辩，就显得不足为据了。粮油公司撤回对承运人的起诉，不构成放弃向第三人要求赔偿的权利。向承运人索赔，不是被保险人向保险人索赔的前提条件。粮油公司起诉保险公司时，其针对承运人的诉讼时效远未届满，有足够的时间可供保险公司调查和理赔。但保险公司没有及时作出赔偿，以取得代位追偿权自行向承运人索赔。若因此造成向承运人索赔的诉讼时效届满，由此产生的法律后果理应由保险公司自行承担。保险公司赔偿粮油公司货物短量损失、货物损失、商检费、转仓、翻堆费、起诉承运人的诉讼费、诉前财产保全申请费及上述款项自

1998年7月28日起至本判决生效之日止按同期中国人民银行贷款利率计算的利息。）

## 第二节 可保利益原则

### 一、可保利益及其原则的概念

可保利益（Insurable Interest），又称保险利益[①]或可保权益，是指投保人或被保险人在保险标的上因具有某种利害关系而享有的为法律所承认、可以投保的经济利益。投保人或被保险人的这种经济利益，可因保险事故的发生而受到损失；也可因不发生保险事故而继续享有。

在保险合同中，被保险人要求保险人给予保障的，并不是保险标的本身（如货物、房屋等），而是被保险人对保险标的所享有的经济利益。换言之，保险合同的标的（Subject Matter of Contract of Insurance）或保险合同的客体是可保利益，而不是保险标的（Subject Matter of Insurance）本身。对此，国外有个著名的判例（Castillain v. Preston，1883年）作过精辟的解释："火灾保险单所承保的究竟是什么？它所承保的不是用以建造房屋的砖石和材料，而是被保险人在保险标的中所具有的利益。"

因此，当保险标的因保险事故造成损害或灭失时，保险人向被保险人赔付的不是原样的保险标的（如货物、房屋等），而是被保险人在保险标的中所具有的金钱上的利益。

可保利益是保险合同的效力要件。世界各国的保险法都规定投保人或被保险人必须对保险标的具有可保利益，才能同保险人订立有效的保险合同。如果投保人或被保险人对保险标的没有可保利益或超越可保利益的范围，则他们同保险人所签订的保险合同无效。例如，MIA1906第4条规定："被保险人无本法规定的可保利益者，或在订约时无取得此项利益的希望者，应视为赌博或打赌的契约"；"以赌博为目的而订立的海上保险契约，应作为无效"。中国《保险法》在第12条中也规定："财产保险的被保险人在保险事故发生时，对保险标的应当具有保险利益；保险利益是指投保人或者被保险人对保险标的具有的法律上承认的利益。"

综上所述，可保利益原则是指投保人或被保险人必须对保险标的拥有可保利益；投保人或被保险人对保险标的不拥有可保利益的，保险合同是无效合同。

在此应特别注意，可保利益与"保险的利益"（Benefit of Insurance）是两个不同的概念。"保险的利益"是指被保险财产在第三者（如承运人或其他受托人）的手中时，第三者为了免除他对该项财产损失的赔偿责任，而要求或单方面在受托合同中订明他可以享受原保险的利益，即一旦该项财产受损或灭失，第三者可以免责，被保险人只能向保险人提出赔偿要求。第三者的这种要求或规定可能导致保险人对被保险财产在第三者保管期间所发生的损失或灭失不能向第三者责任方行使代位追偿的权利，因此，保险人常在保险合同中明确订明：任何第三者不得享受本保险的利益。

### 二、可保利益的来源

保险的对象不同，可保利益的来源也不相同。兹以财产、责任、信用以及保证保险为

① 中国《保险法》中称之为"保险利益"。

例，对可保利益分别予以说明。

（一）财产保险的可保利益

1. 来源于保险标的的所有权或经营管理权

保险标的的所有人或经营管理人，在法律上同他们所占有的标的具有特殊的经济利益关系。基于这种特殊关系，若保险标的被毁损，他们的利益将蒙受损失；若保险标的继续存在，他们将因此而受益。因此，所有人或经营管理人对保险标的具有可保利益。

2. 来源于保险标的的担保物权，主要包括质权、抵押权和留置权

拥有上述权利的人，一般为保险标的的保管人、抵押权人、承揽人、承运人或承租人等。这些人对其所占有的标的虽不享有所有权或经营管理权，但依约在保管、抵押、留置、承揽和租赁过程中，他们与该标的有着直接的利益关系，因而具有可保利益。

对同一标的具有可保利益的人中，除所有人或经营管理人之外，其余的拥有可保利益的人只是暂时具有可保利益，并受一定金额的限制，即不能超越可保利益的范围。

3. 来源于对保险标的承担一定的风险和责任

保险标的虽非当事人所有，但他对该项标的因某种原因承担一定风险和责任时，对标的也享有可保利益。例如，仓储公司对其保管储藏的商品，报关行对其经办进出关境的财物，以及海上货物运输的承运人对其承运的货物等。

4. 基于合同而产生的可保利益

当事人之间所缔结的合同，若以某种财产为履行的对象，则该财产的毁损灭失势必影响当事人一方因合同而产生的利益，因此，该当事人对该项财产具有可保利益。例如，租船合同规定承租人对船舶支付 10 万元租金，取得 10 年的租用权，若船舶发生损失，他可能需要另花 10 万元租用其他船只，因此，承租人对所租船舶具有 10 万元的可保利益。

（二）责任保险的可保利益

凡在法律上对发生事故引起的后果负有经济赔偿责任的人，其对保险标的均具有责任保险的可保利益。

（三）信用、保证保险的可保利益

凡因对方未履行其义务而可能遭受经济损失的人，或因自己的行为使他人受到损害的人，或因员工的不法行为而引起经济损失的人，均具有可保利益。

## 三、可保利益构成的条件

并不是投保人或被保险人对保险标的的任何利益关系都可以构成可保利益，可保利益的构成必须符合下列条件：

（一）可保利益必须是合法的利益（Legal Interest）

投保人或被保险人对保险标的所具有的利益必须是合法的、可以主张的利益，而不应是违反法律规定、通过不正当的手段获得的利益。若属于违法行为所获得的利益，如海上走私，或者是属于违反国家利益或社会公共利益而产生的利益，都不能作为可保利益而订立保险合同；即使订立了，也属无效合同。

（二）可保利益必须是可以用货币计算的经济利益（Pecuniary Interest）

保险这种补偿手段是用集中起来的保险基金对被保险人遭受的损失进行经济补偿，而不是恢复原样或物质补偿。无论是财产保险、责任保险或保证保险，当保险事故发生并造

成损失时，需要保险人保障的是投保人或被保险人在经济利益上的损失。因此，可保利益必须是在经济上有价值，可以用货币计算的利益。像聘书、借据、信物或纪念品等对持有人虽有一定利益，但因无法以货币来表示其价值，所以通常不能构成可保利益，不具可保性。财产的价值一般是可以估算的，否则补偿就难以实现；虽然人身保险中人的生命和身体的价值是无法用金钱来确定的，但被保险人的生病、伤残、死亡等会使其本人或其受益人在经济上受到损失，因此，可以成为可保利益。

（三）可保利益必须是确定的、可以实现的利益（Definite Interest）

可保利益无论是既得利益或是预期利益，都必须是确定的、客观存在的、可以实现的利益，而不是仅凭主观的臆测、推断可能获得的利益。例如，对某些财产具有所有权、共有权、使用权等，其利益随物权的存在而产生。若为预期利益，虽在签订合同时尚不存在，但只要它是客观上可以实现的，并且在保险事故发生前或发生时，是可以确定的，则可成为可保利益，如承运人对运费的利益、进口商对所购买的商品的合理利润等。

## 四、可保利益必须存在的时间

虽然可保利益原则要求投保人或被保险人必须对保险标的拥有可保利益，但因保险种类的不同，拥有可保利益的时间也有所差别。

在一般财产保险，特别是财产火灾险，通常要求自订约时起至保险事故发生时止，均须拥有可保利益，其原因旨在预防道德危险的发生。

在海上运输货物保险中，一般不要求投保人在投保时必须具有可保利益，但要求在保险事故发生时，被保险人必须具有可保利益。例如，MIA1906 第 6 条第 1 款规定："被保险人在保险标的发生损失时必须享有可保利益，尽管在订立保险契约时他没有取得可保利益的必要。"另外该法还规定："如标的按'不论损失或未损失（lost or not lost）'条件投保，被保险人虽在标的损失后才取得可保利益，他仍可请求损害赔偿，除非在订立保险契约时被保险人已获悉标的发生损失而保险人并不知晓者。"

海上运输货物保险中，可保利益必须存在的时间的规定与一般财产保险不同，其原因是运输货物保险的目的也是补偿损失，若在保险标的发生损失时，被保险人对保险标的没有可保利益，则经济利益受到损害的就不是被保险人，而是其他人。在这种情况下，向被保险人支付赔款，就违背了保险损害补偿原则。至于在投保时不要求被保险人必须具有可保利益，则是为了适应国际贸易中的被保险人的实际需要，即，在国际商品买卖中，购买商品的被保险人为使其所购买的商品获得充分保障，常需在买卖合同订立之前或在卖方交货和风险转移之前办理投保手续，而在此时投保人并没有可保利益。若要求投保时也必须具有可保利益，则不利于促进国际贸易的发展，相反，有可能阻碍国际贸易的顺利进行。

## 五、可保利益原则的意义和作用

可保利益原则的规定具有下列几方面的意义和作用：

（一）可防止变保险合同为赌博合同

MIA1906 第 4 条明文规定："以赌博为目的而订的海上保险契约，应作为无效，凡海上保险契约有下列情节者，应视为赌博或打赌的契约：

（1）被保险人无本法规定的可保利益，而且在订约后仍无获得此项可保利益的可能；

（2）保险契约订有下列或其他类似条款者，如‘不论有无可保利益’或‘除本保险单外，再无具有可保利益的证明’或‘保险人无救助利益’。”

赌博是有悖于社会利益和社会公共秩序的不良行为，其目的、手段和结果与保险截然不同：保险的目的在于排忧解难，求得经济上的保障，赌博的目的是谋取经济上的侥幸获利；保险的手段是应用危险分散原则，按照大数法则收取保险费，是建立在合理、科学的基础上的，而赌博的手段是投机取巧侥幸获得利益；保险的结果是在自然灾害、意外事故发生时为被保险人提供经济补偿或给付保险金，而赌博的结果是损人利己。可保利益原则使被保险人不可能通过不具有可保利益的保险合同获得额外利益。这样就避免了把保险合同变为赌博合同的可能性。

（二）可防止被保险人的道德危险

道德危险是指投保人或被保险人投保的目的不是为了获得保险保障，而是为谋取保险赔款或给付保险金而故意地作为或不作为，由此造成或扩大保险标的的损失。这种人不是积极地预防保险事故的发生，而是希望、促使保险事故的发生，甚至故意制造保险事故。如果法律上没有可保利益原则的规定，必将导致某些人为谋取额外利益而故意制造保险事故，破坏社会财富，最终必将导致社会混乱，保险也就失去其存在的价值。而根据可保利益原则，投保人或被保险人必须与保险标的有利益关系，具有可保利益的被保险人不会希望损失的发生；即使发生损失，保险人承担的赔偿责任或给付的保险金都不超过被保险人的保险金额。实践中标的发生损失后，其实际损失往往要超过保险金额，其超过部分保险人是不负责任的。所以，可保利益原则的规定可以消除产生被保险人道德危险的根源。

（三）可限制保险赔款或保险金的给付

可保利益原则不仅规定了投保人或被保险人对保险标的必须具有可保利益，而且还规定了可保利益的大小范围，即投保人或被保险人对超出利害关系的范围而进行投保，该超出部分无可保利益，因而得不到保险人的保障。例如，某人将其价值 100 万元的房产投保，那么保险事故发生后，他最多只能得到 100 万元的保险赔款。即使他投保了 120 万元的保险金额，他也不会获得更多的保险赔款，只能因此而多缴保险费。因此，保险事故发生后，投保人或被保险人请求保险赔款或给付保险金，保险人将以可保利益为限，并且不超过保险标的所遭受的实际经济损失或约定保险金的数额。

在保险合同期间，投保人将可保利益转移给受让人，保险合同继续有效，这就是所谓的可保利益的转移。例如，财产所有人对自己的财产具有可保利益，他在投保后，在保险合同存续期间，将财产所有权转让给他人，因而也就失去了可保利益。而新的财产所有人与保险人并无合同关系，原保险合同应当终止，新的财产所有人须重新投保。但在保险业务习惯中，法律常承认新的财产所有人可以取代原投保人的地位，保险合同继续有效而无需重新投保，但条件是应征得保险人的同意（海上运输货物保险除外）。例如，在财产保险中若被保险人死亡，其继承人可以获得可保利益。在海上货运保险中，卖方可不经保险人同意，背书后将保险单转让给买方，可保利益随之转移。

## 六、可保利益在国际贸易中的应用

在国际贸易中，买卖双方所采用的贸易术语决定着双方承担的风险的转移时间，而风险的转移时间又与可保利益转移的时间有关。因此，保险货物在从卖方仓库运至买方仓库的整个运输过程中发生的货损货差或灭失，究竟谁享有可保利益以及谁对保险人享有损害赔偿请求权，这就取决于买卖双方在交易中所采用的不同贸易术语。国际贸易中常用的贸易术语对风险转移时间的规定，以及由此决定的可保利益的转移时间具体如下。

（一）EXW（工厂交货）

在这一贸易术语下，卖方在合同规定的日期或期间内，于指定地点将合同货物置于买方支配之下（即货物已经特定化并为买方的提货做好准备，可供买方前来提取），风险即告转移。因此，可保利益也于此时转移给买方。买方若已将货物办理了保险，对此后货物受到的损失，即有权向保险人要求损害赔偿。若在合同规定的时间和地点，货物已经特定化并已为买方的提货做好准备，但买方没有按时前来提货，此时可保利益也转移给了买方，若货物发生损失也由买方承担。

（二）以D开头的术语

以D开头的组贸易术语包括DDP、DAT和DAP。在该组术语下，卖方于规定的日期或期限内，在指定目的地的约定地点，将货物置于买方支配之下，风险即告转移。在此之前的风险应由卖方办理保险，在此期间发生的损失，由于只有卖方享有可保利益，所以只能由卖方向保险人索赔。在货物被置于买方支配之后的风险，应由买方办理保险，在此期间所发生的损失，也只有买方有权向保险人索赔。

（三）FAS（装货港船边交货）

在该术语下，卖方承担货物的风险责任至货物交到船边为止，在此之前，卖方承担风险，并享有可保利益。若买方预定的装货船舶未能按时到港，或虽已到港却无法装运，则由买方承担合同规定的交货期届满以后的一切风险。货物由卖方交到买方的船边后，买方享有可保利益，若此时货物发生损失，买方有权向保险人索赔，此时卖方已无可保利益。

由于卖方承担货交船边前的风险，享有可保利益，因此卖方一般要投保内陆运输险。有时因买方所派船舶吨位过大，吃水较深，无法靠泊，卖方为履行船边交货义务，需要用驳船将货物运到船边，过驳的这段海上风险应由卖方承担，享有可保利益，卖方可向保险人投保相应的险别。如果货物发生损失，享有可保利益的一方有权向保险人提出索赔。

（四）FOB（船上交货）和CFR（成本+运费）

在这两种贸易术语下，依据Incoterms® 2010，卖方承担货物在装运港装上船舶之前的风险，此时卖方对货物享有可保利益；货物装上船舶后，风险由卖方转移给买方，此时买方享有可保利益。

按照贸易惯例，在这两种术语下，由买方投保海上运输货物的风险。而按照海上货运保险条款的规定，保险人承担的责任期限采用的是“仓至仓”条款，即自货物发运地仓库至目的地收货仓库。但由于货物在装运港装船之前，风险尚未转移，买方尚无可保利益，若在此期间发生损失，尽管保险责任期限是“仓至仓”条款，买方也无权就此项损失向保险人索赔。若卖方没有办理货物自发运地仓库至装运港船舶之间的保险，此时卖方也无权向保险人索赔。由此可见，FOB和CFR条件下，买方投保的海上货运保险是于货物在装运港装船之后才生效的，尽管保险责任期限是“仓至仓”条款，但买方对货物在装船之前并无可保利益，因而保险人对在此期间发生的损失不向买方负责。保险人对买方所负的赔偿责任仅限于货物在装运港装船之后至目的地收货仓库为止，由承保风险所造成的损失。至于货物自发运仓库至装运港码头装船之前的风险应由卖方自己办理保险，或者委托买方在投保时代保。

（五）CIF（成本+保险费+运费）

在该术语下，货物的风险及可保利益的转移时间和地点与FOB、CFR相同。所不同的是，在CIF条件下，卖方以自己的名义投保海上货运保险，当货物在装运港装船后，卖方以背书的方式将保险单转移给了买方。因此，若货物自卖方发运仓库到装船前这段时间发生损失，可以由卖方向保险人索赔，因为卖方为保险单上的被保险人，享有可保利益；也可以由买方向保险人索赔，因为CIF条件下，保险单经卖方背书转让之后，保险单的受让人（买方）即享有与让与人（卖方）相同的保险索赔权利。由此可见，CIF下的买方可以按照“仓至仓”的原则，对全程运输过程中的损失享有向保险人索赔的权利。

## 案例分析

**案例3-3：可保利益与风险转移纠纷案**

**案情简介**①

原告：中国B技术进出口公司（以下简称“B公司”）

被告：中国某保险公司（以下简称“保险公司”）

2000年9月27日，B公司代理武汉某通信公司与阿尔卡特网络公司签订了一份网络设备国际货物买卖合同，约定的总价款为851 108美元，以FOB加拿大渥太华为贸易条件。合同签订后，B公司与运输公司联系，协商运输事宜，运输公司委托海外运输商S公司负责海外运输。2000年11月15日，B公司与保险公司签署了一份《国际运输预约保险起运通知书》，载明被保险人为B公司；保险货物项目为一套数字数据网络设备，包装及数量是纸箱48件；贸易条件为EX-Work；货价（原币）851 108美元；运输路线自Ottawa，Canada至中国湖北武汉；投保险种为一切险；保险金额为978 774美元；保险费为3 915美元；落款栏盖有保险公司业务专用章和B公司发票专用章；备注栏载明：（公路运输）Kanata（阿尔卡特公司工厂所在地）—渥太华机场；空运：渥太华机场—北京机场—天河机场（货物离开机场及武汉市内通知保险公司）。

11月15日，B公司向保险公司支付了保险费人民币32 417元，并收到保险公司的收据。渥太华时间2000年11月15日19时，即北京时间2000年11月16日8时，被保险货物在渥太华S公司仓库被盗。2000年12月7日，B公司将出险情况告知了保险公司。同年12月21日，B公司向保险公司提出索赔，保险公司以B公司不具有可保利益而主张合同无效并拒赔，B公司遂向法院起诉。

试分析本案例的症结所在。

[提示：可保利益（Insurable Interest）是保险中最为重要的问题之一。在货物运输保险中，被保险人对投保货物是否具有可保利益，取决于货物风险是否转移，而货物风险的转移又与贸易术语密切相关。

本案的焦点是可保利益的认定。本案中B公司是否具有可保利益取决于其是否对买

---

① 海运博客，http：//blog. shippingchina. com/；梁荔. 从几个典型案例看在使用FOB术语的情况下卖方面临的风险及其规避措施［J］. 广西大学梧州分校学报，2006（7）。

卖合同项下货物承担风险，而对货物承担的风险及其起始时间又取决于买卖合同约定的贸易术语。本案买卖合同约定的贸易条件是FOB加拿大渥太华，意为货物在渥太华装船或装机后，货物的风险才发生转移。在此之前，货物的风险则仍由卖方承担。因此，本案B公司购买的货物在海外运输公司S公司仓库被盗时，B公司不具有可保利益。同时，保险合同载明的工厂交货对确定投保人对保险标的是否具有可保利益没有法律意义，B公司以保险合同为依据，主张以工厂交货并移转风险的观点不能成立。法院最终判定保险公司与B公司的保险合同因投保人对保险标的不具有可保利益而无效。B公司无权要求保险公司承担赔偿责任，而保险公司亦应退还保险费。

本案的教训是，买卖合同的贸易术语与保险合同的贸易术语不衔接，导致保险公司拒赔。]

**案例3-4："保险利益条款"（Benefit of Insurance Clause）争议案**

**案情简介**

中国某企业与美国一出口商以FOB条件签订一笔进口货物合同，并委托美国出口商与当地的某轮船公司订立了海上货物运输合同。该批进口货物由中国进口企业在中国某保险公司投保了一切险。当货物在中国港口卸货时发现部分货物严重受损，进口企业请求检验检疫部门出具了检验检疫报告。之后该进口企业向保险公司办理了货损索赔手续。

经查，该货损属船方（承运人）未恪尽职责履行管货义务而造成的。当保险公司赔偿货主损失后，行使代位权向美国船公司追偿时，该船公司以提单中含有"若因承运人的过失而导致船载货物灭失或损坏，同时该货物又向保险人取得了保险，则承运人对货损不予负责"条款为由，拒绝向保险公司赔偿。保险公司又以货主损害了保险人的代位权为由要求货主返还其赔偿金。

试分析本案例的症结所在。

[提示：上述问题是国际海上货物运输合同或提单中常见的"保险利益条款"（Benefit of Insurance Clause）的纠纷。它涉及海商法、保险法、国际公约及国际惯例等复杂问题。目前，中国及其他国家的法律及国际惯例对此有不同的规定和做法。

保险利益（Benefit of Insurance）与可保利益（Insurable Interest）不同。

保险利益（Benefit of insurance），是指被保险的财产在第三者（如承运人或其他受托人）手中时，第三者为了免除自己对该财产损失的赔偿责任，而要求或单方面在受托合同中订明他可以享受原保险的利益，即一旦该财产因第三者的原因致损或灭失，第三者可免责，被保险人只能向保险人提出索赔要求。

在国际货物运输中，有些承运人在运输合同或提单中加列"保险利益条款"，企图以此来免除其本应承担的运输责任。但该条款在美国等国家，法院承认其效力，且被保险人不违反告知义务。因此该条款可能导致保险人无法行使其代位权，进而损害保险人的权益。而有关国际公约和包括中国在内的一些国内法并不承认该条款的有效性。

通过该案例可以获得两点启示：对进出口企业而言，首先，须对中国的相关法律有所研究，尤其对与贸易相关的保险法、海商法等特别法更应有深入的研究。其次，对主要贸易伙伴国家的相关法律、国际公约或惯例也应有所了解和掌握。]

**案例3-5：变更CIF条件后的保险责任**

**案情简介①**

原告（上诉人）：中国人民保险公司广东省分公司（以下简称“广东人保”）

被告（被上诉人）：中成国际运输有限公司广州分公司（以下简称“中成运输”）

2002年4月27日，广州国际经济技术合作公司（以下简称广州国际）与中成运输签订“孟加拉工程设备货运代理合同”，约定广州国际委托中成运输发运输变电设备，发运时间当年5月20日至31日；中成运输负责货物自上海港装船至吉大港卸船并交付收货人为止的全部工作，包括代理租船订舱、装船、出口报关、卸船等，若因中成运输存储、运输、装卸不当造成货损，应赔偿由此产生的一切损失；中成运输收取的“海运费用”包括运费、港口包干费、仓储费、报关费。

5月16日，广州国际向中成运输出具出口货物托运单。6月7日，广州国际出具发票，记载：买方达卡供电局，货物为地下电缆、配电变压器，CIF总价3 819 122.93美元。6月20日，中海船务代理公司以“顺安”轮船东代理人的身份签发已装船提单一式三份。同日，原告广东人保签发保险单，载明：被保险人为广州国际，自上海港至吉大港，2002年6月20日开航，承保险别为一切险，保险金额3 846 289.50美元。8月31日，“顺安”轮抵吉大港并开始卸货，9月4日卸毕。詹姆斯芬雷公司在达卡的收货人货仓对货物检验，并书面报告：28箱变压器不同程度受损，9捆电缆的保护性木板断裂，电缆绝缘表面数处刮伤、割裂。为修复受损的变压器和电缆，广州国际共支付修理费、材料费、运费、差旅费共计人民币357 095.58元。

2003年9月1日，原告广东人保向广州国际支付保险赔款人民币357 095.58元，并收到了广州国际的“收据和权益转让书”，并取得代位追偿权。请求判令被告中成运输赔偿人民币357 095.58元及其利息。

被告中成运输辩称：被保险人广州国际在货损发生时对保险标的不具有可保利益，原告理赔错误，不能取得代位追偿权；我方与广州国际签订的是国际货运代理合同，原告诉请我方承担承运人责任没有法律依据。

**一审法院判决：**

广州海事法院经审理认为：本案是保险人根据保险合同赔付被保险人货物损失后，代位被保险人提起的海上货物运输合同货损纠纷。

被告中成运输与广州国际签订的“孟加拉工程设备货运代理合同”，尽管其中有代为报关等中成运输作为代理人的约定，但其内容主要是关于中成运输作为承运人、广州国际作为托运人的权利义务的约定及运费收取、安全运输等规定，符合货物运输合同的条件和特征，因而应认定该合同为含有货运代理内容的海上货物运输合同。该合同是双方当事人的真实意思表示，合法有效。

发票显示涉案货物以CIF条件成交，表明货物在起运港装船之前，由广州国际承担货物的风险，装船之后则由收货人达卡供电局承担该风险。广州国际在投保时享有可保利益，其与广州人保间的保险合同合法有效。

---

① 资料来源：广州海事法院网站，http：//www.gzhsfy.org/showanli.php？id=502。

但当被保险货物装船后，广州国际即不再承担货损风险，从而丧失了可保利益，其无权要求保险人赔付有关损失。原告对不具有可保利益的广州国际的保险赔付不符合法律规定，其赔付后不能取得代位追偿权。遂判决驳回原告广东人保的诉讼请求。

**二审法院判决：**

上诉人广东人保不服该判决，向广东高院上诉，称虽然发票记载的贸易条件为CIF，但货损风险并未在装货港装船后转移至买方。托运人（广州国际）可依运输合同向承运人提出索赔。

被上诉人中成运输辩称：在国际贸易中，买方在货损后不懂得专业设备的维修，让卖方修理是常见的做法，广州国际代为承担相关的检验、修理等费用，最大的可能性是与买方存在代为修复的协议，广州国际代为支付的费用最终由买方承担。

广东高院经审理，确认了一审法院认定的事实和证据，并认为，广州国际就涉案货物运输向广东人保投保一切险，货物在目的港交货时发现受损，该损失是一切险责任范围内的风险引起，为此广东人保向广州国际支付了保险赔款。广东人保是否取得代位追偿权，取决于被保险人广州国际是否享有对上述损失向承运人（中成运输）的请求权。本案是海上货物运输合同代位追偿纠纷，而非海上货物保险合同纠纷，法院只应就被保险人与承运人之间的运输合同关系进行审理，原审法院以广州国际不具有可保利益（属于保险合同）为由，认定广东人保不具有代位追偿权不当，本院予以纠正。

广州国际与中成运输签订的货运代理合同明确约定在运输期间发生货损时，由中成运输向广州国际赔偿损失。广州国际作为托运人，基于运输合同产生的请求权不会因为货物在装货港装船就消失，在货物交付后因货损遭受风险，广州国际仍有权向中成运输索赔，广东人保在向广州国际作出保险赔付后，应依法取得代位追偿权。

货物发票虽载明CIF条件，但不能由此得出结论：广州国际在起运港货物装船后必然没有损失。本案中，没有证据表明广州国际已收取了涉案货物的货款（即还未完成交货义务），而相关修理合同、修理费发票显示广州国际委托有关单位在目的地对货物进行修理并支付了修理费。在没有相反证据的情况下，应认定广州国际承担了运输途中货物受损的风险（变更了CIF条件）。广东人保作为保险代位权人，有权要求承运人中成运输赔偿损失。

广东高院依照中国《民事诉讼法》第153条第1款第（2）项、第（3）项，中国《海商法》第44条、第46第1款、第252条第1款之规定，作出如下判决：（1）撤销广州海事法院（2003）广海法初字第432号民事判决；（2）中成运输赔偿广东人保货物损失人民币357 095.58元，及自2003年9月1日起至实际清偿日止按中国人民银行同期流动资金贷款利率计算的利息。

试分析本案例的症结所在。

[提示：在CIF条件下，若未变更贸易惯例，根据Incoterms，货物的风险在装货港装船时由卖方转移至买方，卖方从而丧失了可保利益，也就无权要求保险人赔偿保险单项下的货物损失。若保险人对不具有可保利益的卖方赔付，则不符合国际惯例，其赔偿后也不能合法的取得向承运人的代位追偿权。

但贸易合同在履行过程中，通过双方的行为（卖方实际支付了货物在目的港的修理费用）变更了CIF条件下的货物风险转移的国际惯例，卖方承担了货物到达目的港卸货为止的运输风险。因此，卖方有权请求承运人赔偿，保险公司赔偿卖方后，作为代位追偿权的行使人当然有权向承运人再追偿。]

**案例 3-6：FOB 条件下卖方对运输途中的货物是否具有可保利益争议案**

**案情简介**①

原告：九龙贸易公司（以下简称“九龙贸易”；卖方；被保险人）

被告：永安保险公司（以下简称“永安保险”；保险人）

九龙贸易（卖方）同约旦买方签署了板栗买卖合同，贸易条件是 FOB。九龙贸易与永安保险签订货物运输保险合同，承保的险别是“冷藏一切险”，货物在运输中设定的温度是零下 2℃。货物装船出运到达约旦，买方提货发现集装箱冷藏温度过高导致板栗受损，从而扣除应支付给九龙贸易的货款 5 万美元。于是九龙贸易向永安保险提出索赔，但保险人以无可保利益为由拒赔。为此导致诉讼。

**法院判决**

一审法院审理认为，根据约旦 HBG 保险公估公司的货物检验报告，在海运过程中，由于集装箱制冷不当造成了货损，发生了保险事故。涉案货物由买方通关提货并运至仓库处理，因此，货物所有权已转让给买方。涉案货物的贸易条件是 FOB，货物自装船后风险发生转移。因此，货损风险由买方承担。九龙贸易作为卖方在保险事故发生后不再对货物具有可保利益，无权向保险人主张权利。为此，青岛海事法院驳回了九龙贸易的诉讼请求，九龙贸易不服一审判决提出上诉。

二审法院经审理认为，只要投保人或者被保险人对保险标的具有法律上承认的经济利害关系，即可认定其具有可保利益。货物在运输途中发生损害后，九龙贸易接受约旦买方从货款中扣除货物损失，即实际承担了货物运输途中的风险，这已改变了 FOB 条件下，货物在装港装船后风险转移给买方的国际贸易惯例。九龙贸易实际上承担了货物在运输途中的风险与损失，与货物具有法律上的经济利害关系，因此，应当认定其对货物具有可保利益。为此，二审法院判决永安保险承担保险赔偿责任。

试分析该案例。

[提示：

中国《保险法》第 12 条规定：“保险利益是指投保人或者被保险人对保险标的具有的法律上承认的利益。”

**一、海上运输货物保险可保利益判定的依据**

1. 当货物所有权与风险没有分离，即两者同时转移，一般认为货物的所有权人对货物享有可保利益。在国际贸易中，货物所有权从卖方转移给买方，其对可保利益的判定将会产生影响。

2. 当所有权与风险分离时，即两者不同时转移，若所有权并未发生转移，而货物的风险发生转移，是货物所有人与承担货物风险的一方（如买方）同时对货物具有可保利

---

① 门植渊．再论海上货物保险中的保险利益——以一个真实案例为视角．http：//www.ccmt.org.cn/showexplore.php？id=4167，2013-12-25 23:11:11。

益，还是只有承担货物风险的一方（如买方）具有可保利益？这是确定谁有权向保险人索赔的一个至关重要的问题。

若只是对货物承担风险的一方（如买方）具有可保利益，而卖方丧失了对货物的可保利益，即使卖方还享有货物所有权，则极有可能对卖方不利，甚至造成损失。因此，将风险承担作为海上运输货物保险中判定可保利益的唯一标准存在不足与局限性，还应综合判断卖方是否与保险标的具有法律上的经济利益关系。

**二、国际贸易中，货物风险的转移对可保利益判定的影响**

通常FOB条件下，货物从装上船时起，只有买方承担货物风险并具有可保利益，即只有买方可向保险人索赔运输中的损失，而卖方因无可保利益而无权向保险人索赔。

但也有例外，即买方退单、拒收货物、拒付货款时，该行为将产生可保利益回转的法律后果。国际货物买卖中，可保利益的有或无与风险的转移是紧密联系在一起的，可保利益的回转是随货物风险的再次转移而发生回转的。

**三、不同投保人就同一货物分别投保，被保险人应有权在其可保利益范围内索赔**

2013年6月起实施的《最高人民法院关于适用〈中华人民共和国保险法〉若干问题的解释（二）》第1条规定："财产保险中，不同投保人就同一保险标的分别投保，保险事故发生后，被保险人在其可保利益范围内依据保险合同主张保险赔偿的，人民法院应予支持。"

上述规定为"可保利益"认定标准的合理解释奠定了基础。

《2015年英国保险法》（2016年8月生效）对其1906年《海上保险法》有所修改，从过去仅强调被保险人与保险财产间的法律关系，逐步发展到强调被保险人与保险财产之间具有合法的经济利益关系，即为具有可保利益，以使其真正充分发挥保险的功效，保护被保险人的利益。

该案对出口商的启示是，若卖方须承担货物运输中的风险（或D组贸易术语），或向买方担保到货品质，则卖方应自己投保某一险别的保险，以保障自身利益。]

## 第三节　补偿原则

从法律上讲，各种保险合同（人身保险合同除外）都是补偿性合同，所有补偿性合同都是建立在补偿原则（Principle of Indemnity）的基础之上的。

### 一、补偿原则的概念及其意义

保险补偿原则是指在财产保险中被保险人与保险人签订保险合同，将特定的风险转由保险人承担。当保险标的发生了承保责任范围内的损失时，保险人应当按照保险合同条款的规定履行全部赔偿责任。但保险人的赔偿金额不得超过保险单上的保险金额或被保险人遭受的实际损失，即不能超过被保险人对保险标的所具有的可保利益。保险人的赔偿不应使被保险人因此而获得额外利益。

保险补偿原则主要应用于财产保险中，它对保险理赔工作具有重要意义。首先，被保险人与保险人签订保险合同后，一旦发生承保责任范围内的损失，被保险人就有权要求获得全面、充分的赔偿。如果损失中有一部分没有获得赔偿，被保险人的经济损失就没有得到完全的补偿，保险就没有完全发挥其作用，有悖于补偿原则的宗旨。其次，保险人对被保险人的补偿恰好能使保险标的恢复到保险事故发生前的经济状况，但保险人的补偿不能使被保险人获得可保利益以外的利益，即获得不能超过保险金额或实际经济损失的额外利益，否则，有可能引发道德危险，给全社会和保险业带来不良后果。

就可保利益而言，补偿原则在很大程度上依赖于对保险标的的估价，而财产保险的标的是有价的，因而补偿原则可适用于财产保险中。所以人们习惯将财产保险合同称之为"补偿性合同"。但在大多数人身保险中，由于人的生命和身体不能用金钱来衡量，其可保利益在金钱上是无限的，所以一旦发生保险事件要想真正达到充分补偿的目的是不可能的。因此，人们习惯将人身保险合同称之为"给付性合同"，保险补偿原则一般不适用于人身保险合同。

## 二、补偿原则的法律适用

### （一）超额保险中超额部分无效

中国《保险法》第 55 条规定，财产保险中保险标的的"保险金额不得超过保险价值；超过保险价值的，超过部分无效，保险人应当退还相应的保险费"。法律的这一规定，就是补偿原则的精神在立法上的体现。如果法律不强制规定超额保险中的超额投保部分无效，则会使被保险人在保险标的全损情况下，获得多于其实际经济损失的赔偿。通过立法，强制规定超额投保部分无效，就严格限制了被保险人的超额请求权，使保险人依法赔偿的金额完全与被保险人的实际经济损失一致，从而使其不能额外受益。

在保险标的部分损失情况下，超额保险中保险人的赔偿责任，除合同有特别约定外，以实际损失为限。

### （二）重复保险的赔偿金额总和不得超过保险价值

中国《保险法》第 56 条规定，财产保险合同中"重复保险的各保险人赔偿金额的总和不得超过保险价值"。

从法律原理上看，上述两条立法规定都是财产保险合同的补偿原则的具体体现。

## 三、补偿原则的应用

如前所述，保险人在运用补偿原则对被保险人进行赔偿时，其金额既不能超过保险金额或保险价值，也不能超过实际损失。同时，保险人还应按照保险合同约定的方式进行赔偿。

当保险标的发生承保责任范围内的损失，保险人在对被保险人进行理赔时，对补偿原则的应用主要掌握下列几个方面：

### （一）按保险金额或实际损失进行补偿

保险金额是指投保人对保险标的的实际投保金额。它是保险单上规定的保险人负责损失赔偿的最高责任限额，是确定保险费率的依据。保险人理赔时，根据补偿原则，其赔偿金额最高不得超过保险金额。而保险金额确定的依据是保险价值，即保险标的的经济价值，是投保人对标的所具有的可保利益的货币表现形式，它也是保险人进行补偿的最高限额。

如前所述，补偿原则主要适用于财产保险中，各种财产因其在不同时期存在不同的市场价值，因此在投保时，可采用不定值保险和定值保险两种形式。在不定值保险中，投保时双方只商定一个投保金额，当标的发生损失时再确定受损标的当时的实际价值。因此，在不定值保险中，常常会出现三种情况：超额保险，即保险金额大于标的的实际价值；不足额保险，即保险金额小于标的的实际价值；足额保险，即保险金额与标的的实际价值相等。在不同情况下，保险人的赔偿金额是不同的：超额保险的赔偿金额不能超过实际价值，即保险价值；不足额保险，赔偿金额不能超过保险金额；足额保险，赔偿金额按实际损失赔偿。定值保险是指投保时，双方对保险标的的价值加以确定的保险，并以这个确定的价值作为保险金额投保。当保险标的发生承保责任范围内的损失时，保险人则以这个确定的价值作为计算赔偿金额的依据，不再核实标的受损时的实际价值。因此，定值保险的赔偿金额是在保险金额的限度内按实际损失赔偿，最高赔偿金额不得超过双方约定的保险金额（又称约定的保险价值）。海运货物保险一般采用定值保险。

（二）实际损失的确定方法

无论是定值保险还是不定值保险，保险人在履行补偿原则时，都需要根据保险标的遭受的实际损失程度来决定其补偿限度。因此，当保险标的发生保险事故时，保险人首先要对实际损失予以确定，其方法通常有以下几种：

1. 按市场价格确定

这是一种最常见的确定实际损失的方法。如果保险标的遭受损毁，保险人可以按同等类型及新旧程度的物品在市场上的价格来确定保险标的的实际损失，作为补偿的依据。

2. 按恢复原状所需费用确定

在保险标的遭受部分损失而非全部损失时，多数情况下可将其修复，恢复原状。由于恢复原状所需支出的费用，应视为被保险人遭受的实际损失。遭受保险事故的保险标的，经修复，其现有的形态和使用功能往往与原来相比有一定差异。这种差异一是修复后的标的改善了性能，提高了价值。在这种情况下，被保险人因保险标的状况改善获得了额外利益。根据补偿原则，保险人有权将被保险人获得的额外利益部分的价值，从保险赔款中扣除。二是由于种种原因，修复后的标的其功能不如原来的，保险人应考虑补足差额部分。例如，在 Alchorne v. Favill（1825 年）一案中，被保险的房屋遭受损失后，因市政当局规划上的要求，修复后的房屋比原来的要矮一些。这样，保险人不仅要支付房屋修复费用，而且还要支付原房与新房差异上被保险人丧失的利益。

3. 按重置成本减折旧确定

当保险标的发生损失时，有可能在市场上找不到同类型的物品，这时可以用当时的实际造价减去折旧的方法来确定保险标的的实际损失。这种方法一般适用于建筑物的保险。当建筑物受损后，如果被保险人想要修复原形或重建受损建筑，其赔偿金额便是修理或重建费用减去适当折旧费后的差额。

4. 按被保险人的货币损失确定

在信用保险、责任保险和保证保险中，被保险人遭受的实际损失一般可以直接用货币形式表现出来，此时实际损失即可直接由货币损失额来确定。但下列被保险人支付的费用，保险人一般不予补偿：（1）刑事罚金或行政罚款；（2）保险合同约定范围之外，被保险人因法律或合同支付的各项费用；（3）被保险人没有法律或合同义务，而是自愿支付的费用。

（三）根据保险合同约定的方式进行补偿

保险人应用补偿原则时，除了赔偿金额不得超过保险金额或实际损失外，还应按照保险合同中约定的赔偿方式进行补偿。

赔偿方式是指在财产保险合同中双方约定的据以计算赔偿金额的方式。财产保险赔偿金额的计算，除受保险金额、保险价值和实际损失金额三个因素影响外，还与保险合同中约定采用的赔偿方式关系极大。

财产保险的赔偿方式主要有以下几种：

1. 比例赔偿方式

采用比例赔偿方式时，保险赔偿金额的计算方法是：

保险赔偿金额＝保险金额/标的损失时的实际价值×损失金额

这种比例赔偿方式一般适用于不足额保险。这是因为，财产保险的保险费率大小是在足额保险基础上计算出来的，如果被保险人投保的是不足额保险，则其支付的保险费就少于足额保险的保险费。因此，当发生损失时不应得到足额的赔偿。这种计算赔偿的方式对保险人和被保险人双方都是合理和公平的。

2. 第一损失赔偿方式

第一损失赔偿方式又称第一危险赔偿或第一责任赔偿方式。它是指保险人在承保时把标的的损失或责任分为两部分：第一部分为小于或等于保险金额的损失或责任；第二部分为大于保险金额的损失或责任。按照这种赔偿方式，保险人仅对第一部分的损失或责任承担赔偿义务，第二部分的损失或责任不在承保责任范围之内，应由被保险人自负。根据这种赔偿方式，保险人在计算赔偿金额时不考虑保险金额与财产的实际价值之间的比例，损失或责任只要在保险金额限度内，保险人即按实际损失或责任金额予以赔付，即赔偿金额等于损失或责任金额。因此，按这种方式计算的保险赔偿金额只取决于保险金额和实际损失或责任金额两个因素，它可以避免比例赔偿方式的烦琐计算，从这一点来说对保险人比较方便；而且只要损失或责任在保险金额限度内，无论是否为足额保险，被保险人均可得到损失或责任金额的全部赔偿，没有任何扣除，从这一点来说对被保险人更为有利。所以这种赔偿方式一般适用于信誉较好的被保险人的投保。

3. 定值保险赔偿方式

定值保险是按保险双方约定的价值承保，当保险标的发生保险事故时，如果标的全部损失，保险人就按保险金额（约定价值）全部赔偿，而不考虑该标的的实际市价如何；如果标的部分损失，先确定受损程度，然后保险人按损失程度在保险金额限度内赔付。这种赔偿方式一般适用于海运货物保险，或适用于名贵字、画等贵重物品的特约保险。

4. 限额责任赔偿方式

限额责任赔偿方式又称固定责任赔偿方式，是指保险人对在合同约定限度内的损失负赔偿责任的一种赔偿计算方法。按照这种方式，保险人在承保时对被保险人遭受的损失规定一个限额，损失的赔偿与否和这一限额有关。例如，保险合同中规定了绝对免赔额（率），若标的的损失没有超过免赔额（率），其损失由被保险人自负；若标的的损失超过了免赔额（率），保险人只承担实际损失与免赔额率之差。如果保险合同中规定了相对免赔额（率），当标的的损失没有超过免赔额（率），其损失由被保险人自己承担；当标的的损失超过了免赔额（率），保险人则连同免赔额（率）在内的损失都给予赔偿。绝对免赔额（率）和相对免赔额（率）经常适用于海运货物保险。

目前在国际商业保险中，经常使用一种大免赔额的做法，即保险合同中约定一个数额很大的绝对免赔额。如果损失在该免赔额之内，保险人不予赔偿，即使损失超出了该免赔额，保险人也只承担超出该免赔额部分的损失。被保险人同意采用这种做法的原因是，确信自己有能力承担该免赔额的损失，同时还可以从保险人那里享受到对保险费打折的好处。

总之，保险人应用补偿原则的目的是对被保险人遭受的实际损失进行补偿，使其恢复到受损前的经济状态，而不应使被保险人通过保险补偿获得超出实际损失的额外利益。

## 案例分析

**案例 3-7：补偿原则争议案**

**案情简介**

申请人：“宁安 9”轮船东

被申请人：某保险公司

2005 年 12 月 31 日，被申请人就申请人所有并经营的“宁安 9”轮向申请人签发了“船舶保险单”，按照 PICC（1/1/1986）船舶保险条款承保一切险，承保期限自 2006 年 1 月 1 日至 2006 年 12 月 31 日。2006 年 1 月 27 日，“宁安 9”轮航行在长江江阴水域邻近澄西船舶修造厂（以下简称“澄西船厂”）码头时，电机突然跳闸，船舶因而失控触碰了澄西船厂的船台，造成船台滑道损坏。该船台滑道原为钢筋混凝土结构。根据查明的受损情况，结合施工费用、修复周期以及船厂的修造任务，中船第九设计院提出了三套修理方案：（1）钢筋混凝土结构恢复方案，预计总费用为人民币 549.5 万元，预计工期 120 天，延误船期费 1 360 万元；（2）钢管桩加混凝土横、纵梁修复方案，预计总费用为人民币 1 138.65 万元，预计工期 105 天，延误船期费 880 万元；（3）钢管桩加钢结构横、纵梁修复方案，预计总费用为人民币 1 673.89 万元，预计工期 60 天，延误船期费 40 万元。为最大限度地缩短船台滑道的修理工期从而减少或避免船台延迟或丧失使用造成的经济损失，澄西船厂与申请人最终达成一致意见，采用了修复费用较高但工期较短的第三套方案，即“钢管桩加钢结构横、纵梁方案”实施修复。

2006 年 6 月 27 日，申请人与澄西船厂就上述船台滑道的修理费用达成了《和解协议书》，约定由申请人向澄西船厂支付人民币 1 050 万元（“和解金额”）作为“宁安 9”轮触碰澄西船厂船台滑道的所有赔偿。申请人在向澄西船厂赔付了上述款项后，于 2006 年 12 月 19 日向被申请人正式提出保险索赔，要求被申请人赔付申请人向澄西船厂支付的人民币 1 050 万元的赔偿。被申请人收到申请人的保险索赔通知书后，仅同意赔付申请人按照第一套方案即“钢筋混凝土结构恢复方案”预计支出的人民币 549.5 万元的修复费用。该款项并已实际支付。

双方争议的焦点是：被申请人的保险赔偿责任为申请人向澄西船厂支付的人民币1 050万元的赔偿金额，还是仅限于申请人按照第一套方案即“钢筋混凝土结构恢复方案”预计支出的人民币549.5万元的修复费用。

试分析保险公司应该如何赔偿申请人。

[提示：

仲裁庭意见：

1. 申请人的法定赔偿责任

本案中，申请人因过失触碰澄西船厂的船台滑道并造成滑道损害，依法应承担损害赔偿责任，对此被申请人与申请人均无异议。至于申请人对澄西船厂的损害赔偿责任的范围，则应按照我国现行法律依法确定。具体到本案中，由于对船台滑道的损害为部分损坏且能够在技术上予以修复，因而本案应本着恢复原状的原则，由申请人向澄西船厂赔偿：(1) 船台滑道的修复费用；以及 (2) 船台滑道修复前由于船台滑道不能正常使用所产生的合理的收益损失。这其中，第 (1) 项船台滑道的“修复费用”应为船台滑道修复工程所发生的各种费用，包括勘察费、设计费、材料与施工费、监理费以及各种工程审批、质量验收与监督管理等费用，而不仅仅局限于施工费用，当然上述费用应以合理并实际发生者为准。第 (2) 项船台滑道“修复前由于船台滑道不能正常使用所产生的合理的收益损失”即指由于船台滑道的迟延或丧失使用所产生的可得利益的损失，该项损失既应该包括船台滑道不能正常使用所产生的对第三者的赔偿责任，也应该包括由于船台滑道不能正常使用所产生的利润或收入损失。

2. 保险合同的除外约定

在没有除外约定的前提下，申请人对澄西船厂所应承担的上述损害赔偿责任理应属于被申请人的责任范围。但是，根据被申请人向申请人签发的“船舶保险单”所依据的PICC (1/1/1986) 船舶保险条款“一切险”条款的规定，在“碰撞责任”条款下，该保险“对下列责任概不负责：……d. 任何固定的、浮动的物体以及其他物体的迟延或丧失使用的间接费用”。因此，对于船台滑道的“迟延或丧失使用的间接费用”不在保险公司的承保范围之内。而上述被申请人对申请人依法应承担的第 (2) 项损害赔偿责任，即“修复前由于船台滑道不能正常使用所产生的合理的收益损失”正属于“迟延或丧失使用的间接费用”的范畴，因此依照约定不应属于被申请人的责任范围，被申请人无须给予保险补偿。据此，被申请人在本案中的保险赔付责任仅为申请人向澄西船厂赔偿的第 (1) 项费用，即船台滑道修复工程所发生的各种费用。

3. 被申请人的保险赔付责任

被申请人的保险责任为申请人对澄西船厂在船台滑道修复工程中所发生的费用和支出的经济赔偿。而依据法律的规定，对船台滑道的修复应该以恢复原状为原则，超出恢复原状原则的费用和支出依法不应由保险人赔付。所谓恢复原状，是指将毁损的有体物修复如初，既可以由侵权人自行修复，也可以由受害人或第三人修复但由侵权人支付修复费用。在本案中，船台滑道原为钢筋混凝土结构，则采用钢筋混凝土结构予以修复即可达到恢复原状、修复如初的目的，同样也就履行了恢复原状的义务和责任。因此，在中船第九设计院提出的三套修理方案中，只有第一套方案符合恢复原状的原则，而第二套和第三套方案采用了更好的材料、技术以及更高的费用来修复船台滑道，已超出了恢复原状的要求。因此，若要求被申请人对申请人向澄西船厂支付的人民币1 050万元的赔偿承担全部责任，会使被申请人承担了本不应承担的因船台受损造成的“迟延和使用丧失”的赔偿责任，其实质上是将上述损失转嫁给被申请人，这对被申请人来说是不公平的。而且，这也违背了恢复原状的原则和相关立法规定，违反了被申请人与申请人双方的保险约定。

仲裁庭裁决：申请人认为应按照第三套方案予以赔付的观点不予支持；相反，被申请人主张按照第一套方案予以赔付的观点符合法律规定。由于当事人已采取了第三套方案并已实际实施了该方案，因此被申请人的保险责任应按照第一套方案中的合理预估费用予以确定，但超出申请人责任范围的部分以及超出申请人实际支付的部分，被申请人依法不承担保险赔付责任。

本案例启示：被保险人不能从保险合同中获得额外的收益，即财产保险合同是补偿性合同，所有补偿合同都是建立在补偿原则基础之上的。]

## 第四节　代位追偿原则

从上一节所论述的补偿原则中，可以看到，在损失发生之后，被保险人享有使其利益恢复到与损失发生前经济状况一致的权益。它所涉及的仅仅是被保险人在保险单以及在其他保险合同项下的补偿作用。但在现实生活中，当标的发生损失之后，除了保险人的补偿外，被保险人还可能拥有从其他方面获得补偿的权利。在这种情况下，被保险人最终可能得到大于其实际损失的补偿而获得额外利益。很显然，这将有悖于保险补偿原则，需要增补新的原则，以确保补偿的目的得以实现。由此，代位追偿（Subrogation）原则应运而生，以示公平合理。

### 一、代位追偿的概念

代位追偿，又称代位求偿或代位请求，是指在财产保险中，当保险标的发生了保险责任范围内的事故造成损失时，根据法律或合同，第三者需要对保险事故引起的保险标的的损失承担损害赔偿责任，保险人向被保险人履行了损失赔偿责任之后，在其已赔偿的金额的限度内，有权站在与被保险人相同的地位向该第三者索赔，即代位被保险人向第三者进行追偿。保险人享有的这种权利称之为代位追偿权（Right of Subrogation）。例如，在海运货物保险中，由于承运人的管货责任导致承运货物受海水浸泡，而该损失又属于货物保险人承保责任范围内的责任时，保险人按保险合同赔偿被保险人（货主）之后，有权向该损失的责任方——承运人进行追偿，即代位行使货主对该承运人的损害赔偿请求权。中国《保险法》第60条对保险代位权作出了专门规定：“因第三者对保险标的的损害而造成保险事故的，保险人自向被保险人赔偿保险金之日起，在赔偿金额范围内代位行使被保险人对第三者请求赔偿的权利。”由此可见，当保险标的的损失是由第三者的责任所致，且该责任无法免除时，保险当事人及相关的第三者责任人必须遵循代位追偿的规定处理保险事故，这就是所谓的代位追偿原则。

## 二、代位追偿原则产生的根源及其含义

代位追偿原则根源于补偿性的保险合同。当保险标的发生承保责任范围内的损失时，被保险人按补偿原则有权向保险人要求赔偿，这种赔偿是建立在保险合同的基础之上的，是根据合同产生的权利。如果该项损失是由第三者的责任造成的，被保险人根据民法中有关侵权或违约的规定，有权要求侵权者或违约者对损失进行损害赔偿，这种赔偿是建立在民法的基础之上的，是根据民事法律产生的权利。被保险人的这两项权利均符合法律要求，两项赔偿请求权均受到法律的保护。就被保险人而言，他的两项债权同时成立，保险人不能以保险标的的损失是由于第三者的责任所致为由而拒绝履行保险合同的赔偿责任；同理，第三者也不能以受损的标的已有保险为由解除自己的民事损害赔偿责任。在这两种法律权益同时依法并存的情况下，被保险人因依法享有双重赔偿请求权而有可能获得双重的补偿。这种双重补偿无疑将使被保险人获得超过其实际损失的补偿，从而出现因损失而获得额外利益的情况。这种获利不符合保险补偿原则。为解决这个矛盾，绝大多数国家的保险法都规定，保险人在赔付被保险人之后，可以采取代位追偿的方式向负有责任的第三者索赔。这样可以使被保险人既能及时取得保险赔偿，又可以避免产生双重获利，同时第三者也不能逃脱其应承担的法律责任。因此，代位追偿原则是保险法中特有的法律关系，但它只适用于“补偿性”的保险合同，而不适用于非补偿性的给付保险合同。

## 三、代位追偿原则的法律依据

保险人行使代位追偿权的法律依据因各国法律制度不同而有所差别。在中国，是以法律（即立法规定）为依据赋予保险人行使代位追偿权的。在国外，保险人行使代位追偿权既有以立法规定，又有以合同约定，甚至还有以司法裁判为依据的。

### （一）立法规定

立法规定是指以立法方式，规定保险人在赔付被保险人的损失后，得行使被保险人对负有责任的第三者的损害赔偿请求权。例如，中国《保险法》第60条的规定。中国《海商法》第252条第1款也规定：“保险标的发生保险责任范围内的损失是第三人造成的，被保险人向第三人要求赔偿的权利，自保险人支付赔偿之日起，相应转移给保险人。”此外，MIA1906第79条，对保险代位追偿权作出了非常详细的规定，且区分全损和部分损失情况下的代位追偿权。依该条的规定，保险人对标的的全损进行赔偿时，“有权接管”（take over）其已给予全损赔偿的标的上所有可能的存留权利；但在部分损失的情况下，保险人只在赔付部分损失使被保险人得到赔偿的范围内取得代位权。

### （二）合同约定

所谓“合同约定”，是指保险双方当事人在保险合同（包括在保险单）中订立代位追偿权条款，约定保险人在赔付被保险人之后，得行使被保险人对负有责任的第三者的损害赔偿请求权；或者，保险人与被保险人订立和解契约（Settlement Agreement），在和解契约中订立赋予保险人代位追偿权的条款。

### （三）司法裁判

若既无立法规定，又未在合同中约定的情况下，有些国家的法院根据公正的原则，也可以基于司法裁判创设，赋予保险人代位追偿权，以使被保险人不能获得双重补偿，同时

也使负有责任的第三者不能逃避应承担的法律责任。

## 四、代位追偿权的条件

保险人行使代位追偿权必须符合下列条件：

（一）保险合同必须具有补偿性

由于代位追偿原则是补偿原则派生出来的一种维护补偿原则的规定，其目的就是防止被保险人获得额外利益。若保险合同不具补偿性，也就不存在被保险人获得额外利益的可能，如在多数人身保险中，基于生命和身体无价、精神损失无客观标准，不会发生超额赔偿问题。因此，在给付性的人身保险中不适用代位追偿原则。只有在财产保险、海上保险、责任保险及保证保险等补偿性保险合同中，才有被保险人获得额外利益的可能。所以此类保险合同才可适用代位追偿原则。

（二）第三者应负损害赔偿责任

损失必须是保险双方以外的第三者因疏忽或过失产生的侵权行为或违约行为所致，而且该第三者对这种损失，依据法律的规定或在合同中的约定负有损害赔偿责任。

（三）第三者的这种损害或违约行为又是保险合同承保范围内的责任

若第三者的损害或违约行为与保险无关，就构不成保险上的代位追偿权。因此，在这种情况下，被保险人同时具有了两个索赔请求权：一是对保险人的损失补偿请求权（基于保险合同而产生的），二是对第三者的损害赔偿请求权（基于侵权或违约而产生的）。在保险实务中，往往是保险人先满足被保险人的第一个索赔请求权，然后代位行使被保险人的第二个索赔请求权。但有时，第三者虽有过失并对保险标的造成了损失，由于某些特殊规定，该第三者可以免责。在这种情况下，保险人无法行使代位追权，如在海上货物运输中，承运人对因管理货物的责任造成货损须负责赔偿，而对航行过失造成的货损则可以免责。在前者的情况下，保险人赔付货损后可向承运人行使代位追偿权，但在后者的情况下，则无法行使。

（四）保险人必须赔付被保险人的全部损失

根据中国《保险法》和《海商法》以及大多数国家的法律规定，代位追偿权发生于保险人赔付了被保险人的全部损失之时。因为只有保险人支付了保险赔款，被保险人才有额外获利的可能。在保险人履行赔款义务之前，被保险人可能会作出灵活的选择：如被保险人向负有责任的第三者请求并得到全部损害赔偿。此时保险人可以不履行赔款义务，因而也无代位追偿权可言；如被保险人向负有责任的第三者请求只得到部分损害赔偿，他依然有权向保险人提出赔款请求，保险人的赔款责任是标的的实际损失与被保险人获得第三者部分赔偿的差额，此时，保险人可行使代位追偿权，但其追偿的金额仅以赔付被保险人的金额为限。所以说，被保险人向保险人提出赔款请求，保险人并不是当时即可获得代位追偿权，而是在赔付了被保险人的全部损失后才可取得，对此，中国《保险法》第 60 条和《海商法》第 252 条已作出了规定。这样，从保险事故发生开始，被保险人向保险人提请赔款至保险人实际赔付被保险人之前这一期间，对第三者的损害赔偿请求权依然属于被保险人。

## 五、代位追偿权的特点

保险代位追偿是保险法和海商法中特有的法律关系，因而代位追偿权具有其自身的特点：

（一）与代位追偿权相关的被保险人的两个索赔请求权是基于同一保险标的

所产生的一切损害赔偿的代位追偿权几乎都有这一特点，在保险中这一特点更加明显。它是鉴别代位追偿权的一个重要标志。例如，保险标的为船载货物，由于承运人不能免责的过失造成船载货物受损。习惯做法是，货主首先以被保险人的身份向他的保险人提起货物损失赔偿的请求权，保险人按保险合同赔付被保险人的货物损失，然后代位行使被保险人对第三者——承运人提出损害赔偿请求权。由此可以看出，尽管与代位追偿权相关的两个请求权产生的原因不同（前者基于保险合同，后者基于运输责任），但这两个请求权都是基于同一标的即船载货物而产生的。

（二）保险人取得代位追偿权一般为债权的法定转移

一种权益可因法定方式或约定方式取得，依前者方式其权益的取得无须任何人的确认，依后者方式其权益的取得需经当事人或有关方的磋商、确认。根据中国《保险法》第 60 条及《海商法》第 252 条的规定，保险人代位追偿权的取得是采用法定方式取得的，即债权的法定转移，也就是说，只要保险人支付了保险赔款，则当然取得对第三者请求损害赔偿的权利，而无须被保险人确认。除了依据合同约定或司法裁判取得代位追偿权以外，目前绝大多数国家的保险立法一般规定代位追偿权的取得采用依法律规定而当然取得。

但在中国的保险实务中，保险人在赔付了被保险人后，往往要求被保险人签署一张“赔款收据及权益转让书”。从中国的上述法律规定看，被保险人是否签署这一转让书并不影响保险人取得代位追偿权。签署转让书只是起到以下作用：第一，证明保险人不再欠被保险人的债务；第二，确认保险人赔款的时间，从而确认保险人取得代位追权的时间；第三，确认保险人通过向第三者追偿所能获得的最高损害赔偿金额；第四，必要时为对第三者进行代位诉讼提供方便。

（三）代位追偿权应以保险人实际赔付的金额为限

代位追偿权是保险人在满足了被保险人基于保险合同而产生的权利之后，所享有的被保险人对第三者损害赔偿请求权的转移债权。因而，代位追偿权的范围受保险赔款金额大小的限制。这一点无论是中国法律还是其他国家的法律都加以严格的规定。所以保险人在行使追偿权时，只能是赔多少，追多少。若保险人从第三者追回的金额大于其赔付金额，应将其差额退还给被保险人。同样，若被保险人获得保险赔款后，又从第三者那里获得了损害赔偿或者追回了保险标的，被保险人或将保险赔款退还给保险人，或将从第三者获得的损害赔偿金或追回的标的偿还给保险人。对保险人来说，行使代位追偿权的唯一目的，就是减少由于他基于保险合同所支付的赔款而造成的损失；除此之外，保险人也不应因此而获得额外利益。法律上的这一规定，还起到了保护第三者的作用，使第三者不致因保险人行使代位追偿权的原因而增加其债务负担。

## 六、代位追偿对象的限制

保险代位追偿的对象为对保险事故的发生及保险标的的损失负有民事赔偿责任的第三

者，它既可以是自然人，也可以是法人。在理论上，既然某个保险赔案有代位追偿权的存在，就必然是以有确定的对保险标的的损失负有责任的第三者的存在为前提的。但在实践中，确定第三者及其应承担的责任是比较复杂的问题。一般说，凡是对被保险人的保险标的负有下列责任的人，均可成为保险人代位追偿的对象：侵权行为损害赔偿、债务不履行的损害赔偿、返还不当得利、返还所有物、返还占有物，等等。只要保险人对被保险人应承担的保险赔偿责任的原因事实与被保险人对上述对保险标的应承担民事赔偿责任的人具有请求权的原因事实相同，保险人于赔付被保险人之后，均可向上述第三者行使代位追偿权。

对代位追偿的对象，许多国家的立法或惯例都有所限制。中国《保险法》第 62 条规定："除被保险人的家庭成员或者其组成人员故意造成本法第 60 条第 1 款规定的保险事故以外，保险人不得对被保险人的家庭成员或者其组成人员行使代位请求赔偿的权利。"

被保险人的家庭成员，从广义解释，是指与被保险人有经济上或生活上利害关系的人，包括配偶和有较近的血亲或者有姻亲关系而共同生活的人，以及虽非共同居住，但负有法定抚养义务的人。被保险人的组成人员，是指为被保险人的利益，或者受被保险人的委托，或者与被保险人有某种特殊的法律关系而进行活动的人，包括被保险人的雇佣人员、合伙人、代理人等。中国《保险法》的这一限制规定，禁止保险人向被保险人的家庭成员或者其组成人员行使代位追偿权，除非他们故意造成保险标的发生保险事故。因为，由于上述人员的行为造成保险事故发生致保险标的损害，保险人赔付被保险人后，如果仍然向他们行使代位追偿权，实际就等于被保险人自己承担责任，这无异于"左手赔付，右手请求返还"。这不利于保护被保险人的利益，因此法律上予以禁止。但为了防止发生道德危险，同时也对故意行为进行制裁，保险人可以对故意造成标的损失的上述人员行使代位追偿权。

## 七、代位追偿权行使的时间

根据中国《保险法》和《海商法》的规定，代位追偿权的行使应以保险人的赔付为先决条件，即保险人在没有赔付被保险人以前无权行使代位追偿权，只有从赔付之日起才能行使代位追偿权。依据中国《保险法》第 23 条，保险人对属于保险责任的，在与被保险人达成赔偿协议后 10 日内，履行赔偿义务。这样，保险人行使代位追偿权的时间仍然是自赔付被保险人之后才得行使。若为了不使负有责任的第三者逃脱法律责任，及时向其追偿损害赔偿金额，保险人可采取预付赔款方式，此时同样从预付赔款之日起，保险人即可行使该项预付赔款项下对第三者的代位追偿权。

由于在保险人向被保险人赔付之前，保险人不能行使代位追偿权，这样可能会产生一些问题，如保险人在标的出险之后往往无法实施全面的控制。这样，保险人的代位追偿权可能会因被保险人的过失或其他行为而受到损害。为了确保自身利益，在英国的标准火灾保险中，保险人常常在保险单中加列一项条款，使自己在支付赔款之前即可享有并行使代位追偿权，这样该条款使得保险人在向被保险人实际赔付之前即可追究第三者的责任。但这种做法并不能在海上保险中适用，保险人只有实际赔付被保险人之后才能行使代位追偿权。

另外，保险人在行使代位追偿权时常常在责任限额及时效等方面受被保险人对第三者的请求的制约。例如，甲船被乙船撞沉，乙船船东在赔偿甲船损害时，则可根据《1957年船东责任限制公约》将其应赔额压缩到责任限制范围以内。因此，甲船保险人在向乙船行使代位追偿权时也同样受到限制。中国《海商法》中关于“海事赔偿责任限制”及《海牙规则》《汉堡规则》中的承运人责任限额都对保险人行使代位追偿权有同样的限制作用。被保险人对第三者索赔权的时效也同样约束保险人的代位追偿权。由于产生被保险人对第三者索赔的原因不同，如第三者的侵权行为、违约行为等，以致这些索赔权本身的时效也各不相同。这样就导致了代位追偿权的时效长短不一。为此，保险人在赔付被保险人的损失取得代位追偿权之后，应抓紧时间在法律规定的时效内，向负有责任的第三者追偿，否则时效届满，保险人也相应丧失权利。此外，保险人还应及时赔付被保险人的损失，若保险人未能在时效届满前赔付损失，按法律规定他也就不能取得代位追偿权，因而也就无追偿可言。

## 八、保险人的代位追偿权与被保险人对第三者索赔权的顺序问题

保险人在赔付被保险人之后，被保险人在获得的赔款范围内，将其对负有责任的第三者的索赔权转移给了保险人。因此，若保险人没有赔付被保险人，则不产生代位追偿权问题，也不会产生“保险人代位追偿权”与“被保险人对第三者索赔权”何者优先的问题；若为足额保险，且保险人赔付了被保险人的全部损失后，被保险人对第三者的索赔权全部转移给了保险人，也不产生“保险人代位追偿权”与“被保险人对第三者索赔权”何者优先的问题。但在不足额保险中，当保险人赔付被保险人之后，根据中国《保险法》第59条以及中国《海商法》第256条的有关规定，保险人只能按保险金额与保险价值的比例取得受损保险标的的部分权利，而被保险人就未取得保险赔款的部分仍然有权向第三者请求赔偿。此时将产生“保险人代位请求权”与“被保险人对第三者索赔权”何者应优先请求的问题。例如，货物的实际价值为200万美元，而投保金额为150万美元，该货物因承运人的过失而灭失。保险人赔付了货主150万美元，货主对承运人（第三者）200万美元的索赔权中，有150万美元转移给了保险人，货主仍对承运人有50万美元的损害赔偿索赔权，保险人对承运人有150万美元的代位追偿权。究竟两者何为优先行使？目前，国际上对这一问题有三种不同的观点，因而实务中也就存在三种不同的做法。

### （一）保险人的代位追偿权优先行使

保险人的代位追偿权优先行使，是指保险人基于代位追偿权的行使，可以从第三者的财产中比被保险人的残余债权优先受偿。但在保险人与被保险人的和解契约中，被保险人自愿放弃其优先受偿，赋予保险人优先于其追偿地位者，不在此限。由于这种做法对被保险人不利，也与保险的宗旨相背离，因而很少有国家采用。

### （二）保险人的代位追偿权与被保险人对第三者的索赔权平等行使

这种观点认为，保险人的代位追偿权既然来源于被保险人对第三者的损害赔偿请求权，该权利无论是全部还是一部分，则保险人的代位追偿权与被保险人的权利应处于平等地位，应按各自债权额比例要求负有责任的第三者清偿。这一观点和做法在逻辑上言之有理，因而被一部分国家接受。中国《保险法》《海商法》的上述规定也是如此。因此，在保险实践中，有些保险人与被保险人共同作为原告向第三者追偿，在这种情况下，双方各

自行使自己的索赔权，因而一般不存在保险人以高于其支付保险赔款的金额行使代位追偿权的情况。

（三）被保险人对第三者的索赔权优先行使

这种观点认为，被保险人对负有责任的第三者的索赔权，即使是残余债权也应优先于保险人的代位追偿权而受清偿。这一观点的依据是，保险的主要目的在于补偿被保险人的损失，在被保险人分别从保险人和负有责任的第三者那里得到保险赔款和损害赔偿而获得全部补偿之前，保险人基于代位追偿权而对第三者的请求权不应介入。在经济补偿的主要目的尚未实现之前，不应基于逻辑推理，贸然赋予保险人以代位追偿权使其立于与被保险人平等地位比例求偿。否则被保险人取得保险人赔款后，保险人立即可基于平等地位向第三者按比例追偿，此时若第三者的财产不敷清偿之用，则将导致被保险人的损失不能获得充分补偿的后果。例如，某被保险人投保了人民币（下同）80万元的财产险，后因第三者的侵权行为，损失100万元。损失发生后保险人赔付80万元，但该第三者的财产仅有40万元。如果采用被保险人与保险人平等行使索赔权的观点，将第三者所拥有的40万元在被保险人的残余债权（20万元）与保险人行使代位追偿权的债权（80万元）之间按照1∶4的比例清偿，则被保险人受偿1/5（8万元），保险人受偿4/5（32万元）。这样，被保险人实际总补偿金额为80万元的保险赔款加上8万元的损害赔偿金，共计88万元，可见，被保险人并未获得充分补偿。相反，若采用被保险人的债权可以比保险人的代位追偿权优先受偿的观点，则在上述例中，假如第三者没有其他优先受偿的债权人，则被保险人可以从该第三者的40万元财产中，先受偿20万元，剩余20万元，由保险人依照代位追偿权受偿。这样被保险人可以获得充分的补偿。目前，美国多数法院采取被保险人对第三者的索赔权优先于保险人的代位追偿权的做法。

在中国保险实务中，经常的做法是：保险人单独就受损保险标的的全部债权向负有责任的第三者追偿，然后将超出其保险赔款部分的金额退还被保险人。虽然法律对这种做法是否允许未做规定，但司法实践中却存在。这一做法对第三者来说，可以避免被保险人和保险人分别行使索赔权而带来的麻烦；对被保险人来说，若第三者的财产足以抵足其债务，则被保险人可以不必单独行使索赔权而实现其债权。若第三者的财产无法抵足其债务，则就出现了被保险人与保险人谁先受偿的问题；对保险人来说，这一做法可能会增加追偿费用，而该费用是否与被保险人分摊，法律也未做规定，为此，保险人应事先与被保险人约定，以免产生争议。

## 九、代位追偿权的保护

关于代位追偿权的保护，中国《保险法》和《海商法》都作出了明确规定。代位追偿权的保护分为“保险人赔款之后”与“保险人赔款之前”两种情况。

（一）保险人赔款之后

1. 被保险人对第三者的债权法定转移

如前所述，根据中国《保险法》和《海商法》的规定，保险人赔付被保险人之后，被保险人对第三者的索赔权在保险赔款范围内，当然转移给保险人。此时，在保险赔款范围内，被保险人并非为第三者的债权人，因此第三者再向被保险人赔偿损失，从本质上说，其清偿为非债清偿。但根据民法的有关规定，为保护善意的第三者，以第三者清偿时善意为限，其清偿仍然有效，而此时被保险人双重获利，构成不当得利。根据保险补偿原则，保险人有权要求被保险人返还第三者的赔偿金。相反，若第三者向被保险人赔偿损失，是“明知”“因重大过失而不知”的行为，且被保险人已取得了保险赔款的，则其清偿不产生效力，保险人仍可向其行使代位追偿权。

在代位追偿权法定转移规定的情况下，一旦保险人支付了保险赔款，被保险人对第三者的损害赔偿请求权当然转移给保险人，因此被保险人在取得保险赔款之后放弃其对第三者的请求权，不产生效力，即保险人仍然有权向第三者行使代位追偿权。对此，中国《保险法》第 61 条已作出了明确规定。

2. 被保险人对第三者的债权并不当然转移

如前所述，目前绝大多数国家的保险立法一般规定代位追偿权采用依法律规定当然取得。但也有一些国家采用如合同约定等其他形式取得代位追偿权。因此，在无代位追偿权法定转移规定的情况下，被保险人对第三者的损害赔偿请求权，在取得保险赔款之后，并非立即转移给保险人，有可能仍然存在于被保险人。此时，若因被保险人的原因使保险人无法行使代位追偿权，或使保险人行使代位追偿权的权利受到侵害，根据一些国家的法律规定，则保险人可基于侵权行为，向被保险人请求损害赔偿。

中国《保险法》第 61 条、《海商法》第 253 条也规定：保险人向被保险人赔偿保险金后，由于被保险人的过错（或过失）致使保险人不能行使代位追偿权利的，保险人可以相应扣减保险赔偿金。不过在中国，若因被保险人的原因导致保险人完全丧失追偿权利，保险人可依法拒绝赔偿；导致保险人部分丧失追偿权利，保险人可以按比例相应扣除部分保险赔款。被保险人损害保险人代位追偿权的行为一般包括：与第三者在法院或仲裁机构的调解下签订民事调解书；与第三者以其他方式订立免予赔偿协议；与第三者在合同条款中订立使保险人无法行使追偿权的免责条款；由于过失，如资料丢失、诉讼时效超过等使保险人无法行使追偿权利。

（二）保险人赔款之前

尽管在保险人赔款之前，保险人没有取得并无法行使代位追偿权，但被保险人有可能损害保险人的代位追偿权，如自恃已经投保，在未经保险人同意的情况下，全部或部分放弃对第三者的损害赔偿请求权或债权担保，致使保险人赔款之后，无法基于代位追偿权向第三者行使权利，此时保险人可以拒绝保险赔款。对此，中国《保险法》第 61 条第 1 款明文规定：“保险事故发生后，保险人未赔偿保险金之前，被保险人放弃对第三者的请求赔偿的权利的，保险人不承担赔偿保险金的责任。”另外，根据该法第 60 条及《海商法》第 254 条的规定，保险事故发生后，被保险人已经从第三者取得损害赔偿的，保险人赔偿保险时，可相应扣减被保险人从第三者已取得的赔偿金额。

从上述论述可以看出，被保险人违反法律规定，放弃其对第三者的损害赔偿请求权或放弃债权担保，其效力表现为两点：一是被保险人对第三者的请求权或债权担保消灭；二是保险人免除保险赔款义务，但其免除保险赔款的范围以因被保险人放弃其对第三者的请求权或放弃债权担保而导致保险人无法对第三者行使代位追偿权为限。

## 十、代位追偿中被保险人的义务

由于代位追偿权是被保险人对第三者的请求权转移给保险人的债权，因此，被保险人与第三者之间的权利义务关系如何，以及被保险人是否协助保险人进行追偿，对保险人能否实现其代位追偿权至关重要。为此，中国《保险法》和《海商法》都作出了明文规定。

根据中国《保险法》第63条以及《海商法》第252条的规定，被保险人在保险人行使代位追偿权的过程中应履行下列义务。

### （一）提供必要的文件和有关情况

作为保险人在获得被保险人转移的债权的代位追偿权时，被保险人在该债权债务关系中的权利是保险人最为关心的。而该债权债务关系是独立于保险合同之外的，对其中的权利义务关系如何，保险人往往不知道或知道不多。若被保险人不提供有关文件和情况，有可能使保险人无法实现其代位追偿权，因此，被保险人应提供的情况必须包括能够证明其债权存在及债权债务内容的文件或其他依据。

在海上保险中，一旦发生因第三者的责任造成保险事故时，被保险人一般须提供以下与确认保险事故性质和损失程度有关的证明和资料：船舶保险中主要有船舶保险单、理算书、海事证明、航海日志、检验报告、投标书、修理账单、拖带费及引水费账单、港口使用费账单、燃料及机舱物料账单、同第三者责任方交涉的往来函电和文件以及仲裁或法院诉讼的有关文件等；海运货物保险中主要有货物保险单、装运文件、航程中的文件、货物装卸单证、有关出售账单、共同海损理算书、追偿的函电和文件以及货损检验报告等。

同时，被保险人还应提供能够证明第三者对保险事故的发生负有责任的有关情况或依据，其中主要是提供债权成立的依据。

### （二）协助保险人向第三者追偿

被保险人的这一义务主要是指提供必要的证据、出庭作证等，保证保险人顺利行使代位追偿权。被保险人提供的证据必须具备三个要件：（1）证据的客观性，即一切证据都必须是客观存在的事实；（2）证据的相关性，即证据与待证实的事实有内在的联系，并能证明待证实的事实的全部或一部分；（3）证据的合法性，即证据必须具有实体法所规定的特定形式，并且必须按法定程序提供、收集调查和核实。这三个要件紧密相连，缺一不可。

### （三）不得因放弃或过失而侵害保险人行使代位追偿权

关于这一点在前面“代位追偿权的保护”中已有论述，不再赘述。

这里还需要指出的是，关于被保险人在保险人行使代位追偿权过程中应履行的义务，根据中国《保险法》和《海商法》的规定，这是被保险人的一项法定义务，属于强制性规范，以确保保险合同双方当事人有公平的地位，正确履行合同。

## 十一、代位追偿权行使的名义

保险人在行使代位追偿权时，究竟应以保险人自己的名义，还是应以被保险人的名义行使？对这一问题历来就有争议。目前，国际上对此有三种不同的观点和做法。

### （一）以被保险人的名义行使

该观点认为，保险人行使的代位追偿权是建立在被保险人对第三者的损害赔偿请求权基础上的，保险人本身没有什么权利，他只是在赔付了被保险人的损失后，代位被保险人向第三者行使请求权。保险人行使的权利是法定转移的债权，而债权是特定人之间的民事法律关系。在债权转移之前，是被保险人与第三者之间特定的债的关系，与保险人没有直接关系。因此，代位追偿权并没有赋予保险人新的、独立的权利，只是允许保险人享有被保险人对第三者的权利的利益，所以保险人行使代位追偿权时必须以被保险人的名义进行。这一观点和做法，在英国大量的判例中可以得到证实。

（二）以保险人的名义行使

这一观点认为，代位追偿权既然是债权的法定转移，则保险人所行使的是基于法律规定的权利，即保险人所行使的是自己的权利，而非代理被保险人行使其对第三者的权利，只是权利“内容”与被保险人对第三者的权利相同，所以保险人可以自己的名义行使代位追偿权。这一观点和做法在我国台湾地区及澳大利亚较为普遍。

（三）以“真正利益当事人”的名义行使

这是美国大多数州的立法规定，即根据每个案件的具体情况，既可以被保险人的名义，也可以保险人的名义或以他们共同的名义行使。

中国《保险法》和《海商法》对以谁的名义行使代位追偿权没有规定，但在中国司法实践中，既有以保险人的名义行使的，也有以被保险人的名义行使的。

## 案例分析

**案例 3-8：提单转让后保险责任纠纷**

**案情简介**①

原告：中国 T 保险公司

被告：日本株式会社（承运人）

2001 年 9 月 20 日，中茶公司作为买方与荷兰 C 公司（卖方）签订 500 公吨可可豆销售合同，贸易条件为 FOB 阿比让，信用证付款。装运期为 2001 年 11 月，包装为新麻袋。2001 年 11 月 19 日，原告中国 T 保险公司出具涉案货物运输保险单，其中记载的被保险人中茶公司，由象牙海岸（科特迪瓦）至中国上海，承保险别为一切险。同日，中茶公司支付了保险费。2001 年 11 月 20 日，被告日本株式会社签发了提单，提单记载：托运人为 S 公司，收货人凭指示，通知人为中茶公司和兴光公司，货物为 7 700 包象牙海岸（科特迪瓦）可可豆，共 500 公吨。

此前，2001 年 9 月 28 日，中茶公司与兴光公司签订委托加工协议，约定中茶公司委托兴光公司加工可可豆共 500 公吨，兴光公司负责返还加工成品。涉案提单背面的背书人依次为托运人 S 公司、销售合同卖方 C 公司、中茶公司和兴光公司，最后由兴光公司持提单向被告提货。

2001 年 12 月 21 日，涉案货物进口报关，报关单记载的经营单位为中茶公司，收货单位为兴光公司，货物用途为加工返销。2002 年 1 月 15 日，中国商检公司对涉案货物出具了检验证书，证明中国商检工作人员于 2001 年 12 月 25 日到达检验地点绍兴市库场，

① 资料来源：经济学阶梯教室网站。

发现集装箱铅封号、箱号与提单一致，箱体无破损，但有渗水，箱内顶部有大量凝结水，干燥剂全部潮湿，衬垫货物的纸板浸湿，箱门处麻袋腐蚀破损，上层货物发霉，底层货物进水并发霉结块，上述损失共计105 835美元，损失原因基本判定为集装箱在海运途中遭海水浸泡所致。2002年3月8日，中茶公司出具赔款收据及权益转让书，证明其已收到货物保险赔款人民币1 157 824.01元，并同意将已取得赔款部分保险标的的一切权益转让给T保险公司。原告T保险公司向被告日本株式会社发出追偿通知。被告以提单已经转让为依据，拒绝赔偿。原告向法院提起诉讼。

试分析保险公司是否可以向被告代位追偿。

（提示：上海海事法院经审理认为，指示提单的背书即意味着运输合同权利义务的转让。涉案货物在目的港交付前，提单已由中茶公司背书给兴光公司，兴光公司作为提单持有人向承运人主张提货，提单所证明的运输合同的权利义务已经转让，中茶公司与兴光公司之间的委托加工和提货的关系不能对抗包括承运人和保险人在内的第三人。中茶公司已不是提单的合法持有人，其再以提单所证明的运输合同为依据，要求被告承担违约责任已无法律依据。故本案原告不能向被告主张货损赔偿。据此判决对原告的诉讼请求不予支持。原告不服提起上诉，上海高院经审理，于2003年12月22日作出二审判决，驳回上诉，维持原判。

本案的启示：指示提单的背书转让即意味着运输合同权利义务的转让。提单由原被保险人转让给受让人，尽管保险公司赔付原被保险人，但其已无权转让对承运人的索赔权，进而保险公司也无权追偿承运人。贸易商必须掌握运输和保险惯例。）

**案例3-9：开证银行为提单收货人的保险代位求偿争议案**

**案情简介**[①]

申请人：中国人民财产保险股份有限公司（以下简称“保险公司”）

被申请人：上海某国际货运代理有限公司（以下简称“货代公司”）

被保险人浙江某丝绸进出口有限责任公司（下称“中国卖方”）与印度某纺织品公司（下称“印度买方”）订立出口协议，向印度买方出口生丝50包，计3 074.15公斤。

2005年4月23日，中国卖方与本案的申请人保险公司就上述货物签订保险合同。印度买方通过印度某银行（下称“印度银行”）开具了信用证。4月25日，本案的被申请人货代公司向中国卖方签发了提单，提单收货人为印度银行，通知方为印度买方。货物由上海运往印度孟买港。

承运船舶于2005年5月21日抵达孟买港，并于当年8月8日交付，部分货物湿损。保险公司根据保险单的约定向保单受让人印度收货人赔偿了货物损失11 412.55美元，此后取得了向货代公司追偿的代位求偿权。

保险公司认为，因货物在交付前一直处于货代公司的掌管期间，货代公司应承担货物湿损产生的经济损失，因此，请求货代公司承担保险公司遭受的损失及利息，以及本案的

---

① 货损代位求偿争议案，http://www.cmla.org.cn/article/article.do?method=viewDetail&id=268&father_category_id=1955。

仲裁费用和因仲裁发生的其他费用。

双方争议的焦点如下：

（一）保险公司是否为适格的当事人

货代公司认为，保险公司并无提起本案仲裁的请求权。其理由是：

1. 保险公司已明确，其是向印度银行作出了赔偿并将赔偿款汇入其指定的印度买方的账户。但本案货物已通过正常流转由印度买方收取，货物所有权也已实质转移至印度买方，对于货物发生的损失，实际上是印度买方遭受了损失。根据中国《保险法》及《海商法》的相关规定，对于货物享有可保利益的人显然是印度买方。但本案中，保险公司显然是向已收取了货款、转让了保单并已丧失了对货物控制权且没有遭受损失的印度银行进行了赔偿，违反了保险法律的基本原则。保险公司所作出的赔付系错误赔付，因此其并不存在代位求偿权。

2. 本案中，货代公司签发了以印度银行为记名收货人的记名提单，本案适用中国法律，记名提单不得背书转让。本案提单运输合同关系存在于货代公司与印度银行之间，保险公司事实上也是向印度银行作出的赔偿，并代表该银行主张权利。然而该银行对本案的货物并无任何损失，保险公司自然无从主张任何代位求偿权利。

3. 印度买方并非运输合同当事人，无权以海上货物运输合同向货代公司主张任何索赔，而保险公司与印度买方之间也不存在保险合同关系。因此，货代公司认为，保险公司向印度银行作出赔付系错误赔付，而印度银行本身由于不存在任何损失，其无权根据海上货物运输合同向货代公司主张任何权利。

而保险公司则认为，印度银行是真正的收货人，印度买方代表银行提货，保险公司根据银行的指示支付赔款，银行与其代理印度买方共同在收据与权益转让书上盖章签字符合法律规定。货代公司作为承运人而负有向收货人、提单持有人交货及赔偿货损的义务，保险公司取得代位求偿权后有权就货损向货代公司主张权益。

（二）货物损失发生的责任期间争议

保险公司认为，根据其所提交的检验报告证明，货损发生在实际承运人的掌管期间，中国《海商法》第 60 条的规定，“承运人将货物运输或者部分运输委托给实际承运人履行的，承运人仍然应当按照本章规定对全部运输负责”。因此，货代公司依法应当承担全部赔偿责任。

而货代公司提出，保险公司不能证明其所主张的货物损失是发生在承运人掌管的运送期间，也不能证明货损原因与程度。依货代公司提供的拆箱报告，涉案货物在拆箱之时并没有任何异常状况发生。而保险公司提供的检验报告称，于 2005 年 8 月 8 日发现货物表面湿损，但在海关通关记录上并没有就该等湿损情况进行批注，就湿损情况收货人也没有依法通知承运人或提单上列明的目的港代理人。根据中国《海商法》的规定，若货物在提取之时发现存在可见损害的，必须在三日内向承运人通知，否则即作为货物被完好交付的表面证明。本案收货人没有依据法律规定，将货损情况通知货代公司（承运人）。

货代公司还提出，根据其所提交的证据显示，目的港当地法律规定货物在交付之前始终处于海关控制之下。因此，即便是存在货物损失，也不是由于承运人或者其雇佣人、代理人的原因所导致，所以，货代公司作为承运人不应承担任何责任。

（三）保险公司提交的检验报告和保险赔付金额争议

保险公司提出，出具检验报告的检验师就是保单上记载的人保公司的检验代理。自1949年成立以来，人保公司在世界各地建立了自己完整而高质的代理网络，该检验机构的报告具有可信性。

关于保险公司提供的检验报告，货代公司认为，其没有对检验过程进行监督或者参与联检，检验公司所得出的结论不能令人信服。

关于保险赔付金额，依保险公司的陈述，本案货物损失后，印度买方根据检验师的建议，将湿损/污损的货物与其他完好货物分开处置，然后通过询价将货物出售。尽管货物损失金额为22 825.1美元，但为了尽快收到保险公司的赔款，收货人愿意接受50%货损金额，即11 412.55美元的保险赔款。

关于保险公司向被保险人依据保单作出的保险赔付，货代公司认为存在通融赔付。

**仲裁裁决**

1. 被申请人（货代公司）于本裁决作出之日起10日内向申请人（保险公司）支付7 988.79美元；

2. 本案仲裁费为人民币××元，申请人承担30%，即人民币××元，被申请人应承担70%，即人民币××元。申请人已经预付了全部仲裁费用，因此，被申请人还应向申请人支付人民币××元，被申请人应在支付上述款项时一并向申请人支付。

本裁决为终局裁决。

试分析该案例。

[提示：

（1）保险公司是否为适格的当事人

本案中，货代公司签发了提单记名提单，收货人为印度银行。若在承运人责任期间内货物发生灭失或者损坏，依中国《海商法》的规定，承运人应当负赔偿责任，而提单的收货人则可依提单确定的海上运输合同关系向承运人索赔。就本案而言，发生货损之后，印度银行即可依提单向作为承运人的货代公司提出索赔。

仲裁庭认为，保险公司已在支付了保险赔款后，合法取得了代位印度银行依据提单向货代公司（承运人）提出索赔的权利，因此保险公司有权提起仲裁。

（2）货物损失发生的责任期间和赔偿

仲裁庭认为，尽管印度买方未要求检验人在8月8日货物交接当时对全部货物进行详细检查存在过失，并且8月18日及以后的检验结果可能是在货物湿损程度加大的情况下作出的，但不能否定货物是在集装箱货运站交货前就发生湿损的事实，而此时货物仍然处于承运人（实际承运人）的掌管期间。依中国《海商法》第46条“……在承运人的责任期间，货物发生灭失或者损坏，除另有规定外，承运人应当负赔偿责任”，及中国《海商法》第60条“承运人将货物运输或者部分运输委托给实际承运人履行的，承运人仍然应当依照本章规定对全部运输负责”，货代公司（承运人）应对货损承担赔偿责任。

（3）保险公司提交的检验报告和保险赔付金额

本案中，保险公司于2005年4月23日签发的保险单中载明：“所保货物，如发生保险单项下可能引起索赔的损失或损坏，应该立即通知本公司下述代理人查勘，……”该保单左下角打印的代理公司为“GLADSTONE AGENCIES LIMITED MADRAS OFFICE”。

本案中，保险公司提交了印度买方在发现货损后，申请检验公司检验所作出的检验报告作为索赔依据，该检验报告的出具公司与保险公司保单所载明的代理公司为同一公司。且庭审中，货代公司代理人提出若是PICC指定的检验代理即为可信的。因此，尽管保险公司所提交的检验报告确非保险人、收货人和实际承运人的三方联检，程序上存在瑕疵，但仲裁庭认为保险公司所提交的检验报告的内容还是可信的。至于保险人向印度银行所做的保险赔款是否如货代公司所言存在通融赔付问题，仲裁庭认为此系保险合同关系，与仲裁庭审理的提单项下的海上运输合同关系无关。

保险公司请求货代公司承担11 412.55美元的货损。仲裁庭认为，检验人于2005年8月8日在集装箱货运站对本案货物进行检验时，即发现货物都处于严重受潮、泥污状态，但应印度买方的要求，及至2005年8月18日检验人才在收货人仓库对货物进行了详细检验。因货物为湿损，在这10天的时间内，极有可能加大货损程度，仲裁庭认为收货人在此方面存在过失，因此，仲裁庭认为70%支持保险公司的请求较为合理，即由货代公司向保险公司赔偿7 988.79美元。]

**案例3-10：共同保险中主要保险人能否行使全部代位权争议**

**案情简介**①

原告：AIG（美国国际集团）欧洲公司（以下简称“AIG欧洲”）

被告：上海和明航运服务有限公司天津分公司（以下简称“和明航运天津”）

被告：上海和明航运服务有限公司（以下简称“和明航运”）

2012年6月，原告“AIG欧洲”的被保险人亿比亚公司委托被告“和明航运天津”运输一套粒子回旋加速器自天津至加拿大蒙特利尔。6月24日，在集装箱货物集散站装载了设备主机的集装箱在装车后，因卡车转弯时拖车翻倒，导致一台加速器总成（粒子回旋加速器）主要部件受损严重，已无法修复，公估公司建议本次损失准备金为332 656.96欧元。

AIG欧洲与案外人母公司IBA S. A公司签订了海事承保保单，经保单缔约各方协商一致，亿比亚公司（子公司）被确定为共同被保险人之一。该保单的保险公司系AIG欧洲及其他三家保险公司，AIG欧洲所占保险份额为50%（共保主要保险人），其他三家公司所占的保险份额合计50%。保单主要保险人条款记载，共同保险公司承诺遵守由主要保险人做出的任何决定，一致同意“主要保险人”一词不仅适用于本公司或主要保险承保人，也适用于其代理公司或代表。主要保险人做出任何决定对共同保险公司具有不可撤销的约束力，共同保险公司不得以任何方式对其提出异议。保险单中另约定每种交通手段的最高保额为7 500 000欧元；免赔额为损失金额的5%，最高12 500欧元。

涉案事故发生后，AIG欧洲以保险公估报告建议的损失准备金数额扣除保险免赔额及保险经纪费用后，做出保险赔偿。亿比亚公司于10月29日向AIG欧洲出具代位求偿书，

① 张亮．主要保险人条款的理解与适用——AIG欧洲有限公司诉上海和明航运服务有限公司天津分公司等海上货物运输合同纠纷案．http：//shhsfy. gov. cn/hsinfoplat/platformData/infoplat/pub/hsfyintel _ new _ 52/docs/201605/d _ 299554. html。

确认保险人已经就事故损失进行赔付，损失金额为332 656. 96欧元。亿比亚公司同意AIG欧洲代位行使其权利及救济方法。同年7月8日，亿比亚公司又通过被告“和明航运”重新发运了一套相同型号的粒子回旋加速器，报关金额为415 847. 07欧元。提单记载目的地蒙特利尔。

原、被告代理人曾以电子邮件的形式就涉案事故处理进行沟通，沟通中两被告认为，涉案损坏的集装箱货物重量为26 860公斤，按照责任限制赔偿金额为81 212. 82美元。AIG欧洲认为，应依提单记载的货物总重量29 500公斤计算责任限制的赔偿金额。庭审中，AIG欧洲确认可按照两被告提出的单个集装箱货物重量计算责任限制的赔偿金额81 212. 82美元（26 860公斤×2个SDR×1. 511 78美元/SDR）。AIG欧洲诉请两被告赔付全部货物损失共计332 656. 96欧元。

“和明航运天津”辩称：（1）涉案货物是由船公司委托的货运公司实际运输的，与其没有关系；（2）根据保险合同的约定，原告AIG欧洲不具备追偿的主体资格；（3）原告目前提交的证据不能完全证明货物的实际价值；（4）即使被告需要赔偿损失，也应适用海事赔偿责任限制的规定。

被告“和明航运”辩称，其虽是“和明航运天津”的总公司，但与AIG欧洲没有运输合同关系，也不知晓上述事故，故不应承担连带赔偿责任。

试分析该案例。

（提示：

上海海事法院经审理后认为，亿比亚公司与被告“和明航运天津”依法成立海上货物运输合同关系。涉案货物在“和明航运天津”接收并装箱后，在集装箱集散站因拖车倾覆所导致的货损发生在承运人责任期间之内，“和明航运天津”作为承运人应当承担赔偿责任。

本案原告AIG欧洲系涉案海上货物运输的货物保险人，涉案保险事故发生后，其向被保险人实际赔付了经公估确认的全部货损。依保单记载，AIG欧洲在保险合同中承保份额为50%，系主要保险人。同时保单还约定主要保险人作出的任何决定对共同保险公司具有不可撤回的约束。因此，原告在对货损作出实际赔付并收到被保险人，即亿比亚公司出具的权益转让书后，取得涉案货损全部代位求偿权符合合同约定，亦与法无悖；两被告认为原告不能取得代位求偿权或原告代位求偿的权利仅限于50%份额的主张缺乏事实和法律依据，法院不予采信。

关于涉案货物的价值。由于承运人接收货物后尚未报关，故本案中并无涉案货物报关单记载的价值。但原告提交的涉案货物的装箱单、形式发票记载的货物名称和价值，与亿比亚公司因货物损坏向收货人补发货物形成的提单、报关单上货物的名称和价值完全一致，且公估公司的报告亦确定了涉案货物的实际价值，故法院对原告主张的货物价值予以认可。

关于本案的赔偿责任限额。本案庭审中，原告确认可以按照两被告提出的单个集装箱货物重量计算赔偿责任限额81 212. 82美元。经审查，两被告计算赔偿责任限额的依据与客观事实相符，法院确认本次货损赔偿责任限额为81 212. 82美元。

综上，法院判决被告“和明航运天津”赔偿原告AIG欧洲货物损失81 212. 82美元；被告“和明航运”承担补充赔偿责任。一审宣判后，原、被告各方均未上诉。）

# 第五节 重复保险分摊原则

在第三节所论述的保险补偿原则中，我们知道，当保险标的发生损失后，被保险人的权利仅仅是要求获得损失的充分补偿，而不应因此获得超出其损失的额外利益。但在现实中，被保险人可能拥有多份承保同一损失的保险单，在这种情况下，被保险人最终可能获得超出其实际损失的赔款，从而使其获得额外利益。这同样有悖于保险补偿原则。因此，当被保险人拥有多份承保同一损失的保险单，即重复保险时，若保险标的发生损失，则应在各个保险人间进行分摊该损失，以免被保险人获得额外利益。这就是重复保险的分摊原则，所以该原则也是保险补偿原则派生出来的又一保险基本原则。

## 一、重复保险的含义及其产生的原因

### （一）含义

中国《保险法》第56条规定："重复保险（Double Insurance）是指投保人对同一保险标的、同一保险利益、同一保险事故分别向两个以上的保险人订立保险合同，且保险金额总和超过保险价值的保险。"对于重复保险，投保金额总和可能高于保险价值，也可能低于保险价值。

中国《海商法》第225条也规定重复保险是指："被保险人对同一保险标的就同一保险事故向几个保险人重复订立合同，而使该保险标的的保险金额总和超过保险标的的价值。"按中国《保险法》第184条的规定，海上保险适用海商法的有关规定；海商法未作规定的，适用本法的有关规定。因此，对于中国《海商法》中关于重复保险未作规定的部分，应适用中国《保险法》的规定。

根据中国《保险法》和《海商法》的上述规定，以及保险实务中保险金额与保险价值的关系，对重复保险的含义可从以下三个方面理解：一是保险金额总和低于保险价值的重复保险，称为不足额的重复保险；二是保险金额总和等于保险价值的重复保险，称为足额重复保险；三是保险金额总和超过保险价值的重复保险，称为超额的重复保险。

MIA1906第32条对重复保险所下的定义是："被保险人或者代表被保险人，就同一冒险和利益或者同一冒险和利益的一部分，签订两个或者两个以上保险单，并且保险金额超过本法所允许的赔偿额的，称作被保险人因重复保险而超额保险。"由此可见，MIA1906所称的重复保险也仅指超额的重复保险。

### （二）产生的原因

从保险金额与保险价值的关系可以发现重复保险产生的原因：

1. 善意的投保人因疏忽而导致重复保险。如因记忆错误，在其财产保险合同仍然有效时，又同另一保险人订立了保险合同。这种重复保险有可能是超额的重复保险。在国际货物买卖中，有时也可能会出现重复保险。例如，货物的卖方"作为"买方的"代理人"就货物的运输投保，同时对此不知情的买方，就同一运输或者同一运输的一部分也为自己投了保。这种重复保险是因疏忽，而不是故意造成的。

2. 投保人为防止在发生损失后，保险人没有足够的偿付能力，而同时与两个或两个以上的保险人订立保险合同而出现重复保险。这种重复保险一般为超额重复保险。

3. 投保人为获取超过实际损失的额外赔偿，故意同两个或两个以上保险人订立重复保险合同。这种保险是最常见的超额重复保险。

4. 在英国劳合社，若某一保险标的价值极大，一旦发生保险事故，损失巨大，可能没有保险人愿意独立承保。保险经纪人必须找到许多保险人来一起承保，让他们在承保条上分别写上各自愿意承保的比例，直到所有的保险价值全部分摊完毕，然后签订保险合同。此时尽管只有一份保险单，但因为上面有两个以上的保险人签名，实际上相当于投保人同两个以上保险人订立了保险合同，有人将这种保险也称之为重复保险，但不是超额重复保险，而是足额重复保险。当然若经纪人找不到足够的保险人来承保全部保险价值，则此时的重复保险为不足额重复保险。

通常，狭义的重复保险仅指重复保险时保险金额总和超过保险价值的超额重复保险，而其他两种情况的重复保险则称之为“共同保险”。重复保险分摊原则也主要适用狭义重复保险的情况。

## 二、重复保险的构成条件

根据中国《保险法》和大多数国家保险立法对重复保险所下的定义可以看出，构成重复保险必须同时满足下列条件：

### （一）必须是对同一保险标的和同一保险事故投保

这里的“同一”一词并非要求投保人所投保的所有保险合同所承保的保险标的和保险事故绝对相一致，只是要求存在相同的标的和相同的保险事故。而当此相同的保险标的因相同的保险事故造成损失时，各保险人都应对此负责，即重复保险的各个保险合同都是针对相同标的的相同保险事故而承保的。例如，某商人以买卖合同项下的货物为标的在A保险公司投保火灾险，同时又在B保险公司投保了火灾险和盗窃险。尽管A和B两公司承保的保险事故不绝对相同，但对该商人的货物来说，两家保险公司同时承担了同一保险事故——火灾，因而构成重复保险。一旦发生火灾，标的受损，则由A、B两保险公司分摊。如果该商人将上述货物向A保险公司投保了火灾险，而在向B保险公司投保仓库所有存货财产险时，又未将该货物从中剔除，这样，尽管A、B两公司所承保的保险标的不绝对相同，但同时承担了对该商人合同项下的货物的保障。

### （二）必须是对同一保险利益（或可保利益）投保

这一条件要求同一投保人对于同一保险标的有相同的可保利益。反之，若为了不同的可保利益而以同一保险标的、同一保险事故向两个或两个以上保险人订立保险合同，也不构成重复保险。英国的North British & Mercantile v. Livepool & London & Globe（1877年）一案就是典型的说明。在该案中，罗内卡内基商人在巴涅特仓库存放谷物，根据伦敦当时的贸易惯例，仓库保管人对其保管的货物负有严格的责任，为此保管人向一家保险公司投保了火灾险。而谷物的所有人（商人）作为所有权人对标的当然具有可保利益，也办理了火灾保险。后来谷物因火灾受损，仓库保管人的保险人赔偿损失后，试图向商人的保险人摊回赔款。鉴于商人和保管人双方利益的不同，即保管人必须对保管的货物负责，商人则基于所有权有利害关系，法院判决不应进行分摊。自此案后，英国保险确立了一项规定：为了在保险单之间进行合法的分摊，对保险标的的可保利益必须是相同的或共同的。

（三）必须是同两个以上保险人订立保险合同

这一条件是指投保人是向两个以上的保险人订立数个保险合同，才构成重复保险。若投保人向同一个保险人就同一保险标的、同一可保利益、同一保险事故先后订立数个保险合同，不构成重复保险；若投保人就同一保险标的、同一保险事故和同一可保利益与数个保险人订立一个保险合同，也不构成重复保险。这种情况一般是共同保险。

（四）必须是保险期间重叠的投保

保险期间的重叠分为全部重叠和部分重叠。全部重叠是指投保人同数个保险人订立的数个保险合同，其保险的起讫时间完全相同；部分重叠是指投保人同数个保险人订立的数个保险合同，其起讫时间虽非完全相同，但有时间上的重叠性，即时间有交叉性，所以部分重叠又称交叉重叠。保险期间的全部重叠或者部分重叠都可以构成重复保险的条件。

这里应当指出的是，所谓时间上的重叠性，是指数个保险合同的“生效期间”的重叠，并非指“成立期间”的重叠。例如，甲以其财产向 A 保险人投保第一个火灾险后，又向 B 保险人投保第二个火灾险，并约定第二个火灾险合同自第一个火灾险合同保险期满之日生效，则第二个保险合同“成立”之日虽然与第一个保险合同有效期间重叠，但因第二个保险合同只有“成立”，尚未生效，只有成立上的重叠性，没有生效上的重叠性，因此不构成重复保险。

（五）必须是每个保险人都对损失负责的投保

若同一保险标的、同一可保利益，因同一保险事故而发生损失，尽管同数个保险人订立了数个保险合同，但只有一个保险人对此保险事故负责，而其余保险人按照各自保险单条款的规定对此事故不负责任，则损失只能由一个保险人承担，不存在重复保险。若数个保险人均应对损失负责，但只是按顺序责任赔偿，导致了只由一个保险人负责赔款，这种情况不属于重复保险。

## 三、重复保险的分摊

（一）分摊原则（Principle of Contribution）

根据中国《保险法》第 56 条及《海商法》第 225 条，分摊原则是指在投保人对同一保险标的、同一保险利益、同一保险事故分别与两个以上保险人重复订立保险合同的情况下，该保险标的的保险金额总和超过保险标的的保险价值时，被保险人获得的赔偿金额总和不得超过保险标的的受损价值或保险价值。

根据分摊原则，被保险人不得因重复保险而获得额外利益；保险人也负有对损失进行分摊的义务。

中国《海商法》第 225 条规定，除合同另有约定外，被保险人可以向任何保险人提出赔偿请求；任何一个保险人支付的赔偿金额超过其应当承担的赔偿责任的，有权向未按照其应当承担赔偿责任支付赔偿金额的保险人追偿。当然，被保险人向任何一个保险人请求赔偿的金额不得超过该保险人单独应负的赔偿责任限额。

在英国海上保险中，依 MIA1906 第 32 条，被保险人因重复保险而超额保险的，被保险人拥有以下权利和义务：

（1）除保险单另有规定外，被保险人可以以其认为合适的顺序，向保险人提出赔偿请求，但所获得的金额不得超过法律所允许的赔偿额；（2）被保险人据以索赔的保险单是定值保险单时，被保险人必须将其依据其他保险单获得的赔偿金额从约定的保险价值中扣除，但无需考虑保险标的的实际价值；（3）被保险人据以索赔的保险单是不定值保险单时，被保险人必须将其依据其他保险单获得的赔偿金额从全部可保价值中扣除；（4）被保险人获得的赔偿金额超过法律所允许的赔偿额时，被保险人即被视为根据各保险人相互分摊的权利，为保险人托管此金额。

（二）分摊的方式

依据各国法律，在重复保险的情况下，保险人有义务对损失进行分摊。

按照 MIA1906 第 80 条的规定，保险人应按以下原则分摊损失：（1）被保险人因重复保险而超额保险的，各保险人相互之间有义务以根据其合同应当负责的数额的比例分摊损失；（2）一个保险人的赔付额超过其应摊比例的损失时，可以保留向其他保险人请求分摊的诉权，并且有权如同已经支付超过其债务比例的保证人那样，获得相同的救济。

根据各国保险实务的做法，保险人分摊损失的方式一般有以下几种：

1. 比例责任（Pro Rata Liability）分摊

这种分摊方式是指将各保险人的保险金额相加作为分母，以各保险人承保的保险金额作为分子，得出各保险人应分摊的比例，然后按该比例分摊损失金额。各保险人承担的保险赔偿责任总和不得超过保险价值或实际损失额。这一分摊方式，对重复保险的三种情况都适用。

例如，某保险标的的保险价值为 100 万英镑，投保人分别向保险人 A 投保 60 万英镑，向保险人 B 投保 40 万英镑，向保险人 C 投保 20 万英镑。保险事故发生后，该标的的实际损失为 60 万英镑，则：

保险人 A 应赔偿的金额为：

$$\frac{60}{60+40+20}\times 60=30\text{（万英镑）}$$

保险人 B 应赔偿的金额为：

$$\frac{40}{60+40+20}\times 60=20\text{（万英镑）}$$

保险人 C 应赔偿的金额为：

$$\frac{20}{60+40+20}\times 60=10\text{（万英镑）}$$

比例责任方式对保险人比较公平合理。因为保险人是按照保险金额来收取保险费的，以保险金额的比例来承担赔偿责任，能使保险人的权利和义务对等，同时可以防止被保险人获得额外利益。但这种方式对被保险人不太有利。因为，各保险人承担各自的赔偿责任，没有连带关系，被保险人须向各保险人分别索赔。在此期间，若有某一保险人偿付能力发生困难，被保险人则可能得不到所有的保险赔偿。对此，有些国家如瑞士、意大利等，为使这一方式更有利于被保险人，对该方式进行了修改，即若其中某一保险人不能赔付，应由其分担的赔偿责任，转由其他保险人按上述比例分摊。

值得指出的是，中国《保险法》第 56 条规定的比例责任分摊方式，仅适用于保险合同没有特别约定的情况。换言之，当保险合同对重复保险的赔偿（分摊）方式另有特别约定时，应当依合同约定的方式赔偿（分摊）。而中国《海商法》第 225 条确定的方式只能是比例责任方式。因此在海上保险合同中不得约定采取其他方式，如有此类约定，该约定无效。

2. 责任限额（Limit of Liability）分摊

这种分摊方式又称独立责任法（The Independent Liability Method），是指各保险人的分摊额不是以其承保的保险金额作为分摊基础，而是按照各保险人在没有其他保险人重复保险的情况下，单独应负的最高责任限额的总和作为分母，以各保险人的最高责任限额作为分子，按比例分摊损失金额。

例如，某保险标的的保险价值为 30 万美元，投保人分别向两个保险公司投保，其中保险人 A 承保的金额为 10 万美元，保险人 B 承保的金额为 40 万美元。该保险标的的损失为 20 万美元。若按责任限额方式分摊该损失，则：

保险人 A 应赔偿的金额为：

$$\frac{10}{10+20}\times 20=6.67\text{（万美元）}$$

保险人 B 应赔偿的金额为：

$$\frac{20}{10+20}\times 20=13.33\text{（万美元）}$$

目前，国际保险市场上使用这种方式进行分摊的较多。

3. 连带责任（Joint Liability）分摊

这种方式是指，投保人与保险人约定，当保险标的发生损失时，被保险人有权向数个保险人中的任何一个或全体请求承担全额的赔偿责任。只要被保险人向其中的一个保险人提出请求，该保险人即有义务将所有保险人应承担的赔偿责任向被保险人赔付。该保险人履行了赔付义务后，对其他保险人享有请求权，其他保险人应承担的责任，仍按其承保的保险金额与总保险金额的比例分别计算。由于这种方式是保险人之间负连带责任，因而对保险人不利。

4. 顺序责任分摊

这种方式是指，按重复保险合同的订立先后顺序分摊赔偿责任。由最先签发保险单的保险人首先负责赔偿，只有在最先签单的保险人依照保险金额承担赔偿责任后，若有剩余损失或前一保险人无力承担的损失，才由后签单的保险人负责赔偿，依次类推。

5. 平均分摊

这种方式一般适用于责任保险中。在该保险中，虽然不是经常性的，但有时也会出现重复保险。在责任保险中有时没有规定保险金额，一旦出现重复保险，各保险人对保险责任一般平均分摊，而不是比例分摊。在英国保险中，责任保险的分摊也可以采用独立责任法进行。

## 四、分摊原则的限制

有些情况下，从形式上看构成重复保险，但无法适用分摊原则。下列情况下分摊原则可能会受到限制。

（一）非分摊条款

保险人与投保人在保险合同中约定了不得分摊的条款，如“本保险单对于被保险人有权根据其他保险单获得任何补偿的索赔，不负责任”。或者“在被保险人有权根据其他保险合同获得补偿的情况下，本保险单仅负责超过其他保险合同承保金额的部分”。

（二）其他特殊的保险条款

在承保财产范围较广的保险单中，有时保险人加入某些条款，限制该保险单与其他更专门性的保险单之间进行分摊。例如，除了超出海运保险单承保金额那一部分价值外，码头货栈存货的火灾保险单不与海上货运保险单进行分摊。

（三）市场协议

若雇员在乘坐雇主的汽车时遭受各种伤害，此时，可在汽车保险单及雇主责任保险单项下提出索赔。保险人与投保人在协议中规定，此类索赔可作为雇主责任险处理，不能与汽车保险人进行分摊。

此外，大多数国家的保险立法规定，当投保人重复保险时，有义务将重复保险的情况通知每一保险人，否则有可能导致保险人有权解除保险合同，或保险合同无效。中国《保险法》第56条虽然也规定了投保人的通知义务，但对投保人违反该义务时的法律后果未作规定。

## 案例分析

**案例3-11：是否构成重复保险争议案**

**案情简介**①

某商贸公司从某省购得一批粮食，委托当地的粮食储运公司储存。该粮食储运公司将粮食运入粮库后向当地的B保险公司投保了财产保险综合险。与此同时，该商贸公司也以此批粮食为标的向当地的A保险公司投保了财产保险综合险。某日，粮库发生意外火灾，该批粮食全部毁损。储运公司和商贸公司分别向各自投保的保险公司索赔，由此产生了争议，最终诉诸法院。

保险当事人各方的意见分歧如下：

第一种意见认为，商贸公司和储运公司将同一标的向两家保险公司投保，这属于重复保险，根据中国《保险法》及保险合同的规定，对于重复保险各保险人按照其保险金额与保险金额总和的比例承担赔偿责任。

第二种意见认为，此保险标的的所有人商贸公司向A保险公司投保了财产保险综合险，此损失当然由A保险公司赔偿。

第三种意见认为，虽然此保险标的的所有人为商贸公司，但出险时保险标的归储运公司代管，标的受损，储运公司必须承担赔偿，说明储运公司对此标的具有可保利益。既然储运公司向B保险公司投保了财产保险综合险，此损失当然由B保险公司负责赔偿。

第四种意见认为，粮食的损失是由储运公司保管不善造成的，其负有不可推卸的责

---

① 资料来源：黄华明．中外保险案例分析［M］．北京：对外经济贸易大学出版社，2004：229-230。

任，因而商贸公司可向A保险公司索赔并同时将追偿权转移给A保险公司，由A保险公司代位行使向储运公司追偿的权利；而对于储运公司而言，火灾确是由于意外事故引起的，可向B保险公司索赔。

试分析本案例应该如何处理。

[提示：此案中，商贸公司是该批粮食的所有人，显然对其具有可保利益（基于所有权），而储运公司是该批粮食的代管人，对于保证该批粮食的安全负有责任，显然也对其具有可保利益（基于管理权），但两者的可保利益不同，不属于重复保险。既然不属于重复保险，各投标人可分别向各自的保险公司索赔，即两保险公司分别依据保险合同赔偿自己的被保险人，不存在损失的分摊问题。

商贸公司是粮食的所有人，粮食一旦损失就意味着归属于自己的财产减少，它可以选择两种索赔方式：（1）直接向储运公司索赔，此时，储运公司可以依据保险单向B保险公司索赔。由于被保险人不可能因为出险而获得额外利益，A保险公司则不介入其中。（2）向A保险公司索赔，这种方式对商贸公司比较有利，因为可免去许多麻烦而迅速获得赔偿。当然，其前提必须是将向储运公司追偿的权利转移给A保险公司，由后者代位追偿。此时，储运公司仍然依据其保险单向B保险公司索赔，将获得的保险金赔偿给A保险公司。在这两份分别签订的保险单的保险金额相同的情况下，上述两种索赔方式的结果是相同的，即全部赔偿金额最终都是由B保险公司支付的。]

**案例3-12：重复保险分摊争议案**

**案情简介**[①]

某商城向甲保险公司投保企业财产保险，期限自2002年6月11日至2003年6月10日止。该保险约定保险标的为库存服装，保险金额为人民币1 000万元。2002年11月初，该商城购进一批价值为人民币120万元的高级羽绒冬装。由于仓库场地有限，于是向甲保险公司申请将该批羽绒服存放于另一仓储公司的仓库，甲保险公司同意并对保单作出批改。12月19日，该仓库因发生火灾，造成库存商品损毁，其中包括该商城尚未卖出的高级羽绒服共人民币58万元。为此，该商城向甲保险公司提出索赔申请。甲保险公司理赔时发现，该仓储公司以自有资产及平均年库存量在乙保险公司投保了企业财产险。该案件处理中出现了以下争议：

1. 服装商城认为，它可以投保人的身份，要求对受损羽绒服尽快理赔，以使企业免受更大的损失。

2. 仓储公司认为，自己已经在乙保险公司投保，现在出现保险事故财产受损，按照保险合同应该由乙保险公司赔偿其全部损失，然后再由自己根据仓储物资情况赔偿商城的损失。

3. 乙保险公司提出两种意见：第一，两家保险公司各自赔偿自己的被保险人，互不干涉；第二，该商城的仓储物资已在甲保险公司投保，理应由甲保险公司负责赔偿损失，乙保险公司只负责该仓储公司其他未在甲保险公司保险部分的损失赔偿。

4. 甲保险公司提出三种意见：第一，根据该商城与仓储公司的协议，该损失应该由

① 资料来源：黄华明. 中外保险案例分析 [M]. 北京：对外经济贸易大学出版社，2004：231-232。

仓储公司负责，商城应从仓储公司得到赔偿，至于仓储公司是否另有保险与本公司无关。第二，该损失应由仓储公司负责。由于商城在本公司投保企业财产险，根据保险条款，甲公司可以先赔偿再向仓储公司追偿。第三，该商城的羽绒服应视为重复保险，应由甲乙两保险公司按照比例赔偿，仓储公司的其他损失则由乙保险公司单独赔偿。

试分析保险公司应该如何处理此案。

（提示：由于甲乙保险公司承保的财产存在重复保险，因此对该损失两家保险公司均应负赔偿责任。因为针对同一标的的保险金额高于其实际价值，可将对该标的的保险视为重复保险，应该适用分摊原则。）

## 第六节 近因原则

在保险理赔工作中，还有一项必须遵循的基本原则就是近因（Proximate Cause）原则，它是在保险标的发生损失时，用来确定保险标的所受损失应否获得保险赔偿的一项重要依据。

### 一、近因原则的含义

保险人依照保险合同中规定的保险责任承担保险赔偿责任，即保险人对其承保的风险所引起的保险标的的损失承担责任。这就要求保险人所承保的风险的发生与保险标的的损失之间必须存在一定的因果关系，换言之，承保风险是“因”，保险标的的损失是“果”。然而，保险标的发生损失的原因有时是多种多样的，致损原因中有的属于承保风险，有的属于除外责任风险，还有的属于其他非承保风险，而且这些风险有时单独发生，有时同时发生，有时又连续发生，从而出现一果多因、同果异因的情况。例如，在国际贸易货物运输中，特别是在海洋货物运输中，载货车、船往往会遭受运输过程中的多种风险的影响，保险货物发生的残损、短缺，往往是由错综复杂的原因造成的。因此，要确定保险人的赔偿责任，就必须弄清造成损失的原因。保险人一般只对承保风险与损失之间有直接因果关系的损失负赔偿责任，而对不是由承保风险造成的损失，不承担赔偿责任。这就是各国保险立法和保险业务中所谓的近因原则（Principle of Proximate Cause）。如 MIA1906 第 55 条规定：“除本法另有规定，或保险单另有约定外，保险人对承保风险作为近因而导致的任何损失，均负赔偿责任；保险人将不对承保风险并非近因而导致的任何损失承担保险责任。”

### 二、近因的含义

从表面上看，近因本身并不难理解，其基本含义就是舍其远因，取其近因。在整个因果关系的链条中，往往是一环扣一环，甚至是没有尽头的。一件事情的发生总有其原因，而这一原因可能又是另一件事情的结果。在确定承保风险与保险标的的损失发生之间的因果关系时，一般不能追根求源，而应舍远就近。有时人们只从字面上理解近因，将其理解为时间上或空间上最近的、最后的或最终的原因。由于风险与保险标的损失之间的关系错综复杂，如果只强调时间上、空间上最近的原因，也是不适当的。Pawsey v. Scottish Union & National 英国（1907 年）在一案中对近因确立了以下定义：“近因是指引起一系列事件的发生，由此导致出现某种后果的能动的、起决定作用的原因，而且在这一原因的作用过程中，没有来自新的、独立的能动力量介入而使上述因果关系受到破坏。”此后，英国又有许多判例进一步解释了近因的确切含义：近因不一定是第一原因，也未必是最后原因，而是有支配力的、起决定作用的或有效的原因。所谓某一原因是能动的、有支配力的或起决定作用的，是指在这种原因与结果之间存在一种直接的联系，而且这一原因足以使人们在一系列事件发展的任何一个阶段上，都能合乎逻辑地预料出这一连串事件的下一事件是什么，直到最后结果的产生。

若有若干个原因在起作用，那么，近因就是在导致事件结果产生过程中具有支配力的、能动的、起决定性作用的最有力的那个原因。

## 三、近因原则的应用

在实际保险业务中，如何应用近因原则，确定致损的近因，虽有上述基本原则，但在实际判定案情时，哪一种原因作为近因，比较复杂，也是比较困难的。最初的事件与最终的事件常常是显而易见的。困难往往在于怎样确定他们之间是否存在直接的因果关系链，或是否曾有某种新的原因干预并在导致最终损失发生的过程中取代了最初的原因，而使因果关系链中断。这就是英国法官在许多判例中总结出的用以解释近因原则的“链条规则”。该规则认为，从事件的发生到最终结果，其中的各个事件如同一节节的链环，若这些链环环环相扣，联系紧密，则该链环的顶环（而非尾环）即是导致保险事故发生的近因。因此，确定近因可以采用下列方法，即从事件链上的第一个事件开始，认真考虑一下，合乎逻辑地发展下去的另一个事件可能是什么，若答案把我们从第一个事件依次引向下一个事件，直到最终事件，则第一个事件就是最后事件的近因。若在这一过程的某一阶段上，链环上的两个环节之间没有明显的联系，则事件链就会中断，损失的原因肯定是另外某一事件。以下是综合有关判例而得出的一些具体法则：

### （一）单一事件导致的损失

若保险标的损失的发生没有被其他事件所介入而中断，这唯一的事件就是损失的近因。如果它属于保险单承保的风险，保险人对损失应予赔偿，反之则不赔。例如，货物在运输途中遭受雨淋浸泡损失，若按中国保险条款，加保了淡水雨淋险，保险人对该损失予以赔偿；若只投保了平安险或水渍险，保险人则不予赔偿。

### （二）并立事件但不涉及除外风险而导致的损失

在一连串同时发生的事件中，只要它们没有除外风险的发生，若这些事件都是承保风险并导致标的损失，则保险人负责赔偿；若这些风险都不是承保风险，则保险人不赔；若这些风险同时并立出现，其中既有承保风险，又有非承保风险，当能够确定承保风险导致损失责任大小时，保险人只承担承保风险导致的那部分损失。当承保风险和非承保风险导致的损失无法确定时，保险人对所有损失都负责赔偿。

### （三）并立事件且涉及除外风险而导致的损失

在一连串同时发生的事件中，既有承保风险，又有除外风险，当能够确定承保风险导致的损失时，保险人只负责由承保风险造成的那部分损失；当承保风险和除外风险导致的损失无法按其成因划分清楚时，保险人将不负任何赔偿责任。

（四）多种事件连续发生而导致的损失

若保险标的损失的发生是由多种事件连续发生而导致的，则持续起决定和支配作用的事件（原因）就是损失的近因，若该近因属承保风险，保险人则予以赔偿；反之，保险人不承担赔偿责任。Leyland Shipping Co. v. Nowich Union（1918 年）一案就是有力的说明。在该案中，正值第一次世界大战，被保险人的船舶在驶往哈佛港途中，被敌方鱼雷击中，船体被击穿，随时可能沉没。该船船长想尽办法，驾船入港，开始修船。此时又逢暴风雨，加剧了该船沉没的危险。为防止沉船阻塞港口，港务当局命令该船离开港区。该船于港外因暴风雨而沉没。法院判决：船舶沉没的损失近因是敌方鱼雷击中，即属于战争险。而该船只投保了一般的船舶保险，没有加保战争险，因此，保险人不承担赔偿责任。尽管从时间上看，该船损失的最近原因是暴风雨，但该船被鱼雷击中后，始终没有摆脱沉没的危险。因此被鱼雷击中引起的沉船危险是持续起支配作用的原因，而这一原因在暴风雨来临时仍然在起作用，只不过是加剧了沉船危险的程度而已。

在另一判例中，法院运用了同一原则。在 Johnston v. West of Scotland Insurance（1928 年）一案中，一座建筑物因火灾严重受损，其中一堵墙随时都有塌向相邻建筑物的危险。为了安全起见，地方当局下令拆除该墙体，但在拆除过程中，墙体坍塌并砸在相邻的他人的建筑物上。他人以火灾为由向保险人要求赔偿，保险人以致损的近因是拆除行为为由拒赔。法院认为，由于发生火灾房屋才处于危险状态，在危险消除之前，火灾带来的风险仍然一直起着决定作用。拆除行为的本意在于减少这种风险，只是未能成功而已。因此，法院判决：火灾是损失的近因。

从上述两个判例，可得出这样的结论：当多种事件连续发生而致损时，若损失程度相当严重且进一步的损失几乎不可避免，必须不断地采取排除危险的措施，直到危险被彻底消除。此时，最初的事件（原因）即为近因。

（五）因果关系的事件中，介入了新的、相对独立的事件而导致的损失

若保险标的在损失发生前曾有因果关系的事件出现，后来又有新的、相对独立的事件介入，从而使在此之前的事件与标的的损失不再存在直接的因果关系，即事件链中断。这样，新的、相对独立的事件取代此前的事件，则不予考虑是否成为损失的近因，只考虑新介入的事件是否属于承保风险。例如，美国南北战争时期的 Ionides v. Universal Marine Insurance Co.（1863 年）一案中，因发生战争，灯塔已被关闭。被保险人（船东）的船长迷失航向而命令船舶向海岸驶去，但因其观测不准，方位判断有误，最后导致船舶触礁。该船只投了一般船舶保险，而没有加保战争险。保险人以战争为船舶损失的近因为理由拒赔。法院认为，战争和灯塔关闭不足以构成船舶触礁的近因。又如，在 Gastarth v. Law Union Insurance Co.（1876 年）一案中，大火损坏了一堵墙，使该墙不再牢固，几天后，一场大风吹倒了这堵墙。被保险人以大火为该墙损失的近因向保险人索赔。法院判定，大火并不是墙倒的近因。

在实际中，保险标的的损失都有其特殊的背景，要确定近因必须将一般原则运用到个案的具体实际情况中。

## 案例分析

### 案例 3-13：近因原则争议案

**案例简介**①

2001 年 1 月 18 日，原告 A 厂委托 B 船务公司将其 459 吨中纤板由泉州港运往深圳虎门太平港，并向被告 C 保险公司提出投保申请，C 保险公司接受投保并出具了保险单，保险单记载投保险种为综合险，保险金额为人民币 81 万元。货物由 B 船务公司所属的 G 轮承运。1 月 19 日 5 时 40 分，G 轮在汕头南澳岛附近沉没，原告 A 厂得知后即向 C 保险公司报案。因 C 保险公司拒赔，A 厂起诉至厦门海事法院，请求判令 C 保险公司赔偿 A 厂人民币 81 万元。与此同时，A 厂还举证：G 轮沉没当时海面东北风 6 级，阵风 8 级，大浪，符合保险合同中约定的条件，因此保险公司应承担赔偿责任。

根据汕头海事局的 G 轮沉没事故调查报告显示，当时海面的确东北风 6 级，阵风 8 级，大浪，船体受风浪作用使货物移位是造成沉船的一个重要因素。但同时，报告还确定了沉船的另外两个原因：（1）操作不当。该轮船长先是采取右满舵避让渔船，船舶进入圆航时，船体向转舵反向向左产生较大角度的倾斜，造成货物移位，货物移位加剧了船体左倾。在此情况下，船长又采取了错误的措施，突然左满舵，引起舵力的横向力迅速消失，使船体产生更大的左倾角，左满舵初期，船体又向内左倾斜，最终导致船舶倾覆沉没。（2）空档是事故的潜在因素。G 轮除了舱里留有一定的横向空档外，甲板及舱口上堆积的货物也留有空档，且缺少必要的系固措施。这种装载状况，遇恶劣天气时，极易造成货物移位。

报告还显示，造成本次沉船事故的最主要原因应为船长的操作不当，而风浪与装载空档只是在操作不当的基础上导致事故发生的两个因素。也就是说，若船长操作无误，即使风浪如 A 厂所强调，装载空档如海事报告所言，本次事故也不必然发生。

试分析保险公司是否承担赔偿责任。

（提示：根据近因原则，造成船沉货损的最直接、最有效、起决定作用的因素是由于船长的操作不当，故该因素应被认定为“近因”。虽然 8 级以上风浪属保险单综合险赔付范围，但由于作为近因的操作不当不属保险单约定的保险责任范围，因此，被告 C 保险公司对本次事故不应承担赔偿责任，厦门海事法院判决驳回原告 A 厂对被告 C 保险公司的诉讼请求。）

## 复习思考题

1. 最大诚信原则包括哪些内容？违反该原则的法律后果是什么？
2. 告知义务要求保险双方履行哪些义务？
3. 什么是可保利益原则？坚持可保利益原则的意义和作用是什么？
4. 海上运输货物保险中，可保利益存在的时间有何特殊性？其原因是什么？
5. 保险补偿原则有何意义？财产保险中常见的补偿方式有哪些？

---

① 资料来源：辛元洲．巧用近因原则　处理货损纠纷［J］．黑龙江对外经贸，2003（02）。

6. 代位追偿权的概念及其产生的原因是什么？
7. 保险人行使代位追偿权须满足什么条件？
8. 在代位追偿中，被保险人应履行哪些义务？
9. 保险人应如何分摊重复保险的损失？中国法律对此有何规定？
10. 解释近因及近因原则的含义，掌握近因原则的具体应用。

# 第二篇

# 海 上 保 险

# 第四章　海上保险的起源与发展①

**本章学习重点**

一般认为，海上保险在各类保险中，起源最早，历史最长，近代保险也是在海上保险的基础上发展起来的。本章将对海上保险的起源与发展问题予以论述，这对学习保险，特别是海上运输货物保险有极大的帮助。因此，读者在研读本章的过程中应重点掌握以下内容：

1. 了解海上保险的形成与发展概况；
2. 了解英国海上保险发展概况；
3. 熟悉英国劳合社的运作机制与业务范围；
4. 了解中国海上保险的发展概况；
5. 掌握海上保险与海商法的关系；
6. 熟悉海商法关于海上保险的规范。

## 第一节　海上保险的形成

### 一、海上保险的萌芽与最初形式

关于海上保险的起源，西方学者对此有两种主要观点：一种观点认为海上保险起源于公元前2000年出现在地中海一带的共同海损分摊原则；另一种观点认为海上保险起源于公元前800~前700年流行在古希腊雅典的船货抵押借款制度。前者强调的是损失的分担，后者强调的是损失的补偿，同现在的保险相比较，后者与现代的保险更为接近，因此人们一般把共同海损分摊的原则视为“海上保险的萌芽”，而把船货抵押借款制度称作“海上保险的最初形式”。

（一）共同海损分摊原则是海上保险的萌芽

共同海损大约产生于公元前2000年。那时，地中海一带海上贸易活动频繁，但因造船技术落后，航海被视为一种冒险活动。共同海损是当时航海遇难时采取的一种最有效的抢救办法。若船舶在海上航行发生风险，则需抛弃一部分货物入海，以减轻船舶负荷，轻

---

①　本章的部分内容参考曾立新编著的《海上保险学》（对外经济贸易大学出版社，2001年7月第1版）第一章（海上保险概述）、吴百福主编的《国际货运风险与保险》（对外经济贸易大学出版社，2002年3月第1版）第二章（货物运输保险的发展历史）编写。

载续航。为避免船、货各方的争议，当时航海商提出了一条共同遵守的原则：即由船长做出抛货决定，同时规定因抛货而引起的损失由受益的全体船、货各方分摊。这条“一人为众，众为一人”的原则到公元前916年由《罗地安海商法》以法律形式明文规定下来，它规定：“减轻船只载重而抛弃船上的货物，若为了全体利益，其损失应由全体受益方分摊。”其后，罗马法典中也提到共同海损须在船舶得以脱险的情况下，才能分摊损失。可以说，共同海损体现了海上贸易活动中分摊经济损失的相互保障思想，是海上保险的萌芽。

（二）抵押借款与损失保证相结合是海上保险的最初形式

这种抵押借款形式约在公元前800~前700年间流行于古希腊雅典，中世纪在意大利也曾盛行。当时，为修理船舶和补充给养，船主常以船舶或船货向当地商人抵押借款。船舶抵达目的地后，船主负责归还借款，若船舶中途不幸沉没，船主可免除债务。以船舶作为抵押品的借款契约称为“船舶抵押借款契约”(Bottomry Bond)；以船上货物作为抵押品的借款契约称为“货物抵押借款契约”(Respondentia Bond)。

这种抵押借款实际上是海上保险的最初形式，放款人相当于现在的保险人，借款人相当于被保险人，保险对象则为船舶或货物。这种借款对放款人而言，要承担航行中的风险，因而利息很高，高出普通利息的差额相当于现在的保险费。公元533年，罗马皇帝查士丁尼在法典中肯定了这种借款与损失保证相结合的形式，并规定这种抵押借款的利率为12%，比一般借款利率高出一倍。公元13和14世纪北欧的汉萨同盟对抵押借款作出新的规定：除非取得货主同意，船主进行抵押借款时，只能以其自己的那部分利益为限。由此可见，抵押借款与损失保证具有现代保险的一些基本特征。

在公元13和14世纪的意大利，曾广泛流行一种称为“无偿借贷”(又称假装借贷)的方式，即在航海之前，由资本主（相当于保险商）以借款人的地位向贸易商（相当于被保险人）“借入”一笔款项，条件是若船舶和货物安全抵达目的港，资本主就不必偿还“借款”；若船舶和货物不幸于途中损毁，则资本主须偿还“借款”(相当于保险赔款)。在这种借贷方式下，在双方所签订的借贷合同中，并不规定利息条件，只要求贸易商在合同之外另行向资本主支付一笔“危险负担费”(相当于保险费)。这种“无偿借贷”方式的产生，是为逃避当时罗马教廷对高利息借贷的监督与限制。

## 二、现代海上保险的发展

现代海上保险发源地是意大利。公元11世纪末叶，十字军东侵以后，意大利商人控制了东方与西欧的中介贸易。在意大利北部城市的商人中间，已出现了类似现代形式的海上保险。这些商人将他们的贸易、汇兑票据和保险的习惯做法带至他们所到之处。由于意大利商人的足迹遍及整个欧洲，因而，在公元14世纪以后，保险就在西欧各国的商人中间开始流行。

据史料记载，世界上第一张保险单是一个名叫乔治·勒克维伦（Georgius Lecavellum）的意大利热那亚商人在1347年10月23日出立的承保“圣·克勒拉”号从热那亚至巴乔卡的船舶航程保单，当时称这种保单为polizza，意大利语的意思是“承诺”，传入英国后称为policy，并沿用至今。这种保单的措辞类似一种虚设的借款，它规定船舶在安全到达目的地后，合同失效；若中途发生损失，合同生效，该损失由合同的一方（贷款人，即保险人）承担。保险费是在合同订立之前以定金的名义支付的。这张保单因为没有订明保险人承保的风险，所以尚不具备现代保险单的形式。但到了 1397 年，在佛罗伦萨出现的保险单已出现承诺“海上灾害、天灾、火灾、抛弃、禁制、捕捉”等风险的记载，可看作是具有现代意义的保险单了。

早期的海上保险业务由意大利伦巴第（Lombardy）的商人承做，最初为英国船舶保险的保险单采用意大利语。到 16 世纪，意大利伦巴第人聚居在英国伦敦的一条街上经营保险，这条街后被命名为伦巴第街（Lombardy Street）。这些商人利用代理人为其经营保险业务，从而使现代保险交易逐渐普及起来。

资本主义的产生和发展，带动西欧各国对海上航线的探寻活动。15～16 世纪新航线的开辟，使欧洲商人的贸易范围空前扩大，海上保险得到迅速发展，同时保险方面的纠纷也相应增加。为适应保险业务发展的需要，巴塞罗那、威尼斯、佛罗伦萨等地政府相继制定并颁布了海上保险法令、条例以及标准保险单格式。

在美洲新大陆被发现以后，贸易中心逐渐从地中海一带转移至大西洋沿岸。海上保险制度也自意大利经葡萄牙、西班牙的各大城市传入荷兰、英国、法国以及北欧的一些城市，这些国家已处于世界贸易的发展阶段。1556 年西班牙国王颁布法令确定了保险经纪人制度；安特卫普于 1563 年也通过法令规定海上保险及保单格式，这一法令及安特卫普交易所的习惯做法被欧洲各地的保险人采用。

## 三、英国海上保险的发展

现代海上保险，虽然源自意大利，但在英国获得了真正的发展。美洲新大陆被发现以后，英国的对外贸易空前发展。1554 年，英国商人得到国王特许，组织贸易公司以垄断海上业务；1568 年 12 月，伦敦市长批准成立了第一家皇家交易所，为海上保险提供了交易场所；1575 年，英国女王特许在皇家交易所内成立保险商会。在政府的支持下，英国的保险业务迅速发展，随之而来的海上保险纠纷案件也日益增多，为此，在 17～18 世纪，英国政府加强了对保险经营的行政管理和海上保险的立法工作。英国政府于 1720 年批准了“皇家交易”和“伦敦”两家公司独享海上保险业务，为英国公司经营世界范围内的海上保险业务提供了便利条件。18 世纪下半叶，时任首席大法官的曼斯菲尔德（Lord Mansfield）收集整理了大量的海上保险案件，编写了一本海上保险法案。至此，世界保险中心逐渐转移到了英国。

英国于 1884 年成立了“伦敦保险人协会”(The Institute of London Underwriters)，是伦敦经营海上保险业务的承保人公会组织。参加该组织的成员有劳合社与伦敦的各个保险公司。该协会内设有一个名为“技术及条款委员会”(Technical and Clauses Committee）的机构，专门从事保险条款的标准化工作。它所制定的保险条款一直受到世界各国的重视，并在国际保险市场上被广泛应用。

英国的保险单格式和伦敦保险协会制定的保险条款之所以长期广泛地为各国所采用，除了因为英国在世界保险业务中占有重要地位外，还因为这些格式与条款具有悠久的历史，经历过无数次法律诉讼，几乎每字每句都有过法院的裁断、解释和认定。

海上保险立法也以英国最为完备和具有影响力。英国海上保险法是在曼斯菲尔德任英国皇家法院首席大法官的 30 多年间，对上千个海上保险判例深入研究的基础上，结合国际惯例而制订的。英国议会根据有关判例将其制定成单行法，定名为《1906 年海上保险法》（1906 Marine Insurance Act），于 1906 年 12 月 21 日公布施行。该法是近代最为完整和最具影响力的海上保险法，具有较高的权威性。长期以来，该法对世界各国的保险立法有着深刻的影响，直到现在它仍是世界上最有权威性的一部海上保险法典。

### 四、英国劳合社（Lloyd's of London）

在英国的海上保险发展中，劳合社的形成与发展占有重要地位。

劳合社，又称劳埃德社，是当今世界上唯一一个允许个体保险人经营保险业务的保险市场。劳合社本身不接受保险业务，而是由取得会员资格的承保人以自己的名义办理承保业务。所以劳合社只是一个管理与服务的机构，而并不是一个保险公司。

劳合社是由一个名叫爱德华·劳埃德（Edward Lloyd）的英国商人于 1688 年在泰晤士河畔塔街所开设的咖啡馆演变发展而来的。17 世纪的资产阶级革命也使英国的航运业得到了迅速发展。当时，英国伦敦的商人经常聚集在咖啡馆里，交换有关航运和贸易的消息。由于劳埃德咖啡馆临近一些与航海有关的机构，如海关、海军部和港务局等，因此这家咖啡馆就成为经营航运的船东、商人、经纪人、船长及银行高利贷者经常集会与交换信息的地方。保险商也常聚集于此，与投保人接洽保险业务。后来这些商人们联合起来，当某船舶出海时，投保人就在一张纸即承保条上注明投保的船舶或货物以及投保金额，每个承保人都在承保条上注明自己承保的份额并签上自己的名字，直至该承保条的金额被全部承保。

由于当时通讯十分落后，准确可靠的消息对于商人们来说非常重要。店主劳埃德为招揽更多的客人到其咖啡馆来，于 1696 年出版了一张小报《劳埃德新闻》（Lloyd News），每周出版三次，共发行了 76 期，使其成了航运消息的传播中心。约在 1734 年，劳埃德的女婿出版了《劳合社动态》（Lloyd's List），后易名《劳合社日报》，至今该报仍在伦敦出版。此后，在劳埃德咖啡馆原有业务的基础上成立了劳合社。英国议会于 1871 年专门通过了一个法案，批准劳合社成为一个保险社团组织，但在 1911 年以前劳合社的成员只限于经营海上保险业务。

到 20 世纪 90 年代，随着世界保险市场竞争的加剧，加上劳合社本身业务经营方式的影响，1992 年经营出现巨额亏损。从 1993 年开始，劳合社进行改革，实施了“重建更新计划”（Reconstruction and Renewal，R&R）。改革的一个措施是向劳合社市场引入了“公司会员”，允许公司资本进入劳合社，打破了劳合社会员只允许自然人而不允许法人加入的传统惯例。劳合社的公司会员也开始承担有限责任。

## 第二节　中国海上保险的沿革

### 一、中国古代互助保险的萌芽

中国古代互助保险的萌芽开始于货物运输。由于中国古代长期处于封建统治，商品经济很不发达，货物运输的风险却相当大，而且比较集中。因此，中国民间的互助保险的萌芽主要就出现在货物运输方面。如在唐朝时期，行驶于长江三峡之间的货船，因滩险多礁，风险极大。为避免因遇险而倾家荡产，几艘或十几艘船相约，若一船出险，则由平安到达目的地的船共同负责补偿。在明清时期，中国出现了一种称为“镖局”的武装押运组织，只要货主向镖局支付一定的费用，倘若货物在途中遗失或被劫，镖局要赔偿损失。这种做法实际上带有保险性质，货主所支付的费用实际上是运费加上保险费。在清朝时期，四川盛产井盐，通过水路外运，途中事故频繁。为补偿盐商损失，保障盐运正常进行，官府从官盐税收中提取钱款组成基金，发生损失后，进行补偿。因此，唐朝的三峡船民的互济互助，明清时期的镖局和盐运补偿，是中国古代互助保险的萌芽。

## 二、旧中国的海上保险业

尽管中国曾出现过萌芽性的货物运输保险，但直到 19 世纪上半叶，中国还没有现代形式的保险业。中国的海上保险是伴随着帝国主义对中国的经济入侵而逐渐兴起的。但无论是外商保险公司或者是中国民族保险公司，都以水上运输货物保险和船舶保险作为保险业发展的最初险种。

18 世纪末，英国大量向中国贩运和走私鸦片，广州成为西欧各国商品输入的口岸。为了给鸦片运输途中的风险提供保障，外商开始在华经营海上保险。1805 年，英国商人在广州开设了“广州保险会社”，主要经营与英国贸易有关的运输保险业务。这是中国历史上第一家保险机构。1835 年，英国商人在香港又开设了“保安保险公司”，专门经营当时广州中外贸易机构的海外贸易保险业务。

在 19 世纪 40 年代以前，外商保险公司在华主要经营水上运输货物保险和船舶保险以及部分火险业务。中国在第一次鸦片战争失败后，随着厦门、福州、宁波和上海通商口岸的相继开放，外国在华势力以上海为中心急剧扩张，导致当地贸易的增加，使得沿海货运保险变得非常必要。在这种情形下，以英国为首的西方国家开始在中国大规模地建立外商保险公司。第二次鸦片战争之后，随着中国更多通商口岸的开放，除英国之外，其他西方国家也接踵而来，中国沦为半封建半殖民地国家，成为他们大量倾销商品、掠夺工业资源以及输出资本的场所。此时，以英国商号为主的外国保险公司不但在数量上有了增加，保险业务以及保险费收入也迅速扩大和增加。到 20 世纪以前，以英国为主的保险资本基本垄断了中国的保险市场。

19 世纪中叶，中国第一家自办的保险机构——上海怡和公司保险行于 1865 年 5 月 25 日成立，承保运输货物保险，打破了外商保险公司独占中国保险市场的局面。清朝时期，北洋大臣洋务派官僚李鸿章决定由官督民办的轮船招商局于 1875 年筹组“保险招商行”，这是华人自办的第一家规模较大的承保船舶和运输货物的保险公司。

第一次世界大战期间，中国的民族工商业和金融保险业得到了一定的发展。1935 年开业的华商保险公司有 45 家。但由于中国处于半殖民地半封建社会，当时的政府不可能对民族保险事业加以支持和保护，以致中国的保险市场仍被外商保险公司所控制。20 世纪 30 年代，官僚资本开始进入中国保险市场。1931 年和 1935 年，中国银行、中央信托局先后开办保险公司和保险部。随后，中国农业保险公司、太平洋保险公司也相继成立。这些官僚资本的保险机构的出现，虽然在收回权益方面起到一定作用，但并未从根本上动摇外商保险公司的垄断地位。

## 三、新中国成立后的中国海上保险业

1949年新中国建立以后，在批准“中国保险公司”恢复营业的同时，还授权其独家办理对外分保业务。对外商保险公司在法律上不加取缔，但对其加强监督管理，使其不仅丧失垄断地位，而且逐渐从中国保险市场上消失。此外，对民族资本的一般私营保险公司还促使其走联营道路。至1951年，民族资本的保险公司全部合并成立了“新丰”“太平”两家公司，后又进一步合并成“太平保险公司”，专营海外业务。

1949年10月20日，经中央人民政府政务院批准，中国人民保险公司（The People's Insurance Company of China，PICC）正式成立，作为当时唯一的全国性保险公司，其总部设在北京，由中国人民银行领导。中国人民保险公司成立后，迅速在全国建立了大批分支机构，随着对私营保险公司的社会主义改造的完成，中国保险事业得到了很大的发展。

从1956年起，中国人民保险公司开始制定自己的海洋运输货物保险条款，1972年又制定了自己的船舶保险条款。

1958年，中国全面推行人民公社化，加上学习苏联国营企业不参加保险的做法，在“大跃进”“人民公社”的大背景下，一些人错误地认为“一大二公”的人民公社自身有能力进行灾后补偿，即使发生巨大灾害，国家也能通过财政调整解决，保险的作用已经消失。在这种思想的影响下，从1959年起全面停办了国内保险业务。1966年“文化大革命”开始，受“极左思潮”影响，又取消了对外分保业务。“极左思潮”使中国的保险事业受到重创，以致在刚刚开始有所发展的情况下，又出现了大倒退，并且给新中国保险史上的国内保险业务留下了整整20年的空白。

## 四、改革开放后的中国保险业

1978年，中国实行改革开放政策。为适应新的经济发展形势的需要，1980年起，各省的国内保险业务陆续全面恢复。从此，中国的保险业开始跨入一个全新的发展时期。

1986年中国人民银行批准新疆生产建设兵团成立保险公司，结束了中国人民保险公司独家经营保险业务的历史。1987年，交通银行开设保险部，1991年改组为太平洋保险公司，成为继中国人民保险公司后第二家全国性的保险公司。1988年以后，又相继批准成立了中国平安保险公司以及华泰、新华、泰康、天安、大众等一批全国性或区域性的保险公司。接着，中国人民保险公司根据保险法分业经营的要求，改组成独立的中国人民保险公司、中国人寿保险公司和中国再保险三家全国性保险公司。2001年8月，经中国保监会批准，上海祥生保险代理有限公司正式成立，标志着中国保险中介机构开始真正形成一个完备的中介体系，填补了中国专业保险代理市场的空白。与此同时，许多外国保险公司纷纷进入中国保险市场。1992年，美国保险公司所属美国友邦保险公司获准在上海开业。此后，进入中国保险市场直接经营或与中方企业各资经营保险业务的外国保险公司越来越多。迄今为止，在中国保险市场的经营主体，已经初步形成了以国有保险公司和股份制保险公司为主，中外保险公司并存、多家保险公司竞争、共同发展的新格局。

中国加入世界贸易组织之后，保险业面临国际竞争。改革开放以后，中国的保险事业虽然得到了迅速的发展，但同发达国家相比，同中国社会主义市场经济发展的需要相比，还有相当差距。随着中国加入世界贸易组织与改革开放的进一步深化和扩大，中国保险事业必将获得更加迅速的发展，中国保险市场的竞争也更加激烈。

## 第三节　海上保险在海商法中的地位

海上保险与海商法有着密切关系。海上保险包括海上运输货物保险、海上船舶保险、集装箱保险、运费保险和保赔保险。而海商法的调整对象是特定的海上运输关系和船舶关系。海商法的立法目的是维护本国和有关当事人的合法权益，促进海上运输和国际贸易的发展。

### 一、海上保险与海商法的关系

海上保险与海商法的密切关系主要体现在以下两方面：

首先，海上运输离不开海上保险，海上保险为海上运输提供了保障。有人将海商法比作是高楼大厦，而把海上保险法比做大厦中的主柱，因为通过海上保险，承运人、货主及各有关当事人将其在海上运输生产过程中所面临的风险和产生的责任转移给了保险人。

就海上货物运输合同中的货主而言，几乎所有的提单和租船合同都有免责条款，用以保护承运人的利益。而货主将货物交给了承运人后，自己并不能控制在途货物。为在货物发生短少或遭受损失时能够及时得到补偿，尽快恢复正常的经营，货主不得不把这种无法控制的货物损失风险转嫁给保险人。保险人出于商业目的，在概率论和大数法则的基础上，愿意接受承保，从而承担了货主的货物损失和短少的风险。

就海上货物运输合同中的承运人而言，承运人或船东在从事海上航运过程中也面临着各种各样的风险或责任。如对货物在运输途中的某些损失他们并不能免责；承担运输任务的运输工具如船舶在运输途中也可能遭受各种各样的损失甚至是全损；在发生了意外事故时，船舶有可能承担对第三方的民事赔偿责任等。这样，承运人或船东也有将其所承担的各种风险转嫁出去的需求。船舶保险人同样出于商业目的，对各种海上保险标的分别设立不同险别，吸引船东或船舶承租人根据自己的需要而选择进行投保，将自身承担的一定责任转嫁给保险人。船东或承租人甚至还将船舶保险人不承保的部分风险通过保赔保险而转移给保赔保险人。这样一来，实际上海商法中的各当事人已将自己所面临的风险或责任都转嫁给了保险人，而保险人则以收取保险费为对价对上述各种风险或责任承担经济补偿的责任，为海上运输提供各种保障。

其次，海上保险人可行使代位权，向负有责任的承运人等追偿。保险人依据保险合同，对承保危险造成保险标的灭失或损坏，赔偿给被保险人。若保险标的的灭失或损坏是承运人等不能免责的过失所致，根据海上保险法律，保险人就取得了代位追偿的权利，以自己或被保险人的名义，向第三责任方追偿。这种追偿视具体情况不同可以有不同方式：按合同规定向责任方追偿，如保险人代位货主根据货物运输合同向承运人进行追偿；也可按侵权行为向责任方追偿，如在船舶碰撞案件中，保险人代位保险船舶向对保险船舶的损坏负有责任的对方船舶进行追偿；还可根据海商法的有关规定向其他方进行追偿，如共同海损下的分摊。因此，代位追偿的过程充分体现了海上保险和海商法之间的紧密联系。

## 二、海商法调整海上保险的规范

海商法中具体规范了海上保险的相关内容，为正确处理海上运输与海上保险的关系提供了法律依据。这些法律规范主要体现在海商法中的以下内容中：

（一）对海上保险合同的一般规范

海商法通常对海上保险合同的概念，并对保险标的、保险价值、保险金额和保险费等作出了明确规定。可成为海上保险标的的有船舶、货物、船舶租金、货物运费、货物预期利润、船员工资，其他报酬、船舶和货物的增值，等等。根据合同应由被保险人负责的、对因海损和各种事故引起的第三者损失的赔偿责任，以及用于海洋资源开发勘探的各项设备、利益和责任，还有其他有关航海的财产和利益，也都可成为海上保险标的。海商法要求在订立海上保险合同时，须由保险人和被保险人约定保险标的的保险价值，在双方未约定的情况下则对船舶、货物、运费和其他保险标的的可保价值计算办法作出规定。同时，保险双方在合同中应订明保险金额，并明确保险费支付和退还的规定。

（二）明确规范海上保险合同的订立、解除和转让

海上保险合同是一种损害和责任赔偿合同，必须以书面形式订立。被保险人在投保时应遵循最大诚信原则。保险人和被保险人单方面解除合同及双方协议解除合同必须符合一定条件，有关保险费的退还也应符合相关规定。除此以外，对海上保险合同的转让与失效的原则也作出了明确规范。

（三）订明保险责任和除外责任

海商法对海上保险标的因保险事故发生损失而应由保险人承担的赔偿责任作出了明确规定。除保险标的本身损失外，保险人还承担共同海损的分摊和费用、救助报酬、施救费用和其他合理费用的赔偿。除外责任的规定包括货物因自身的缺陷、自然损耗或其他自然特性、包装不当、航行延迟、交货延迟或行市变化，以及属于发货人责任等所引起的损失；船舶因不适航，其船东及其代表的疏忽或故意行为，船壳和机件的正常磨损、锈蚀或保养不周等所造成的损失，以及它们的正常维修费用和油漆费用，还有清理航道费用，船舶的滞期损失和间接损失等；货物或船舶因战争、罢工所造成的直接损失等。

（四）规范被保险人的义务

在保险合同的履行过程中，被保险人的法定义务包括：及时交纳保费、严格遵守保险保证、危险增加时的通知义务、损失通知义务、出险后为减少损失进行施救的义务等。另外，被保险人向保险人索赔时需提交一定的证明文件，索赔要在规定的期限内提出，被保险人还要保护保险人的代位追偿权。对此，海商法设有专门规范。

（五）对保险标的遭受的不同程序和性质的损失进行规范

海商法还明确部分损失、共同海损、实际全损、推定全损的概念，并规定对推定全损下的索赔要求被保险人对保险标的进行委付，以及规定损失处理的原则等。

综上所述，海上保险合同的主要内容都已在海商法中有了明确规定，因此，海上保险合同的最高效力的法律形式就是海商法或海上保险法，其次才是其他的保险法律，如保险法或民法，或相关的国际公约及国际惯例。

## 案例分析

### 案例：多式联运提单下的保险赔偿纠纷案

### 案情简介①

原告：中国太平洋财产保险股份有限公司

被告：英国博特宁有限公司

原告诉称，2002年11月21日，四川电力进出口公司（以下简称“电力公司”）向原告投保267件电力设备运输险，从中国上海运往格鲁吉亚的潘吉斯峡谷（Pankisi Gorge），被告签发了多式联运提单。被告在目的港交货前货物即发生了严重损坏，原告按照保险合同约定作出赔付，并取得代位求偿权，原告请求法院判令被告赔偿货物损失。

2002年11月14日，电力公司就其与格鲁吉亚共和国的东部电力有限公司（以下简称“东部公司”）的货物贸易向东部公司开具了发票和装箱单，其中记载的货物名称为卡杜里电站设备，货物标记为SEPC-000408，运费和保险费为199 742美元，CIF总价为3 262 240美元。

2002年11月19日，原告出具涉案货物运输保险单。其中记载的被保险人为电力公司，货物为卡杜里电站设备，数量为267箱，由中国上海至格鲁吉亚的波季；承保险别为根据中国人民保险公司海洋货物运输条款（1981年1月1日）承保一切险，包括依据甲板货风险条款承保甲板货风险，不包括无包装的锈损险；保险金额为3 588 464美元。

2002年11月21日，被告作为承运人签发了一份货物运输提单，编号为SEPC 2ND，托运人为四川电力进出口公司，收货人为东部公司，通知人为B公司；装货港为中国上海，卸货港为格鲁吉亚的波季，货物交付地为格鲁吉亚的潘吉斯峡谷，运费预付，运往格鲁吉亚的卡杜里电站；2002年11月18日装船，由托运人装货、理货和计数；以上根据发货人描述。2003年1月8日和1月16日，东部公司和B公司共同签署了两份事故备忘录，表明编号为G255、G220、G221的卡杜里电站发电机定子在从波季港运往卡杜里电站时从卡车的平台上掉到地上，造成设备损坏，事故原因系绑扎带断裂所致。商务参赞处证明有关情况属实。

2003年6月6日，电力公司与中国水利水电第十工程局机电安装分局（以下简称机电分局）签订“格鲁吉亚卡杜里水电站定子修复合同”（以下简称“修复合同”）。修复合同约定的监理工程师为四川二滩国际工程咨询有限责任公司（以下简称监理公司），修理厂家为东方电机股份有限公司（以下简称“东方公司”）。修复合同对有关设备的受损情况、合同任务、主要技术标准和要求、合同工期、为修复所应提供的有关材料和设备清单、验收和缺陷责任期等都作出了约定，其中合同总费用为人民币460 000元，包括机电分局完成所有合同工作的费用。2003年5月29日，电力公司与东方公司签订“合同SEPC-GDF01水轮发电机定子修复材料供货协议”（以下简称“供货协议”）。供货协议对供货范围和价格、支付方式、出口商检等作出约定，有关供货价格共计人民币785 800元，折扣价为人民币750 000元。2003年8月5日，中国外运四川公司就有关配件运费向

① 资料来源：上海国际贸易律师网，http：//shlawyer. org/Article/Class04/Sclass01/Articlehtm，2007-8-7。

电力公司开具发票，金额为人民币 183 122.50 元。2003 年 10 月 3 日，机电分局就卡杜里电站定子修复向电力公司开具了 47 张修理费发票，金额共计为人民币 460 000 元。2003 年 12 月 12 日，东方公司向电力公司开具两张供应材料的增值税发票，金额分别为人民币 365 207 元和人民币 384 793 元。

2004 年 1 月 5 日，电力公司向原告出具收据及权益转让书，权益转让书记载已收到涉案货损保险赔款人民币 1 393 122.50 元，有关货物权益转让给原告。东部公司总经理杨敏代表该公司授权电力公司全权处理卡杜里电站定子运输损坏保险索赔事宜，包括但不限于提起索赔、提供证据、接受赔款及权利转让等。根据 2004 年 1 月 7 日由受票银行中国建设银行签章的银行进账单（回单）显示，原告作为出票人出具了以电力公司为收款人、金额为人民币 1 393 122.50 元的票据。

庭审中，被告确认涉案提单为多式联运提单，被告的交货地点在提单中载明的格鲁吉亚内陆城市番金斯乔治。原告确认其所承保的涉案货物保险责任为仓至仓条款。原告提供了商务参赞处于 2004 年 5 月 21 日出具的证明，表明涉案两份事故备忘录由被告在格鲁吉亚的分支机构 B 公司和收货人东部公司共同签署，并由商务参赞处见证。原、被告双方均确认审理本案纠纷适用中国法律。

试分析本案例的症结所在。

（提示：法院认为，本案当事人及货运合同的签订地和履行地具有涉外因素，合同当事人可选择处理合同争议所适用的法律。涉案纠纷由中国法院审理，货物运输合同的签订地和履行地在中国，中国与本案纠纷具有密切的联系，原、被告亦主张适用中国法律，故本案纠纷应依中国法律进行审理。

涉案提单为海陆多式联运提单。被告作为该多式联运提单的承运人，接受了货方委托出运货物，并签发了提单，有义务将货物安全出运，并应当负责货物的全程运输，在目的港的交货地点凭正本提单完好地交付货物。涉案事故备忘录证明货物在目的港前往交付地点的陆运途中发生事故并受损，被告认为货物受损时已超出其承运的责任范围依法无据，法院不予采信。原告作为涉案货物的保险人，在货物受到损坏后依照保险合同进行了赔付，依法取得了代位追偿权，有权就涉案货物损失要求承运人作出赔偿。

根据电力公司与机电分局签订的修复合同，涉案受损货物经有资质的监理公司和修理厂家负责修理，修复合同对有关设备的受损情况、合同任务、主要技术标准和要求、合同工期、为修复所应提供的有关材料和设备清单、验收和缺陷责任期等都作出了明确约定，有关修理费共计人民币 460 000 元，构成了涉案货物实际和合理损失的组成部分，货方有权要求承运人进行赔偿。根据有关供货协议，为修理受损货物而产生的有关材料实际折扣价为人民币 750 000 元；有关配件运费为人民币 183 122.50 元，上述两笔费用是使涉案受损货物恢复原状所必须产生的费用，该两笔损失费用合理有据，被告亦应予赔偿。上述损失共计人民币 1 393 122.50 元，原告已提供证据予以证明，被告对此项损失的实际发生及有关损失数额的合理性均未提出反证，故该损失金额可作为本案货物实际损失的依据。原告作为涉案货物的保险人，以代位追偿人的身份要求作为承运人的被告赔偿有关货物在运输途中发生的损失，其诉讼请求合理有据，法院予以支持。原告有权要求被告赔偿本案货损的利息损失，但因原告未提供证据证明其在本案起诉前曾向被告主张过涉案损失款项及利息损失，故其以 2003 年 1 月 8 日货物受损之日作为利息损失的起算日期理由不足，本案利息损失的起算日期应以原告向本院提起诉讼之日，即2004年1月7日为准，有关利率应按同期银行活期存款利率计算。

**案例启示：**

本案中承运人由于签发的是海陆多式联运提单，因而必然负责全程的运输责任，在货物的运输过程中发生损失并且证明是由于承运人的过失导致，因此承运人承担了货物损失以及由此引发的相关损失。

但是值得注意的是，本案的贸易合同买卖双方的贸易条件是CIF，而承运人签发的却是多式联运提单。CIF术语适用的是水上运输，在起运港象征性交货，承运人负责从起运港到目的港之间的运输，除免责事项外对货物负责；本案中，货物从发货港到目的国的内陆地区，运输范围已超出了水上，包括了陆地，此时再采用CIF术语就有些不合适了，会给投保等造成不方便。这种多式联运运输，由卖方负责货物的运输和投保最好采用CIP贸易术语。CIP术语是运费保费付至指定目的地，适用于各种运输方式，交货地点根据运输方式的不同可依据双方的约定，这种贸易术语下，卖方承担全程运输和投保的责任。这样由卖方订立的运输合同必然包括全部运输路程，承运人也必然对全程运输负责，并且也可方便地签发多式联运提单。)

## 复习思考题

1. 解释共同海损分摊原则是如何产生的。
2. 何为船货抵押借款制度？
3. 解释现代海上保险是如何发展起来的。
4. 解释劳合社的发展历程及其运作程序。
5. 目前劳合社承保哪些保险业务？
6. 海上保险与海商法之间存在怎样的关系？
7. 海商法如何调整海上保险？

# 第五章　海上保险概论

**本章学习重点**

海上保险（Marine Insurance），又称水险，是指以同海洋运输有关的财产（货物或船舶）、利益或责任作为保险标的的一种保险。海上保险在性质上属于财产保险的范畴，是一种特殊形式的财产保险。海上保险同其他保险一样，首先表现为一种经济补偿关系，其次，也体现为一种法律关系：通过订立海上保险合同，一方面被保险人必须向保险人提供一定对价（保险费）；另一方面，保险人对被保险人将来可能遭受的海上风险、损失或责任给予补偿。海上保险所体现的这两种关系，互补统一，共同构成了海上保险的完整内容。国际贸易中的运输货物保险是海上保险的最主要内容之一，因此，读者在学习本章的过程中应重点掌握以下内容：

1. 海上保险的定义及其含义；
2. 海上保险承保的责任范围；
3. 现代海上保险承保标的和风险的扩大与扩展；
4. 海上保险的特点；
5. 海上保险的种类；
6. 海上保险与国际贸易的关系。

## 第一节　海上保险的定义、范围与特点

### 一、海上保险的定义

海上保险体现了一种法律关系，这种关系是通过海上保险当事人之间达成协议或订立合同来表现的。因此，国际上习惯把对海上保险定义的分析和论述转变成对海上保险合同定义的分析和论述。

（一）中国《海商法》的定义

中国《海商法》在第216条中规定，海上保险合同是指保险人按照约定，对被保险人遭受保险事故造成保险标的的损失和产生的责任负责赔偿，而由被保险人支付保险费的合同。

（二）MIA1906的定义

MIA1906在第1条就规定了海上保险的定义：海上保险合同是保险人向被保险人承

诺，当被保险人遭受海上损失，即海事冒险所发生的损失时，应依照约定的条款和数额，赔偿被保险人损失的合同。

（三）美国的定义

美国1920年《海商法》（Merchant Marine Act 1920）对海上保险的定义是：海上保险是被保险人按照约定向保险人支付保险费，保险人按照约定，当被保险人所有处在海上风险中的特定利益受到损失时，承担赔偿的合同。

（四）日本商法的定义

日本《商法》第815和816条规定：海上保险合同是以对与航海有关的事故而发生的损害予以补偿为目的的，除另有规定或约定外，保险人应对保险标的在保险期间，因航海事故所发生的一切损失，负赔偿责任。

从上述各国法律对海上保险的规定可以看出，尽管表述不尽相同，但其实质是一致的，都是从合同关系的角度来分析和论述海上保险的。本书对海上保险的定义为：海上保险是按照损害赔偿性质确定的，具有一定对价的，由保险人按照约定对被保险人因海上风险或责任，以及与航海有关的风险造成的损害负责赔偿的法律关系。

海上保险的定义包含两层含义。一是海上保险是一种法律关系，是海上保险当事人之间按照合同法规定，订立保险合同，并由此产生各自的权利和义务。二是海上保险是一种具有一定对价的补偿性法律关系。换言之，海上保险当事人之间是一种双务的有偿合同关系。一方面要求被保险人缴纳一定的保险费；另一方面要求保险人按照约定，当保险事故损失发生时承担赔偿责任。海上保险当事人所拥有的这种权利和义务，是一种互为因果的关系。被保险人要取得损失补偿的权利，必须承担缴纳保险费的义务；同样，保险人要获得收取保险费的权利，必须承担损失赔偿的义务。但被保险人履行缴纳保险费义务后，保险人是否履行其赔偿义务，则取决于保险事故发生的偶然性和合同内容的确定性。即只有在保险有效期内发生保险事故受到损失的情况下，保险人才履行其赔偿的义务。因此，海上保险合同也是一种有条件的双务合同。

## 二、海上保险的范围

在海上保险诞生的初期，其范围仅限于海上，保险标的只是传统的船舶、货物和运费三种。海上保险承保的风险也仅限于海上固有的风险。因此，在这个阶段的海上保险实际上是以船舶、货物和运费为保险标的的一种保险。随着国际贸易的发展和运输方式的变革，海上保险的范围开始扩大，承保标的的种类逐渐增加。

以MIA1906为例，该法第2条和第3条规定："海上保险合同可以按订明的条款或贸易惯例，扩展其范围，凡被保险人在因与海上航程有关的内河或陆上风险所遭受的损失，均受该项合同的保障。""凡合法的海事冒险，均可以依本法的规定订立海上保险合同，成为海上保险合同的标的，尤其下列各项更是如此：

（1）海上危难中的船舶、货物或其他动产，这些财产在该法中均称为'可保财产'；

（2）收益或运费、旅客票款、佣金、利润，或其他金钱利益，或预付款项、借款，或日用开支等，由于可保财产蒙受海上危难而可能遭受影响者；

（3）可保财产的所有人、利害关系人或承担责任的人，因海上危难而可能对第三者所产生的赔偿责任者。"

该法中的“海上危难”(Maritime Perils) 是指因航海而发生的危难或与航海有关的危难，即海难、火灾、战争、海盗、抢夺、盗窃、捕获、扣留、禁制，主权者扣押、投弃、船长或船员的不法行为，以及保险单规定的其他类似危难。

从上述 MIA1906 的规定可以看出，20 世纪初的海上保险与早期的海上保险相比较，已出现了明显的变化。海上保险已突破了传统界限，逐渐扩展到凡是与航海有关的财产、利益或责任都可成为海上保险的标的。在范围上包括了与航海有关的内河或陆上的损失，而且在保险标的的种类中还增加了建造中的船舶等。

20 世纪 60 年代之后，随着国际经济形势的发展和变化，以及运输领域中的技术革命，海上保险的承保范围又发生了巨大的变化，其表现有以下三方面：

（一）承保标的的范围扩大

近几十年来，由于航海事业的发展，特别是海底资源的开发和利用，引起了拓展海上保险种类的需要，于是各国在原来传统险种的基础上发展了现代的集装箱保险、船舶建造保险、海上石油勘探开发保险、船东保赔责任等，形成了险种繁多、险别划分详细的海上保险。从承保标的的性质来看，也不仅仅是传统的船舶、货物等物质财产，而是逐步扩展到了与这些财产有关的非物质的利益和责任等。以中国《海商法》的规定为例，下列各项目都可作为海上保险的标的：船舶、货物、船舶营运收入（包括运费、租金、旅客票款）、货物预期利润、船员工资和其他报酬、对第三人的责任，以及由于发生保险事故可能受到损失的其他财产和产生的责任费用。

（二）承保风险的范围扩展

原来的海上保险所承保的风险仅仅限于原有的海上固有的风险，如海难、海盗、国王或君主的扣押、船长船员的故意行为等。随着国际贸易的发展，特别是 20 世纪 60 年代的运输革命——集装箱运输方式的出现和飞速发展，带来了国际贸易运输方式的巨大变化，由原来单一的海上运输方式转变为多式联运，使得海上保险所承保的风险扩展到了与海上运输相关联的陆上和/或航空运输途中。例如，2009 年英国伦敦保险协会货物保险条款（ICC2009）（B）所承保的风险包括陆上运输工具倾覆或出轨以及海水、湖水或河水进入船舶、驳船、船舱、运输工具、集装箱或储存处所等风险。这样，海上保险就成了广义的海上保险。

（三）保险单格式和保险条款的变革

随着承保标的范围的扩大以及承保风险的扩展，保险单格式和保险条款也发生了相当大的变革。

自 1779 年开始，伦敦保险市场开始采用劳合社船货保险单格式（the Lloyd's S. G. Form of Policy)。直至 1982 年，该保险单使用了二百多年，未做重大修改。随着时代的变革以及第三世界国家在国际保险市场的崛起，旧的保险单格式和保险条款逐步显露出种种弊端。为了适应形势的变化，保持英国在海上保险市场上的中心地位，英国于 20 世纪 80 年代对海上保险进行了改革，1982 年颁布实施了新的保险单格式以及与之配套使用的新的协会货物保险条款［ICC1982（A）、ICC1982（B）和 ICC1982（C）］。2009 年，英国又对 ICC 1982 予以修订（ICC 2009)。关于 ICC2009（A）、ICC2009（B）和 ICC2009（C）的详细内容，请见后述章节。

## 三、海上保险的特点

海上保险与其他保险的最大不同之处是，它所承保的风险是载货工具及其所载货物从一个区域到另一个区域，从一个国家到另一个国家移动过程中的风险。在他们交换场所、变更位置的过程中，保险标的完全处在各种各样的风险的威胁之中。同时，海上保险合同还涉及不同国家的不同法律适用，以及运输工具也会受到国际公约、国际惯例、不同国家的法律制约等一系列复杂问题。因此，海上保险显示出与其他保险不同的特点。概括而言，这些特点表现为以下几个方面：

### （一）承保风险的综合性

按保险保障的范围划分，海上保险属于一种财产保险，但海上保险所承保的风险已远远超出了一般财产保险的承保风险范围。海上保险所承保的风险，从性质上看，既有财产和利益上的风险，又有责任上的风险；从范围上看，既有海上风险，又有陆上和航空风险；从风险的种类上看，既有自然灾害和意外事故引起的客观风险，又有外来原因引起的主观风险；从形式上看，既有静止状态中的风险，又有流动状态中的风险。海上保险所承保的风险的种类之多，是其他保险所不能相比的，这充分显示了其承保风险的综合性。

### （二）保险标的的流动性

由于海上保险保障的范围既包括海洋运输风险或责任，又包括陆上运输、航空运输以及多式联运的风险或责任，因此，海上保险实际上是一种运输保险。而运输就是利用各种运输工具，将生产的产品或交易的货物从一个地方运送到另一个地方，即从产品或货物的生产制造地运送到其消费地。国际贸易运输则是体现国与国之间的运输，除了完成国内一般运输的职能外，还包括一般运输过程中所没有的其他服务项目，如货物在运输过程中或到达国外目的地后，在机场、车站或码头等地所进行的必要的储存或重新装卸等。因此，在国际贸易运输中，无论是运输工具还是所载的货物总是处在流动状态，故海上保险所承保的保险标的也总是处在流动之中。正由于海上保险的这种流动性，就难以避免各种保险标的在不同地点可能出现价格的差异，因此，海上保险习惯采取定值保险的做法。

### （三）被保险人的多变性

在海上保险中的船舶保险，其保险单的转让必须征得保险人的书面同意才有效，也就是说，被保险人不能随船舶所有权或经营权的转移而自动变更。但运输货物保险与船舶保险不同，因为在国际贸易中，货物所有人（卖方）将买卖合同项下的货物托运后，他就失去对货物的直接控制和管理。货物是否会发生损失，主要取决于货物本身的因素，特别是承运人的因素，而与货主（即卖方）没有直接的联系。在此情况下，货主或被保险人是谁，对保险人而言并不重要，承保风险的程度大小并不因被保险人的改变有所变化。因此，在国际贸易运输中，货物保险单的转让无须征得保险人同意。在以 CIF 或 CIP 为条件的国际货物买卖实务中，卖方（被保险人）将货物托运后，在货物保险单上背书转让给买方，买方即成为新的被保险人。国际贸易的目的不仅是实现货物的使用价值，更重要的是实现货物价值的增值，获取最大利润。国际贸易的这种特性决定了其交易的货物在运输过程中频繁易手，不断变换其所有人，从而引起货物被保险人的不断变化。

### （四）海上保险险种和险别的多样性

与其他保险相比较，海上保险的险种和险别不仅数量多，而且随着时间的推移，其形式和范围也不断发展变化。从险种上看，海上保险有运输工具（船舶等）保险、运输货物保险、运费保险、集装箱保险、各种责任保险、海上石油开发保险，等等；从险别上看，海上保险有基本险和附加险之分。仅运输货物保险基本险就有平安险、水渍险和一切险；ICC2009 分为 ICC（A）、ICC（B）和 ICC（C）。附加险又分为一般附加险、特别附加险和特殊附加险等。

（五）海上保险的国际性

海上保险中的当事人大多是从事国际保险业务的保险组织和保险公司，以及从事国际贸易、国际远洋运输和海上资源开发的经营者，其财产无论是运输工具还是所载货物都是往返于不同的国家或地区。这种保险的主体、客体的存在形式和运行方式，使得海上保险成为一种国际性保险。正是基于这种原因，海上保险合同的订立和履行，应遵循国际公约、国际法律、国际惯例和通用准则，或有关国家的法律、法规的规定。保险争议或纠纷的解决也同样如此。

## 第二节　海上保险的种类

对海上保险进行分类，可确定海上保险的研究范围，了解海上保险的发展变化。最初的海上保险按其标的的不同，主要分为船舶、货物和运费三种保险类型。随着科学技术的不断发展和进步，以及国际贸易方式和运输方式的不断变化，海上保险增加了许多内容，海上保险保障的对象、标的和责任的范围日趋扩大。海上保险的这些内容上的发展变化及其规律，可通过海上保险的分类得以说明。对海上保险进行分类，还可帮助人们弄清海上保险各种险种和险别之间的联系与区别。

### 一、海上保险的分类方法

海上保险的分类，是建立在前述一般保险分类的基础上，根据实际需要，采用具体的分类标准所作出的进一步划分。但不论采用何种方法或标准，最终都要体现在保险合同的具体内容上。保险合同是保险关系成立的基础和依据。因此，建立在保险合同基础上的有关保险原则，保险双方的权利和义务，以及由此引申出来的其他规定，都可作为海上保险分类的依据。究竟采用什么样的划分依据，即划分时所依据的事物的性质，则主要取决于实践的需要。当然，这种需要本身也会随着社会实践的发展而变化。只要在分类时采取的依据是海上保险的本质规定，由此作出的分类就能明确海上保险反映的具体内容，为发现各类海上保险的内部联系及其规律提供条件和可能。

### 二、海上保险的种类

目前，国际保险市场上经常采用下列三种划分标准，对海上保险进行分类：

（一）以承保标的为标准划分

海上保险的种类，按其承保标的的不同，可以划分为下列六种：

1. 运输货物保险（Cargo Insurance）

运输货物保险是指以各种运输工具承运的货物作为保险标的的一种保险。这种保险承保的货物一般为进出口货物，也包括非贸易货物，如援助物资、展览品、现钞、艺术品、各种资料、私人行李或用具等。货物的运输方式有海运、陆运和空运之分，与此相适应，货物保险可以分为海上运输货物保险、陆上运输货物保险、航空运输货物保险以及邮包运输保险等。

海上运输货物保险一般按航程保险方式投保，有以下四种形式：

（1）船名已定保险。这种保险是海上运输货物保险中经常采用的一种保险。这种保险适用于载货船舶已定，投保人应将其船名和开航的大致日期等情况告知保险人。这种保险只承保指定的货物交由指定的船舶，在指定的航次上运输的风险。

（2）船名未定保险。这种保险是进口货物的买方经常采用的一种保险，其特点是载货的船舶名称及开航日期在投保时，均未确定，而是在货主接到国外卖方通知船名和航期后，立即通知保险公司签发批单，确定承运船名、起航的地点和日期，以此核算保险费的差额。

（3）预约保险。预约保险是承保约定期间内若干批运输货物的保险。通常以暂保单签订，不限制总保险金额。在每一次运输情况如货物名称、数量、金额、船名、航程等确定以后，被保险人应向保险人进行申报，保险人据此计算保险费并出具保险单，从而使保险双方事先达成的协议取得法律效力。

（4）流动保险。这种保险是承保一个总保险金额内若干批货物运输的保险。每次运输事项确定后，被保险人应将船名、航期、货物数量和运输货物金额通知保险公司，该次运输的货物金额即从总保险金额中扣减，直至扣减完毕，保险效力随即终止。

上述保险的保险单具体内容，将在“国际运输货物保险实务”一章中详细介绍。

2. 船舶保险（Hull Insurance）

船舶保险是以各种水上交通运输工具及其附属设备为标的的一种保险。这里所说的船舶，除了船体以外，还包括机器、锅炉、设备、燃料，以及供船舶和机器使用的储备物品等。保险人承保的船舶分为两大类，一是普通商船，如各种货船、客船等，一类为特殊用途船，如油轮、渔船、游船、拖船、驳船、渡船、集装箱船、液化天然气船、挖泥船、浮船坞、浮吊、趸船、水上仓库，以及钻井平台等各种海上作业船。不同的船舶采用不同的保险方式，使用不同的保险单。从保险方式的角度看，船舶保险单可以分为期间保险单、航程保险单、港口保险单、造船保险单、单船保险单和船队保险单等。

不论何种船舶，其保险不一定是针对航行。船舶由于停航、修理或改装等原因需要在港内停泊一定时间，其船东可以为船舶购买一份“港口保险单”。这种保险单承保该船在港口停泊期间某些可能发生的危险。另外，保险人也可以向造船人签发“造船保险单”，承保自安放龙骨至建造完成交船过程中可能发生的危险，其中包括船舶在建造、下水、试航及交船过程中的全部危险。此种保险如果遇上建造时间延长，可延长保险期间；若提前建造完成，也可中途终止合同，退还一部分保费。船舶所有人以一艘船舶同保险人签订一份保险合同，叫作“单船保险”；以若干艘船舶签订一份保险合同，则叫作“船队保险”。

船舶保险大都按照期间保险方式投保，以 1 年为期，如有必要也可以按照航程保险方式投保，就某一特定航程或连续数个航程签订一个船舶保险合同。

3. 运费保险（Freight Insurance）

运费保险是以运费为保险标的的一种保险。海上保险中的运费是指承运人为他人运送货物所得的报酬。在国际贸易实务中，运费支付的方式主要有两种：一是预付运费，即约定在装货港预先付清的运费；二是到付运费，即约定在目的港支付的运费。后一种运费在货物不能或尚未运到目的港时，船东无权请求给付。当进出口货物按 FOB 条件交易时，常常采用到付运费。当进出口货物按 CFR、CIF 或 CIP 条件交易时则采用预付运费。由于预付运费的危险承担者是货主，他可以将此种运费计入货物保险价值中去，作为货物保险一并处理。因此，能够成为运费保险标的的运费，通常只是在目的港支付的到付运费。在这种情况下，运费保险的被保险人大都是船东，或是向船东租船承担货物运输任务的营运人。

除此之外，在海上保险实务中还存在一种租船运费，亦称船舶租金，它是指船东以整个船舶或船舶的部分舱位出租给他人而收取的报酬。以这种报酬为保险标的投保的运费保险，被称为租船运费保险。船舶的出租有定程出租、定时出租和光船出租三种方式。在定程出租的情况下，其运费大都在目的港支付，因此通常由船东投保运费保险。在定时出租的场合，租金通常按月支付，万一该船沉没或损坏而不能继续航行，船东的租金将受到损失，所以船东也要投保运费保险。至于光船出租，若租金是按月支付，其结果与定时租船的情况相同，由船东投保运费保险；若租金是在船东交船时一次付清，则由承租人负责投保运费保险。

由于运费保险与船舶保险有着密切的关系，所以运费保险单大都以船舶保险单作为基本保险单，然后附贴运费保险条款。若有关船舶是按照期间投保，则其运费也按期间投保；反之，若有关船舶是按照航程投保，则其运费也按航船投保。

4. 碰撞责任保险（Collision Liability Insurance）

海上保险中的责任保险主要是指船舶的碰撞责任保险。船舶在海上航行，因技术上的原因或其他无法预防、控制的偶发事故的发生，致使第三者遭受损失的情况时有发生。此种损失一旦发生，事故责任者应承担法律赔偿责任。例如，在船舶碰撞条件下，肇事船对他船及船上货物等损失应负赔偿责任。承保这种碰撞的责任保险与承保船舶本身物质损失的船舶保险，本来是有严格区别的，然而在实务上大都将碰撞责任保险并入船舶保险一同办理。不过，并入船舶保险以后的碰撞责任保险，其本身仍然是一种相对独立的保险合同，或补充的船舶保险合同。

5. 保障与赔偿保险（Protection & Indemnity Liability Insurance）

保障与赔偿保险，简称“保赔保险”。这种保险起初由船东相互保险组织——船东保险协会负责承办。由参加协会的船东会员相互提供资金，共同承担那些不属于保险公司负责的，包括由于航运管理上的错误和疏忽等原因引起的，在法律上对第三者应负的经济赔偿责任。近十几年来，一些船东为了追求更多的利润，把经过选择的一部分保障与赔偿责任，通过协议从船东相互保险协会转嫁给保险公司承担，并向保险公司交纳规定数量的保险费，作为固定支出摊入运输成本。

船东相互保险是一种具有互助性质的保险，虽然被列为海上保险范畴，但它承保的危险是海上保险一般不予承担的危险。

6. 海上石油勘探开发保险（Offshore Oil Exploration & Production Insurance）

海上石油勘探开发不但技术复杂、投资额高，而且风险很大。开发海上石油从勘探开始，到打井探油、建设油田，进而生产石油直至油井枯竭报废为止，其全部工程的投资、财产设备以及各种费用和责任风险通常都进行保险。海上石油勘探开发保险涉及船舶设备、费用、责任、工程建设和投资风险等各种内容。

（二）以保险价值为标准划分

海上保险的种类，按其保险价值是否确定，可以划分为定值保险和不定值保险两种。

1. 定值保险（Valued Insurance）

定值保险亦称“约定价值保险”，是指海上保险财产的价值事先经保险双方约定并载明于保险合同，按照约定价值确定保险金额，作为保险人收取保险费和保险标的发生保险责任范围规定的事故损失时计算赔款的依据的一种保险。定值保险是海上保险所特有的一种保险。从理论上说，凡是保险标的的价值不能以市价估计，或在损失发生后不易估计的，其保险价值都应由当事人双方事先约定，以免事后发生索赔纠纷。然而，这样做的结果容易引起投保人、被保险人或受益人的欺诈行为或道德危险的发生，因此，除海上保险外，其他财产保险一般不订立定值保险合同。海上保险特别是海上保险中的货物保险和船舶保险所以采用此种方式，一方面是因为这些保险的标的受时间和空间因素的影响，事后估计损失在技术上存在许多难以解决的困难；另一方面，由于这些保险的标的不像其他财产保险那样直接掌握在被保险人手中，不易产生为了索赔而故意制造保险事故的行为或道德危险。在定值保险下，无论标的实际价值是否高于或低于指定的保险价值，只要保险金额与约定保险价值相等，即为足额保险。若发生全损，保险人可按保险金额（约定的保险价值）全部赔偿，不论损失时的实际价值是多少；若发生部分损失，则按损失比例赔偿。

2. 不定值保险（Unvalued Insurance）

不定值保险是指保险双方订立保险合同时不约定保险价值，只订明保险金额的一种保险，保险费依照保险金额计算。保险人对保险事故损失的赔偿，按事故发生时的实际价值进行估计，以损失发生地当时的市场价值为准。但以此计算的赔偿金额不得超过其保险金额，若依据损失发生时市场价值估计的保险价值高于保险金额，赔偿金额应按两者之间的比例计算。反之，若保险价值低于保险金额，赔偿金额则按实际损失程序在保险金额限度内进行赔付。除海上保险外，绝大多数的财产保险采用不定值保险。

（三）以保险期限为标准划分

海上保险的种类，按其承保的期限划分，可分为航程保险、期间保险和混合保险三种。

1. 航程保险（Voyage Insurance）

航程保险是以航程为单位确定保险期限，承保从某港到某港之间一次航程、往返航程或多次航程中保险标的遭遇损失的一种保险，货物保险通常采用航程保险。

2. 期间保险（Time Insurance）

期间保险是承保一定航期内保险标的遭受损失的一种保险。期间保险的保险期限由保险双方协商确定，可以是 1 年，也可以是半年或几个月，其保险责任起讫同其他保险一样，通过约定载于保险单上。假如保险单上约定的保险期满，而船舶仍在海上航行中，只需被保险人事先通知保险人，保险合同继续有效，直至船舶抵达目的港完成航行为止。延续期间按月比例增收保险费。期间保险一般适用于船舶保险。

3. 混合保险（Mixed Insurance）

混合保险是一种既保航程又保航期的保险。由于混合保险承保的是一定时间内特定航程过程中的风险，一方面，这种保险对规定的保险期限以外的期间所发生的损失不负责赔偿，因此具有期间保险的性质；另一方面，它对于原定航程以外航行区域发生的损失也不负赔偿责任，因此又具有航程保险的性质。在海上保险实践中，混合保险以承保航程为主，但为避免航程中拖延时间过长，保险人常用时间加以限制。例如，“自某年某月某日至某年某月某日，从某港至某港”，或是“从某港至某港，1 年为限”等，在这种情况下，保险人的责任期限终止的办法是以两者何者先发生为准。在国际贸易运输中，含有“仓至仓条款”的运输货物保险实际上是一种混合保险。

## 第三节　海上保险与国际贸易的关系

海上保险与国际贸易有着极为密切的关系，随着经济全球一体化的进一步发展，两者之间的联系更加紧密。

### 一、贸易术语与海上保险的关系

在国际贸易业务中，贸易商、承运人、保险人等都是各自独立的经营者，但他们之间相互联系，彼此合作，共同完成国际贸易。他们之间的关系由每笔贸易所采用的贸易术语反映出来。

目前，在国际贸易中，常用的贸易术语的国际惯例主要有国际商会制定的《2010 年国际贸易术语解释通则》（Incoterms® 2010）、国际法协会的《1932 年华沙-牛津规则》以及美国 9 个商业团体制定的《1990 年美国对外贸易定义修订本》。其中，Incoterms® 2010 是最有影响、使用最多的一种贸易术语惯例。按交货地点、买卖双方权利和义务等的不同，该惯例的贸易术语相应地都涉及海上保险，只不过有些贸易术语规定由卖方办理保险，有的则规定由买方办理保险。

现将常用的四种贸易术语，即 CIF、CIP、CFR 和 FOB 中，买卖双方办理保险的实务过程作一简介。

#### （一）卖方办理保险的实务过程

以 CIF 或 CIP 术语成交的国际货物买卖合同由卖方办理保险。卖方首先与承运人签订运输合同，然后根据买卖合同规定投保运输货物保险，取得保险单。货物经报关检验合格后装船运出，同时取得运输单据或提单。卖方取得保险单和提单后，连同其他有关文件，一并交予结汇银行请求结汇。结汇银行接到货运单据之后，则通知买方赎单。买方付清货款后取得货运单据，向承运人提货。若货物未发生损失，则这笔交易结束。若货物发生了损失，在没有确定责任之前，买方应同时向承运人和指定的保险代理人发出索赔通知，以免耽误索赔时效，并向公证行申请检验。公证行接受申请后到码头仓库检验，并将检验报告分别交予买方和保险代理人。与此同时，承运人接到买方的索赔通知后立即调查，若不属于其责任，则向买方发出拒赔函。买方得到公证行的检验报告后，若确属保险责任范围内的损失，则向保险代理人提交检验报告及其他有关必要文件，正式索赔。保险代理人处理赔案后，通知保险公司案情的赔偿情况。

在此应注意，依 Incoterms® 2010，在 CIF 术语下，卖方办理保险应做到以下几点要求：① 卖方自负费用办理货物保险，并向买方提供保险单或其他保险凭证；② 保证买方或其他对货物具有可保利益的人有权直接向保险人索赔；③ 卖方应向信誉良好的保险人或保险公司投保；④ 若买卖合同无相反的规定，卖方应根据协会货物保险条款或其他类似条款中的最低保险险别投保［如ICC2009（C）或中国的平安险］；⑤ 当买方提出要求并由买方负担费用时，卖方可加保战争险、罢工险、暴乱和民变险；⑥ 最低保险金额应为合同规定的价款加成10%，并应采用合同规定的货币。

按照《1932年华沙-牛津规则》的规定：卖方应自费向信誉良好的保险人按照特定行业或预定航线所需要的保险投保；但卖方不负责投保战争险，买方要求投保这一险别时，卖方可以代为投保，但费用由买方负担。

按照《1990年美国对外贸易定义修订本》的规定：卖方应办理货运保险，并支付保险费。至于投保的险别，买卖双方应在合同中明确规定，其具体险别除水渍险和平安险之外，还有属于特定行业应保的其他特殊险别，以及买方需要获得单独保险的险别。特别险别是：偷盗、渗漏、破碎、受潮、被其他货物污染等。关于战争险则规定，投保在装船时卖方市场所能得到的战争险，费用则由买方负担。此外，还规定卖方有责任向资信较好的保险公司投保。

（二）买方办理保险的实务过程

买卖双方签订国际货物买卖合同，若以FOB和CFR术语成交，则一般由买方办理预约保险。卖方发货后，尽快通知买方，以便买方转报给保险公司核算保险费。卖方发货后，取得运输单据或提单，向结汇银行申请结汇。结汇银行接收货运单据，并将其邮寄买方银行。该银行接到货运单据通知买方付款，之后买方提货。若货物未发生损失，买方提货后，该笔交易结束。若货物发生损失，在未确定责任之前，买方需同时向承运人和保险公司发出索赔通知，以便保留索赔权利，然后买方将申请保险公司指定的公证行到码头仓库检验货损的情况，由公证行向买方签发检验报告。与此同时，若货损不属于承运人的责任，则向买方发拒赔函。买方获得检验报告后，若货损属于保险责任范围内的损失，则由保险公司负责赔偿。

## 二、海上保险在国际贸易中的作用

海上保险作为一种财产保险，具有其他财产保险所共有的作用，但海上保险作为一种特殊的财产保险，在国际贸易中又发挥着以下独特的作用。

（一）保证贸易商的正常经营

无论是从事国际贸易的经营者，还是从事国际运输的经营者，都无法回避运输过程中的风险及其造成的损失。一旦发生灾害事故，造成了贸易商自身不能承受的经济损失，贸易商将会面临经营中断或破产的危险。若贸易商将运输过程中可能发生的风险，通过海上保险的方式转嫁出去，由保险事故造成的经济损失，则可得到保险人的补偿，从而保证经营活动的正常进行。

（二）有助于提高贸易商的竞争力

假若没有海上保险，每个贸易商必须自行储备风险准备金，以防随时可能遭遇的灾害事故损失。然而自行储备风险准备金，会受到经济力量的限制，同时意味着用于生产和流通的资金相对减少，生产能力就会相对减弱。反之，若以海上保险为其承担灾害事故的损失补偿，贸易商就可将有限的资金用于生产经营上，从而提高生产能力和对外竞争能力。

（三）保障国际贸易资金和货物的安全

由于国际贸易双方分别处于不同的国家或地区，不能像国内市场交易那样一手交钱一手交货，因而，客观上要求要么出口商先交货，要么进口商先付款。但出于海上运输风险因素的存在，上述客观需要在实践中又是难以实现的。因为，若由买方先付款，尔后货物一旦遭受灾害事故造成损失，则已付出的款项将随之丧失；反之，若由卖方先交货，那么，当货款尚未收到，货物遭受灾害事故损失时，他就会面临钱物两空的风险。因此，在国际贸易中，不论是买方的资金还是卖方的货物，实际上都存在着一种潜在的风险。有了海上保险制度的存在，上述风险即可通过海上保险而得以转嫁。贸易商投保适当的险种或险别，买卖双方的贸易活动不会因此而受到影响。

（四）保障国际贸易中正当利润的实现

在商品经济条件下，追求贸易利润、获得营业利益是贸易经营者的重要目的。因此，贸易经营者投保海上保险的保险金额并不限于货物的成本，除此之外还包括正当的贸易利润。在海上保险实务中，贸易经营者所以按照货物成本加若干比率投保，其原因莫不于此。在这种情况下，若货物安全到达目的地，贸易经营者固然可赚得预期利润，即使货物在运输途中因保险事故而导致经济损失，贸易经营者也能按照投保时约定的保险金额向保险公司索赔，在这个赔偿金额中，含有贸易经营者的正当利润。反之，若无海上保险制度的存在，贸易经营者的利润则会随着货物本身的灭失而损失。由此可见，海上保险制度的存在，对保障贸易利润的实现具有十分重要的作用。

## 三、海上保险与国际贸易的内在联系

由上述分析可得出一个结论，即海上保险与国际贸易之间存在紧密的内在联系，其表现有以下三个方面：

（一）国际贸易决定了海上保险存在的必然性

国际贸易中存在着许多风险，特别是货物在运输中面临着各种自然灾害和意外事故以及各种额外费用的支出。国际贸易的绝大多数货物是通过海运完成的，但海运又是处在海洋这种特殊环境和条件下的一种运输方式，船、货极易遭受海上各种风险的侵袭和威胁，从而可能导致船、货的灭失和损害。因此，必须要由海上保险来分散风险、分摊损失，对船、货加以保障。

（二）国际贸易货物（包括费用支出）及船舶等是海上保险的主要标的

海上保险是把货物、船舶或费用支出作为其主要保险标的加以承保，将它们在海上运输中可能遭受的风险损失作为其主要的保障范围。

（三）海上保险为国际贸易提供不同的保障范围和保障程度

由于运输工具不同（特别是船舶），贸易货物性质和价值的差异，运输区域、路线的不同，以及海上自然条件等因素的差别，从而承运人和货主需要保障的范围和程序也不同。因此，为适应被保险人的不同需要，各国海上保险都制定了承保不同责任的保障范围和保障程度，即保险条款和险别，以满足被保险人的不同需求。不同的货物，可选择投保不同的险别。

## 案例分析

### 案例 5-1：转船险争议案

**案情简介**

中国 M 公司向日本 Y 株式会社出口一笔玻璃器皿。3 月 11 日国外开来信用证，信用证有关保险条款规定："Insurance police induplicate covering ocean marine cargo clauses F. P. A including risk of breakage and transshipment risk..."（保险单一式两份，投保海洋运输货物平安险，包括破碎险和转船险……）。特别条款又规定："Shipping advice must be sent to accountee by cable after shipment and a inspected copy of this cable to accompany the negotiating documents."（装船后须向开证申请人发送装运通知电报。一份该电报的经检验的抄本应随同议付单据一起交单。）

M 公司根据信用证要求，在装运后备齐单据，向国外寄单办理收汇手续。3 月 26 日开证行提出异议："你第××号单据已收到，经审核发现如下不符点：

1. 保险单的险别中漏保转船险（transshipment risk）。

2. 信用证要求提供'Inspected copy of cable'（经检验的电报抄本）。该抄本须经原发的电报局盖章证实电文的内容，才能符合我信用证要求。

上述不符点我行无法接受，单据仍在我行代保管，速告你处理意见。3 月 26 日"

M 公司接到开证行的上述拒付意见后，经研究认为开证行意见没有道理。所谓漏保转船险，因该货系直达运输，根本不转船；至于电报抄本一事，我所提供的单据完全符合信用证要求。

M 公司即于 3 月 28 日向开证行作如下答复："关于第××号信用证项下的单据，我们认为：

1. 该批货物由起运港直达指定港口，中途不转船，所以不须投保转船险，并非漏保。

2. 对于信用证要求'Inspected copy of cable'，我提供的单据名称也是'Inspected copy of cable'，所以单证已相符。至于是否须经原发机构盖章证实，信用证并没有这样要求。根据 UCP 规定：银行审核单据是依据单据表面上是否与信用证条款相符合，以确定是否接受单据。所以我单据表面上与你信用证相符合，你应接受单据。3 月 28 日"

4 月 1 日开证行又提出仍然不同意接受单据，其电文如下：

"你 3 月 28 日电悉。经研究，我们认为：

1. 银行不论实际运输是否转船或直达，只负责单据表面上是否相符。信用证要求投保转船险；而保险单缺少转船险，即构成单证不符。

2. 经检验的电报抄本，不仅在单据名称上表示，而实际也要经过原发部门盖章表示经检验。你未经发电部门检验，怎么能构成'经检验的电报抄本'？所以它并未满足信用证的要求。

上述不符点是明显存在的，速告单据处理意见。4 月 1 日"

M 公司又再三与买方交涉，最后按 80% 付款结案。

试分析本案的症结所在。

（提示：M 公司最主要的失误是对单证业务没有严格把关和缺乏有关业务知识。信用证要求投保转船险，无论实际是否转船都应办理投保转船险，即使是直达运输。

因为海上运输在某些特殊情况下承运人有权改变计划进行转船。为此，承运人通常在提单条款中一般都规定：承运人在需要时可将货物交由属于承运人或其他人的船舶，直接或间接运往目的港。所以即使预先确定直达运输，在信用证要求投保转船险的情况下，也应按要求投保转船险。

关于装运通知的电报抄本，日本开来的信用证，有时要求"Inspected copy of cable"，按日本习惯，除在单据名称上要按信用证所规定的名称表示外，在抄本上需经原发的电报局盖章证实。

**本案例的两点启示：**

1. 信用证业务中，不论实际运输或有关的货物情况如何，银行只负责单据表面上是否与信用证规定相符。卖方所提交的单据即使有一字之差，银行和买方也有权拒受单据和拒付货款。因此，在制单时必须严格按照信用证规定处理，切不可有半点马虎。若发生了此种事件，卖方只能与买方协商，但其过程会相当的复杂。

2. 从事国际结算的单证人员不但要熟悉各种国际惯例，而且要掌握世界各国不同的习惯、要求及有关规定。只有这样才能满足单证工作的需要。)

**案例 5-2：保险公司拒赔争议案**

**案情简介**①

2002 年 5 月 12 日，原告（中国 A 进出口公司，卖方）与法国 B 有限公司（买方）签订了 920502 号合同，约定由原告提供 20 000 箱芦笋罐头，每箱 15.50 美元，FOB 厦门，合同总值 310 000 美元，收到信用证后 15 天内发货。5 月 28 日，买方致电原告，要求原告代买方按发票金额 110% 将货物投保至法国马赛的一切险，原告表示同意。6 月 10 日，原告收到买方开来的信用证及派船通知，遂于 6 月 12 日按买方要求代其向被告（H 保险公司）办理了投保手续，保险单的被保险人为买方，保险单上所载明的启运地为供货厂商所在地龙眼时，目的港为法国马赛。6 月 15 日原告将货物自龙岩市运往厦门港的途中，由于发生了以外，致使 10% 的货物受损。事后，原告以保险单中含有"仓至仓条款"为由，向被告提出索赔要求，但遭到拒绝。后来原告又请买方以买方的名义凭保险单向被告提出索赔，但同样遭到保险公司拒绝。

试分析保险公司的拒赔是否有理，若贸易条件为 CIF 时，保险公司能否拒赔。

（提示：国际货物运输保险中，索赔人向保险公司索赔需要满足以下条件：第一，保险公司和索赔人之间须有合法有效的合同关系，即索赔人必须是保险单的合法持有人。第二，向保险公司行使索赔权利的人，须享有可保利益；第三，被保险货物在运输过程中遭受的损失须为保险公司承保范围内的风险造成的。

在 FOB 贸易条件下，买卖双方遵循如下风险划分：卖方承担货物在装运港装船之前的风险，此时卖方对货物享有可保利益；货物装船之后，风险由卖方转移给买方，此时买方享有可保利益。因此，在此案例中，货物损失在从龙岩市运往厦门港的途中，即从卖方仓库到装运港的途中，此时卖方拥有可保利益，买方无可保利益。若卖方没有投保陆运险，则买卖双方均无权向保险公司索赔。

---

① 资料来源：上海对外贸易协会．对外经济贸易案例［M］．上海：立信会计出版社，2004。

在FOB贸易条件下，由买方投保海上货物运输的风险。依据海上货运保险条款，保险人承担的责任期限采用的是“仓至仓条款”，即自货物发运地仓库至目的地收货仓库。但由于货物在装运港装船之前，风险尚未转移，买方尚无可保利益，若在此期间发生损失，尽管保险责任是仓至仓条款，买方也无权就此项损失向保险人索赔。由此可见，买方投保的海上货运保险是于货物在装运港装船之后才生效的。因此，货物自发运仓库至装运港码头装船之前的风险应由卖方自己办理保险。本案中，若采用CIF贸易条件，则理论上买卖双方均可向保险公司索赔。）

**案例5-3：CIF条件下卖方索赔装船后运输途中货损的保险争议案**

**案情简介**①

申请人：江苏某精化有限公司（以下简称“出口商”）

被申请人：中国平安财产保险公司（以下简称“平安保险”）

出口商以CIF条件出口，并就其托运的200桶水杨酸甲酯及40桶安塞蜜向平安保险投保，货物从上海港运往GUATEMALA CITY。平安保险于8月1日和8月8日分别向出口商签发了两份货物运输保险单，保险金额分别为8 344美元及10 054美元，共计18 398美元，承保条件为PICC“一切险”和附加战争险。

上述货物在运往目的港仓库途中被武装劫持造成货物提货不着。出口商依据两份保单向平安保险提出索赔，请求其支付保险赔偿金18 398美元，被平安保险拒赔。

案双方争议的焦点为：

1. 出口商是否有权向保险公司索赔

平安保险认为，其现持有的两份货物运输保险单正本第一联背面均载有出口商的背书印章，因此，两份保单已由出口商背书给其危地马拉的收货人；在涉案的保险货物受损之时，危地马拉的收货人是两份保单正本的唯一合法持有人，依可保利益原则，其也是唯一具有两份保险单下的可保利益的一方。其他任何关系方（包括出口商）都无权就本案向保险人索赔保险赔偿金。

而出口商认为，涉案保单并未背书转让，出口商持有保单正本。且在本案的《仲裁协议书》中，保险公司明确承认出口商是“被保险人”，并盖章认可，在保险公司签发的保单上也明确了出口商的被保险人身份。同时，出口商还认为，假设保险单已背书转让，保险公司也找不出有何法律依据可以拒绝出口商的索赔。况且，假设保单已由出口商背书，但背书是空白背书，仍然是谁持有保单即可主张权益。

2. 保险公司是否应按保单赔偿出口商的损失

出口商认为，本案货物是在卸离船舶后，立即由卡车运往目的地的海关监管仓库的，但收货人在目的地仓库提货不着，从而引发纠纷。平安保险拒赔的理由是，在卡车运往目的地的海关监管仓库的过程发生了武装抢劫，从而导致提货不着。就出口商而言，很难肯定是否发生了武装抢劫的事实。但出口商认为，依一切险条款“责任范围第三条”的规

---

① 货物运输保险索赔争议案，http：//www. cmla. org. cn/article/article. do？method = viewDetail&id = 292&father_category_id = 1955。

定，“由于外来原因所致的全部或部分损失”属保单承保范围。涉案一切险条款没有陆上武装抢劫的除外责任的规定，因此不赔付是没有合同依据的；而且，“一切险”从性质上看是非列明风险，若保险人主张免责，则应举证证明货物受损是由于保险人不负责的除外原因造成的，本案中不存在这样的除外责任。且，根据中国《合同法》第39条、第41条以及中国《保险法》第31条的规定，按照法律通常的理解，陆上武装抢劫属“外来原因”，因此，保险公司应赔付。

平安保险则坚持，造成涉案保险货损的原因是，货物在卸下海轮后，运往目的港收货人仓库的内陆运输阶段中被武装劫持所致，根据保险近因原则，造成本次事故的近因是武装分子的劫持行为，也即一种“他人的恶意行为”。依PICC海洋运输货物“一切险”条款除外责任第5条的规定本保险不负责赔偿“本公司海洋运输货物战争险条款和货物运输罢工险条款规定的责任范围和除外责任。”而货物运输罢工险条款的承保范围之一就是“任何人的恶意行为所造成的货物直接损失”。因此武装劫持行为所造成的货物直接损失属货物运输罢工险的赔偿范围，因此不属于保险公司签发的保单的赔偿范围。

**仲裁裁决**

1. 出口商对涉案货物无可保利益，仲裁庭对出口商提出的主张不予支持。
2. 本案仲裁费人民币×××元由出口商全部承担。

本裁决为终局裁决。

试分析该案例。

（提示：出口商尽管是涉案保单的被保险人，但对涉案货物是否具有可保利益，首先应根据出口商与进口商之间的买卖合同而定。出口商以CIF条件出售货物并将保单背书转让给买方，买卖合同没有约定运输途中的风险仍由卖方承担，表明受让保单的买方从货物装船那一刻起便承担了货物的风险而具有了可保利益；第二，涉案货物到达目的港后，买方凭正本提单提取了货物，表明买方不仅承担了货物的风险，而且还取得了货物的所有权，因此买方具有可保利益；第三，货物从卸货港运至最后仓库途中发生事故时，涉案货物为买方所有并由买方承担风险；第四，中国《合同法》第148条规定，“因标的物的质量不符合质量要求，致使不能实现合同目的的，买受人可以拒绝接受标的物或者解除合同。买受人拒绝接受标的物或者解除合同的，标的物毁损、灭失的风险由出卖人承担。”但依本条规定，标的物毁损、灭失的风险由卖方承担，其前提条件须是标的物本身的质量不符合质量要求，即卖方已交付的标的物质量不符合当事人的约定或者相关标准，导致合同目的不能实现，且还须是买方选择了拒绝接受标的物或解除合同的措施。本案中，无证据证明涉案货物不符合质量要求，也无证据证明买方拒绝接受涉案货物或采取解除合同的措施，因此，涉案货物从卸货港运至买方最后仓库途中发生的风险仍应由买方承担。第五，保单可通过背书的方式转让，出口商在保单背面背书，将保险单转让给了买方，保单不同于提单，持有保单的人不一定对保单上的货物具有可保利益，而须是对保单上的货物承担风险或拥有所有权的人才具有可保利益，因此，尽管出口商持有保单，但因具有可保利益的买方并没有将保险单通过背书的方式，再次转让给出口商，对涉案货物无可保利益的出口商即使持有涉案货物的保单，仍对涉案货物没有可保利益。

综上，出口商无权向保险公司索赔，保险公司也无义务向出口商支付保险赔偿。）

## 复习思考题

1. 怎样理解海上保险的定义和含义？
2. 传统的海上保险承保哪些标的和风险？
3. 现代海上保险承保标的和风险有哪些扩大？
4. 与其他保险相比，海上保险有哪些特点？
5. 海上运输货物保险可分为哪几种？
6. 定值保险与不定值保险有何区别？
7. 在 CIF 或 CIP 条件下，卖方如何办理运输货物保险？
8. 海上保险在国际贸易中发挥哪些作用？
9. 海上保险与国际贸易之间存在何种关系？

# 第六章　海上保险合同

本章学习重点

海上保险合同是保险合同的一种，因此，海上保险合同也应遵守保险合同的有关法律和保险的基本原则。但海上保险合同作为一项专业领域的专门合同，也有其自身的特点，它还必须受《海商法》、国际海上保险惯例的约束。为此，读者在学习本章的过程中应重点掌握以下内容：

1. 海上保险合同的定义及其特点；
2. 海上保险合同的主体、关系人；
3. 海上保险合同的客体；
4. 海上保险合同的内容；
5. 海上保险合同的订立和履行程序；
6. 海上保险合同的转让、解除及终止。

## 第一节　海上保险合同概述

### 一、海上保险合同的定义

海上保险合同是保险合同的一种，是海上运输中的投保人（被保险人）按规定向保险人缴纳一定的保险费，保险人对被保险人遭受保险事故造成保险标的的损失和产生的责任，承担经济补偿责任的一种协议。对此，中国《海商法》第 216 条规定："海上保险合同，是指保险人按照约定，对被保险人遭受保险事故造成保险标的的损失和产生的责任负责赔偿，而由被保险人支付保险费的合同。"这里所称的保险事故"是指保险人与被保险人约定的任何海上事故，包括与海上航行有关的发生于内河或者陆上的事故"。

MIA1906 第 1 条对海上保险合同所下的定义是：海上保险合同，是一种保险人按照约定的方式和范围，对与海上冒险有关的海上灭失，向被保险人承担赔偿责任的合同。该法第 2 条第 2 款又规定：海上保险合同可以用明示条款或经由某种贸易习惯，扩展保障被保险人在与海上航程有关的内河或任何陆地风险中的损失。

海上保险俗称"水险"，是现代保险业中最为古老的险种。海上保险属于财产保险的一种，就保险法的性质而言，应把海上保险纳入一般财产保险的范畴之内，使其适用保险法的规定。但是由于历史的原因，海上保险的发展先于陆上保险，而且海上保险又伴随着特殊的海上风险和显著的国际性，因此，国际上大多数国家均首先将海上保险特别规定在海商法中。中国也不例外，将海上保险合同的内容规定在中国《海商法》第十二章中。因此，海上保险合同所适用的法律，根据其法律效力的优劣，从高到低依次为：海商法、保险法、合同法、民法以及国际海上保险惯例（仅对涉及国际运输的海上保险合同）。换言之，对海上保险合同，在适用法律时，首先要看海商法有无规定，有规定时适用海商法；海商法无规定时，适用保险法；保险法无规定时，适用合同法；然后是民法；最后，才可能适用国际海上保险惯例。当然，对于某一具体的海上保险合同，应适用中国法还是外国法，则应依据国际私法（冲突法）来解决，这与上述问题是不同的问题，但两者之间有一定的关系。

## 二、海上保险合同的特点

从上述中国《海商法》和 MIA1906 关于海上保险合同的定义可以看出，海上保险合同具有以下特点：

### （一）海上保险合同承保的风险与海上运输活动有关

海上保险是伴随着海上运输而产生，并随着海上运输的发展而发展的。海上运输除了会遇到陆上可能遇到的各种风险外，还会遇到只有海上才有的特殊风险。海上保险所承保的风险事故有海啸、雷电、恶劣气候和其他不可抗拒的海上自然灾害，有海盗及船长、船员的不法行为，有盗窃及对船舶的捕获、扣押、扣留、羁押、没收、封锁等人为灾难，有船舶本身的潜在缺陷，有船舶的搁浅、触礁、碰撞、沉没以及由此产生的共同海损、海难救助、海洋污染和对第三人的责任事故等。这些与海上运输活动相关的风险构成了海上保险的基本内容，是海上保险合同的主要特点。

### （二）海上保险合同承保的风险可扩展到海陆混合风险

保险人与被保险人约定的任何海上事故，包括了与海上航行有关的发生于内河或者陆上的事故。保险期间的“仓至仓”责任条款，就是包括内河或者陆上事故的责任条款。因此，作为海上保险合同的承保范围，其风险事故不仅有海上事故，还包括与海上航行有关的发生于内河或者陆上的事故。但这些发生于内河或陆上的事故必须与海上航行有关，任何单独的、不涉及海上航行的、发生于内河或者陆上的事故不构成海上保险合同的内容。

### （三）海上保险合同具有极强的涉外性

海上保险合同通常属于涉外保险合同。考察一个合同是否具有涉外性，取决于构成合同民事法律关系的主体、客体和内容三要素中是否具有涉外因素。而海上保险合同民事法律关系的三大要素中绝大部分都具有涉外因素。

然而，对于涉外性较强的海上保险，到目前为止国际上尚无统一的关于海上保险条款方面的国际公约，这在国际海商法领域是非常少见的。通过考察，不难发现，尽管各国的法律在海上保险的规定方面仍有不少差异，但基本内容，包括承保的风险、概念的理解等方面还是比较接近的。有资料表明，约有 25% 以上的国家使用英国海上保险条款和保险单格式，其中发展中国家约占 75%。这说明，海上保险在某种程度上已达到相对的国际统一，其国与国之间的法律冲突远没有海商法其他方面表现得那么激烈。

（四）海上保险合同是有条件的双务合同

海上保险合同的双务性在于，就投保人或被保险人而言，是以支付保险费为义务而取得保险保障的权利；就保险人而言，是以履行损失补偿责任为义务而取得收取保险费的权利。双方的权利和义务是相互关联，互为条件的。但在海上保险合同中，被保险人缴纳保险费的义务是确定的，即被保险人必须支付了保险费才能取得损害赔偿的索赔权利；而保险人承担的义务是有条件的，即保险人承担的损失补偿责任是以保险标的在海上运输中偶然发生的损失为条件，若保险标的在运输途中没有发生损失，则保险人只有收取保险费的权利，而没有履行损失补偿的义务。因此，海上保险合同是有条件的双务合同。这一点与其他保险合同相同。

（五）海上保险合同是补偿性合同

海上保险合同是为了补偿海上风险造成的保险标的损失这一经济目的而订立的合同。投保人向保险人支付保险费，目的在于通过保险补偿其对保险标的的经济利益，而保险人以收取保险费为条件，当保险标的遭受损失时，向被保险人提供补偿，这就表明了海上保险合同是补偿性合同。财产保险合同均属于补偿性合同，即保险双方当事人应遵守补偿原则。

就个别保险合同而言，海上保险合同的保障性是相对的，是由保险标的发生灾害事故所致经济损失的偶然性决定的；就保险人承保的全部保险合同而言，海上保险合同的保障性是绝对的。因为保险标的遭受损失这种随机现象是客观存在的，是不可能完全避免的。在海上保险合同的有效期内，无论保险标的是否会遭受保险责任范围内的损失，保险人随时都承担着保障保险标的的经济利益的义务。

（六）海上保险合同是最大诚信合同

最大诚信原则是保险合同的双方在签订保险合同时必须遵循的原则，海上保险合同的签订也必须遵守最大诚信原则。

（七）海上保险合同是附合合同

海上保险合同不同于一般经济合同，它不是议商合同，而是附合合同。亦即它的基本条件不是通过当事人双方协商后议定，而是由保险人根据过去承保、理赔工作的经验以及有关资料事先制定，并印成固定的条款。被保险人在投保时，只能以印就的基本条款为准，作出是否订立合同的“取与舍”的决定。即使有特别的情况需要扩大或限制基本条款的权利和义务，也只能加列保险人事先制定的附加条款；原定的基本条款，原则上是不能改变的。

海上保险合同采取附合合同的形式，可免除保险人分别同所有的被保险人逐项议商合同条件的麻烦。但由于合同的基本条款是由保险人所制定，若在条款的解释上发生争议，习惯上均作有利于被保险人的解释。

## 第二节　海上保险合同的要素

海上保险合同是经济合同的一种表现形式，是一种民事法律关系。任何一个具体的民事法律关系，都必须同时包括主体、客体和内容三个要素，缺一不可。海上保险合同同样也包括上述三项要素，即其主体是合同的当事人，其客体是受保险保障的可保利益，其内容是民事法律关系主体所享有的权利和承担的义务。此外，在保险合同的订立、履行过程中，因涉及很多专门的技术和知识，需要很多熟谙保险业务和有关科技知识的人给予辅助，这些人因与保险合同的订立和履行有密切的联系，所以称为保险合同的关系人或辅助人。保险合同的关系人或辅助人主要包括保险代理人、保险经纪人和保险公证人等。

## 一、海上保险合同的主体

海上保险合同的主体，即海上保险合同的当事人，是指合同中所确定的享有权利和承担义务的人。它由保险人、投保人和被保险人所组成。

（一）保险人（Insurer）

保险人也称承保人（Underwriter），是经营保险业务的组织或个人。保险人是与投保人签订保险合同，按合同约定收取保险费，履行赔偿损失或给付义务的人。保险人是保险合同的一方当事人。

为保障被保险人、受益人以及社会公众的经济利益和社会的安定，世界上几乎所有的国家都制定有专门的管理保险人的法律，规定保险人必须是经过国家有关部门审查认可并准许专门经营保险业务的人。例如，中国《保险法》就中国保险公司的设立、组织形式、营业范围等作了专门的规定。中国保险监督管理委员会根据中国《保险法》和中国《公司法》，于 2000 年 3 月 1 日颁布实施了《保险公司管理规定》，对保险机构的设立、保险经营、保险条款和保险费率、保险公司的资金管理、保险公司的偿付能力、再保险等方面作了详细的规定。

在国际保险市场上，按多数国家的法律规定，保险人作为参加民事法律关系的主体，一般以法人为主，最常见的组织有股份有限公司和保险合作社。另外还有英国的自然人，如“劳合社”的承保人经营保险业务。

根据中国《保险法》的规定，在中国设立的中资保险公司，其组织形式为股份有限公司和国有独资公司。

（二）投保人（Applicant）

投保人也称要保人，是同保险人签订保险合同并缴纳保险费的人。投保人是保险合同订立前的保险申请人，若保险人同意承保，则由投保人与保险人签订保险合同。因此，投保人是保险合同的一方当事人。保险合同的投保人可以是单数，也可以是多数；可以是自然人，也可以是法人。投保人必须有行为能力，保险合同才能生效。在海上保险合同中，投保人可以是被保险人，一般包括货主、承运人、租船人或其他人。

（三）被保险人（Assured）

被保险人是指受保险合同保障的、有权享受可保利益的人。被保险人是在保险事故或保险事件发生，使其财产、责任、利益或人身受到损失或约定事件出现时，按照保险合同的规定，有权向保险人请求赔偿或给付保险金的人。

在海上保险中，保险合同的投保人，可以是保险标的的所有人或其他权利人。这种投保人在保险合同生效时，也就成了被保险人。在有些国家的海上保险法中，投保人和被保险人统称为“被保险人”，在保险法条文中不出现“投保人”的字样，MIA1906 和中国《海商法》就是如此。

如同可保利益原则中所述，海上保险的被保险人虽然在投保时无须对保险标的具有可保利益，但在保险标的发生损失时则必须对保险标的具有可保利益。否则，无权获得损失补偿。

## 二、海上保险合同的关系人（辅助人）

保险人在经营业务中，为了更好地开展保险业务，往往通过保险代理人代理保险业务；在国外，投保人也往往委托保险经纪人代办保险手续。另外，保险合同的履行还要涉及专门知识和技术，需要他人公证而要请保险公证人。保险代理人、经纪人和公证人在保险合同的订立和履行中，都起到了一定的作用。在保险业高度发达的国家，保险关系人（辅助人）对保险经济关系的形成和实现的作用日益重要，已成为当今保险市场上不可缺少的基本因素。

（一）保险代理人（Insurance Agent）

根据中国《保险法》的规定，保险代理人是根据保险人的委托，向保险人收取代理手续费，并在保险人授权的范围内代为办理保险业务的单位或者个人。保险代理人的权限，通常在代理合同或授权书中予以规定，一般为招揽与接受业务、收取保险费、勘查业务、签发保单、审核赔款等。保险代理人必须具备法律规定的条件，经过考核和政府主管部门的批准，方能取得资格。

保险代理人依据分类标准的不同，可分为不同的种类。例如，按照保险代理人是否从事其他职业，可分为专职代理人和兼职代理人；按照授权范围的不同，可分为全面代理人和简易代理人等。

代理是一种民事法律关系，保险代理关系的法律特征与一般代理关系相同，但也有它的特点：首先，在一般代理法律关系中，代理人超越代理权的行为，只有经过被代理人追认，被代理人才承担民事责任，而在保险代理法律关系中，保险人对保险代理人越权代理行为应承担民事责任。其次，保险代理人所知道或应当知道的事宜均可推定为保险人所知，保险人不得以保险代理人未告知对抗投保人或被保险人。

由于保险代理人是代理保险人的，所以法律上要求保险人在办理保险业务时应尽的义务和责任对代理人同样生效。保险代理人的行为所产生的权利、义务后果直接由保险人承担。中国《保险法》对此有专门的规定。

（二）保险经纪人（Insurance Broker）

中国《保险法》第 118 条规定：“保险经纪人是基于投保人的利益，为投保人与保险人订立保险合同提供中介服务，并依法收取佣金的机构。”由于保险经纪人的中介作用，使保险人扩大了业务来源，所以经纪人的报酬一般由承保业务的保险人支付。

在中国，保险经纪人经营主体只能是机构。在国外，保险经纪人可以是自然人，也可以是保险经纪公司形式的企业法人。保险经纪人在保险市场上的重要作用，在英国尤为显著。在劳合社市场上，保险业务的成交必须由经纪人办理，被保险人不能向保险人直接办理。

经纪人的行为或不行为不能约束保险人，因经纪人的疏忽而使被保险人遭受损失，如经纪人有意迟交保险费，发生了保险事故或事件，保险人不负保险责任，经纪人要承担责任。法律上要求投保人在办理保险时应尽的义务，对经纪人同样生效。

保险经纪人虽不是保险合同的主体，但对交付保险费负有全部责任，而无论他是否已收到了保险费；在保险标的发生损失时，除非受被保险人的委托，保险经纪人无权向保险人索取保险赔款或要求给付保险金。另外，经纪人虽然代被保险人选择保险人，但他对保险人的偿付能力不承担责任。

中国《保险法》在第五章中对保险代理人和保险经纪人做出了详细的规定。

（三）保险公证人（Insurance Surveyor）

保险公证人又称“保险公证行”“保险公估行”。保险公证人是指向保险人或被保险人收取费用，为其办理保险标的的查勘、鉴定、损失估计、赔款的理算，并予以证明的人。保险公证人的主要任务，是在保险合同订立时对投保危险进行查勘，在危险发生后判定损失的原因及程度。在海上保险中，保险公证人多由被保险人委托，代表被保险人对损害的原因和数额进行分析与估计，并做成公证报告书交给被保险人。被保险人以此为据向保险人请求赔偿。这一点与一般的险种中保险公证人由保险人委托不同。

由于公证人的检验技术、审慎态度及其公正立场对其公证结果具有很大的影响，因此，在海上保险中，保险公司常在保险单条款中说明保留委托公证公司的选择权。换言之，被保险人必须委托保单指定的公证人，或者委托保险公司同意的公证人办理公证。

保险代理人、保险经纪人及保险公证人，不但与保险合同的订立有着密切的关系，而且足以影响并促进整个保险事业的发展。因此，在国际保险市场上，普遍采用保险代理人、保险经纪人和保险公证人来开展保险业务。欧、美、日等国家还通过了一些专门的法律，对三者各自的业务范围作了规定。从事保险代理、保险经纪和保险公证的人，必须具备一定的条件，并向政府管理部门进行登记，领取营业执照，方可营业。

## 三、海上保险合同的客体

民事法律关系的客体，是指民事法律关系中主体的权利和义务所共同指向的事物。海上保险合同的客体不是保险标的本身，而是投保人或被保险人对保险标的所具有的可保利益。

具有可保利益的人可将其利益的全部或一部分投保，若投保的是全部利益称为“足额保险”，若部分利益投保则为“不足额保险”，若保险金额超过保险价值便为“超额保险”。海上运输货物保险中所要求的可保利益有其特殊之处：虽然被保险人对保险标的应具有可保利益，但并不要求他在投保时就应对保险标的具有可保利益，而仅要求他在保险标的发生损失时必须具有可保利益。这一点与一般财产保险合同有所不同。

## 四、海上保险合同的内容

海上保险合同的内容，是指海上保险合同民事主体享有的民事权利和承担的民事义务。它分为两个部分：一是根据法律要求，作为海上保险合同所必须具备的规定事项；二是海上保险合同法律关系主体享有的民事权利和承担的民事义务。而海上保险合同法律关系主体享有的权利和义务，主要是在保险合同的具体事项中加以体现的。

中国《海商法》第 217 条规定，海上保险合同的内容，主要包括下列各项：（1）保险人的名称；（2）被保险人的名称；（3）保险标的；（4）保险价值；（5）保险金额；（6）保险责任和除外责任；（7）保险期间；（8）保险费。

在海上保险中，保险合同的内容一般都印就在保险单中。海上保险单一般包括以下内容：

（一）声明部分

即海上保险单正面的保险单格式，它主要有以下内容。

1. 保险标的（Subject-Matter Insured）

“标的”二字是法律用语，保险标的就是保险所要保障的对象。保险标的可以是有形的物体，也可以是无形的利益、责任和信用，以及人的生命和身体等。

根据中国《海商法》第 218 条的规定，下列各项可作为保险标的：（1）船舶；（2）货物；（3）船舶营运收入，包括运费、租金、旅客票款；（4）货物预期利润；（5）船员工资和其他报酬；（6）对第三人的责任；（7）由于发生保险事故可能受到损失的其他财产和产生的责任、费用。因此，海上保险合同的标的可以是船舶、货物等有形物体，也可以是运费、租金、预期利润、费用或责任等无形的东西。

2. 保险价值（Insured Value，Agreed Value）

保险价值是指双方约定并在保险单上注明的保险标的的实际价值。保险单注明的保险价值是终结性的。但若保险价值是在投保人有欺诈行为的情况下达成的，或该价值大大超出保险标的的实际价值时，则不论在承保时，还是在承保后，保险人都可以对保险标的重新估价，商议合理的保险价值。保险价值允许包括合理的预期利润，目的在于使被保险人在保险事故发生后得到的保险补偿相当于海上商务活动顺利完成时的经济状况，而不是处于海上商务活动尚未开始时的经济状况。

海上保险合同当事人双方在订立保险合同时，事先未确定保险价值的，在保险事故发生后，保险人应当确定保险标的损失当时的保险价值，此时保险标的的保险价值按下列规定确定：

（1）船舶的保险价值，是保险责任开始时船舶的价值，包括船壳、机器、设备，以及船上的燃料、物料、索具、给养、淡水和保险费的总和；

（2）货物的保险价值，是保险责任开始时货物在起运地 CIF 发票价格或者非贸易商品在起运地的成本加上运费和保险费的总和；

（3）运费的保险价值，是保险责任开始时承运人应收运费总额和保险费的总和；

（4）其他保险标的的保险价值，是保险责任开始时保险标的的实际价值和保险费的总和。

按理说，保险标的的保险价值应该是它的实际价值，但是，由于在海上运输货物保险中保险标的的实际价值往往受市场和运输等因素的影响，不易准确地加以确定，所以总是由被保险人同保险人共同约定。这个约定的保险价值虽然不一定等于保险标的的实际价值，但在被保险人与保险人订立保险合同时，只要没有隐瞒或欺骗的行为，即视为双方确认的最终价值。当发生保险责任范围内的损失时，不论保险标的的实际价值如何变动，保险人均按约定的保险价值计算赔款。

3. 保险金额（Sum Insured，Amount Insured）

保险金额是投保人（被保险人）对保险标的的实际投保金额，是保险人计算保险费的依据，也是保险人承担损失赔偿责任的最高限额。

在海上运输货物保险中，被保险人通常都按保险标的的保险价值投保；保险金额不得超过保险价值，如果超过，超过部分无效。无论是定值保险还是不定值保险，其保险单上都应载明保险金额，它同时也是保险人计收保险费的基本依据。

保险价值与保险金额之间存在的关系，表现为以下三种情况。

（1）保险价值等于保险金额（称为“足额保险”）。保险标的发生全部损失时，由保险人赔偿全部保险金额；发生部分损失时，则由保险人按实际损失给予足额的赔偿。

（2）保险价值大于保险金额（称为“不足额保险”）。当保险标的发生全部损失时，保险人的赔偿以保险金额为限，其保险金额与保险价值之间的差额，视为被保险人自保；当发生部分损失时，则由保险人按损失金额 ×（保险金额/保险价值）的比例赔偿。因此，在这种情况下，被保险人必须自行负担一部分损失。

（3）保险价值小于保险金额（称为“超额保险”）。在保险标的发生损失时，除了投保人或被保险人有欺诈行为，使保险合同无效外，保险人只按保险标的发生损失时的实际价值赔偿，赔偿金额的计算方法与足额保险相同。

4. 保险费（Premium）

保险费是保险人因承担特定的赔偿或给付责任而向投保人或被保险人收取的费用。依据中国《海商法》，被保险人应当在保险合同订立后立即支付保险费，在被保险人支付保险费前，保险人可拒绝签发保险单据。

被保险人缴纳保险费的多少，主要决定于保险金额和保险费率，保险费率则是由保险人根据保险标的风险的大小、损失率高低和经营费用多少等制定的。

5. 装载运输工具的名称、开航日期以及起讫地和目的地（Per Conveyance, Date of Commencement, From... via... To...）

要求具体写明装货船舶的名称、装运港、卸货港及最终目的地的名称和船舶开航的具体日期。

6. 承保险别（Conditions）

承保险别是指保险人应投保人的要求承保的险别名称。例如“承保海运一切险和战争险”“承保海运平安险和战争险”等。

7. 赔款偿付地点（Claim Payable at）

赔款偿付地点一般由投保人提出，偿付机构由保险人根据投保人所提出的偿付地点指定。中国人民保险公司在世界各大港口都委有赔款偿付机构。

（二）保险责任范围

保险责任是保险合同的核心内容，它是保险合同中载明的对于保险标的在约定保险事故发生时，保险人承担的经济赔偿责任或给付保险金的责任。它既是保险人负责赔偿和给付保险金的依据和范围，也是被保险人要求保险保障和获得赔付或给付的依据和范围。如承保平安险、水渍险或一切险等。

海上保险责任范围包括海上保险保障的风险、损失和有关费用。关于这一问题，详见后述的“海上保险保障的范围”一章。

（三）除外责任

除外责任是保险合同中约定的保险人不负赔偿责任的范围。如保险合同通常把被保险人的故意行为、战争或军事行动、保险标的的自然损耗、危险事故发生后的间接损失、欺诈、犯罪行为等列为除外责任。

在保险合同中列入除外责任主要是根据法律、社会公德或防止消极因素等需要，将道德危险、不可保的风险明确列入除外责任中，从而进一步明确保险人的承保责任。其内容详见后述的“中国海运货物保险”和“伦敦保险协会海运货物保险”两章。

（四）保险期间

保险期间亦称保险期限，是指保险人承担保险责任的起讫期间，保险人只对保险期间内发生的保险事故或事件承担赔偿或给付的义务。

在海上保险中，保险期间的规定，可以以一定的时间为标准，也可以以一定的航程为标准。通常前者多应用于船舶保险，后者多应用于货物保险。海上运输货物保险的保险期间一般按“仓至仓”原则规定。其内容详见后述的“中国海运货物保险”和“伦敦保险协会海运货物保险”两章。

（五）被保险人的义务

主要规定被保险人在保险合同下应履行的义务。若被保险人不履行合同中规定的义务，保险人将拒绝赔款。其内容详见后述的“中国海运货物保险”和“伦敦保险协会海运货物保险”两章。

上述保险责任、除外责任、被保险人义务以及保险期间等项内容，一般均以条款的形式列入保险单格式之内（背面条款）。

保险条款按照不同的性质，一般分为基本条款、法定条款、选择条款、附加条款、保证条款和行业条款等。基本条款是指保险单上事先印就的条款，它将保险人和被保险人之间的基本权利和义务包括在内；对有些法律规定必须列入的内容，即“法定条款”也包含在其中。此外，保险人根据被保险人业务需要，载入保险单中供被保险人按照自己的意愿决定取舍的条款叫“选择条款”；按照被保险人的要求增加承保危险的叫“附加条款”；“保证条款”是指被保险人为了享受合同权利而承诺应尽义务的约定；对专门行业，保险人在保险保障等方面作专门规定的条款叫“行业条款”。

由于保险单只是保险合同的证明文件，因此，保险人与被保险人之间的往来函电、被保险人填写的投保单上的内容，都构成了保险合同的内容。

## 第三节 海上保险合同的订立与履行

### 一、海上保险合同的订立

订立海上保险合同，须先由投保人提出书面申请。在海上保险中，这种申请一般以投保人填写投保单的形式提出。投保单列明了订立保险合同所必需的内容和项目，投保单作为主要附件，应视为保险合同的一部分，也是签发保险单的前提和基础。若保险人同意接受投保人的申请，也需用书面形式签发暂保单、保险单或保险凭证来证明。

在海上保险合同正式签订之前，由于业务上的需要，保险人在出具正式保险单之前签发临时凭证，即暂保单，表示已同意给予投保人以保险保障。这种暂保单的效力与正式保险单一样，但最长有效期一般为30天，当正式保险单出具后，暂保单即自动失效。为了简化手续，也可采用签发保险凭证的形式订立保险合同。保险凭证是保险人签发给投保人的一种凭证，证明保险合同已经订立，保险凭证一般都应注明以同类保险单所载明的条款为准，或注明与保险单具有同等效力等说明。

然而，保险人对提出的投保单表示同意，即可认为合同已告成立，但并非同时生效。

海上保险合同的生效通常是在投保人或被保险人履行了缴付保险费的义务后，保险人才开始承担对被保险人的赔偿责任。可见，被保险人缴付保险费是合同生效的必要条件。

根据最大诚信原则，海上保险合同订立前被保险人应将其知道或者在通常业务中应知道的有关影响保险人据以确定保险费率或者确定是否同意承保的重要情况如实告知保险人。由于被保险人的故意或重大过失，未将重要情况如实告知保险人的，保险人有权解除合同。不是由于被保险人的故意或重大过失，未将重要情况如实告知保险人的，保险人有权解除合同或者要求相应增加保险费。

## 二、海上保险合同的履行

海上保险合同一经成立，被保险人和保险人双方都应严格依照合同的规定，享有权利、承担义务。

### （一）被保险人的基本权利和义务

1. 请求赔偿的权利

保险合同成立后，被保险人的可保利益就有了保险保障。一旦发生承保范围内的责任事故，并导致保险标的损害，被保险人便可向保险人请求赔偿。

被保险人为避免或者减少损失而支付的必要的合理费用也可从保险人那里得到补偿。

2. "危险增加"的通知义务

（1）"危险增加"的定义。所谓"危险增加"是指订约当时未曾预料或予以估计的危险可能性的增加。若订约时已估计到的危险，而在事故发生过程中危险程度增加，这不算是"危险增加"，只是危险事故的开端。

（2）"危险增加"的通知义务的履行。在运输货物保险中，如遇航程变更或发现保险单所载明的货物、船名或航程有遗漏或错误时，被保险人应在获悉后立即通知保险人。

被保险人履行危险增加的通知义务后，保险人可采取两种做法：一是终止合同，二是增加保险费。如被保险人履行"危险增加"的通知义务后，保险人不做任何表示，则视为默认。而被保险人虽未做通知，但保险人已知道而不做任何表示，也视同默认，此后不得主张解除合同或增加保费。

（3）"危险增加"的通知义务的履行期。"危险增加"若为被保险人的行为所致，应事先通知保险人；若危险程度已达到增加保险费的程度，被保险人应按规定补交保险费。"危险增加"并非被保险人的行为所致，被保险人知道后应立即书面通知保险人。

（4）"危险增加"的通知义务的免除。在下列情况下，被保险人可不履行通知义务：

第一，损害的发生不影响保险人的负担；

第二，为保护保险人的利益而致的危险因素增加；

第三，履行道德上的义务而致的危险因素增加，如因海上救助人命而致船舶发生绕航等，不必做"危险增加"的通知。

3. 危险事故的通知义务

危险事故发生后，及时通知保险人是十分重要的，其作用表现为以下几点：

第一，使保险人得以迅速调查事实真相，不致因拖延时间而丧失证据，影响责任的确定；

第二，便于保险人及时处理，不致扩大损失；

第三，可使保险人有准备赔偿金额的必要时间。

4. 缴付保险费的义务

海上保险合同是双务有偿合同，保险人提供的保险保障是与被保险人缴付保险费对应的。保险人的保费收入不仅是合同的要求，同时也是保险人积累资金应付突发性灾难事故的重要手段。除合同另有约定外，被保险人应当在合同订立后立即支付保险费。若被保险人拒绝支付保险费，保险人有解除合同的权利。

在合同另有约定情况下，被保险人也应按照约定的时间、方式缴付保险费，如不按期缴付保险费，保险人可以分别情况，要求其支付保险费及利息或解除保险合同；如合同解除，保险人对合同解除前被保险人欠交的保险费及利息，仍有权要求如数缴足；如保险标的发生全损，未交付的保险费应立即付清。

5. 履行保证条款的义务

保证条款是海上保险合同中被保险人必须履行的义务。它是指被保险人允诺某项作为或不作为，或满足某项条件，或确定某些事项存在或不存在。保险人为了限制承保的风险，往往在海上保险合同中订立各种保证条款，如适航保证、船舶状态保证、航行区域保证、船员人数保证、国籍保证、船名保证、船龄保证、货物包装保证、船级保证，等等。被保险人必须切实履行保证的事项。

6. 减少损失的义务

保险事故发生后，被保险人应采取一切合理措施避免损失的扩大，并及时通知保险人。中国《海商法》第 236 条规定：“一旦保险事故发生，被保险人应当立即通知保险人，并采取必要的合理措施，防止或者减少损失。被保险人收到保险人发出的有关采取防止或者减少损失的合理措施的特别通知的，应当按照保险人通知的要求处理。对于被保险人违反前款规定所造成的扩大的损失，保险人不负赔偿责任。”根据上述规定，被保险人在保险事故发生后应做到：

第一，立即将发生的保险事故通知保险人；

第二，尽其可能采取必要的合理措施，防止和避免损失扩大；

第三，在收到保险人通知后，应按保险人通知的要求处理。

7. 维护保险人权益的义务

如发生的保险事故涉及第三方的责任，被保险人在向保险人索赔时有义务收集并向保险人提供一切证明第三方责任的材料，并协助保险人追偿。对此中国《海商法》第 252 条规定：“保险标的发生保险责任范围内的损失是由第三人造成的，被保险人向第三人要求赔偿的权利，自保险人支付赔偿之日起，相应转移给保险人。被保险人应当向保险人提供必要的文件和其所需要知道的情况，并尽力协助保险人向第三人追偿。”

中国《海商法》第 253 条规定：“被保险人未经保险人同意放弃向第三人要求赔偿的权利，或者由于过失致使保险人不能行使追偿权利的，保险人可以相应扣减保险赔偿。”

（二）保险人的基本权利和义务

1. 签发保险单、收取保险费的权利

保险单是保险人已接受保险的书面凭证，也是被保险人在发生承保的风险事故后据以索赔的依据。保险人在保险合同成立之时或之后应及时签发保险单，并收取保险费。

2. 损失赔偿的义务

海上保险合同成立后，发生了承保风险内的保险事故，保险人即按照保险合同规定承担赔偿责任，这是保险人的义务和责任。关于保险人的损失赔偿责任，在保险条款中称为“责任范围”。不同的险种，保险人的责任范围也不同。

## 第四节 海上保险合同的转让、解除与终止

### 一、海上保险合同的转让

海上保险合同的转让是通过保险单的转让实现的，是指被保险人将其在保险合同中的权利和义务转让给另一个人的行为。由于保险合同不是保险标的的附属物，保险合同不能随同保险标的所有权的转移而转让，而必须通过一定的手续才能转让。但运输货物保险单的转让则不需保险人同意便可自由转让。若保险标的的所有权发生转移，而保险合同未作转让，则保险合同将因被保险人失去了可保利益而告失效，被保险人的权利和义务也就不再存在。对于保险合同的转让，各国保险法均有专门规定，有关海上保险合同的转让手续、时间及方式等问题，将在后述的“国际运输货物保险实务”一章予以论述。

### 二、海上保险合同的解除

合同的解除是指在合同没有履行或没有完全履行时，经当事人双方依法达成协议，解除双方由合同确定的法律关系。

保险合同的解除一般是由以下原因产生的：

第一，由于被保险人对保险标的的可保利益已经消失；

第二，投保人或被保险人违反保证条件；

第三，被保险人违背了最大诚信原则，采取欺诈、故意捏造虚假情况以及隐瞒事实真相等手段诱使保险人签订了合同；

第四，投保人或被保险人违反保险合同中规定的义务，这些义务又为合同明确规定，如有违反，保险人有权解除合同。

对海上保险合同的解除，中国《海商法》有下列规定：

在保险责任开始之前，所有海上保险合同的被保险人均可要求解除合同，但应向保险人支付手续费，保险人则应将保险费退还被保险人。

在保险责任开始之后，货物运输和船舶航次的被保险人不得要求解除合同；其他海上保险合同，如合同中规定在保险责任开始以后可以解约者，被保险人可以要求解约，但保险人有权取得自保险责任开始之日起至合同解除之日止的保险费。在保险人方面，也可以要求解约，但须将自合同解约之日起至保险期间届满之日的保险费退还被保险人。

### 三、海上保险合同的终止

海上保险合同的终止，是指在保险合同的有效期内，由于一定事由的发生，而使其效力终止或失效。海上保险合同的终止，可分为自然终止、协议终止、义务已履行终止、保险当事人的破产终止和违约终止等形式。

（一）自然终止

凡是海上保险单订明的保险期限届满时，保险合同即告终止。自然终止是保险合同终止最普遍、最基本的原因。

（二）协议终止

海上保险合同经双方当事人协议订明，在保险合同有效期内，如遇有某些特定情况可以随即注销保险合同。在海上保险合同中，对协议终止合同都规定了注销条件，特别是明确了保险人通知注销保险合同的时限，这一点非常有利于保险人。

在协议终止保险合同时，保险人应将按日计算的未到期保险费退还给被保险人。但是，在航程保险中，保险责任一经开始，除非保险合同另有规定，被保险人不能要求终止保险合同，也不能要求退还保险费。

（三）义务已履行终止

义务已履行终止是指按照海上保险合同规定，保险人在履行了赔偿全部保险金额的义务后，保险合同即行终止。

（四）保险当事人的破产终止

这种终止形式因情况而异，若保险人破产，保险合同在破产宣布之日起终止，终止前的保险费不予返还。若被保险人破产，保险合同仍为债权人的利益而存在，但要以代为缴付保险费和履行该保险合同既定义务为条件。

（五）违约终止

违约终止是指被保险人违反海上保险合同基本条件时，保险人宣布合同失效的一种终止形式。这种终止是保险人行使解约权而产生的终止。

## 案例分析

### 案例 6-1：海上保险合同争议案

**案情简介**

2004 年 4 月 27 日，广东富虹油品有限公司（以下简称“富虹公司”）就其从巴西进口的一批大豆向中国平安财产保险股份有限公司深圳分公司（以下简称“深圳平保公司”）发出货物运输险投保单，投保单载明投保险别为一切险加战争险、罢工险等，但没有载明险别内容。4 月 28 日，深圳平保公司签发了货物运输保险单，以邮政快递方式寄送富虹公司，保险单载明：被保险人为富虹公司；被保险货物为 60 500 公吨散装巴西大豆，货物单价 396.09 美元/公吨；货物由“韩进大马”轮于 2004 年 5 月 4 日从巴西桑托斯（Santos）起至中国湛江，该轮船旗为巴拿马旗；保险金额 23 963 445 美元。保险单没有记载保险价值。保险单正面载明承保条件为：（1）按照中国人民保险公司（1981/1/1）海洋运输货物保险条款（包括“仓至仓”条款）承保一切险，并按照中国人民保险公司货物罢工险条款承保罢工险；（2）短量责任为“港至港”责任，其他责任为“仓至仓”责任；（3）短量事故绝对免赔为保险金额的 0.5%，其他事故绝对免赔为保险金额的 0.3% 等。

5 月 13 日，因被保险货物数量有所变化，经富虹公司申请，深圳平保公司向富虹公司签发保险批单，将保险金额减少为 22 874 197.50 美元，货物数量更改为 57 750 公吨，应退还保险费 980.32 美元。富虹公司向深圳平保公司支付了人民币 168 587.51 元保险费。8 月 1 日 16:00 时，富虹公司在与其他检验人员对“韩进大马”轮所载大豆抽样时发现大豆有霉变、受损现象，同日电话通知深圳平保公司，于次日向深圳平保公司发出出险通知书，告知货损情况。富虹公司于 8 月 6 日书面通知“韩进大马”轮船长金锡现有霉变情况。

富虹公司于 2005 年 5 月 26 日向广州海事法院起诉，诉称：因深圳平保公司签发的保险单背面以英文载明免责条款，其在订约过程中没有向富虹公司做出说明，富虹公司当时也不了解条款内容，深圳平保公司无权援引保险单背面所载的免责条款拒赔等。请求法院判令深圳平保公司赔付富虹公司货物损失人民币 17 903 749.20 元、残损大豆施救费及船舶滞期损失人民币 2 549 268.39 元及其利息，并承担本案诉讼费。

深圳平保公司认为，双方当事人之间的保险合同合法、有效，合同的免责条款是富虹公司自己选择的，深圳平保公司已就保险条款的全部内容向富虹公司作了明确说明，保险合同的全部条款是双方当事人一致同意的内容，富虹公司不能在保险事故发生后只选择合同的责任条款而否定免责条款。本案货物损失的绝大部分（78%）是被保险人和发货人方面的原因与运输迟延造成的，这属于保险单约定的除外责任。深圳平保公司仅应承担 22% 的损失和费用，向富虹公司支付保险赔偿人民币 3 457 787.78 元。

试分析本案例应如何处理。

[提示：本案例的焦点在于深圳平保公司能否依据保险单除外责任条款拒赔损失。深圳平保公司接受富虹公司投保海运货物险，富虹公司接受了保险单并向深圳平保公司支付了保险费。双方自愿订立了以保险单及保险批单为主要形式的保险合同。深圳平保公司先签发保险单，再邮寄给富虹公司接受，不是当面向富虹公司签发保险单，不可能在签发保险单时面对面地向富虹公司说明除外责任条款。因此，仅依据富虹公司选择了险别并接受了保险单，尚不能推定富虹公司在接受保险单以前已明确了解保险单规定的除外责任条款，因而深圳平保公司有必要向富虹公司明确说明；更不能推定深圳平保公司在富虹公司接受保险单以前已向富虹公司明确说明了除外责任条款。深圳平保公司没有举证证明其在富虹公司接受保险单以前已向富虹公司明确说明了保险除外责任条款，应认定深圳平保公司在订立保险合同时没有向富虹公司说明除外责任条款，保险单规定的除外责任条款不产生效力，深圳平保公司无权依据保险单中的除外责任条款拒赔。

被保险货物 57 750 公吨大豆在起运地的发票价格以及运费共为 21 324 765 美元，按 1 美元兑人民币 8.276 9 元的汇率合人民币 176 502 947.43 元。货物的保险费为人民币 168 587.51 元。整批货物的保险价值为人民币 176 671 534.94 元（单价人民币 3 059.25 元/公吨）。5 868.428 公吨净损货物的价值为人民币 17 952 988.36 元。本案保险合同最终约定保险金额为 22 874 197.50 美元，按上述汇率合人民币 189 327 445.29 元，高于整批货物的保险价值。根据中国《海商法》第 220 条的规定，保险金额由保险人与被保险人约定；保险金额不得超过保险价值；超过保险价值的，超过部分无效。

本案保险合同下有效的保险金额应以整批货物的保险价值人民币 176 671 534.94 元为准。保险合同约定深圳平保公司对非短量事故按保险金额的 0.3% 免赔。按照该约定计算深圳平保公司的免赔额，应当以合法有效的保险金额人民币 176 671 534.94 元为基准。深圳平保公司对本案货损的免赔额为人民币 530 014.60 元。深圳平保公司对货物损失应承担的赔偿责任为货物损失人民币 17 952 988.36 元减去免赔额人民币 530 014.60 元后的金额人民币 17 422 973.76 元。

深圳平保公司应向富虹公司赔偿的货物损失和施救费用共计人民币 17 768 940.48 元。]

**案例 6-2：FOB 条件下买方（被保险人）对班轮转船告知义务争议案**

**案情简介**①

上诉人（原审被告）：中国人民财产保险股份有限公司北京市分公司（以下简称“人保财险”）

被上诉人（原审原告）：陕西鼓风机有限公司（以下简称“陕西鼓风机”）

2003 年 9 月 10 日，陕西鼓风机与意大利的法拉利公司签订买卖合同，向法拉利公司购买三台五轴联动数控叶片铣床，每台 59 万欧元，总计 177 万欧元。

陕西鼓风机与北京兆通运输公司（下称“兆通运输”——无船承运人）签订运输合同，约定：货物数量 3 套，装港热那亚港，卸港天津新港，最终交货地陕西临潼。运输合同签订后，兆通运输又通过意大利的 BM 公司北京办事处向法国达飞船公司（达飞轮船）订舱并承运涉案货物。BM 公司签发了提单，记载托运人为法拉利，装货港为热那亚港，卸货港为天津新港，承运的船舶为“CMA CGM NEPTUNE”。达飞轮船向 BM 公司出具了电放提单，记载托运人为法拉利公司，收货人 BM 公司（北京办事处）。

2003 年 10 月 13 日，陕西鼓风机委托兆通运输向人保财险进行投保，与人保财险签订了保险合同，人保财险出具了保单，载明了被保险人为陕西鼓风机，保险货物为铣床，保险金额 1 947 000 欧元，险别为 PICC 的“一切险”，保险期间从意大利的热那亚港经天津新港至临潼。保险单背面条款第四项的“被保险人义务”(三) 约定：“如遇航程变更或发现保险单所载明的货物、船名或航程有遗漏或错误时，被保险人应在获悉后立即通知保险人并在必要时加缴保险费，本保险才继续有效。”保险合同签订后，陕西鼓风机支付了保险费。

运输过程中，货物转船由“V”轮承运，在自新加坡运往韩国釜山期间，“V”轮遭遇 7-9 级大风，导致位于露天甲板左前方的一台铣床严重损坏。货物运抵至目的港天津新港后，经出入境检验检疫局对货物进行检验，结果为一台铣床严重残损，已无法使用，损失金额 59 万欧元。

海损事故发生之后，陕西鼓风机在得知情况后，及时通知了人保财险，但是人保财险以各种借口拒绝赔偿。人保财险拒赔的主要理由包括：陕西鼓风机未向第三人（达飞轮船）索赔；依据双方的保险合同，转船已构成人保财险是否继续承保或增加保险费的重大事由。FOB 条件下，由陕西鼓风机租船或订舱，其应知晓船舶转船这一事实。陕西鼓风机违反“被保险人义务”且已在投保单上明确签注“被保险人确认本保险合同条款和内容已经完全了解，”但作为被保险人的陕西鼓风机未履行如实告知（转船）义务。

2004 年 12 月，陕西鼓风机依保单在天津海事法院（下称原审法院）起诉了人保财险，同时，又凭达飞轮船提单在原审法院起诉达飞轮船。

① 李雪春. 陕西鼓风机（集团）有限公司诉中国人民财产保险股份有限公司北京市分公司保险合同案，http://tjfy.chinacourt.org/public/detail.php? id=9418；发布时间：2008-06-13 10:03:47。

原审法院认定达飞轮船应承担货损赔偿责任，但可享受单位赔偿责任限制，判决达飞轮船赔偿陕西鼓风机2万特别提款权。【（2005）津海法商初字第53号】之后，人保财险又要求陕西鼓风机对该案（53号）提起上诉。对是否上诉，双方也进行了探讨，均无法找到达飞轮船不享受责任限制的依据以及相关案例，即认为原审法院判决是依据事实和法律的公平判决。在此情况下，若上诉属滥用诉讼权利，是浪费司法资源，因此，陕西鼓风机决定不上诉且也没有损害人保财险的利益。

陕西鼓风机认为，转船必须告知既不是法定义务也不是约定义务。采用FOB或者其他形式的贸易合同，只决定是否由买方承担运输，并不决定是否转船，且本案中陕西鼓风机也是事后才获知转船的，并非其知道或应知道而未告知保险人的。免责条款须进行告知才能产生法律效力，这是中国《保险法》的强制性规定。而本案中，人保财险对陕西鼓风机只提供了一页纸的保单，根本未向陕西鼓风机及其代理告知其免责事项，保单背面是英文，人保财险并未向陕西鼓风机提供中文副本，未履行如实告知的义务，显然是违反了中国《保险法》。因此，人保财险应予赔偿。

试分析该案应如何处理。

[提示：

**一审法院判决**

天津海事法院经审理认为：

一、本案双方当事人之间签订的海上货物保险合同合法有效，陕西鼓风机的货物在保险责任范围内受损，人保财险负有赔付责任。

二、从涉案证据看，陕西鼓风机对于国际海上货物运输的流程及货物运输途中转船并不知晓，因此不存在其应承担转船的通知义务。在货物发生损坏之后，陕西鼓风机立即通知了人保财险，且按照人保财险的要求，向达飞轮船索赔，原审法院（2005）津海法商初字第53号案的生效判决也确认了上述事实。

三、中国《保险法》规定，保险合同规定有关保险人责任免除条款的，保险人在订立保险合同时应向投保人明确说明，未明确说明的，该条款不产生效力。本案中，人保财险未能举证证明自己已尽到了作为保险人应尽的上述义务，向投保人进行了保险合同中保险人免责内容的说明，涉案保险单背面“被保险人的义务”条款（三）作为保险人的免责内容，仅仅有背面英文条款不能构成保险人向投保人进行了说明，应至少具有本国文字的副本才构成向投保人进行了说明，也才符合保险国际惯例要求。因此该免责条款对陕西鼓风机不发生法律效力。

四、依涉案证据和原审法院生效的判决，保险标的损失的价值应认定为59万欧元。

五、对涉案货损给陕西鼓风机造成的损失，陕西鼓风机依原审法院判决已得到2万特别提款权，折合人民币234 790元的赔偿，对该部分款项应从人保财险应承担的赔偿额中扣除。

综上，原审法院依照中国《海商法》第221条、第237条，中国《保险法》第17条，《最高人民法院〈关于民事诉讼证据的若干规定〉》第11条第1款的规定，判决：人保财险赔偿陕西鼓风机5 824 038元人民币。

**二审法院判决**

人保财险不服一审判决，向天津高院提起上诉，请求撤销原判，改判驳回陕西鼓风机的诉讼请求。

天津高院经审理认定了原审判决查明的事实。其认为，本案为海上货物运输保险合同纠纷。陕西鼓风机与人保财险之间由保险单确立的海上货物运输保险合同关系合法有效，双方权利义务应受保单及所附保险条款的约束。人保财险承保的险别是“一切险”，涉案货物致损原因系运输途中遭受水湿造成，属于该险承保范围内。人保财险拒绝保险赔付，应承担相应的举证责任。涉案保单背面“被保险人的义务”条款中第三条的规定，属中国《海商法》第235条规定的保证条款，而非保险人责任免除条款，人保财险无需在签订保险合同时向陕西鼓风机进行明确说明。

在国际贸易及国际海上货物运输业务中，被保险人向保险人投保后，保单可以转让，因此保单及背面条款使用英文是一种习惯做法，且“海洋运输货物保险条款”已以中文形式公布，陕西鼓风机能够很方便地查到。作为一般合同条款，人保财险没有提供中文文本不影响其效力。原审法院认定该条款无效属适用法律错误，应予纠正。

陕西鼓风机作为被保险人，在保险事故发生之前并不知晓涉案货物需转船的事实。因此，人保财险以陕西鼓风机违反了被保险人义务为由，主张其有权解除保险合同且不承担保险赔偿责任证据不足，不予以支持。

本案中，人保财险在与投保人兆通运输订立保险合同时，采用由投保人填写投保单的形式对保险标的以及被保险人的有关情况进行了询问，兆通运输对投保单所涉及的内容均如实进行了填写，履行了如实告知义务。因此，兆通运输没有违反如实告知义务。

本案中，因人保财险尚未进行保险赔付，其并未取得代位求偿权。陕西鼓风机可以同时以承运人和保险人作为被告提起诉讼，法律未规定陕西鼓风机向承运人主张权利应征求人保财险的意见，而人保财险在知悉陕西鼓风机起诉达飞轮船后也未提出任何异议。因此，人保财险所称的陕西鼓风机擅自向承运人索赔的主张无事实依据，不能成立。在人保财险未及时进行理赔的情况下，陕西鼓风机主动对货损的责任人提起诉讼，证明并未放弃向第三人索赔的权利，且已尽到了保护保险人代位求偿权的义务。在人保财险拒赔的理由不能成立的情况下，因人保财险不当拒赔所产生的后果应由其自行承担。陕西鼓风机放弃对（2005）津海法商初字第53号案中上诉权利的行为并不违反中国《海商法》第253条的规定。

综上，二审法院依中国《民事诉讼法》第153条第1款第1项的规定，判决：驳回上诉，维持原判。]

## 复习思考题

1. 海上保险合同有哪些特点？

2. 海上保险合同的关系人（辅助人）有哪些？他们与保险人、被保险人有怎样的法律关系？

3. 海上保险合同中，保险价值与保险金额之间存在何种关系？

4. 海上保险合同中，被保险人有哪些权利和义务？

# 第七章　海上保险保障的范围

## 本章学习重点

海上保险主要是以船舶及其所载货物等相关利益为保险标的的一种财产保险。保险人对标的在海上所遭受的风险、损失及有关费用负赔偿责任。因此，读者在研读本章过程中，应重点掌握以下内容：

1. 海上保险保障的各种风险及其内容与含义；

2. 海上保险保障的各种损失，即实际全损、推定全损、共同海损及单独海损的内容与含义；

3. 海上保险保障的各种费用，特别是施救费、救助费的内容与含义以及他们之间的区别。

在国际贸易运输中，由于海洋运输具有许多其他运输方式无可比拟的优点，因而国际贸易中的货物绝大部分都是通过海洋运输来完成的。但海洋运输又是处在海上这种特殊环境和条件之中的一种运输方式，货物和船舶极易遭受海上各种风险的侵袭和威胁，从而可能导致货物和船舶的灭失或损害，同时还可能由此而产生有关的费用。海上保险主要就是以货物和船舶等作为保险标的，把货物和船舶在运输中可能遭受的风险、损失及费用作为保障范围的一种保险。

然而，因货物的性质、船舶的用途、运输线路及区域、海上自然条件等因素的不同，需要保险人所提供的保险保障也不相同。为适应被保险人在不同情况下的不同需要，各国保险组织或保险公司制定了承担不同责任的保险条款，并由此形成了不同的险别。因此，在保险业务中，风险、损失、费用和险别之间有着密切的联系，即风险是导致损失和费用的原因，险别是具体规定保险人对风险、损失或费用予以保障的责任范围。为了弄清各种险别的内容，本章对海上风险、损失或费用予以论述和分析。

## 第一节　海上保险保障的风险

海上保险保障的风险可以分为两大类，即海上风险和其他外来原因引起的外来风险。其内容如图 7-1 所示。

- 海上保险保障的风险
  - 海上风险
    - 自然灾害
      - 恶劣气候
      - 雷电
      - 流冰
      - 地震、火山爆发
      - 海啸
      - 洪水
      - 海水湖水或河水进入船舶等
    - 意外事故
      - 船舶搁浅、触礁
      - 船舶沉没
      - 船舶互撞或与流冰或其他物体碰撞
      - 船舶倾覆
      - 船上火灾、爆炸
      - 海盗行为
      - 投弃
      - 吊索损害
      - 船长或船员的不法行为等
  - 外来风险
    - 一般外来风险
      - 偷窃
      - 短少和提货不着
      - 破碎
      - 淡水雨淋
      - 受潮、受热
      - 碰损
      - 串味
      - 沾污
      - 短量
      - 渗漏
      - 钩损
      - 锈损等
    - 特殊外来风险
      - 战争
      - 罢工
      - 交货不到
      - 拒收等

**图 7-1 海上保险保障风险分类**

## 一、海上风险

（一）海上风险的概念

海上风险一般是指船舶或货物在海上航行中发生的或随附海上运输所发生的风险。

在现代海上保险业务中，保险人所承保的海上风险是有特定范围的。一方面它并不包括一切在海上发生的风险，另一方面它又不局限于航海中所发生的风险。也就是说，海上风险是一个广义的概念，它既指海上航行中所特有的风险，也包括一些与海上运输货物有关的风险。

保险人承保的海上风险都在保单中或保险条款中有明确规定，保险人只负责由保单列明的风险造成的保险标的的损失。因此，正确理解各种风险的确切含义就显得十分重要。

中国现行的海运货物保险条款及英国伦敦保险协会货物新条款所承保的海上风险从性质上划分，主要可分为自然灾害和意外事故两大类。

（二）自然灾害（Natural Calamities）

所谓自然灾害，就一般意义上讲，是指不以人的意志为转移的自然界的力量所引起的灾害。它是客观存在的、人力不可抗拒的灾害事故，是保险人承保的主要风险。

但在海运货物保险业务中，自然灾害并不是泛指一切由于自然界力量引起的灾害。按照中国《海洋运输货物保险条款》（2009 版）的规定，所谓自然灾害仅指恶劣气候、雷电、海啸、地震、洪水等人力不可抗拒的灾害。根据英国 2009 年的协会货物条款，在保险人承保的风险中，属自然灾害性质的风险有：雷电、地震、火山爆发、浪击落海，以及海水、湖水或河水进入船舶、驳船、船舱、运输工具、集装箱或储存处所。在自然灾害中，洪水、地震、火山爆发以及海水、湖水或河水进入船舶、驳船等风险，实际上并非是真正发生在海上的风险，而是发生在内陆或陆海、海河以及海轮与驳船相连接之处的风险。但对海上货运保险来说，由于这些风险是随附海上航行而产生的，而且往往危害性很大，为了适应被保险人的实际需要，在海运货物保险的长期实践中，就逐渐地把它们列入海运货物保险承保的风险范围之内了。

（三）意外事故（Accident）

意外事故一般是指人或物体遭受外来的、突然的、非意料之中的事故。如船舶触礁、碰撞、飞机坠落、货物起火爆炸等。

但在海上保险业务中，所谓意外事故并不是泛指海上发生的所有意外事故。依中国《海洋运输货物保险条款》（2009 版）的规定，意外事故是指运输工具遭受搁浅、触礁、沉没、互撞、与流冰或其他物体碰撞以及失火、爆炸；根据英国伦敦保险协会新的协会货物条款，除了船舶、驳船的触礁、搁浅、沉没、倾覆、火灾、爆炸等属意外事故外，尚有陆上运输工具的倾覆或出轨也属意外事故的范畴。由此可以看出，海上货物运输保险所承保的意外事故，也不囿于在海上所发生的意外事故。

在海上保险业务中，各种意外事故都有其特定的含义。

## 二、外来风险

外来风险是指海上风险以外的其他外来原因所造成的风险。运输货物保险中所指的外来风险必须是意外的、事先难以预料的，而不是必然发生的外来因素，如货物在运输过程中可能发生的沾污、串味而造成的损失。类似货物的自然损耗和本质缺陷等属必然发生的损失，不包括在外来风险之内。

在国际海运货物保险业务中，保险人除了承保上节所述的各种海上风险外，还承保外来风险所造成的损失。外来风险可分为一般外来风险和特殊外来风险两类。

（一）一般外来风险

中国海运货物保险业务中承保的一般外来风险通常包括：（1）偷窃（Theft, Pilferage）；（2）短少和提货不着（Short-Delivery & Non-Delivery）；（3）渗漏（Leakage）；（4）短量（Shortage in Weight）；（5）碰损（Clashing）；（6）破碎（Breakage）；（7）钩损（Hook Damage）；（8）淡水雨淋（Fresh and Rain Water Damage）；（9）生锈（Rusting）；（10）沾污（Contamination）；（11）受潮受热（Sweating & Heating）；（12）串

味（Taint of Odour）。

（二）特殊外来风险

特殊外来风险是指军事、政治、国家政策法令以及行政措施等外来风险。常见的特殊外来风险有战争、罢工、交货不到、拒收等。

## 第二节 海上保险保障的损失

货物和船舶在海上运输中，由于海上风险和外来风险所造成的损失，称为海上损失。根据国际保险市场上的一般解释，凡与海上运输相关联的海陆连续运输过程中发生的损失，也属于海上损失范畴。海上损失可以从不同角度来划分，但最常见的是按损失程度划分，可分为全部损失和部分损失，如图 7-2 所示。

- 海上损失
  - 全部损失
    - 实际全损
    - 推定全损
  - 部分损失
    - 共同海损
    - 单独海损

**图 7-2 海上损失分类**

### 一、全部损失（Total Loss）

全部损失简称“全损”，是指保险标的由于承保风险造成的全部灭失或视同全部灭失的一种损害。

在海上保险业务中，全部损失分为实际全损和推定全损。

（一）实际全损（Actual Total Loss，ATL）

实际全损也称绝对全损。中国《海商法》第 245 条规定：“保险标的在发生保险事故后灭失，或者受到严重损坏完全失去原有形体、效用，或者不能再归被保险人拥有的，为实际全损。”因此，构成保险标的的实际全损有下列四种情况：

1. 保险标的的实体已经完全灭失。例如，货物遭遇大火被全部焚毁，或被海水溶解等；船舶因恶劣气候或遭受碰撞而与货物一起沉入海底灭失。但如果船舶在碰撞后沉没，随后又很快被打捞上来，则不能列为实际全损。

上述情况的实际全损，是一种保险标的已不复存在的实质性的损失。

2. 保险标的遭到严重损害，已丧失了原有的用途或价值。例如：水泥被海水浸泡变成硬块；牛皮被海水浸泡，腐烂发臭；船舶触礁后，在海浪的冲击下，使其支离破碎不成船形。尽管这些标的的实体还存在，但已无法表现出原来投保时的性质或属性。换言之，保险标的的商业价值已完全丧失，无法再按原物出售。

3. 被保险人对保险标的失去所有权，并无法挽回。例如，战时船舶或货物被敌人没收；船舶被海盗劫走等。在此种情况下，虽然保险标的实际上仍然存在，但被保险人已经被剥夺了对该标的的所有权，并无法恢复。

4. 船舶失踪，超过一定期限，仍无音讯。中国《海商法》第 248 条规定，船舶失踪达 2 个月的，可按实际全损处理。

保险标的遭受了实际全损后，被保险人可按其投保金额，获得保险人全部损失的赔偿。

（二）推定全损（Constructive Total Loss，CTL）

1. 推定全损的概念与范围

推定全损，又称商业全损。中国《海商法》第 246 条规定：“船舶发生保险事故后，认为实际全损已经不可避免，或者为了避免发生实际全损所需支付的费用超过船舶保险价值的，为推定全损。货物发生保险事故后，认为实际全损已经不可避免，或者为了避免发生实际全损所需支付的费用以及将货物继续运抵目的地的费用之和超过货物的保险价值的，为推定全损。”（英国现行保险条款及中国海运货物保险条款规定：“将超过其到达目的地时的价值。”）

根据上述法律规定，推定全损可以理解为，保险标的在物质上并未达到全部损毁、灭失，但已失去价值；或者虽有一定价值，但经修理，其费用支出已接近、达到或超过其实际价值的一种损失状态。

保险标的由于承保风险事故所导致的下列情况可视为推定全损：

（1）保险标的在海上运输中遭遇保险事故之后，虽然尚未达到灭失的状态，但据估计完全灭失将是不可避免的。例如，一艘载货船舶在一个偏僻的海域内搁浅，而且正碰上台风来临，不便于其他船舶前来救助。虽然搁浅时船货并没有完全灭失，但如不及时对其进行救助，船货的完全灭失将是无法避免的。

（2）保险标的遭受保险事故之后，使被保险人丧失了对保险标的的所有权，而收回这一所有权，其所花费用估计要超过收回后标的的价值。

（3）被保险货物受损后，其修理和续运到原定目的地的费用估计要超过货物的保险价值或在目的地的完好价值。

（4）被保险船舶受损后，其修理或救助费用分别或两项费用之和将要超过船舶的保险价值。

2. 推定全损的损失赔偿

在推定全损的情况下，被保险人获得的损失赔偿有两种情况：一种是被保险人获得全损的赔偿；另一种是被保险人获得部分损失的赔偿。如果被保险人想获得全损的赔偿，他必须无条件地把保险标的委付给保险人。所谓委付（Abandonment），是指被保险人在保险标的处于推定全损状态时，向保险人声明愿意将保险标的的一切权益，包括财产权及一切由此而产生的权利与义务转让给保险人，而要求保险人按全损给予赔偿的一种行为。对此，中国《海商法》第 249 条规定：“保险标的发生推定全损，被保险人要求保险人按照全部损失赔偿的，应当向保险人委付保险标的。保险人可以接受委付，也可以不接受委付，但是应在合理时间内将接受委付或者不接受委付的决定通知被保险人。委付不得附带任何条件。委付一经保险人接受，不得撤回。”该法第 250 条又规定：“保险人接受委付的，被保险人对委付财产的全部权利和义务转移给保险人。”

3. 委付的条件

根据上述法律规定，委付必须按照下列条件办理：

（1）被保险人应以书面或口头方式向保险人发出委付通知（Notice of Abandonment），一方面向保险人表示其希望转移保险标的的所有权，以获得全损赔偿；另一方面便于保险人在必要时能及时采取措施，避免全损或尽量减少保险标的的损失。因此，被保险人一旦得知保险标的受损处于推定全损状态并愿按委付方式处理时，应立即发出委付通知。

（2）委付必须经保险人明示或默示的承诺才能生效。但保险人对被保险人的委付要求，有接受或拒绝的选择权，并且应将这种选择权及时通知被保险人。若保险人在接到委付通知后，保持沉默不作为，不视为一种接受委付的表示。

（3）委付不得附带任何条件。例如，对被扣船舶要求委付时，被保险人不得提出日后若船舶获释，可以向保险人归还赔款，由保险人归还船舶的保留条件。任何附有条件的委付都是无效的。另外，委付时必须对保险标的的全部进行委付，不能只委付其中一部分。但若在同一张保险单上包括多种货物时，只有其中一种发生推定全损，可同其他货物分离开来，单独进行委付。

（4）委付一经接受，不得撤回。保险人接受了委付，就意味着允诺按全损承担赔偿责任，不得要求撤回允诺。换言之，保险人不得以任何理由要求退回委付的财产，即使后来发现保险标的的损失不是由其承保的风险造成的，或推定全损不成立，或被保险人没有履行告知义务，或被保险人没有缴清保险费，等等，被保险人仍然有权要求保险人按全损赔偿。

（5）保险人接受委付后，取得被委付财产的全部权利和义务，即取得物上代位权。在这种情况下，保险人有权处理残余标的而获取其全部收益，即使收益大于保险人赔付被保险人的保险金额，也无须将其差额退还被保险人；同时，保险人还须承担由于所有权转移而相应产生的义务，例如，在船舶委付的情况下，须对船舶残骸或海上油污的清除等承担义务和责任，此时其费用可能超过残余物的价值。因此，在保险实务中，保险人宁愿按全损赔偿被保险人而不接受其委付，以免承担过多的责任和义务。

MIA1906 也对委付作出了类似于中国《海商法》的规定，但比中国的规定更为详细。

另外，被保险人发出委付通知后，到保险人作出是否接受的选择决定，其间经历一个时间的间隔。在此期间，被保险人对受损标的施救，不得视为对委付的放弃；同样，保险人对受损标的的补救措施，也不得视为对委付的接受。

上述实际全损和推定全损虽然都名为“全损”，但两者是有区别的：实际全损时，保险标的确实已经或不可避免地要完全丧失，被保险人自然可以向保险人要求全部赔偿，而不需办理委付手续；推定全损，则是保险标的受损后并未完全丧失，是可修复或者可收回的，只是所支出的费用将超过保险标的的保险价值或者收回的希望很小或遥遥无期而已，因此被保险人可以向保险人办理委付，要求保险人按全损赔偿，也可以不办理委付而保留对残余货物的所有权，由保险人按部分损失进行赔偿。

（三）部分全损

海运货物保险业务中，全损的概念不是以一艘船上载运的全部货物的完全灭失为划分标准，保险人对货运保险中全损范围的掌握，通常在条款中加以明确。国际上一般掌握的界限是：

（1）一张保单所保货物的完全损失。

（2）一张保单上所保的分类货物的完全损失。

（3）装卸过程中一个整件货物的完全损失。

（4）在使用驳船装运货物时，一条驳船所载货物的完全损失。

（5）一张保险单下包括多张提单的货物，其中一张或几张提单货物的完全灭失。

上述这种损失，在 MIA1906 中以及中国的一些教科书中，将其称之为“部分全损”（Total Loss of Part）。

## 二、部分损失（Partial Loss）

部分损失，又称分损。对此，中国《海商法》第 247 条规定：“不属于实际全损和推定全损的损失，为部分损失。”

部分损失是指保险标的的损失没有达到全部损失的程度的一种损失。按照损失的性质来划分，部分损失可以分为单独海损和共同海损。

（一）单独海损（Particular Average）

1. 单独海损的定义

单独海损，是指在海上运输中，由于保单承保风险直接导致的船舶或货物本身的部分损失。例如，载货船舶在海上航行中遭遇暴风巨浪，海水进入船舱致使部分货物受损，此项由承保风险造成的货物的部分损失即为货方的单独海损。单独海损是一种特定利益方的部分损失。它不涉及其他货主或船方。单独海损仅指保险标的本身的损失，并不包括由此而引起的费用损失。在伦敦保险协会新的货物条款中“单独海损”这个术语已经不再被使用，但是在实际业务中，它仍被用来表示共同海损以外的一切部分意外损失。

2. 构成单独海损的条件

从上述定义可以看出，单独海损的构成必须符合下列三个条件：

（1）必须是意外的、偶然的和承保风险直接导致的保险标的本身受损；

（2）必须是船方、货方或其他利益方单方面所遭受的损失，而不涉及他方的损失；

（3）单独海损仅指保险标的本身的损失，而不包括由此而引起的费用损失。

3. 单独海损赔偿的处理

对于保险标的发生单独海损如何处理，目前各国的做法并不完全统一。根据国际海上保险市场的惯例，保险人对单独海损的赔偿一般采用以下几种方式处理：

（1）单独海损绝对不予赔偿。这种规定常常适用于一些国家的海上船舶保险。

（2）除某些特定风险所造成的单独海损以外，单独海损不予赔偿。例如中国海运货物保险的平安险条款，1963 年英国伦敦协会货物条款，即 ICC1963（FPA）对单独海损的赔偿规定，就是如此。

（3）单独海损赔偿，但单独海损未达到约定的金额或百分比时不赔，已达到约定的金额或百分比的单独海损全部予以赔偿（如保险单中规定的相对免赔额或相对免赔率）。

（4）单独海损赔偿，但保险人只对超过约定金额或百分比的那部分单独海损予以赔偿，即没有超过约定金额或百分比的那部分单独海损不予赔偿（如保险单中规定的绝对免赔额或绝对免赔率）。

（5）不加任何特别限制，凡是单独海损均予赔偿。

所谓免赔额（率）就是保险人对被保险货物发生保险责任范围内的损失时，在一定金额（比率）内不负赔偿责任。免赔额（率）又分为绝对免赔额（率）和相对免赔额（率）。绝对免赔额（率）是指保险人仅对超过规定金额或百分比的损失负赔偿责任；相对免赔（率）是指保险人对不超过规定金额或百分比的损失不负赔偿责任，若损失达到规定的金额或百分比以后，则负责赔偿包括约定金额或百分比以内的全部损失。若保险合同中不规定免赔率的限制，称为“不计免赔率”（Irrespective of Percentage，IOP）。

对于单独海损，伦敦保险协会旧水渍险条款原来订有关于免赔率的规定。但自1982年起协会货物条款中已予以取消。

（二）共同海损（General Average）

1. 共同的海损的定义

关于共同海损的定义，人们各自从不同的角度、不同的方面对共同海损下了各种定义，作了或多或少的分析。这中间既有法律的条文、案例的判决，也有理论的解释。

MIA1906第66条对共同海损的规定比较详尽具体，其内容包括：（1）共同海损损失是由共同海损行为或共同海损行为直接引起的后果造成的损失，包括共同海损牺牲和共同费用。（2）所谓共同海损行为，是指在航海冒险中，如船货发生共同危险，为了保护处于危险中的财产，主动而合理地作出或产生的任何特殊牺牲或费用。（3）若发生共同海损损失，依照海商法的规定，遭受损失的一方应与其他有关利益方一起承担比例分摊责任，这种分摊称为共同海损分摊。

《约克-安特卫普规则》是国际上公认的航运业处理共同海损的准则。它对共同海损的规范具有权威性。该规则指出：“所谓共同海损行为，只限于在共同海上冒险时遭遇海难，为共同安全以保存船货为目的，故意而合理作出的或者发生的任何非常牺牲或费用。”

在上述基础上，我们给共同海损下一个定义：共同海损，是指载货运输的船舶在同一海上航程中遭遇自然灾害或意外事故或其他特殊情况，使航行中的船、货、运费收入或其他有关财产的共同安全受到威胁；为了解除共同危险、维护各方的共同利益，或使航程继续完成，船方有意识地合理地采取抢救措施所直接造成的某些特殊的牺牲或支出的额外费用。

共同海损的损失应由有关的利害关系方按其获救财产的价值或获益大小的比例共同分摊。

2. 构成共同海损的条件

从上述定义可以看出，共同海损的内容包括两个组成部分，一是共同海损措施造成的船、货本身的损失，称为共同海损牺牲；二是共同海损措施引起的费用损失，称为共同海损费用。

共同海损的牺牲或费用必须符合下列条件：

（1）导致共同海损的危险必须是真实存在的、危及船舶与货物共同安全的危险。导致共同海损的危险必须是不可避免的。船舶无须处于或近于因危险而引起的灾难之中。

例如，船舶货舱起火，如不及时扑救，火势就会蔓延，波及全船，所以因救火所造成的船舶或货物的损失应为共同海损牺牲。又如，船舶在大海上航行时丢失了螺旋桨，船舶与货物可能暂时没有紧迫的、灾难性的危险，但危险肯定会到来，所以这时船长命令将船舶驶入附近的港口进行修理，因此产生的港口费和修理费应为共同海损费用。

不可避免出现的危险，是指船舶发生事故或特殊情况时并未危及船货的共同安全，但如不采取措施，最后将不可避免出现给船货带来共同灾难的危险。例如，船舶在海上遭遇恶劣气候，逆风行驶，船速剧减，船舶在海上航行日数意外增加，船上携带的燃油消耗过多，剩余部分已不足用于驶往原定港口加油，船舶很快就会处于主机熄火、失去控制的状态，后果不堪设想。发现船上燃油不足以驶往目的港的同时，危险虽不是紧迫的，但根据情况判断，如果不采取应急措施，危险将是不可避免的。因此采取的绕航避难措施是共同海损措施，由此支出的额外费用为共同海损费用。

臆测的危险不能构成共同海损的危险。例如，船舶虽为恶劣气候所围困，但未遭受损害并仍能照常行驶，在此情况下，船舶驶往锚地避风，就不是共同海损行为，因为仅是担心有危险。又如，在航行中，船长看到货舱的通风孔冒气，误认为是烟，便往货舱灌水，船抵目的港后，发现并未发生过火灾，舱内无任何着火痕迹，因此造成的货物被海水浸泡损失不能成为共同海损。

（2）共同海损的措施必须是为了解除船货的共同危险，人为地、有意识地采取的合理措施。所谓“有意识”是区别于意外的损失，船舶在航行中遭遇到的意外损失由受害者自行负担，而有意识采取措施造成的损失，应由受益各方共同分摊。例如，船舶搁浅，船底划破，货物遭受海水水渍属意外事故，修船费用和货物损失由船东和货主各自承担。但如果是为了起浮船舶，抛弃船上的货物以减轻船载，被抛弃的货物损失是有意做出的，应由船方、货方共同分摊。

所谓“合理”，是指在采取措施的当时看来，措施是有效和节约的，因而也是符合全体利害关系方的利益的。例如，为减轻船载所抛弃的货物应是体积重、价值低，同时从积载的角度讲便于抛弃的货物和物料。但若抛弃的货物不合理，由此而引起的不合理的损失和费用不得列为共同海损，应由作出错误决定的责任方承担。有时采取的措施不一定全部行之有效，但只要他们确实是经过慎重考虑才作出的决定，也应被认为是合理的。

（3）共同海损的牺牲是特殊性质的，费用损失必须是额外支付的。从上述第二条可以看出，共同海损不是海上危险直接导致的损失，而且恰巧相反，它正是为了解除这项危险而人为造成的另一种性质的损失，这是一种特殊性质的损失。因此判断一项损失是否属于共同海损，必须从造成损失的原因进行分析。

可以列为共同海损的费用必须是额外支付的。所谓额外支付，是指船舶的正常营运核算以外的费用。例如船舶在航行中发生严重机损影响船货的共同安全，为了解除危险，驶靠避难港修理，由此而支付的船员工资、燃料、物料费用，不在正常的营运费用范围之内，属额外支付性质的，因此可以列为共同海损费用。但若上述避难港就是船舶航行计划中的中途停靠港口，则只要驶往该港口的费用不超过原定的营运费用，则不成为额外支付。若超过，则只有超过部分是额外支付的，可列为共同海损。

（4）共同海损的损失必须是共同海损措施的直接的合理的后果。例如，船舶在航行中发生共同海损事故，船底受损需要修理，为了修理船舶必须将船舱内的货物卸下，由于卸货造成的货物损失，是共同海损措施的直接结果，可列为共同海损。但若货物在避难港存仓期间，仓库起火，造成货物的损失，则不是共同海损措施的直接后果，不能列为共同海损。

（5）造成共同海损损失的共同海损措施最终必须有效果。所谓最终有效，是指采取抢救措施以后，船舶或货物的全部或一部分安全抵达航程的终点港或目的港，从而避免了船和货同归于尽的局面。因为共同海损将由各受益方进行分摊，而分摊又是以航程结束时的船、货价值来确定的。若全船覆没，船与货遭受全损，那么，既没有获救财产，也不会有受益方，因而共同海损分摊便失去了基础，共同海损也就不能成立。

以上各项是构成共同海损所必须全部具备的条件。这些条件是一个统一整体，缺一不可。

3. 共同海损的理算

船舶发生共同海损事故后，对于共同海损案件是否能成立，哪些损失或费用属于共同海损范围、哪些不属于共同海损范围，属于共同海损范围内的损失和费用应由哪些利益方按照什么标准予以分摊，等等，这是一项复杂细致的调查研究和计算工作，习惯上都由船东委托专业理算机构或人员进行理算。这种机构和人员称为共同海损理算人，他们负责办理共同海损的审核、损失估计和损失费用的补偿分摊工作。经理算人计算出各项牺牲应获得的补偿金额，以及有关利益方应分摊的共同海损金额，然后编制出理算报告分送到船、货各方和保险人，凭此结算。

世界上各海运国家对共同海损的理算依据，都在本国海商法中列入共同海损一章，并作了原则规定。但这种法律只适用于同本国有关的海上运输，对在外国发生的案件或牵涉到外国人权益的就难以管辖。为此，在海洋运输契约中，一般都订有共同海损理算条款，载明按什么理算规则，在什么地方理算。由于国际贸易的海洋运输遍及世界各地，一条船上所装的货物分属不同的货主，船舶又停泊不同国家的港口，如果理算的规则不统一，就会给理算带来很大困难。因此，国际上共同海损的理算一般按《约克-安特卫普规则》（York-Antwerp Rules）办理。

《约克-安特卫普规则》虽不是强制性的国际公约，但已为国际海运、贸易和保险界所广泛接受。现在国际上的大部分租船合同、海运提单、海洋船舶和货运险的保险单上都规定按此规则理算。根据这个规则的规定，在采用本规则时，凡与该规则相抵触的法律和习惯均视为无效。

中国参照国际做法，制定了《中国国际贸易促进委员会共同海损理算暂行规则》（简称《北京理算规则》），并于1975年1月1日正式公布施行。目前中国各海运船队在提单或其他运输合同中都规定：“如发生共同海损，按《北京理算规则》办理。”

对共同海损理算应适用的规则问题，中国《海商法》第十章有下列规定：“共同海损的理算，适用合同约定的理算规则，合同未约定的，适用本章的规定。”该章对共同海损的范围、共同海损牺牲金额的计算、共同海损的分摊等问题均有具体规定。

（三）共同海损与单独海损的区别与联系

从损失性质上看，共同海损与单独海损没有区别，同属于部分损失。但两者在损失发生的原因和损失承担方式上存在着不同之处。

1. 造成损失的原因不同

单独海损是因意外的、偶然的事故所直接导致的损失。例如，船舶因搁浅、火灾或碰撞等意外事故造成货物损失，这是货物的单独海损。而共同海损是因采取人为的故意的措施而导致的损失。它是在海上危险危及船货的共同安全时，采取某些人为的措施，牺牲一部分货物或船舶的设备，达到保证全部财产安全的目的。如人为地抛弃货物以减轻船载，挽救船货的共同安全，或是船舶与他船发生碰撞，船体裂口，为了防止船舶和所载货物沉没，有意将船开上浅滩，造成搁浅，等等。由此可见，同样一种损失，只是由于发生损失的原因不同，就可能分别属于共同海损或单独海损。

2. 承担损失的方式不同

对于单独海损损失，一般是由受损方自行承担，在这种情况下，若受损方投保了海上保险，其损失则应由保险人根据保险条款规定承担损失赔偿责任。而共同海损损失是为了船货的共同安全而主动做出的，所以应由各受益方按照获益多少的比例分摊。换言之，获益的各利害关系方要按照船货到达目的地的价值确定分摊比例，由各受益方按比例承担各自的分摊金额。若各受益方都投保了运输货物保险或船舶保险等，保险人对于被保险人应承担的分摊金额可以给予赔偿。

共同海损和单独海损之间有着密切的内在联系。一般地说，单独海损先发生，进而有可能引起共同海损，在采取共同海损措施之前的部分损失，一般可列为单独海损。

## 第三节 海上保险保障的费用

海上风险除了可能造成保险标的的损失，还有可能带来大量的费用支出。在海上保险中，保险人负责赔偿的费用主要有施救费用、救助费用和续运费用等。

### 一、施救费用（Sue and Labour Charges）

施救费用，亦称诉讼及营救费用或损害防止费用，是指保险标的在遭遇承保责任范围内的灾害事故时，被保险人（或其代理人、雇佣人员或受让人）为了避免或减少保险标的损失，采取各种抢救与防护措施等所支出的合理费用。

为了鼓励被保险人对受损的保险标的积极采取抢救措施，减少灾害事故对保险标的的损坏和影响，防止损失的进一步扩大，减少保险赔款的支出，中国和世界各国的法律或保险条款一般都规定：保险人对被保险人所支付的施救费用应承担赔偿责任。

中国《海商法》第240条规定："被保险人为防止或者减少根据合同可以得到赔偿的损失而支出的必要的合理的费用，为确定保险事故的性质、程度而支出的检验、估价的合理费用，以及为执行保险人的特别通知而支出的费用，应当由保险人在保险标的损失赔偿之外另行支付。保险人对前款规定的费用的支付，以相当于保险金额的数额为限。保险金额低于保险价值的，除合同另有约定外，保险人应当按照保险金额与保险价值的比例，支付本条规定的费用。"

MIA1906第78条第1款规定："若保险合同中含有施救条款，则该项约定应视为对保险合同的补充。被保险人可以因履行该条款所产生的一切合理费用，向保险人请求赔偿，即使保险人已经赔付全损，或者该保险标的已经订明单独海损的全部或一定的百分比以下不赔，亦不影响该项费用的赔偿。"

根据上述法律规定，对海上保险中的施救费用，被保险人有权要求保险人对此给予补偿，换言之，保险人有义务对施救费用给予合理的赔偿；但作为对等条件，被保险人对此也承担相应的义务，即被保险人和其雇佣人员及代理人应采取合理措施以避免或减少这种损失；应妥善地保留或行使对承运人、保管人或其他第三人追偿的一切权利。

由此可见，海上保险中的施救费用必须依照下列条件处理：

1. 对保险标的进行施救必须是被保险人或其代理人或受让人，其目的是为了减少标的物遭受的损失。其他人采取此项措施必须是受被保险人的委托，否则不视为施救费用。

2. 施救费用包括为防止或者减少保险标的受损而支出的费用，为确定保险事故的性质、程度而支出的检验、估价的费用，以及为执行保险人的特别通知而支出的费用。后三种费用一般是指为证明损失索赔的成立而支付的额外费用，如检验费、公证费、查勘费、理算师费等。这些额外费用只有在索赔成立时，保险人才予以赔偿。但若保险合同对某些额外费用事先另有约定，如船舶搁浅后，查验船底的费用，不论有无损失发生，保险人都予赔偿。又如公证、查勘等是由保险人特别授权进行的，也不论索赔是否成立，保险人也需承担该项额外费用的赔偿。

3. 施救费用的支出必须是必要的、合理的，否则保险人不予赔偿。

4. 施救费用的赔偿在保险标的的损失赔偿之外以另一个保险金额为限。也就是说，若保险标的受损，经被保险人等进行抢救并支付了费用，但仍未能获救而遭受全部损失时，保险人除了应支付保险标的全部损失的赔款之外，还应在另一个保险金额的限度内赔偿被保险人因抢救保险标的而支付的施救费用。亦即保险人对保险标的损失的赔款和对施救费用的赔偿两者之和不得超过两个保险金额。但在不足额保险的情况下，保险人按照保险金额与保险价值的比例支付施救费用。除非合同另有约定。

5. 保险标的遭受的损失必须是保单承保风险造成的。否则，被保险人对其进行抢救所支出的费用，保险人不予承担责任。即使是为了保险人和被保险人双方共同的利益而支付的共同海损费用，也不得作为施救费用向保险人请求赔偿。

## 二、救助费用（Salvage Charges）

救助费用是指海上保险财产在遭遇承保范围内的灾害事故时，由保险人和被保险人以外的第三者采取救助措施并获成功，由被救方付给救助方的一种报酬。救助费用一般都可列为共同海损的费用项目，因为通常它是在船、货各方遭遇共同危难的情况下，为了共同安全由其他船舶前来救助而支出的费用。在各国保险法或保险公司的保险条款中，一般都列有保险人对救助费用负责赔偿的规定。

海上救助是建立在人道主义基础之上的。按照国际惯例，任何海上航行的船舶都有义务和责任援助其他遇难船舶。若对遇难船舶见危不救，根据公认的国际法原则，轻者吊销船长、船员的资格证书，重者给予刑事处分。鉴于救助人进行救助工作时，常冒巨大风险并消耗大量人力和物力，有关救助的国际公约和各国法律都有给予救助人以报酬的明文规定。

根据 MIA1906 第 65 条的规定，救助费用的产生必须符合下列条件：

1. 救助人必须是海难中财产关系方的第三者。被保险人或其代理人、雇佣人员，如船员、水手所进行的救助不是救助行为，因此而支付的费用不得视为救助费用，因为他们是按自己的职责履行义务。但是，一旦船长宣布弃船，原来船上的船员、水手对船舶自愿进行的救助，则可以被看成第三者的救助行为，因而应该获得救助报酬。

2. 救助行为必须是自愿的。救助人必须是自愿者，而不是事先与被救助方签订了合同而出于合同的义务对遇难船舶与货物进行救助。所谓事先签订的合同，是指保险危险发生之前就已存在的合同，而救助合同是指危险发生时才签订的合同，在这种合同下产生的费用，应属于救助费用。例如，船东担心船舶在航行中发生事故，在开航时就雇佣一艘拖轮对其进行拖带，显然这不应视为救助行为。反之如果船舶在事故发生时，船东与某打捞公司签订救助合同，对该船舶进行救助，所支付的救助报酬则属于救助费用。

3. 救助行为必须具有实际效果。长期以来，在国际海上救助中普遍采用的救助合同格式是英国的以“无效果，无报酬”（No Cure，No Pay）为原则的劳合社救助合同标准格式。

“无效果，无报酬”救助合同的特点是，救助费用是在救助完成之后，根据救助的效果、获救财产的价格、救助工作的难度和危险程度，以及救助工作时间和耗费的费用等，通过协商或仲裁来确定，但最多不得超过获救财产的价值；若救助没有效果，则不给报酬。救助人为保证其在救助之后获得报酬，一般都要求被救方提供担保，对未提供担保的被救财产，救助人享有留置权。不过，近年来，由于海上石油运输数量不断增加，海上污染严重，为鼓励救助人对危及环境的船、货进行施救，以保护海洋环境，防止或减轻环境污损，根据有关方面的要求，劳合社已在其 1980 年的救助合同格式中，对“无效果，无报酬”的原则作了一些例外的规定：对于遇难的油船，救助人只要没有过失，即便救助无效，也可以获得合理的报酬。

此外，在联合国国际海事组织 1989 年通过的《国际救助公约》中，对救助报酬的问题也作了若干新的规定，大意如下：若救助人对危及环境的船、货所进行的救助没有效果，按规定虽然得不到救助报酬，但救助人对其在救助中所支出的费用，有权要求被救船舶船东给予特别补偿；若救助人的救助防止或减轻了环境污染损害，被救船舶船东支付的特别补偿可以增加到救助人支出费用的 130%，而且，若法院或仲裁庭认为公平合理，特别补偿最高可增加到救助人支出费用的 200%。但是，特别补偿总额仅在超过救助报酬的情况下，才能支付给救助人。特别补偿总额相当于救助人在救助中所支出的费用总额，超过救助报酬的差额部分。

在中国，中国贸促会海事仲裁委员会也制定有“海上救助契约格式”，这个格式所采用的也是“无效果，无报酬”的原则。

但中国《海商法》第 182 条规定，救助人如“取得防止或减少环境污染损害效果，船舶所有人应当向救助方支付的特别补偿可以另行增加，增加的数额可以达到救助费用的 30%”。

另外，在海上救助中，救助人与被救助人之间为了明确双方的权利与义务，一般都在救助开始之前或在救助的过程中订立一种雇用性救助合同。这种合同的特点是：不论救助是否有效，均按约定的标准（按固定的金额或按工作时间）付给救助费用；同时，救助工作是在遇难船的指挥之下进行。雇用性救助合同在实际中应用较少，一般只适用于遇险船距离港口不远，只需一般拖带作业的场合。

## 三、施救费用与救助费用的区别

施救费用与救助费用在本质上都是为了抢救、保护保险财产，使之脱离危险，以减少损失。但两者之间仍存在着一定区别：

1. 采取行为的主体不同。施救是由被保险人及其代理人等采取的行为，而救助是保险人和被保险人以外的第三者。

2. 给付报酬的原则不同。施救费用是施救不论有无效果，都予赔偿，而救助一般是“无效果，无报酬”。

3. 保险人的赔偿责任不同。施救费用可在保险标的本身的保额以外，再赔一个保额，但不足额保险下，按保险金额与保险价值的比例赔偿施救费用；而保险人对救助费用的赔偿责任是以不超过获救财产的价值为限，亦即救助费用与保险标的本身损失的赔偿金额二者相加，不得超过保险标的的保额，而且是按保险金额与获救的保险标的的价值比例承担责任。

4. 救助行为一般总是与共同海损联系在一起，而施救行为则并非如此。

## 四、续运费用（Forwarding Charges）

在海上保险保障的费用中，除了上述的施救费用和救助费用外，还有一种续运费用。

续运费用通常是指承保的运输航程在保险单规定的目的地（或港口）之外因承保风险而中止时，被保险人因此而产生的卸货、储存及继续运送到保险单指明的目的地（或港口）的有关费用。

根据保险惯例，海上货物运输保险不仅承保货物本身，而且还承保运送该货物的航程，即承保货物因遭受承保风险而阻碍其抵达目的地的危险，续运费用则是其中的一项损失。

英国2009年协会货物条款（ICC2009）第12条专门规定了“续运费用条款”，该条规定：“由于本保险承保的风险，致使保险运输在保险标的依据本保险承保的以外的港口或地点终止，保险人将补偿被保险人因卸货、储存和续运保险标的至保险单载明的目的地而适当与合理支付的额外费用。”在续运费用条款下，保险人赔偿的数额的限制是：此费用必须是适当与合理地产生的，至于何谓合理费用，被保险人和保险人都会考虑保险价值和货物在目的地时的实际价值这两个因素。如果该费用本应由船东或承运人支付，对被保险人来说可能就不是适当的和合理的费用。

依照ICC2009，续运费用的处理应注意以下几点：

1. 若货物在按照该条款进行卸载、储存和续运的过程中发生灭失或损坏，且被保险人已按运输合同终止条款的规定办理了续保手续，对于货物的任何灭失或损坏的索赔，保险人都将在卸载、储存和续运等额外费用之外进行赔偿。

2. 若货物投保了ICC（B）或ICC（C），则保险赔偿的范围可能会受到相应的限制。因为若船舶因海上风暴受损，承运人在下一个港口权衡利弊后决定放弃该航程，以至于承运货物的航程终止。由于恶劣气候导致船舶损坏的风险不属于ICC（B）和ICC（C）的承保范围，所以上述情况下不能依据续运费用条款提出该费用的索赔。但遇难港口卸货导致货物灭失或损坏则属于ICC（B）和ICC（C）承保风险之列。

3. 续运费用涉及共同海损或救助行为时，则应依照共同海损和救助的规定处理。共同海损条款适用于为了避免除外风险外的任何原因所导致的损失而产生的费用或支出，因此，即使适用的是ICC（B）或ICC（C），保险范围也不限于为避免损失的发生而采取的共同海损行为。

4. 续运费用须受ICC2009第4、5、6和7等各条所列明的除外责任的限制，但不包括因被保险人或其受雇人的过失、疏忽、破产或丧失债务履行能力而引起的费用。

在ICC2009（A）第4条中列明的众多除外责任条款中，其中第6款规定的是因船舶所有人、船舶管理人、租船人或船舶经营人的破产、丧失债务履行能力而产生的灭失、损坏或费用的除外责任问题，最有可能构成对续运费用等索赔的除外责任。但若索赔人不是保险合同的被保险人，而是保险合同的合法且善意的受让人，则除外责任不适用。若被保险人在货物装船时，明知或通常业务中应当知道破产或丧失债务履行能力本来已经妨碍航次的正常履行，则上述除外责任应适用。

中国保险条款在平安险中规定了保险人应负责续运费用的赔偿。

## 案例分析

### 案例 7-1："一切险"举证责任纠纷案

**案情简介**①

原告：中粮公司（买方；被保险人）

被告：保险公司（保险人）

2011 年，中粮公司从南美秘鲁进口约 500 公吨用于饲料加工的鱼粉，货物在起运港经 SGS 质量认证后装集装箱上船，海上航行过程中没有任何关于自然灾害或事故的记录；船抵目的港大连后，收货人开箱验货发现部分鱼粉结块，随后收货人依据保单向保险人提出索赔，险别是海洋货物运输保险条款的"一切险"。保险人收到报险通知后委托评估公司勘查现场，评估公司认定集装箱外表无水渍，鱼粉结块应属原发货原因，并就结块数量和结块部分货值的贬损程度出具了评估报告。

该案审理过程中，被保险人对评估公司认定的货损原因不予认可，认为承运人出具了清洁提单，货损根据"一切险"条款应获理赔，无须也无义务说明实际货损原因。而保险人则认为，中国人民银行在主管保险业时作出的解释，外来原因属列明风险，收货人应该举证证明事故的性质、原因和程度，如被保险人无法举证证明鱼粉在运输途中发生保险事故，保险人无理赔义务。

纵观此案，原、被告双方对于出现货损及货损的数量并无争议，争议的焦点在于"一切险"条款项下的保险事故的"举证责任"如何分配。

试分析该案例。

（提示：中国《海商法》第 251 条规定："保险事故发生后，保险人向被保险人支付保险赔偿前，可以要求被保险人提供与确认保险事故性质和损失程度相关的证明和资料。"中国《保险法》第 22 条规定："保险事故发生后，按照保险合同请求保险人赔偿或者给付保险金时，投保人、被保险人或者受益人应当向保险人提供其所能提供的与确认保险事故的性质、原因、损失程度等有关的证明和资料。"曾作为保险业主管行政机关的中国人民银行在 1997 年 5 月 21 日答复中国人民保险公司《海洋运输货物保险"一切险"条款的请示》的复函，将"外来原因"解释为"仅指偷窃、提货不着、淡水雨淋、短量、混杂、沾污、渗漏、碰损、破损、串味、受潮受热、钩损、包装破裂、锈损"。

虽然存在上述规定，但是否必须一味地坚持"谁主张，谁举证"这一惯常举证责任分配原则，要求"一切险"条件下被保险人索赔时，必须提供货损原因的相关证明或说

---

① 苏航. 海上运输保险合同纠纷中"一切险"举证规则的法律探析，http：//www.ccmt.org.cn/showexplore.php?id=4159，2013-07-18 23:35:37。

明？CIC关于“一切险”的保险责任范围是：“除包括上列平安险和水渍险的各项责任外，本保险还负责被保险货物在运输途中由于外来原因所致的全部或者部分损失。”若被保险人索赔时已提供了完整的基础证据，保险人拒赔时则必须证明损失是由“除外责任”造成的，否则就应该承担赔偿责任。

**一、“一切险”属于非列明险别**

尽管曾作为保险业主管行政机关的中国人民银行在答复中国人民保险公司《海洋运输货物保险“一切险”条款的请示》的复函中，将“外来原因”作出了列明解释，但法律并未赋予行政主管机关相应的解释权。另外，中国《保险法》第30条规定：“采用保险人提供的格式条款订立的保险合同，保险人与投保人、被保险人或者受益人对合同条款有争议的，应当按照通常理解予以解释。对合同条款有两种以上解释的，人民法院或者仲裁机构应当作出有利于被保险人和受益人的解释。”据此，“一切险”条款中的“外来原因”只能被认定为非列明风险。

**二、“一切险”条款重在承保“外来原因”所致的货损**

该条款包括三个基本要素，即运输途中、外来原因、货物受损。只要符合这三个前提条件，应属于一切险的责任范围，其责任范围应延展至事前或事后无法说明的任何外来原因。此种“外来原因”应理解为引发货损这一后果的普通事件或行为，而并非一定为某种外部风险，甚至不应排除任何人文、政治、社会、环境的直接影响。

**三、被保险人提供索赔资料和证明存在客观障碍**

被保险人通常不参与货物的海上运输，也就无从知晓货物在运输途中所遭受外来的不利影响。因此，若实践中硬性地分配举证责任，要求被保险人详尽说明导致货损事故的性质、原因和程度显然不公平，在“一切险”下片面追求程序正义，可能导致司法职能僵化及实体正义失衡。

综上，在海洋运输货物“一切险”保险合同生效后，保险标的发生损失，被保险人只要能提供了保险单、提单、起运港的货物检验报告及货物在运输途中受损的证明，即应认定完整地履行了基础举证责任。

因此，依据“一切险”险别提起诉讼的海上运输保险合同纠纷案件，若保险人拒赔，法院应将举证责任做二次分配，即被保险人完成基础证据举证后，保险人应举证证明货损系由于“除外责任”造成的。二次分配举证责任是审理海上运输保险合同纠纷案件中，规避被保险人诸多举证不能的有效手段，也是贯彻“谁主张谁举证”这一原则，依此可避免审判程序过分僵化，真正实现案件审理的实体公正。）

**案例7-2：共同海损追偿案**

**案情简介**

原告：香港民安保险有限公司

被告：统一和平海运有限公司

“SEA DIAMOND”轮载有香港民安保险有限公司（以下简称民安保险）承保的货物由喀麦隆驶往中国蛇口港。2000年4月26日，该轮与统一和平海运有限公司（以下简称统一海运）所属“ORIENT HONESTY”轮在中国长江口发生碰撞并受损。4月30日，

“SEA DIAMOND”轮卸下船上所有货物进厂修理。经该轮船东宣布共同海损，香港德理有限公司（以下简称德理公司）进行了共同海损理算，太平保险有限公司（以下简称太平保险）为此向德理公司出具了共同海损担保。经理算，货方应分摊的共同海损金额为70 144.15美元。民安保险通过德理公司向“SEA DIAMOND”轮船东支付了上述分摊金额。指示收货人中盛实业有限公司向民安保险出具了收据，并将追偿权转让给民安保险。太平保险亦将其权利及义务转让给民安保险。另案中，法院判决统一海运在此次船舶碰撞损害赔偿纠纷案中应承担60%的责任。

上海海事法院经审理认为，本案为共同海损分摊费用追偿纠纷。“SEA DIAMOND”轮发生碰撞事故以后，左舷船壳板严重受损，船和货物处于危险之中，该轮就近驶入上海港卸下全部货物进行修理，是为了船货共同安全及完成预定航程所必须。所以，该轮在上海港产生的费用符合共同海损条件。虽然共同海损调整的是本船船东与货主之间的分摊与追偿的关系，但海损系因船舶碰撞引起，被分摊方民安保险基于船舶碰撞损害赔偿的法律关系有权向第三方追偿，共同海损分摊费用亦属于船舶碰撞中货物损失的范围。统一海运应赔偿民安保险因船舶碰撞而参加共同海损分摊的损失，但以其所承担的碰撞责任比例为限。据此，判决统一和平海运有限公司赔偿香港民安保险有限公司共同海损分摊费用42 086.40美元及利息。统一海运不服一审判决提起上诉。

上海高院经审理认为，原判认定事实清楚，适用法律正确，判决驳回上诉，维持原判。

如何理解法院的上述判决。

[提示：共同海损是指为了使船舶及其所载货物避免共同危险，有意而合理地作出的特殊牺牲或支付的特殊费用。对于共同海损行为所致损失，受益的船、货各方应按照到达港口的船货价值比例予以分担。但分担各方或一方不一定是最终责任人。引起共同海损发生的法律事实分为自然事件与人的行为，人的行为中又包含过失或不可免责的行为。共同海损分摊之后就过失或不可免责的行为往往还有继续追偿的问题，从而由对共同海损负有责任的人最终承担赔偿责任，是为共同海损分摊费用的追偿。

1. 共同海损追偿的要件。首先应将共同海损要件与共同海损追偿要件予以区分。而依据本案判决，共同海损追偿的要件有四项：（1）构成共同海损且其费用已分摊。（2）追偿权利人已支付共同海损分摊费用。对追偿权利人而言，未支付分摊费用，即未实际受有损失，所以不得进行追偿。（3）追偿义务人对共同海损负有法定责任或约定责任。所以义务人应当依据侵权行为或合同等基础法律关系承担损害赔偿责任。（4）追偿义务人在其责任范围内负赔偿之责。本案中，统一海运已另案判决对涉案船舶碰撞承担60%的责任，民安保险行使共同海损分摊费用追偿权时，即应以统一海运所承担的碰撞责任的比例为限。同理，如船方对碰撞损失依法享有责任限制，其对追偿权利人承担损害赔偿之责亦应在其责任限制范围之内。货方（货物所有人及其保险人）进行的共同海损追偿，可分为向本船船舶所有人的追偿，及向对方船舶所有人（第三人）的追偿。本案属于向对方船的追偿。而上述共同海损追偿的四项要件，无论向本船追偿、还是向对方船追偿均适用。

2. 共同海损及其追偿涉及的法律关系。海事海商纠纷案件具有涉及多个或多层法律关系的特点，共同海损即其一例。共同海损分摊费用追偿纠纷含有以下几层法律关系：

（1）基础法律关系，即权利人据以向义务人追偿共同海损分摊费用的侵权（法定）或合同（约定）法律关系。本案为货物保险人民安保险向对船舶碰撞负有责任的“ORIENT HONESTY”轮船舶所有人统一海运请求侵权行为损害赔偿的法律关系。（2）共同海损法律关系，即追偿权利人分摊共同海损费用并据以向本船或对方船追偿的法律关系。本案为民安保险因其承保的货物参与共同海损分摊而向本船所有人支付分摊费用的法律关系。（3）其他相关法律关系，以本案为例，一般涉及保险人赔付及代位求偿的法律关系，即民安保险代指示收货人中盛实业有限公司支付共同海损分摊费用，因而取得代位求偿权，有权向统一海运请求损害赔偿的法律关系；担保人出具共同海损保函或提供保证金，保证支付分摊费用的法律关系，即太平保险为货主支付分摊费用进行担保的法律关系；还有德理公司为船、货方进行共同海损理算的法律关系等。这些法律关系均围绕共同海损及其追偿而产生，对追偿权利人的权利取得与行使有一定影响。

3. 共同海损追偿与船方过失的关系。货方向与本船碰撞的对方船舶的所有人进行共同海损追偿，如本案的情形，其实质为货方因船舶碰撞提出的侵权行为损害赔偿请求。同样的，本船对其已分摊的共同海损费用也可依据侵权行为的规定进行追偿，按对方船在碰撞中的过错程度或责任比例请求损害赔偿。而共同海损中货方与本船之间的关系，包括分摊、抗辩、理赔、追偿等则较为复杂。实践中，货方进行共同海损追偿，有“先分摊、后追偿”与“先追偿、后分摊”两种方式。究其依据，（1）《约克-安特卫普规则》对“先分摊、后追偿”作了规定。该规则D条规定，“尽管引起牺牲和费用的事故可能是由于航海事业中一方的过失所造成，亦不得影响其在共同海损中进行分摊的权利，但这并不应对于就此项过失而得向该方提出的任何赔偿要求，或该方得就此而进行的抗辩有妨碍”。（2）1975年《北京理算规则》则对“先追偿、后分摊”作了规定。该规则第2条规定，“对作为共同海损提出理算的案件，如果构成案件的事故确系运输契约一方不能免责的过失所引起，则不进行共同海损理算，但可根据具体情况，通过协商另作适当处理”。从我国海事审判实践来看，这两种追偿方式均有生效判决加以支持。

中国《海商法》第197条的规定与《约克-安特卫普规则》D条相同。该条规定，“引起共同海损特殊牺牲、特殊费用的事故，可能是由航程中一方的过失造成的，不影响该方要求分摊共同海损的权利；但非过失方或者过失方可就此项过失提出赔偿请求或者进行抗辩”。依通说所作的解释，可在推定各方都没有过失的情况下先进行共同海损理算，尽管航程中某一方可能存在某种过失，但可以先不考虑这一过失；之后在决定共同海损费用分摊时，如果确定航程中某一方确实存在过失，则非过失方可以拒绝参加分摊。所以，如船方因其不可免责的过失造成共同海损，不得请求货方分摊共同海损费用。但第197条的适用以当事人无相反约定为前提。据此，共同海损的分担与追偿，有约定的依约定，无约定的依法律规定“先分摊、后追偿”。当然，如本船是否有过失在共同海损分摊时仍不能确定，即使货方已经支付分摊费用，其对船方的追偿权不受影响。如分摊之后确定没有过失方，即海损因各方均无过失的自然事件引起，则共同海损理算及分摊结束后，不发生追偿问题；若海损因本船可以免责的过失引起，如属于中国《海商法》第51条规定的驾驶船舶、管理船舶的过失等免责情形，也不发生追偿问题；若海损因本船不可免责的过失引起，则货方可向船方进行追偿，由船方对货方的损失承担负赔偿责任。]

## 复习思考题

1. 举例说明实际全损、推定全损有哪些情况。
2. 何为“委付”?“委付”必须满足哪些条件?
3. 何为共同海损?其构成条件有哪些?
4. 如何理解施救费用和救助费用的含义?
5. 施救费用与救助费用有哪些区别?

# 第三篇

# 国际运输货物保险

# 第八章　中国海运货物保险

**本章学习重点**

海洋运输是国际贸易运输中的最主要方式，因而海运货物保险在国际贸易中发挥着重要的保障作用。国际贸易的当事人可以投保海运货物保险，使进出口货物获得充分的保险保障。

中国的贸易商可在合同中约定采用中国保险条款。因此，读者在研读本章时，应重点掌握以下内容：

1. 中国海运货物保险基本险的内容；
2. 平安险，水渍险和一切险的具体承保责任范围；
3. “仓至仓条款”的含义及其应用；
4. 海运货物保险附加险的内容。

前面已论述了海上保险中保险人可承保的各种风险、损失和费用。这些风险、损失和费用虽然是国际货物运输中经常发生的，但并不是每一投保人或被保险人在任何场合下，都需要保险人全部给予承保。不同的投保人或被保险人，因其所托运的货物种类不同，载货船舶航经路线和港口不同，运输的季节不同等因素，货物在运输过程中可能遭遇的风险损失往往不同，因而需要保险人给予承保的险别也常有一定差别。为适应不同投保人或被保险人对保险的不同要求，各国保险组织或保险公司将其承保的风险按范围的不同划分为不同的险别，并以条款的形式分别予以确定。投保人或被保险人在办理保险时，只需申明投保险别的名称，即可表明他所要获得的保险保障。同时，保险人也就可按照其相应的保险费率计收保险费，并据以履行其承保的责任。

在中国的国际贸易中，进出口货物的保险可采用中国保险条款（CIC）。因此，在本章中主要介绍中国《海洋运输货物保险条款》。

## 第一节　中国海运货物保险基本险

为适应中国对外经济贸易不断发展的客观需要，根据中国保险业务的实际情况，并参照国际保险市场的习惯做法，中国制定了各种涉外保险业务条款，总称为“中国保险条款”（China Insurance Clauses，CIC），运输货物保险条款是其中的重要组成部分。

运输货物保险条款包括海洋、陆上、航空及邮包等四种运输方式的货物保险条款，以及可适用于以上各种运输方式货物保险的附加险条款。海运货物保险的险种最多，习惯上将其分为基本险、附加险及专门险三类。中国海洋运输货物保险险别种类如图 8-1 所示。

- 中国海洋运输货物保险种类
  - 基本险
    - 平安险（F.P.A）
    - 水渍险（W.A）
    - 一切险（All Risks）
  - 附加险
    - 一般附加险
      - 偷窃　提货不着险　淡水雨淋险　短量险
      - 混杂沾污险　渗漏险　碰损险　破碎险
      - 串味险　受潮受热险　钩损险　包装破裂险　锈损险
    - 特别附加险
      - 交货不到险　进口关税险　舱面险
      - 拒收险　黄曲霉素险　港澳存仓火险
    - 特殊附加险
      - 战争险　战争险的附加费用险
      - 罢工险
  - 专门险
    - 海洋运输冷藏货物险
    - 海洋运输散装桐油险

**图 8-1　中国海洋运输货物保险种类**

## 一、海运货物保险基本险险别及责任范围

中国海洋运输货物保险险别，按照能否单独投保来划分，可分为基本险和附加险两类。基本险所承保的主要是“自然灾害”和“意外事故”所造成的货物损失或费用。

### （一）基本险险别

基本险亦称主险，是可以单独投保的险种。同国际保险市场的习惯做法一样，中国海洋运输货物保险的基本险分平安险、水渍险和一切险三种。这三种基本险别的承保责任，在中国《海洋运输货物保险条款》（2009 版）中的“责任范围”一条内分别作出了具体的规定，共分六条，除第一条为“责任范围”外，其余五条依次名为“除外责任”“责任起讫”“被保险人义务”“赔偿处理”及“索赔期限”；这后五条的内容，是三种基本险的共同内容，适用于平安险、水渍险及一切险。

### （二）基本险责任范围

1. 平安险（Free From Particular Average，FPA）的责任范围

平安险原文的含义是“单独海损不赔”。“平安险”一词是中国保险业的习惯叫法，沿用已久。平安险的承保责任范围包括以下八个方面。

第一，被保险货物在运输途中由于恶劣气候、雷电、海啸、地震、洪水自然灾害造成整批货物的全部损失或推定全损。当被保险人要求赔付推定全损时，须将受损货物及其权利委付给保险人。被保险货物用驳船运往载运海轮时，每一驳船所装的货物可视作一个整批。

推定全损是指被保险货物的实际全损已经不可避免，或者恢复、修复受损货物以及运送货物到原定目的地的费用超过该目的地的货物价值。

第二，由于运输工具遭受搁浅、触礁、沉没、互撞、与流冰或其他物体碰撞以及失火、爆炸意外事故造成货物的全部或部分损失。

第三，在运输工具已经发生搁浅、触礁、沉没、焚毁意外事故的情况下，货物在此前后又遭受恶劣气候、雷电、海啸等自然灾害所造成的部分损失。

第四，在装卸或转运时由于一件或数件货物整件落海造成的全部或部分损失。

第五，被保险人对遭受承保责任内危险的货物采取抢救、防止或减少货损的措施而支付的合理费用，但以不超过该批被救货物的保险金额为限。

第六，运输工具遭遇海难后，在避难港由于卸货所引起的损失以及在中途港、避难港由于卸货、存仓和运送货物所产生的特别费用。

第七，共同海损的牺牲、分摊和救助费用。

第八，运输契约订有"船舶互撞责任条款"，根据该条款规定应由货方偿还船方的损失。

上述平安险的责任范围具有以下含义：

（1）第1款中所列明的风险均属于自然灾害，除这五种之外的其他自然灾害，如冰雹、火山爆发、隧道坍塌等造成被保险货物的灭失或损坏，保险人不予赔偿。因而该款的规定不尽合理。该款并没有对全损作出规定和解释，因此，在适用该款时应适用前述的中国《海商法》关于实际全损和推定全损的有关规定。但该款关于推定全损的解释是，被保险货物的实际全损已经不可避免，或者恢复、修复受损货物以及运送货物到原定目的地的费用超过该目的地的货物价值。这一规定与中国《海商法》第246条的规定有所不同。在国际市场上对推定全损的解释不尽统一，如有的国家规定，保险标的的损失已达到保险金额的3/4，则可视为推定全损。中国保险条款的规定对损失达到什么程度才构成推定全损作了具体的规定，从而避免了对推定全损的不同解释；同时也明确了进行恢复或修复受损货物的极限。

此外，还应对该款中"整批货物"有正确的理解。所谓"整批货物"，应包括以下几种情况：① 一张保险单项下记载的全部货物；② 一张保险单项下分类标明保险金额的某一类货物的全部；③ 一张保险单承保多份提单项下的某一份提单项下的货物的全部；④ 被保险货物使用驳船运往或运离海轮时，每一驳船所装运的货物的全部。

（2）第2款中所规定的"运输工具"通常指海轮，但还应包括运输过程中使用的驳船以及内河船舶；"互撞"一般是指船舶之间发生的船体接触；"碰撞"则是指船舶与流冰或船舶以外的其他物体，如码头、防波堤或水中浮体等发生的接触；"失火""爆炸"造成货物的损失，应包括船上失火、爆炸以及正常运输过程中的陆运或货物储存期间发生的失火、爆炸所造成的货物损失，只要"失火""爆炸"符合近因原则即可。另外，货物损失包括意外事故导致的全损或部分损失。

（3）本来自然灾害导致货物的部分损失在平安险下保险人不予负责，但依第3款的规定，若载货船舶已发生搁浅、触礁、沉没、焚毁这四种意外事故时，船载货物在发生上述四种意外事故之前或之后又遭受自然灾害，并由此导致货物部分受损，则保险人给予赔偿。换言之，只有当货物装载于运输工具上，且发生过上述四种意外事故的情况下，因自然灾害导致的部分货物受损，保险人才予以负责。反之，当载货船舶在航程中发生上述四种意外事故之一时，假如船载货物并未受损，但在摆脱意外事故后的航程中，又遭遇自然灾害，如恶劣气候，使部分货物受海水浸泡，这种损失保险人不给予赔偿。

实际上在第3款情况下，货物的损失有时很难分清是意外事故，还是自然灾害所致，可能两种原因均存在，此时保险人应予赔偿。此外，从该款条文看，自然灾害不限于恶劣气候、雷电、海啸三种。

（4）第 4 款项下的损失，一般称之为“吊索损害”（Sling Loss）。在该款下，保险人仅对于货物在港口装卸或转运中，发生意外事故导致货物损失负责赔偿，如吊钩脱落、吊杆折断、吊索断裂等。在此应注意以下几点：① 该货物只有落海损失，才予赔付，而落到岸上致损不赔；② 该货损既可是全部损失，也可是部分损失；③ 若一件或几件货物只有其中一部分落于海中所导致的货损，保险人不予赔偿。ICC2009 关于吊索损害的规定与中国上述规定不同，ICC2009 吊索损害下，保险人负责赔偿货物在船舶或驳船装卸时落海或跌落导致的任何整件的全损。

（5）第 5 款是关于保险人赔偿施救费用的规定。关于施救费用的处理参见前述内容。

（6）第 6 款是关于运输工具遭遇海难后，因避难而产生的特别费用的规定。“海难”通常指海上发生的沉没、触礁、碰撞、台风等灾难。而海上失火、爆炸、战争、海盗、船长船员等的不法行为则不属于海难。依该款的规定，保险人承担两种赔偿责任：一是对货物在避难港由于卸货而引起的损失；二是对货物在中途港、避难港因卸货、存仓和续运货物至原定目的地时所发生的特别费用。该款规定保险人负责赔偿续运费用，这与 ICC2009 对续运费用的规定有相似之处。

（7）第 7 款是关于共同海损和救助费用的规定。

对于共同海损牺牲的货物，保险人作为单独海损，先予赔付；保险人享有向其他受益人要求分摊的权利，当然被保险人也要参加分摊。

对于被保险人应承担的共损费用的分摊，需要先理算，货物保险人并不先行赔偿，待理算后再承担一定责任。

一般情况下，救助费用可列为共损的费用项目，保险人可以予以赔偿。

（8）第 8 款是运输合同中“船舶互撞责任条款”下，被保险人（货主）最终可就其损失得到保险人的赔偿的规定。

船舶因双方互有过失而发生的碰撞，其责任分配有两种原则，一是比例责任制，二是平均责任制。比例责任制是依船舶碰撞过失的比例大小，分配各船舶应分担的责任；若双方过失比例相当或过失比例难以确定，则各方承担 50% 的碰撞责任。这是 1910 年碰撞公约第 4 条所确立的原则。平均责任制则不论船舶碰撞过失比例大小，一律按平均法则，各负一半的责任。美国一直沿袭平均责任制原则，直到 1975 年才第一次出现按过失比例责任原则判定船舶碰撞责任的案例。但这只是美国最高法院的判例，至今美国并没有从法律上将比例责任原则确定下来。中国于 1993 年加入了 1910 年碰撞公约。中国《海商法》第 169 条规定：“碰撞的船舶互有过失的，按照过失程度的比例负赔偿责任；过失程度相当或者过失程度的比例无法判定的，平均负赔偿责任。”该条第 2 款又规定，“互有过失的船舶，对碰撞所引起的船舶以及船上货物和其他财产的损失，依照前款规定的比例负赔偿责任。碰撞造成第三人财产损失的，一船的赔偿责任也不超过其应当承担的比例”。中国《海商法》的上述原则与 1910 年碰撞公约的比例责任制基本相同。因此，中国《海商法》、1910 年碰撞公约和绝大多数国家的法律规定，在双方互有过失情况下发生的船舶碰撞，因物的损害，碰撞的船舶对第三人负有损害赔偿责任时，应遵循比例分割责任制，即船舶碰撞各自依过失程度的比例，决定各自责任的大小，并分别就其应负的责任对受害的第三人负损害赔偿责任；若碰撞的各船舶均有过失，但其过失程度无法判定时，各负

50%的责任，并各自对受害的第三人负损害赔偿责任。

目前几乎所有的货物运输保险单中都有一个“船舶互撞责任条款”（Both to Blame Collision Clause），这是针对美国关于船舶碰撞责任的法律规定而设立的。因为美国的法律与其他国家对船舶碰撞的法律规定不同。美国的法律特点是碰撞当事方对货物损失实行平均责任制原则和连带责任原则。在美国，若两船相撞互有过失，无论各自过失大小，双方各承担50%的过失责任；若导致船载货物受损，责任方对货主负有连带责任。货主可向对方船舶索赔全部损失，而对方船舶又根据双方平均责任原则向载货船舶追偿他已赔付给货主的数额的一半。尽管运输合同或提单中有航海过失免责的规定，即载货船东对其载货因船舶碰撞所致的损失不负赔偿责任，但载货船舶实际还是要承担货损的50%。对于这一损失，载货船舶无法从船舶保险人那里获得赔偿（是免责的），也无法要求船东保赔协会赔偿。于是载货船舶转而向其货主要求赔偿这50%的损失。因此，凡来往美国的载货船舶都在其运输合同或提单中加入了“船舶互撞责任条款”。其目的在于，使载货船舶的船东或承运人有权向本船货主追回其本应免责但却间接地赔付了50%的货损。针对运输中的这一规定，货物保险人则在保险合同或保险单中加入了一个同名条款，负责赔偿货主因运输合同或提单中规定应偿还给载货船舶的50%的货损。

从上述平安险责任范围的具体含义可以看出，这个险别无论称之为“平安险”还是“单独海损不赔”，都不能十分确切地反映出它的责任范围的真正含义。

“平安险”的叫法十分笼统，容易使人误解为保险人承保货物安全到达，所有运输途中发生的风险损失均予负责。事实上，它不仅不是对所有的风险损失负责，而且在三种基本险别中，它是承保责任范围最小的一种险别。至于“单独海损不赔”的叫法，虽然较“平安险”的叫法明确一些，但仍然会使人产生误解，认为在这个险别下，保险人对任何单独海损都不负赔偿责任。而实际上，它仅对由于自然灾害所造成的单独海损不赔，而对于因搁浅、触礁等指定的几个意外事故所造成的单独海损仍然负责赔偿。不仅如此，若在运输途中运输工具发生过搁浅、触礁、沉没、焚毁的意外事故，则不论在事故发生之前或之后，由于自然灾定所造成的单独海损，同样予以负责。

由于平安险的承保责任范围有限，一般多适用于大宗、低值、粗糙的无包装货物，如废钢铁、木材、矿砂等的投保。

2. 水渍险（With Particular Average，WA 或 WPA）的责任范围

“水渍险”也是中国保险业沿用已久的名称，其原文的含义是“负责单独海损”。它的承保责任范围包括以下两大部分：

第一，平安险所承保的全部责任。

第二，被保险货物在运输途中，由于恶劣气候、雷电、海啸、地震、洪水自然灾害所造成的部分损失。

从上述水渍险的具体承保责任范围也可看出，这个险别的两个名称，即“水渍险”与“负责单独海损”，同样未能十分确切地反映出它所承保的责任范围的真正含义，且易使人产生误解。实际上，这个险别的责任范围包括了由于海上风险（自然灾害或意外事故）所造成的全部损失（实际全损或推定全损）和部分损失（单独海损或共同海损），并不是仅对货物遭受海水水渍的损失负责，也不是仅对单独海损负责。

若对水渍险与平安险的承保责任仔细加以比较，还可发现水渍险与平安险的差异是不

大的。因为，被保险货物若因承保风险造成全部损失，无论是水渍险或平安险，保险人都是要负赔偿责任的，只有在发生部分损失的情况下，两者才有所不同：水渍险对不论是自然灾害或意外事故所造成的部分损失均予负责；平安险对由于意外事故所造成的部分损失负责，对由于自然灾害所造成的部分损失一般不予负责，但在运输过程中如运输工具虽经发生过搁浅、触礁、沉没、焚毁的情况，即使是自然灾害所造成的损失也予负责。

水渍险虽对单独海损负责，但对锈损、碰损、破碎以及散装货物的部分损失不负责，因此，一些不易损坏或虽易生锈但不影响使用的货物或旧货物，以及散装的原料，如五金板、钢管、线材、旧汽车或旧机械、旧机床、散装化肥及化工原料和散装的金属原料等，常投保这个险别。

中国保险条款的水渍险与国际市场上的水渍险责任范围也基本一致，所不同的是中国的水渍险所承保的责任范围更大一些。因为中国的水渍险条款没有规定免赔额（率），凡是保险货物发生承保责任范围内的损失，不论其损失程度如何，保险均予以负责；而国际市场上一些国家的水渍险一般规定一个免赔额（率），如 ICC1963 规定："本保险对单独海损的责任，仅以本保险单规定的百分比以上者为限。"至于对共同海损、船舶或驳船发生搁浅、触礁、沉没或焚毁所造成的损失，则不计免赔额（率），概予负责。

3. 一切险（All Risks）

一切险的责任范围，除包括平安险和水渍险的责任外，还包括被保险货物在运输途中由于一般外来原因所造成的全部或部分损失。具体说，一切险是平安险、水渍险和一般附加险的总和。由此可见，其承保责任虽较平安险和水渍险为广，但保险人并不是对任何风险所致损失都负赔偿责任。对于一些不可避免的、必然发生的风险所造成的损失，如货物的内在缺陷和自然损耗所致损失，以及运输迟延、战争、罢工等所致损失，保险人均不负赔偿的责任。

由于一切险的承保责任范围是三种基本险别中最广泛的一种，因而比较适宜于价值较高、可能遭受损失因素较多的货物投保。

## 二、海运货物保险基本险的除外责任

除外责任是指保险人不负赔偿责任的风险范围，即除外不保的项目。保险条款中所以在"责任范围"之后再对"除外责任"作出规定，主要是为了分清保险人、被保险人、发货人和承运人等有关方面对损失或费用应负的责任，以使保险人的赔偿责任更加明确。

中国《海洋运输货物保险条款》（2009 版）对三种基本险别的除外责任所作的规定，主要包括下列五项内容：

第一，被保险人的故意行为或过失所造成的损失。

第二，属于发货人责任所引起的损失。

第三，在保险责任开始前，被保险货物已存在的品质不良或数量短差所造成的损失。

第四，被保险货物的自然损耗、本质缺陷、特性以及市价跌落、运输延迟所造成的损失或费用。

第五，海洋运输货物战争险和罢工险条款规定的责任范围和除外责任。

上述除外责任具有以下含义：

1. 在保险中，保险单的合法持有人即为被保险人。法律不允许任何人因本身的故意行为或过失而获利，因此，上述第 1 款将被保险人的故意行为或过失列为海运货物保险的除外责任。例如，被保险人指使船员将货物抛弃并谎称发生海难；发生火灾时被保险人故意不采取积极的施救措施，以致损失不断扩大；走私；不及时提货导致货损或损失扩大；租用不适航的船舶导致货物损失；等等。上述损失或损失的扩大，保险人不予赔偿。

2. 常见的属于发货人责任所引起的损失主要有：货物包装不足、不当，由此不能经受航程中通常的风险，导致货损；货物标志不清、错误，导致货物错运、误运而产生的灭失或损坏；整箱货物的积载不当、短装、错装、集装箱选择不当等引起货物损失；等等。这些损失保险人不予负责。

3. 在保险责任开始前，货物本身原因引起的损失也是保险的除外责任。例如，铁、钢制品在装运前已严重锈损，陈旧设备、机械等本身已存在的缺陷，等等。由于货主索赔往往是收货后提出的，一项损失究竟是保险责任开始前还是责任期间发生的，有时很难判断，因此，为防止争议，保险人一般规定装船前必须进行检验、检疫，以此作为评判依据。此外，提单上有关货物状况、数量等的记载也是据以判定货损时间的一种证据。

4. 上述第 4 款的除外责任包括以下四种情况：

（1）货物的自然损耗不予赔偿。即货物在运输中，因其自身的原因而产生的水分蒸发、渗漏、破碎、短量等损失，如粮食因水分蒸发而减量；油类因挥发、沾留而短量；液体货物因自然渗漏而减少；等等。保险人对此类货物的部分损失一般规定一定的免赔比例，低于该比例的部分损失保险人不予赔偿。

（2）货物的本质缺陷或特性引起的损失不予赔偿。即一些特定货物因本质的原因或其本身的属性而导致货物灭失或损坏的，不属承保责任范围，如某些煤炭燃点较低，极易自燃，这属于其本质缺陷所致；粮食等谷物极易产生虫蛀现象；面粉发霉、发热；水果腐烂等。

（3）货物的市价跌落不是直接物质损失，而是正常的商业风险损失，因此，该损失保险人不予负责。如前所述，这种风险不属于可保风险。

（4）运输延迟导致的损失或费用，保险人不予赔偿。即使运输延迟的原因是承保风险，由此导致货物的损失和费用，如货物未能在规定时间到达目的地，季节性商品大幅跌价，鲜活商品变质或死亡，等等，保险人不负损失或费用的责任。

5. 战争险和罢工险属于特殊（别）附加险，它不属于基本险责任范围，因此，只投保基本险时，该风险保险人免责。此外，战争险和罢工险的除外责任当然也不属于基本险责任范围。

只有在加保了战争险和罢工险，保险人才可承担由此导致的直接损失或费用。

从上述分析可以看出，除外责任主要是人为的道德危险、贸易商未按合同履约的危险、保险标的本身的特性所产生的危险以及市价跌落、运输迟延等所引起的损失或费用。规定除外责任除了有助于分清有关当事人应承担的责任，明确保险人的赔偿范围，还可以促使参与国际贸易的各方恪尽职守，保障贸易和航运等顺利进行。

## 三、海运货物保险基本险的责任起讫

保险的责任起讫，又称保险期间或保险期限，是指保险人承担责任的起讫时限。在海运货物保险中，保险责任起讫除了指具体的开始与终止日期外，还指保险责任在什么情况下可称为开始或终止。同国际保险市场的习惯做法一样，中国海运货物保险基本险的责任起讫，一般也采取“仓至仓”的原则。

“仓至仓”（Warehouse to Warehouse, W/W）是海运货物保险责任起讫（期限）的基本原则，它规定了保险人承担责任的空间范围，即规定了保险人承担责任的起讫地点，从保险单载明的发货人仓库或储存处所开始运输时生效，在正常运输过程中继续有效，直到保险单载明的目的地收货人最后的仓库或储存处所或被保险人用作分配、分派或非正常运输的其他储存处所为止，货物进入仓库或储存处所后保险责任即行终止。该原则又称“仓至仓条款”（W/W Clause）。

根据中国《海洋运输货物保险条款》（2009 版）第 3 条“责任起讫”的规定，保险责任的起讫时限可分为正常运输和非正常运输两种情况。

（一）正常运输情况下，保险责任的起讫时限

正常运输是指，保险货物自保险单载明的起运地发货人仓库或其储存处所首途运输时开始，不论是先使用哪种运输工具运输货物，只要是属于航程需要都属于正常运输范围。一般来说，凡是正常的运输工具（汽车、火车、内河船舶、海轮等），正常的延迟和正常的转运均属正常的运输。例如一批保险货物的运输过程是从发货人仓库起运，先装卡车后装火车，最后在起运港装海轮，当该批保险货物在卡车卸货于铁路仓库等待装火车时，铁路仓库失火，货物被毁，因属正常运输范围，保险公司将负保险赔偿责任。若货物尚须运往打包厂加工整理打包，即使加工厂是处于发货人仓库去装船港的途中，打包厂失火，货物被毁，保险人也不负任何赔偿责任，因为在加工厂储存加工期间，不属正常运输范围。

在正常运输情况下，保险责任的起讫是按“仓至仓”原则办理的，即自被保险货物运离保险单所载明的起运地仓库或储存处所开始运输时生效，包括正常运输过程中的海上、陆上、内河和驳船运输在内，直至该项货物到达保险单所载明目的地收货人最后仓库或储存处所或被保险人用作分配、分派或非正常运输的其他储存处所为止。如未抵达上述仓库或储存处所，则以被保险货物在最后卸载港全部卸离海轮后满 60 天为止。如在上述 60 天内被保险货物需转运到非保险单所载明的目的地时，则以该项货物开始转运时终止。

在实际业务中，经常发生保险货物卸离海轮后，运往保险单所载明的收货人仓库之前，需在卸货港存放一段时间，为满足被保险人需要，保险人对这段时间仍提供保险保障，但最长时间不能超过 60 天。若届满 60 天货物仍未进入收货人仓库，保险责任也将终止；若在 60 天内货物进入收货人仓库，保险责任即在进入仓库时终止。

被保险货物在运抵保险单载明的目的地之前，若发生分配、分派和分散转运等情况，保险责任按下列原则处理：

1. 若以卸货港为目的地，被保险人提货后，运到他自己的仓库时，保险责任即行终止。如果他将保险货物再分配出售，保险人对此不再负责。

2. 若以内陆为目的地，从向船方提货后运到内陆目的地的被保险人仓库时，保险责任即行终止。

3. 以内陆为目的地，若被保险货物在运抵内陆目的地时，先行存入某一仓库，然后又将该批货物分成几批再继续运往几个内陆目的地另外几个仓库，包括保险单所载目的地，在这种情况下，则以先行存入的某一仓库作为被保险人的最后仓库，保险责任在进入该仓库时即终止。

上述几种情况，均以被保险货物卸离海轮后60天为限，并以先发生者为准。

（二）非正常运输情况下，保险责任的起讫时限

所谓非正常运输是指被保险货物在运输中，由于被保险人无法控制的运输迟延、绕道、被迫卸货、重新装载、转载或承运人行使运输合同赋予的权限所作的任何航海上的变更或终止运输合同，致使被保险货物运抵到非保险单所载明的目的地。

根据中国《海洋运输货物保险条款》（2009版）第3条第2款的规定，在海上运输过程中，若出现被保险人所不能控制的意外情况，保险责任将按下列规定办理：

1. 当出现由于被保险人无法控制的运输迟延、绕道、被迫卸货、重行装载、转载或承运人运用运输契约赋予的权限作任何航海上的变更时，在被保险人及时将获知的情况通知保险人并加缴保险费的情况下，保险人可继续承担责任。

2. 在被保险人无法控制的情况下，保险货物如在运抵保险单载明的目的地之前，运输契约在其他港口或地方终止时，[①] 在被保险人立即通知保险人并在必要时加缴一定保险费的条件下，保险继续有效，直至货物在这个卸载港口或地方售出并交货时为止。但最长时间不能超过货物在卸载港全部卸离海轮后满60天。[②] 这两种情况保险期限的终止，应以先发生者为准。

如在“可保利益原则”中所述，被保险货物发生保险责任范围内的损失时，被保险人须对被保险货物享有可保利益才能获得保险人的补偿。按此项规定，在中国《海洋运输货物保险条款》（2009版）的“责任起讫”一节中虽然有“仓至仓”的规定，但被保险人并不能在被保险货物遭受保险责任范围内的损失时，毫无条件地都可按照“仓至仓”的原则获得保险款。例如，在FOB或CFR条件下，保险由买方办理，而买方是在货物装船之后才承担风险，亦即此时他才享有可保利益，若货物是在运离卖方仓库到装船之前这一阶段中发生损失，因装船前买方尚无可保利益，所以该项损失不能依“仓至仓”的原则向保险人要求赔偿。

## 四、海运货物保险基本险的被保险人义务

保险人与被保险人签订保险合同后，双方都应履行合同，保险人除规定自身的保险责任以外，对被保险人应尽的义务，需办理的有关事项也作了规定。如被保险人未竟尽职责履行其义务，影响了保险人的利益，对被保险货物的有关损失，保险人将有权拒绝赔偿。

依中国《海洋运输货物保险条款》（2009版）第4条的规定，被保险人应承担的义务主要有以下几个方面：

（一）及时提货

该条第1款规定：“当被保险货物运抵保险单所载明的目的港（地）以后，被保险人应及时提货，当发现被保险货物遭受任何损失，应即向保险单上所载明的检验、理赔代理

---

① 根据很多国家海运提单的规定，目的地若发生战争、瘟疫、冰冻、罢工、港口拥挤等情况，承运人可将货物卸于他认为安全而方便的任何其他港口或地点，而运输契约可视为已经履行。

② 本条对终止责任时间的规定与英国伦敦保险协会货物条款的规定有很大的不同。英国2009年伦敦保险协会货物条款第9条的“运输契约终止条款”对此的规定是“直到货物在该港口或处所出售和交货，或除非另有特别约定，在保险标的到达该港口或处所后，满60天为止。以先发生者为准”，而不是“……最长时间不能超过货物在卸载港全部卸离海轮后满60天”。

人申请检验，如发现被保险货物整件短少或有明显残损痕迹应即向承运人、受托人或有关当局（海关、港务当局等）索取货损货差证明。如果货损货差是由于承运人、受托人或其他有关方面的责任所造成，并应以书面方式向他们提出索赔，必要时还须取得延长时效的认证。如未履行上述规定义务，保险人对有关损失不负赔偿责任。”

因为是否及时提货，关系到保险人的责任期限，货物存放在卸货港码头仓库或海关仓库时间越长，发生损失的可能性就越大。

（二）积极、合理施救

该条第 2 款规定：“对遭受承保责任内危险的货物，被保险人和保险人都可迅速采取合理的抢救措施，防止或减少货物的损失，被保险人采取此项措施，不应视为放弃委付的表示，保险人采取此项措施，也不得视为接受委付的表示。对由于被保险人未履行上述义务造成的扩大的损失，保险人不负赔偿责任。”

保险货物遭受保险责任内的损失时，被保险人应迅速采取合理的抢救措施，防止或减少货物损失的进一步扩大。被保险人采取此项措施，不应视为放弃委付的表示。该规定的目的在于防止损失的扩大，是确保被保险人和保险人双方利益的积极步骤。

（三）通知义务

该条第 3 款规定：“如遇航程变更或发现保险单所载明的货物、船名或航程有遗漏或错误时，被保险人应在获悉后立即通知保险人并在必要时加缴保险费，本保险才继续有效。”

被保险人在获悉上述情况后应立即通知保险公司，若有必要还应加缴一定的保险费，保险则继续有效。

（四）提供索赔单证

该条第 4 款规定：“在向保险人索赔时，必须提供下列单证：保险单正本、提单、发票、装箱单、磅码单、货损货差证明、检验报告及索赔清单。如涉及第三者责任，还须提供向责任方追偿的有关函电及其他必要单证或文件。被保险人未履行前款约定的单证提供义务，导致保险人无法核实损失情况的，保险人对无法核实的部分不承担赔偿责任。”

若保险货物遭受损失，被保险人向保险人索赔时，必须提供上述单证。若涉及第三者责任，还须提供向责任方追偿的有关函电及其他必要单证或文件。

（五）船舶互撞后，被保险人应及时通知保险人

该条第 5 款规定：“在获悉有关运输契约中‘船舶互撞责任’条款的实际责任后，应及时通知保险人。否则，保险人对有关损失不负赔偿责任。”

因为发生船舶互撞事故之后，两船之间的责任大小、应对被撞的对方船舶负责船货损失的多少等问题都直接与保险人的利益有关。因此，被保险人获知船舶互撞的实际责任后，应迅速通知保险人，争取实事求是、公平合理地处理赔案。

## 五、赔偿处理

中国《海洋运输货物保险条款》（2009 版）增加了第 5 条“赔偿处理”的规定。

该条规定：“保险人收到被保险人的赔偿请求后，应当及时就是否属于保险责任作出核定，并将核定结果通知被保险人。情形复杂的，保险人在收到被保险人的赔偿请求并提供理赔所需资料后三十日内未能核定保险责任的，保险人与被保险人根据实际情形商议合

理期间，保险人在商定的期间内作出核定结果并通知被保险人。对属于保险责任的，在与被保险人达成有关赔偿金额的协议后十日内，履行赔偿义务。”

### 六、海运货物保险基本险的索赔期限

保险索赔期限又称保险索赔时效，它是保险货物发生保险责任范围的风险造成损失时，被保险人向保险人提出索赔的有效期限。

中国《海洋运输货物保险条款》（2009 版）第 6 条规定：“本保险索赔时效，从保险事故发生之日起起算，最多不超过二年。”

值得注意的是，若货损属于保险责任范围，又涉及船方或其他第三者责任方的索赔，被保险人必须在相关法律、法规或公约规定的有关责任方的有效期限内办理索赔。否则，因被保险人疏忽或其他原因逾期而丧失向有关责任方索赔权益时，应由被保险人自己承担责任，保险人不予赔偿。例如，依《海牙规则》或中国《海商法》，收货人向承运人索赔的期限规定为交货之日起 1 年内有效。被保险人必须在这个期限之前向保险人提出索赔，或者要求承运人延长索赔时效，以便保险人在支付赔款之后能够向承运人行使代位求偿权。若被保险人没有做到这一点，保险人则不负赔偿责任。

## 第二节　中国海运货物保险附加险

国际贸易货物在运输过程中可能遭遇到的风险和损失，除了前面基本险所承保的由于自然灾害和意外事故所造成的风险损失之外，往往还有其他许多外来原因所引起的风险损失。为满足投保人的需要，保险人在基本险条款之外又制定了各种附加险条款。这些附加险由于是基本险的扩大和补充，因而不能单独投保，只能在投保了基本险中的一种之后才能加保。加保的附加险可以是一种或几种，由投保人根据需要选择确定。例如玻璃制品，在投保平安险或水渍险之后，可加保破碎险。加保附加险时，投保人须支付一定的保险费，由保险人在保险单上注明加保某一附加险，该附加险的条款即作为基本险别的附加条款。

附加险所承保的由于外来原因引起的风险种类很多，有的属一般外来原因，如偷窃、生锈、钩损等所引起的风险，有的属于国家行政管理和政策措施、战争和罢工等特殊原因所引起的风险，因而附加险的险别也很多。为便于区分，并从保险经营中对风险管理的需要出发，中国保险业习惯将附加险分为一般附加险、特别附加险和特殊附加险三类。

### 一、一般附加险

目前中国保险公司承保的一般附加险主要有下列几种：

#### （一）偷窃、提货不着险（Theft, Pilferage and Non-Delivery, TPND）

这一险别主要承保在保险有效期内，被保险货物被偷走或窃取，以及货物抵达目的地后整件未交的损失。“偷”（Theft）一般是指货物的整件被偷走，“窃”（Pilferage）一般是指货物中的一部分被窃取。偷窃不包括使用暴力手段的公开劫夺。提货不着是指货物的全部或整件未能在目的地交付给收货人。

在这一险别下，为便于确定责任，对于偷窃的损失，被保险人必须在及时提货后 10

天之内申请检验；对于整件提货不着，被保险人必须向责任方、海关或有关当局取得证明。保险公司有权收回被保险人向船东或其他责任方追偿到的货损赔偿款，但其金额以不超过保险公司支付的赔款为限。

在保险实务中，保险公司为限制其保险责任，有时还在本条款上加贴“海关检验条款”或“码头检验条款”，将其保险责任有效期提前到目的地海关或最后卸货港码头终止。

（二）淡水雨淋险（Fresh Water and/or Rain Damage，FWRD）

这一险别主要承保被保险货物直接由于淡水、雨淋、冰雪融化所造成的损失。淡水包括船上淡水仓、水管漏水和舱汗等。淡水是与海水相对而言的，由于平安险和水渍险只对海水所致的各种损失负赔偿责任，因此，淡水雨淋险是在平安险和水渍险的基础上扩展保险责任的一种附加险。

被保险人发现货物遭受淡水雨淋的损失时，必须在提货后10天内申请检验，否则保险公司不负赔偿责任。申请检验货物的淡水雨淋险时，通常货物的包装外部应有雨水或淡水痕迹，或有其他适当证明。

（三）短量险（Risk of Shortage）

这一险别主要承保货物在运输过程中因外包装破裂、破口、扯缝或散装货物发生散失与实际重量短少的损失。对散装货物的重量短缺，则以装船重量和卸船重量的差额作为损失的依据，但不包括正常的自然途耗。

在保险实务中，保险双方通常在保险单中约定一个免赔比例，如规定散装货物的免赔率为4%，保险人只赔付超过免赔比例部分的损失。

（四）混杂、沾污险（Risk of Intermixture and Contamination）

这一险别主要承保被保险货物在运输过程中，因混进杂质或被沾污所造成的损失。例如，矿砂、矿石等混进了泥土、草屑等而使其质量受到影响；布匹、纸张、食物、服装等被油类或带色的物质污染而造成的经济上的损失等。在这一险别下，上述混杂沾污损失均由保险人负赔偿责任。

（五）渗漏险（Risk of Leakage）

本险别承保被保险货物在运输过程中，因容器损坏而引起的渗漏损失，如流质、半流质及油类货物；或用液体储藏的货物因流体的渗漏而引起的货物腐烂、变质等损失。

（六）碰损、破碎险（Risk of Clash and Breakage）

这一险别主要承保货物在运输过程中，因震动、碰撞、受压造成的碰损和破碎损失。所谓碰损主要是对金属和金属制品的货物，如机器、搪瓷或木家具等，在运输过程中因震动、受压、碰击等原因造成货物本身凹瘪、脱瓷等而言。所谓破碎主要是指易碎货物，如玻璃、玻璃制品、陶瓷等，在运输过程中因受震动、挤压、撞击等外来原因造成货物的破碎而言。

被保险货物在运输途中因遭遇自然灾害或意外事故而造成的碰损、破碎损失，已经包括在平安险和水渍险的责任范围之内，碰损、破碎险则扩展负责由于一般外来原因所造成的碰损、破碎损失。

（七）串味险（Risk of Odour）

这一险别主要承保货物在运输过程中，因受其他带异味货物的影响造成的串味损失。例如，食品、饮料、香料、中药材等在运输过程中与樟脑堆放在一起，樟脑味串及上述货物造成损失。但这种串味损失如果同配载不当直接有关，则船方负有责任，应向其追偿。

（八）钩损险（Hook Damage）

这一险别主要承保袋装、捆装货物在装卸或搬运过程中，由于装卸或搬运人员操作不当，使用钩子将包装钩坏而造成货物的损失。

（九）受潮受热险（Damage Caused by Sweating and Heating）

这一险别主要承保货物在运输过程中，由于气温突然变化或船上通风设备失灵，使船舱内的水蒸气凝结而引起货物受潮或由于温度增高使货物发生变质的损失。

（十）包装破裂险（Breakage of Packing）

这一险别主要承保货物在运输过程中因包装破裂造成短少、沾污等损失。此外，对于在运输过程中，为了续运安全需要而产生的修补包装、调换包装所支付的费用，也予负责。由于包装破裂造成货物的损失，从其他附加险的责任中可以得到保障，因此，这一险别主要是补偿由于修补或调换包装的损失。

（十一）锈损险（Risk of Rust）

这一险别主要承保金属或金属制品一类货物，在运输过程中因生锈造成的损失。由于裸装的金属板、块、条、管等货物在运输过程中难免发生锈损，因而保险公司对此类货物一般不愿承保。

以上 11 种一般附加险可供基本险为平安险或水渍险时选择加保。但在基本险为一切险时则不需加保，因为一切险的责任范围已包括上述 11 种附加险所承保的风险。

## 二、特别附加险

特别附加险与一般附加险一样，不能独立投保，必须附属于基本险项下。它与一般附加险的根本区别在于：特别附加险不包括在一切险的责任范围以内，不属于一切险的责任范畴；导致特别附加险的货物损失因素，往往同政治、国家行政管理以及一些特殊的风险相关联。中国保险公司承保的特别附加险主要有以下几种：交货不到险、进口关税险、舱面货物险、拒收险、黄曲霉（毒）素险，出口货物到香港（包括九龙在内）或澳门存仓火险责任扩展保险等。现将其简介如下：

（一）交货不到险（Failure to Deliver）

交货不到险的承保责任是：被保险货物从装上船时开始，若在预定抵达日期起满 10 个月仍不能运到原定的目的地交货，则不论何种原因，保险公司均按全部损失赔付。“交货不到”同一般附加险中的“提货不着”不同，它往往不是承运人运输上的原因，而是某些政治因素引起的。例如，由于禁运，被保险货物被迫在中途卸货造成损失。保险人在承保这种险别时，一般都要求被保险人首先获得一切进口许可证件并办妥有关的进口手续，以免日后因无进口许可证等原因被拒绝进口而造成交货不到。另外，该险别的承保责任范围在某些方面同提货不着险和战争险存在重复，凡提货不着险及战争险应该负责的损失，本险不予负责。由于交货不到，很可能是被保险货物并未实际遭受全损，因此，保险人在按全损赔付时都特别要求被保险人将货物的全部权益转移给保险人。

（二）进口关税险（Import Duty Risk）

有些国家对进口货物征收关税，不论货物是否完好，一律按完好时的价值十足计征。

进口关税险，就是针对上述情况而设立的特殊附加险别。在这一险别下，若被保险货物发生保险责任范围内的损失，而被保险人仍须按货物的完好状态完税时，保险公司即对该受损部分货物所交纳的关税负赔偿责任。

附加进口关税的保险金额应根据可能交纳的税款来确定，通常是由被保险人根据其被保险货物进口国关税的税率制定，因此，应与货物保险金额分开，而且另行收费，一般是按照发票金额的若干成加保。该保险金额应在保险单上另行载明，将来发生损失时在该保额限度内赔偿，不能与基本险的保额相互串用。

（三）舱面险（On Deck Risk）

海运货物一般都是装在轮船舱内的。保险公司承保的海洋运输货物险在制定货物运输的责任范围和费率时，都是以舱内运输作为考虑基础的，因此，对于货物装载舱面所发生的损失，保险公司不负赔偿的责任。但有些货物由于体积大、有毒性、有污染性或者易燃易爆等，根据航运习惯必须装于舱面上。舱面险就是为了对这类货物的损失进行经济补偿而设立的附加险别。

由于货物装于舱面极易受损，遭受水湿雨淋等情况更是司空见惯，保险人为避免承保的责任过大，通常只接受在平安险的基础上加保舱面险，而不愿接受在一切险的基础上加保本险。加保舱面险，保险人除按原来承保险别范围负责外，还对货物被抛弃或被风浪冲击落水的损失负责。

随着现代航运技术的发展，海运货物越来越多地使用集装箱和集装箱船装运。由于专用集装箱船舶一般都设备优良，抗拒海浪袭击的能力强，集装箱货物装于舱面与舱内区别不大，因而订有“货物可能装于舱面”的集装箱货物提单已在目前国际贸易中被普遍接受。银行在办理结汇时，已把这种提单视同清洁提单而予以接受。在目前保险业务中，保险人也已将集装箱舱面货物视同舱内货物承保。

（四）拒收险（Rejection Risk）

拒收险的保险责任是：货物在进口时，由于各种原因，被进口国的有关当局拒绝进口或没收所造成的损失，保险人负赔偿责任。不过，若被保险货物在起运后尚未抵达目的港时，进口国宣布禁运或禁止，则保险人只负责赔偿将货物运回出口国或转口到其他目的地而增加的运费，但最多不能超过该批货物的保险价值。若货物在起运前进口国即已宣布禁运或禁止，则保险人不负任何赔偿责任。

投保拒收险的货物主要是食品、饮料、药品等与人体健康有关的货物。世界上大多数国家对进口这类货物都规定有卫生检验标准。若违反进口国所规定的标准，则会被拒绝进口或没收，甚至被销毁。

被保险人在投保拒收险时，必须持有进口所需要的一切特许进口证明或进口许可证或进口配额。在发生保险范围内的损失时，被保险人有责任配合保险人处理被拒收的货物或者申请仲裁。

为尽可能地避免进口货物被拒绝进口或没收，保险人要求被保险人必须做到以下两点：

第一，被保险货物的生产、质量、包装和商品检验必须符合产地国和进口国的有关规定。

第二，对被保险货物必须备有一切必要的、有效的进口特许证或许可证。

关于拒收险的保险责任终止规定如下：

1. 自被保险货物卸离海轮存入卸货港的仓库时为止；

2. 被保险货物在目的港卸离海轮满 30 天终止；

3. 被保险货物已被进口国的政府或有关当局允许进口时为止。

上述三点以首先发生者为准。

保险人承保拒收险时，对被保险货物由于市价跌落或记载的错误，商标或标记的错误，贸易合同或其他文件发生的错误或遗漏所造成的被拒绝进口或没收，保险人不负赔偿责任。

#### （五）黄曲霉素险（Aflatoxin）

黄曲霉素是一种致癌毒素。发霉的花生、油籽、大米等一般都含有这种毒素。各国卫生当局对这种毒素的含量都有严格的限制标准。若某种进口粮食作物的黄曲霉素含量超过限制标准，则会被拒绝进口或被没收，或被强制改变用途。黄曲霉素险就是承保由此所造成损失的险别。

对于被拒绝进口的或强制改变用途的货物，被保险人有义务进行处理。对于因拒绝进口而引起的争执，被保险人也有责任申请仲裁。

该险规定，保险人不负责由于其他原因所致的被有关当局拒绝进口或没收或强制改变用途的货物损失。

#### （六）出口货物到香港（包括九龙在内）或澳门存仓火险责任扩展条款（Fire Risk Extension Clause for Storage of Cargo at Destination Hong Kong, Including Kowloon, or Macao）

中国内地出口到港澳地区的货物，有些是向在港澳地区的银行办理押汇。在进口商向银行清还货款之前，货物的权益属于银行，因而在这些货物的保险单上注明过户给放款银行。如保险货物抵达目的地后，进口商尚未还款，往往就将其存放在过户银行指定的仓库中。为使货物在存仓期间发生火灾能得到赔偿，特别附加这一险别。这一险别的保险期限，是从货物运入过户银行指定的仓库时开始，直到过户银行解除货物权益或运输责任终止时起计算满 30 天为止。

## 三、特殊附加险

特殊附加险与特别附加险一样，不能独立投保，必须附属于基本险项下，是一般附加险之外的不属于一切险承保范围内的附加险别。中国保险条款中的特殊附加险主要承保战争和罢工的风险。

#### （一）海运货物战争险（Ocean Marine Cargo War Risk）

1. 海运货物战争险责任范围

海运货物战争险的承保责任范围包括：

（1）直接由于战争、类似战争行为和敌对行为、武装冲突或海盗劫掠等所造成运输货物的损失；

（2）由于上述原因引起的捕获、拘留、扣留、禁制、扣押等所造成的运输货物的损失；

（3）各种常规武器，包括水雷、鱼雷、炸弹等所造成的运输货物的损失；

（4）由本险责任范围所引起的共同海损牺牲、分摊和救助费用。

2. 海运货物战争险的除外责任

海运货物战争险对下列原因造成的损失不负赔偿责任：

（1）由于敌对行为使用原子或热核制造的武器导致被保险货物的损失和费用；

（2）由于执政者、当权者或其他武装集团的扣押、拘留引起的承保航程的丧失或挫折所致的损失。

3. 海运货物战争险的保险期间

海运货物战争险的保险期间同海洋运输货物险不同，它承保责任的起讫不是“仓至仓”，而是以“水上危险”为限，亦即以货物装上保险单所载明的起运港的海轮或驳船开始，到卸离保险单所载明的目的港的海轮或驳船为止。若被保险货物不卸离海轮或驳船，保险责任期限以海轮到达目的港的当日午夜起算 15 天为止。若货物需在中途港转船，也不得超过 15 天。只有在此期限内装上续运海轮，保险责任才继续有效。保险人对海运货物战争险责任起讫的规定，之所以不采取承保“仓至仓”的原则而只负责“水上危险”，原因在于战争时期存放于港口码头上的货物往往不易疏散，容易造成大量积压，风险过于集中。

（二）海运货物战争险的附加费用险（Additional Expenses-War Risks）

这一险别主要承保由于战争险后果所引起的附加费用。它的具体责任范围，包括发生战争险责任范围内的风险引起航程中断或挫折，以及由于承运人行使运输契约中有关战争险条款规定所赋予的权利，将货物卸在保险单规定以外的港口和地方，因而产生的应由被保险人负责的那部分附加的合理费用。这些费用包括卸货、上岸、存仓、转运、关税以及保险费等。

被保险人之所以需要投保本险别，原因是战争险只负责由于战争、类似战争行为所引起的损失，而不负责由于战争所引起的费用。

（三）罢工险（Strikes Risk）

这一险别主要承保货物由于罢工者或被迫停工工人或参加工潮、暴动、民众斗争的人员的行动，或任何人的恶意行为所造成的直接损失和上述行动或行为所引起的共同海损的牺牲、分摊和救助费用。

罢工险负责的损失都必须是直接损失，对于间接的损失是不负责的。因此，凡在罢工期间由于劳动力短缺或无法使用劳动力所造成的被保险货物的损失，或由此所造成的费用损失，保险人均不予负责。例如，由于罢工而引起的动力或燃料匮乏，使冷藏机停止工作造成冷藏货物化冻变质的损失，或由于罢工缺少劳力搬运货物，致使货物堆积在码头遭受雨水淋湿的损失，或因港口工人罢工无法在原定港口卸货，改运其他港口卸货而增加运输费用的损失等，保险人均不负赔偿责任。

罢工险对保险责任起讫的规定同海运战争险不同，它不采取只承保“水上危险”的做法，而是与海运货物保险一样，采取“仓至仓”的原则，即保险人对货物从卖方仓库到买方仓库的整个运输期间负责。

按照国际保险市场的习惯做法，被保险货物若已投保战争险，在加保罢工险时，一般不再加收保险费。

以上各种特别附加险和特殊附加险，可供投保人在投保了三种基本险（平安险、水渍险和一切险）中的任一种的基础上选择加保。

## 第三节　中国海运货物专门保险

海洋运输货物专门保险是根据海上运输货物特性而承保的专门险别。为此，中国制定了《海洋运输冷藏货物保险》和《海洋运输散装桐油保险》。

### 一、海洋运输冷藏货物保险（Ocean Marine Insurance Frozen Products）

一些需要冷藏运输的鲜货，如鱼、虾、肉以及蔬菜和水果等，为了使鲜货在运输过程中保持新鲜程度，一般都须经过特别处理后装入轮船冷藏舱内。船方根据各类鲜货特征，调整不同的冷藏温度。但有时由于灾害事故和外来风险可能使冷藏失灵造成鲜货腐败或损失，为了弥补这种损失，习惯上投保冷藏险。

（一）海洋运输冷藏货物保险的险别

1. 冷藏险（Risk for Shipment of Frozen Products）

冷藏险的责任范围除负责由于冷藏机器停止工作连续达 24 小时以上所造成的货物腐烂的损失外，其他赔偿责任与水渍险相同。

2. 冷藏一切险（All Risks for Shipment of Frozen Products）

冷藏一切险的责任范围，除包括冷藏险的各项责任以外，还负责赔偿被保险货物在运输中由于外来原因所造成的鲜货腐烂或损失。

在海洋运输冷藏货物保险中，其规定冷藏机器损坏停止工作必须连续达 24 小时以上时，造成的冷藏货物的腐烂或损失，保险人才负责任。这里之所以规定 24 小时，是因为冷藏机器损坏不能工作持续达 12 小时，是经常性的小故障，只要进行一般修理就能恢复正常运转。由于冷藏机器停止工作的时间较短，因此造成冷藏货物的腐烂或损坏的可能性也甚小，即使有，也是微不足道的损坏，不会达到应予保险保障的程度。中国保险条款规定的 24 小时作为保险人是否负责的时间界限，是与国际惯例一致的。

（二）海洋运输冷藏货物保险的除外责任

海洋运输冷藏货物保险的除外责任，除上述海洋运输险的除外责任外，还对以下两点所造成的损失不负赔偿责任。

1. 被保险鲜货在运输过程中的任何阶段，因未存放在有冷藏设备的仓库或运输工具中，或辅助运输工具没有隔温设备所造成鲜货腐烂的损失。

2. 被保险鲜货在保险责任开始时，因未保持良好状态，包括整理加工和包装不妥，冷冻上的不合规定及肉食骨头变质所引起的鲜货腐烂和损失。

（三）海洋运输冷藏货物保险的责任起讫

海洋运输冷藏货物保险的责任起讫与海洋运输货物险的责任起讫基本相同。不过海洋运输冷藏保险条款规定：货物到达保险单所载明的最后目的港，若在 30 天内卸离海轮，并将货物存入岸上冷藏仓库后还继续负责，但负责到以货物全部卸离海轮时算起满 10 天为止。若在上述期限内货物一经移出冷藏仓库，保险责任即告终止。若货物卸离海轮后不存入冷藏仓库，保险责任至卸离海轮时终止。

（四）赔款的处理

海洋运输冷藏货物保险对赔款的规定是，对同一标记和同一价值的或不同标记但是同一价值的各种包、件、扎、块等，除非另有规定，均视作同一重量和同一保险价值计算处理赔偿。

关于被保险人的义务和索赔时效，与海洋运输货物保险条款规定的相同。

## 二、海洋运输散装桐油保险

（一）责任范围

海洋运输散装桐油保险的责任范围除与海洋运输货物保险的责任范围相同外，散装桐油保险的责任范围还有以下三个方面：

1. 不论任何原因所致被保险桐油的短少、渗漏损失，且超过保险单规定的免赔率时（以每个油仓作为计算单位）。

2. 不论任何原因所致被保险桐油的沾污或变质损失。

3. 被保险人对遭受承保责任的危险的桐油采取抢救，防止或减少货损的措施而支付的合理费用，但以不超过该批被救桐油的保险金额为限。

由于桐油是易受污染和变质的货物，因此，保险公司在接受承保时必须经过严格检验，保险条款规定被保险的散装桐油在启运时必须做到：

1. 装载散装桐油的油舱必须清洁，要经商品检验局检验并出具船舶合格证明书。

2. 被保险的散装桐油装船后，其容量或重量和温度必须由商品检验局出具详细检验证明。

3. 装运散装桐油的品质还须由商品检验局抽样化验并出具合格证明书，证明在装运时确实无污染、变质或“培他”（Beta）迹象。

若被保险人不按以上各条规定办理，保险公司就不负责所承保的散装桐油在品质上的损失。

（二）除外责任

海洋运输散装桐油保险的除外责任与海洋运输货物保险的除外责任相同，这里不再赘述。

（三）责任起讫

海洋运输散装桐油保险的责任起讫也是按“仓至仓”条款负责。其具体内容是：

1. 自被保险桐油运离保险单所载明的起运港的岸上油库或盛装容器开始运输时生效，在整个运输过程中，包括油管口卸油，继续有效，直至安全交至保险单所载明目的地的岸上油库时为止。但如桐油不及时卸离海轮或未交至岸上油库，则最长保险期限以海轮到达目的港后 15 天为限。

2. 在非正常运输情况下，被保险桐油运到非保险单所载明的目的港时，应在到达该港口 15 天内卸离海轮，在卸离海轮后满 15 天责任终止；如 15 天内货物在该地出售，则保险责任以交货时为止。

3. 被保险桐油在上述非正常运输情况下，如在 15 天内继续运往保险单所载原目的地或其他目的地时，保险责任则按上述款的规定终止。

（四）赔款的处理

海洋运输散装桐油保险赔款的处理，根据桐油保险的特点，规定如下：

1. 若桐油经检验证明已发生短少或损失，则须同装船时的检验比较，估计损失数额。

2. 若根据化验报告桐油品质有变异，则按实际所需的提炼费用（包括提炼后的短量、贬值、运输、人工、存仓、保险等各项费用）减去通常的提炼费用后的差额赔付。

3. 一切检验和化验费用由被保险人负担，但为决定赔款数额而支付的必要检验和化验费用，可由保险人负责。

除上述规定外，海洋运输散装桐油保险条款中所规定的被保险人义务与索赔期限等与海洋运输货物保险条款的规定相同。

除了上述各种险别处，中国保险公司所承保的货物运输保险险别中，还有一种名为“卖方利益险”（Contingency Insurance Covers Seller's Interest Only）的险别。这种险别是供中国出口企业在采用托收方式并按 FOB 或 CFR 条件成交出口时，为保障自身利益而设立的一种独立险别。“卖方利益险”条款规定：“本保险系卖方利益保险，负责赔偿货物在遭受本保险单载明承保险别的条款责任范围内的卖方损失。但本保险仅在买方不支付该项受损货物部分的损失时才予赔偿。被保险人应将其向买方或第三者的权利转移给保险人。如对本保险单项下的任何利益或赔款转让，保险人即解除其全部责任。”

出口货物若采用付款交单（D/P）、承兑交单（D/A）或赊账（O/A）等商业信用付款条件成交，进口商都是在取得货运单据时或其后甚至提取货物后才付款，这就使出口商承担了很大的商业信用风险。当合同中采用的是 FOB 或 CFR 贸易术语时，Incoterms 规定由买方自行负责办理保险。一旦货物在运输途中遭受损失，若买方不付款赎单，卖方既无法收回货款，又因为没有投保货运保险而不能向保险人索赔，不可避免地会造成经济损失。为避免这种情况的发生，使卖方的损失得到及时补偿，中国保险公司开设了卖方利益险。

根据卖方利益险条款规定，卖方利益险负责赔偿货物遭受保险单上载明的货运险条款责任范围内的卖方损失，但仅在买方不支付该项受损货物部分的货款时才予赔偿。因此，被保险人要从卖方利益险项下获得赔款，须符合以下两个条件：一是被保险货物的损失必须属于货运保险的承保责任；二是买方拒绝支付该受损货物部分的货款。而且卖方利益险赔偿的仅仅是遭遇货运保险事故的那部分货物的损失，对于因买方拒绝提货而使卖方遭受的其他损失，如将货物运回卖方所在地所支付的运费，或在目的港将货物另行处理而支付的费用等均不属于保险人的承担责任。

卖方利益险的费率为货运险保险费率的 25%。卖方利益险条款还规定被保险人应将其向第三方或买方追偿的权利转让给保险人。由于买方不付款赎单的行为违反了贸易合同，应当承担违约责任，保险人取得代位求偿权后可向买方追偿。

## 案例分析

### 案例 8-1：贸易术语、保函、保险责任综合案例

**案情简介①**

新加坡卢记商业公司（以下简称“卢记”，卖方）与中国腾飞公司（以下简称“腾

① 案例来源：罗国强．统一实体法案例分析——FCA 条件下卖方的装货义务、保函的效力及海上货物保险的责任期间．中国对外贸易商务月刊，2002 年 04 期；http：//www.gzhsfy.org/showanli.php? id=864 2002-05-02 21：52：14。

飞”，买方）订立CIF上海合同，销售白糖500吨，由“卢记”向保险公司投保以合同标的价格加10%为保险金额的一切险（包括仓至仓条款）。为联系货源，“卢记”与马来西亚扎拜公司（以下简称“扎拜”）订立FCA合同，购买500吨白糖，合同约定提货地为“扎拜”所在地。

2000年7月3日，“卢记”派代理人到“扎拜”所在地提货，“扎拜”已将白糖装箱完毕并置于临时敞篷中，“卢记”代理人由于人手不够，要求“扎拜”帮助装上运输工具；“扎拜”认为依国际惯例，货物已交“卢记”代理人，自己已履行了应尽的合同项下的义务，故拒绝帮助装货。“卢记”代理人无奈返回。3日后，“卢记”再次组织人员到“扎拜”所在地提货。但是，在货物堆放的3天里，因遭遇台风天气，货物部分受损，造成10%的脏包。“卢记”将货物全部交与承运人，承运人发现存在10%的脏包，欲出具不清洁提单，“卢记”为了取得清洁提单以便顺利结汇，便出具保函，许诺承担承运人因签发清洁提单而产生的一切责任。承运人遂出具了清洁提单，“卢记”得以顺利结汇，提单和保险单转移给“腾飞”。

7月21日，货到上海港，“腾飞”检验出10%的脏包，遂申请上海海事法院扣留承运人的船舶并要求追究其签发不清洁提单的责任。当日货物卸船，港口管理部门将货物存放在其所属的仓库中，“腾飞”委托他人办理排港、报关和提货的手续。

从7月21日起至7月24日，已陆续将300吨白糖灌包运往用户所在地。7月24日晚，港口遭遇特大海潮，未提走的200吨白糖受到浸泡，全部损失。“腾飞”向保险公司提赔时被拒绝，理由是“腾飞”已将提单转让，且港口仓库就是“腾飞”在目的港的最后仓库，故保险责任已终止。

试分析：

1. 在“卢记”与“扎拜”之间的FCA合同中，货物10%的损失（脏包）应由谁承担？

2. 保函效力如何及承运人签发“清洁”提单的责任如何？

3. 保险公司的责任是否在货物进入港口仓库或“腾飞”委托他人提货时终止？

[提示：

1. 依据FCA术语的规定：交货地在卖方所在地时，卖方负责装货；交货地在卖方所在地之外时，卖方不负责卸货；卖方必须承担货物灭失或损坏的一切风险，直至已按规定交货为止。因此，本案中，“扎拜”将货物装箱并存放后，并未履行完交货义务，由于交货地在“扎拜”所在地，“扎拜”应负责装货。“扎拜”拒绝履行装货义务导致货物滞留在其所在地，是一种违约行为，这意味着货物并未被置于买方指定的代理人的处置之下，因而风险也就未转移给“卢记”。台风造成货物10%的损失，“扎拜”应当承担全部风险，并向“卢记”作出相应的补偿。

2. 在国际贸易中，货物外表状态不良时，卖方（或托运人）往往向承运人出具保函，以换取承运人签发“清洁”提单。

关于保函的效力，依《汉堡规则》，保函在托运人与承运人之间有效，而对第三人不发生效力，即保函对受让提单的包括收货人在内的任何第三人，不发生效力。由于保函对收货人无效，“腾飞”有权选择是追究托运人还是承运人的责任。

本案中，“腾飞”选择追究承运人的责任是合理的，也是可行的，因为被扣的承运人的船舶可以保证判决的执行，在海事纠纷实践中有关当事人也多是这样做的。

承运人应赔偿因其签发清洁提单给“腾飞”造成的损失，之后再通过保函从“卢记”获得补偿。

3. 依本案保险合同的规定，保险人的责任起讫是，“仓至仓”责任。

本案中，货物卸离海轮后，存放于港口所属仓库，该仓库并非收货人的最终仓库或储存处所，故在此情况下仓库的控制权属港口当局。被保险人在提货前既不能将货物运交任何其他仓库和储存处所，也不能对货物进行分配或发送，只有在提货后取得了对货物的现实控制权，才能进行转运、分配或发送。

依上述情况，存放于港口所属仓库的货物在最终卸货港从海轮完成卸货仅 3 日，远未超过 60 日的期限。可见，尚未提取的货物仍在保险责任期限内。

提单有控制权（物权）凭证作用，本案中“腾飞”持有提单，即享有提单项下的控制权。“腾飞”委托他人办理排港、报关、提货等手续，发生的是委托代理关系，不属转让提单的行为，提单仍属“腾飞”所有，提单项下的货物控制权也未转移，“腾飞”仍为被保险货物控制权人，具有可保利益。由于投保一切险，海潮属一切险范围内，对尚未提取并因海潮受损的 200 吨货物，保险公司应该赔偿。]

**案例 8-2：“仓至仓条款”争议案**

**案情简介**

原告：中国轻工业进出口公司（以下简称“中轻公司”）

被告：中国平安保险公司（以下简称“平安保险”）

中轻公司从国外进口化肥磷酸二氨，共计 21 150 公吨。5 月 10 日中轻公司对该批货物向平安保险公司投保了“一切险”（包括“仓至仓”条款），附加总量 0.5% 的短量险。在投保之前，中轻公司已与农垦公司订立了化肥转售合同。该合同约定：买方（农垦公司）自行办理化肥进口报关和提货 手续；中轻公司向农垦公司提供提货委托书、提单及相关的单据，在天津港交付全部货物。

货物于 8 月 11 日运至天津港，船上所载包括原告以及其他收货人的磷酸二氨全部卸入天津港码头仓库内。农垦公司凭提单及委托书代中轻公司向承运人提货，提取后的货物全部安全存入港区货棚。农垦公司又委托外运公司提货，并委托外运公司安排国内运输事宜，以便按委托人农垦公司要求分拨国内河北、吉林等地数个不同的农垦公司的新买主。分配、分送国内最终用户工作正常运作，于 8 月 31 日前已将 8 499. 9 公吨化肥分别运离天津港货棚，发往不同地区。然而，9 月 1 日特大海潮侵袭天津港，潮水浸泡港区货棚，致使尚未运离货棚的其余 12 401. 1 公吨化肥全部损失。原进口商中轻公司以货损属保险人责任范围和期限内为由，向平安保险公司索赔。

被告平安保险明确表示对该批货物的损失拒赔。平安保险认为，保险人的责任自货物到卸货港，收货人提货后运至其仓库。若提货后不运往自己的仓库，则保险责任至对货物进行分配、分派、分散转运时终止。同时认为，原告中轻公司于 4 月 20 日已将投保货物全部转卖给案外人农垦物资公司，并且在该批货物运抵天津港前已将提单转让，中轻公司因此失去了诉权和可保利益。

双方当事人经过一年多的争论毫无进展。于是，中轻公司在天津海事法院对平安保险提起诉讼。

**法院判决**

海事法院认为，港口仓库和货棚是港口作业区，并非收货人最后仓库。中轻公司在提货前无权干预港口作业，因而无法对货物实施分配、分派或转运。因此，海事法院作出判决：

被告赔偿原告货物因保险事故遭受的损失 1 087 191.75 美元；赔偿货物短量损失 3 407.59 美元；偿付上述款项的利息损失，偿付原告支付的施救费用人民币 50 522.29 元。

平安保险不服一审判决，向天津高院上诉，后经二审法院调解达成和解协议，除赔偿金数额有所改动外，其余内容与一审判决相同。

如何理解法院的上述判决？

[提示：这一争议案涉及问题较为复杂。学者和实务界对此的观点也存在分歧。大致可分为以下两种截然不同的观点：

第一种观点认为，港口仓库、货棚或储存处所所有权和出租权均为港口当局所有，不能视为被保险人用作分配、分派或转售场所，因而被保险人无法实施分配货物。港区货棚不能构成“非正常运输过程之外”的储存处所，故不应视为收货人的最后仓库，保险人应对海水浸泡化肥损失负责赔偿。换言之，认为该案货棚仍属于“仓至仓”正常运输过程范畴。因此，本案中货物的风险损失，保险人在合同项下的义务是不容推卸的。显然，这种观点与法院判决一致。

第二种观点认为，根据本案实情，依保险合同责任起讫和通行的国际保险惯例，港区货棚用作分配、转售事实证明，货棚应视为收货人的最后仓库，保险责任应该终止，故法院的判决有误。

第二种观点的理由：

第一，从被保险人与农垦公司签订的转售合同及转售合同条款约定的事实可以认定，港区货棚 并非正常运输的暂时性储存处所，而是非正常运送过程之外储存，故货棚应是中轻公司的最后仓库。

第二，中轻公司交付提单由第三人报关、提货及已分配、分派再次进一步处分货物，即转卖给新买主农垦公司的行为，证明被保险人即中轻公司已在该货棚 转售了全部货物。

分配、分送国内不同地点部分化肥的事实，同法院判决理由相悖，因而，中轻公司已将港区货棚作为实实在在的分配处所，故保险责任亦应终止。只要两者（60 天或分派）发生其一，则均会使保险责任立即终止。

天津高法调解后，保险人认赔，这并不能说明保险人的主张错误；也不能说明法院判决的公正性和正确性；更不能证明该案可作为日后国内类似争议案审理的典范。其理由是：

1. 中轻公司于 5 月 10 日与保险公司订立保险合同，但在此之前，中轻公司就以新卖主身份与农垦公司（新买主），签订了一份在天津港交接化肥的转售合同。合同规定，交货地点为天津港。很显然，天津港作为进口化肥合同的目的港，同时，又是国内转售合同的转卖、交接货物地点。

2. 将港区仓库或储存处所作为具体交付货物和用作转卖（指农垦公司再出售）为目的进一步分别转运、分拨的地点，是中轻公司主观同意及在转售合同中客观的约定。

上述转售合同交货地点（天津港）作为实质性的条款，在其合同中得到充分证实：新买主自行凭提单 等单据及委托书办理进口通关、提货。8 月 11 日，载货船舶安全抵达天津港后，中轻公司依据转售合同立即出具授权提货委托书，交付全套装运单据给农垦公司；农垦公司又委托外运代办提货、存仓、分配工作；外运公司提货存入码头货棚，随后又分别将其中 8 499.9 公吨货物发往国内不同用户。

从委托书授权提货和代办储运方式来看，似乎农垦公司仅作为中轻公司的代理人，而外运公司又受农垦公司委托行事。因此，似乎他们都在为中轻公司（收货人）服务。然而，鉴于转售合同在货物尚未装运、投保之前，早已订立的事实，以及前述合同条款和交付、转售货物方式的约定和安排，因此，不能简单地认为中轻公司和农垦公司是委托代理关系。而到货后，中轻公司必须签发一份委托授权提货书，交付提单及必要的单据，是转售合同约定中的重要事项之一，且作为履行转售合同和交付货物的前提条件。因而，委托书并不能证明中轻公司和农垦公司是纯粹的代理关系，而转售合同才能真正表明双方是买卖关系。当然，在报关、提货、存货过程中，一方面为了交付货物分配，农垦公司须据约定积极进行上述工作；另一方面，除了合同关系外，还有委托授权的代理关系因素。可以认为，两种关系交织在一起，而自货物进入货棚后并依合同交付之时起，农垦公司即成为独立的买主和货主。

依据以上分析，将港区货棚作为收货人最后仓库，是恰当的判断。

3. 从合同性质和特征看，中轻公司进口合同属于国际货物买卖合同。该合同由进口商中轻公司在国内投保，可推论该合同可能是 FOB 合同或 CFR 合同，二者必居其一。

通常情况下，这两种合同的性质，是凭单据（提单）交付货物。正本提单是物权凭证，占有提单等于占有货物，转让提单意味着转让物权。若中轻公司将提单交付并转让农垦公司后，农垦公司则成为合法的提单持有人。农垦公司不仅可获得对承运人交付货物的请求权，而且，可凭提单提货，进而完成对货物的实际占有，最终实现享有对货物的控制权或所有权。因此，倘若农垦公司持有的提单是经背书转让给他的，那么，中轻公司的委托书就毫无意义和效力。若仅仅是交付提单而没有背书转让，委托书仍有效力。这说明农垦公司是代表中轻公司报关、提货，具有代理意思。但结合转售合同综合分析此案，亦不能构成单纯的代理关系。尤其是在转让提单时，可以认为，货物物权已转让给新买主农垦公司了。故保险人将港区作为收货人的最终仓库证据更为充足。

4. 8 月 31 日前，农垦公司数次分别将 8 499.9 公吨化肥运离港区货棚，分发最终用户的事实表明：已将货棚用作分配、分派的储存处所；农垦公司处分部分货物的结果，依据国际惯例，它已经全部接受了整批货物，所有权转移给了农垦公司。因而中轻公司与平安保险公司之间的保险合同失效。所以，用作分配的场所使保险责任终止。显而易见，海水浸泡化肥的损害至少与原保险人无关。至于是中轻公司还是农垦公司承担这一风险，应据他们之间的买卖合同具体规定来划分，这就不是保险合同的问题了。

对于类似问题的处理，香港著名海商法专家杨良宜曾经说过："放在中途仓库，不进入目的港，有时因为转卖，有时因为目的港货仓没有地方而堆放在那里。如果出现了这种情况，保险公司就不希望保险再继续下去，因而在保单中作了相应规定。"此外，他又补充说："根据英国ICC第8.1.2.条（2）如果货物运到了目的港或目的港之外的地方其他仓库，是为了正常运送过程以外目的之暂时贮存（如在海船上卸下来入仓不是纯粹为等待下一程拖车），或者是为了分配或分派，那么货物一旦运到那个货仓，即使看来仍在途中，风险也算终止了。"

结合本案实情，货物运到了港区货棚是目的港货棚。存放的目的，显而易见并非是为进入最后仓库而进行的正常运送过程中的暂时性贮存，换言之，认定其为非正常运送过程的储存恰如其分。此外，本案货物不是放在中途，而是存放在目的港货棚，即使货棚并非保单载明收货人最终仓库（如果保单列明最后仓库时），亦由于收货人欲转卖，事实上将作为最后仓库，并将被用作，事实上后来存棚后也已将此处所用作分配、分派、转运、转售地点，因而保险责任应终止。]

**案例8-3：CIC条款"一切险"争议案**

**案情简介①**

原告：海南丰海粮油工业有限公司（以下简称"丰海公司"；被保险人）

被告：中国人民财产保险股份有限公司海南省分公司（以下简称"海南人保"）

1995年11月28日，丰海公司在海南人保投保了由印尼籍的"哈卡"轮所运载的自印尼杜迈港至中国洋浦港的4 999.85吨桶装棕榈油，投保险别为CIC"一切险"，货价为3 574 892.75美元，保险金额为3 951 258美元，保费为18 966美元。投保后，丰海公司依约向海南人保支付了保险费，海南人保向丰海公司发出了起运通知，签发了海洋货物运输保险单，并将海洋货物运输保险条款附于保单之后。

依据中国保险条款，"一切险"的承保范围除包括"平安险"和"水渍险"的各项责任外，海南人保还"负责被保险货物在运输途中由于外来原因所致的全部或部分损失"。该条款还规定了5项除外责任。

该投保货物是由丰海公司以CNF（CFR）条件向新加坡丰益有限公司（下称"丰益公司"）购买的。依买卖合同约定，发货人丰益公司与船东代理梁国际代理有限公司（下称"梁国际"）签订一份租约。该租约约定由"哈卡"轮将丰海公司投保的货物5 000吨棕榈油运至中国洋浦港，将另1 000吨棕榈油运往香港。同年11月29日，"哈卡"轮的期租船人、该批货物的实际承运人印尼PSI公司签发了编号为DM/YPU/1490/95的已装船提单。该提单载明船舶为"哈卡"轮，装货港为印尼杜迈港，卸货港为中国洋浦港，货物唛头为BATCH NO. 80211/95，装货量为4 999.85吨，清洁、运费已付。据查，发货人丰益公司将运费付给梁国际，梁国际已将运费付给PSI公司。同年12月14日，丰海公司向其开证银行付款赎单，取得了该投保货物的全套（3份）正本提单。同年11月23日至29日，"哈卡"轮在杜迈港装载31 623桶、净重4 999.82吨四海牌棕榈油起航后，由于"哈卡"轮船东印尼BBS公司与该轮期租人PSI公司之间因船舶租金发生纠纷，"哈卡"轮中止了提单约定的航程并对外封锁了该轮的动态情况。

① 最高人民法院指导案例52号：海南丰海粮油工业有限公司诉中国人民财产保险股份有限公司海南省分公司海上货物运输保险合同纠纷案，http：//www.court.gov.cn/shenpan-xiangqing-14250.htm。

为避免货物的损失，丰益公司、丰海公司、海南人保多次派代表参加“哈卡”轮船东与 期租船人之间的协商，但由于船东以未收到租金为由不肯透露“哈卡”轮的行踪，多方会谈未果。此后，丰益公司、丰海公司通过多种渠道交涉并多方查找“哈卡”轮行踪，海南人保亦通过其驻外机构协查“哈卡”轮。直至1996年4月，“哈卡”轮走私至汕尾被中国海警查获。根据广州市人民检察院穗检刑免字（1996）64号《免予起诉决定书》的认定，1996年1月至3月，“哈卡”轮船长埃里斯·伦巴克根据BBS公司指令，指挥船员将其中11 325桶、2 100多吨棕榈油转载到属同一船公司的“依瓦那”和“萨拉哈”货船上运走销售，又让船员将船名“哈卡”轮涂改为“伊莉莎2”号（ELIZA Ⅱ）。

1996年4月，更改为“伊莉莎2”号的货船载剩余的20 298桶棕榈油走私至中国汕尾，4月16日被中国海警查获。该20 298桶棕榈油已被广东检察机关作为走私货物没收上缴国库。1996年6月6日，丰海公司向 海南人保递交索赔报告书，8月20日丰海公司再次向海南人保提出书面索赔申请，海南人保明确表示拒赔。丰海公司遂诉至海口海事法院。

丰海公司是海南丰源贸易发展有限公司和新加坡海源国际有限公司于1995年8月14日开办的中外合资经营企业。该公司成立后，就与海南人保建立了业务关系。1995年10月1日至同年11月28日（本案保险单签发前）就发生了4笔进口棕榈油保险业务，其中，3笔投保的险别为“一切险”，另1笔为“一切险附加战争险”。该4笔保险均发生索赔，其中有因为“一切险”范围内的货物短少、破漏发生的赔付。

**一审法院判决**

海口海事法院于1996年12月25日作出了（1996）海商初字第096号民事判决：

一、海南人保应赔偿丰海公司保险价值损失3 593 858.75美元；

二、驳回丰海公司的其他诉讼请求。

宣判后，海南人保提出上诉。

**二审法院判决**

海南省高级人民法院于1997年10月27日作出了（1997）琼经终字第44号民事判决：

撤销一审判决，驳回丰海公司的诉讼请求。

丰海公司向最高法院申请再审。

**最高法院判决**

最高法院于2003年8月11日以（2003）民四监字第35号民事裁定，决定对本案进行提审，并于2004年7月13日作出（2003）民四提字第5号民事判决：

一、撤销海南省高级人民法院（1997）琼经终字第44号民事判决；

二、维持海口海事法院（1996）海商初字第096号民事判决。

试分析该案例。

（提示：中国海上运输货物保险中的“一切险”，除了包括“平安险”和“水渍险”的各项责任外，还包括被保险货物在运输途中由于外来原因所致的全部或部分损失。在被保险人不存在故意或过失的情况下，因保险合同中除外责任条款所列明情形之外的其他原因，造成被保险货物损失的，可认定属于导致被保险货物损失的“外来原因”，保险人应承担运输途中由该外来原因所致的一切损失。）

## 复习思考题

1. 试述平安险的承保责任范围及其含义。
2. 为什么说“平安险”或“单独海损不赔”的叫法不准确？
3. 试述水渍险和一切险的承保责任范围。
4. 平安险、水渍险和一切险有哪些区别与联系？
5. 举例说明中国海运货物保险条款规定的被保险人义务有哪些？
6. 举例说明中国海运货物保险条款基本险的责任起讫。
7. 被保险人如何处理向保险人与向承运人索赔的时效问题？
8. 简述海洋运输货物战争险与罢工险的承保责任范围。
9. 出口商在什么情况下可投保“卖方利益险”？

# 第九章 伦敦保险协会海运货物保险

本章学习重点

英国是世界保险中心，它所制定的保险条款，特别是海运货物保险条款对世界各国的保险业产生了深远影响，并在各国的保险实务中得到广泛应用。包括中国在内的许多国家的贸易商，在国际贸易中也较多地采用英国保险条款。因此，读者在研读本章的过程中应重点掌握以下内容：

1. ICC2009（A）、ICC2009（B）和 ICC2009（C）承保风险的内容及其含义；
2. ICC2009（A）、ICC2009（B）和 ICC2009（C）的除外责任内容及其含义；
3. MIA1906 与 ICC2009 的关系；
4. ICC2009 恶意损害险的承保责任范围；
5. ICC2009（A）、ICC2009（B）和 ICC2009（C）承保风险的区别；
6. ICC2009 中“保险期间”“索赔”“保险的利益”“减少损失”“防止迟延”和“法律与惯例”的含义。

在中国的国际贸易中，进出口货物的保险通常采用中国保险条款。但应国外商人的要求，也可采用国际保险市场上通用的伦敦保险协会货物条款（简称“协会货物条款”，Institute Cargo Clauses，ICC）或对方国家的保险条款。长期以来，“协会货物条款”在国际保险市场上应用十分广泛，并具有深远的影响。据统计，在全世界范围内约有 2/3 的国家，其中在发展中国家约有 3/4 的国家都在采用“协会货物条款”。为了与国际保险市场保持联系，并与国际惯例接轨，本章对伦敦保险协会的货物保险条款进行详细的论述。

## 第一节 伦敦保险协会货物保险条款简介

在世界海运保险中，英国保险业历史悠久，业务发达。长期以来，它所制定的各种保险规章制度，特别是海运保险单格式和保险条款，对世界各国的保险业务有着广泛和深远的影响。目前，世界上有很多国家在海上保险业务中直接采用了英国伦敦保险协会所制定的“协会货物条款”。还有一些国家在制定本国保险条款时，参考或部分地采用了上述条款。

### 一、协会货物保险基本条款

英国“协会货物条款”最早制定于 1912 年，它是为补充或修正沿用已久、内容陈旧、用语古老过时的“船、货保险单”（The S. G. Policy Form，1779，以下简称为“S. G. 保险单”）而制定的。因此，旧的“协会货物条款”是“S. G. 保险单”的主要组成部分。为适应不同时期法律、判例、商业、贸易、航运等方面的变化和发展，“协会货物条款”需要经常进行修订和补充。如1963年曾进行过修订和补充，但基本上仍维持1912年的内容，只是文字上稍有润饰，仍然与“S. G. 保险单”配合使用。为保持英国在世界上的保险中心地位，英国于1981年对ICC进行了修订，并自1982年1月1日起在伦敦保险市场上开始使用。根据伦敦保险协会的规定，“S. G. 保险单”和旧的“协会货物条款”已于1983年3月31日起在伦敦保险市场上停止使用，1983年4月1日起改用新的海上保险单格式（The New Marine Policy Form 或 The Lloyd's Marine Policy）和新的“协会货物条款”（Institute Cargo Clauses，1982）。

新的海上保险单格式比较简单、清晰。其内容除包括前言（Preamble）及签字（Signing）外，还有一张表格，以供记载下列内容：① 保险单号码（The Policy Number）；② 被保险人名称及船舶名称（The Names of the Assured and the Vessel）；③ 保险航程或保险期间（The Voyage orPeriod of Insurance）；④ 保险标的及其约定价值（若有约定的话）（The Subject Matter Insured and its Agreed Value-If Any）；⑤ 保险金额（The Amount Insured）；⑥ 保险费（The Premium）；⑦ 附加条款及批单（Clauses and Endorsements to be Attached）；⑧ 其他特约条件或担保（A “Catchall” of Special Conditions and Warranties）。新的海上保险单与“协会货物条款”配合使用。

2009年，英国又对ICC 1982予以修订。ICC2009扩展了保险责任起讫，对保险人援引免责条款作出了限制，对条款中易于产生争议的用词作出了更加明确的规定。新条款中的文字和结构等也更加简洁、严密，便于阅读和理解。

“协会货物条款”（ICC2009）具有下列特点：

（一）主要险别条款的名称改用英文字母表示

ICC自1982年起，取消了“单独海损不赔”（即FPA平安险）、“负责单独海损”（即水渍险WA）及“一切险”（即AR）的名称，而代之以“协会货物条款A”［ICC（A）］、“协会货物条款B”［ICC（B）］及“协会货物条款C”［ICC（C）］。ICC2009继续保持这一特点。这一改变，革除了旧条款的名称与内容不一致、易使人们产生误解的弊端。例如，从文字表面上看，“一切险”（AR）是承保一切险，易使人误解为在这一险别下，保险人对任何风险损失均负责赔偿，但实际上它并非承保一切保险事故，故改为ICC（A）；“负责单独海损”实际上常有免赔额（率）的限制，其损失非达到一定金额或比例，虽因保险事故所致，但保险人仍不赔偿（但已投保“IOP，Irrespective of Percentage”的，不在此限），故改为ICC（B）；“单独海损不赔”易使人误解为保险人对任何单独海损都不负责赔偿，但实际上若因载货船舶或驳船搁浅、沉没、碰撞、火灾、爆炸，或在避难港卸货等事故发生而造成的单独海损，仍予赔偿，故改为ICC（C）。

（二）承保责任采用“列名风险”和“一切风险减除外责任”两种方式

除了个别险别以外，ICC自1982年起，均采用“列名风险”和“一切风险减除外责任”的方式表示保险人的承保责任。例如，ICC2009（A）就是采用“一切风险减除外责任”，即除了“除外责任”项下所列风险保险人不予负责外，其他风险均予负责；ICC2009（B）、ICC2009（C）以及战争险与罢工险则采用“列名风险”，即在条款的开头就开宗明义地把保险人所承保的风险一一列出。

（三）取消了“全部损失”与“部分损失”的划分

ICC自1982年起，条款对保险人承保的风险损失，不再作全部损失与部分损失的划分。按ICC条款，凡属承保责任范围内的损失，不论是全部损失还是部分损失，保险人均负赔偿责任；反之，凡不属承保责任范围内的损失，不论损失程度如何，保险人均不负责。这一改变，简化了对保险人承保责任的规定，使各种险别的承保责任范围比较明确，避免了不同险别的承保责任范围相互交叉重叠的弊端。但条款ICC（B）第1.3条对吊索损害（Sling Loss）承保责任的规定是：“货物在船舶或驳船装卸时落海或跌落造成任何整件的全损。”这是一个例外。

（四）结构统一，体系完整，语言简练

ICC条款各种险别条款的条文，均按问题的性质作统一的分类排列，体系完整，语言简练。ICC的各种险别条款，除了作为附加险的“恶意损害险条款”之外，均包括八项内容，即承保范围（Risks Covered）、除外责任（Exclusions）、保险期间（Duration）、索赔（Claims）、保险的利益（Benefit of Insurance）、减少损失（Minimizing Losses）、防止迟延（Avoidance of Delay）及法律与惯例（Law and Practice）。在上述八项内容中，除了前三项之外，其他五项在ICC（A）、ICC（B）、ICC（C）以及战争险和罢工险中都是完全相同的。由于战争险和罢工险也完整地包括了上述八项内容，因而也可以独立投保，无须作为特殊附加险加保于基本险中。

（五）险别的差距扩大，险别的划分容易

旧的ICC（WA）与（FPA）两种险别差距较小，极易混淆，ICC自1982年起，ICC（A）、ICC（B）及ICC（C）险别的差距较大，而且容易划分。

伦敦保险协会海运货物保险基本条款主要分为五种，即ICC（A）、ICC（B）、ICC（C）以及战争险和罢工险。恶意损害险属于附加险，不能独立投保，只能在基本险的基础上加保。

此外，还有协会邮递战争险条款（Institute War Clauses-Sending by Post）协会空运货物险条款（不包括邮递）（Institute Cargo Clauses-Air，Excluding Sending by Post）、协会空运货物战争险条款（不包括邮递）（Institute Cargo Clauses-Air Cargo，Excluding Sending by post）及协会空运货物罢工险条款（Institute Strikes Clauses-Air Cargo）。

## 二、ICC2009的主要变化

2009年1月1日版本的伦敦协会货物条款（简称ICC2009），与ICC1982相比较有以下几点变化。[①]

（一）除外责任条款取消了副标题

ICC1982的除外责任条款下分别列有副标题，如第4条除外责任的副标题为“一般除外责任”；第5条除外责任为“不适航和不适货除外责任”；第6条除外责任为“战争除外责任”及第7条除外责任为“罢工除外责任”。而ICC2009的除外责任条款删除了副标题，直接表示为“除外责任4、5、6和7”。其原因是副标题所表示的意思很难与除外责

① 参考王莹.2009伦敦协会货运险条款较1982年版的变化［J］.上海保险，2009（7）。

任的内容完全相符。为了避免产生歧义，ICC2009 的除外责任条款不再加注副标题。

（二）用词更加准确

ICC2009 将 ICC1982 的部分关键词予以更换，使其意思表达更加准确。例如，"servant"（雇员）更换为"employee"（受雇人）；"underwriter"（承保人）更换为"insurers"（保险人）；"goods"（货物）更换为"subject matter insured"（保险标的）等。

（三）条款表述更加清楚

ICC1982 中的个别条款的表述沿袭了 ICC1963 的表述，其条款晦涩，意思不好理解。ICC2009 对此予以修改，使之意思表述更加清楚。例如，"Both to Blame Collection Clause"（船舶互有责任碰撞条款）的修改。

（四）除外责任变化较大

与 ICC1982 相比较，ICC2009 的除外责任发生了较大变化，其变化表现为以下几点：

（1）第 4.3 条对保险标的包装或配装不足或不当作出了更为细致的规定。该条明确了该除外条款仅适用于下列两种情况：一是保险标的的包装或配装是由被保险人或其受雇人完成；二是保险标的的包装或配装是在保险单责任开始前完成。因此，该规定缩小了包装的除外责任的范围（如独立的码头业者等第三人所做的包装，不视为除外责任范围），更有利于被保险人；同时该条明确了包装"不足"或"不当"的标准是"无法承受运输途中发生的通常的事故"（to withstand the ordinary incidents of the insured transit）。另外，还删除了"大型海运箱"（lift-van），因为"大型海运箱"无论从法律角度还是从贸易角度都无法达成一个统一的概念；同时将"雇员"一词更换为"employee"，代替了 ICC1982 的"servant"，并规定"受雇人"并不包括"独立合同人"（independent contractor）。

（2）第 4.5 条关于"迟延除外责任"的规定，删除了"proximately"（直接）这一用语，即若发生迟延的事实，则属于 ICC2009（A）规定的除外责任范围，而无需再区分该损失或费用是否直接或间接由迟延引起的。

（3）第 4.6 条关于"经营人破产或不履行债务"的规定对保险人援引该除外条款作出了限制，更有利于被保险人。与 ICC1982 相比较，保险人的免责情况仅适用于在保险标的装上船舶时，被保险人知道或应当知道承运人等破产或不履行债务会导致航程被取消。另外，该款明确规定本条的除外责任不适用于当保险合同已转让给另一方，即另一方已经善意购买或同意购买保险标的且受保险合同约束的情况。这种情况是指，在 CIF 或 CFR 货物买卖合同中，卖方租船或订舱，在装船的时候卖方的确知道了船东或承运人破产或经营不善，若船舶在航行中因破产或不履行债务而导致货物损失或产生相关费用，最终受害者可能是无辜的提单或保险单持有人买方。依 ICC2009 的规定，保险人不能免除赔偿责任。这一新变化对中国的 CIF 或 CFR 进口货物是一个有利的改变。

（4）第 4.7 条关于"核战争武器除外责任"的规定有两点显著变化：一是规定"直接或间接造成"（directly or indirectly caused by or arising from），代替了 ICC1982 的"造成"（Arising From），即明确认定造成损失的原因无论是直接还是间接，都属于除外责任，扩大了因果关系认定的适用。二是规定"武器或设备"（Weapon or Device），代替了 ICC1982 的"战争武器"（Weapon of War），即扩大了武器除外责任的范围，除外的情况既包括战争武器，也包括其他非战争武器，既包括武器，也包括普通设备，如核电厂、核试验导致的损失也属于除外承保范围。

（5）第5条是关于“不适航和不适货除外责任”的规定。ICC2009 第5条有以下几点变化：① 删除了“大型海运箱”（lift-van）的规定；“受雇人”由“servant”，更换为“employee”，原因如前所述。② 强调了集装箱或运输工具不适货而导致除外责任的情况仅适用于：装货在本保险生效前已经开始操作，或被保险人或其受雇人在货物装船时已经知道上述情况。③ 明确若收货人根据本保险向保险人提出索赔，“不适航和不适货除外责任”规定则不再适用，即作为善意的第三方收货人，保险人不得援引不适航和不适货除外责任予以抗辩。④ ICC1982 第5.2 条规定，保险人放弃船舶适航和适货的默示保证，前提条件是被保险人或其雇员不知情。而 ICC2009 第5.3 条则规定，保险人放弃船舶适航和适货的默示保证，无论被保险人或其受雇人是否知情。由此可见，ICC2009 第5条对保险人援引该除外责任条款作出了很多限制，提高了对善意保险单受让人的保护程度，同时也使得保险人以此条款抗辩的难度增加。

（6）第7条关于“罢工和恐怖主义除外责任”的规定，ICC2009 有两点显著变化：① 对“恐怖主义”行为作出新的界定，即“恐怖主义行为，或与恐怖主义行为相联系，任何组织通过暴力直接实施的旨在推翻或影响法律上承认的或非法律上承认的政府的行为”。② 将“任何人出于信仰或宗教目的实施的行为”也纳入除外责任。因此，该除外责任条款的范围比 ICC1982 有所扩大。

（五）扩展了保险责任起讫的期限

ICC2009 在第8条的“运输条款”中，将保险责任的起点扩展为“自保险标的为了开始运输而立即搬运至运输车辆或其他运输工具的目的，在仓库或储存处所（本保险合同载明的地点）开始搬移时生效……”。而 ICC1982 的保险责任的起点则为“保险责任于货物运离仓库或储存处所开始运输时生效……”。

就保险责任终点而言，ICC2009 列明了四个可能的终点，以最先发生者作为保险责任的实际终点。而 ICC1982 则规定了三个可能的终点，以最先发生者作为保险责任的实际终点。对于各自列明的前两个终点，ICC2009 强调是“完成卸货”，而 ICC1982 则是强调“运到”，显然 ICC2009 扩展了 ICC1982 的终点，这对被保险人更为有利。此外，ICC2009 多出来的一个终点是，“被保险人或其受雇人在正常运输过程之外选择任何运输车辆或其他运输工具或集装箱储存货物”，这是限制被保险人或其受雇人在非正常运输过程中的临时仓储。

（六）“航程变更”的变化

第10条关于“航程变更”的规定，ICC2009 有两方面的变化：一是考虑了发生航程变更后的实际操作问题，对“仍然有效”作出了一些限制，即有可能被保险人虽然已经通知保险人变更情况，但还未与保险人就变更后的条件最终达成一致时就发生了保险事故。在这种情况下，只有在保险费率和保险条件符合合理的商业市场行情的情况下，保险单才会仍然有效。二是规定在被保险人或其受雇人不知道运输保险标的的船舶驶向非保险单载明的另一目的地时，保险单仍然被视为在本保险合同规定的航程开始时生效。此项规定加大了对善意被保险人利益保护的力度。

（七）扩大了被保险人的范围

ICC2009 第 15 条“Benefit of Insurance”（保险受益），取代了 ICC1982 第 15 条的“Not to Inure Clause”（不生效条款或无受益条款），并将被保险人的范围扩大到包括收货人，即“本保险保障被保险人，包括根据本保险合同提出索赔的人或收货人”。

## 三、MIA1906 与 ICC2009（A）、ICC2009（B）、ICC2009（C）的关系

MIA1906 与“The S. G. Policy”一样，将“危险事故”称为“Perils”，而协会货物保险条款则将“危险事故”称为“Risks”，名称虽异，但 MIA1906 所规定的原则对 ICC（A）、ICC（B）、ICC（C）同样适用。

（一）近因（Proximate Cause）原则的适用

MIA1906 第 55 条第 1 款规定：“除本法另有规定，或保险单另有约定，保险人对承保风险作为近因而导致的任何损失，均负赔偿责任；保险人将不对承保风险并非近因而导致的任何损失承担保险责任。”因此，近因原则在解释协会货物保险条款时，一般可以适用。但 ICC 各险中凡规定有“Proximately Caused by”或“Caused by”才可适用近因原则，如为“Reasonably Attributable to”则不适用近因原则。

（二）法定除外责任的适用

MIA1906 第 55 条第 2 款所列的法定除外责任（The Statutory Exclusions），对于新的海上保险单及 ICC（A）、ICC（B）、ICC（C）仍然适用。因此，现在观察除外责任时，除了 ICC（A）、ICC（B）、ICC（C）所列举的除外责任之外，还须加上 MIA1906 第 55 条第 2 项所列举的三种情况：① 因被保险人故意不法行为而发生的损害，保险人不负赔偿责任；② 除保险单另有约定外，对于因迟延而引起的任何损失，船舶或货物的保险人不负赔偿责任，尽管该项迟延是由承保风险所致；③ 除保险单另有约定外，保险人对于自然损耗及撕裂（Ordinary Wear and Tear）、正常渗漏及破损（Ordinary Leakage and Breakage）、保险标的固有瑕疵或特性（Inherent Vice or Nature of the Subject Matter Insured），或任何因鼠咬虫蛀所直接引起的损害（Any Loss Proximately Caused by Rats or Vermin），或任何非海上危难所直接引起的机器损坏，均不负赔偿责任。

## 四、新海上保险单的准据法条款

解释协会保险基本条款（包括 ICC 所列的保险事故）时，必须适用 MIA1906 及其他英国判例法（Case Law）。新海上保险单中订有“本保险受英国法律及惯例管辖”（This insurance is subject to English Law and Practice），该条款称准据法条款。准据法条款旨在提供不同的管辖法院在解释协会保险基本条款时相同的准则，使之能对相同的条款采取相同的解释，不因管辖法院的国家不同而适用不同法律，从而避免了法律解释上的差异。

准据法条款与管辖法院条款不同，后者的作用在于约定承办审理的管辖法院，例如，新海上保险单上均载有由英国法院管辖（Subject to English Jurisdiction）的条款文字，它是指基于协会货物保险基本条款而订立的保险合同，发生诉讼纠纷时，由英国法院管辖。但这种管辖法院条款得以当事人的合意删除更改。更改时，须另约定管辖法院，但更改并不影响解释协会货物保险基本条款，即仍应适用英国 MIA1906 或其判决先例。

# 第二节　伦敦保险协会海运货物保险条款的承保风险

## 一、ICC2009（A）、ICC2009（B）和 ICC2009（C）承保风险概述

现将 2009 年伦敦保险协会海运货物保险条款的承保风险以表 9-1 予以概述。

表 9-1　　ICC2009（A）、ICC2009（B）和 ICC2009（C）的承保风险

| 类别 | 条款序号 | 条款内容 | 备注 |
|---|---|---|---|
| ICC（A）<br>承保风险 | ICC（A）§1~§3 | §1　风险<br>本保险承保除了第 4、5、6 和 7 条规定的除外责任以外的保险标的的灭失或损坏的一切风险。 | ICC（A）的承保风险是 ICC（A）§1 - §3 减去 ICC(A) §4- §7。 |
| | | §2　共同海损<br>本保险承保依运输合同及（或）应适用的法律与惯例所理算或确定的，为避免或与避免任何原因导致的有关引起共同海损和救助费用的损失，但不包括第 4、5、6 和 7 条的除外责任。 | |
| | | §3　船舶互撞责任条款<br>本保险赔偿被保险人根据运输合同的船舶互有责任碰撞条款，由被保险人就承保风险应承担的责任。在上述条款下若承运人向被保险人提起索赔，被保险人同意通知保险人，保险人有权自负费用为被保险人就此项索赔抗辩。 | |
| ICC（B）<br>承保风险 | ICC（B）§1~§3 | §1　风险<br>本保险承保下列风险事故所引起的损失，但因第 4、5、6 和 7 所列的风险事故造成的损失，不在此限。<br>1.1　保险标的的灭失或损害可合理归因于下列原因者：<br>1.1.1　火灾或爆炸。<br>1.1.2　船舶或驳船触礁、搁浅、沉没或倾覆。<br>1.1.3　陆上运输工具倾覆或出轨。<br>1.1.4　船舶、驳船或运输工具同水以外的任何其他外界物体的碰撞或触碰。<br>1.1.5　在避难港卸货。<br>1.1.6　地震、火山爆发或雷电。<br>1.2　保险标的的灭失或损害由于下列原因造成者：<br>1.2.1　共同海损的牺牲。<br>1.2.2　投弃或浪击落海。<br>1.2.3　海水、湖水或河水进入船舶、驳船、船舱、运输工具、集装箱或储存处所。<br>1.3　货物在装卸船舶或驳船时落海或跌落导致整件货物的全损。 | |
| | | §2 同 ICC（A）的 §2。<br>§3 同 ICC（A）的 §3。 | |

续表

| 类别 | 条款序号 | 条 款 内 容 | 备注 |
|---|---|---|---|
| ICC（C）<br>承<br>保<br>风<br>险 | ICC（C）<br>§1~§3 | §1 风险<br>除§4、5、6、7所规定的除外责任以外，本保险承保：<br>1.1 保险标的的灭失或损害可合理归于下列原因者：<br>1.1.1 火灾或爆炸。<br>1.1.2 船舶或驳船遭受搁浅、触礁、沉没或倾覆。<br>1.1.3 上运输工具的倾覆或出轨。<br>1.1.4 船舶、驳船或运输工具同除水以外的任何外界物体碰撞或接触。<br>1.1.5 在避难港卸货。<br>1.2 保险标的的灭失或损害由下列原因造成者：<br>1.2.1 共同海损的牺牲。<br>1.2.2 投弃（或抛货）。 | |
| | | §2同ICC（A）的§2。<br>§3同ICC（A）的§3。 | |

## 二、与ICC2009（A）、ICC2009（B）和ICC2009（C）有关的基本用语解释

由于ICC2009（A）、ICC2009（B）和ICC2009（C）三种险别的承保风险范围和除外责任大小不同，因而它所使用的各种用语的含义也有差异。为使被保险人或投保人根据实际情况的需要选择适当的险别，现将与ICC2009（A）、ICC2009（B）和ICC2009（C）三种险别有关的基本用语解释如下。

### （一）单独海损（Particular Average）

单独海损一词，尽管在ICC2009（A）、ICC2009（B）和ICC2009（C）三种险别中均未提及，但在海上保险实务中还是使用的。它是指因承保风险直接造成保险标的发生部分损失，而且该损失并非是共同海损而引起的。

### （二）共同海损（General Average）

根据MIA1906第66条的规定，共同海损是指在海难时，为避免财物遭受共同危难的损害而有意地、合理地作出特别牺牲或支出特别费用。在货物保险中，共同海损损失包括全部或部分损失，在ICC2009（A）、ICC2009（B）和ICC2009（C）中，除了“除外责任”或其他条款的不保责任外，对共同海损损失予以承保。

共同海损的损失包括共同海损的牺牲和共同海损的费用。在货物保险中，前者是指共同海损行为而使保险标的被投弃入海直接造成的损失，后者是指船、货及运费遭遇共同危险时，为了解除危险，船长及其他人为保险标的所支出的非常费用，如将船舶驶入避难港而发生的引水费、驳船费及卸货费等。保险人对共同海损的牺牲和费用予以负责，并对因共同海损应分摊的责任给予赔偿。

（三）实际全损（Actual Total Loss）

在货物保险中，实际全损包括下列几种情况：货物全部被毁损（Completely Destroyed）、货物所有权被完全剥夺而且不可能回复（Irretrievably）、货物完全丧失其原有属性或用途，以及载货船舶被宣布为失踪（Has been Posted as “missing”）。ICC2009（A）、ICC2009（B）和ICC2009（C）三种险别中，只要属于承保范围内的实际全损，保险人予以负责。

（四）推定全损（Constructive Total Loss）

货物虽非全部灭失，但由于风险事故的发生，对被保险人来说，完成航程且于目的地交付货物已经不切实际，被保险人宁愿放弃货物所有权，将其委付给保险人，基于“推定全损”要求保险人赔付全部保险金额。MIA1906 第 61 条规定，在发生推定全损时，被保险人可以将损失以部分损失处理，也可以把保险标的委付给保险人，将该损失作为实际全损请求保险人赔偿。

ICC2009（A）、ICC2009（B）和ICC2009（C）在第 13 条对推定全损作了如下的规定：“本保险不负推定全损责任，除非保险标的的实际全损看起来不可避免，或恢复、修复和续运保险标的至保险目的地的费用将超过其抵达时保险标的本身的价值，经对保险标的合理委付的情况下，可按推定全损赔偿。”因此，被保险人基于推定全损而要求保险人赔偿损失时，必须将委付的意思通知保险人，以使保险人作出是否接受的决定，以及有时间减少或防止损失的进一步发生。

若保险人接受委付，则必须赔付被保险人的全部损失，并取得标的的所有权，但同时也承担了因标的而产生的义务。因此，在实务中保险人大多拒绝被保险人的委付，甚至提出诉讼，以避免被视为接受委付。为杜绝或防止因委付而发生纠纷，ICC2009（A）、ICC2009（B）和ICC2009（C）均在第 17 条中规定了“放弃条款”（Waiver Clause）：“被保险人或保险人为了施救、保护或恢复保险标的所采取的措施，不应视为放弃或接受委付的表示，或其他方面损害任何一方的权益。”该条款旨在强调保险双方的权利不因诉讼或其他行为而受到影响。

（五）被保险人发生的费用

在海上货物运输中，可能会发生各种不同的费用，保险人对于发生在运输中的正常费用一般不予赔偿，但对于与请求理赔损失有关的费用或因防止标的损失所发生的有关费用等，属于保险人的承保范围。这些费用通常有如下几种：

1. 特别费用（Extra Charges）

特别费用在 MIA1906 中称为“Particular Charges”。特别费用包括“鉴定费”（Survey Fee）以及“修理费用”（Reconditioning Costs）等，不论是因单独海损还是因共同海损所引起的这些费用，均属承保范围的损失，保险人应予负责。但特别费用的损失与保险标的的损失，理赔时两者之和不得超过保险金额。

2. 施救费用（Sue and Labour Charges）

施救费用，亦称诉讼及营救费用或防止损害费用。“S. G. 保险单”中订有“Suing and Labouring”条款，依照该条款的规定，保险人对于被保险人，为防止在保险责任范围的事故中货物的灭失或损坏所支付的特别费用，应予赔偿。该条款是根据 MIA1906 第 78 条的“施救条款”规定而制订的，该条款规定被保险人因采取合理措施防止货物灭失或损坏，而支出的费用，保险人必须赔偿，并且这些费用是在保险金额之外的，即保险人即使赔付了标的的全部损失，该费用仍然应予赔偿。ICC2009（A）、ICC2009（B）和ICC2009（C）中并没有订立“Sue and Labour Charges”条款，但在其第16条中订有以下条文：“当发生本保险承保的损失，被保险人及其受雇人或代理人有义务：①采取合理措施，以避免或减少这种损失。②保证适当地维护和行使对承运人、受托人或其他第三者追偿的一切权利。保险人除负责赔偿承保责任内的任何损失外，还应偿付被保险人履行上述义务所产生的任何适当和合理的费用。”该条规定旨在提请被保险人注意，在运输中因保护货物或防止、减少货物损失而支付的合理费用，保险人将予以赔偿；同时要求被保险人对承运人、受托人或其他第三者行使损害赔偿请求权，以保全保险人的代位追偿权。

3. 继续运送费用（Forwarding Charges）

保险人是否应承担继续运送费用，曾引起过争议，为此ICC2009（A）、ICC2009（B）和ICC2009（C）在第12条作出了如下规定：“若由于本保险承保的风险，致使承保的运输在保险标的依据本保险承保的以外的港口或地点终止，保险人将补偿被保险人因卸货、存仓和续运保险标的至保险单所载明的目的地而适当与合理发生的额外费用。本条不适用共同海损和救助费，并须受上述第4、5、6和7条所包含的除外责任的约束，但不包括因被保险人或其受雇人的过失、疏忽、破产或不履行债务而引起的费用。”

对于该条的规定，应特别注意以下两点：

第一，必须是因承保风险而造成货物运输于保险单载明的目的地以外的其他地点或港口终止；

第二，保险人只对该条除外责任以外原因所产生的额外费用予以赔偿。

（六）共同海损及救助费用的分摊

共同海损发生后，被保险人必须参与损失分摊。因共同海损而牺牲的货物，由于其本身作为共同海损被赔偿的价值，因而也参与共同海损的分摊。保险的承保责任范围，原则上是全部分摊额，但当保险金额与摊付金额不等时，保险人对共同海损分摊额所应付的赔偿金额，则须按比例计算。

MIA1906规定，保险人仅对保险事故所引起的共同海损负赔偿责任；ICC2009（A）、ICC2009（B）和ICC2009（C）进一步规定保险人对所有共同海损的分摊额，均应予以负责，但属于除外责任者不在此限。若有不足额投保者，保险人所应赔偿的数额同样应依其不足的保险金额比例扣除。

当救助费用应由船舶和所载货物负担时，所有因救助而获益的当事人（包括船方、货方）的应分摊额以救助费用总额为基础，按各自被救财产价值与被救全部财产价值的比例确定。被保险货物的分摊额的确定与共同海损分摊额的确定相同。所不同的是，被救货物分担价值是以救助完成时的价值为准，而不以货物到达目的港时的价值为准。至于救助费用，保险人对被救货物分担的部分给予负责，其情形与前述的共同海损相同。另外，由于共同海损与救助费用问题都规定于ICC2009（A）、ICC2009（B）和ICC2009（C）第2条之中，其除外责任的规定，对共同海损和救助费用都有相同的适用性。

（七）船舶碰撞（Collision Liability）

一般情况下，在货物保险中，保险人承保的范围不包括被保险人对第三者应承担的法律责任。但在海上货物运输中，若载货船舶与他船互有过失相撞，则有可能出现承运人（载货船船东）对货主因船舶碰撞而导致的货物损失免除责任，而货主则有可能须因此承担补偿承运人的责任。这就是有些海运提单或运输合同中的“船舶互撞责任”条款（Both to Blame Collision Clause）的规定。现将该条款与货物保险的关系作如下说明：

1. 承运人因其船长、船员或其他受雇人在驾驶或管理船舶中的过失导致运载货物灭失或损坏，依有关法规（如海牙规则）或依提单约定可以免除责任。

2. 在这种情况下，货物保险人则须对被保险人（货主）负赔偿责任。

3. 该货物保险人理赔货主后，代位货主对发生船舶碰撞的他船，基于侵权行为的理由行使货物损失百分之百的代位追偿权。

4. 该他船对载货船舶按双方过失比例行使内部（两相撞船舶）分担求偿权。这样一来，本来载货承运人依有关法规或依提单约定可以对本船货主的货损免责，反而因他船的分担求偿变得无法免责。

5. 载货承运人将与之相撞的他船的因连带责任赔偿货物保险人的一部分责任求偿又转向货主，要求货主予以补偿。

在海上运输中，有些国家，如美国法律规定，两船相撞对于货主的损失采取连带责任制，因而对承运人不利，为此承运人在运输合同或提单中订立“船舶互撞责任”条款，约定承运人在向他船赔偿时，可以转向托运人或货主要求补偿。其结果是，货主从保险人获得的保险赔偿金额，又须补偿承运人。为保护货主的利益，并兼顾“船舶互撞责任”条款，ICC2009（A）、ICC2009（B）和ICC2009（C）在第3条作了如下规定：“本保险负责赔偿被保险人根据运输契约订有船舶互撞责任条款的规定而由被保险人就承保风险应承担的责任。在上述条款下，若承运人向被保险人提出任何索赔，被保险人同意通知保险人，保险人有权自负费用为被保险人就此项索赔提出抗辩。”

## 三、ICC2009（A）、ICC2009（B）和ICC2009（C）的承保风险及其含义

### （一）ICC2009（A）的承保风险及其含义

如前所述，ICC2009（A）对其承保风险的规定采取“一切风险减除外责任”的方式，并未列举具体承保风险的名称。因此，只需弄清楚它的“除外责任”，便不难理解其所承保的风险及其含义。关于ICC2009（A）的“除外责任”将在下一节中详细论述。

### （二）ICC2009（B）和ICC2009（C）的承保风险

ICC2009（B）和ICC2009（C）对承保风险的规定采取列明风险的方式。这种方式对被保险人来说，承保风险十分明确、肯定，便于被保险人（或投保人）选择适当的险别；对保险人来说有利于处理保险索赔。但这些承保风险，按其适用原则的不同，又可分为两大类：

1. 适用近因原则：只有当此类承保风险是导致保险标的（货物）灭失或损害的近因时，保险人才予以赔偿。

2. 适用合理归因原则：此类承保风险不适用近因原则，只要保险标的（货物）的灭失或损害可“合理归因于”这些承保风险，保险人就负赔偿责任。

现将ICC2009（B）和ICC2009（C）所承保的风险，按适用原则的不同，列表（表9-2）如下，以利对比。

表9-2　　ICC2009（B）和ICC2009（C）承保风险比较

| 适用原则 | 承保风险内容 | ICC 2009（B） | ICC 2009（C） |
|---|---|---|---|
| 适用合理归因原则 | 1. 火灾或爆炸 | √ | √ |
| | 2. 船舶或驳船触礁、搁浅、沉没或倾覆 | √ | √ |
| | 3. 陆上运输工具倾覆或出轨 | √ | √ |
| | 4. 船舶、驳船或运输工具同水以外的其他任何外界物体的碰撞或接触 | √ | √ |
| | 5. 在避难港卸货 | √ | √ |
| | 6. 地震、火山爆发或雷电 | √ | × |
| 适用近因原则 | 1. 共同海损牺牲 | √ | √ |
| | 2. 投弃（或抛货） | √ | √ |
| | 3. 浪击落海 | √ | × |
| | 4. 海水、湖水或河水进入船舶、驳船、运输工具、集装箱或储存处所 | √ | × |
| | 5. 货物在装卸船舶或驳船时落海或跌落造成整件的全损 | √ | × |

注："√"代表承保风险；"×"代表不承保风险

（三）ICC2009（B）和ICC2009（C）承保风险的含义

现将表9-2所列承保风险的含义作进一步的解释。

1. 火灾或爆炸

关于火灾或爆炸须作两点解释：第一，只要保险货物的灭失或损害可以合理归因（Reasonably Attributable to）于火灾或爆炸，保险人即给予负责，而不需要被保险人证明货物的灭失或损害是由火灾或爆炸直接造成的。如船舶、驳船、仓库或其他运输工具发生了火灾，因火灾高温造成货物损失，或因爆炸震裂货物均属于合理归因于火灾和爆炸的损失。第二，无须追究火灾或爆炸的原因是什么，但因战争或因被保险人的故意或不法行为所导致者除外。

2. 船舶、驳船触礁、搁浅、沉没或倾覆

当货物卸离船舶或驳船后，发现已被压碎或损坏，该损失究竟是因理货不当，还是因触礁、搁浅等原因所致，难以判断。因此，只要船舶、驳船发生了触礁或搁浅，该损失即可合理归因于这些风险，而无须证明触礁、搁浅直接导致了货物损失。"沉没或倾覆"也是如此。

须注意的是，ICC2009（C）不承保海水进入船舶、驳船等所造成的损失，但若沉没、倾覆导致海水进入船舶或驳船，而损失又可合理归因于沉没、倾覆所导致的海水的进入，则保险人仍应负责。

3. 陆上运输倾覆或出轨

在使用“S.G. 保险单”期间，保险人并没有考虑将承保风险范围扩大到“将货物装载于船舶之前”和“货物从船舶卸下之后”这两段范围。后来因实际需要，才在 ICC 中订立了“仓至仓条款”，使承保范围扩大。尽管如此，到 1982 年之前，协会货物保险条款并未对陆上运送发生意外事故造成的货物损失给予充分规范和处理。自 1982 年起，ICC（B）和 ICC（C）特就此加以规定，订明保险人对“陆上运输工具的倾覆或出轨”引起的货物灭失或损害给予赔偿，只要合理归因于这些风险即可。

4. 船舶、驳船或运输工具同水以外的其他任何外界物体的碰撞或触碰

自 ICC1982 开始，ICC（B）和 ICC（C）将水以外的“物体”用“Object”一词表示，而 ICC1963 则将水以外的“物体”用“Substance”一词表示。ICC2009（B）和 ICC2009（C）也将“水”排除在“Object”以外，但 Object 一词是否包括“冰”（Ice）并无明文规定，这与 ICC2009（B）和 ICC2009（C）将“冰”排除在水以外，使船舶、驳船等与冰块相撞也构成船舶碰撞，构成保险人理赔的理由不同。这种用语的改变，是否意指将船舶与“冰块”碰撞排除在船舶碰撞范围之外，使保险人免于赔偿责任，易于产生疑义。但英国的著名学者 R. H. Brown 认为，Object 一词已涵盖“冰”，这种用语的改变，实际上不影响保险人的承保范围。据此，若灭失或损害可合理归因于载货船舶、驳船或运输工具与其他“外界物体”碰撞，保险人则应负赔偿责任。但由于恶劣天气，货物在船舱内滑动撞击而造成损坏，既然不是与“外界物体”相撞，保险人当然不负责任。同样，在陆上运输中，货物因车辆颠簸而发生损坏时，也不在承保范围。

5. 在避难港卸货

这一承保风险是承保保险货物在避难港卸货所发生的损失。由于船舶遇难，不能将货物继续运抵目的地，因而在中途避难港卸货。当货物以各种运输途径运抵目的地后，才发现货物受损。该损失究竟是在避难港被迫卸货时所造成的，还是在自避难港重装，继续向目的地运送途中发生的，甚至有可能在最终目的港卸货时所造成的，对此难以判断。为解决这一问题，只要证据显示，货物的损失合理归因于在避难港的卸货，保险人则应予以负责。

6. 地震、火山爆发和雷电

在使用“S.G. 保险单”时期，由于海上保险不涉及陆运范围，因此未将地震、火山爆发和雷电列入承保风险范围，即地震、火山爆发和雷电不属于“Perils of the Seas”范围。

ICC1963 虽然将承保范围扩大到陆上运输过程中所发生的风险，但并未指明地震、火山爆发是否属承保风险的范围。直到 ICC1982 才将地震、火山爆发列为承保风险。货物损失只要可合理归因于地震、火山爆发即可，不需要证明地震、火山爆发是货物损失的直接原因。

在 ICC1963 时期，货物储存于仓库期间，因雷电而发生火灾，或货物在陆上运送期间因雷电而造成损失，均视为因“火灾”而发生，所以雷电属于 ICC1963 的承保范围。自

ICC1982起包括ICC2009，如ICC2009（B）规定，货物的损失若合理归因于雷电，不论是否因雷电而发生火灾，均属保险范围，而且扩大到陆上和海上运输阶段。但ICC2009（C）并未将地震、火山爆发、雷电列入承保风险范围，货物因此而发生损失，保险人不予负责任。

7. 共同海损的牺牲

发生共同海损后，被保险人不须等待共同海损理算结束即可向保险人索赔共同海损的牺牲。保险人赔付被保险人之后，依法取得代位追偿权，就共同海损额求偿。若保险人从共同海损额所分配的数额超过其赔付的保险金额时，应将超额部分退还给被保险人。

8. 投弃（Jettison）

投弃又称抛货，是指在发生海难时，为避免全部损失，而将货物或其他财产投入海中。投弃时，若船舶与货物分属于不同所有人，则货物的全部或一部分投弃均构成共同海损的牺牲。但在船舶与货物同属于船东时，无法适用共同海损，因此保险人不按共同海损理赔，但只要有投弃事实的发生，保险人就给予赔偿。换言之，ICC2009（B）和ICC2009（C）的投弃既包括共同海损的投弃，也包括非共同海损的投弃。

9. 浪击落海

浪击落海是指甲板上的货物被海浪冲入海中的一种风险。对此应注意三点：第一，只有ICC2009（A）和ICC2009（B）承保这一风险，ICC2009（C）对于任何情况下的甲板货物损失（包括浪击落海、船体摇动所发生的落海损失等）均不承保，但因共同海损或投弃而发生的落海损失除外。第二，被保险人请求保险人赔偿时，必须证明货物确实是从甲板上被海浪冲击入海，而非一般性落海。第三，ICC2009（B）虽然承保“Sling Loss”，但并不扩及甲板货物因恶劣气候而使船体摇动所发生的落海损失，因为此非浪击落海损失。

10. 海水、湖水或河水进入船舶、驳船等

关于海水等进入船舶等造成货物损失作为保险事故，ICC2009（B）与ICC2009（C）有所不同。

首先，ICC2009（B）的承保范围比ICC2009（C）的承保范围大，凡海水、湖水或河水进入船舶、驳船、船舱、集装箱、运输工具或储存处所而造成货物损失均在承保的范围内，即使压舱海水从底舱进入货舱导致货物损失，保险人同样应予负责。换言之，只要有海水等进入船舶等而导致货物损失的事实，不问其原因如何，都属承保责任范围，被保险人无须证明海水进入船舶等是因保险事故所致。

ICC2009（B）的另一特点，是将承保范围扩大到海水、湖水或河水进入货物的储存处所所造成货物的损失。在这里“储存处所”是指储放保险货物的任何地点，不论其有无加盖，也不论其是永久性还是暂时性的。此外，因海水涨潮、湖水进入或河水泛滥所造成的货物损失也在承保范围。

其次，ICC2009（C）原则上不承保海水进入船舶所造成货物的损失，因而海水进入船舶不在承保范围，但下列情况除外：

（1）载货船舶或驳船因搁浅、触礁、沉没或倾覆而进水，导致货物损失，其间有合理归因关系；

（2）货物损失可合理归因于船舶、驳船与外界物体碰撞或接触而发生的进水；

（3）货物直接因共同海损或投弃而造成的损失。

11. 吊索损失（Sling Loss）

ICC2009（B）规定，保险人承保的损失包括货物在装卸船舶、驳船时落海或跌落造成的整件全损，一般称之为吊索损失。这一损失在ICC1963（FPA）和（WA）中属于承保范围，但原来该条文有“整件”（Entire）一词，即保险人只在发生“整件”全损时才予以负责，若只发生“部分”损失，保险人不负赔偿责任。ICC1982（B）和ICC2009（B）虽都将“整件”（Entire）一词删除，但并非实质上有所改变，即保险人对并未整件全损的情况，仍然拒绝赔偿。另外，装卸船舶或驳船，既包括原定装货港、目的港，又包括转船时的装卸船舶或驳船。

## 第三节　伦敦保险协会海运货物保险条款的除外责任

### 一、ICC2009（A）、ICC2009（B）和ICC2009（C）除外责任概述

现将2009年伦敦保险协会海运货物保险条款的除外责任以表格形式予以概述（见表9-3），其详细内容将在下一个问题中予以论述。

**表9-3　ICC2009（A）、ICC2009（B）和ICC2009（C）除外责任**

| 类别 | 条款序号 | 条款内容 | 备注 |
|---|---|---|---|
| ICC（A） | ICC（A）§4~§7 | §4　在任何情况下，本保险不承保下列损失或费用： | |
| | | 4.1　归因于被保险人的恶意行为所引起的灭失、损害或费用。 | |
| | | 4.2　保险标的的自然渗漏、重量或容量的自然损耗或自然磨损。 | |
| | | 4.3　由于保险标的的包装或配装不足或不当引起的无法承受运输途中发生的通常的事故而产生的灭失、损害或费用，此种情况适用于：该包装或配装是由被保险人或其受雇人完成的，或该包装或配装是在本保险责任开始前完成的。（本条所称的“包装”，包括集装箱内的积载；本条所称的“雇员”，不包括独立合同人。） | |
| | | 4.4　保险标的的内在缺陷或特性所引起的灭失、损害或费用。 | |
| 除外责任 | | 4.5　因迟延所引起的灭失、损害或费用，即使迟延因承保风险所引起的也是如此（但按§2的规定，共同海损应予赔偿的费用不在此限）。 | |
| | | 4.6　因船舶所有人、经理人、租船人或经营人破产或不履行债务导致的灭失损害或费用。此情况适用于，在保险标的装上船舶之时，被保险人知道 或被保险人在正常业务经营中应当知道，此种破产或不履行债务会导致该航程被取消。<br>本条除外条款不适用于，当保险合同已经转让给另一方，即另一方已经善意购买或同意购买保险标的且受保险合同约束。 | |
| | | 4.7　因使用任何原子或核子裂变和（或）聚变或其他类似反应或放射性力量或物质的武器或设备直接或间接导致的灭失损害或费用。 | |

续表

| 类别 | 条款序号 | 条 款 内 容 | 备注 |
|---|---|---|---|
| ICC（A）<br>除外责任 | ICC（A）<br>§4~§7 | §5 本保险在任何情况下均不承保因下述原因所致的灭失、损害或费用：<br>5.1.1 被保险人在保险标的装船时已经知道船舶或驳船的不适航，及船舶或驳船不适合安全运输保险标的。<br>5.1.2 在本保险合同生效前，装载已开始或已完成，或被保险人或其受雇人在装载时已经知道集装箱或运输工具不适合安全运输保险标的。<br>5.2 上述 5.1.1 所述的除外条款不适用于：当保险合同已经善意转让给另一方，即另一方已经购买或同意购买保险标的且受合同约束。<br>5.3 保险人放弃运载保险标的至目的地的船舶违反适航和船舶适货的任何默示保证。 | |
| | | §6 本保险不承保因下列原因所引起的灭失、损害或费用：<br>6.1 战争、内战、革命、叛乱、暴乱，或由此引起的内乱，或来自交战方或针对交战方的任何敌对行为。<br>6.2 捕获、扣押、逮捕、管制或扣留（海盗除外），以及上述原因所致的结果或任何企图、威胁。<br>6.3 丢弃的水雷、鱼雷、炸弹或任何其他遗弃的战争武器。 | |
| | | §7 本保险不承保因下列风险所引起的灭失、损害或费用：<br>7.1 由罢工者、被迫停工工人或参与工潮、暴动或民众骚扰者所引起的。<br>7.2 由罢工、停工、工潮、暴动或民众骚扰结果所引起的。<br>7.3 由任何恐怖主义行为，或与恐怖主义行为相联系，任何组织通过暴力直接实施的旨在推翻或影响法律上承认的或非法律上承认的政府的行为引起的。<br>7.4 由任何人出于政治、信仰或宗教目的实施的行为引起的。 | |

续表

| 类别 | 条款序号 | 条　款　内　容 | 备注 |
| --- | --- | --- | --- |
| ICC（B）除外责任 | ICC（B）§4~§7 | §4~§7为ICC（B）的除外责任条款，它与ICC（A）的规定基本相同，只有下列两点不同：<br>1. ICC（B）§4.7是ICC（A）§4中所没有的。其规定是：由任何个人或数人不法行为故意损坏或故意破坏保险标的或其任何部分。<br>2. ICC（B）中，保险人对“海盗行为”不负赔偿责任。 | ①在ICC（A）§4中，保险人仅对被保险人故意不法行为所致损失或费用不负赔偿责任；而在ICC（B）§4.7中，则保险人对任何人的故意不法行为造成的损失均不予赔偿。因此，在ICC（B）下，要获得此种风险的保障，则需加保“恶意损害险”。<br>②在ICC（B）§6.2的“战争除外责任”中没有像ICC（A）§6.2那样表明“海盗行为”不属除外责任，而ICC（B）的承保风险中又未将“海盗行为”列入，因而在ICC（B）下“海盗行为”属于除外责任。<br>③ICC（B）§4.8与ICC（A）§4.7相同。 |
| ICC（C）除外责任 | ICC（C）§4~§7 | ICC（C）的除外责任的规定与ICC（B）的规定完全相同。 | ICC（C）的承保范围比ICC（B）的范围要小。 |

## 二、ICC2009（A）、ICC2009（B）和ICC2009（C）除外责任的划分

从适用“近因原则”或适用“合理归因原则”的不同，可以对ICC2009（A）、ICC2009（B）和ICC2009（C）的除外责任作概括划分。由于英国的海上运输货物保险基本上是MIA1906搭配ICC2009（A）、ICC2009（B）和ICC2009（C）等而适用，因此先就各自适用的原则加以简述。

MIA1906原则上适用“近因原则”，但另有规定者除外。ICC2009（A）均适用“近因原则”，即保险货物的损失的近因是承保风险，才属于保险责任范围。但因不可避免的情况而造成货物损失的，不列入承保范围，即属于除外责任。ICC2009（A）中所列举的“除外责任”，其中多为不可避免的情况而引起的损失或费用。由于不可避免的情况而导致货物损失或增加费用，本来就在预料之中，当然列入除外不保的项目中。须注意的一点是，ICC2009（A）第4条虽然列明了“除外责任”，但该条所未列明的、而性质上也属于不可避免的情况者，同样不属于ICC2009（A）的承保风险范围。

ICC2009（B）和ICC2009（C）第1条第1款所列明的承保风险不适用“近因原则”，而适用“合理归因原则”，这一规定构成了MIA1906第55条的“保险单另有约定”的情况。

## 三、ICC2009（A）、ICC2009（B）和 ICC2009（C）除外责任的内容及其含义

（一）MIA1906 关于法定除外责任的规定

如前所述，MIA1906 第 55 条的法定除外责任规定对 ICC2009（A）、ICC2009（B）和 ICC2009（C）仍然适用，因此，在探讨 ICC2009（A）、ICC2009（B）和 ICC2009（C）的除外责任之前，有必要对 MIA1906 的法定除外责任规定进行论述，以便正确理解 ICC 的除外责任的含义。

MIA1906 第 55 条规定：

“（1）除本法另有规定，或保险单另有约定外，保险人对承保风险作为近因而导致的任何损失，均负赔偿责任；保险人将不对承保风险并非近因而导致的任何损失承担保险责任。

（2）特别是：

（a）如损失归因于被保险人的恶意行为所致者，保险人不负赔偿责任，但除保险单另有约定外，损失是由作为近因的承保风险所引起的，尽管船长或船员如无恶意行为或疏忽可以不致发生该项损失时，保险人仍应负责赔偿；

（b）除保险单另有约定外，船舶或货物的保险人对于作为近因的迟延所引起的任何损失不负赔偿责任，尽管该项迟延是由承保风险所致；

（c）除保险单另有约定外，保险人对于自然损耗、正常渗漏或破碎，或保险标的的固有缺陷或特性，或鼠咬虫蛀所引起的任何损害，或并非由作为近因的海上危难所引起的机器损坏，均不负赔偿责任。”

从上述规定可以看出，MIA1906 第 55 条中第 1 款及第 2 款（b）和（c）均可加以排除，而将其列为承保范围，但因被保险人的恶意行为而致损则属于除外责任，且不得以约定而排除。上述 MIA1906 中的除外责任，不论在货物保险还是船舶保险中，均须与保险单配合使用才构成保险条款的全部除外责任内容。在货物保险中，被保险人阅读保险单固然可以了解其除外责任内容，但仍然无法掌握整个保险中的全部除外责任内容，因为被保险人未必都知 MIA1906 中所列明的法定除外责任。ICC2009（A）、ICC2009（B）和 ICC2009（C）所列明的除外责任，有相当部分与 MIA1906 中所列的法定除外责任相同，但不得据此视为保险人放弃主张 ICC2009（A）、ICC2009（B）和 ICC2009（C）第 4 条所未列明的、而为 MIA1906 所列明的法定除外责任的权利。例如，因“鼠咬虫蛀”作为近因而造成保险标的的损害，MIA1906 第 55 条第 2 款（c）列为除外责任，而 ICC2009（A）、ICC2009（B）和 ICC2009（C）的第 4 条并未将其列为除外责任，但保险人仍得依据 MIA1906 而主张这一法定除外责任，不负赔偿责任。

（二）ICC2009（A）、ICC2009（B）和 ICC2009（C）有关除外责任的内容及其含义

1. ICC2009（A）、ICC2009（B）和 ICC2009（C）第 4 条除外责任的内容及其含义

ICC2009（A）、ICC2009（B）和 ICC2009（C）第 4 条所列的除外责任，基本内容相同，所不同的是，在 ICC2009（A）的“除外责任”中，仅规定保险人对归因于被保险人恶意行为所致的损失或费用不予负责，而 ICC2009（B）和 ICC2009（C）的“除外责任”中则规定保险人对由于任何个人或数人恶意行为所致的保险标的的全部或部分损害或灭失，不负赔偿责任。另外，在 ICC2009（A）、ICC2009（B）和 ICC2009（C）第 4 条第 2 款及

ICC2009（B）和ICC2009（C）第4条第7款的“除外责任”中不包含“费用”，而其他除外责任中则包含“损害”“灭失”和“费用”。

现将上述表9-3中第4条除外责任的内容作如下解释：

（1）被保险人的恶意行为［ICC2009（A）、ICC2009（B）、ICC2009（C）§4.1］。ICC2009（A）、ICC2009（B）和ICC2009（C）在§4.1中规定，归因于被保险人的恶意行为造成标的损失或费用，保险人不予负责。这一规定与MIA1906第55条第2款（a）的规定相同。在此应特别注意，在ICC2009（A）中仅规定保险人对被保险人的恶意行为所致损失或费用不负赔偿责任，而没有规定归因于被保险人以外的其他人的恶意行为所致损失或费用不予负责。这意味着在ICC2009（A）下，类似船长、船员等的恶意行为，如沉船、纵火或任何形式的破坏所致损失，保险人均须负责，即ICC2009（A）的承保风险包括了“恶意损害险”所承保的风险。

（2）正常渗漏［ICC2009（A）、ICC2009（B）、ICC2009（C）§4.2］。正常渗漏是指液体货物、含水分货物在通常运输过程中，一般情况下难以避免发生的渗漏、蒸发而导致的损失，如油类减少、谷物缩水等。这种损失是因货物的本质原因而引起的，是意料之中的，因此列为除外责任，保险人不予赔偿。不仅如此，在货物发生部分损失，保险人理赔时经常先扣除正常渗漏、蒸发的损失，作为估算实际损失之用。

（3）重量或数（容）量的自然损耗［ICC2009（A）、ICC2009（B）、ICC2009（C）§4.2］。在MIA1906中，将“自然（正常）破碎”列为除外风险，但ICC2009中并未对此加以规定。反之，在MIA1906中没有规定“重量或数（容）量的自然损耗”为除外责任，但在ICC2009（A）、ICC2009（B）、ICC2009（C）中则均有规定。两者的关系如何？有人认为，“自然（正常）破碎”可包含于“重量或数（容）量的自然损耗”之中。但这种观点是否妥当，有待探讨，例如，保险标的为玻璃时，玻璃可能发生正常破碎，但该正常损失未必发生重量或数量损失。

（4）自然磨损［ICC2009（A）、ICC2009（B）、ICC2009（C）§4.2］。自然磨损列为除外责任，并不适用于原料或新制造的产品。也就是说，原料或新制造的产品若有“自然磨损”，保险人仍应负责。反之，二手货的“自然磨损”属除外责任范围。

（5）包装或配装不足或不当［ICC2009（A）、ICC2009（B）、ICC2009（C）§4.3］。由于保险标的的包装或配装不足或不当引起的无法承受运输途中发生的通常的事故而产生的灭失、损害或费用，此种情况适用于该包装或配装是由被保险人或其受雇人员完成的，或该包装或配装是在本保险责任开始前完成的。（本条所称的“包装”，包括集装箱内的积载；本条所称的“受雇人”，不包括独立合同人。）

若因包装或配装不足或不适当而导致货物受损，按ICC2009（A）、ICC2009（B）、ICC2009（C）的规定，保险人不予理赔。判断“包装或配装不足或不当”的标准是“无法承受运输途中发生的通常的事故”。这一标准还须根据贸易习惯和货物种类及运输的需要等确定。例如，当货物为易碎品（如玻璃及其制品等），若没有给予特殊的衬垫或以其他特殊方法包装，以确保其足以承受该特定运输过程中正常操作时所发生的震动等，则属于包装或配装不足、不适当。保险人对于因此所导致的损失或因更换不当包装所引起的费用，不予赔偿。再如，在集装箱货物运输中，若货物由被保险人或其受雇人自行装箱，不论装箱时间是在保险合同生效之前或之后，有装箱不当者，同样视为包装或配装不足不适当，由此引起的货物受损，保险人不予负责；相反，被保险人或其受雇人没有参与装箱工作，而是由其他集装箱操作人员（如独立合同人的货代公司等）装箱，因其装箱操作不当而导致的货物受损，若当时保险合同已生效，保险人则应予赔偿。

（6）内在缺陷或特性（固有瑕疵或特性）[ICC2009（A）、ICC2009（B）、ICC2009（C）§4.4]。所谓内在缺陷或特性是指保险标的本身蕴藏或存在的瑕疵或本性，这种瑕疵或本性极易导致标的受损。例如，保险货物为易燃性或易爆性物品，其本身在适当条件下极易引起损失；再如水果类等易腐性物品，因迟延交货，极易腐烂。此类损失均属因货物本身内在缺陷或特性而引起，则不属保险承保范围。上述原因导致保险标的的损失或费用，在MIA1906和ICC2009（A）、ICC2009（B）和ICC2009（C）中均列为除外责任。

（7）迟延[ICC2009（A）、ICC2009（B）、ICC2009（C）§4.5]。MIA1906与ICC2009（A）、ICC2009（B）和ICC2009（C）都将迟延列为除外责任，即使该迟延是因承保风险的发生而引起的也是如此。例如，船舶碰撞而引起迟延，因迟延又引起货物品质受损，即使货物品质受损起因于船舶碰撞，而船舶碰撞又属承保风险范围，保险人对于货物品质受损所造成的损失或费用，仍不负赔偿责任。ICC2009（A）、ICC2009（B）和ICC2009（C）将因迟延所导致的灭失、损害或费用均列为除外责任，但MIA1906并未将损害和费用列为除外责任，一般认为ICC2009的规定旨在加强并明确MIA1906的除外责任。

若迟延是非被保险人所能控制的原因而发生的，根据运输条款的规定，保险合同仍然有效，只是被保险人就该迟延造成的损失或费用，不能请求保险人赔偿。但若因共同海损或救助而引起迟延，被保险人可请求保险人补偿在迟延期间其所分摊的任何费用，如应分摊的船员工资。

（8）破产或不履行债务[ICC2009（A）、ICC2009（B）、ICC2009（C）§4.6]。ICC2009将船舶所有人或租船人等的经营破产导致被保险人的损失或费用列为除外责任，其目的在于防止或降低被保险人将货物交给有财务困难的承运人的可能性。这一除外责任包括因船舶所有人、经理人或租船人等承运人财务困难，导致货物发生的任何损失，以及致使被保险人增加的任何费用。例如，承运人因财务困难而破产未能完成航程，而在中途港口卸货，保险人对于卸货、另装他船，或任何继续运送的费用所发生的损失，不负赔偿责任。这一除外责任与ICC2009（A）、ICC2009（B）、ICC2009（C）第12条规定的承保“续运费用”有所不同，该条承保的是因发生承保风险事故，导致货物在中途港卸货，保险人对由此产生的费用负责。

不履行债务一般多指承运人在航行途中，因财务困难而在中途港口以货物作担保物，将货物留下使他人（承运人的债权人）占有，以求船舶准予放行，并运载其他货物继续航行。虽然承运人在主观上打算返回该中途港口，偿还有关费用，取回货物，继续运往目的港，交付货物。但客观上，船舶在返回该中途港口前可能发生碰撞或沉没等事故，致使承运人又无力偿还债权人的债务，从而导致该货物继续被留置或供担保，被保险人因此而丧失货物。这种由于承运人的不履行债务导致的损失或费用，保险人不予赔偿。

与ICC1982相比较，该款除外责任对保险人的免责有所限制，即保险人的免责情况仅适用于在保险标的装上船舶时，被保险人知道或应当知道承运人等破产或不履行债务会导致航程被取消。另外，该款明确规定本条的除外责任不适用于当保险合同已转让给另一方，即另一方已善意购买或同意购买保险标的且受保险合同约束的情况。这种情况是指，在CIF或CFR货物买卖合同中，卖方租船或订舱，在装船的时候卖方的确知道了船东或承运人破产或经营不善，若船舶在航行中因破产或不履行债务而导致货物损失或产生相关费用，最终受害者可能是无辜的提单或保险单持有人买方。依ICC2009的上述规定，保险人不能免除赔偿责任。这一新变化对中国的CIF或CFR进口货物是一个有利的改变。

(9) 任何个人或数人恶意行为导致保险标的的全部或一部分损坏或破坏[ICC2009 (B) 和ICC2009 (C) §4.7]。ICC2009 (B) 和ICC2009 (C) 的第4条第7款，将这一风险列为除外责任。[ICC2009 (A) 未将其列为除外责任] 这一除外责任的范围较广，如纵火 (Arson)、沉船 (Scuttling)、任何方式的破坏行动 (Any Form of Sabotage) 或任何其他恶意行为 (Any Other Malicious Acts) 等故意损坏或破坏保险标的的行为或行动，保险人对此造成的损失不负赔偿责任。在ICC2009 (B) 和ICC2009 (C) 下，被保险人若要就此投保，须另外加保"恶意损害险"。

(10) 原子或热核武器等 [ICC2009 (A) §4.7 与 ICC2009 (B) 和 ICC2009 (C) §4.8]。ICC2009 (A) 第4条第7款和ICC2009 (B) 和ICC2009 (C) 第4条第8款均将"由于使用任何原子或核子裂变和 (或) 聚变或其他类似反应或放射性力量或物质的武器或设备直接或间接导致的灭失损害或费用。"列为除外责任。但该除外责任在ICC2009 (A) 和ICC2009 (B)、ICC2009 (C) 中有不同的作用。

在ICC2009 (A) 中的作用：由于ICC2009 (A) 将"战争"列为除外责任，战争是具有敌意的行为；而原子或热核武器导致的事故发生，既有敌对行为，又有非敌对行为 (如核武器试验等) 所致，而后者不是"战争"除外责任所能包含的。因此，将原子或热核武器等所导致的损失或费用列为除外责任，具有补充作用，可以扩大保险人的除外责任范围。换言之，在ICC2009 (A) 下，保险人不仅对由于"敌对行为"使用原子或热核武器等所致损失或费用不负赔偿责任，而且对由于任何其他原因 (包括试验) 遭受原子或热核武器等的袭击所致损失或费用也不负赔偿责任。

在ICC2009 (B) 和ICC2009 (C) 中的作用：由于ICC2009 (B) 和ICC2009 (C) 承保保险标的的灭失或损害合理归因于"火灾"和"爆炸"两种风险，但如果是因原子或热核武器等事故而导致发生的火灾或爆炸，从而造成保险标的的损失或费用，ICC2009 (B) 和ICC2009 (C) 同样列为除外责任。

与ICC1982相比较，ICC2009关于"核战争武器等除外责任"的规定有两点变化：一是规定"直接或间接造成"，代替了ICC1982的"造成"，即明确认定造成损失的原因无论是直接还是间接，都属于除外责任；二是规定"武器或设备"，代替了ICC 1982的"战争武器"，即扩大了武器除外责任的范围，除外情况既包括战争武器，也包括其他非战争武器，即包括武器，也包括普通设备。

2. ICC2009 (A)、ICC2009 (B) 和ICC2009 (C) 第5条除外责任的内容及其含义

ICC2009 (A)、ICC2009 (B) 和ICC2009 (C) 第5条是关于"不适航与不适货"的除外责任规定。其内容是："本保险在任何情况下均不承保因下述原因所致的灭失损害或费用：被保险人在保险标的装船时已经知道船舶或驳船的不适航及船舶或驳船不适合安全运输保险标的；在本保险合同生效前，装载已经开始或已完成，或被保险人或其受雇人在

装载时已经知道集装箱或运输工具不适合安全运输保险标的。上述第1款所述的除外条款不适用于当保险合同已善意转让给另一方，即另一方已经购买或同意购买保险标的且受合同约束。保险人放弃运载保险标的至目的地的船舶违反适航和船舶适货的任何默示保证。”

根据MIA1906第39条第1款及第40条第2款的规定，所有航程保险（海运货物保险通常为航程保险）船舶在每航段开始时，都必须具有适航性和适货性，这是被保险人的两项默示担保，只要实际上存在不适航、不适货的情况，则不论被保险人是否知情，保险人对因此而导致的货物损失不负赔偿责任。但MIA1906关于适航和适货的规定，只限于船舶，对于“驳船、运输工具或集装箱”是否也有此项义务，没有明文的规定。

由于MIA1906与ICC配合使用，因此ICC2009第5条的上述规定内容对MIA1906关于适航和适货的规定，可以起到补充的作用。

ICC2009规定船舶与驳船、运输工具或集装箱都必须具有适航性和适货性，而MIA1906只规定于船舶。ICC2009的这种规定在实务中具有重要意义，如在集装箱货物海运中，海浪翻越甲板上的集装箱，海水有可能从集装箱上的小孔进入箱内浸湿货物，导致货损。若ICC2009没有上述规定，即没有要求集装箱具有适货性，则保险人对损失应予负责。但ICC2009对集装箱等同样要求应具有适货性，因而保险人对上述因集装箱欠缺适货性所导致的货损可以拒绝赔偿。

第1款第1项（被保险人在保险标的装船时已知道船舶或驳船的不适航，及船舶或驳船不适合安全运输保险标的）与ICC1982相比较，ICC2009只局限在被保险人的货方知情，而不再包括其受雇人的知情。另外，对不适航或不适货的知情只是针对在装货的时候。由于不适航或不适货除了船舶外也包括了驳船等。例如，在往返远洋船舶的河道运输，货方使用自己的驳船进行运输，但该驳船可能不适航或不适货，而货方自己知情或视而不见，这就会导致发生事故而保险人拒赔。

第1款第2项（在本保险合同生效前，装载已开始或已完成，或被保险人或其受雇人在装载时已知道集装箱或运输工具不适合安全运输保险标的）是针对集装箱的安全运载货物问题。例如，集装箱浸水、冷藏箱的温度不足等情况。在这种情况下导致货物损失或损坏，保险人可拒赔，但只是局限在两种情况。第一，在运输开始前，装载集装箱内的货物通常是发货人或卖方自己在仓库或工厂完成。若他在装箱时发现集装箱不适合装货，但还是进行装货，此种情况下会遭保险人拒赔。第二，装箱工作是由被保险人的受雇人负责，在这种情况下集装箱若不适货且知情，则保险人可以拒赔。但在这两种情况以外，如被保险人的货方/卖方将货物交给独立的货代公司，并任由货代公司到集装箱集散地装箱，然后再装上远洋船舶等的做法，若集装箱不适合安全运载货物而发生事故，则不会影响货方向保险人索赔的权利。

在此须注意：第4.3条包装不足或不当也针对集装箱的装货，但该条针对的情况是集装箱本身没有不适合的地方，只是在装货方面没有做好，如因为捆绑不足而导致货物在运输途中发生碰撞与移动。但在本款并不是针对装货如何，而是针对集装箱是否适合安全运载货物的情况。

第2款（上述5.1.1所述的除外条款不适用于：当保险合同已善意转让给另一方，即另一方已经购买或同意购买保险标的且受合同约束）说明第1款第1项的除外责任不影响善意的第三者受让保险合同，即表明无辜的提单持有人，同时也是保单持有人不受影响。例如，在CIF买卖合同中，卖方在取得提单之前已经将该货物投保，货物付运后将相关单据提交银行结汇，同时将这些单据转让给买方以取得货款。这表明卖方若对船舶不适航或集装箱不适合安全运载货物知情，造成了货物的损失或损坏，也不会影响无辜买方的索赔权。但须注意，在第4.3条没有类似的条款，这表明货物如果是因包装不足或不适而导致在运输途中损坏，保险人即使是面对无辜的买方也可以拒赔。

第3款（保险人放弃运载保险标的至目的地的船舶违反适航和船舶适货的任何默示保证）的作用基本上与ICC1982条款一样，主要是补偿1906年立法中的适航与适货的默示责任。但ICC1982条款规定，保险人放弃货方对船舶适航与适货的默示保证，其前提条件是被保险人或其受雇人对船舶不适航、不适货不知情。而ICC2009条款规定的保险人放弃运载保险标的至目的地的船舶违反适航和船舶适货的默示保证只局限在被保险人的货方知情，而不再包括其受雇人的知情；以及对不适航或不适货的知情只是针对在装货的时候。

关于ICC2009第5条的规定，还应注意以下几点：

（1）被保险人的受雇人。是指直接受被保险人指挥的人，但不包括集装箱操作人员、托运代理人、码头装卸工人、船舶所有人、驳船操作人以及上述人员的受雇人。因为这些人员基本上是代理人或代理人的受雇人，即受代理人指挥的人，他们的意见来自代理人本身，而非受雇于被保险人，因此他们对不适航、不适货的知情，并不构成保险人拒赔的理由。

（2）适航与适货的时间标准。船舶是否具备适航性或适货性是以每一航段开航前和开始时为判断标准。但判断被保险人对不适航性或不适货是否知情，则是以货物装载时为判断标准。

（3）因不适航、不适货导致的共同海损。若船舶或驳船因其不适航、不适货导致发生共同海损，而被保险人在装货时知悉该不适航、不适货的事实，保险人对于共同海损的牺牲或因此而发生的共同海损分摊都不予赔偿。

3. ICC2009（A）、ICC2009（B）和ICC2009（C）第6、第7条的除外责任内容及其含义

ICC2009（A）、ICC2009（B）和ICC2009（C）第6、第7条是关于“战争”和“罢工”除外责任的规定。由于ICC2009（A）采取“一切风险减除外责任”方式表示其承保范围，而ICC2009（B）和ICC2009（C）采取“列明风险”方式表示其承保范围，因而ICC2009（A）将战争与罢工都列为除外责任，有其必要；在ICC2009（B）和ICC2009（C）两种险别的承保风险栏内，并列载明战争与罢工风险，既然不属承保范围，本应无须再列入除外责任内的必要，但鉴于以往的习惯都将战争与罢工列为除外责任，所以ICC2009（B）和ICC2009（C）仍然沿袭以往的习惯，将其列为除外责任，使其更加明确。但须注意，在ICC2009（B）和ICC2009（C）中的“火灾”和“爆炸”不包括因战争或罢工所引起的。另外，在ICC2009（B）和ICC2009（C）第1条中的“触碰”（Contact），也不包括与水雷等的触碰。

在ICC2009的三项战争除外责任中，第一项排除了战争等行为而发生的灭失、损坏或费用；第二项所列的各种风险，其含义须参考以往战争险条款，关于捕获、扣押、拘留等

法律解释加以确定；第三项则指载货船舶与因敌对行为所产生或遗留的漂浮水雷、鱼雷意外碰撞而造成货物灭失、损坏或费用。上述原因导致的损失或费用，保险人不予负责。

海盗是 ICC2009（A）所指的“一切风险”范围之内的一种风险，因为 ICC2009（A）第 6 条第 2 款将海盗行为排除在战争除外责任之外。因此投保 ICC2009（A）时，若有海盗行为造成货物损失或引起费用的，保险人应予赔偿。但海盗行为并未列为 ICC2009（B）和 ICC2009（C）的承保风险范围内，因此在 ICC2009（B）和 ICC2009（C）下，即使发生海盗行为，保险人也不予负责。

ICC2009（A）、ICC2009（B）和 ICC2009（C）都将罢工列为除外责任，其内容共包括三项，对此应注意以下几点：

（1）第一项“因罢工者、被迫停工工人、参与工潮、暴动或民众骚扰者所引起的灭失、损害或费用”以及第二项“因罢工、停工、工潮、暴动、民众骚扰的结果造成的灭失、损害或费用”适用近因原则，即货物灭失、损害或费用是直接由于罢工、停工等原因所引起的，才属于除外责任。第三项的“由任何恐怖主义行为，或与恐怖主义行为相联系，任何组织通过暴力直接实施的旨在推翻或影响法律上承认的或非法律上承认的政府的行为所引起的灭失、损害或费用”，其目的在于将“反政府行为”的任何人所引起的灭失、损害或费用排除在承保范围之外。该项规定所排除的不限于使用爆炸物，即使因恐怖主义者强占货物所导致的灭失、损害或费用也列为除外责任。同样该项也适用近因原则。

（2）第二项具有补充第一项和第三项的作用。若货物的灭失、损害或费用的发生，是由罢工者、停工工人等，或恐怖主义行为等所直接造成的，则属于除外责任；若上述人员的行为并非货物发生灭失、损害或费用的近因，则不属于除外责任。此时，第二项发生作用，根据第二项的规定，只要货物灭失、损害或费用的发生是罢工、停工等的结果，则属于除外责任。例如，参加暴动的人的行为引起火灾，而火灾又是导致货物灭失、损害或费用的近因，那么货物的灭失、损害或费用就是暴动发生的结果，也属于除外责任。

（3）被保险人因除外责任而发生的费用也在除外责任之列。例如，由于预定卸货港罢工，承运人无法在该港卸货，于是将货物在其他港口卸下。这样，就产生了将在其他港口卸下的货物继续运往原定目的港的续运费用问题。此时的续运费用应列为除外责任，保险人不予负责。因为这种费用是因除外责任的风险（罢工）而引起的，这与因承保风险导致货物在中途港卸货，从而发生的续运费用列为承保范围，并由保险人予以赔偿不同。

（4）ICC2009 将“任何人出于政治、信仰或宗教目的实施的行为”所引起的灭失、损害或费用也纳入保险人除外责任。因此，该除外责任条款的范围比 ICC1982 有所扩大。

通过上述第二节和本节的论述可以看出：

（1）ICC2009（A）下，保险人的除外责任不包括海上风险（自然灾害和意外事故）以及其他外来原因引起的风险。因此，前面所论述的有关“海上风险与损失”和“外来风险与损失”均在保险人的承保责任范围内。另外，ICC2009（A）的承保风险条款中还规定：共同海损和救助费用，以及根据运输合同中“船舶互撞责任”条款应由被保险人（货方）补偿船方的损失，也属于保险人的承保责任范围。若将 ICC2009（A）的承保范围与中国保险条款的一切险（AR）的承保范围相比较，除个别方面［如海盗行为所致灭失、损害或费用在 ICC2009（A）下属承保风险，而在中国保险条款的一切险（AR）下则属除外责任］有所不同之外，两者十分相近。

（2）在ICC2009（B）下，保险人除了承保共同海损或救助费用及根据运输合同中“船舶互撞责任”条款应由被保险人（货方）补偿船方的损失外，同中国保险条款的水渍险（WA）相比，其承保范围有所扩大，如增加了浪击落海，海水、湖水或河水进入船舶、驳船、运输工具、集装箱或储存处所，陆上运输工具倾覆或出轨等风险的承保。ICC2009（B）增加对这些风险的承保，主要是为了适应目前国际贸易中普遍采用的集装箱运输和多式联运发展的需要。

（3）在ICC2009（C）下，保险人除了承保共同海损或救助费用及根据运输合同中“船舶互撞责任”条款由被保险人（货方）补偿船方的损失外，同中国保险条款的平安险（FPA）相比，ICC2009（C）的承保范围明显地缩小。其表现是中国保险条款的平安险（FPA）对自然灾害所造成的全部损失负责，对自然灾害所致部分损失也有条件地负责；而ICC2009（C）则对自然灾害所致的损失，无论是全部损失还是部分损失均不负赔偿责任。另外，对吊索损害中国保险条款的平安险（FPA）负责，而ICC2009（C）则不予负责。同ICC2009（A）和ICC2009（B）相比，ICC2009（C）的承保范围更是大为缩小，它只承保“重大意外事故”所致损失或费用，而不承保由于自然灾害（如地震、火山爆发、雷电等）及非重大意外事故（如吊索损害）所致损失或费用。

为便于理解和对照比较，现将ICC2009（A）、ICC2009（B）和ICC2009（C）三种险别下，保险人的承保风险范围以表格形式整理如下（见表9-4）。

**表9-4　ICC2009（A）、ICC2009（B）和ICC2009（C）下的承保风险范围**

| 承保风险 | ICC1982 | ICC1982 | ICC1982 |
|---|---|---|---|
| （1）火灾、爆炸 | √ | √ | √ |
| （2）船舶、驳船触礁、搁浅、沉没或倾覆 | √ | √ | √ |
| （3）陆上运输工具倾覆或出轨 | √ | √ | √ |
| （4）船舶、驳船或运输工具同除水以外的其他任何外界物体的碰撞或接触 | √ | √ | √ |
| （5）在避难港卸货 | √ | √ | √ |
| （6）地震、火山爆发或雷电 | √ | √ | × |
| （7）共同海损牺牲 | √ | √ | √ |
| （8）共同海损分摊和救助费用 | √ | √ | √ |
| （9）运输合同中订有“船舶互撞责任”条款，根据该条款的规定应由货方偿还船方的损失 | √ | √ | √ |
| （10）投弃 | √ | √ | √ |
| （11）浪击落海 | √ | √ | × |
| （12）海水、湖水或河水进入船舶、驳船、运输工具、集装箱或储存处所 | √ | √ | × |

续表

| 承保风险 | ICC1982 | ICC1982 | ICC1982 |
| --- | --- | --- | --- |
| （13）货物在装卸船舶或驳船时落海或跌落，造成任何整件的全损 | √ | √ | × |
| （14）由于被保险人以外的其他人（如船长、船员等）的恶意行为所造成的损失或费用 | √ | × | × |
| （15）海盗行为 | √ | × | × |
| （16）由于一般外来原因所造成的损失 | √ | × | × |

注：①“√”表示承保风险；“×”表示免责风险或不承保风险

②第（13）项为“吊索损害”；第（14）项为“恶意损害”

## 第四节　伦敦保险协会海运货物战争险、罢工险条款的承保风险与除外责任

如在本章前面所述，伦敦协会货物战争险与罢工险条款所包括的 8 项内容与 ICC2009（A）、ICC2009（B）和 ICC2009（C）所包括的 8 项内容，除了“承保风险范围”“除外责任”和“保险期间”3 项不同外，其他 5 项内容完全相同。由于战争险与罢工险条款完整地包括了 8 项内容，因而它们可以独立投保，不再作为特殊附加险依附于 ICC2009（A）、ICC2009（B）和 ICC2009（C）。现将这两种险别条款内容作如下论述。

### 一、协会海运货物战争险条款

（一）承保风险

协会海运货物战争险条款主要承保由于下列原因所导致保险标的的损失：

1. 战争、内战、革命、叛乱、造反或由此引起的内乱，或交战国的或针对交战国的任何敌对行为。

2. 由于上述承保风险引起的捕获、拘留、扣留、禁制或扣押及其后果，或任何有关企图。

3. 遗弃的水雷、鱼雷、炸弹或其他遗弃的战争武器。

4. 上述原因导致的共同海损和救助费用。

在上述承保风险中不包括海盗行为所造成的损失，这一点与中国现行海运货物战争险条款的规定不同。

（二）除外责任

在除外责任方面，战争险与 ICC2009（A）的第 4 条和第 5 条的规定基本相同，但在第 4 条条款中增加了一个“航程挫折”条款（Frustration Clause），规定由于战争原因造成航程中止，货物未能到达保险单所载明的目的地而引起的间接损失，保险人不负赔偿责任。另外，对于原子或热核武器等所致损失，规定由于敌对行为使用原子或热核武器所致灭失或损害不负赔偿责任。

## 二、协会海运货物罢工险条款

（一）承保风险

协会海运货物罢工险的承保风险与中国人民保险公司的罢工险一样，仅负责由于罢工等风险所直接造成的保险标的物质损失，而不负责由于罢工等风险所产生的费用或间接损失。

协会海运货物罢工险条款对承保风险的规定如下：

1. 由罢工者、被迫停工工人或参与工潮、暴动或民众骚扰者所致的灭失或损害。

2. 由任何恐怖主义者或任何出于政治动机采取行动的人所引起的灭失或损害。

任何恐怖主义行为，或与恐怖主义行为相联系，任何组织通过暴力直接实施的旨在推翻或影响法律上承认的或非法律上承认的政府的行为引起的灭失或损害。

3. 由任何人出于政治、信仰或宗教目的实施的行为引起的灭失或损害。

4. 为避免或有关避免以上承保风险所造成的共同海损或救助费用。

从上述承保风险中可以看出，协会罢工险的承保范围大大超出了罢工的范围。它除了负责罢工风险损失外，对于工潮、民众骚扰以及恐怖主义行为，或出于政治、信仰或宗教目的的行为所致风险损失，它也予负责。由于近年来国际上恐怖主义行为频繁，经常给国际贸易货物运输的安全造成极大威胁，因此协会罢工险将恐怖主义行为所致损失也列入了罢工险承保范围，以适应广大贸易商投保的需要。

（二）除外责任

罢工险的除外责任也与ICC2009（A）的第4条和第5条的规定基本相同。但由于罢工险只负责由于承保风险直接造成的损失，因此，下列损失或费用保险人不负赔偿责任：

1. 由于罢工、停工、工潮、暴动或民众骚扰等造成劳动力缺乏、短少或扣押所引起的损失或费用。

2. 由于航程挫折而引起的损失。

3. 由于战争、内战、革命、叛乱或由此引起的内乱，或交战国或针对交战国的任何敌对行为所造成的损失或费用。

# 第五节　伦敦保险协会海运货物保险条款的其他内容

前面详细探讨了2009年伦敦保险协会海运货物保险条款的“承保风险”和“除外责任”，本节再将该保险条款的“保险期间”“索赔”“保险的利益”“减少损失”“防止迟延”和“法律与惯例”加以论述。

## 一、保险期间（Duration）

保险期间又称保险期限或保险有效期，是指保险人对保险标的发生的事故须负损失赔偿责任的起讫时间，即保险合同效力开始至终止的期间。现将2009年伦敦保险协会海运货物保险条款及海运货物战争险和罢工险条款对保险期间的规定作如下论述。

(一) 协会海运货物保险的保险期间

ICC2009（A）、ICC2009（B）和ICC2009（C）保险条款有关保险期间的规定，主要反映在“运输条款”（Transit Clause）、“运输合同终止条款”（Termination of Contract of Carriage Clause）和“航程变更条款”（Change Voyage Clause）三个条款之中。

“运输条款”是关于保险人对被保险货物应负“仓至仓”的责任以及在被保险人无法控制的情况下，发生船舶绕航、运输迟延、被迫卸货、重新装载、转运，或由于承运人行使运输合同所赋予的自由处置权而发生变更航程等情况，保险人扩展保险责任的规定。

“运输合同终止条款”主要规定：由于被保险人无法控制的原因，被保险货物在运抵保险单载明的目的地之前，运输合同即在其他港口或处所终止，则在被保险人立即通知保险人并在必要时加缴一定保险费的条件下，保险继续有效，直到货物在这个卸载港口或处所卖出并交付时为止。但最长时间以不超过货物到达该港口或处所满60天为止。

“航程变更条款”主要规定：在保险责任开始之后，如果被保险人要求变更保险单所载明的目的地，则在立即通知保险人并另行确定保险费和保险条件的情况下，保险继续有效。

现将上述三个条款所涉及的保险期间从开始到终止的有关问题进行详细论述。

1. 保险期间的开始

ICC2009第8条的“运输条款”规定：“本保险责任自保险标的为了开始运输而立即搬运至运输车辆或其他运输工具的目的，在仓库或储存处所（本保险合同载明的地点）开始搬移时生效，包括正常运输过程，直至运到下述地点时终止……”而ICC 1982的保险责任的起点则为“保险责任于货物运离仓库或储存处所开始运输时生效，……”。由此可见，保险期间的开始是从货物在保险合同所载明的起运地仓库或储存处开始搬移时起算。换言之，货物从起运地仓库或储存处所每搬移一件，保险人就开始负责一件。例如，货物自仓库开始移动到卡车上的过程中，发生灭失或损坏，则属保险责任期间范围。如果发货人委托其他单位代办仓储、代办发运，则代办运输单位的仓库或储存处所为起运地仓库或储存处所。

2. 运输过程中的保险责任

ICC2009第8条第3款规定，保险责任期间开始后，保险效力在下列情况下仍继续有效：在被保险人无法控制的运输迟延、任何绕航、被迫卸货、重新装载、转船以及承运人运用运输合同赋予的权力所作的任何航海上的变更。

上述运输过程中的保险责任可分为以下几种情况：

(1) 正常运输过程。货物的运输须按通常的运输航线进行，而通常的运输航线一般须考虑下列三个因素：① 货物种类；② 货物习惯运输方法；③ 习惯运输航线或最短运输航线。因此，货物在等待承运船舶而发生习惯性迟延、等待验关或等待进出口文件、单证而在港口仓库迟延等均属于正常运输的范围。相反，因被保险人非不可避免的缘由而导致迟延，如被保险人遗漏、修改单据，或重新包装等，则不属于正常运输的范围。

在正常运输的范围内，保险责任继续有效，即若在此期间发生事故，保险人负责赔偿。如果运输脱离正常范围，保险责任即告终止。在实务中，有些发货人在港口设有专用仓库，当货物从起运地仓库运出后先存放于该专用仓库等候装船。这种专用仓库在性质上相当于承运人的仓库，属于正常运输已经开始后的运输过程。因此货物在这种专用仓库发生损失，应属于保险责任期间内的损失，保险人负赔偿责任。

（2）运输迟延。MIA1906 规定，航行须在合理期间起航，若起航有不合理的迟延，保险人对此不负责任。依 ICC2009 第 18 条规定，被保险人在其所能控制的情况下，须在合理期间起运，否则自迟延时起保险人不负责任。若迟延非因被保险人所能控制的原因所致，保险合同虽不因此而无效，但因迟延直接引起的损失或费用，属于第 4 条第 5 款所规定的除外责任，保险人不予负责。

（3）绕航。绕航是指载货船舶偏离保险单所载明的或习惯上的航线，但船舶仍返回预定航线，达到原定目的地，完成运输任务的航行。根据 MIA1906 第 46 条的规定，若船舶没有法定理由而偏离正常航线，保险人自船物绕航时起不负责任。但由于海上航行中，经常发生被保险人所无法控制的绕航，所以，伦敦保险协会货物保险条款，将任何绕航都纳入保险责任范围。但绕航在此只适用于船舶海上绕航，而不适用于陆上运输路线的改变。

（4）转船或重新装载。这是指在货物运输途中，将货物由一船转往另一船而言。根据 MIA1906 第 59 条的规定，若因发生保险合同承保的事故而必须转船时，保险合同的效力不受影响；若因保险事故的发生，有必要卸船和重新装载时，保险人仍继续负责。但转船或重新装载若非习惯所许可，且也未在订约时预先告知保险人，则保险人可以重要事项未告知为由，解除保险合同。伦敦保险协会货物保险条款将重新装载列为承保范围，但保险人应否理赔，须视有无第 8 条的合同终止事由及第 9 条运输合同终止条款的情况而定。

（5）驳船运输。这是指用驳船将货物由起运港运往承载船舶或由承载船舶将货物运往目的港。英国海上保险法对此无明文规定，但伦敦保险协会货物保险条款将驳船运输的损失视为在“正常运输”过程中发生的损失，因此属于保险责任范围。在中国，每一驳船货物视为一个整批货物，属基本险的责任范围，所以保险人对驳船运输造成的损失予以赔偿。

3. 卸船后的保险责任

被保险货物卸离船舶后，保险责任期间分为以下两种情况：

（1）货物存放于目的地的情况。ICC2009 第 8 条的第 1 款和第 2 款规定：保险标的为了开始运输而立即搬运至运输车辆或其他运输工具的目的，在仓库或储存处所（本保险合同载明的地点）开始搬移时生效，包括正常运输过程，直至运到下述地点终止：① 在保险合同所载明的目的地最后仓库或储存处所，从运输车辆或其他运输工具完成卸货；② 在保险合同载明的目的地任何其他仓库或储存处所，从运输车辆或其他运输工具完成卸货，上述任何其他仓库或储存处所是由被保险人或其受雇人选择用作在正常运输过程之外的储存货物，或分配货物，最后分派货物；③ 被保险人或其受雇人在正常运输之外选择任何运输车辆或其他运输工具或任何集装箱储存货物（新增）；④ 自保险标的在最后卸载港全部卸离海轮后满 60 天为止，以上各项以先发生者为准；⑤ 若自保险标的在最终卸载港卸离海轮后，但在保险责任终止前，需转运到非保险单载明的其他目的地时，保险在依然受①至④有关终止规定制改的同时，截止于该保险标的为开始向该其他目的地转运而开始搬移之时。

从上述规定可以看出，在一般情况下，保险责任期间实际上就是一个仓至仓期间。若货物停放于船舶上，被保险人无须另外支付保险费，保险人仍须继续承保。但在实务中，为避免收货人将货物久置船舶而不及时提货，承运人可将货物卸离海轮，保险人以满 60 天为限承担保险责任。

关于卸船后的保险责任期间还应注意以下事项：① 60 天期限。尽管伦敦保险协会对 60 天的期限应从何时起算未作具体规定，但一般解释为自货物从海轮卸载完毕的午夜十二时起，满 60 天为止。在该 60 天的责任期间，被保险人无须另缴保险费，保险人予以特保（Held Covered）。若被保险人认为 60 天的期间不足，则须另行投保，而不能以缴纳附加保险费的办法，延长原保险合同的有效期间。② 运至最后仓库或储存处所。若货物卸离海轮后，在 60 天的期间内运至保险单所载明的最后仓库或储存处所，保险责任即告终止。换言之，若货物在上述仓库或储存处所存放期间发生保险事故，保险人不负任何责任，即使该期间是在货物自卸离海轮后的 60 天之内。③ 运至分配、分派地点。当货物卸离海轮后，被保险人不准备将其运往原保险单载明的目的地，而欲将其分配、分派到其他不同的目的地，此时该分配、分派地点被视为“最后目的地”，即保险责任以货物运至该地点从运输车辆或其他运输工具完成卸货时终止。若被保险人欲就其后的再运输或存放投保，则须另行订立新的保险合同，不得以缴纳附加保险费的办法，延长原保险合同的责任期间。④ 集装箱货物。若被保险货物与其他非保险货物装于同一集装箱内运输时，当集装箱运至转运站，卸下非保险货物而以原货箱装载全部的保险货物，继续运往最后目的地时，保险责任继续有效。但若集装箱所装载的被保险货物，在转运站拆箱并将该货物分别运往不同的目的地，而非全部被保险货物运往同一目的地时，保险责任期间在集装箱运抵该转运站时结束，此时该集装箱视为“最后仓库或储存处所”。

（2）货物存放于正常运输之外的运输工具或集装箱。依据第 8 条第 1 款第 3 项，当货物仍然装在运输工具或集装箱内，但被保险人或其受雇人决定不继续正常的运输而是将货物储存在运输工具或集装箱内，此种情况下，保险责任终止。这是限制被保险人或其受雇人在非正常运输过程中的临时仓储。因为 ICC2009（A）条款是承保货物运输的风险，一旦不继续运输，保险人不会承担正常运输之外的风险。与 ICC 1982 相比，ICC2009 还增加了被保险人的受雇人的决定，因此，被保险人的受雇人作出的决定同样会影响保险合同的有效性。

（3）货物存放于被保险人另行选择的地点。当货物卸船后，没有运往保险单载明的目的地最后仓库或储存处所，而是存放于被保险人另行选择的地点。此时保险人承担责任须满足三个条件：① 须有续保条款的约定；② 必须在存放后立即通知保险人；③ 须缴纳附加保险费。一般情况下，在被保险人同意后两个条件时，保险人通常同意与被保险人达成续保条款，即保险继续有效。反之，被保险人将货物存放于其另行选择的地点后，若没有立即通知保险人，保险人对发生的保险事故将不予理赔，即使被保险人能证明事故发生在保险责任期间，而且其迟延通知对保险人并未造成任何损害时，也是如此。若被保险人在货物卸船后，将货物存放于自行选择的地点，也未与保险人约定续保条款，则该地点被视为“最后仓库”。因此，保险责任在货物运至该地点时即告终止。但被保险人若能证明其选择的存放地点属于正常运输过程，则保险责任于货物存放在该地点期间继续有效。

4. 终止运输合同时的保险责任

海运是在海洋这种特殊环境中进行的，它始终伴随着海上特有的风险，这种特殊风险对承运人构成了极大威胁。为谋求海运事业的发展，各国海商法和有关国际公约一般都允许承运人在运输契约中规定，当出现一定危险时，承运人有权在完成货运之前，将货物卸于非最终目的地而终止运输合同。对于发生这种情况，被保险人是无法控制的。伦敦保险协会条款和中国保险条款都将这种承运人终止运输合同作为保险责任终止的原因之一。

ICC2009 第 9 条“运输契约终止”条款对此作了明确规定：“若由于被保险人无法控制的原因，运输合同在保险单载明的目的地以外港口或处所终止，或运输在保险标的按照第 8 条规定卸载前而终止时，则保险责任终止，除非被保险人于获悉后立即通知保险人，请求延长保险责任期间，并在必要时加缴保险费，保险责任在下列情况下继续有效：① 直至保险标的在该港口或处所出售并交付为止，或除非另有约定，在保险标的抵达该港口或处所后满 60 天为止，[①] 以先发生者为准；② 若保险标的在上述 60 天期限内（或任何约定的延长期限内），继续运往保险合同载明的目的地或任何其他目的地时，则保险责任仍按第 8 条的规定终止。”

现举例说明上述规定。例如，载运保险货物的某轮，在运输途中因大风触礁而破漏，进入附近港口修理，并将货物卸离海轮。此时承运人行使其终止运输合同的权利，被保险人（货物所有人）可以做出以下选择：① 在当地出售货物。被保险人若在修理地当地出售货物，在立即通知保险人并加缴一定保险费的情况下，自货物抵达该地起算 60 天内，保险责任有效。换言之，被保险人只要在该 60 天内出售货物，保险人对损失负责赔偿；如果货物抵达该地满 60 天后，仍未出售，保险责任终止。② 继续运往原定目的地。被保险人也可以安排另外船舶装载货物，在 60 天内或任何约定延长的期限内，继续将货物运往保险合同载明的目的地。只要被保险人立即通知保险人并加缴保险费，则保险责任的终止可按第 8 条的规定处理，即按前述的“卸船后的保险责任”处理。③ 在目的地之外出售货物。被保险人欲将货物运往保险合同载明的目的地以外的其他地点出售时，根据伦敦保险协会的上述规定，货物在起运时保险责任终止。如果将货物运回发货人时，同样如此。

在处理终止运输合同时的保险责任问题上，应特别注意以下几点：① 终止运输合同的原因必须是被保险人无法控制的原因。否则，不得请求延长保险效力。② 终止运输合同包括海运和陆运两处情况。无论是伦敦保险协会的“运输合同终止条款”，还是中国保险的“责任起讫条款”，运输均包括海运和陆运。③ 被保险人须立即通知保险人，并加缴保险费，保险责任才能继续有效。④ 60 天期限的起算方法。英国保险以货物“抵达”港口或处所时起算，而中国保险则以货物到达港口或处所“卸离”海轮后满 60 天为止。

5. 变更航程后的保险责任

变更航程是指船舶开始航行之后，改变了原定目的地，驶向新的目的地。根据 MIA1906 第 45 条的规定，自船舶自愿变更航程的决定明确表示时起，保险人可免除保险责任，即使损失发生时船舶实际上并未偏离原定航线，同样如此。但英国海上保险法的“变更航程”仅指海上的变更航程。

---

① 伦敦保险协会的这一规定与中国条款的规定不同。中国条款规定：“……直到货物在这个卸货港口或地点卖出及送交之时为止。但是，最长时间不能超过货物在卸货港全部卸离海轮后满 60 天。”另外，协会该条款中的“抵达”一词的含义，伦敦保险协会的解释是：（1）海轮抵达卸货港口当局区域内第一次抛锚、停泊或者在一个泊位或地方进行系缆，即视为“抵达”；（2）如果港口当局区域内没有这样的系缆泊位或地方，海轮在港区外第一次抛锚，停泊等待进港卸货，也视为“抵达”。

ICC2009 在第 10 条专门设置了“变更航程”条款。该条规定：“当本保险责任开始后，被保险人变更目的地，必须立即通知保险人，并另行商定保险费率和条件。在此费率和条件达成一致前，若发生保险事故，只有在保险费率和保险条件符合合理的商业市场行情情况下，则本保险仍然有效；当保险标的按照本保险合同的航程规定开始航行时（与条款 8.1 相一致），被保险人或其受雇人对该船舶驶向另一目的地不知情，则本保险仍然被视为是在本保险合同规定的航程开始时生效。”

上述第 1 款是指，一旦发生目的地改变的情况，被保险人需要尽快通知保险人并与其协商有关是否要增加保费与续保的条件。在此期间，若该货物发生灭失或损坏，虽然双方还没有达成续保的协议，但该灭失或损坏还是能够获得赔付，只要续保的保费与保险条件符合合理的商业市场行情。由于在航行中途改变目的地可能改变了风险程度，这并非是保险人在接受投保时所同意承担的，因此，MIA1906 规定保险人不再负责。而 ICC2009 第 10.1 条要求被保险人“续保”，即只需要货方尽快通知并同意增加保费或其他保险条件就不存在保险人不再负责的说法。至于要增加多少保费，则视改变的目的地了。

至于为何改变目的地，通常的原因可能是买方转售货物的需要，或者是卖方无法结汇，加之货物市场下跌而导致买方拒绝接受该批货物，这迫使了卖方将船上的货物转卖给其他人，从而需要改变运输的目的地。还可能是因为政治理由或其他原因，货物在卸港被拒绝进港等，这可以是政治理由或其他的原因，迫使货物到其他目的地卸货。

上述第 2 款是 ICC2009 增加的新条款。该新增条款是用来针对“鬼船”的情况。所谓“鬼船”通常是一些老龄船，悬挂方便旗，背后的船东是谁无人知晓。这类船舶在租船市场揽货，并对一些价值高且容易脱手的货物投保感兴趣。之后船舶根据租约装货，而装货之后根本不是开往签发提单的目的地，而是驶往另一个可以非法将该批货物低价脱手的地方。卸货后，船舶立即改名并改挂另一方便旗，在改头换面之后再去租船市场揽货。

ICC2009 第 10.2 条就针对上述情况，提供了对无辜的被保险人的保障，即只要被保险人及其受雇人事前不知道船舶（鬼船）一起航就打算开往另一个目的地，则被保险人是不会受 MIA1906 的影响而导致失去保障。可见，该条款加大了对善意被保险人利益保护的力度。

另外，为了提醒被保险人立即通知，ICC2009 在条款的尾部规定了一个附注（Note）：“根据第 9 条发生需要延长保险期限或根据第 10 条发生航程目的地变更的，被保险人有义务迅速书面通知保险人，其对本保险的权利取决于是否履行上述义务。”该条款的作用还在于表明了普通法中的一条确定规则，即被保险人可以“续保”的先决条件是，知道航程变更后应迅速通知保险人，以防止被保险人观望不报，在发生损失后才寻求续保并逃避支付附加保险费等情况。

（二）协会海运货物战争险的保险期间

协会海运货物战争险的保险期间的规定，采取承保“水上危险”的原则，而不采取承保“仓至仓”的原则，亦即将保险人对保险货物的责任期间规定为从货物装上海轮开始，直到载货海轮到达最后港口或卸货港口当日午夜起满 15 天仍不从海轮卸下货物，保险责任亦告终止。

对于伦敦保险协会海运货物战争险的保险期间还有下列问题须作进一步说明：

1. 对于在装货港码头与海轮之间，以及在海轮与卸货港码头之间需经驳船转运的货物，保险人仅对已装在驳船上的、由于驳船触及水雷或遗弃鱼雷而致损失的货物负赔偿责任。同时，除非另有协议，保险人对从海轮卸入驳船的货物的承保期限为60天。

协会的上述规定，同中国海运货物战争险的规定有很大的不同。按照中国保险条款的规定，保险人在海运货物战争险中对装在驳船上的驳运货物所承担的保险责任及保险期间同装在海轮上的货物所承担的保险责任及保险期间是相同的。例如，中国《海洋运输货物战争险条款》（2009版）第3条第1款规定："本保险责任自被保险货物装上保险单所载起运港的海轮或驳船时开始，到卸离保险单所载明的目的港的海轮或驳船为止。如果被保险货物不卸离海轮或驳船，本保险责任最长期限以海轮到达目的港的当日午夜起算满15天为限……"

2. 若货物在中途港口卸下，改由其他船舶或飞机续运或在避难港卸货，可在加缴一定保险费的条件下（需要时），将保险责任展延到船舶抵达中途港口当日午夜开始计算满15天终止。在这展延的15天内若货物离开水面卸于码头，只要存放的地点不超出转船的港口区域范围，保险仍然有效。货物一经装上续运船舶或飞机，保险责任又重新开始，直到运抵最后卸货港口或地点卸离海轮或飞机，或在到达卸货港口或地点满15天，保险责任终止。

从上述规定中可以看出，在协会海运货物战争险中，保险人对被保险货物虽然采取承保"水上危险"的原则，但对在中途港转运的货物，这一原则有所放宽。保险人对卸于码头的转运货物，只要存放的地点不超出转船的港口区域范围，并且存放的时间不超过船舶抵达转运港口15天，保险人仍予负责。

（三）协会海运货物罢工险的保险期间

伦敦保险协会海运货物罢工险的保险期间同ICC2009（A）、ICC2009（B）和ICC2009（C）一样，采取"仓至仓"的原则，即保险人对货物从卖方仓库到买方仓库的整个运输期间负保险责任。

## 二、保险索赔（Claims）

由于保险是一种损失补偿制度，若保险标的发生了承保风险范围内的损失，必然就会涉及索赔和理赔的问题。在现行伦敦保险协会货物保险条款中，有关索赔的规定主要反映在"可保利益"（Insurable Interest）、"续运费"（Forwarding Charges）、"推定全损"（Constructive Total Loss）和"增值"（Increased Value）等条款之中。现将上述几个条款的内容分别作如下简述。

（一）可保利益

ICC2009第11条规定："在保险标的发生损失时，被保险人必须对保险标的具有可保利益，才能获得本保险的赔偿。被保险人有权按照上款的规定，对在本保险期间内发生的承保范围内的损失获得赔偿，即使损失发生在本保险合同订立之前，但在保险合同订立时被保险人已经知道损失发生，而保险人并不知晓者除外。"

这一条款是针对国际贸易业务的特点而制定的（如在CFR条件下的国际货物买卖），它规定被保险人在订立运输货物保险合同时对保险标的（货物）可以没有可保利益，但在货物发生损失时则必须具有可保利益，才能获得保险人的赔偿。同时，若在保险合同订立之前，保险标的已经发生损失，但在订立保险合同时被保险人对此并不知情，仍然与保险人订立了保险合同，在这种情况下，被保险人仍可获得赔偿。

（二）续运费

ICC2009在第12条第1款规定："若由于本保险承保的风险，致使承保的运输在保险标的依据本保险承保的以外的港口或地点终止，保险人将偿付被保险人因卸货、存仓和续运保险标的至保险单载明的目的地而适当与合理发生的任何额外费用。"

应特别注意在该条规定中，运输在保险标的依据本保险承保的以外的港口或地点终止的原因必须是由承保风险直接造成的，否则保险人对卸货、存仓和将货物续运到最终目的地的有关费用不予负责。同时第2款还规定本条不适用共同海损或救助费，但不包括因被保险人或其受雇人的过失、疏忽、破产或不履行债务而引起的有关费用。

（三）推定全损

ICC2009第13条规定："本保险不负推定全损赔偿责任，除非保险标的的实际全损看来不可避免，或者由于恢复、修复以及续运保险标的到保险目的地的费用将超过其抵达时本身（保险标的）价值，经对保险标的进行合理委付的情况下，可按推定全损赔偿。"

根据上述规定，若被保险人要获得保险人的推定全损赔偿，必须满足以下条件：① 保险标的遭受的损失必须是由承保风险造成或引起的；② 该损失的程度相当严重，已无可挽回地达到全损的地步，也就是说，若不采取一定措施肯定会发生实际全损；③ 对受损标的加以恢复、修复以及续运至最终目的地的有关费用将超出标的本身的实际价值；④ 必须按委付的有关规定，将受损标的残余部分所有权转让给保险人。若不能满足上述条件，被保险人只能获得部分损失的赔偿，而且有义务承担受损标的所产生的责任。

（四）增值

ICC2009的这一条款，主要是针对货物增值保险而规定的。所谓货物增值保险是指，货物的买方估计所买进的货物在到达目的地时的完好价值将会超出卖方投保时同保险人约定的保险金额，因而将两者之间的估计差额向原保险人增加投保（一般是在原保险单的基础上按原来的保险条件增保）。为此，ICC2009第14条规定，若对保险标的办理增值保险，则保险标的的约定价值视为增值部分的保险金额与原有保险金额两者之和。当保险标的发生损失时，若为全损，保险人将赔偿两者之和；若为部分损失，保险人将按其保险金额在总保险金额中所占的比例，承担赔偿责任。若增值保险的保险人与保险标的原来的保险人分别为两个不同的保险人时，增值保险的责任将按其保险金额与全部保险金额的比例计算。为此，该条款还规定，在增值保险下，被保险人提出索赔时，应向保险人提供所有其他保险所保金额的证据，其目的是由所有保险人按比例摊赔。

## 三、保险受益（Benefit of Insurance）

ICC2009在第15条中规定了"保险受益"条款取代了ICC 1982的"无受益条款"或"不生效条款"（Not to Inure Clause），其内容是："本保险保障被保险人，包括根据本保险合同提出索赔的人或收货人；除非有特别说明，承运人或其他受托人不得享受本保险的利益。"该条第1款是新增加的，将被保险人的范围扩大到包括收货人。该条第2款主要是针对有些承运人或其他受托人（如码头、仓库等）在其运送或受托合同中所规定的"保险受益条款"（Benefit of Insurance Clause）而制定的。"保险受益条款"主要是指有些承运人或其他受托人在与被保险人（货方）签订的运输合同或受托管理合同中规定，对于应由承运人或受托人负责的损失，若另有保险可获赔偿时，承运人或受托人可要求享受保险的利益。换言之，当货方投保货物保险后，货物在承运人或其他受托人负责期间发生损失，若可从保险人那里获得赔偿，则承运人或其他受托人可免除其应承担的责任。若按照“保险受益条款”处理，保险人在向被保险人（货方）赔偿损失后，则无法向应承担损害赔偿责任的承运人或其他受托人行使代位追偿权。因此，为了对抗运输合同或提单中的“保险受益条款”的不合理规定，伦敦保险协会在货物保险条款中规定了针对性极强的“保险受益”条款，以防止承运人或其他受托人将其在承运或受托管理合同中所应承担的损害赔偿责任转嫁给保险人。

## 四、减少损失（Minimizing Losses）

ICC2009 在第 16 条的“减少损失”中规定了“被保险人义务”条款（Duty of Assured）和“放弃”条款（Waiver）两项内容。

“被保险人义务”规定：当保险标的发生承保范围的损失时，被保险人及其受雇人、代理人有下述义务：采取为避免或减少这种损失的合理措施；同时，若这种损失是属于承运人、受托人或其他第三者的责任造成时，被保险人应及时向他们行使损害赔偿请求权，并保证适当地维护向他们进行追偿的权利。保险人除了负责赔偿承保责任范围内的任何损失外，还负责赔偿被保险人履行上述义务所产生的任何适当和合理的费用。

为了鼓励被保险人积极采取措施，减少或避免扩大损失，ICC2009 在第 17 条制定了“放弃”条款。该条款规定：在保险标的发生承保风险时，被保险人或保险人为了施救、保护或恢复保险标的所采取的措施，不应视为被保险人放弃“委付”或保险人接受“委付”的表示，或其他方面损害任何一方的权益。因此，有人称该条款为“保障权利条款”。

## 五、防止迟延（Avoidance of Delay）

ICC2009“防止迟延”条款规定：被保险人对其所投保货物所发生的任何事情，必须在一切力所能及的情况下，采取合理的迅速措施加以处理。例如，合理运送货物，及时提货，货物受损时采取措施减少或避免扩大损失等。该条款具有提醒被保险人注意履行义务的作用。

上述四、五两项内容都属被保险人应履行的义务，它关系到被保险货物的安全和保险人的利益，因此，若被保险人未予遵守履行，则保险人对有关的损失有权拒绝赔偿。

## 六、法律与惯例（Law and Practice）

ICC2009 在第 19 条规定了一个“法律与惯例”条款。该条款规定：“本保险受英国法律与惯例管辖。”

该条款是 1982 年之后实施的新的协会海上保险条款所规定的条款。其目的是以英国法律作为 ICC 的准据法。但应注意，保险合同究竟应以哪国法律为准据法，则以保险单规定为优先考虑。

# 第六节　伦敦保险协会货物附加险及部分特种货物保险

除了前述的可独立投保的险别外，英国保险协会还增加了“恶意损害险”“偷窃、提货不着险”等附加险。由于它们没有完整的结构，不能独立投保，是由保险双方在基本险基础上加保。另外，协会还在20世纪80年代之后陆续颁布了一些特种货物，如关于煤炭、冷冻食品、散袋油类、亚麻等货物的运输保险条款。

## 一、协会货物附加险

### （一）恶意损害险

恶意损害险是伦敦保险协会货物保险的附加险别。

该条款规定：“兹同意缴付附加保险费之后，任何人的不法行为而故意对保险标的的全部或一部分的损坏或破坏的除外责任条款视为被删除。兹又同意除本保险的其他除外责任条款另有约定外，本保险并承保保险标的因恶意行为或恶意破坏引起的灭失或损害。”

该险所承保的是被保险人以外的其他人（如船长、船员等）的故意破坏行为所致被保险货物的灭失或损害。但是，恶意损害如果是出于政治动机的人的行为，则不属于该险别的承保范围。

恶意损害的风险，除了在ICC2009（A）中被列为承保风险外，在ICC2009（B）和ICC2009（C）中均列为“除外责任”。因此，在投保ICC2009（B）和ICC2009（C）时，若被保险人需要对这种风险取得保险保障，则须另行加保“恶意损害险”。

### （二）偷窃、提货不着险

ICC2009的“偷窃、提货不着险”条款（Institute Theft，Pilferage and Non-delivery Clause）规定：“以支付附加保险费为对价，兹同意本保险承保由偷窃或整件货物提货不着造成的保险标的灭失或损害，但须受本保险包含的除外责任的限制。”该条款同上述恶意损害险条款一样，投保ICC2009（A）时被保险人无须加保。

本条款承保两类风险，一是偷窃（Theft，Pilferage），二是提货不着（Non-delivery）。所谓“偷”（Theft）是指海上袭击性偷窃，须伴有暴力或暴力威胁。而“窃”（Pilferage）是指暗中进行的小偷小摸。提货不着指由于任何不明原因造成整件货物不知去向，或者误交给不知姓名的其他提货人而无法追回。而货物短量或件数不足的短交不属于这个范畴。另外，若交货不到的原因和货物所在的处所是知道的，则也不属于“提货不着”的范畴。

## 二、协会特种货物保险

冷冻食品、煤炭、散装油类和橡胶等商品由于性质特殊或运送方式不同于一般货物，若采用普通的货物运输保险条款，通常无法全面保障货物在运输途中遭遇的风险，或是由于责任不明确引起保险合同双方的争议。为此，伦敦保险协会在协会货物保险（A）、（B）和（C）的基础上，对特种货物的海上运输保险制定了适应该种货物特别需要的保险条款。

## 三、协会商品贸易保险

伦敦保险协会与商品协会联合会（Federation of Commodity Association）达成特殊协议，就可可、咖啡、棉花、非散装油脂和油、兽皮、金属、油籽、精制糖和茶叶运输所制订了特殊的（A）、（B）和（C）条款。

## 四、协会木材贸易联合会条款

协会木材贸易联合会条款（Institute Timber Trade Federation Clauses）是在ICC（A）、（B）和（C）的基础上制定的，包括19条，其与ICC（A）的区别在于承保风险条款和运送条款的规定有所不同。

## 案例分析

**案例9-1：英国协会货物条款（ICC）保险责任期间争议案**

**案情简介**①

原告：S贸易（上海）有限公司

被告：H财产保险股份有限公司

被告：H财产保险股份有限公司上海分公司

2005年8月19日，S贸易（上海）有限公司通过H财产保险股份有限公司上海分公司（以下简称“H上海”）投保海上货物运输险，于当日取得货物运输保险单。保险单载明：被保险人为S贸易（上海）有限公司，投保货物项目为皮鞋，总保险金额为1 611 878港元，装载工具为BLUE LAKE V. L1087N航次，起运地为香港，目的地为上海港，承保条件为ICC1982（A）险。该保险单由H财产保险股份有限公司（以下简称“H保险”）签章。同年8月21日，该批货物由香港出运，货物运抵上海港后，原告S贸易（上海）有限公司开箱发现部分货物严重湿损，经中国外轮理货公司理货后，遂由被告之一，即“H保险”委托中国检验认证集团上海有限公司于8月31日进行检验。检验报告记载，在拆箱过程中，发现集装箱底部有积水，底部货物遭受水损。根据对水湿样品化验，结果为淡水湿损。受损皮鞋共810双，其中590双为推定全损，156双估计损失60%。检验报告最终意见为：“上述货物遭损系在本港拆箱之前的运输过程中，有水进入上述集装箱所致。”2005年10月9日，被告之一，即“H上海”致电S贸易（上海）有限公司，确认涉案货损金额为199 625.20港元，折合人民币207 909.65元并要求原告补充材料，以便于理赔。但此后，两被告未给予理赔。于是，S贸易（上海）有限公司向海事法院起诉，要求两被告履行“仓至仓条款”的保险赔偿义务。

在庭审中，两被告的抗辩理由之一是，原告未能证明保险事故发生在保险责任期间内。两被告举证了货物堆存于香港码头期间的天气预报，证明当时连日暴雨，鉴定结论中淡水湿损由此产生，而在香港码头产生的货损不属于保险责任期间的范围。

① 资料来源：张亮．协会货物保险A款中保险责任期间的理解与适用［J］．国际商报，2007-07-02。

试分析保险公司是否应对受损货物予以赔偿。

[提示：本案是关于ICC（A）险保险责任期间的争议。由于保险单记载的启运地为香港，但未明确相关的仓库或储存处所，导致被保险人认为保险责任始于香港发货人仓库，而保险人则认为保险责任始于香港装船前的储存处所。

海事法院认为，依据保险单的记载，保险合同双方当事人约定适用ICC1982（A）险作为货物运输保险条款，这一约定有效。根据ICC（A）险的规定，在该险中，保险人承保“仓至仓”的保险责任期间，即保险人对包括内陆和海上运输的整个运输过程，直至到达保险单载明的目的地收货人或其他最后仓库或储存处所承担保险责任。该案保险合同载明的装运地为香港，目的地为上海。因此，保险责任期间应从香港发货人装运开始，至货物运抵上海收货人仓库为止。而本案的保险人（被告）则认为保险责任应自码头集装箱堆场装船开始，这与ICC（A）险的规定明显不符，法院不予采信。根据检验报告记载，货物损失是在上海港拆箱之前的运输过程中有水进入集装箱所致，因此，法院认为本案保险事故发生在保险责任期间。保险人未能证明该案的保险事故发生在保险责任期间之外，因而法院对其抗辩主张不予支持。法院判令保险人（H财产保险股份有限公司）向原告S贸易（上海）有限公司赔付保险赔偿金人民币207 909.65元。

英国协会货物（A）、（B）和（C）保险条款有关保险责任期间的规定，主要反映在第8条“运输条款”（Transit Clause）、第9条“运输合同终止条款”（Termination of Contract of Carriage Clause）和第10条“航程变更条款”（Change Voyage Clause）三个条款之中。

在本案中，保险双方关于保险责任期间的分歧涉及ICC（A）险的第8条的相关规定。在一般情况下，保险人的责任期间实际上是一个仓至仓期间。如果货物停放于船舶上，被保险人无须另外支付保险费，保险人仍须继续承保。但在实务中，为避免收货人将货物久置船舶而不及时提货，承运人可将货物卸离海轮，保险人以满60天为限承担保险责任。

在协会货物条款下，保险责任期间的实质是，保险人对整个连续的“通常的运输过程”的承保。因此，保险双方，特别是作为被保险人的贸易商应对“整个”“连续”“通常”这几个关键词应该有准确的理解。

本案中，作为被告的保险人对协会货物条款下“仓至仓条款”保险责任理解的偏颇，从而导致保险双方的争议和诉讼。其实，ICC（A）的保险责任期间所覆盖的保险区间是运输过程，对于非以通常运输为目的的储存则有可能导致保险责任的终止。因此，作为贸易商的被保险人对货物运输中的储存应予以注意。若遇到战争、罢工或其他不可抗力事件，导致运输货物必须储存时，被保险人应在规定的60天内安排货物的续运并通知保险人续保。为避免对保险责任期间的误解或争议，作为贸易商的投保人或被保险人在填写投保单时，应与保险人就该事项做出明确的约定并记载于保险单的备注栏内，而不能仅仅记载目的地。

随着中国国际贸易规模的不断扩大，贸易商对国际货物运输保险的需求也不断增加。加之英国协会货物条款的国际权威性和适用性，贸易伙伴在签订贸易合同时经常会主动提出适用英国协会货物条款投保货物运输保险。为此，作为保险的投保人或被保险人，贸易商对该条款的相关知识应有正确理解。]

**案例 9-2：英国伦敦协会货物保险（ICC）（A）条款争议案**

**案情简介**[①]

原告：厦门某进出口贸易公司

被告：某保险公司

某年 11 月 2 日，原告向被告投保了货运险，保险标的为仪器，保险金额为 28 万美元，承保英国伦敦协会货物保险（ICC）条款（A）条款，航程为香港至泉州。11 月 5 日，货物在目的港泉州卸货后堆放在港内一集装箱场地，原告在集装箱场地拆箱后使用卡车转运货物至福州。由于叉车司机操作不当，一件货物在叉出集装箱过程中倾倒并遭受严重损坏。经检验确定已无法使用，原告要求按照发票价格索赔 11.8 万美元。

被告保险公司拒赔，其理由是本案集装箱运输的方式是“场到场”，不是“站到站”，提货和拆箱是两个不同概念，货损发生在提货后，按照 ICC（A）条款和国际海事法律实践，保险公司对保险责任终止后发生的货损不负赔偿责任。

试分析保险公司的拒赔是否合理。

［提示：一审法院认为保险合同有效，按照 ICC（A）条款（8.2），货物转运到福州收货人的最后仓库时，保险责任才终止。货物的出险时间发生在保险责任期间内，保险公司应当承担赔偿责任。

二审法院认为，本案事故发生在集装箱堆场拆箱卸货交接时，该集装箱场地可用于提货和转运，根据英国伦敦协会货物保险条款（A）条款的规定，保险期间终止于载明目的港交付收货人的或者其他最后仓库或储存处所。本案中，泉州而非福州是保险单载明的目的地，因此保险公司的责任在拆箱时已终止，故改判保险公司不承担赔偿责任。

案例启示：保险单上货物目的地记载为港口对被保险人极为不利。若为集装箱运输设备，考虑到存在设备安装时才能发现的隐蔽的损失，被保险人可以加保“延期开箱条款”（Deferred Unpacking Clause）。］

**案例 9-3：英国伦敦协会货物保险（ICC）（A）条款集装箱积载除外责任争议案**

**案情简介**[②]

原告：沈阳北方科工贸集团公司

被告：中国平安保险股份有限公司

原告作为卖方，根据日本客户的订单，通过烟头海运公司向日本发运一批配重铁。贸易合同约定为 CIF 日本神户，合同标的的价款约为 9 000 美元，付款条件为 T/T 付款。8 月 18 日，原告向被告投保了海上货物运输险，承保险别为伦敦协会货物保险（A）条款。8 月 19 日上述货物被装进集装箱后运至大连港，装船时，集装箱底部突然脱落，三件配

---

① 资料来源：汪鹏南．中国海上保险案例摘要及评论［M］．大连海事大学出版社，2003：98-99。

② 资料来源：汪鹏南．现代海上保险法的理论与实践［M］．大连海事大学出版社，2004：365-372。

重铁从集装箱内落下摔在船甲板上，发生全损。日本客户在得知货物发生全损后，以货物不能满足合同要求为由，拒付货款。原告根据保险单向被告索赔，而被告认为索赔不当，拒绝赔偿，最终导致诉讼。

原告与被告争议的焦点是：原告是否有权诉讼？货损原因是否属于保险人的除外责任？

被告认为，依据 Incoterms，CIF 条件下，卖方承担货物越过船舷之前的风险，而本案的货损发生在船甲板上，其风险已经转移给了买方，卖方（原告）已不承担风险，而且保险单已经背书转让，因此，原告不再享有可保利益，因而不再享有诉讼权。

另外，被告坚持认为，依据 ICC（A）条款第 4 和第 5 项的规定，该损失属于除外责任，因此保险公司不予赔偿。

试分析本案例的症结所在。

[提示：依据当时的 Incoterms，在 CIF 条件下，当货物发生在装运港货物越过船舷以后，只有买方对货物承担风险并具有可保利益；当货物发生保险合同承保的风险而灭失或损坏时，一般情况下，只有买方可以向保险公司索赔，而卖方无权向保险公司索赔。

但也有例外情况，即买方退单、拒收货物并拒付货款时，买方的此种行为将产生风险和可保利益回转的法律后果。对此，中国《合同法》第 148 条规定：“因标的物质量不符合质量要求，致使不能实现合同目的的，买受人可以拒绝接受标的物或者解除合同。买受人拒绝接受标的物或者解除合同的，标的物毁损、灭失的风险由出卖人承担。”由于可保利益发生了回转，在发生货损时，货损的风险仍然一直由卖方承担，卖方具有可保利益，可以向保险公司索赔，即保险公司应该对卖方进行保险赔偿，而对买方的保险索赔得以拒绝。

本案中，被告拒赔的理由之一是，根据伦敦协会货物保险（A）条款的除外责任的规定，该货损属于除外责任。（A）条款第 4.3 项的规定是“在任何情况下，本保险不承保：由于保险标的的包装或配装不足或不当引起的损失、损害或费用（本款所称的‘包装’，应视为包括集装箱或托盘内的积载，但此种积载仅适用于在本保险责任开始前进行或是又被保险人或其雇员进行时）”。第 5.1 项的规定是“本保险不承保损失、损害或费用，若其起因于船舶或驳船不适航，船舶、驳船、运输工具、集装箱或托盘对保险标的的安全运输不适合。而且在保险标的装载于其上时，被保险人或其雇员对此种不适航或不适运有参与”。

对上述条款的理解，原告与被告双方存在争议。首先是对 4.3 款的理解，被告认为“包装”包括集装箱和托盘内的积载两部分；而原告则认为“包装”仅仅指积载，积载的定语为“集装箱或托盘内的”，因此，集装箱本身并不是“包装”，集装箱内的积载才是“包装”。本案中，货损的原因是集装箱的缺陷造成的，而与集装箱内的货物积载无关，因此不属于本款规定的除外责任，被告应该赔偿。

法院判决：虽然保险单已背书，但不能以此视为该保险单已实际转让。贸易合同中订立的贸易条件是 CIF 神户，是贸易双方对贸易合同的约定，仅对买卖双方具有约束力，被告作为保险人无权引用；根据（A）条款，法院认为，只有存在被保险人对货损具有蓄意恶行或者私谋的情况下，被告才能免责。基于上述理由，法院判决被告（保险公司）应当承担对原告的保险赔偿责任。]

**案例 9-4：ICC“偷窃和提货不着”附加险条款争议案**

**案情简介**①

原告：晁威有限公司（以下简称“晁威公司”；被保险人）

被告：美亚财产保险有限公司广东分公司佛山支公司（以下简称“美亚保险”；保险人）

广州海事法院经公开审理查明：2007 年 4 月 23 日，被告美亚保险向原告晁威公司签发了货物运输保险预约保单，并分别于 2007 年 6 月 25 日、2007 年 12 月 14 日、2008 年 6 月 12 日、2009 年 4 月 29 日、2010 年 9 月 6 日、2011 年 9 月 22 日、2012 年 3 月 9 日签发过批单。保单约定进口未使用的新产品适用 ICC（A）-1/1/82、ICC 战争险条款（货物）-1/1/82 及 ICC 罢工险条款（货物）-1/1/82；进口旧品适用 ICC（B）及“偷窃和提货不着险”。

2011 年 10 月 7 日，晁威公司购买的一批废铜 被装入集装箱内，先由“首尔快运”轮从墨西哥的曼萨尼约港运至日本横滨港，后由“APL IRELAND”轮由日本横滨港运至中国深圳的赤湾港区，再由晁威公司指定的运输公司使用牵引式挂车由赤湾港区集装箱堆场运至香港。

货物在香港等待运至中国三山港的期间，集装箱分别于 11 月 13 日、14 日被过磅称重。两次称重记录显示，箱内货重分别为 18 280 公斤和 18 290 公斤。美国总统轮船公司为该次运输出具了海运单。而该运单记载了托运人 Metalesy Pacas Trade S. A. de C. V.，收货人为晁威公司，装港为墨西哥曼萨尼约港，卸港为赤湾港区，交货地为中国的三山港，货物包括集装箱装载的废铜 10 捆，重量为 21 110 公斤，由托运人称重、装箱并点数。

庭审中，晁威公司确认由该批废铜的供应商 Metales y Pacas Trade S. A. de C. V. 对集装箱装箱并施封。晁威公司根据上述货物运输的保险预约保单的约定，为该批货物向被告美亚保险 申报并支付保费。被告于 2011 年 10 月 26 日向晁威公司 开具了包括涉案货物在内的货物运输保险发票。

载货集装箱在香港称重后，晁威公司以该集装箱所载货物短量为由向美亚保险报险并请求理赔。公估公司对该集装箱进行了检验。其出具的报告记载：拆箱之前，该箱外观完好无损，其铅封也完好无损，拆箱之后，发现箱内货物为废铜，但仅有 8 捆，而非 10 捆；对 8 捆废铜进行了称量，总计 18 331.50 公斤；无证据显示货物短量为运输过程中意外所致。

诉辩双方的各自主张：

晁威公司诉称：该批货物经海运由墨西哥曼萨尼约港运抵目的港香港后，在过磅时发现短重 2 820 公斤，损失价值约为人民币 141 843 元。晁威公司就此提出索赔，但美亚保险拒绝赔付。晁威公司认为，美亚保险承保的货物在保险期内受损，应予以赔偿，请求判

---

① 宋瑞秋. 晁威有限公司诉美亚财产保险有限公司广东分公司佛山支公司，http://www.ccmt.org.cn/shownews.php?id=15508，2015-03-31 11:32:00。一审判决书：广州海事法院（2012）广海法初字第 369 号。

令美亚保险支付保险赔偿金人民币 141 843 元并承担本案诉讼费用。

美亚保险辩称：第一，涉案货物适用的保险条款是 ICC（B）-1/1/82，以及 ICC“偷窃和提货不着险”条款-1/12/82，即美亚保险承保的是列明风险，应由晁威公司举证证明货物的灭失或短量是由列明风险造成的。原告没有任何证据证明涉案货物在运输的过程中，发生了列明风险中列举的、可引起其主张的短量损失的任何事故。第二，原告所提供的证据不能证明 涉案货物在运输途中发生短量。原告提供的卖方单方提供的文件不能证明涉案货物装载在集装箱内的重量，且依公估人员的检查，涉案集装箱封铅完好，未被撬痕迹。涉案货物由发货人进行称重、装载及清点，发货人需在封条完好下，对货物装载数量负责。原告收取货物的重量与单证上记载的重量的差异，可能是由于发货人根本就未如实装运。因此，原告应承担举证不能的后果，美亚保险对原告不负赔偿责任，请求驳回原告的诉讼请求。

**法院判决**

广州海事法院依照中国《民事诉讼法》第 64 条第 1 款和《最高人民法院关于民事诉讼证据的若干规定》第 2 条，判决如下：驳回原告晁威有限公司的诉讼请求。本案案件受理费人民币 3 137 元，由原告晁威有限公司负担。

试分析该案例。

[提示：

ICC 附加险“偷窃和提货不着险”承保范围是列明风险，列明风险的举证责任在被保险人，即原告必须证明发生了因列明风险引起的损失，才能胜诉并获得保险人赔偿。

ICC 条款主要有三种：ICC（A）条款；ICC（B）条款及 ICC（C）条款。该三种货物险内容基本一致，其区别主要在于 ICC（A）条款承保“除外责任”之外的一切风险，ICC（B）和（C）条款承保列明风险。因承保的风险不同，被保险人针对一切风险和列明风险的举证责任显著不同。依中国《民事诉讼法》第 64 条规定的举证责任分配规则，即“谁主张，谁举证”原则，对 ICC（A）条款，被保险人仅证明发生了损失 即可，由保险人对损失因除外责任的原因所导致的承担举证责任；而对于 ICC（B）条款，被保险人对发生了因列明风险导致的损失承担举证责任，否则承担败诉的不利后果。可见，列明风险项下，被保险人的举证难度大于一切风险。

涉案保险标的为进口的废铜，属旧品。原告与被告约定旧品采用 ICC（B）条款和 ICC 附加险，即“偷窃和提货不着险”。ICC（B）条款和“偷窃和提货不着险”的承保范围均为列明风险，列明风险的举证责任在被保险人，即其必须证明发生了因列明风险引起的损失，才能胜诉并获得保险赔偿。本案中，原告为新品和旧品投保了不同风险，其对旧品损失的举证责任显著高于新品，但是却没有针对旧品进口贸易谨慎地收集和保存有关证据。原告的举证存在以下缺陷，一是未能证明货物的装船重量。涉案的集装箱由托运人装箱并施封，海运单上的重量根据托运人的批注而记载，故原告没有证据证明涉案货物的装船重量，进而也不能证明货物发生短量损失；二是也没有能够证明货物短量的原因。载货的集装箱封条和外观完好，没有被人为破坏的痕迹。三是原告未能够证明发生过（B）条款列明的风险或者偷窃。本案中，原告没有证据证明，涉案货物在海上运输过程中发生了因列明风险或者偷窃导致的短量，因此根据在案证据，涉案货物是否发生了列明风险导致的短量的事实处于真伪不明状态。原告不能完成其举证责任，应承担举证不能的不利后果，故驳回其诉讼请求。]

## 复习思考题

1. ICC2009 具有哪些特点？

2. 试述 ICC2009（A）的除外责任及其含义。

3. 试述 ICC2009（B）和 ICC2009（C）的承保风险及其含义。

4. ICC2009（A）、ICC2009（B）和 ICC2009（C）与中国保险条款的一切险、水渍险和平安险相比较有何不同？

6. ICC2009（A）、ICC2009（B）和 ICC2009（C）的保险期间有哪些规定？其内容是什么？

7. ICC2009 中的“可保利益条款”的内容及其意义是什么？

8. ICC2009 中“保险受益”条款的内容及其作用是什么？

9. 简述“恶意损害险”的内容。

# 第十章 美国协会货物保险[①]

**本章学习重点**

美国是当今世界上最大的保险市场，其海上保险也在国际海上保险业占有重要地位。与英国协会货物保险条款相比较，美国仍然使用自己的条款，具有一定的独特性。2004年1月1日起，美国海上保险人协会推出新的“美国协会货物保险条款”（AICC2004）。美国多年来一直是中国最主要的贸易伙伴之一，在中美贸易中，贸易商会经常涉及美国的海运货物保险问题。因此，读者在研读本章的过程中，应重点掌握以下内容：

1. 美国 AICC2004 保险条款的规范结构；
2. 美国 AICC2004 保险条款的主要内容；
3. 美国 AICC2004 保险共同条款的主要内容；
4. 美国 AICC2004 保险条款的主要特点；
5. 美国 AICC2004 保险的不同条款及其内容。

## 第一节 美国协会货物保险条款的规范结构

美国1898年成立了“美国海上保险人协会”（AIMU），这是代表美国海上保险产业的一个贸易协会组织，其下设一个“货物委员会小组”（sub-committee of the Cargo Committee），专责修订美国协会货物保险条款。无论是1949年2月，还是1966年4月1日推出的条款版本，都是采取单一货物保险条款的格式，即仅提供被保险人一个基本的货物保险条款，以此来附加于保险单而共同成为保险合同的内容。此举与“伦敦保险协会”以1982年ICC（A）、ICC（B）和ICC（C）三种基本保单条款来取代1963年的ICC（AR）、ICC（WA）和ICC（FPA）的做法有所不同。

但美国过去多年实施的单一货物保险条款格式自2004年开始发生了重大变化。2004年1月1日起，美国海上保险人协会推出新的“2004年美国协会货物保险条款”（American Institute Cargo Clauses，AICC2004）。在新条款中，美国改变了其长久以来所使

① 本章内容参考张国圣编著的《英美协会货物保险条款之研究》（台北：元照出版公司，2007年10月第1版）第四章［美国协会货物保险条款 AICC（A/R）（WA）（FPAAC）（FPAEC）之共同条款］、第五章［美国协会货物保险条款 AICC（A/R）（WA）（FPAAC）（FPAEC）之不同条款］和第六章（美国协会货物保险条款之特点）编写。

用的单一货物保险条款的格式，而进一步地将其划分为四套货物保险条款，即分为“一切险”条款（All Risks，A/R）、“负责单独海损赔偿”条款（With Average，WA）、“单独海损不赔-美国条件”条款（Free of Particular Average-American Conditions，FPAAC）与“单独海损不赔-英国条件”条款（Free of Particular Average-English Conditions，FPAEC），以供被保险人依其实际需要选择使用。

新的美国协会货物保险条款依其承保范围与适用条件，划分为四个基本条款，即AICC2004（A/R）、AICC2004（WA）、AICC2004（FPAAC）和AICC2004（FPAEC）。四套条款彼此之间相互独立，各自提供不同的承保范围，其中AICC2004（A/R）条款提供最为广泛的承保范围，性质上是“一切险”（All Risks），即除了特别约定或除外责任条款的限制外，承保保险标的因外在原因造成的毁损或灭失。至于AICC2004（WA）、AICC2004（FPAAC）和AICC2004（FPAEC）在承保范围上则进一步以是否涵盖“单独海损”为区别，而其中AICC2004（FPAAC）和AICC2004（FPAEC）在适用的条件上有所不同。

美国协会货物保险条款在形式、结构、条款名称与具体条文内容上，四套条款除依各条款名称所提供的基本承保范围与适用条件有所区别外，关于“附加承保范围”（Additional Coverage）、“除外责任”（Exclusions）、“首要担保”（Paramount Warranties）、“附加条件”（Additional Conditions）、“保险期间”（Duration of Risks）、“损失理赔条款”（Loss Adjustment Clauses）、“操作条款”（Operating Clauses）七个部分，都是一致且相同的规定，并且其规范结构与条款名称相互呼应，呈现为AICC2004的主要特色。

现将AICC2004（A/R）、AICC2004（WA）、AICC2004（FPAAC）和AICC2004（FPAEC）四套条款的结构、条序、名称及规范项目对照比较，以表10-1表示。

**表10-1　　AICC2004条款结构对照比较①**

<table>
<tr><th rowspan="2">结构</th><th colspan="2">AICC2004（A/R）</th><th colspan="2">AICC2004（WA）</th><th colspan="2">AICC2004（FPAAC）</th><th colspan="2">AICC2004（FPAEC）</th></tr>
<tr><th>条序</th><th>条目名称</th><th>条序</th><th>条目名称</th><th>条序</th><th>条目名称</th><th>条序</th><th>条目名称</th></tr>
<tr><td rowspan="3">不同条款</td><td rowspan="3">一</td><td rowspan="3">海损条件<br>（Average Terms）<br>1. “一切险”<br>2. “甲板货”提单单独海损不赔条件</td><td>一</td><td>负责单独海损赔偿条件（With Average Terms）</td><td>一</td><td>单独海损不赔条件（FPA Average Terms）<br>1. 船舶<br>2. “甲板货”船舶<br>3. 航空器</td><td>一</td><td>单独海损不赔条件（FPA Average Terms）<br>1. 船舶<br>2. “甲板货”船舶<br>3. 航空器</td></tr>
<tr><td>二</td><td>损失原因<br>（Causes of Loss）<br>1. 基本危险</td><td>二</td><td>损失原因<br>（Causes of Loss）<br>1. 基本危险</td><td>二</td><td>损失原因<br>（Causes of Loss）<br>1. 基本危险</td></tr>
<tr><td>三</td><td>附加危险（Additional Perils）<br>1. 海岸危险<br>2. 包裹全损<br>3. 潜在缺陷<br>4. 爆炸<br>5. 污染损害/恶意损害</td><td>三</td><td>附加危险（Additional Perils）<br>1. 海岸危险<br>2. 包裹全损<br>3. 潜在缺陷<br>4. 爆炸<br>5. 污染损害/恶意损害</td><td>三</td><td>附加危险（Additional Perils）<br>1. 海岸危险<br>2. 包裹全损<br>3. 潜在缺陷<br>4. 爆炸<br>5. 污染损害/恶意损害</td></tr>
</table>

① 参考张国圣. 英美协会货物保险条款之研究［M］. 台北：元照出版公司，2007：135。

续表

| 结构 | AICC2004（A/R） | | AICC2004（WA） | | AICC2004（FPAAC） | | AICC2004（FPAEC） | |
|---|---|---|---|---|---|---|---|---|
| | 条序 | 条目名称 | 条序 | 条目名称 | 条序 | 条目名称 | 条序 | 条目名称 |
| 共同条款 | 二 | 附加承保范围（Additional Coverage）<br>1. 共同海损及救助费用<br>2. 卸货、存仓及续运费用<br>3. 品牌及商标<br>4. “双方互有过失”<br>5. 施救费用<br>6. 驳船费用 | 四 | 附加承保范围（Additional Coverage）<br>1. 共同海损及救助费用<br>2. 卸货、存仓及续运费用<br>3. 品牌及商标<br>4. “双方互有过失”<br>5. 施救费用<br>6. 驳船费用 | 四 | 附加承保范围（Additional Coverage）<br>1. 共同海损及救助费用<br>2. 卸货、存仓及续运费用<br>3. 品牌及商标<br>4. “双方互有过失”<br>5. 施救费用<br>6. 驳船费用 | 四 | 附加承保范围（Additional Coverage）<br>1. 共同海损及救助费用<br>2. 卸货、存仓及续运费用<br>3. 品牌及商标<br>4. “双方互有过失”<br>5. 施救费用<br>6. 驳船费用 |
| | 三 | 除外责任（Exclusions）<br>1. 基本除外责任 | 五 | 除外责任（Exclusions）<br>1. 基本除外责任 | 五 | 除外责任（Exclusions）<br>1. 基本除外责任 | 五 | 除外责任（Exclusions）<br>1. 基本除外责任 |
| | 四 | 首要担保（Paramount Warranties）<br>1. 捕获及扣押除外责任<br>2. 罢工、暴动及民众骚乱除外责任<br>3. 迟延除外责任<br>4. 核子/放射性污染除外责任 | 六 | 首要担保（Paramount Warranties）<br>1. 捕获及扣押除外责任<br>2. 罢工、暴动及民众骚乱除外责任<br>3. 迟延除外责任<br>4. 核子/放射性污染除外责任 | 六 | 首要担保（Paramount Warranties）<br>1. 捕获及扣押除外责任<br>2. 罢工、暴动及民众骚乱除外责任<br>3. 迟延除外责任<br>4. 核子/放射性污染除外责任 | 六 | 首要担保（Paramount Warranties）<br>1. 捕获及扣押除外责任<br>2. 罢工、暴动及民众骚乱除外责任<br>3. 迟延除外责任<br>4. 核子/放射性污染除外责任 |
| | 五 | 附加条件（Additional Conditions）<br>1. 适航性<br>2. 承运人条款<br>3. 经济及贸易制裁 | 七 | 附加条件（Additional Conditions）<br>1. 适航性<br>2. 承运人条款<br>3. 经济及贸易制裁 | 七 | 附加条件（Additional Conditions）<br>1. 适航性<br>2. 承运人条款<br>3. 经济及贸易制裁 | 七 | 附加条件（Additional Conditions）<br>1. 适航性<br>2. 承运人条款<br>3. 经济及贸易制裁 |
| | 六 | 保险期间（Duration of Risks）<br>1. 运输条款<br>2. 退货或拒绝<br>3. 并箱/拆箱 | 八 | 保险期间（Duration of Risks）<br>1. 运输条款<br>2. 退货或拒绝<br>3. 并箱/拆箱 | 八 | 保险期间（Duration of Risks）<br>1. 运输条款<br>2. 退货或拒绝<br>3. 并箱/拆箱 | 八 | 保险期间（Duration of Risks）<br>1. 运输条款<br>2. 退货或拒绝<br>3. 并箱/拆箱 |
| | 七 | 损失理赔条款（Loss Adjustment Clauses）<br>1. 推定全损<br>2. 部分损失<br>3. 共同海损及救助费用<br>4. 机器条款<br>5. 标签条款<br>6. 品牌及商标<br>7. 代位追偿<br>8. 损失通知<br>9. 损失理赔<br>10. 诉讼注意事项<br>11. 准据法 | 九 | 损失理赔条款（Loss Adjustment Clauses）<br>1. 推定全损<br>2. 部分损失<br>3. 共同海损及救助费用<br>4. 机器条款<br>5. 标签条款<br>6. 品牌及商标<br>7. 代位追偿<br>8. 损失通知<br>9. 损失理赔<br>10. 诉讼注意事项<br>11. 准据法 | 九 | 损失理赔条款（Loss Adjustment Clauses）<br>1. 推定全损<br>2. 部分损失<br>3. 共同海损及救助费用<br>4. 机器条款<br>5. 标签条款<br>6. 品牌及商标<br>7. 代位追偿<br>8. 损失通知<br>9. 损失理赔<br>10. 诉讼注意事项<br>11. 准据法 | 九 | 损失理赔条款（Loss Adjustment Clauses）<br>1. 推定全损<br>2. 部分损失<br>3. 共同海损及救助费用<br>4. 机器条款<br>5. 标签条款<br>6. 品牌及商标<br>7. 代位追偿<br>8. 损失通知<br>9. 损失理赔<br>10. 诉讼注意事项<br>11. 准据法 |
| | 八 | 操作条款（Operating Clauses）<br>1. 货运报告<br>2. 审查记录<br>3. 特约货物保单<br>4. 其他保险 | 十 | 操作条款（Operating Clauses）<br>1. 货运报告<br>2. 审查记录<br>3. 特约货物保单<br>4. 其他保险 | 十 | 操作条款（Operating Clauses）<br>1. 货运报告<br>2. 审查记录<br>3. 特约货物保单<br>4. 其他保险 | 十 | 操作条款（Operating Clauses）<br>1. 货运报告<br>2. 审查记录<br>3. 特约货物保单<br>4. 其他保险 |

从表 10-1 可以看出，由七个共同条款构成 AICC2004 的主要共同内容；在这七个共同条款下，仍有自身的结构和内容，用以表示其所适用的特定情况。兹将共同条款与其适用的规范项目，以表 10-2 表示如下。

**表 10-2　　AICC2004 共同条款及规范项目比较①**

| AICC2004 的共同条款 | | |
|---|---|---|
| 序号 | 条款名称 | 规 范 项 目 |
| 一 | 附加承保范围（Additional Coverage） | 1. 共同海损及施救费用（General Average & Salvage Charges） |
| | | 2. 卸货、存仓及续运费用（Landing，Warehouse & Forwarding Charges） |
| | | 3. 品牌及商标（Brand & Trademark） |
| | | 4. 双方互有过失（"Both to Blame"） |
| | | 5. 施救费用（Sue & Labor charges） |
| | | 6. 驳船费用（Craft/Lighter Charges） |
| 二 | 除外责任（Exclusions） | 1. 基本除外责任（Basic Exclusions） |
| 三 | 首要担保（Paramount Warranties） | 1. 捕获及扣押除外责任（F. C. & S. Warranty） |
| | | 2. 罢工、暴动及民众骚乱除外责任（S. R. & C. C. Warranty） |
| | | 3. 迟延除外责任（Delay Warranty） |
| | | 4. 核子/放射性污染除外责任（Nuclear/Radioactive Contamination Exclusion Warranty） |
| 四 | 附加条件（Additional Conditions） | 1. 适航性（Seaworthiness） |
| | | 2. 承运人条款（Carrier Clause） |
| | | 3. 经济及贸易制裁（Economic & Trade Sanctions） |
| 五 | 保险期间（Duration of Risk） | 1. 运输条款（Transit Clause） |
| | | 2. 退货或拒绝（Shipments Returned or Refused） |
| | | 3. 并箱/拆箱（Consolidation/Deconsolidation） |
| 六 | 损失理赔条款（Loss Adjustment Clauses） | 1. 推定全损（Constructive Total Loss） |
| | | 2. 部分损失（Partial Loss） |
| | | 3. 共同海损及救助费用（General Average & Salvage Charges） |
| | | 4. 机器条款（Machinery Clause） |
| | | 5. 标签条款（Label Clause） |
| | | 6. 品牌及商标（Brands & Trademarks） |
| | | 7. 代位追偿（Subrogation） |
| | | 8. 损失通知（Notice of Loss） |

① 张国圣. 英美协会货物保险条款之研究［M］. 台北：元照出版公司，2007：137。

续表

| 序号 | 条款名称 | 规　范　项　目 |
|---|---|---|
| 六 | 损失理赔条款（Loss Adjustment Clauses） | 9. 损失理赔（Payment of Loss） |
| | | 10. 诉讼注意事项（Notice of Suit） |
| | | 11. 准据法（Choice of Law） |
| 七 | 操作条款（Operating Clauses） | 1. 货运报告（Report of Shipments） |
| | | 2. 审查记录（Inspections of Records） |
| | | 3. 特约货物保单（Special Cargo Policies） |
| | | 4. 其他保险（Other Insurance） |

## 第二节　美国协会货物保险条款的特点

与英国协会货物保险条款相比较，美国协会货物保险条款，具有一定的独特性。现分别就 AICC2004 保险条款的“承保风险”“‘除外责任’与‘首要担保’”“保险期间”“被保险人的责任”四个方面说明其特点。

### 一、承保风险

现就 AICC2004（A/R）、AICC2004（WA）、AICC2004（FPAAC）和 AICC2004（FPAEC）四种险别的保单条款，依据其所承保的风险事故内容及所适用的因果关系原则对比如下（见表 10-3）。

**表 10-3　　AICC2004 承保风险事故与适用因果关系原则比较①**

| 序号 | 承保风险事故 | A/R | | WA | FPAAC | | FPAEC |
|---|---|---|---|---|---|---|---|
| 1 | 单独海损全损 | √ | *× | √ | × | | × |
| 2 | 船舶搁浅/沉没/焚毁 | √ | | √ | √ | | √ |
| 3 | 爆炸 | √ | | √ | √ | | √ |
| 4 | 火灾 | √ | *√ | √ | √ | | √ |
| 5 | 船舶碰撞/与水以外的物体（包括冰）触碰 | √ | *√ | √ | √ | | √ |
| 6 | 船舶碰撞 | √ | *√ | √ | √ | *√ | √ |
| 7 | 避难港卸货 | √ | *√ | √ | √ | | √ |
| 8 | 单独海损部分损失 | √ | *× | √⊕ | × | | × |

① 张国圣. 英美协会货物保险条款之研究［M］. 台北：元照出版公司，2007:217-218。

续表

| 序号 | 承保风险事故 | A/R | WA | FPAAC | FPAEC |
|---|---|---|---|---|---|
| 9 | 攻击性盗窃 | √ | √⊕ | √ | √ |
| 10 | 投弃 | √ | √⊕ | √ | √ |
| 11 | 甲板集装箱落海 | √ | √⊕ | √ | √ |
| 12 | 船长与船员的损害行为/航空机组人员的背信行为 | √ | √⊕ | √ | √ |
| 13 | 航空器起降意外 | √ | × | √ | √ |
| 14 | 航空器在机场以外着陆 | √ | × | √ | √ |
| 15 | 航空器碰撞/失火/投弃 | √ | × | √ | √ |
| 16 | 陆地运输碰撞/出轨/倾覆/意外/火灾/雷电/喷淋渗漏/龙卷风/地震/洪水/码头坍塌 | √ | √⊕ | √ | √ |
| 17 | 包裹装载/转运/卸载时全损 | √ | √⊕ | √ | √ |
| 18 | 锅炉爆炸/轴承断裂/机器船体及零部件的潜在瑕疵 | √ | √⊕ | √ | √ |
| 19 | 船长/船员/大副/工程人员/引水员的过失/错误 | √ | √⊕ | √ | √ |
| 20 | 水上运输工具因政府采取避免/减轻污染的行为 | √ | √⊕ | √ | √ |
| 共同条款偿 | 共同海损及救助费用 | √ | √⊕ | √ | √ |
| | 卸货、存仓及续运费用 | √ | √⊕ | √ | √ |
| | 消除品牌及商标的费用 | √ | √⊕ | √ | √ |
| | 船舶互有过失碰撞条款的赔偿 | √ | √⊕ | √ | √ |
| | 施救费用 | √ | √⊕ | √ | √ |
| | 驳船费用 | √ | √⊕ | √ | √ |

说明：“√”表示承保事项；“×”表示不承保事项；“⊕”表示有绝对免赔率（额）限制；“*”表示适用于“甲板货”提单的保险标的；表中有底色的表示适用“近因原则”，无底色的表示适用“合理归因原则”

## 二、除外责任与首要担保

在 AICC2004 的各种险别中，其主要特点是所有的险别都有“除外责任”条款和“首要担保”条款。现将 AICC2004 各种险别的“除外责任”条款和“首要担保”条款对比如下（见表 10-4）。

表 10-4 **AICC2004“除外责任”和“首要担保”风险事故①**

| 类型 | 风险事故 | 承保/不承保 |
|---|---|---|
| 基本除外责任 | 正常渗漏/减少/损耗 | × |
| | 被保险人的不法行为 | × |
| | 固有瑕疵 | × |
| | 船舶所有人无力清偿 | × |
| | 包装不牢 | × |
| 首要担保 | 捕获/扣押/扣留/限制/留置/没收/先占/征用/国有化 | × |
| | 放射性武器 | × |
| | 战争/战争武器 | × |
| | 军事行为 | × |
| | 单纯与非战争性武器（如火箭）/物体的触碰/碰撞 | √ |
| | 内战/革命/叛乱/暴动/戒严/军管/夺权 | × |
| | 海上掠夺 | × |
| | 罢工/停工/工潮/暴动/民事骚乱 | × |
| | 恐怖主义/政治性破坏 | × |
| | 迟延 | × |
| | 放射性污染 | × |
| 附加条件 | 违反经济及贸易制裁禁令 | × |

说明：“×”表示不承保事项；“√”表示承保事项

从表 10-4 可以看出，AICC2004 关于货物保险合同的除外不保事项，主要分为两部分：一是列入“除外责任”条款中的基本除外不保事项；二是列入“首要担保”条款中的除外不保事项。前者为“基本除外责任”，后者为“绝对除外责任”。这两者共同构成保险合同的除外责任。另外，在“附加条件”中，违反经济及贸易制裁禁令可能导致保险合同无效。

## 三、保险期间

AICC2004 条款的保险期间主要适用于“运输条款”之中。若保险货物出现无法交付、退货，或保险货物存在并箱或拆箱而停运情况时，则依据“退货或拒绝”条款及“并箱/拆箱”条款来确定保险期间。

### （一）保险效力开始

AICC2004 条款的保险效力在下列两种情况下分别开始：一是，自保险标的基于起运的目的而离开仓库时开始其效力；二是，被保险人为履行贸易合同义务而将货物运交海上运输工具的舷侧或船上时开始其效力。

① 张国圣. 英美协会货物保险条款之研究［M］. 台北：元照出版公司，2007:219-220。

（二）保险效力终止

依据 AICC2004 条款，保险合同在正常运输过程期间，其效力不受影响。但保险合同效力持续到何时，则须依据下列具体情况确定。

1. 完成运输合同时保险效力终止

当保险标的货物运交收货人或根据运输合同而运送到其他最后仓库或储存处所时，已完成原定运输合同目的，则保险效力终止。

2. 视为完成运输合同时保险效力终止

这种保险效力的终止包括以下两种情况。

第一，保险标的货物虽未运抵最终目的地，而是运送到其他仓库或储存处所时，只要该处所是被保险人（包括货主、收货人、受让人或索赔人，只要其对保险标的具有合时的控制）以此作为下列两种用途之一的，原定运输合同“视为”已经完成，保险效力终止：（1）正常运输过程以外的储存；或（2）分装或分配时，因保险标的已为被保险人所实际控制而背离原定运输合同目的。

第二，保险标的货物在最终卸货港卸载完毕当日午夜时起算届满 15 日前，保险标的再次出售，并将运往保险合同以外的目的地时，保险标的在该卸货港储存期间仍受保障，直到其再次起运或前述 15 日届满为止，该终止时点，依据其实际情况，以先发生的为准。此时，原定运输合同的目的将因再次起运或新的买卖合同生效而“视为”已经完成。因此，若出售保险标的货物的买卖合同生效日在前述 15 日届满之后，保险合同的效力自买卖合同生效日起终止。

3. 推定完成运输合同时保险效力终止

当保险标的货物自海上船舶（或航空器）卸载完毕届满 60 日（空运 30 日）时，即使仍为运抵目的地，依照一般情况，卸载完毕 60 日应属于完成运输合同的合理期间，保险合同效力终止。此时，由于是“推定”效力，因此若货物迟延是被保险人无法控制的原因产生时，被保险人可在原定 60 日（空运 30 日）届满前及时通知保险人，并请求延长保险合同期间。在同意增加保险费后，可使原保险合同的效力再继续延长 30 日，使其得以完成原定运输合同任务。

4. 运输合同中断时保险效力终止

这种保险效力的终止包括下列几种情况。

第一，当发生绕航、迟延、被迫卸货、重新装载、转运以及其他各种被保险人无法控制的冒险情况时，只要这些情况是船舶所有人、租船人基于行使运输合同赋予的自由权而产生的，不影响保险合同效力。但其效力的终止时间和地点则依据具体情况有以下两种：（1）保险标的货物在原定目的地以外港口或处所停止运输时，保险合同效力持续到保险标的货物在该港口或处所出售并交付时为止；（2）若保险标的货物尚未售出并将续运到原定目的地或任何其他目的地时，保险合同的效力持续到保险标的货物抵达原定运输合同的目的地时终止。

第二，当保险标的货物发生保险事故，在保险人要求下因检查并确定货损的需要而中断运输时，保险合同的效力不受影响，也无须增加保险费，保险合同的效力持续到以下两种情况：（1）保险标的货物运交原定收货人；或（2）将保险标的货物售予其他人时为止。

第三，当保险标的货物因并箱或拆箱而暂时停止运输时，不论该运输停止是否处于被保险人所能控制的范围，保险合同在30日内仍然有效。该30日为可继续完成原定运输合同的合理期间，因此，30日届满时，保险合同效力终止。但这种情况下，若被保险人在原定30日届满前及时通知保险人的，可按照被保险人的请求，继续延长原定保险合同的效力，在同意增加保险费后，可使保险合同再继续延长30日。

第四，当发生退货或被拒绝收货时，在迟延及/或退货期间，保险合同效力不受影响。但被保险人必须在获得此情时尽快通知保险人，并可依据被保险人的请求，另以其他方式处置保险标的货物，但如有必要并增加保险费时，可使保险合同的效力延长，直到完成运输任务。

## 四、被保险人的义务

美国海上保险法所适用的原则大多遵循英国MIA1906的相关规定。但美国也会考虑自身的经验、案例、实务操作及惯例，建立自己的适用原则。

就被保险人义务相关的“担保”（Warranties）而言，美国的用法与MIA1906的规定有明显的不同。在美国的法律中，“担保”一词有两种含义，一是“允诺性担保”（Promissory Warranty），其含义与MIA1906第33条的规定相同；二是用以作为限制保险合同条款适用范围的意思。因此，在AICC2004条款中，诸如“首要担保”“捕获及扣押除外责任”“罢工、暴动及民众骚乱除外责任”“迟延除外责任”及“核子/放射性污染除外责任”等条款，均使用“Warranty”概念，其含义并不是MIA1906所指的“允诺性担保”，而是用以表示作为限制保险合同条款适用范围的意思，即规定保险合同的除外责任。因此，在探讨被保险人义务时，应将AICC2004条款中用以作为限制保险合同条款适用范围的内容区分开来，在此仅就其具有“允诺性担保”意义的内容予以探讨。

在“允诺性担保”的意义下，美国的用法与MIA1906所规定的“明示担保”（Express Warranty）相同，即指当事人双方通过保险合同条款约定所作的允诺和保证，换言之，指保险合同特约条款中所产生的义务。至于“默示担保”（Implied Warranty）则是依据美国各州所共同适用的海事法律的规定。

在AICC2004条款中，被保险人的特约条款义务包括下列内容。

### （一）合法性担保

依照“经济及贸易制裁”条款，AICC2004规定保险单的承保项目不得违反任何美国经济或贸易制裁的规定，否则该承保项目无效。

### （二）通知与报告义务

AICC2004条款中，被保险人共有下列八项必须履行的通知义务：

1. 当适用“船舶互有过失碰撞条款”时，被保险人须及时通知保险公司。

2. 依照“运输条款”，若因被保险人无法控制的原因，发生货物迟延将超过保险合同效力终止的时间和地点时，须在有效期届满前及时通知保险公司，并同意增加保险费后，可使保险合同延长30日。

3. 在“运输条款”中规定，若发生航程变更或关于可保利益、船舶或航程记载遗漏或错误时，依据告知义务，被保险人应将相关情况通知保险人，使保险人得以重新评估是否增加保险费以延长保险合同效力。

4. 依据“退货或拒绝”条款，当发生退货或拒绝收货时，被保险人应在知情后尽速报告保险人，以便请求延长保险合同的保障期间。

5. 依据“并箱/拆箱”条款，无论是否处于被保险人所能控制的范围，只要保险标的因并箱或拆箱而停运时，被保险人应在原定保险合同届满 30 日前及时通知保险人，在增加保险费后可延长合同 30 日。

6. “推定全损”条款规定，若损失符合推定全损时，被保险人须向保险人发出委付通知，才能请求保险人理赔全部损失。

7. 按照“损失通知”条款，被保险人行使请求权时，应向保险人及时报告其损失状况，保险人才对损失承担理赔责任。

8. 依据“货运报告”条款，当使用“预约保险单”时，被保险人自获悉其投保的货物或其他可保利益的细节的该月最后一天起算，30 日内应向保险人通报。若故意不履行该通报义务时，保险人有权选择撤销保险合同。

（三）减轻损失义务

依据“施救费用”条款，当保险事故发生时，被保险人有义务采取一切合理措施以避免或减少损失。

（四）维护权利义务

依据“施救费用”条款，被保险人应保证将保留与行使对抗第三人的权利。“减轻损失义务”与“维护权利义务”两者构成被保险人的“施救”义务。

（五）合理迅速处置义务

按照“运输条款”，被保险人在其所能控制的情况下，应采取合理迅速的措施处置保险标的货物，避免货物运输的迟延。

（六）遵守保险人和公证人指示义务

依据“运输条款”，当保险人指派代表或公证人检查受损保险标的而中断或停止运输时，在此期间被保险人应遵守保险人或公证人的指示行事，以保证维持保险合同效力。

（七）同保险人共同降低损失程度义务

按照“品牌及商标”条款，当被保险人无法消除受损货物的品牌或商标而担心影响其商誉时，被保险人应与保险人共同协商如何将损失程度降至最低限度。

（八）维护保险人的代位追偿权义务

依据“代位追偿”条款，被保险人若有损害或缩减保险人的代位追偿权行为，须对保险人因此而遭受的损失承担赔偿责任。而保险人也可在其赔付额中扣除损失额。因此，被保险人必须维护保险人的代位追偿权。

（九）重复保险义务

根据“其他保险”条款，在重复保险时，被保险人应当在请求理赔时，向保险人提供其他保险的相关证明。

（十）履行“预约保险单”义务

根据“特约货物保险单”条款的规定，在使用“预约保险单”时，被保险人应履行该条款规定的相关限制义务。

## 第三节 美国协会货物保险的共同条款

如在本章第一节所述，美国协会货物保险的四套条款，除各条款所规范的基本承保范围与适用条件有所区别外，关于“附加承保范围”“除外责任”“首要担保”“附加条件”“保险期间”“损失理赔条款”“操作条款”七个方面，都是相同的（见表10-2）。现将该七个条款予以解释。

### 一、附加承保范围

所谓附加承保范围（Additional Coverage）是指，在AICC2004各个条款所规范的基本承保范围以外，仍可共同适用的承保范围，其内容包括共同海损及救助费用（General Average & Salvage Charges）的支出、在计算货损时消除品牌及商标所支出的费用、因执行“船舶互有过失碰撞责任条款”所分摊的支出费用、为维护权利所支出的施救费用（Sue & Labor charges）以及使用驳船运载货物的费用（Craft/Lighter Charges）等六项内容，皆列为AICC2004四种条款所共同承保的范围。现将AICC2004该六项内容的具体规定解释如下。

（一）共同海损及救助费用（General Average & Salvage Charges）

该款规定：保险人承保“保险标的所应分摊的共同海损以及救助费用”。

共同海损是海上冒险活动为了兼顾控制损害与平衡利益所产生的特殊制度，各国的海事立法中都设立了这一原则，但对于如何理算因共同海损所应分摊的费用则有不同的作法。国际间对于统一共同海损制度的惯例是《约克-安特卫普规则》，目前最新版本是《2004约克-安特卫普规则》。

根据《2004约克-安特卫普规则》第A条所界定的“共同海损”是指“仅在基于共同安全的目的，为了使同一海上冒险的财产免于危险，故意且合理地所作的特殊牺牲或发生特殊的费用时，才构成共同海损的行为。共同海损的牺牲和费用，应依下列规定，由不同的各方受益人所分摊”。换言之，因共同海损所产生的损失就是因此而受益的人所应分摊的内容，其包括“共同海损的牺牲”与“共同海损的费用”两部分。

在共同海损的制度上，美国虽然与英国大致相近，并与大多数国家一样接受《2004约克-安特卫普规则》对共同海损意义的界定，但在其司法审判实务的发展上，对共同海损制度的运作则仍有差别。

从美国所建立的判例看，共同海损的成立须满足三个条件：

1. 船舶与货物必须共同面临紧急的危险；
2. 必须要有对财产采取自愿性地牺牲以避免危险；
3. 对该财产的牺牲必须要确保使其他财产的安全。

在第一个要件中，美国司法实务产生了“共同利益理论”（mutual benefit theory），即强调共同海损的行为一定要基于船舶与货物作为同一海上冒险的整体，并以追求共同利益为目的的行为。

在“共同利益理论”的支配下，第三个要件要求“要确保其他财产的安全”，在意义上则产生了扩展的内容，强调因实施共同海损行为所牺牲与发生的费用，必须使处于同一冒险的船舶与货物能够完成其航程。因此，在美国的法律中，包括船舶在避难港短期避难所发生的费用以及维修复航的费用，自然也属于共同海损的费用。

美国在共同海损制度的司法运作上与英国及《2004 约克-安特卫普规则》有所差异。由于《2004 约克-安特卫普规则》第 A 条实质上是由 MIA1906 第 66 条发展而来的，其所强调的是“基于共同安全的目的，为了使同一海上冒险的财产免于危险”，因此，共同海损的牺牲和费用仅以使其他财产免于危险即已足够，而在安全获救后至航程结束前所发生的费用则不能列入共同海损的费用。

AICC2004 条款在此处将“共同海损的分摊”与“救助费用”一同列入四组基本条款的附加承保范围，这有两点需要说明：第一，就共同海损的发生而言，若保险标的货物属于共同海损牺牲的内容，除非保单中另有约定，可依保险合同获得理赔。但若保险标的货物属于共同海损行为所保存的财产时，即需依比例负担共同海损的分摊额。而依本款的规定，被保险人因保险标的所分摊的共同海损损失可向保险人求偿。第二，所谓救助费用是指发生海难时，为了使海上财产脱离危险而实施救助时所产生的报酬或费用。在本款下，是指被保险人给付他人的救助费用并可按照本款向保险人请求赔偿。

（二）卸货、存仓及续运费用（Landing，Warehouse & Forwarding Charges）

该款规定：保险人承保“因承保事故所产生的卸货、存仓及续运费用”。

此处因承保危险所产生的卸货、存仓及续运费用，在因果关系上符合“近因原则”，被保险人才能向保险人索赔。

（三）品牌及商标（Brand & Trademark）

该款规定：保险人承保“因履行‘损失理赔条款’中‘品牌及商标’的规定，而消除品牌及商标所产生的费用。”

在 AICC2004 的共同条款中，有一个“损失理赔条款”，其中包括“品牌及商标”的规定，此项规定的主要原因有以下两方面：

第一，对于具有品牌或商标的保险标的货物，在因承保风险受损时，保险人的理赔责任是以保险标的货物所遭受的损失价值计算。但该货损的价值中不应列入品牌及商标的价值。由于货物常常因其是否具有品牌及商标而呈现不同的市场价值，此种因品牌及商标而使货物所增加的价值不在承保的范围。因而，在计算该类货物损失时，应以消除该品牌及商标后的货物状态来衡量其损失。

第二，具有品牌及商标的货物，常常是表明拥有该品牌及商标的货主（被保险人）所具有的商誉与信用。因此，当发生保险事故而使具有品牌及商标的货物受损时，常会影响被保险人所拥有的商誉和信用，于是就有消除该货物的品牌及商标以维护商誉的做法。但为了消除品牌及商标，被保险人可能支出费用，此项费用即为 AICC2004 各项条款所规定的“附加承保范围”。因此，此处“品牌及商标”即指“因履行‘损失理赔条款’中‘品牌及商标’的规定，而消除品牌及商标所产生的费用”。

（四）双方互有过失（“Both to Blame”）

该款规定：“若运输的保险标的所依据的提单载有‘船舶互有过失碰撞责任条款’，对于被保险人根据该条款依法应付给船舶所有人的分摊部分（但不得超过保险金额），保险公司同意依照本保险所承保的一切损失予以理赔。在前述情况下，被保险人应立即通知保险公司，而保险公司有权自负成本和费用，为被保险人对该赔偿的请求提出抗辩。”

依据本款的规定，AICC2004 条款对被保险人依运输合同中“船舶互有过失碰撞责任条款”所应分担的责任比例额度内，可依据保单内所规定的赔偿额度范围内予以理赔。而为了保障保险公司的权益，被保险人应立即通知保险公司，此时保险公司有权自负成本和费用，为被保险人对该赔偿的请求提出抗辩。

（五）施救费用（Sue & Labor charges）

又称“损害防止费用”或“诉讼及营救费用”。该款规定：“因履行下列义务所产生的合理费用，不论其目的完成与否，均予以理赔：在海难或遭受损失的事件中，被保险人或其权利的受让人有义务采取一切合理措施，以避免或减少本保单所承保的损失，并且担保其将保留和行使对抗第三人的所有权利。基于本条所产生的费用，不论货物毁损、灭失的金额与施救费用的总和金额是否超过本保单理赔的限额，保险公司均予以全额理赔。”

依此规定，当发生被保险人因履行本规定的义务而支出各项施救费用时，保险人依据保单条款，具有两次的理赔责任。一次是保险标的的毁损或灭失的损失理赔，另一次则是就被保险人因履行减少损失义务而支出的施救费用的理赔，只要此项费用的支出是基于合理的措施，不论其目的是否达成都可列入理赔的请求。此条款是基于保险合同双方当事人的利益而赋予被保险人防止损害的协助义务，故因此所支出的合理费用列入保险公司的附加承保范围。

（六）驳船费用（Craft/Lighter Charges）

该款规定：“以船艇、桴筏或驳船运往或运离船舶的货物运输也包括在内。每一个船艇、桴筏或驳船视为一个独立的保险。被保险人的权利不受免除驳船船员责任协议的影响。”

由于海上货物运输常因停泊港的条件而需要使用驳船往来于海上船舶与码头之间运送货物的情况，在不同国家或港口，往往也会因此而支出不同的费用（包括关税）。这是为完成货物运输必要的费用支出，本规定将驳船费用列入“附加承保范围”。

至于“每一个船艇、桴筏或驳船视为一个独立的保险”的意义有两个方面：第一，每一次使用驳船所支出的费用都可计入请求的理赔中；第二，若发生驳船费用以外的其他承保事故时，在扣除因其他承保事故请求的理赔后，仍可请求驳船费用。

此外，由于在使用驳船时，驳船船员往往不愿意对因驳船行为而使保险标的受损的情况负责，因而可能与被保险人订立免责协议。在此种情况下，本规定也具有两层意义：第一，被保险人可不受其与驳船人之间协议的影响，在驳运过程中发生保险标的受损时，也可依本规定向保险人请求理赔；第二，在前述情况下，保险人仍须理赔被保险人因驳船人的过失所致的损失，但保险人在理赔后却无法行使代位追偿权，因为被保险人与驳船人之间订有免责协议。

## 二、除外责任

关于货物保险合同的除外责任，AICC2004 的规定主要分为两部分：一是列入“除外责任”条款中的除外不保的情形，称之为“基本除外责任”；二是列入“首要担保”条款中的除外不保的情形，称之为“绝对除外责任”。这两者共同构成保险合同的除外责任。

“除外责任”条款规定：“本保单承保范围不包括：（1）正常的渗漏、重量或数量正常的减少或正常的损耗。（2）因下列原因所致的毁损、灭失或费用：（a）因被保险人故意的不法行为；（b）因保险标的固有的瑕疵或本质；（c）因船舶所有人、经理人、租船人或船舶经营人的无力清偿或金钱债务不履行；（d）因保险标的以运输航程为目的而采取的包装或配装不充分或不适当的情形。本条款所指的'包装'包括储存于海运集装箱，但以该储存在所投保的航程起运之前完成的，或由被保险人或其代理人所执行的储存为限。"

根据本款第一项的规定，保险标的若有"正常的渗漏、重量或数量正常的减少或正常的损耗"的情形，不列入承保范围。所谓"正常"是指保险标的没有产生损失，因而不属于承保事项。第二项（a）款"被保险人故意的不法行为"是指损失既然由被保险人的故意不法行为所致，则此行为之外并未发生因承保事故而须理赔的事情，故保险人对被保险人故意的不法行为不负责。第二项（b）款"保险标的固有瑕疵或本质"是指保险标的在未经投保货物保险的情况下，具有发生损失的必然性，该损失既然属于必然，则非属于外力因素所致，自然不在承保范围。第二项（c）款规定，在保险标的"因船舶所有人、经理人、租船人或船舶经营人的无力清偿或金钱债务不履行"所致损失的情况下，因保险人并不对船舶所有人及承运人的财务状况提供保障，故而将其列入除外不保事故的范围。但在实务中，也有保险人在保单中以"批注"（endorsement）的特约方式来保障船舶所有人或承运人的财务条件。在此情况下，本规定就需要按照当事人间的特别约定而予以排除适用。第二项（d）款是针对保险标的货物包装不足、不当的情形。在国际贸易实务中，除了大宗商品无须包装外，绝大多数商品为了便于运输、装卸、搬运、储存、保管等目的，都需要对商品予以包装。在本款规定中，所谓保险标的的"包装"，是以运输航程为目的而采取的包装，因此，此处的包装除了货物的单件包装外，还包括组合包装及为运输与港口机械化操作所采用的集装箱。基于包装与货物是可分离的原则，因此在海上运输过程中，除非保单特别将"包装"列入保险范围，否则保险人对于包装物的单独受损并不负责理赔。由于海上运输的货物种类繁杂，在本款规定下，所谓"包装"的"不充分"或"不适当"，是指保险标的未能符合国际货物运输条件的要求，因此而产生的损失属于不可避免的情形，故不属于保险人的承保范围。另外，此处保险人不负责理赔的包装不牢，是指在投保的航程起运之前完成的，或者其包装是由被保险人或其代理人所执行的。但若包装牢固的货物起运后，在被保险人或其代理人并未涉入的情况下，若系由于其他操作不当所致的保险标的毁损或灭失，因保险合同已经生效，也不属于本款所列的除外责任，因此保险人仍应按照合同予以理赔。

## 三、首要担保

"首要担保"条款是 AICC2004 条款的主要特点之一。该款是指其与保单载明的其他内容相比较，其具有优先地位，即其不可修改，不可被取代。该款规定："基于下列首要担保条款的规定，不得以本保单所载的其他规定、加盖戳记或另以特约批注的其他方式加以修正或取代，除非该其他规定特别说明本担保条款所排除的具体事故，并在该规定中明示承保该项指明的事故。"

从上述规定可以看出，在适用该款时，虽然有一个特别例外，即"除非该其他规定特别说明本担保条款所排除的具体事故，并在该规定中明示承保该项指明的事故"时，才能排除该款中所列入的除外责任，但在实务操作中，这种情况很少出现。因此，“首要担保”条款确实具有“首要”地位。

“首要担保”条款载明的除外责任主要包括：（1）捕获及扣押除外责任；（2）罢工、暴动及民众骚乱除外责任；（3）迟延除外责任；（4）核子/放射性污染除外责任。

（一）捕获及扣押除外责任（F. C. & S. Warranty）

本项所涵盖的范围主要是“战争风险”和“政治风险”。“捕获”（Free of Capture）和“扣押”（Seizure）是指因各种类型的战争行为及政治因素所导致保险标的受损的各种风险，均排除在保单的承保范围。

AICC2004 在“捕获及扣押除外责任”中明确表明不予理赔的事故包括下列四项内容：

1. 任何因捕获、扣押、扣留、限制、留置、没收、先占、征用、国有化等所产生的结果，以及关于任何威胁企图所产生的结果，不论是在和平时期或战争时期，也不论是合法或非法的行为。

在上述规定中，所谓“先占”是指在扣押或征用之前的一种事实行为。所谓“征用”是指船籍国政府将船舶以政治目的而征调使用，使得船舶脱离其原来从事货物运输的国际贸易目的。所谓“国有化”是指一国政府以政治目的，将他国所属的船舶国籍变更为该国国籍。另外，本项所排除的风险事故，在期间上不论是和平时期或战争时期都适用，在手段上不论是合法行为还是非法行为也都适用。

2. 不论是在和平时期还是战争时期，任何因下列事项所致的毁损、灭失或费用：

（a）因使用任何原子或核子裂变及（或）聚合及（或）核子反应或放射性武力等战争武器；

（b）因任何水雷或鱼雷。

3. 因任何敌意行为或军事行动（不论是否宣战）所导致的结果，但本担保条款不应排除与火箭或类似的飞弹（战争武器除外）的碰撞或触碰，或与任何固定或流动物体（水雷或鱼雷除外）的碰撞或触碰、搁浅、恶劣气候、火灾或爆炸，除非是由交战势力所为或对其所为的敌意行为所直接导致（该原因必须与航程性质或运输船舶所提供的服务，或任何船舶的碰撞无关）。本担保条款所指的“势力”是指拥有海军、陆军或空军的任何政权。

从本项规定可以看出，本项规定虽排除了敌意行为或军事行动的风险事故，但却不排除保险标的与非军事用途之外物体（包括固体与流体）的碰撞或触碰的风险事故，以及非受战争或政治因素影响而产生的船舶搁浅、恶劣气候、火灾或爆炸等风险事故。

4. 因内战、革命、叛乱、暴动或由此引起的内战，或因戒严、军管、夺权或海上劫持所致的结果。

（二）罢工、暴动及民众骚乱除外责任（S. R. & C. C. Warranty）

该款规定：“因下列事项所致的毁损、灭失或费用不予理赔：（1）因罢工、停工、工潮、暴动、民众骚乱或参与类似的事件或骚乱的任何个人或群体的行为。（2）因野蛮行为、破坏或恶意行为，包括个人或群体的行为，不论其是否代表主权国家的行为，或基于政治、恐怖主义或意识形态目的所为的行为，并且不论其是由偶发或蓄意所致的毁损、灭失或费用。”

该款涵盖的范围主要包括劳工和野蛮行为两种类型，即这两种行为导致的保险标的受损不属于承保范围。另外，因恐怖主义活动所致的保险标的损失同样排除在承保范围之外。

（三）迟延除外责任（Delay Warranty）

该款规定："不论迟延是否由所承保的风险所致，凡是因迟延所致的市场损失、货物毁损、灭失、费用或品质不良，均不予理赔。"

在国际贸易中，常常有季节性、庆典性的货物买卖，若在运输过程中因故迟延，不论所致迟延的原因是否属于保单承保范围，迟延的结果可能使货物品质恶化或产生毁损、灭失，或者因为迟延导致货物错失销售良机或庆典时间，由此将使货物丧失市场价值。在本款中，除外不保的情况适用于，凡损失是由于迟延（而非承保事故）所致的结果，均属于除外责任范围。但迟延的保险标的货物，在"迟延期间"仍属于受保障的范围，即保险标的货物虽然因故迟延，但只要其损失是由保单承保事故（非迟延）所致，则仍可依据保险合同请求理赔。

（四）核子/放射性污染除外责任（Nuclear/Radioactive Contamination Exclusion Warranty）

该款规定："不论出于直接或间接，也不论其如何所致，凡因核子反应、辐射或放射性污染所致的毁损、灭失或费用，不予理赔。但基于保单的规定，若保单投保火灾险，即使火灾是由前述除外不保风险所直接产生，则凡因火灾所直接导致位于美国境内或美国属地或波多黎各的保险标的的毁损，仍予理赔；只要该核子反应、辐射或放射性污染并非由保单'捕获及扣押除外责任条款'中列明的风险所直接或间接引起的。本条款不可解释为在投保火灾险时，凡因直接或间接的火灾所产生的核子反应、辐射或放射性污染，并由此所致的毁损、灭失或费用属于理赔范围。"

从上述规定可以看出，只要保险合同投保了火灾险，因火灾风险所致的损失，即使该火灾是由于核子反应、辐射或放射性污染所致也列为承保范围，只要该核子反应、辐射或放射性污染并非基于"捕获及扣押除外责任条款"中所排除的事故所致。但本款中特别强调，即使有火灾存在但火灾并不是保险标的受损的原因，而是由火灾直接或间接引起的核子反应、辐射或放射性污染所致保险标的的损失，此时则属于本款排除的承保事故。

## 四、附加条件

AICC2004 所列入的"附加条件"包括适航性、承运人条款和经济及贸易制裁三项内容。

（一）适航性（Seaworthiness）

本款规定："在被保险人与保险公司之间，共同承认运输业者所经营船舶的适航性。因船舶所有人或其受雇人的不法行为或不当行为所导致的货损并不会剥夺无辜被保险人的请求权，若无该不法行为或不当行为，该货损原来就属于本保单可请求的标的。无论是否有引水员领航下的航行，以及在任何情况下为了拖带和救助船舶或驳船，以及被他船拖带，都是被允许的。被保险人不受提单及/或租船合同中过失条款及/或潜在缺陷条款的影响。"

船舶的适航性是保险公司承保运输货物的前提。在国际货物运输实务中，保证船舶的适航性也是承运人的义务。提单和租船合同都规定了承运人或船东的免责事项，为了不使被保险人的权利受到提单和租船合同中对船东或承运人免责事项的影响，特别规定上述内容。但保险公司理赔被保险人后，则无法行使其代位追偿权。

（二）承运人条款（Carrier Clause）

本款规定："本保险的担保无论直接或间接，不能使任何承运人或受托人受益。"

在海上货物运输过程中，托运人与承运人之间订立运输合同，为避免承运人凭借运输合同的规定，将其本应承担的赔偿责任因另有保险合同的存在而转嫁给保险公司；同样，当货物委托给受托人保管时，其可能将应负的赔偿责任转嫁给保险公司。因此，依据上述规定，保险人仅向保单上记载的被保险人理赔，承运人或受托人并不因为运输合同或委托合同的规定而享受保险利益；保险人在理赔被保险人后，可向应承担责任的承运人或受托人行使代位追偿权。

（三）经济及贸易制裁（Economic & Trade Sanctions）

本款规定："当保单所承保的项目违反任何美国经济或贸易制裁的规定时，例如，但不以此为限，由美国财政部外国资产控制办公室所管理和执行的制裁项目，该承保项目的规定应属无效。同样的，在任何证书或其他保险的证据中所指明或相关的任何承保项目，或任何请求权，若有违反前述美国经济或贸易制裁的规定，也应属无效。"

美国财政部所属的"外国资产控制办公室"是依据美国的外交政策和国家安全目标来制定并执行经济或贸易制裁政策的单位，其主要目标是针对外国政府、恐怖主义者、国际毒品走私集团、大规模杀伤性武器的扩散等，在战争或紧急状态时，也可依法对外国资产实施制裁与冻结措施。

依据本款，任何保险标的若有违反美国的经济与贸易制裁政策时，保险合同无效，即该保险合同自始不产生效力。

## 五、保险期间

AICC2004 列入"保险期间"的条款包括运输条款、退货或拒绝及并箱/拆箱三项内容。

（一）运输条款（Transit Clause）

运输条款包括以下六项内容：

"1. 本保险合同的效力自保险标的基于起运的目的而离开仓库，或被保险人为履行买卖合同的义务而将货物运交海上运输工具的舷侧或船上时开始，并持续到：

（1）保险标的运交收货人或依运输目的而运至其他最后仓库或储存处所时。

（2）保险标的运输到任何其他仓库或储存处所时，不论其为原定运输目的或运输途中，只要该处所为被保险人（包括任何货主、受让人、收货人或索赔人，只要其对保险标的具有合时的控制力）以此作为下列两种用途之一：① 通常运输过程以外的储存目的；或② 分装或分配的目的。

（3）当保险标的自海上船舶（或航空器）完成卸货后届满 60 日（空运则为 30 日）时。保险合同的终止时间和地点，依实际情况，以先发生的时间和地点为准。若因被保险人无法控制的原因，导致货物迟延而超过了上述期限的，在同意增加保险费后，可使保险合同继续延长 30 日，但被保险人须在原定 60 日（空运则为 30 日）届满之前及时通知保险公司。”

上述规定实际上是“仓至仓”运输以及扩展至保单所记载的运输目的地以外的适用范围。在该款下，被保险人承担确保货物符合运输目的范围内合法交运的义务；若保险标的货物背离了原定保险合同的运输目的，自其完成或背离运输目的时起，保单即终止其效力。

“2.（1）当船舶所有人、租船人基于行使运输合同所赋予的自由权而产生的绕航、迟延、被迫卸货、重新装载、转运以及其他各种冒险情况时，本保险合同对保险标的仍特别予以承保。（2）当船舶所有人、租船人基于行使运输合同所赋予的自由权而使运输合同在原定目的地以外港口或处所终止时，本保险合同的效力持续到保险标的在该港口或处所出售并交付时为止；若保险标的尚未售出并将续运到原定目的地或任何其他目的地时，本保险合同的效力持续到保险标的依据上述第 1 款规定的仓库或储存处所出售并交付时为止。”

上述规定实际上扩展到“仓至仓”运输以外的范围。在该款下，当保险标的货物发生被保险人无法控制的原因而被合法变更航程或中断运输时，被保险人不应承受保单效力终止的影响。

“3. 若在本保险合同有效期内，保险标的在最终卸货港卸载完成日的午夜时起算届满 15 日之前，保险标的再次出售［并非基于第 2 款第（2）项规定的出售情况］并将运往保险合同以外的目的地时，保险标的在该卸货港储存期间仍受保障，直到其再次起运或前述 15 日届满为止，该终止的时间和地点，依其实际情况，以先发生的时间和地点为准。若出售保险标的的买卖合同生效日在前述 15 日届满后，而保险合同仍属有效时，保险合同应自买卖合同生效日起终止。”

上述规定在于避免保险标的货物在完成原定运输目的后，再因另外一个新的运输目的，而使原定保险人承受原保险合同订立时所未考虑的风险的不利影响，因而限制其所承保风险的续存期间。

“4. 若发生航程变更或可保利益、船舶或航程记载遗漏或错误的情形，在增加保险费后，本保险合同继续有效。”

这一规定在于兼顾保险双方的利益。对被保险人而言，当发生航程改变或可保利益、船舶或航程记载遗漏或错误时，被保险人基于运输目的的保险合同效力不受影响。但为兼顾保险人原来所承受的风险，在发生上述情况时，保险人可在重新评估风险并增加保险费后，使原定的合同效力继续维持，并保障被保险人的可保利益。不过，虽然在本款中并没有明文要求被保险人要履行通知保险人义务，但根据保险合同的最大诚信原则及被保险人的告知义务要求，当涉及原保险合同承保条件变更时，被保险人应履行其对保险人的告知义务。这样，可使保险人重新评估其所承受的风险、是否增加保险费，以决定是否延长保险合同效力。

“5. 本保险合同的条件是，除非在被保险人、受让人、收货人或索赔人无法控制的情况下，货物运输不应中断或停止，否则被保险人、受让人或索赔人在其所能控制的情况下，应采取合理且迅速的处置措施。”

这一规定在于强调被保险人有义务维持货物在运输目的范围内不受中断或停止的影

响，除非由于被保险人无法控制的原因，否则为维持运输的持续，应采取合理且迅速的处置措施。

“6. 保险公司为了证实货物的毁损或灭失，因其所指派或代表的公证人的要求而影响保险标的的运输时，货物适用原定保险合同的条件，无须另外增加保险费，也无须通知保险公司，在由此造成运输中断或停止期间，本保险合同继续有效，直到保险标的运交原定收货人或售予其他人时为止，但在该运输中断或通知期间，被保险人应依据公证人指示行事。”

本规定表明，当货物运输因保险人一方的原因而中断或停止时，保险合同的效力不受影响，也无须增加保险费。但被保险人必须配合并按照保险人的要求行事。

（二）退货或拒绝（Shipments Returned or Refused）

该款规定：“当被保险人或收货人拒绝或不能收受保险标的时，依据原定保险合同的规定，在迟延及/或退货期间，或者直到另外以其他方式处理以前，本保险单对该保险标的扩展保障范围，但被保险人必须在获知此情时立即通知保险公司，如有必要应加缴保险费。”

通常情况下，依据运输条款，保险合同效力应在保险标的货物运抵目的地而终止，但若发生本条所指的“退货”或“拒绝”时，保险合同可扩展其保障范围。此时，不论保险标的货物是否已经受损，皆可获得延长保险期间。但本款适用时有两个前提：一是被保险人必须在获悉此情发生时立即通知保险人；二是退货时，不论是否属于原定航程的返航或依另外新的航程回航，保险人可衡量由此而增加的风险，重新计算保险费，并要求被保险人另行加缴所增加的保险费。

（三）并箱/拆箱（Consolidation/Deconsolidation）

该款规定：“当保险标的因并箱或拆箱而暂时停止运输时，不论该运输的停止是否处于被保险人所能控制的范围，本保单对该保险标的扩展保障范围，但不得超过 30 日。在同意增加保险费后，可使保险合同继续延长 30 日，但被保险人必须在原定 30 日届满前及时通知保险公司。”

本规定主要是为了适应集装箱货物运输。在集装箱运输中，船舶运输的货物常有运抵目的港前，对储存于集装箱中的保险标的货物进行并箱或拆箱作业，此时将使保险标的货物的运输面临暂时停止状态。为了保障被保险人并兼顾国际贸易实务的需要，本款也将并箱或拆箱的作业列入保障范围。

## 六、损失理赔条款

AICC2004 中列入“损失理赔条款”的内容包括 11 个方面：推定全损、部分损失、共同海损及救助费用、机器条款、标签条款、品牌及商标、代位追偿、损失通知、损失理赔、诉讼注意事项和准据法。

（一）推定全损（Constructive Total Loss）

该款规定：“除非保险标的因其实际全损已不可避免，或为了避免实际全损所支出的费用将超过其价值而被合理委付时，不得以推定全损请求赔偿。”

依据本款规定，在保险合同承保范围内，保险标的虽非实际全损，但在其实际全损已无法避免，或被保险人为避免实际全损所支出的费用将超过其价值而被合理委付的情况下，可依本款的推定全损条件请求全部损失理赔。本款在表面文字上虽未明确说明被保险人在委付时须对保险人发出委付通知，但委付通知是海上保险惯例，被保险人行使委付权利时必须履行的义务。

（二）部分损失（Partial Loss）

该款规定："当发生本保单所承保的部分损失时，应就保险标的受损前与受损后的情况加以区分，至于损失的数额则依下列规定确定：（1）若事先约定货损贬值的百分比，则被保险人依该百分比获得受损保险标的保险价值的理赔。或者，若无事先约定，则（2）将该受损的保险标的出售，被保险人可获得其保险价值与出售所得差额的理赔。"

依据本款规定，在保险标的发生部分损失时，其理赔原则是：一，若保险双方之间就货损理赔预先约定了赔偿比例协定时，则保险人依其约定比例理赔。但这一计算损失的基础是以货物低于到达目的地时的完好价值计算，即该货损贬值比例的协定是以货物价值、运费及卸载货物的费用总和为计算该比例的基数；二，若保险双方之间无法就货损理赔确定损失赔偿比例协定时，则以被保险人所遭受的实际损失确定理赔范围。该实际损失的计算是以保险标的货物的价值扣除受损货物出售后的所得差额，作为保险人的理赔范围。

（三）共同海损及救助费用（General Average & Salvage Charges）

该款规定："依据运输合同的规定，适用美国法律及惯例及/或依据外国规则及/或依据《约克-安特卫普规则》（依合同规定，全部或部分适用）理算共同海损的分摊费用和救助费用。"

依据本款规定，当发生共同海损或救助费用时，其理算标准主要是依据运输合同的约定，或者采用美国法律及惯例，或者依照外国规则，或者依照《约克-安特卫普规则》理算。

（四）机器条款（Machinery Clause）

该款规定："当保险标的包括以出售为目的的组装机器或其零部件，若该机器的任何零部件发生本保险承保范围内毁损或灭失时，保险公司仅就该毁损或灭失零部件部分的保险价值予以理赔；或依被保险人的选择，就该毁损或灭失零部件的更换或修复所支出的成本或费用，包括工资和续运费用予以理赔，若有额外关税支出不在理赔范围，除非全部关税已包括在保险金额中。但无论如何，保险公司的理赔范围不得超过整部机器的保险价值。"

本款规定是针对保险标的属于组装机器的货物运输。若该机器的零部件因保险事故受损时，其理赔方式有两种：第一，保险人仅就该组装零部件占整体机器的价值比例理赔。第二，被保险人也可就该受损的组装零部件加以更换或修复，此时，因更换或修复所支出的成本，包括工资与续运费用等，皆属于理赔范围。

（五）标签条款（Label Clause）

该款规定："若依本保单条款对货损影响到标签、容器或包装物应负责时，保险公司仅就足以更换该标签、容器或包装物所支出的成本及修理保险标的所支出的成本予以理赔。但无论如何，保险公司的理赔范围不得超过受损保险标的的保险价值。"

本款特别针对保险标的因货损而影响其标签、容器或包装物的情况予以规定。将更换该标签、容器或包装物所支出的成本列入理赔范围。但应该注意的是，保险公司的理赔范围仍以保险标的的保险价值为限。

（六）品牌及商标（Brands & Trademarks）

该款规定：“具有能够显示被保险人品牌或商标的保险标的因承保风险而致损时，其受损价值应以消除该品牌后的状态计算。若实际上无法消除，保险公司与被保险人应共同协商如何将损失程度降至最低；但被保险人可选择毁弃该受损的保险标的，在给付保险公司特定金额后获得全额理赔，该特定金额是指该受损保险标的出售后的价值。”

该款是特别就具有显示被保险人品牌或商标的保险标的，对其受损价值的计算方式予以规范。众所周知，品牌或商标具有彰显商誉、信用和消费者偏好的功能，并且可以提高商品的交换价值。因此，本款的含义包括三方面：首先，保险标的受损价值的计算是以消除品牌或商标后的状况计算，并不包括因品牌或商标而增加的市场交换价值；其次，若品牌或商标无法消除，为兼顾被保险人的可保利益与避免保险人因品牌或商标而产生超额赔偿的损失，强调保险双方应共同协商如何降低损失；再次，当保险标的发生部分损失时，即保险标的还有一定价值，此时，若被保险人获得部分理赔后将标的出售，但可能有损于自身的商誉；若不出售则自己承担使其恢复原状的成本。为此本款规定，被保险人可选择毁弃该受损的保险标的，并折算其再出售的市场价值后付给保险人，从而获得保险人的全额理赔，以此兼顾被保险人的商誉和实现保险合同的目的。

（七）代位追偿（Subrogation）

该款规定：“保险公司理赔后，代位取得被保险人对抗致损的第三者的所有权利。若被保险人或请求权人损害或缩减保险公司的代位追偿权，因被保险人或请求权人的作为或不作为而使保险公司蒙受损失，则保险公司可从其理赔金额中扣除。”

在保险中，规范代位追偿有下列原因：第一，遵守保险补偿原则。代位追偿可以避免被保险人既从保险人获得补偿，又从致损的第三者获得赔偿，因此可能获取双重利益，进而违反保险补偿原则。代位追偿权为遵守保险补偿原则提供了保证。第二，划分各方当事人的责任。代位追偿既可使致损的第三者不能因为保险而逃脱自己的责任；同时，保险人也不能因为第三者的违约或违法而不履行保险责任。但保险人仅就保险责任而行使代位追偿权。

（八）损失通知（Notice of Loss）

该款规定：“被保险人、受让人、收货人或索赔人在行使理赔权时，应及时向保险人通知损失情况，保险公司才承担保障责任。该通知应根据保险标的所在地或原定目的地，就近向任一保险公司的营业处或保险公司的理赔人员或调查业务员提出。若该处附近无保险公司的理赔人员或调查业务员，也可向最近的美国海上保险人协会的业务员提出，若无法找到上述人员，也可向最近的劳合社代理人提出。”

该款明确规定，被保险人等向保险公司索赔时必须履行其及时通知的义务。基于海上货物运输的特点，被保险人应在保险标的所在地或原定目的地就近向保险公司发出通知。被保险人的通知对象可以是保险公司、其代表、保险人协会或劳合社代理人等。

（九）损失理赔（Payment of Loss）

该款规定：“保险事故发生时，自保险标的损失证明文件和可保利益证明文件被保险公司确认之日起，理赔付款最迟不得超过 30 日（若保险费未付，则先予扣除）损失证明文件应向保险公司负责验证的业务员提出。若无此业务员，美国海上保险人协会的特派员可进行验证，若无此特派员，则由最近的劳合社代理人验证。当前述证明文件已为保险公司确认，而最终损失数额无法在前述30日内确定时，保险公司可就尚未决定的最终理赔额度约定数额预先垫付。预先垫付的数额超过最终理赔额度时，被保险人应将超过部分返还保险公司。”

该款明确了理赔付款的文件、请求方式和办理程序。

（十）诉讼注意事项（Notice of Suit）

该款规定：“除非被保险人完全遵守本保险合同内容，否则不得在任一普通法院或衡平法院对本保单提起诉讼，该诉讼若未能在损失发生时起12个月内提起，也不得提出，但此一期间的限制与依据保单签发地的州法律相抵触时，则依据该州法律许可的最短限制期间内才可提出。”

该款强调被保险人必须遵守保险合同的义务，才能向保险公司行使其权利。

（十一）准据法（Choice of Law）

该款规定：“本保单及其批注的内容，如投保项目、价格与签名，皆构成承保海上风险的海上保险合同，关于本保险单的解释及保险公司和被保险人之间的权利和义务应适用美国联邦海事习惯法，或在未能适用美国联邦海事习惯法的情况下，则适用纽约州的法律，而不考虑任何其他准据法规则。”

该款表明了保险诉讼所适用的准据法，包括合同内容、保单条款的解释以及双方当事人权利义务内容等，适用美国联邦海事习惯法或纽约州的法律。

## 七、操作条款

AICC2004“操作条款”包括四项内容：货运报告、审查记录、特约货物保单及其他保险。

（一）货运报告（Report of Shipments）

该款规定：“除非另有约定，本保险规定，自被保险人获悉其投保保险标的货物或其他投保利益的细节的月份最后一天起算，30日内应向保险公司报告关于合同内容的保险标的货物或其他投保利益。被保险人应按照约定费率就其报告的货物或其他投保利益支付保险费。但保险公司有权以是否获得可保利益的报告来决定约定的保险费。故意不履行该报告义务时，自保单适用于该未经报告的货物或其他投保利益时，保险公司有权选择撤销保单。但在报告时，非故意的错误或省略或迟延并不会使本保险无效，只要被保险人在获悉后尽速将其内容报告给保险公司。”

该款主要是针对海上货运保险实务中经常使用的“预约保险单”而制定的规范。该规范要求被保险人须定期向保险公司报告其所运输的保险标的货物，并以此作为核算保险费的基础。若被保险人故意违反货运报告义务时，保险公司有权撤销保险单，保险合同失去效力。

（二）审查记录（Inspections of Records）

该款规定：“自本保险生效起的任何时候，至本保险终止日起12个月内，保险公司或其指定人，可就与保险标的相关的事项，检查被保险人的账目或记录。”

本款表明，为了落实“最大诚信原则”，保险公司有权对保险标的的相关情况予以检查。

（三）特约货物保单（Special Cargo Policies）

该款规定：“在下列限制之下，若保险公司向被保险人提供特约货物保单或证明书时，将使被保险人有权以此特约货物保单或证明书作为保险证据提供给第三人：（1）特约货物保单或证明书仅供本‘预约保险单’所适用的货物使用。（2）除非获得保险公司对其他条款的书面同意，否则被保险人在特约货物保单或证明书上所记载的条款、条件和保险价值必须与其所适用货物的‘预约保险单’条款相一致。（3）被保险人使用的所有特约货物保单或证明书的副本必须在签发后及时寄送保险公司。（4）若特约保单或证明书损坏或无效时，原件与所有副本应退还保险公司。

在使用特约货物保单或证明书时，若因被保险人或其授权的经理人的原因，在该特约货物保单或证明书的记载有遗漏或添加时，保险公司仍有义务就本保单所未承保或超过本保单所承保的事项予以理赔，则被保险人同意补偿保险公司该项损失。”

上述规范包含下列含义：

1.“特约货物保单”与“预约保险单”所使用的证明书类似，不同之处在于，当转让给第三人时，“特约货物保单”具有完全的保单功能，其条款并不受“预约保险单”条款约束。在国际贸易中，货物所有人经常须以“特约货物保单”或“证明书”来证明其所拥有的货物已经投保了，特别是在信用证结汇时，“特约货物保单”或“证明书”上所记载的已投保的货物则必须与信用证记载的货物相一致。本款就是为适应国际贸易实务的需要而予以特别规范。

2.“特约货物保单”与“证明书”仅适用于保单上记载的货物，而不扩展至其他未经记载的货物。被保险人不得在“特约货物保单”与“证明书”中增添任何在“预约保险单”中未记载的承保范围。

3. 由于这种“特约货物保单”与“证明书”是由保险公司预先提供的，因此被保险人填写后须将其副本在签署后立即寄送保险公司。即使“特约货物保单”与“证明书”有损坏或无效时，也须将原件同副本一起退还给保险公司，以便保险公司确认其承保货物的具体内容与范围。

4.“特约货物保单”与“证明书”既然由被保险人签署，自然应由其承担填写错误（如遗漏或添加等）的责任。但本款规定，当发生前述错误时，保险公司仍有义务对该项错误承担理赔责任，只是保险公司因此蒙受的损失可向签署保单的被保险人追偿。这项规定的好处是，使保险合同的效力得以持续，这有助于国际贸易当事人；还可促使被保险人注意，必须正确填写“特约货物保单”与“证明书”，否则将可能承担相应的责任。

（四）其他保险（Other Insurance）

该款规定：“关于每批货物或其他投保利益：（1）在承运人或其他受托人可能成为受益人的保险范围内，本保险不发生效力，或本保险无效才可使其成为该保险的受益人。(2) 若被保险人或其他人（承运人或其他受托人除外）在本保险生效之前，拥有其他适用的海上保险时，本保险仅就保险价值与该前保险所投保不足额的范围内承保。(3) 若被保险人或其他人（承运人或其他受托人除外）在本保险生效之后，拥有其他适用的海上保险时，本保险仅就保险价值范围内负责理赔，但已获得理赔的损失不得向其他保险另行请求分摊。(4) 若被保险人或其他人（承运人或其他受托人除外）在投保本保险的同时，也投保其他海上保险时，本保险理赔时，仅就保险价值占所有保险总额的比例部分承保。(5) 若保险公司因履行本款而减轻其理赔责任时，所有保险费不予退还。根据该保险费，保险公司就本保险所承保的项目，提供及时理赔的保证。保险公司进一步就其他保险与本保险条件不同而被保险人不满意的部分提供保障。”

上述规范是针对保险标的存在重复保险时的特别规定。该款包括以下含义：

1. 若保险标的还存在其他保险时，该其他保险不以海上保险为限，只要是就同一可保利益与同一风险事故所订立的保险合同均构成重复保险，即属于本款的适用范围。

2. 当保险标的存在重复保险时，若该其他保险合同的投保人或受益人是承运人或其他受托人时，将使本保险合同在该其他保险合同的承保范围内，面临无效的结果。

3. 当保险标的在本保险之前已经投保其他保险时，只要该其他保险非由承运人或其他受托人所为或受益，该先投保的保险应就保险标的的损失提前理赔；本保险的理赔责任仅在保险价值范围内，就前保险理赔的不足额范围内负责理赔。

4. 当保险标的在本保险之后也投保其他保险时，只要该其他保险非由承运人或其他受托人所为或受益，本保险先就保险价值范围内负责理赔，被保险人在已获本保险理赔的范围内不得向其他保险另行请求分摊。

5. 当保险标的同时投保其他保险时，只要该其他保险非由承运人或其他受托人所为或受益，本保险与其他保险依据所承保的保险价值比例共同负责理赔。

6. 若保险人因履行本“其他保险”条款而减轻理赔责任时，被保险人将无法请求保险人退还保险费，因为保险公司仍然履行其保险合同的义务。

7. 本款虽然没有明确规定被保险人应在理赔请求时提供“其他保险合同”关于保险金额的证明，但由该款中对“同一可保利益与同一保险事故”理赔责任分担原则规范的含义可以推定，被保险人自然应在理赔请求时，向保险人提供其他保险的相关证明。

## 第四节 美国协会货物保险的不同条款

美国协会货物保险条款 AICC2004（A/R）、AICC2004（WA）、AICC2004（FPAAC）与 AICC2004（FPAEC）的不同条款主要是所适用的范围和条件不同。在这四套基本保单条款中，主要是第一条构成这四者之间的差异。而在 AICC2004（WA）、AICC2004（FPAAC）与 AICC2004（FPAEC）三者条款中，第二条的“损失原因”与第三条的“附加风险”则完全相同，但却是 AICC2004（A/R）中没有的。现将美国 AICC2004 四套条款的不同条款以表 10-5 的形式比较如下。

**表 10-5　　AICC2004（A/R）、AICC2004（WA）、AICC2004（FPAAC）与 AICC2004（FPAEC）的不同条款比较①**

| 结构 | AICC2004（A/R） | | AICC2004（WA） | | AICC2004（FPAAC） | | AICC2004（FPAEC） | |
|---|---|---|---|---|---|---|---|---|
| | 条序 | 条目名称 | 条序 | 条目名称 | 条序 | 条目名称 | 条序 | 条目名称 |
| 不同条款 | 一 | 海损条件<br>（Average Terms）<br>1. “一切险”<br>2. “甲板货”提单单独海损不赔条件 | 一 | 负责单独海损赔偿条件（With Average Terms） | 一 | 单独海损不赔条件（FPA Average Terms）<br>1. 船舶<br>2. “甲板货”船舶<br>3. 航空器 | 一 | 单独海损不赔条件（FPA Average Terms）<br>1. 船舶<br>2. “甲板货”船舶<br>3. 航空器 |
| | | | 二 | 损失原因<br>（Causes of Loss）<br>1. 基本危险 | 二 | 损失原因<br>（Causes of Loss）<br>1. 基本危险 | 二 | 损失原因<br>（Causes of Loss）<br>1. 基本危险 |
| | | | 三 | 附加危险（Additional Perils）<br>1. 海岸危险<br>2. 包裹全损<br>3. 潜在缺陷<br>4. 爆炸<br>5. 污染损害/恶意损害 | 三 | 附加危险（Additional Perils）<br>1. 海岸危险<br>2. 包裹全损<br>3. 潜在缺陷<br>4. 爆炸<br>5. 污染损害/恶意损害 | 三 | 附加危险（Additional Perils）<br>1. 海岸危险<br>2. 包裹全损<br>3. 潜在缺陷<br>4. 爆炸<br>5. 污染损害/恶意损害 |

## 一、AICC2004（A/R）的不同条款

AICC2004（A/R）是“一切险”条款。该条款由“一切险”和“‘甲板货’提单单独海损不赔条件”两款构成。前者规定了“一切险”的责任范围；后者将“一切险”所承保的“单独海损”范围予以特别限制。

（一）一切险

本款规定：“除非特别约定，本保单承保的‘一切险’是指不论损失程度，因任何外在原因所致的货物毁损或灭失皆属于承保范围，但因战争、罢工、暴动、扣押、留置所致的损失以及本保单‘核子/放射性污染除外责任条款’、‘捕获及扣押除外责任条款’、‘罢工、暴动及民众骚乱除外责任条款’中所排除的其他风险所致的损失，均不在此限，除非这些风险在保单中另以批注方式加以明确承保。”

本款包括以下两方面的含义：

1. 所谓 AICC2004“一切险”并非包括所有风险所致的损失都属承保范围。导致损失的风险是指因外部因素偶然或意外的风险，并且受本保单除外责任事故的限制。因此，保险标的因其固有瑕疵、内在缺陷、包装不良等因素所致的损失，均不属于“一切险”的承保范围。所以，“一切险”是指除外责任以外的，所有外部因素的偶然性或意外风险所致的损失，才属于承保范围。

2. AICC2004“一切险”承保的损失不论损失程度如何均属于保障范围，即保单对于单独海损所致的部分损失也属于保障范围。

① 张国圣. 英美协会货物保险条款之研究［M］. 台北：元照出版公司，2007：193-194。

由此可见，含有 AICC2004“一切险”条款的保险合同具有两个优点：（1）保险合同所承保的事故范围最广，可以对被保险人提供较为充足的保险保障。（2）被保险人能够获得迅速的理赔。因为，被保险人只要能够证明其因保险事故而受到损失即可请求保险人理赔。而保险人在理赔时，则必须证明损失是由于除外责任所致，才能免于赔偿责任。

（二）“甲板货”提单单独海损不赔条件（“On Deck” Bill of Lading FPA Terms）

该款规定：“适用‘甲板货’提单而在甲板上运输的保险标的排除单独海损的承保范围，但因船舶搁浅、沉没或焚毁所直接导致的不在此限。但在本款之下，对于保险标的可合理归因于火灾、碰撞或船舶及/或驳船及/或运输工具与水以外的任何外部物体（包括冰）触碰，或在避难港卸货所致的毁损或灭失，保险公司仍予理赔。”

该款包括以下含义：

1. 该款将前述“一切险”所承保的“单独海损”范围予以特别限制。对依据“‘甲板货’提单”装载于甲板上运输的保险标的货物排除单独海损的承保范围。

2. 单独海损若因船舶搁浅、沉没或焚毁所引起的，则仍属于“一切险”所承保的范围。

3. 单独海损若可合理归因于火灾、碰撞或船舶与水以外的任何外界物体（包括冰）的触碰，或在避难港卸货所致，也仍属于“一切险”所承保的范围。

## 二、AICC2004（WA）的不同条款

AICC2004（WA）是“负责单独海损赔偿”（With Particular Average）的称谓，但在承保范围上有其特定含义，并不是仅负责赔偿单独海损。该条款包含三方面内容：单独海损条件；损失原因及附加危险。现将该条款作以下解释。

（一）负责单独海损赔偿条件（With Average Terms）

该款规定：“除非在保单另行记载或另以批注方式提供更为广泛的承保范围，本保单将适用下列海损担保条件：在本保单明示记载的特定比例范围内，本保险不负海损的承保责任，但全损或因船舶或驳船搁浅而沉没或焚毁的，以及可合理归因于火灾、爆炸、碰撞或与船舶及/或驳船及/或运输工具与水以外的任何外界物体（包括冰）触碰，或在避难港卸货时，所致保险标的产生的各种毁损或灭失，也不在此限。”

依据上述规定，适用负责单独海损赔偿条件时，包括以下含义：

1. 若因单独海损导致保险标的“全损”时，依据保险合同予以理赔。即保险标的全损属于保险合同的承保范围。

2. 保险标的的各种毁损或灭失，若因船舶或驳船搁浅而沉没或焚毁的，以及可合理归因于火灾、爆炸、碰撞或与船舶及/或驳船及/或运输工具与水以外的任何外界物体（包括冰）触碰，或在避难港卸货时产生的，不论保险标的的损失程度如何，均属于保险合同的承保范围。

3. 因单独海损导致保险标的的“部分损失”时，依据“负责单独海损赔偿”条款予以理赔。但保险单中可能载明“绝对免赔率（额）”（Deductible）或“相对免赔率（额）”（Franchise）规定。在本款规定中，有“绝对免赔率（额）”的限制，这一比例的大小将依保险单上的记载为准。

（二）损失原因（Causes of Loss）

AICC2004（A/R）（“一切险”）条款中并没有这一条款，但在 AICC2004（WA）、AICC2004（FPAAC）与 AICC2004（FPAEC）中均包括这一条款。

该款规定：“关于保险公司愿意承担的冒险和危险，必须是属于航海、火灾、攻击性的盗窃行为、投弃、置于甲板运输的集装箱落海受损、船长与船员的损害行为以及其他类似的危险，由此导致的损失和灾难必须对保险标的产生危害、损害或毁损。在经由航空器运输货物的情况下，‘航海’及‘船长与船员的损害行为’应分别解释为‘航空’及‘航空机组人员的背信行为’。”

上述规范的性质及含义包括以下几点：

1. 在 AICC2004（A/R）条款中没有这一条款的原因是，“一切险”采取“所有风险减去除外责任”，因此，只要“除外责任”中未列明的风险就属承保责任范围；而 AICC2004（WA）、AICC2004（FPAAC）与 AICC2004（FPAEC）采取“列明风险”，因而需要列明损失原因。

2. 在不同险别承保风险范围以外，另以上述基本危险表明其承保的风险范围。即在承保 AICC2004（WA）、AICC2004（FPAAC）与 AICC2004（FPAEC）条款的保险合同中，其承保范围以保险单列明的风险为限。

3. 该款表明，保险标的损失的原因主要是航海风险，一般包括恶劣气候导致的巨大风浪、船舶碰撞、搁浅、触礁与沉没。而“其他类似的危险”是指与前述风险在性质上相近的，并非指其他所有危险。

4. 该款中的“攻击性的盗窃行为”是指外界因素的盗窃或抢劫行为，不包括船员或乘客在船上的隐蔽性或无法察觉的偷窃行为；“船长与船员的损害行为”是指船长与船员的犯罪行为或不法行为。这两种性质的行为导致保险标的的损害属于承保范围。

（三）附加危险（Additional Perils）

该款由三部分组成：海岸危险、包裹全损，以及潜在缺陷、爆炸、污染损害/恶意损害。该款在 AICC2004（A/R）条款中也没有列入，原因同上。

1. 海岸危险（Shore Perils）

该项规定：“本保险岸上的财产包括陆地运输期间，因碰撞、出轨、倾覆或其他运输的意外事故、火灾、雷电、喷淋渗漏、龙卷风、飓风、地震、洪水（指航行水域的暴涨）以及船坞或码头的坍塌或陷落。”

上述规范将承保范围扩展到陆地运输货物过程，即在正常的陆地运输过程中，若发生上述危险事故也属于保险合同的承保范围。至于保险标的货物在陆地运输过程中的正常临时性储存，也属于保险合同的承保范围。

2. 包裹全损（Packages Tolly Lost）

该项规定：“任何一件包裹或数件包裹在装载、转运或卸载时全损。”

适用该项规定时，AICC2004（WA）、AICC2004（FPAAC）与 AICC2004（FPAEC）三种条款仅就包裹在装载、转运或卸载时，遭受“全损”保险人负责理赔。若仅为“部分损失”则不能获得理赔。

3. 潜在缺陷（Inchmaree）、爆炸（Explosion）、污染损害/恶意损害（Pollution Damage/Deliberate Damage）

本项包括下列三种损害，凡“保险标的因下列原因所致的毁损或灭失”均可获得理赔：潜在缺陷、爆炸、污染损害/恶意损害。

“潜在缺陷”规定：“因锅炉爆炸、轴承断裂，或因机器、船体或附属物的潜在瑕疵，或因船长、船员、大副、工程人员或引水员在航行或管理上的过失或错误（指1893哈特法第三节的意义）。”

“Inchmaree”也有译成“疏忽条款”。该项用以承保因船舶本身潜在瑕疵所致的保险标的损害。

“爆炸”规定：“无论如何也无论何处所产生的爆炸。”

该项承保范围实际上除了战争所导致的损失外，无论如何也无论何处所产生的爆炸属于理赔范围。

“污染损害/恶意损害”规定：“因政府当局为了避免或减轻污染风险或威胁而采取追求公益的行为，前提是此意外事件或事变迫使政府必须采取该项行为，作为此意外事件或事变的直接后果，保险标的因而导致毁损或灭失的，依本保单的规定，可请求理赔。依据本款（3）的规定承保的事项，仅适用处于水上运输工具上的保险标的。”

该项主要是为避免船舶污染所产生的公害，针对船舶可能存在的污染风险或威胁，使得政府必须对该船舶采取各种措施以预防或减少损害。若因此造成船上保险标的货物毁损或灭失时，保险人可依据该项规定予以理赔。

## 三、AICC2004（FPAAC）的不同条款

AICC2004（FPAAC）条款的全称是“单独海损不赔-美国条件”（Free of Particular Average-America Conditions，FPAAC），即适用美国条件的单独海损不赔。

“Free of Particular Average”从字面上解释，“Free of”是指保险人免责的意思，即对于被保险人的索赔请求不予赔付。“Particular”一般意义是指“特别的”或“单独的”，但在海上货物保险中，其与“General”（意指“共同的”，“全部的”）相对。因此，“Particular”在此意指“单独的”或“部分的”。“Average”是指“海损”，在货物保险中，指“因航海造成的货物损害”。因此，“Free of Particular Average”可以译成“单独海损不赔”，“部分海损不赔”或“免除单独海损责任”等，即从表面字义看，是指保险人对于货物因海损所致的部分损失不予理赔。然而，如同看待“一切险”和“负责单独海损”条款一样，不能仅从字面意义理解“单独海损不赔”的内容，必须根据其实际含义理解该条款的内容。

AICC2004（FPAAC）条款与AICC2004（AR）条款相比较，只有第一条“单独海损不赔条件”（FPA Average Terms）不同，其第二条“损失原因”及第三条“附加危险”，则属于AICC2004（WA）、AICC2004（FPAAC）与AICC2004（FPAEC）三者共同的条款。因此，仅就AICC2004（FPAAC）第一条“单独海损不赔条件”的内容加以明确即可。

“单独海损不赔条件”首先表明：“除非在本保单另行记载或另以批注方式提供更为广泛的承保范围，本保单将适用下列的协会单独海损不赔的担保条件”，即除非另以特约

方式增加本保单所未承保的范围，否则完全依据本条款的规定行事。

“单独海损不赔条件”包括“船舶”“‘甲板货’船舶”及“航空器”三款组成。

（一）船舶（Vessel）

该款规定：“本保单对单独海损不予理赔，但因船舶或驳船搁浅、沉没或焚毁所直接导致的单独海损不在此限；尽管如此，可合理归因于火灾、爆炸、碰撞或与船舶及/或驳船及/或运输工具与水以外的任何外界物体（包括冰）触碰，或在避难港卸货时，所导致保险标的的各种毁损或灭失，保险公司也予以承保。”

从上述规范可以看出，该款包含以下含义：

1. 原则上保险人对保险标的因单独海损所产生的部分损失，不予承保；但明确规定两种例外情况，对单独海损所产生的部分损失可获得保障。

2. 例外情况之一是，“因船舶或驳船搁浅、沉没或焚毁所直接导致的单独海损”属于承保范围。但必须满足的条件是：（1）发生船舶或驳船搁浅、沉没或焚毁；（2）保险标的遭受部分损失；（3）前两者之间必须存在因果关系。因为该款规定“损失”由“原因”“直接导致”。由此可见，该款必须遵守“近因原则”。

3. 例外情况之二是，保险标的的各种毁损或灭失，若可合理归因于火灾、爆炸、碰撞或与船舶及/或驳船及/或运输工具与水以外的任何外界物体（包括冰）触碰，或在避难港卸货时，也属于保险承保范围。但此处并不要求严格遵守“近因原则”，只要具备“可合理归因于”（may reasonably be attributed to）即可。

（二）“甲板货”船舶（“On Deck” Vessel）

该款规定：“适用‘甲板货’提单而在甲板上运输保险标的排除单独海损的承保范围，但因船舶搁浅、沉没、焚毁、失火或碰撞所直接导致的损失，不在此限。此外，不论是否适用‘甲板货’提单的保险标的，若因投弃或浪击落海、堆装于甲板上的集装箱落海所直接导致的损失，也属于承保范围。”

该款包含以下两点含义：

1. 对于适用“甲板货”提单而在甲板上运输保险标的，属于排除单独海损的承保范围，但有两种例外：一是“因船舶搁浅、沉没、焚毁、失火或碰撞所直接导致的损失”，仍属于承保范围；二是保险标的“若因投弃或浪击落海、堆装于甲板上的集装箱落海所直接导致的损失”，同样属于承保范围，而不论保险标的是否属于适用“甲板货”提单运输保险标的。

2. 该款适用时，须遵守“近因原则”的因果关系。

（三）航空器（Aircraft）

该款规定：“本保险单对单独海损不予理赔，但因航空器在起降时遭遇意外，或在飞机场以外着陆，或与其他航空器发生碰撞，或失火或投弃所直接导致的损失，不在此限。”

该款同样必须遵守“近因原则”的因果关系才能获得保险人的理赔。

## 四、AICC2004（FPAEC）的不同条款

AICC2004（FPAEC）条款的全称是“单独海损不赔-英国条件”（Free of Particular Average-English Conditions，FPAEC），即适用英国条件的单独海损不赔。

AICC2004条款将“单独海损不赔”区分为“美国条件”（America Conditions，FPAAC）和“英国条件”（English Conditions，FPAEC）两种不同的保单条款。这两种保单条款的最主要区别是第一条“单独海损不赔条件”（FPA Average Terms）的适用条件不同。英国条件的“单独海损不赔条件”同样表明“除非在保单另行记载或另以批注的方式提供更为广泛的承保范围，本保单将适用下列的协会单独海损不赔的担保条件”。换言之，除非另以特约方式增加保单所未承保的范围，否则依据本款规定行事。

AICC2004（FPAEC）第一条“单独海损不赔条件”也由“船舶”“‘甲板货’船舶”和“航空器”三款组成，且名称与AICC2004（FPAAC）相同。

（一）船舶（Vessel）

该款规定：“本保单对单独海损不予理赔，但发生在船舶或驳船搁浅、沉没或焚毁的，不在此限；尽管如此，可合理归因于火灾、爆炸、碰撞或与船舶及/或驳船及/或运输工具与水以外的任何外界物体（包括冰）触碰，或在避难港卸货时，所导致保险标的的各种毁损或灭失，保险公司也予以承保。”

从上述规范可以看出，该款包含以下含义：

1. 与美国条件一样，原则上保险人对保险标的因单独海损所产生的部分损失，不予承保；但也明确规定两种例外情况，对单独海损所产生的部分损失可获得保障。

2. 例外情况之一是，保险标的受损发生在船舶或驳船搁浅、沉没或焚毁的，保险人仍予以理赔。但此处英国条件与美国条件有所不同，英国条件不强调必须遵守“近因原则”的因果关系，只适用“合理归因原则”（reasonably be attributed to）即可请求理赔。由此可见，英国条件比美国条件对被保险人更为有利。

3. 例外情况之二是，保险标的的各种毁损或灭失，若可合理归因于火灾、爆炸、碰撞或与船舶及/或驳船及/或运输工具与水以外的任何外界物体（包括冰）触碰，或在避难港卸货时，也属于保险承保范围。该规定与美国条件相同，即并不要求严格遵守“近因原则”，只要具备“可合理归因于”（may reasonably be attributed to）即可。

（二）“甲板货”船舶（“On Deck”Vessel）

该款规定：“适用‘甲板货’提单而在甲板上运输保险标的排除单独海损的承保范围，但发生在因船舶搁浅、沉没、焚毁、失火或碰撞的，不在此限。此外，不论是否适用‘甲板货’提单的保险标的，若因投弃或浪击落海、堆装于甲板上的集装箱落海所直接导致的损失，也属于承保范围。”

该款与美国条件几乎完全相同，唯一的区别是，适用“甲板货”提单而在甲板上运输保险标的，若其受损是发生在船舶搁浅、沉没、焚毁、失火或碰撞的，被保险人可依据保险合同请求保险人理赔，并不像美国条件需要具备“近因原则”的因果关系条件。同样，英国条件比美国条件对被保险人更为有利。

（三）航空器（Aircraft）

该款规定：“本保险单对单独海损不予理赔，但发生在航空器起降时遭遇意外，或在飞机场以外着陆，或与其他航空器发生碰撞，或失火或投弃的，不在此限。”

该款适用的情况与美国条件基本相同，唯一不同的是，该款不强调必须遵守“近因原则”的因果关系。

综上所述，除了AICC2004适用于各种险别的共同条款外，就AICC2004（WA）、

AICC2004（FPAAC）及 AICC2004（FPAEC）三种不同险别的条款比较，其间不仅有相同条款，也有不同条款，其差别以表 10-6 形式对比如下。

**表 10-6 AICC2004（WA）、AICC2004（FPAAC）与 AICC2004（FPAEC）条款比较①**

<table>
<tr><th></th><th>AICC2004（WA）</th><th colspan="2">AICC2004（FPAAC）</th><th colspan="2">AICC2004（FPAEC）</th></tr>
<tr><td rowspan="3">不同条款</td><td rowspan="3">负责单独海损赔偿条件<br>(With Average Terms)</td><td rowspan="3">单独海损不赔条件<br>(FPA Average Terms)</td><td>船舶（Vessel）</td><td rowspan="3">单独海损不赔条件<br>(FPA Average Terms)</td><td>船舶（Vessel）</td></tr>
<tr><td>“甲板货”船舶<br>（“on Deck”Vessel）</td><td>“甲板货”船舶<br>(“on Deck”Vessel)</td></tr>
<tr><td>航空器<br>(Aircraft)</td><td>航空器<br>(Aircraft)</td></tr>
<tr><td rowspan="2">相同条款</td><td>损失原因<br>(Causes of Loss)</td><td colspan="2">损失原因<br>(Causes of Loss)</td><td colspan="2">损失原因<br>(Causes of Loss)</td></tr>
<tr><td>附加危险<br>(Additional Perils)</td><td colspan="2">附加危险<br>(Additional Perils)</td><td colspan="2">附加危险（Additional Perils）</td></tr>
</table>

说明：表中有底色的表示适用于“合理归因原则”保险人才予以理赔

## 复习思考题

1. 了解美国 AICC2004 保险条款的规范结构。
2. 掌握美国 AICC2004 保险条款的主要内容。
3. 掌握美国 AICC2004 保险共同条款的主要内容。
4. 了解美国 AICC2004 保险条款的主要特点。
5. 区分美国 AICC2004 保险的不同条款及其内容。

① 张国圣. 英美协会货物保险条款之研究［M］. 台北：元照出版公司，2007：215。

# 第十一章　陆上、航空、邮包运输货物和集装箱保险

**本章学习重点**

在国际贸易中，货物运输除了主要采用海上运输方式外，还有采用陆上运输、航空运输、邮政包裹以及集装箱运输方式的。因此，读者在研读本章时，应重点掌握以下内容：

1. 陆运险和陆运一切险的承保责任范围；
2. 陆上运输冷藏货物险、战争险的承保责任范围；
3. 中国航空运输货物保险与协会航空运输货物保险的承保责任范围；
4. 中国邮包运输保险与协会战争险（邮包）的承保责任范围；
5. 集装箱运输的箱体、责任及货物保险的承保责任范围。

随着中国与其他国家之间的贸易量不断增加，货物通过陆上、航空、邮包和集装箱四种方式运输的数量与日俱增，在整个国际贸易货运量中的比重也呈明显上升趋势。因此，陆上、航空、邮包和集装箱的保险业务也随之迅速发展，这些运输方式的货物保险在整个保险业务中的重要性也日益明显。由于陆上、航空、邮包和集装箱运输货物保险业务也是从海上运输保险发展而来，因此，有关这些保险的基本概念和原则都与海上运输相同或大致相同。本章仅就这四种运输方式下的货物保险不同于海上运输货物保险之处择要予以介绍。

## 第一节　陆上运输货物保险

国际贸易货物通过陆上运输，主要有经铁路的火车运输和经公路的汽车运输两种方式。前者适用于有铁路相通的国家或地区；后者大都适用于边境贸易或毗邻国家或地区之间的贸易。

中国对周边国家的进出口货物基本上也是通过铁路运送的；对欧洲国家的进出口货物采用铁路运输的比重也很大；对中国港澳地区除少数采用海运外，大多采用铁路运输，还有部分货物是采用汽车通过公路运输的。近年来，利用中国参加《国际铁路货物联运协定》的有利条件，通过西伯利亚铁路向西欧、北欧和伊朗运输货物，使货运里程比海运大为缩短。这种俗称“大陆桥运输”以及“中欧班列”的方式被广泛使用，使陆上运输在中国对外贸易货物量中的比重不断增加。与此相适应的陆上运输货物保险的业务量也较前有明显增长。

陆上运输与海上运输可能招致货物损失的风险种类不同。较常见的有：车辆碰撞、倾覆或出轨，公路、铁路坍塌，桥梁折断、道路损坏，火灾、爆炸等意外事故；雷电、洪水、暴风雨、地震、火山爆发、霜雪冰雹等自然灾害。此外，海上运输时可能产生的偷窃、短量、破损、渗漏、战争、罢工等外来原因所造成的风险，陆上运输时也同样存在。但是，陆上运输除了货物需要一部分水运例如驳运外，一般不涉及海上运输时可能产生的共同海损问题，而且，陆上运输货物保险业务，按照保险业的习惯，只要因发生承保责任内风险所致损失，一般都予赔偿。所以，在实际业务中，也不涉及“单独海损”的问题。这就决定了陆上运输货物保险的基本险别与海上运输货物保险的险别是不同的。

陆上运输主要包括铁路运输和公路运输两种。陆上运输工具主要是火车和汽车。国际上保险公司对于采用人力车和牲口驮运等落后工具运输货物的风险一般不予承保。中国保险公司现行的陆上运输货物险条款也明确规定以火车、汽车为限。在基本险方面，不论使用火车还是汽车运输，均采用相同险别和责任范围。而国际保险市场上的保险公司对于火车运输和汽车运输分别列有不同的险别和条款。

根据中国《陆上运输货物保险条款》，陆上运输货物保险的基本险别分为陆运险和陆运一切险两种。此外，还有适用于陆运冷藏货物的专门保险——陆上运输冷藏货物险（也属基本险性质）以及附加险陆上运输货物战争险。

## 一、陆运险与陆运一切险（Overland Transportation Risks and Overland Transportation All Risks）

### （一）陆运险与陆运一切险的责任范围

陆运险的承保责任范围与海洋运输货物保险条款中的“水渍险”相似。保险公司负责赔偿被保险货物在运输途中遭受暴风、雷电、洪水、地震等自然灾害的全部或部分损失；或由于运输工具遭受碰撞、倾覆、出轨，或在驳运过程中因驳运工具遭受搁浅、触礁、沉没、碰撞，或由于遭受隧道坍塌、崖崩以及失火、爆炸等意外事故所造成的全部或部分损失。此外，被保险人对遭受承保责任内危险的货物采取抢救、防止或减少货损的措施而支付的合理费用，保险公司也负责赔偿，但以不超过该批被救货物的保险金额为限。

陆运一切险的承保责任范围与海上运输货物保险条款中的“一切险”相似。保险公司除承担上述陆运险的赔偿责任外，还负责被保险货物在运输途中由于外来风险所造成的全部或部分损失。

以上责任范围均适用于火车和汽车运输，并以此为限。

陆运险与陆运一切险的除外责任与海洋运输货物险的除外责任基本相同。

### （二）陆运险与陆运一切险的责任起讫

陆上运输货物险的责任起讫也采用“仓至仓”责任条款。保险人负责自被保险货物运离保险单所载明的起运地仓库或储存处所开始运输时生效，包括正常运输过程中的陆上和与其有关的水上驳运在内，直至该项货物运达保险单所载目的地收货人的最后仓库或储存处所或被保险人用作分配、分派的其他储存处所为止。如未运抵上述仓库或储存处所，则以被保险货物运抵最后卸载的车站满 60 天为止。

陆上运输货物险的索赔时效为：从被保险货物在最后目的地车站全部卸离车辆后起计

算，最多不超过 2 年。

### 二、陆上运输冷藏货物险（Overland Transportation Insurance “Frozen Products”）

陆上运输冷藏货物险是陆上运输货物险中的一种专门保险。其主要责任范围除负责陆运险所列举的自然灾害和意外事故所造成的全部或部分损失外，还负责赔偿由于冷藏机器或隔温设备在运输途中损坏所造成的被保险货物解冻溶化而腐败的损失。但对于因战争、工人罢工或运输延迟而造成的被保险货物的腐败或损失以及被保险冷藏货物在保险责任开始时未能保持良好状况，整理、包扎不妥或冷冻不合规格所造成的损失则除外。一般的除外责任条款也适用本险别。

陆上运输冷藏货物险的责任自被保险货物运离保险单所载起运地点的冷贮仓库装入运送工具开始运输时生效，包括正常陆运和与其有关的水上驳运在内，直至货物到达目的地收货人仓库为止。但是最长保险责任的有效期限以被保险货物到达目的地车站后 10 天为限。（中国人民财产保险公司的该项保险条款还规定：装货的任何运输工具，必须有相应的冷藏设备或隔温设备；或供应和贮存足够的冰块使车厢内始终保持适当的温度，保证被保险冷藏货物不致因溶化而腐败，直至目的地收货人仓库为止。）

陆上运输冷藏货物险的索赔时效为：从被保险货物在最后目的地全部卸离车辆后起计算，最多不超过 2 年。

### 三、陆上运输货物战争险（Overland Transportation Cargo War Risks）

陆上运输货物战争险是陆上运输货物险的一种附加险，只有在投保了陆运险或陆运一切险的基础上经过投保人与保险公司协商方可加保。这种陆运战争险，国外私营保险公司大都是不保的，中国为适应外贸业务需要，保险公司接受加保，但目前仅限于火车运输，若使用汽车运输则不能加保。加保陆上运输货物战争险须另增加支付一定保险费。

加保陆上运输货物战争险后，保险公司负责赔偿在火车运输途中由于战争、类似战争行为和敌对行为，武装冲突所致的损失，以及各种常规武器包括地雷、炸弹所致的损失。

但由于敌对行为使用原子或热核武器所致的损失和费用，以及根据执政者、当权者或其他武装集团的扣押、拘留引起的承保运程的丧失和挫折而造成的损失除外。

陆上运输货物战争险的责任起讫与海运战争险相似，以货物置于运输工具时为限。即自被保险货物装上保险单所载起运地的火车时开始到卸离保险单所载目的地火车时为止。若被保险货物不卸离火车，则以火车到达目的地的当日午夜起计算，满 48 小时为止；如在运输中途转车，则不论货物在当地卸载与否，保险责任以火车到达该中途站的当日午夜起计算满 10 天为止。如货物在此期限内重行装车续运，仍恢复有效。但需指出，如运输契约在保险单所载目的地以外的地点终止时，该地即视作本保险单所载目的地，在货物卸离该地火车时为止；如不卸离火车，则保险责任以火车到达该地当日午夜起计算，满 48 小时为止。

陆上运输货物保险的附加险，除战争险外，还可加保罢工险。与海洋运输货物保险相同，在投保战争险前提下，加保罢工险不另收费。如仅要求加保罢工险，则按战争险费率收费。陆上运输罢工险的承保责任范围与海洋运输货物罢工险的责任范围相同。

## 第二节 航空运输货物保险

航空运输货物保险是以飞机为运输工具的货物运输保险。近年来，随着航空技术的迅速发展和对航空运输的需求猛增，航空运输在国际贸易货物运输中的重要性日益增加，航空运输货物保险也随之发展起来。

由于航空运输与其他运输方式相比较为复杂，加上航空运输货物保险起步较晚，致使航空运输货物保险迄今未能发展成为一个完整、独立的体系。为适应航空货物运输及保险业务的顺利开展，伦敦保险协会对实际业务中最常用的航空运输货物一切险制定了一份比较完整的《协会航空运输货物一切险条款》[Institute Air Cargo Clause (All Risks)]，现为《协会货物险条款（航空）(邮包除外）》。此外，伦敦保险协会还制定了《协会战争险条款（航空货物)(邮包除外）》和《协会罢工险条款（航空货物）》两种协会空运货物保险条款。目前，国际保险市场较多采用上述条款进行航空运输货物保险。

为了满足中国国际贸易发展的需要，中国保险公司也接受办理航空运输货物保险业务，并制定"航空运输险"和"航空运输一切险"两种基本险条款以及"航空运输货物战争险"的附加险条款。此外，海洋运输货物保险中的附加险别也可在航空运输货物保险中有选择地使用。现将中国《航空运输货物保险条款》和伦敦协会航空条款予以介绍和分析。

### 一、中国航空运输货物保险

根据中国《航空运输货物保险条款》（Air Transportation Cargo Insurance Clauses）规定，航空运输货物保险的基本险别分为航空运输险和航空运输一切险两种。此外，还有航空运输货物战争险。

#### （一）航空运输险（Air Transportation Risks）和航空运输一切险（Air Transportation All Risks）

1. 航空运输险与航空运输一切险的承保责任范围

航空运输险的承保责任范围与海洋运输货物保险条款中的"水渍险"大致相同。保险公司负责赔偿被保险货物在运输途中遭受雷电、火灾、爆炸或由于飞机遭受恶劣气候或其他危难事故而被抛弃，或由于飞机遭受碰撞、倾覆、坠落或失踪等自然灾害和意外事故所造成的全部或部分损失。

航空运输一切险的承担责任范围除包括上述航空运输险的全部责任外，保险公司还负责赔偿被保险货物由于被偷窃、短少等一般外来原因所造成的全部或部分损失。

航空运输险和航空运输一切险的除外责任与海洋运输货物险的除外责任基本相同。

2. 航空运输险与航空运输一切险的责任起讫

航空运输货物险的两种基本险的保险责任也采用"仓至仓"条款，但与海洋运输险的"仓至仓"责任条款不同的是：

（1）如货物运达保险单所载明目的地而未运抵保险单所载明的收货人仓库或储存处所，则以被保险货物在最后卸载地卸离飞机后满 30 天为止。如在上述 30 天内被保险货物需转送到非保险单所载明的目的地时，则以该项货物开始转运时终止。

（2）由于被保险人无法控制的运输延迟、绕道、被迫卸货、重新装载、转运或承运人运用运输契约赋予的权限所作的任何航行上的变更或终止运输契约，致使被保险货物运到非保险单所载目的地时，在被保险人及时将获知的情况通知保险人并在必要时加缴保险费的情况下，本保险单继续有效，保险责任按下述规定终止：① 被保险货物如在非保险单所载目的地出售，保险责任至交货时为止。但不论任何情况，均以被保险货物在卸载地卸离飞机后满 30 天为止。② 被保险货物在上述 30 天期限内继续运往保险单所载原目的地或其他目的地时，保险责任仍按上述（1）的规定即在保险单所载目的地或其他目的地卸离飞机后满 30 天终止。

（二）航空运输货物战争险（Air Transportation Cargo War Risks）

航空运输货物战争险是航空运输货物险的一种特殊附加险，只有在投保了航空运输险或航空运输一切险的基础上方可加保。

加保航空运输货物战争险后，保险公司承担赔偿在航空运输途中由于战争、类似战争行为、敌对行为或武装冲突以及各种常规武器和炸弹所造成的货物的损失，但不包括因使用原子或热核武器所造成的损失。

航空运输货物战争险的保险责任起讫是自被保险货物装上保险单所载明的启运地的飞机时开始，直到卸离保险单所载明的目的地的飞机时为止。若被保险货物不卸离飞机，则以飞机到达目的地当日午夜起计算满 15 天为止，若被保险货物需在中途转运时，则保险责任以飞机到达转运地的当日午夜起计算满 15 天为止；装上续运的飞机，保险责任再恢复有效。

航空运输货物保险的特殊附加险除战争险外，还可加保罢工险。与海运、陆运险相同，在投保战争险前提下，加保罢工险不另收费。如仅要求加保罢工险，则按战争险费率收费。航空运输罢工险的责任范围与海洋运输罢工险的责任范围相同。

## 二、协会航空运输货物保险

为适应航空运输保险的特定需要，伦敦保险协会制定了与航空运输有关的保险条款《协会货物险条款（航空）》。该条款与海运协会货物条款的规定方法相似。此外，伦敦保险协会还颁布了《协会战争险条款（航空货物）》和《协会罢工险条款（航空货物）》。上述三种险别条款均按条文的性质分为八个部分：承保风险（Risks Covered）、除外责任（Exclusions）、保险期限（Duration）、索赔（Claims）、保险的利益（Benefit of Insurance）、减少损失（Minimizing Losses）、防止迟延（Avoidance of Delay）和法律与惯例（Law and Practice）。这些条款结构统一，体系完整，具备了独立性及自身的完整性，均可单独投保。现将三种保险分别介绍如下。

（一）协会货物险条款（航空）（邮包除外）[Institute Cargo Clauses（air）]（excluding sending by post）

1. 承保责任范围

该条款的承保责任范围较广，对承保风险的规定与 ICC（A）条款一样，是采用一切风险减除外责任的方法。在本保险条款中被特别规定的除外责任是一般除外责任、战争除外责任和罢工除外责任。与 ICC（A）条款不同之处是缺少不适航、不适货除外责任。这是考虑到飞机运输的特殊性而采取的一种措施。即使没有规定，承担货物运输的飞机起飞时均应具备适航性，用于航空运输的特殊集装箱也必须适合于货物的安全运输。

此外，在“承保风险”中，该条款与ICC（A）条款相比，没有共同海损条款和船舶互有过失碰撞责任条款，而只有风险条款（Risks Clause）。这是因为航空运输有其特殊性，一旦发生事故，其发生全损的可能性最大。

2. 保险责任起讫

协会货物险条款（航空）的保险责任起讫亦采用“仓至仓”条款。与中国的航空运输险和航空运输一切险的规定相同，卸货后的保险期限是在最终卸货地，货物从飞机上卸下以后30天。如在上述30天内被保货物转运到非保险单所载明的目的地时，则以该货物开始转运时保险责任终止。该条款的其他内容均与海运ICC（A）条款的各有关内容相同。

（二）协会战争险条款（航空货物）（邮包除外）[Institute War Clauses（air cargo）]（excluding sending by post）

投保协会战争险（航空货物），保险人承担赔偿在航空货物运输途中因战争、内乱、革命、叛乱、动乱及由此而发生的国内斗争或由交战国采取的或对交战国采取的一切敌对行为引起的捕获、扣留、禁制、拘留而造成的保险标的的损失，其中也包括废弃水雷、鱼雷、炸弹以及其他废弃武器造成的损失。因此，该条款不包括因使用原子武器所造成的损失。此外，在一般除外责任中还包括专门针对航空运输的飞机与集装箱等不合格的除外责任。

协会战争险（航空货物）的保险责任起讫是自保险标的被装上飞机时开始，直到在最终卸货地卸离飞机时为止。若保险标的不卸离飞机，则以飞机到达最终卸货地当天午夜12时起满15天为止。若保险标的在中途转运，在转运地的承保期限是15天，装上续运飞机，保险责任再恢复有效。由此可见，如同海上运输的战争险适用“水上危险”（Waterborne）一样，航空运输战争险适用的是“空中危险”（Airborne）。

该条款中的其他内容，如索赔、保险的利益、减少损失等条款均与海运货物保险ICC（A）条款相同。

（三）协会罢工险条款（航空货物）[Institute Strikes Clauses（air cargo）]

投保协会罢工险（航空货物），保险人负责赔偿在航空货物运输途中因罢工、暴动、骚乱或出于恐怖主义与政治动机而采取的行动所引起的保险标的的损失。

该险别的保险责任起讫与协会货物条款（航空）的原则一致，采用的是仓至仓责任原则，货物卸离飞机后的承保期限是30天。

## 第三节　邮包运输货物保险

邮包运输是一种比较简便的运输方式。近年来，国与国之间采用邮包运送货样或少量质轻价高的货品逐渐增多。但由于邮包运输一般须经由海、陆、空辗转运送，在运送过程中遭受自然灾害和意外事故而导致损失的可能性较大。邮政包裹保险是保险人承保邮包在运送途中因自然灾害、意外事故或外来风险所造成包裹内物件的损失。由于邮包运送可能同时涉及海、陆、空三种运输方式，因此保险人在确定承保责任范围时，必须同时考虑这三种运输方式可能出险的因素。各国保险人针对邮包运输而使用的险别和条款不尽相同，比较常见的是沿袭海洋运输货物险的“平安险”(FPA)、“水渍险”(WPA) 与“一切险”(All Risks) 的险别名称，但具体条款与海洋运输货物险的同名险别不完全相同。

中国参照国际上的通行做法，结合中国邮政包裹业务的实际情况，也制定了一套较为完备的邮包运输保险条款，具体包括“邮包险”“邮包一切险”及“邮包战争险”三种。现将中国邮包运输货物保险条款及协会战争险（邮包）条款介绍如下。

## 一、中国邮政包裹运输保险

### （一）邮包险（Parcel Post Risks）和邮包一切险（Parcel Post All Risks）

邮包险的承保责任范围是负责赔偿被保险邮包在运输途中由于恶劣气候、雷电、海啸、地震、洪水、自然灾害，或由于运输工具搁浅、触礁、沉没、碰撞、出轨、倾覆、坠落、失踪，或由于失火和爆炸等意外事故造成的全部或部分损失；另外，还负责被保险人对遭受承保责任范围内风险的货物采取抢救、防止或减少货损的措施而支付的合理费用，但以不超过该批被救货物的保险金额为限。

邮包一切险的承保责任范围除包括上述邮包险的全部责任外，还负责被保险邮包在运输途中由于一般外来原因所致的全部或部分损失。

但这两种险别，保险人对因战争、敌对行为、类似战争行为、武装冲突、海盗行为、工人罢工所造成的损失，直接由于运输迟延或被保险物品本质上的缺陷或自然损耗所造成的损失，属于寄件人责任和被保险邮包在保险责任开始前已存在的品质不良或数量短差所造成的损失，被保险人的故意行为或过失所造成的损失，不负赔偿责任。

邮包险和邮包一切险的保险责任起讫是，自被保险邮包离开保险单所载起运地点寄件人的处所运往邮局时起，直至被保险邮包运达保险单所载明的目的地邮局发出通知书给收件人当日午夜起算，满 15 天为止。但在此期限内，邮包一经递交至收件人的处所时，保险责任即行终止。

### （二）邮包战争险（Parcel Post War Risks）

邮包战争险是邮政包裹保险的一种特殊附加险，只有在投保了邮包险或邮包一切险的基础上，经投保人与保险人协商方可加保。

加保邮包战争险后，保险人负责赔偿在邮包运输过程中由于战争、类似战争行为、敌对行为、武装冲突、海盗行为以及各种常规武器包括水雷、鱼雷、炸弹所造成的损失。此外，保险人还负责被保险人对遭受以上承保责任内危险的物品采取抢救、防止或减少损失的措施而支付的合理费用。但保险人不承担因使用原子或热核制造的武器所造成的损失的赔偿。

邮包战争险的保险责任起讫是，自被保险邮包经邮政机构收讫后自储存处所开始运送时起，直至该项邮包运达保险单所载明的目的地邮政机构送交收货人为止。

邮包运输保险的特殊附加险除战争险外，还有罢工险。若投保了战争险，则加保罢工险不另收费。若仅要求加保罢工险，则按战争险费率收费。邮包罢工险的责任范围与海洋运输罢工险的责任范围相同。

### 二、协会战争险条款（邮包）[Institute War Clauses（sending by post）]

协会战争险（邮包）的承保责任范围与协会战争险条款的风险条款相同，只是在一般除外责任中，从邮件的特殊性出发，没有特别规定飞机、运输工具、集装箱等不合格的除外责任条款及海上承运人、航空承运人等破产的风险除外责任条款，而增加了受理国际邮件时由于地址、姓名不清楚及不正确所引起的损害的除外责任。

协会战争险（邮包）的保险责任起讫，自保险标的运离保险单所载明的发件人住所时开始，至保险标的在邮包上所标明的收件人住所交货后终止。

该险别的其他条款与协会战争险条款类似，因而本条款具有独立结构，体系完整，因而可独立投保。

## 第四节　集装箱保险①

### 一、集装箱保险的特点

集装箱保险既是一种运输工具的保险，同时又与货物保险有一定的相同性，因而它是一种特殊保险。

集装箱保险包括集装箱箱体保险和集装箱责任保险。集装箱箱体保险是保险人向集装箱的使用者，对于集装箱在运输、使用和管理过程中因各种危险而产生的集装箱的灭失、损坏提供保障的保险。集装箱责任保险是指，在运输过程中，因集装箱发生事故而导致第三者的财产损失或人身伤害，集装箱所有人或经营人对于受害者承担法律赔偿责任时，保险人给予补偿。

伦敦保险协会为配合集装箱多式联运的发展，于 1987 年制定了集装箱保险条款。中国也制定了集装箱损失定期和战争险条款。伦敦保险市场的联运保赔协会（Through Transit Marine Mutual Assurance Association Limited，TT CLUB）承保与集装箱运输相关的集装箱的灭失、损坏和责任，是集装箱运输的专业保险人。在中国，中国船东保赔协会对于会员集装箱灭失和因集装箱而引起的责任承担赔偿责任。

与其他海上保险相比，集装箱保险具有以下特点：

1. 集装箱保险是综合保险。该险既可以承保集装箱本身，也可承保集装箱的责任，包括集装箱所有人和租借人的责任，还可以是集装箱运输的承运人、港站经营人和其他的受托人对于集装箱内货物损坏赔偿的责任。因集装箱运输引起的风险和责任，可以以单独的保险单承保，也可以使用同一份保险单综合承保。

2. 集装箱保险是定期保险。集装箱保险一般是定期保险，这是因为作为保险对象的集装箱很多，同时集装箱又和船舶一样频繁流动，定期保险适合集装箱运输的特性。

3. 集装箱保险约定赔偿限额。保险人对于集装箱的损坏、灭失或因集装箱引起对第三者的赔偿责任均限定赔偿限额。同时，为避免小额、频繁的索赔，集装箱保险通常也采

① 本节部分内容参考汪淮江．海上保险法律与实务［M］．北京：人民交通出版社，1997：第十章（集装箱运输与海上保险）。

用免赔额的做法。

4. 集装箱保险单一般不转让。因集装箱一般不作为买卖的货物，加之该保险又常含有责任保险，因此，集装箱保险单通常不转让。

## 二、集装箱箱体保险

中国《海商法》第218条第7项规定：由于发生保险事故可能受到损失的其他财产和产生的责任、费用可以作为保险标的。因此，集装箱箱体可以作为“其他财产”投保。MIA1906第3条规定：任何遭受海上风险或受到海上风险威胁的可保财产及其费用、责任均可成为海上保险合同的保险标的。因此，用于海运或国际多式联运的集装箱也可成为可保财产。

（一）伦敦保险协会集装箱保险

英国伦敦保险协会集装箱保险条款包括一切险和全损险。

1. 承保责任范围

（1）集装箱本身因自然灾害或意外事故引起的灭失和损坏，但对于集装箱机器的灭失和损坏，只在下列情况下才予负责：集装箱全损（包括实际全损和推定全损）；在机器的外部发生了火灾或爆炸；船舶或驳船的触礁、搁浅、沉没或倾覆；陆地运输工具或飞机的颠覆、出轨及其他事故；船舶或驳船与其他任何物体的碰撞或接触；共同海损的牺牲。

（2）共同海损及其分摊和救助费用。

（3）根据海上货物运输合同中的“船舶互有过失碰撞责任条款”由集装箱所有人承担的对于承运船舶的赔偿责任。

（4）为了避免或减少因承保风险而引起集装箱灭失或损坏发生的施救费用。

一切险条款对于集装箱的赔偿包括集装箱的全损和部分损失；全损险条款承保的危险与一切险一致，只是不承保集装箱的部分损失，但对于共同海损、救助费用、施救费用与船舶互有过失碰撞责任条款的责任仍然承保。

2. 集装箱推定全损

和船舶保险条款类似，协会条款规定，在计算是否构成推定全损时，集装箱的保险价值应被视为修复后的价值，而且应以一次事故的修理费用为准，并且不可将破损集装箱自身和废金属的价值计算在内。这种规定是为了与MIA1906第60条1款的规定（或为了避免实际全损所需要的费用将超过其本身价值的原因而被合理放弃的，即构成推定全损）保持一致。

3. 免赔额

协会条款规定，当因承保风险引起部分损失的索赔时，保险人有权就每次事故扣除保险单约定的免赔额。但对于全损、共同海损、救助费用和施救费用的索赔，保险人不做这种扣减。

4. 除外责任

协会集装箱保险条款的除外责任包括以下几点：被保险人的故意行为；集装箱使用过程中发生的自然损耗、腐蚀、锈损以及质量下降；原因不明的灭失及库场存放期间发生的灭失或下落不明；集装箱的固有缺陷或瑕疵；直接由于运输迟延所引起的损失或费用；因债务破产或丧失偿付能力而发生的灭失、损坏或费用；由于被保险人及其雇佣人员知情的船舶或驳船不适航、不适货；协会集装箱战争、罢工险条款承保的范围和除外责任。

5. 暂保

协会集装箱保险条款第 9 条规定，集装箱必须在保险单约定的海域和地域范围内营运。但若集装箱超出保险单规定的营运范围，只要被保险人及时通过保险人并同意修改保险条件，必要时加缴保险费，保险人继续承保。

6. 保险责任自动终止

若被保险的集装箱在保险期间内，未经保险人的书面同意被出售、租借或租赁给被保险人以外的人，则该集装箱的保险自动终止。

7. 解除合同

协会集装箱保险条款第 11 条规定："本保险可由保险人或被保险人任何一方提前 30 天给予通知发生解除合同的效果。由保险人解约的，保险人应向被保险人退还保险费，该保险费按尚未到期的保险期限的比例计算。由被保险人解约时，保险费的退还由双方协商。"因此，集装箱保险合同的解除比船舶或货物保险合同宽松。

（二）伦敦保险协会集装箱附加险

协会集装箱附加险包括战争险和罢工险，其承保风险、除外责任与货物保险条款基本相同（参见前述的协会海运货物战争、罢工险）。

（三）中国集装箱保险

1. 承保责任范围

中国集装箱保险分为全损险和综合险。全损险只承保集装箱的全损，综合险承保集装箱的全损和部分损失。全损险和综合险均承保被保险的集装箱对于共同海损及其分摊和救助费用以及施救费用。对于施救费用的补偿以不超过集装箱的保险金额为限。

2. 除外责任

中国集装箱保险的除外责任包括：由于集装箱不符合国际标准，或由于内在缺陷和特性，或工人罢工，或迟延引起的损失和费用；正常磨损及其修理费用；集装箱战争险承保的风险和除外责任。

3. 退保

保险双方均可 30 天事先通知取消保险。若由被保险人在保险期限内退保，以短期费率计算保险费；若由保险人提出注销保险，应按日比例退还保险费。

此外，在投保了全损险或综合险的基础上，可加保险战争险，但仅承保水上危险和航空危险。

## 三、集装箱运输责任保险

集装箱所有人、经营人、管理人和承租人在营运和使用集装箱的过程中，除了可能因为各种海上危险而遭受集装箱灭失或损坏而引起的财产损失外，还有可能因集装箱的使用而产生民事损害赔偿责任。对于这些责任，可以通过集装箱保赔保险的方式进行分散危险，分摊损失。

（一）对集装箱船船东和租船人的承保

1. 承保财产

包括任何原因引起的被保险人的财产的灭失或损坏；财产的共同海损的分摊和救助费

用；因战争、罢工险原因造成的财产的灭失以及财产的共同海损的分摊和救助费用。该项责任范围属于集装箱箱体保险条款承保的主要风险，仅是联运保赔协会对于会员船东或租船人的一项特别约定保险。

2. 承保陆上战争

联运保赔协会还承保集装箱所有人加保的陆上战争险。陆上战争险承保的风险范围与海运战争险的范围基本一致，只是对于海运战争险的承保期限延伸至陆上，这是和集装箱在陆上运输段的调配和使用的业务相一致的。

3. 承保对于第三者的责任

对第三者责任的承保范围包括：第三者财产的灭失或损坏以及间接损失；第三者的人身伤亡赔偿责任；因集装箱租赁、转包或联运契约而产生的契约责任。但对于被保险人或共同保险人自有或出租的非集装箱的财产损失不负责任；对于被保险人的雇员的人身伤亡以及作为机动车业主的第三者责任概不负责；对于因被保险人将所投保的设备出租给他人或同意让其他人使用，而造成的第三者责任不予承保。

4. 承保罚款

联运保赔协会对于被保险人或其代理人因违反设备进出口规定或移民规定或安全工作条件规定而被有关当局罚款（如税收罚款、营业增值税罚款等等）承担赔偿责任。

5. 承保其他费用

包括调查、律师、检验费用，处理设备而发生的费用，正常业务之外的设备检疫、消毒和熏蒸费用，等等。

（二）对集装箱经营人的承保

集装箱码头、仓库、中转站或码头装卸公司或装卸设备经营人等均可在联运保赔协会投保集装箱责任险。

1. 承保对于货物、船舶或其他财产的赔偿责任

包括由于被保险人的过失，在装卸过程中造成货物、船舶或其他财产的灭失或损坏的赔偿责任；错运或错交货物的赔偿责任，如未按权利人的指示交付货物或未凭提单或提货单交付货物；在安排运输货物或客户设备或船舶作业的过程中造成延误的赔偿责任；对于部分贵重货物的赔偿责任；等等。但对于被保险人违法行为所引起的赔偿责任保险人不负赔偿责任。

2. 承保对于其他第三者的责任

包括对于任何第三者的人身伤亡赔偿责任和财产赔偿责任；被保险人的契约责任，但不包括被保险人应负的雇主责任。

3. 承保提供错误建议或信息的风险

被保险人通常对于自己管理或经营的服务项目有义务向客户提供建议或信息，保赔协会对于被保险人提供的建议和信息错误而引起的对于第三方的赔偿责任予以承保。

4. 承保港口装卸设备

港口装卸设备主要是指大型门式起重机（龙门吊）、桥式起重机（桥吊），等等。承保范围包括这些设备的灭失或损坏。对于这些设备的保险通常使用不定值保险，保险赔款应以发生事故时这些港口附属财产的实际价值为基础。

5. 承保营业中断风险

普通的商业财产保险，只对于保险标的的物质损失给予赔偿，通常对于因保险标的的损失而引起的被保险人的停产、减产、营业中断等间接损失不负赔偿责任。承保营业中断风险后对于上述间接损失提供保障，包括营业中断而引起的利润损失和额外增加的人工费用和其他费用。

6. 承保火灾的赔偿责任

根据合同、港章或依据法律，被保险人对其租用的建筑物的火灾所负的责任，联运协会予以负责。若合同规定被保险人应对于所租用的建筑物投保火灾险或被保险人已在其他保险中包含了该项火灾险，联运协会不再负责。

7. 承保罚款和费用

这一承保责任与集装箱船东和租船人的承保范围相同。

（三）承保港口当局的责任

港口当局对于其所提供的集装箱运输服务须承担一定的责任，为此它可向联运保赔协会投保。这些服务包括装卸货物，货物、集装箱、拖车的仓储；设置航行标志；绘制海图；清偿残骸；提供引航；港口紧急服务以及提供建议和信息等。

（四）承保货运代理人等的责任

货运代理人、无船承运人和国际仓储经营人在其经营活动中也须对其客户承担一定的责任，为此，它可以向联运保赔协会投保。协会的承保范围包括对客户的责任，例如，对于货物灭失或损坏的责任以及因被保险人的疏忽造成的客户的经济损失；对于海关的责任，主要指被海关当局课以罚款；对于第三者的责任；有关费用，除检验费用、律师费用之外，尚有将错运的货物重新运抵目的地的费用和共同海损分摊和救助费用；设备的灭失、损坏及其战争险等责任。

（五）中国船东保赔协会集装箱运输的责任保险

中国船东保赔协会章程第25条专门规定了对于会员因集装箱运输而引起的下列责任特别予以承保：

会员在入会船上装载自有的或租用的集装箱而产生的责任和费用（不包括集装箱本身的灭失或损坏），本款将集装箱视为入会船的延伸部分，本协会对于本款规定的责任和费用，以本章第8条第1款至第24条的规定为限。

此外，会员还应注意以下事项：

（1）会员必须事先得到本协会经理部对联运契约的同意，并交付或同意交付经理部确定的额外保费，否则，本协会不承担责任。

（2）本协会对会员或其雇员人员所拥有的、占有的、经营的、驾驶的或使用的陆路运输所引起的上述责任和费用不负责任。

（3）除与本协会另有书面约定外，会员对非入会船承运期间发生的责任和费用应向任何承运人保留索赔权利，并不得通过协议或其他方式来减少或限制该承运人的责任。若该承运人就是会员本身，本协会对该会员享有同样的权利，如同该会员为第三者一样。

（4）本协会第一陆运或空运而引起的任何赔偿额每次事故不超过540 000美元或不超过入会证书上或其他有关文件上载明的数额。

## 四、集装箱运输货物保险

根据可保利益原则和仓至仓原则，海运货物保险条款适用于集装箱运输货物保险。中国海运货物保险条款和ICC2009（A）、ICC2009（B）和ICC2009（C）条款均适用于集装箱运输货物保险。

（一）集装箱运输货物的风险

集装箱运输提高了装卸效率，减少了货物运输途中的大量风险，但也带来了一些特有的风险。常见的集装箱运输货物风险有以下几种：

1. 集装箱货物的湿损

集装箱货物的损失之一是包括雨水、海水侵入导致集装箱货物的湿损。其原因主要是集装箱的箱体结构不够水密所造成的。因此，在使用集装箱之前，应当严格检查集装箱的水密状况，包括集装箱的门缝、集装箱的顶部、底部和集装箱的开关设备是否完好。

2. 因撞击而造成货物的损坏

在运输过程中，集装箱难免受到各种撞击。由于集装箱本身对外部压力没有缓冲能力，集装箱内装货物常常会因撞击而发生损坏。为此，应当对集装箱内装货物进行合理的包装和适当的积载，保证集装箱内装货物保持适当的缓冲能力。

3. 集装箱货物的汗损

与和普通货物的船舱汗湿一样，当集装箱气温上升，集装箱内部的水分就会变成蒸汽，循环于集装箱内，导致货物汗损。同样，若集装箱内气温下降，蒸汽就会再变成水滴，从而造成内装货物的汗损。另外，集装箱积载中使用的材料所含的水分，也会在集装箱内部形成湿气，引起汗损。

4. 集装箱货物的污损或串味

因同一集装箱内部混装了不能相容的货物或未将集装箱内部残留的污物彻底清扫干净就装载了货物，往往会使货物在运输途中发生污损或串味。

5. 因特种集装箱温度的变化而引起的货损

如冷冻或冷藏集装箱上的制冷机发生故障，常常导致货物损坏。

6. 偷窃、提货不着

集装箱运输同样存在着偷窃、提货不着的风险，这种风险主要是由集装箱作业区未能保持安全的管理体制引起的。

（二）集装箱货物保险

1. 一切险和ICC2009（A）承保集装箱运输货物

中国海运货物保险条款一切险承保外来原因引起的货物损失，ICC2009（A）承保的风险与一切险基本一致。因此，一切险和ICC（A）承保的风险基本覆盖了集装箱运输中经常发生的风险。

2. 进口集装箱运输货物保险特别条款

为适应集装箱运输货物保险的需要，中国制定了进口集装箱运输货物保险特别条款。该条款可与海运货物保险条款一并使用。该条款的内容如下：

（1）保险责任

① 进口集装箱运输货物保险责任按原运输保险单责任范围负责，但保险责任至保险单载明的目的港收货人仓库终止；

② 集装箱货物运抵目的港，原箱未经启封而转运内地的，其保险责任至转运目的地收货人仓库终止；

③ 若集装箱货物运抵目的港或目的港集装箱转运站，一经启封开箱，全部或部分货物仍需继续转运至内地时，被保险人或其代理人必须征得保险人同意，按原保险条件和保险金额办理加批、加费手续后，保险责任可至转运单上标明的目的地收货人仓库终止。

（2）特别除外责任

① 凡因集装箱箱体无明显损坏，铅封完整，但开箱后，发现内装货物数量规格与合同规定不符，或因积载或配载不当所致的损失，不属保险责任；

② 装运货物的集装箱必须具有合格的检验证书，如因集装箱不适货而造成的货物残损或短少不属保险责任。

（3）被保险人的义务

① 集装箱在目的港转运站、收货人仓库或经装转运至目的地收货人仓库，发现箱体明显损坏或铅封被损坏或灭失，或铅封号码与提单、发票所列的号码不符时，被保险人或其代理人或收货人应保留现场，保持原状，并立即通知当地保险人进行联合检验；

② 进口集装箱货物残损或短少涉及承运人或第三者责任的，被保险人有义务先向承运人或第三者取证、进行索偿和保留追索权。

（三）装于甲板上的集装箱

在集装箱船舶或改制的集装箱船舶的甲板上装载集装箱是国际航运惯例，承运人并不因集装箱装于甲板而构成对于货方的违约行为。

集装箱装载于甲板上所面临的最大风险是浪击落海。ICC2009（A）和 ICC2009（B）承保此项风险。中国现行海运货物保险的基本险则不承保此项风险，只有在基本险的基础上加保舱面险才可承保。

## 案例分析

**案例：集装箱保险合同纠纷案**

**案情简介**[①]

原告：上海永富集装箱修理有限公司

被告：中国人民财产保险股份有限公司上海市分公司

2002 年 2 月，原告与案外人美国连捷海运公司（以下简称“连捷海运”）签订集装箱租赁合同，先后将 299 个集装箱出租给后者使用。2002 年 4 月 7 日，原告为前述集装箱租赁事宜向被告投保，被告接受投保后出具了涉案集装箱保险单。该保单记载：保险期限自 2002 年 4 月 8 日至 2003 年 4 月 7 日；航行范围为俄罗斯（东方港），中国香港；保险条件为根据中国人民保险公司集装箱（定期）保险条款承保全损险，并特别约定在投保期限内因客户第三方经营不善造成集装箱灭失，保险公司同意按全损赔偿。此外，被告委托代理人在庭审中确认租赁合同及集装箱租赁清单是其签发保单的附件，该清单记载了被

① 资料来源：http：//shhsfy. gov. cn/hsinfoplat/platformData/infoplat/pub/hsfyintel_32/docs/200708/d_199628. html。

告所承保的299只集装箱的箱号、箱型及每只集装箱的保险金额。

2002年7月9日，原告就连捷海运经营不善及涉案集装箱未予退还的情况书面通知了被告。同年7月11日，原告就前述集装箱租赁纠纷在本院对连捷海运提起诉讼，请求判令连捷海运归还299只集装箱并支付相关租赁费用，并在（2002）沪海法商初字第262号民事判决中得以本院支持。该判决生效后，原告遂向本院申请强制执行，除13只涉案集装箱已执行到位外，其余集装箱因无执行线索而裁定中止执行。前述262号案件在本院审理期间，原告曾于2002年11月6日致函被告提出涉案集装箱全额保险索赔。2002年12月2日，被告回函要求原告提供有关集装箱全损的证明以便其进行理赔，但事后被告未就此作出相应赔偿。为此，原告向本院提起诉讼，请求判令被告支付尚未执行到位的剩余集装箱的保险赔偿金及利息损失，并请求判令被告支付原告自救费用。

**法院判决**

上海海事法院审理认为，当事人之间以集装箱为标的物的财产保险合同依法成立，被告作为涉案集装箱的保险人，接受了原告投保并签发了保险单，有义务在保险合同约定的范围内，承担涉案集装箱本身的财产风险及双方特别约定的涉案集装箱出租给第三方经营而导致的财产风险。涉案集装箱由原告出租后，租赁人连捷海运因经营不善未向原告返还涉案集装箱。虽经原告向法院提起诉讼并申请执行，但仅收回其中13只集装箱。在本案至今无证据表明其他涉案集装箱可以被归还给原告的情况下，参考争议双方签订涉案保险合同的本意，被告应依照保险合同的相关约定向原告承担保险赔偿责任。当然，被告在按保险合同的约定承担保险赔偿责任后，原告依据（2002）沪海法商初字第262号判决书及其有关裁定所取得的收回涉案集装箱的相关权利应，由本案被告享有。综上，法院判决支持了原告的诉讼请求。一审判决后，被告不服提出上诉。经上海市高级人民法院审理认为，一审判决认定事实清楚、适用法律正确，遂维持原判。

如何理解法院的上述判决。

[提示：集装箱运输与国际多式联运的发展，在海上保险市场上出现了集装箱箱体损失保险合同和集装箱责任保险合同。本案是典型的集装箱箱体损失保险合同纠纷，因集装箱所有人原告在使用（出租）集装箱过程中发生了因承租人（连捷海运）经营不善的危险而导致涉案集装箱的灭失（无法返还），而被告又拒绝理赔，因此引发诉讼。本案在审理过程中涉及了三个关键的争议焦点：（1）原告在投保中是否履行了告知义务；（2）原告是否违反约定航区条款；（3）涉案集装箱是否灭失。

**一、集装箱保险合同下投保人的如实告知义务**

依据中国《保险法》的规定，投保人或被保险人应当履行如实告知义务，这是最大诚实信用原则（Utmost Good Faith）在保险合同法律关系中的体现。该义务要求投保人在订立保险合同时应主动、如实告知保险人与保险标的或被保险人有关的重要情况。而本案被告的主要抗辩及上诉理由就是原告在投保时隐瞒连捷海运经营不善的重要情况。因此，即便涉案损失是因连捷海运经营不善所致，被告也有权拒绝理赔。

在集装箱箱体保险合同中集装箱的数量、箱号、尺寸、装载船舶类型、装载方式、航行范围、自有还是租用、自用还是出租等事项应作为重要情况予以告知。其中集装箱的数量、箱号、尺寸为承保范围的基础，集装箱装载船舶类型、装载方式、航行范围为承保风险高低的标准，而集装箱是自有还是租用、是自用还是出租则属于投保人为特殊动机而投保的事实。可以看出上述事项均足以影响保险人决定是否承保或者确定保险费率。本案中，上述重要情况均于保险单中明确记载，且原告将集装箱出租的事实也已通过保单附件的形式告知了被告，并由被告当庭陈述得以确认。

本案中，如果原告仅仅对集装箱箱体损失投保，而没有告知被告涉案集装箱用于出租给第三方使用的情况，那么判决结果可能会截然不同。但是，原告已经通过保险单附件的形式将集装箱出租情况明确告知被告，也就是说被告事先已经知晓被保险的集装箱将用于出租给第三方营运使用。那么，作为具有一定专业知识和多年业务经验的保险人完全可以决定是否承保或者相应提高保险费率。与此相反，被告不但决定承保，还与原告特别约定在投保期限内因客户第三方经营不善造成集装箱灭失，保险公司同意按全损赔偿的条款。

本案中现有证据表明，被告在接受投保时明确知道涉案集装箱出租给第三方使用的情况。在连捷海运支付部分押金和租金的情况下，原告在投保之初无法判断连捷海运将会出现拒付租金及无法返还集装箱的情形，被告亦未对连捷海运的实际经营状况进行询问或者调查。况且保险合同订立以后，在连捷海运持续拖欠租金的情况下，原告也及时书面告知了被告，但是被告却仍然对此置若罔闻。

本案中，原告与被告特别约定在投保期限内因客户第三方经营不善造成集装箱灭失，保险公司同意按全损赔偿的条款。显而易见，“因客户第三方经营不善造成集装箱灭失”是涉案保险合同承保的重要“风险”，也就是连捷海运可能经营不善，也可能经营良好。在本案中，没有任何证据显示原告在投保当时，连捷海运已经经营不善，那么对于这一投保人无法确定的、可能发生或者不发生的、本身就由保险人承保的“风险”，原告又何来履行告知义务哪？

### 二、集装箱保险合同下约定航区条款的理解和适用

集装箱运输涉及地域广阔，而作为运载工具，集装箱更是具有在全球范围内流动使用的特点。为了适应这个特点，保护保险人利益，约束投保人行为，集装箱箱体保险合同往往订有“约定航区条款”，也称“暂保条款”。伦敦保赔人协会及涉案被告所属 PICC 的集装箱保险合同都订有类似条款，即“集装箱必须在保险单约定的海域和地域范围内营运。如果集装箱超出保险单规定的营运范围，只要被保险人及时通知保险人并同意修改保险条件，必要时加缴保险费，保险人继续承保。”可以看出，被保险人违反上述条款的将无法获得赔偿。

本案保险单简单记载了“航行范围为俄罗斯（东方港），中国香港”。被告就此抗辩认为，庭审时证人证言中部分集装箱散落于韩国釜山港的内容可以认为涉案集装箱的航行区域已经超过了保险合同的约定。显然，被告这种理解过于狭隘，也不符合常理。按照前文所述的，涉案航行范围应该包括我国东部沿海、朝鲜半岛沿海及日本沿海港口。而本案证人证言中涉及的韩国釜山港的地理位置正处于俄罗斯（东方港）至中国香港之间的合理航线上，且该港口为涉案航行范围内的重要中转港口也是不争的事实，理应属涉案保险合同约定的航行区域。由于涉案保险合同约定承保的航行区域没有仅限于列明海港的情况下，被告割裂证人证言中相关内容而主张的关于约定航区的抗辩意见没有得到支持。

### 三、集装箱的灭失

鉴于集装箱运输的特点，关于集装箱的灭失应从两个方面理解。第一，集装箱“物质形式”上的灭失。所谓“物质形式”上的灭失，是指集装箱在遭受事故损坏时，其在

"装载货物"方面的物理功能完全丧失，并且无法修复或者修复的费用远远超出集装箱本身的价值。即其外观、规格、材质等特性已经不能符合国际标准或者无法继续装运货物。通俗的说法就是集装箱已经变成了"一堆废铁"。第二，集装箱"商业形式"上的灭失。结合集装箱运输的特点，可以看出集装箱的商业价值主要体现在不断地装运货物、不断地流转，当然也包括出租集装箱产生租金利润而不是出售或者变卖集装箱。在某种情况下，集装箱可能实际存在，且在"物质形式"上完好无缺。但当集装箱所有人确实无法收回或者取得集装箱本身的前提下，集装箱作为不断流转的装载工具的商业价值根本无从实现。

本案中，被告以涉案部分集装箱经执行程序归还原告，以及证人证言中部分集装箱散落于韩国釜山港的内容为例，抗辩认为涉案集装箱仍然实际存在，并未遭受"物质形式"上的灭失。但作为集装箱所有人的原告，在其已经穷尽了诉讼及执行等司法救济手段后仍无法收回集装箱，无法再次将集装箱投入使用和流传的前提下，应视为集装箱已经灭失。况且，涉案保险合同并未对集装箱物质形式上的灭失赔偿作出任何限制，并将"因客户第三方经营不善造成集装箱灭失"作为列明风险。所以被告的抗辩没有得到法院支持。]

## 复习思考题

1. 试述中国陆运货物保险的承保责任范围。
2. 试述伦敦协会航空货物保险的承保责任范围。
3. 试述中国航空运输货物保险的承保责任范围。
4. 比较中英航空运输货物保险的区别。
5. 试述中国邮包运输保险的承保责任范围。
6. 集装箱运输保险有哪些特点?
7. 协会集装箱保险一切险和全损险的承保责任范围有哪些?
8. 哪些人可以投保集装箱运输责任险?
9. 集装箱运输货物通常应投保哪种险别?
10. 中国对进口集装箱货物运输保险有什么特别条款?

# 第十二章　国际运输货物保险实务

**本章学习重点**

在国际货物贸易中，对货物被保险人来说，掌握货物的投保技术，熟悉保险单的种类及制作、修改和转让手续，以及在被保险货物发生损失时知道如何办理索赔手续，是国际运输货物保险实务操作的必要条件。因此，读者在研读本章的过程中，应重点掌握以下内容：

1. 如何选择投保险别；
2. 保险金额与保险费的计算；
3. 如何订立买卖合同中的保险条款；
4. 投保单与保险单的制作；
5. 保险单的种类及其使用；
6. 保险索赔及赔偿金额的计算。

## 第一节　投　　保

国际贸易中的进出口货物自起运地运往目的地时，一般都需要办理运输货物保险。应由卖方还是买方向保险人办理投保手续，主要取决于贸易合同中采用的贸易术语，如在中国出口时，若采用 FOB 或 CFR 条件成交，投保手续由国外买方办理；若采用 CIF 条件成交，则由中国卖方办理。但无论由何方投保，均涉及选择保险险别、确定保险金额、订立保险合同、填制投保单、计算保险费以及办理有关的投保手续等问题。

### 一、投保险别的选择

保险人承担的保险责任是以险别为依据的，不同的险别所承保的责任范围不同，其保险费率也不相同。在中国海运货物保险条款三种基本险中，平安险的责任范围最小，水渍险次之，一切险最大。与此相对应，平安险的费率最低，水渍险次之，一切险最高。因此被保险人在选择保险险别时，应根据货物运输的实际情况予以全面衡量，既要考虑使货物得到充分保障，又要尽量节约保险费的支出，降低贸易成本，提高经济效益。

在国际贸易中，被保险人或投保人应依据以下各种因素，选择适当的险别。

（一）货物的性质和特点

不同性质和特点的货物在运输途中可能遭遇的风险和发生的损失往往有很大的差别。

因此，在投保时必须充分考虑货物的性质和特点，据以确定适当的险别。例如，粮谷类商品（如粮食、花生、豆类、饲料等）的特点是含有水分，经过长途运输水分蒸发，可能造成短量；在运输途中若通风设备不良，还易发汗、发热而致发霉。对于此类商品，一般可在投保水渍险的基础上加保短量险和受热受潮险，或投保一切险或 ICC2009（A）。又如，油脂类商品（食用动植油等）在运输途中常因容器破裂而致渗漏或沾污杂质而致沾污损失；若为散装会因油脂本身沾在舱壁或在装卸过程中消耗而致短量。因此，对此类商品，可在水渍险的基础上加保短量险和沾污险。再如，麻类商品（黄麻、苎麻等）受潮发热会引起变质、自燃，一般可在水渍险或平安险的基础上加保受热受潮险。对于家用电器等商品，由于在运输途中易受碰损或被盗，一般应在水渍险或平安险的基础上加保碰损险或偷窃、提货不着险。服装等纺织品，容易受到水湿及沾污损失，所以海运需投保一切险，或在水渍险的基础上加保淡水雨淋险和混杂沾污险，陆运同样应投保与海运相当责任的险别。玻璃器皿、家具、大理石、水磨石的特点是比较容易碰损、破碎，因而可在投保平安险的基础上加保碰损破碎险。此外，对某些大宗货物（如散装桐油、原煤、天然橡胶）以及某些特殊的货物（如冷藏货物），需按不同货物的特点选择保险人提供的特定的或专门的保险条款进行投保，以求能得到充分保障。

（二）货物的包装

货物的包装方式会直接影响到货物的完好情况。散装货物，如大宗的矿石、矿砂，在装卸时容易发生短量损失，散装的豆类等还可能因混入杂质而受损；裸装货物，一般装载于甲板上并采取固定、防滑措施后进行运输，容易因碰撞或挤擦而出现表面凹瘪、油漆掉落等损失；包装货物会因包装材料的不同而可能产生不同的损失，如袋装大米可能因在装卸时使用吊钩而使外包装破裂，大米漏出而致损。因此，投保人应根据不同包装方式的特点选择适当的险别。

若采用集装箱运输，货物在运输途中遭遇各类风险而致损失的可能性相对较小。但也可能因集装箱本身未清理干净而使货物沾污受损，或是箱内货物堆放不妥而致运输途中出现碰损、混杂等损失，往往需要在平安险或水渍险的基础上加保碰损、破碎险或混杂、沾污险。

但应注意，若因货物包装不足或不当，以致不能适应国际货物运输的一般要求而使货物遭受损失，则属于发货人责任，保险人一般不予负责。

（三）运输路线及船舶停靠港口

运输路线和停靠港口不同，对货物可能遭受的风险和损失也有很大的不同。某些航线途经气候炎热的地区，若载货船舶通风不良，就会增大货损。而在政局动荡不定，或在已发生战争的海域内航行，货物遭受意外损失的可能性自然增大。同时，由于不同停靠港口在设备、装卸能力以及安全等方面有很大差异，进出口货物在港口装卸时发生货损货差的情况也就不同。所以，投保前要进行适当的调查，考虑到可能发生何种损失，以便选择适当的险别予以保障。

（四）运输方式与运输工具

货物通过不同的运输方式、采用不同的运输工具进行运输，途中可能遭遇的风险并不相同，因而可供选择的险别也各异。根据中国运输货物保险条款，货物采用的运输方式不同，其适用的保险险别也不同，例如，海运货物保险的基本险包括一切险、水渍险和平安险，陆运保险的基本险则包括陆运一切险和陆运险。所以投保人或被保险人应根据不同的运输方式和运输工具选择适当的保险险别。

随着运输技术的发展，多式联运方式越来越多地被采用，由于它利用现代化的组织手段，将海运、陆运、空运等单一的运输方式有机地结合起来，因此货主在投保时应全面考虑整个运输过程中分别采用的运输工具的具体特点，分段选择相应的保险险别。

（五）运输季节

货物运输季节不同，也会对运输货物带来不同风险和损失。例如，载货船舶冬季在北纬60°以北航行，极易发生与流动冰山碰撞的风险；又如，夏季装运粮食、果品，极易出现发霉腐烂或生虫的现象。因此，货主在投保时，可适当加保一定的各种附加险。

（六）货物的用途与价值

货物的用途各有不同。一般而言，食品、化妆品及药品等与人的身体、生命息息相关的商品，由于其用途的特殊性，一旦发生污染或变质损失，就会全部丧失使用价值。因此，在投保时应尽量考虑能得到充分全面的保障。例如，茶叶在运输途中一旦被海水浸湿或吸收异味即无法饮用，失去使用价值，故应投保一切险。

价值的高低对投保险别的选择也有影响。对于古玩、古画、金银、珠宝及贵重工艺品之类的商品，由于其价值昂贵，而且一旦损坏对其价值影响很大，所以应投保一切险，以获得全面保障。而对于矿石、矿砂及建材类商品，因其价值低廉，也不易受损，故海运一般仅需在平安险的基础上加保短量险即可。

（七）目的地市场的变化趋势

运输货物保险的保险金额，一般虽然是在货价的基础上，另加一定成数的预期费用和预期利润计算而成。但在国际市场上，有些商品的价格波动剧烈，当货物尚在运输途中，目的地的市场价格可能已上升。因此，为保证在运输途中货物一旦遭受损失，仍能按上涨后的市价从保险赔款中获得赔偿，就须根据目的地市场价格上涨的趋势，向保险公司另行加保增值保险。因此，目的地市场价格的变化趋势也是选择保险险别时应考虑的一项因素。

（八）各国贸易习惯

若货物按CIF条件出口，卖方应负责投保何种险别，须在贸易合同中加以明确规定。若贸易合同对此没有规定，则须按照国际贸易惯例及有关国家的法律规定办理。例如，按照国际商会Incoterms® 2010的规定，CIF下的卖方应负责投保ICC保险条款或任何类似条款中的最低限度的保险险别；按美国《对外贸易定义》和美国《统一商法典》的规定，CIF条件下，卖方有义务代买方投保战争险，费用由买方负担；在比利时，CIF条件下，卖方常负责投保水渍险；在澳大利亚，按许多行业习惯，CIF条件下，卖方须负责投保水渍险和战争险；在德国，CIF条件下，卖方应根据货物的种类、贸易习惯和买方的愿望确定投保的险别，仅投保平安险是不够的。

以上几点是投保人在选择保险险别时应考虑的基本因素。由于运输货物保险承保的基本风险是在运输途中，因自然灾害和运输工具遭受意外事故所造成的货物损失，因此选择投保险别，应首先在基本险别中选择平安险或水渍险，或ICC2009（B）和ICC2009（C），然后再根据需要加保必要的附加险别。若根据商品特点和运输情况，货物遭受外来原因风险的范围较广，遭受损失的可能性较大，则可选择基本险别中的一切险，或

ICC2009（A），而不需加保附加险。在特定情况下，还可按需要投保特别附加险和特殊附加险。

## 二、保险金额与保险费的计算

（一）保险金额的计算

保险金额是被保险人对保险标的的实际投保金额，是保险人承担保险责任的标准和计收保险费的基础。在保险货物发生保险责任范围内的损失时，保险金额就是保险人赔偿的最高限额。因此，投保人投保运输货物保险时一般应向保险人申报保险金额。

国际贸易运输货物保险的保险金额，一般是以发票价值为基础确定的。从买方的进口成本看，除去进口商品的货价外，还须包括运费和保险费，即以 CIF 价值为保险金额。但在货物发生损失时，被保险人已支付的经营费用，如开证费、电报费、借款利息、税款等和本来可获得的预期利润（Anticipated Profit），仍然无法从保险人那里获得补偿。因此，各国保险法及国际贸易惯例一般都规定进出口货物运输保险的保险金额可在 CIF 货价基础上适当加成。对于加成投保的问题，在国际商会 UCP600 及 Incoterms® 2010 中均有规定。前者的规定是：最低保险金额为“货物的 CIF 或 CIP 金额加 10%”；后者的规定是：最低金额为“合同规定的价格另加 10%”。

当然，保险加成率 10% 并不是一成不变的。保险人同被保险人可根据不同的货物、不同地区进口价格与当地市价之间不同差价、不同的经营费用和预期利润水平，约定不同的加成率。在中国出口业务中，保险金额一般也按 CIF 加 10% 计算。若国外商人要求将保险加成率提高到 20% 或 30%，其保费差额部分应由国外买方负担。同时，当国外商人要求加成率超过 30% 时，应先征得保险公司的同意，不能在签订贸易合同时贸然接受，以防止由于加成过高，保险金额过大，造成下列不良情况的发生：

1. 当市场价格下跌时，作风不好的商人故意造成货物损失，骗取保险赔款。

2. 由于保险金额高，赔偿金额高，当被保险货物遭遇风险时，一般商人也可能不积极采取措施防止或减少损失。

3. 过高的加成率，有时会造成保险人拒绝承保或者大幅度增加保险费。

保险金额的计算公式为：

保险金额 = CIF 货价×（1+加成率）

例如，CIF 货价为 105 美元，加成率 10% 时：

保险金额 = 105×（1+10%）
= 105×1.1
= 115.5（美元）

以 CIF 货价作为保险金额的计算基础，这表明不仅货物本身，而且包括运费和保险费也作为保险标的一起加成投保。因此，若对外报价为 CFR，而对方要求改报 CIF，或在 CFR 合同项下，卖方代买方办理投保时，都不能以 CFR 价格为基础直接加保险费计算，而应先将 CFR 转化为 CIF 价格再加成计算保险金额。从 CFR 价格换算为 CIF 价格时，应利用下列公式：

$$CIF=\frac{CFR}{1-(1+加成率)\times保险费率}$$①

例如：某公司出口一批商品到欧洲某港口，原报 CFR 欧洲某港口，总金额为 10 000 美元，投保一切险（保险费率为 0.6%）及战争险（保险费率为 0.04%），保险加成率为 10%，则改报 CIF 价格是：

$$CIF=\frac{10\ 000}{1-(1+10\%)\times(0.6\%+0.04\%)}$$
$$=10\ 070.90\ (美元)$$

若出口按 CFR 成交，买方要求卖方按 CIF 价格加成 10% 代办投保，可用下列公式直接从 CFR 价格计算保险金额：

$$保险金额=\frac{CFR}{1-(1+加成率)\times保险费率}\times(1+加成率)$$

例如：上例该批货物的保险金额是：

$$保险金额=\frac{10\ 000}{1-(1+10\%)\times(0.6\%+0.04\%)}\times(1+10\%)$$
$$=11\ 077.99\ (美元)$$

按照上列换算公式逐笔进行计算，既繁琐又费时，中国人民财产保险公司为了简化计算程序，制定了一份保险费率常数表，按照表列常数直接乘以 CFR 价格，便可算出加成率为 10% 时的 CIF 价格（见表 12-1）。

费率常数表的使用方法是：先将投保的各种险别保险费率相加求出总的费率。例如出口某商品，CFR 总价为 10 000 美元，投保一切险和战争险，假定保险费率分别为 0.60% 和 0.04%，则总费率是 0.64%；再从常数表中查到 0.64% 栏后的常数是 1.007 090，然后用此常数乘以 CFR 总价 10 000 美元，则 CIF 价便是 10 070.90 美元。

**表 12-1 费率常数表（节选）**

| % | 常数 | % | 常数 | % | 常数 |
|---|---|---|---|---|---|
| 0.03 | 1.000 330 | 0.20 | 1.002 205 | 0.39 | 1.004 308 |
| 0.04 | 1.000 440 | 0.23 | 1.002 536 | 0.40 | 1.004 119 |
| 0.05 | 1.000 550 | 0.21 | 1.002 647 | 0.43 | 1.004 752 |
| 0.07 | 1.000 771 | 0.25 | 1.002 758 | 0.44 | 1.004 861 |
| 0.08 | 1.000 881 | 0.28 | 1.003 090 | 0.45 | 1.004 975 |

① 该公式由下列计算得出：

∵ CIF = CFR+保险费
= CFR+(保险金额×保险费率)
= CFR+[CIF(1+加成率)]×保险费率
CIF-[CIF(1+加成率)×保险费率] = CFR
CIF[1-(1+加成率)×保险费率] = CFR
∴ CIF = CFR/1-(1+加成率)×保险费率

续表

| % | 常数 | % | 常数 | % | 常数 |
|---|---|---|---|---|---|
| 0. 10 | 1. 001 101 | 0. 29 | 1. 003 200 | 0. 48 | 1. 005 308 |
| 0. 12 | 1. 001 322 | 0. 30 | 1. 003 311 | 0. 49 | 1. 005 119 |
| 0. 14 | 1. 001 542 | 0. 33 | 1. 003 643 | 0. 50 | 1. 005 530 |
| 0. 15 | 1. 001 653 | 0. 34 | 1. 003 754 | 0. 53 | 1. 005 861 |
| 0. 18 | 1. 001 984 | 0. 35 | 1. 003 865 | 0. 54 | 1. 005 975 |
| 0. 19 | 1. 002 094 | 0. 38 | 1. 004 198 | 0. 55 | 1. 006 087 |
| 0. 58 | 1. 006 421 | 0. 59 | 1. 006 532 | 0. 60 | 1. 006 644 |
| 0. 63 | 1. 006 978 | 0. 64 | 1. 007 090 | 0. 65 | 1. 007 201 |
| 0. 68 | 1. 007 536 | 0. 69 | 1. 007 648 | 0. 70 | 1. 007 760 |

若基价为 CIF 价格，则需换算为 CFR 价格，在扣除保险费时，仍应按原加成率折算。

应扣保险费=CIF 货价×(1+加成率)×保险费率

仍按上例，CIF 价格是 10 070. 90 美元，CFR 价格应为：

应扣保险费=10 070. 90×(1+10%)×0. 64%=70. 90（美元）

CFR 价格=10 070 . 90−70. 90=10 000（美元）

中国企业的出口货物保险是逐笔投保的，保险金额按上述方法确定。至于进口货物保险，则根据同保险公司所签订的预约保险合同办理。保险金额以进口货物的 CIF 价格为准，一般不再加成，即保险金额等于 CIF 进口货价，若按 CFR 或 FOB 条件进口，则按特约保险费率和平均运费率直接计算保险金额。

按 CFR 进口时：

保险金额=CFR 价格×(1+特约保险费率)

按 FOB 进口时：

保险金额=FOB 价格×(1+平均运费率+特约保险费率)

上列进口货物保险金额的计算公式，是保险人与被保险人特别约定的，平均运费率和特约保险费率在预约保险合同中均已列明，目的是为了简化手续，方便计算。若整船货物发生全部损失或涉及共同海损理算，保险人需按对外支付的实际运费计算赔款。

（二）保险费的计算

投保人或被保险人投保时，需向保险人缴纳一定数额的保险费，这是保险合同生效的重要前提条件。保险人只有在投保人或被保险人承诺或实际缴付保险费的条件下，才有可能承担相应的保险赔偿责任。

1. 保险费的计算

在实际业务中，保险人制定的保险费率并不是绝对的计费标准，随着国际保险市场供求关系和市场竞争的变化，实际费率也在经常变化。

投保人或被保险人应缴纳的保险费是以投保货物的保险金额为基础，按一定的保险费率计算出来的，其计算公式为：

保险费=保险金额×保险费率

若按 CIF 加成投保，则上式可改为：

保险费=CIF(1+保险加成率)×保险费率

2. 保险费率

投保国际贸易运输货物保险，特别是大宗进出口货物保险，投保人与保险人可以费率表为基础进行协商，确定每笔业务的费率水平。投保人按约定的费率，以保险金额为计算基础，向保险人缴纳保险费。

保险费率是保险人以保险标的的风险性大小、损失率高低、经营费用多少等因素为依据，按不同商品、不同目的地以及不同的投保险别加以规定的。中国出口货物保险费率分为“一般货物费率”和“指明货物加费费率”两大类。

（1）一般货物费率

一般货物费率适用于所有海运出口的货物。凡投保基本险别（平安险、水渍险及一切险）的所有海运出口货物，均须依照“一般货物费率表”所列标准核收保险费。

该表是按照保险货物运往不同的目的地，所有出口货物凡投保基本险别的均需依表所列标准核收的基本保险费率标准。

（2）指明货物加费费率

指明货物加费费率是针对某些易损货物加收的一种附加费率。由于这些货物在运输途中极易因外来风险引起短少、破碎和腐烂等损失，损失率较高，所以将它们单独列出，并称之为“指明货物”。

指明货物中还有一部分货物规定有免赔率，如散装、袋装大米、谷物扣短量免赔率0.5%。免赔率是指保险人对于保险货物在运输途中发生的货损货差，在一定的比率内不负赔偿责任。

免赔率有“绝对免赔率”和“相对免赔率”两种。绝对免赔率（Excess Deductible）是指保险人赔偿超过免赔部分，对免赔率之内的损失绝对不赔。相对免赔率（Franchise）是指保险人对免赔率内损失不赔，若损失超过免赔率，则全部损失都赔，即免赔率之内的损失也赔。中国保险公司所采取的是绝对免赔率。例如，指明货物中日用陶瓷有5%的免赔率，若损失额达到8%，则保险人只赔3%。

另外，加保战争险和罢工险时，不分运输方式，不按货物分类，从中国口岸运往世界各地，均按一个费率计收保险费。两种险别一起加保时，只按战争险费率计算，罢工险不另收费。若只加保罢工险，则按战争险费率计收。

在正常情况下，战争险、罢工险费率都较低，但保险人随时根据不同时间、不同地区的战争、罢工和国际形势的变化调整费率，有时变化还是很大的。因此，战争险的费率是波动型费率。

中国进口货物保险，目前有两种费率表，即“特约费率表”和“进口货物费率表”。

“特约费率表”适用于同保险公司签订的有预约保险合同的各进出口公司。这种费率表对每一大类商品只订一个费率，不分国家和地区，有的不分货物及险别，其实质是一种优惠的平均费率。

“进口货物费率表”适用于未与保险公司订有预约保险合同以外的其他单位。这种货物费率表分一般货物费率和特价费率两种。一般货物是按照不同的运输方式，分地区、分险别制定的。它不分商品，除特价费率中列出的商品外，适用于其他一切货物。特价费率是对一些指定的商品投保一切险时采用的费率。

3. 附加保险费

附加保险费是指保险人根据导致投保风险变化的具体情况或特殊情况所增加或减少的各种费用。在运输货物保险中常见的各种附加保险费有以下几种：

（1）一般附加险加费

一般附加险应在平安险或水渍险的基础上加保。费率按一切险费率的一定比例另行加收，加费比例依据加保的附加险是否为所保货物的主要风险而有所区别。

（2）特殊附加险加费

特殊附加险加费是指对除一切险之外的附加特殊险别的加费。特殊附加险费率根据加保的附加险的险别而定，例如，进口关税险按投保的基本险费率的70%收费；交货不到险的费率一般为2%左右。

（3）舱面险加费

舱面货一般只在平安险或水渍险的基础上加保舱面险，其费率按基本险的50%计收。若在一切险基础上加保舱面险，则按一切险费率100%加收舱面险费率。

（4）内陆运输加费

当保险起运地或目的地在海运港口以外的内地时，投保一切险视具体情况加收一定的费率。若投保平安险或水渍险则不加费。

（5）延长保险期限加费

当货物保险的保险期限终止后还要求延长保险期限的，根据延长的时间加收一定费率。

（6）转运加费

当运输途中发生转船、转车或转机时，按具体风险损失情况决定是否加费。

（7）免赔率增减计费

凡指明货物表内规定有免赔率的，若投保人要求降低或增加免赔率，应按一定标准加收或减收保险费。

（8）贵重物品保险费

若保险货物已向承运人声明价值并支付了从价运费，则视为贵重物品，该物品的保险费按费率表的规定给予折扣优惠。但战争险、罢工险不享受这种优惠。

（9）国内运输保险费

若国外商人只要求投保在中国国内的运输险，则按有关港澳地区的规定收取保险费。

## 三、投保及投保单的填制

投保人向保险人投保，是一种签订合同的法律行为。投保人就是要约人，习惯上多以书面形式提出，经保险人承诺，双方就确立了合同关系。按照保险的一般原则，投保人或投保人对保险标的必须拥有可保利益，保险合同才有效。这是办理投保的前提条件。但在国际贸易运输货物保险中，一般并不要求投保人在投保时必须拥有可保利益，只要求在保险货物发生损失，被保险人要求损失赔偿时具有可保利益，即拥有预期的可保利益即可办理投保。

（一）出口货物的投保

按 FOB 或 CFR 条件成交的出口货物，由买方承担运输途中的风险，并由买方自行办理保险，一般情况下卖方无须办理投保。但卖方在履行交货之前（即货物在装运港装船之前）一段时间内，仍承担货物可能遭受意外损失的风险，需要自行安排这段时间内的保险事宜，投保相应险别。

按 CIF 条件成交的出口货物，虽然仍由买方承担运输途中的风险，但卖方负有办理保险的责任。因为国际贸易运输货物保险是按仓至仓条款承保，所以卖方一般应在出口货物从装运地仓库运往码头之前办妥投保手续。投保人向保险公司办理投保，需逐笔书面提出申请，这种书面申请称为要保书或投保单（Application for Insurance）。各国保险公司投保单格式虽有不同，但内容基本一致，一般都包括：被保险人名称、货物名称、包装及数量、标志、保险金额、船名或装运工具、开航日期、航程或路程、投保险别、赔款地点等。

投保单是投保人在投保时对保险标的及有关事实的告知和陈述，也是保险人签发保险单和确定保险费的依据，因此，投保单的填写必须准确、真实。在中国，保险公司的进出口货物运输保险投保单的具体内容主要有以下几项：

1. 被保险人

被保险人是享受保险单权益的人。当货物以 CIF 或 CIP 条件出口时，应由出口商以投保人的身份办理保险，出口商应以本人作为被保险人。当货物在起运港越过船舷或交付承运人之前发生损失时，风险由出口商承担，出口商可以向保险人索赔。一旦货物越过船舷或交承运人后，出口商根据信用证或贸易合同的要求在保险单上签章背书，即可将保险单转让给进口商或指定的第三方（如银行）。

当货物以 FOB、FCA 或 CFR、CPT 等条件出口时，则由进口商自行办理运输货物保险，投保人与被保险人一般均为进口商。出口商承担的、货物在起运港越过船舷或货交承运人之前的风险，可通过投保国内运输货物险予以保障。

2. 发票号码和合同号码

为便于在发生索赔时进行核对，投保人应在投保单上填写出口货物的发票号码和贸易合同号码。

3. 包装及数量

此栏需写明包装方式，例如捆（Bundles）、箱（Cases）、袋（Bags）、桶（Drums）等，以及包装的数量。若一次投保有数种不同包装时，可以件（Packages）为单位。散装货应填写散装重量（... M/T in Bulk）。如果采用集装箱运输，应予注明（in Container）。

4. 保险货物项目

填写保险货物的具体类别、名称，例如小麦、茶叶、服装等，以便保险人确定适用的保险费率，一般不应填写货物统称。

5. 保险金额

保险金额应按照贸易合同或信用证规定的加成比例计算得出的保险金额数值填写，一般不要辅币，即小数点后的尾数一律向前进位为整数。

保险金额的货币名称要与信用证、发票一致。

6. 装载运输工具

海运时应写明具体的船名。若中途需转船，已知第二程船时应填写船名；若第二程船名未知，则只需填写“转船”字样（With Trans-shipment）。如采用联运时，应注明联运方式。

7. 航次、航班

若采用班轮时，应注明船舶航行的航班、航次。

8. 开航日期

一般应注明“按照提单”(as per B/L)，或注明船舶的大致开航日期。

9. 运输路线

填写起始地和目的地名称。中途如需转运，则应注明转运地。若到目的地后，需转运内陆，应注明内陆地名称。若到达目的地的路线不止一条，要填写经过的中途港（站）的名称。

10. 承保险别

填写投保的保险险别（包括基本险和附加险），还应注明采用何种条款，如ICC。投保人若对保险条款有特殊要求，应予注明，以便保险人考虑接受与否。

11. 赔款地

通常在目的地支付赔款。若被保险人要求在目的地以外的地方赔款，应予注明。

12. 投保人签章及企业名称、电话、地址

填写投保人的名称、地址等具体信息。

13. 投保日期

出口商投保时，投保日期应在船舶开航日期或货物起运日期之前。根据UCP600的规定，银行有权拒收保险单日期迟于货物装船或发运日期的保险单。

（二）出口货物投保时应注意的事项

投保人在办理投保手续时，应注意下列几点：

1. 申报的内容必须是真实的。投保人必须如实履行告知义务。由于投保人对保险标的及与其有关的重要事项的申报是保险人决定是否接受承保以及确定保险费率的依据，因此若投保人申报不实，将会影响保险人对风险程度的预测以及作出正确的承保决策。根据最大诚信原则告知义务的规定，若投保人故意隐瞒事实，保险人可以解除保险合同，拒付保险赔款且不必退还保险费。若投保人因过失而未如实申报重要事实，保险人也可酌情作出解除保险合同或加收保费的决定。

2. 若国际货物运输的目的地在内陆，在投保时应将保险期限的终止地指定为内陆的目的地，尤其采用海运方式时，不能只投保到目的港，以保证货物的全部运输过程均能得到保险保障。在实际业务中，货物的损失往往在货物运抵目的地仓库经检验后才能发现，若只保到目的港港口，对确定损失发生时间会造成困难，而保到内陆目的地则可避免这种纠纷。

3. 在出口业务中，若进口商对保险有特殊要求，例如，要求加保某些特殊险，或要求的保险加成率过高等，出口商应事先征得保险公司同意，方可接受进口商的要求。

4. 投保单的内容必须与贸易合同及信用证的有关规定相一致。若保险单与贸易合同的规定不符，买方可能拒绝接受该保单；在信用证支付方式下，保险单的内容若与信用证的规定不相符合，会遭到银行的拒付。因此，保险单的内容必须同时和贸易合同及信用证的规定一致。由于保险单是依据投保单的内容制作的，所以卖方在投保时要根据贸易合同

及信用证的规定填写投保单。在实际业务中，若出现买方开来的信用证中有关保险的规定与贸易合同中的保险条款不一致，卖方应根据实际情况妥善处理，以保证贸易合同的正常履行和及时收汇。以下是几种常见的信用证和贸易合同的保险条款不一致的情形和投保时处理的方法：

（1）信用证规定的承保范围过大或要求特殊，保险人不能接受。例如，信用证要求承保不论任何原因的损失（Loss whatsoever cause），这显然超越了保险所能保障的范围。因为保险只对自然灾害、意外事故或外来原因所致的货物损失负责，故保险人无法接受。此时应该及时通知买方按照买卖合同的规定修改信用证。又如，信用证要求承保市价跌落的损失。由于市价跌落属于商业风险，保险人一般不能接受，因此卖方应通知买方修改信用证，删除上述不合理的要求。

（2）信用证规定的保险责任范围大于贸易合同规定，但保险人可接受。例如，贸易合同中订明险别为一切险，而来证却要求投保一切险加保战争险。出现这种情况，卖方可通过和买方协商，按一切险加战争险投保，两者之间的保费差额可由保险公司出立保费收据，由卖方另行向买方收取。又如，贸易合同规定按CIF总值加10%作为保险金额，来证却规定保险金额为CIF总值加20%。此时，卖方应先同保险公司协商，在征得保险公司同意的情况下，可按来证规定的保险金额办理，保费差额应由买方另行支付。再如，贸易合同规定货物运达目的地仓库保险责任即终止，而来证要求货物到目的地仓库后再负责30天。出现这种情况，通过和买方协商，在买方支付额外保险费的前提下，卖方可按来证要求投保。

（3）信用证所列保险条款和贸易合同中的保险条款虽然保险责任相同，但在用词、编排上有所不同，或信用证对保险责任作了进一步解释。例如，贸易合同中规定投保一切险，来证却在写明一切险的基础上专门列出要保“TPND，BREAKAGE”（偷窃、提货不着险、包装破裂险）等，由于这些一般附加险已包括在一切险责任范围内。故可按照信用证的文字在投保单及保险单上加列，以达到符合“单证一致”的要求。

（4）信用证要求的保险责任小于贸易合同的规定。例如，贸易合同规定投保ICC2009（A）和战争险，信用证却只要求投保ICC2009（A），此时卖方应先按信用证所列险别投保ICC2009（A）交单结汇，另外再加保战争险，将战争险保单另行寄给买方。

（5）信用证要求采用国外条款。贸易合同规定按中国海运保险条款投保，而信用证却要求按伦敦协会条款投保。此时，卖方原则上可予以接受：若合同规定投保一切险的，相应改为按ICC2009（A）条款承保；合同规定投保水渍险的，可改为ICC2009（B）条款；合同规定投保平安险的，可改为ICC2009（C）条款。或者卖方要求修改信用证的保险条款，使之与贸易合同一致。

5. 关于法律问题。中国企业向中国保险公司投保，保险公司一般都是按中国保险条款负责的。中国保险条款没有规定适用什么法律。按一般惯例，可认为适用中国有关法律。若国外买方要求按伦敦保险协会有关条款投保，中国保险公司一般可接受承保。但需注意，协会货物条款明确规定受英国法律和惯例管辖。

（三）进口货物的投保

中国进口货物，除CIF合同应由国外卖方办理保险外，FOB和CFR等合同项下的进口货物，均须由国内买方办理投保手续，其方式有以下两种：

1. 订立预约保险合同

中国企业为简化手续，并防止进口货物在国外装运后因信息传递不及时而发生漏保或来不及办理投保等情况，对进口货物的保险采取了订立预约保险合同的办法。

中国企业同中国保险公司签订的进口运输货物预约保险合同，有海运、航运、邮运、陆运等不同运输方式的进口预约保险合同。

海运进口运输货物预约保险合同规定：中国企业成交的从国外海运进口至国内的全部贸易货物，凡贸易合同规定是由中国企业办理保险的，都属预约保险合同范围之内，保险公司对合同范围内的货物，负有自动承保的责任；在合同范围内进口货物如有需要在国外保险者，中国企业应事先将贸易合同内容通知保险公司，以免重复保险。关于投保险别，根据保险合同附件“海运进口货物保险险别和特约费率表”，按经营商品分类列明投保险别。例如，纺织品和轻工产品投保一切险和战争险，金属原料投保水渍险和战争险，危险品装舱面加保舱面险等。若需加保保险合同规定之外的特殊险别或更改附表中约定的险别，需逐笔通知保险公司并加付保险费。

按照预约保险合同的规定，中国企业对每批进口货物无需逐笔办理投保，也无需填制投保单，而以国外卖方装船通知副本或进口货物结算凭单副本代替投保单，每 10 天向保险公司汇交一次办理投保。装船通知或结算凭单均需包括船名、开航日期及航线、货物名称及数量、货价及价格条件、订货合同号。每批货物的保险金额均以 CIF 进口价为准，不另加成。但预约保险合同规定有最高限额条款，超过限额时，中国企业应于货物在国外装船前通知保险公司，以便保险公司及时办理分保。

海运进口运输货物预约保险合同除上述内容外，还对保险金额及保险费计算、保险公司的保险责任、被保险人索赔手续和期限以及保险公司赔款支付等，作了相应的规定。

空、邮运进口货物预约保险合同的基本内容与海运相同。凡是按 CFR 或 FOB 条件成交从国外以空、邮运至国内任何一地的进口货物，均属预约保险合同范围之内，保险公司负自动承保责任。按照合同规定，中国企业需于每批货物在国外发运后以启运通知书形式逐笔办理投保，这同海运每 10 日汇交一次装船通知书副本是不同的。另外，空、邮运进口货物预约保险也规定有最高保险金额的限制。超过限额部分，保险公司在收到投保人通知后才承担保险责任。

2. 逐笔办理投保

这种投保方式适用于不经常有货物进口的单位。在采用这种方式投保时，货主必须在接到国外的发货通知后，立即向保险公司索取并填写《进口货物国际运输预约起运通知书》送交保险公司。此项通知书经保险公司签章即算作完成了投保手续。

依据中国《海商法》的规定，被保险人应当在合同订立之后立即支付保险费；在被保险人支付保险费前，保险人可拒绝签发保险单。因此，投保人办理了投保手续后，应及时向保险公司缴纳保险费。

进口商投保时，由于买卖双方处于不同的国家，距离遥远，若出现信息传递失误，买方投保的日期可能在货物装船以后或货交承运人以后，甚至可能出现投保时货物已在运输途中发生损失的情形。按照国际货运保险的惯例，若投保时货物已发生损失，只要进口商的投保是善意的，事先并不知情，保险合同仍然有效，保险人仍需按保险合同的规定予以赔偿。反之，若进口商在投保时已知道货损事件，则该投保行为属于保险欺诈，保险合同无效。

附：投保单实例

## PICC 中国人民财产保险股份有限公司上海市分公司
## PICC Property and Casualty Company Limited Shanghai Branch

地址：中国上海中山南路 700 号　邮编(Post Code)：200010　电话（TEL)：（021）63773000

ADD：No 700 Zhong Shan Road (S.)，Shanghai　传真（FAX)：（021）63764678

货物运输保险投保单

APPLICATION FORM FOR CARGO TRANSPORTATION INSURANCE

被保险人：

INSURED：×××Co. ,LTD.

发票号（INVOICE NO.)：2005/T3344

合同号（CONTRACT NO.)：HU-00676

信用证号（L/C NO.)：LC99886

发票金额（INVOICE AMOUNT）USD 21 000　投保加成（PLUS）10%

兹有下列物品向中国人民保险公司投保。(INSURANCE IS REQUIRED ON THE FOLLOWING COMMODITIES：)

| 标　记<br>MARKS & NOS. | 包装及数量<br>QUANTITY | 保险货物项目<br>DESCRIPTION OF GOODS | 保险金额<br>AMOUNT INSURED |
|---|---|---|---|
| AS PER .NO.2005/T3344 | 170CTNS | JACKET | USD 23100 |

启运日期：　装载运输工具：

DATE OF COMMENCEMENT　DEC.5, 2005　PER CONVEYANCE　DONGFENG. 667W

自　经　至

FROM　SHANGHAI, CHINA　VIA ______　TO　ROTTERDAM, HOLLAND

提单号：　赔款偿付地点：

B/L No.　05008976　CLAIM　PAYABLE　AT ROTTERDAM IN USD

投保险别：(PLEASE INDICATE THE CONDITIONS &/OR SPECIAL COVERAGE）

COVERING ICC (A) PLUS WAR RISKS

请如实告知下列情况：（如‘是’在[ ]中打‘×’）IF ANY，PLEASE MARK‘×’：

1. 货物种类　袋装[ ]　散装[ ]　冷藏[ ]　液体[ ]　活动物[ ]　机器/汽车[ ]　危险品等级[ ]
   GOODS　BAG/JUMBO　BULK　REEFER　LIQUID　LIVE ANIMAL　MACHINE/AUTO DANGEROUS CLASS
2. 集装箱种类　普通[x ]　开顶[ ]　框架[ ]　平板[ ]　冷藏[ ]
   CONTAINER　ORDINARY　OPEN　FRAME　FLAT　REFRIGERATOR
3. 转运工具　海轮[x ]　飞机[ ]　驳船[ ]　火车[ ]　汽车[ ]
   BY TRANSIT　SHIP　PLANE　BARGE　TRAIN　TRUCK
4. 船舶资料　船籍　船龄
   PARTICULARS OF SHIP　REGISTRY　CHINA　AGE　FIVE

备注：被保险人确认本保险合同条款和内容已经完全了解。投保人（签名盖章）APPLICANT'S SIGNATURE

THE ASSURED CONFIRMS HEREWITH THE TERMS AND CONDITIONS OF THESE INSURANCE CONTRACT FULLY UNDERSTOOD.

张　华

电话：(TEL）88994567

投保日期：(DATE）DEC.3,2005　地址：(ADD）______

本公司自用（FOR OFFICE USE ONLY）

费率（RATE）______　保费（PREMIUM）______

经办人______　核保人______　负责人______

NO: PICC 0055500

## 四、国际货物买卖合同中常见的保险条款

保险条款是国际货物买卖合同中不可缺少的内容，应在买卖合同中明确规定保险由谁办理、保险费由谁承担、按什么保险条款、投保哪些险别、保险金额如何确定等内容，以便双方遵守执行，避免出现纠纷。若买卖合同的一方对保险有特殊要求，应事先在买卖合同中约定。有的国家规定进口货物必须在本国保险公司投保，因此，中国出口货物时一般不能使用 CIF 或 CIP 贸易术语。

若买方对保险的特殊要求涉及保险人是否能接受时，卖方应事先同保险人协商，取得保险人同意后才可接受此种条款。否则很可能导致保险人拒绝承保，卖方无法完成投保而影响及时收汇，并可能承担对买方的违约责任。

以下是货物买卖合同中常见的保险条款：

（一）以 FOB、CFR、FCA、CPT 等条件成交的保险条款

1. 保险由买方自行办理，买卖合同中的保险条款可订为："保险由买方负责。"（"Insurance: To be covered by the Buyer."）

2. 买方委托卖方代办保险时的保险条款。此时，可订为："保险由买方委托卖方按发票金额 110% 代为投保陆运一切险，按中国陆运保险条款负责，保险费由买方负担。"（"Insurance: To be effected by the Seller on behalf of Buyer for 110% of total invoice value against Overland Transportation All Risks, as per Overland Transportation Cargo Clauses of People's Insurance Company of China, 2009, premium to be for buyer's account."）

（二）以 CIF、CIP 等条件成交的保险条款

此时按 Incoterms® 2010 的规定应由卖方负责办理保险，买卖双方在合同中须详细规定保险条件。保险条款的内容一般包括由何方办理保险、投保何种险别、如何确定保险金额及采用何种保险条款等。

1. 投保海运水渍险，加保偷窃、提货不着险。此时，可订为："保险由卖方按发票金额的 110% 投保水渍险和偷窃、提货不着险，以中国《海洋运输货物保险条款》（2009 版）为准。"（"Insurance: To be covered by the Seller for 110% of total invoice value against With Average, including Risk of Theft, Pilferage, and Non-delivery, as per Ocean Marine Cargo Clause of People's Insurance Company of China, 2009."）

2. 投保空运一切险、战争险。此时，可订为："保险由卖方按发票金额的 110% 投保空运一切险和战争险，以中国《航空运输货物保险条款》和《航空运输货物战争险条款》负责。"（"Insurance: To be covered by the Seller for 110% of total invoice value against Air Transportation All Risks and War Risks, as per Air Transportation Cargo Clause of People's Insurance Company of China and Air Transportation Cargo War Risks, 2009."）

3. 投保海运一切险，扣除一定免赔率。此时，可订为："保险由卖方按发票金额的 110% 投保海运一切险，重量短少扣 1% 免赔率，以中国《海洋运输货物保险条款》（2009 版）为准。"（"Insurance: To be covered by the Seller for 110% of total invoice value against All Risks, including shortage in weight in excess of 1%, as per Ocean Marine Cargo Clause of People's Insurance Company of China, 2009."）

4. 要求延伸目的地。此时，可订为："保险由卖方按发票金额的 110% 投保海运一切

险，保险责任延伸到巴黎收货人仓库，以中国《海洋运输货物保险条款》（2009 版）为准。”（“Insurance: To be covered by the Seller for 110% of total invoice value against All Risks, including W/W at Paris, as per Ocean Marine Cargo Clause of People's Insurance Company of China, 2009.”）

5. 要求按国外条款承保。此时，可订为：“保险由卖方按发票金额的 110% 投保海运保险，按伦敦协会 ICC2009（A）条款负责。”[“Insurance: To be effected by Seller for 110% of invoice value covering Marine Risks, as per Institute Cargo Clause (A), dated /1/1/2009.”]

## 第二节 海运货物保险单据

保险单是证明保险合同成立的法律文件，它既反映了保险人与被保险人之间的权利和义务关系，又是保险人的承保证明。一旦发生承保责任范围的损失，它就是被保险人索赔的法律依据。

保险单一般包括下列内容：保险人与被保险人名称、保险标的和保险价值、保险金额、保险责任和除外责任、保险费、保险期间、损失和争议的处理规定、承保险别及适用条款、检验理赔人或代理人、运输工具等。

保险单虽然是保险合同的证明文件，但保险合同存在与否并不只是以是否出立保险单为准，只要投保人的要约（投保单）经保险人承诺，合同即告成立。承诺不限于书面，也可以是口头承诺，且与书面承诺同样有效。但由于保险情况复杂、期间又长，仅凭口头承诺可能会发生争议，因此，国际上对保险一般均订立书面合同。

### 一、海运保险单据的种类

海运保险单据可以从不同的角度划分，常见的与海上运输有关的保险单据有以下几种类型：

（一）按保险标的的不同，可划分为船舶保险单、货物保险单和运费保险单

1. 船舶保险单（Ship Policy）

它是承保船舶的保险单据。船舶保险单与货物保险单格式相类似，只是在保险单上附有船舶保险条款。

2. 货物保险单（Goods Policy）

它所承保的是具有价值的货物，这种货物一般是以装在船舱内为限，舱面货物和活动物一般不在承保范围，但事先特别声明并商定费率后，保险人也可承保。

3. 运费保险单（Freight Policy）

它与船舶保险单和货物保险单不同，船舶、货物保险单的保险标的都是有形物体，而运费保险单所承保的是一种无形的利益。船东为了保障收取运费的安全，可向保险人办理运费保险。

（二）按保险价值是否确定，可划分为定值保险单与不定值保险单

1. 定值保险单（Valued Policy）

定值保险单是指在保险单内订明保险人与被保险人事先约定的保险标的价值的保险

单。通常投保人以这个价值作为保险金额进行投保。双方约定的保险价值，可以包括货价、运费、保险费以及预期利润和有关费用。发生保险责任范围内的损失时，不论保险标的的实际价值如何变动，保险人均按约定的保险价值计算赔款。

海上保险中的保险标的——货物，在第三者承运人掌管之下，流动性大，在不同时期、不同市场，其货价也经常发生变动。因此，货物保险一般都采用定值保险单。

定值保险单因已事先约定保险价值，避免了在船舶、货物受损后确定保险价值的困难，不仅易于计算赔款，而且可使被保险人获得充分补偿。进出口运输货物保险一般都采用定值保险单。

2. 不定值保险单（Unvalued Policy）

不定值保险单是指保险人与被保险人在保险单内不事先约定保险标的的价值，而留待以后再行确定的保险单。在不定值货物保险单下，若发生保险责任范围内的损失，按照中国《海商法》的规定，保险价值依照保险责任开始时，货物在起运地的发票价格以及运费和保险费的总和计算（即按 CIF 货价计算，不包括预期利润）。由此计算出来的保险价值，若等于保险金额（足额保险），保险赔款按实际损失计算；若低于保险金额（超额保险），保险赔款最高不超过保险价值；若高于保险金额（不足额保险），保险赔款按保险金额与保险价值的比例计算，最高不超过保险价值。

不定值保险单大多应用于海运货物保险和船舶保险以外的财产保险或责任保险。

（三）按保险期限，可划分为航程保险单、定期保险单和混合保险单

1. 航程保险单（Voyage Policy）

航程保险单是指保险人与被保险人约定由保险人承保一定航程内风险的保险单。在这种保险单下，保险人对保险标的所负责任期限，不是某一段时期，而是以航程来限定，即航程结束，保险人的责任期限亦告结束。

2. 定期保险单（Time Policy）

定期保险单是保险人承保一定时期内风险的保险单。这种保险单在运输货物保险中很少应用，一般是在船舶保险中应用。在这种保险单下，被保险人因可在约定时期内获得保险保障，所以无需对每次航程分别投保。

3. 混合保险单（Mixed Policy）

混合保险单是兼有航程和定期两种性质的保险单。在这种保险单下，保险人既承保保险标的的特定航程，又在某一段固定时间内对之负责。例如，中国海洋运输货物保险中普遍采用的带有“仓至仓”条款的保险单，一方面规定保险责任在航程范围内有效，另一方面又规定货物卸离海轮后以 60 天为限，就是属于此类性质的保险单。

（四）按船名是否确定，可分为船名已定和船名未定两类保险单

1. 船名已定保险单

船名已定保险单是指被保险人投保时载货的船舶已经确定，并在保险单上注明船名及开航日期的保险单。一般保险单都属于此类。

2. 船名未定保险单

凡投保时不能确定载货船舶名称，而需以后确定的，就是船名未定保险单。属于这类保险单的主要有：流动保险单、预约保险单及总括保险单三种。

（1）流动保险单（Floating Policy）

流动保险单是一种连续有效的保险单，适用于长期有相同类型货物需要陆续分批装运的场合。这种保险单一般只载明保险的一般条件，而将载货船舶的名称及其他细节留待以后每次装运货物时由被保险人分批申报。流动保险单内规定有一个总保险金额，被保险人在每次装运货物之后，将投保金额通知保险人，保险人即从总保险金额中逐笔予以扣除，直至总保险金额被扣完时，流动保险单的效力即告终止。因此，流动保险单并不是一定固定期限的保险单，而是各个航程保险单的总和，它所提供的承保期限不是决定于一个固定的时间，而是决定于总保险金额、货运次数以及各次货运价值。但是，流动保险单一般都规定有“注销条款”(Cancellation Clause)，在总保险金额被扣尽之前，任何一方均可按注销条款的规定通知对方注销合同。

在流动保险单下，保险费一般是在签发保险单时，根据总保险金额及平均保险费率[或称“固定基础费率”(Fixed Basic Rate)]预先全部支付，一般称作“预付保险费”(Deposit Premium)，待全部保险金额用完后，再按实际费率计算，多退少补。例如，流动保险单的总保险金额为100万美元，平均保险费率为0.8%；则被保险人预付保险费8 000美元。如第一批装运货物保险金额为30万美元，保险费率定为0.8%；第二批货物保险金额为20万美元，费率仍为0.8%；第三批货物保险金额为20万美元，费率为0.5%；第四批货物保险金额为30万美元，费率为0.6%；则这四批货物应付保险费分别为2 400美元、1 600美元、1 000美元和1 800美元，总共应付保险费为6 800美元，保险人应退回1 200美元保险费。

流动保险单内除列有货物类别、投保险别、总保险金额等项目外，还规定有“每船限额条款”(Per Bottom Clause)、“地点条款”(Location Clause)、“船级核定条款”(Classification Clause)等限制性条款。每船限额条款和地点条款是保险人为了避免对某一条船或在某一地区所承担的风险责任过于集中而规定的。每船限额条款主要规定装在同一条船内的保险货物的最高限额，保险人对超过限额部分不予承保。若被保险人运送的货物无法低于每船限额，应在装船前，另行安排额外保险。地点条款是每船限额条款的补充，主要规定保险人对装船前在一个地区内的货物所负责任的限额。这个条款一般仅适用于在起运地装船前的地区，不适用于在目的地卸货后的地区，因为货物一旦装船，被保险人对货物便无法控制。每船限额与地点限额的区别是：前者是保险人对每船装运货物的最高承保金额，后者是保险人对一个地点内所发生的损失负责赔偿的限额，其目的是限制被保险货物在装船前过分集中于某一地点，特别是限制被保险人在载货船舶尚未落实和装船毫无把握的情况下，就把大量货物发往港口或码头，造成该货物和风险责任的积累。船级核定条款主要规定载货船舶所应达到的最低标准，并要求载货船舶须经公认的船级社审定船级，若所使用的船舶船龄超过15年，或班轮船舶船龄超过30年，须加收保险费，称“老船加费”(Overage)。

流动保险单是承保多批装运货物的保险单，因而它无法像一般保险单那样办理转让。为了便利被保险人办理交货和结算货款，保险人一般在收到被保险人每批装运货物的申报以后，可为各批货物签发保险证明。

同一般临时投保的船名已定保险单相比，对被保险人来说，流动保险单对于经常有分批装运的货物具有省时、省力、避免重复办理保险的优点。但也有一定的缺点：首先，装运货物的投保，受总保险金额的限制，被保险人必须随时注意总保险金额是否已用完。如有疏忽，超过总保险金额装运的货物，就会得不到保险的保障。其次，各批装运货物的保险费须于签发保险单时，按照总保险金额和平均费率一次预付，难免造成巨额资金的积压。

流动保险单由于存在着上述缺陷，近年来在国际货运保险业务中的应用有逐渐减少的趋势，并逐渐为预约保险单所替代。

（2）预约保险单（Open Cover）

同流动保险单一样，预约保险单是经常有相同类型货物需要陆续分批装运时所采用的一种保险单。严格地讲，它是一种没有总保险金额限制的预约保险合同，是保险人对被保险人将要装运的属于约定范围内的一切货物自动承保的总合同。在这种保险单下，被保险人在每批货物装运前后，必须把所装运货物的详细情况，如货物名称、数量、保险金额、载货船名、航程起讫地点、开航日期等向保险人申报，保险人对所申报的货物必须负承保责任。被保险人的申报如有遗漏或差错，即使货物已发生损失，只要不是出于恶意的，事后仍可更正，保险人仍按规定负责赔偿。如被保险人在申报时，货物已经安全到达目的地，被保险人仍需缴纳保险费。

预约保险单可以是定期的，也可以是永久性的（即“始终有效”，Always Open）。在定期的预约保险单下，缔约的一方如欲终止合同，一般应在合同终止前 30 天向另一方发出注销通知。在永久性的预约保险单下，缔约的一方如欲终止合同，应按注销条款的规定向对方发出注销的通知。注销条款对注销通知发出日期的规定为：一般险别须在 30 天前发出；战争险和罢工险须在 7 天前发出；装往/自美国货物的罢工险须于 48 小时前发出。在合同注销生效之前，被保险人对其所装运的货物仍可继续申报。

预约保险单内一般都订有“估价条款”（Valuation Clause），主要对标的的计算方法作出规定。例如，有的预约保险单规定：“如果在损失发生之前，货物的价值已经申报，则以申报的价值为准。如果损失发生在申报之前，则以货物的进口成本加上各项杂费、运费、保险费以及一般为 15% 的利润加成，作为确定价值的标准”。“估价条款”的规定，可在货物损失已发生，而被保险人尚未申报货物价值的情况下，减少保险人与被保险人在确定货物价值和赔偿金额问题上可能发生的争议。

为适应被保险人分批装运、分批结汇的需要，保险人在收到被保险人装运货物的申报之后，一般都签发一张保险凭证（Certificate of Insurance），保险凭证内通常都把预约保险单上的主要条款详细列入。同时预约保险单同流动保险单一样，一般也规定有“每船限额条款”和“地点条款”，以限制保险责任。

中国保险公司与中国企业通常签订有长期的预约保险合同，根据这一合同，规定对进出口货物的保险采用预约保险单。它分为出口预约保险单和进口预约保险单。

① 出口预约保险单。在实务中是由保险公司签发保险凭证用以代替出口预约保险单。出口公司在预约保险合同范围内的货物装船前，填制“出口货物装运通知”，将该批出口货物的名称、数量（重量）、包装、价格、装卸港、起运日期等项内容，通知保险公司，保险公司凭以签发保险凭证。出口公司若有疏忽、遗漏，应予补办，若在补办时货物已经

受损，保险公司仍予负责。货物已安全抵达目的地后，保险公司若发现有疏忽、遗漏，仍得按预约合同规定收取保险费。

② 进口预约保险单。在实务中，保险公司并不签发进口预约保险单，而将预约保险合同视作预约保险单。这实际上赋予预约保险合同两重身份：既是合同又是保险单。进口公司收到国外卖方的“装船通知”后，即将合同号码、货物名称、数量（重量）、包装及标志、等级规格、单价、总值、装船港、装船日期、到达港等项内容制作“进口货物装船通知”，通知港口等有关接货单位，并抄送保险公司副本一份充作投保单，保险公司据以自动承保，并据以每月与进口公司结算保险费。若有疏忽、遗漏，进口公司应予补报，保险公司的责任仍追溯到装船时开始。

无论是从使用目的或内容上看，预约保险单与流动保险单都极为相似。例如，在使用目的上，两者都是为了适应经常有大量货物装运的投保人的需要，简化投保手续，避免逐笔投保和漏保，尤其是经常有大量进口的买方，往往由于无法在货物装运前办理投保手续，得不到充分的保险保障，采用这两种保险单便可解决这个问题。同时在保险费方面获得一定优惠。

投保人在每批进出口货物装运后，采用起运通知书形式向保险人申报，换取保险凭证，即可凭以交货和结算货款。若申报有错漏，只要是出于善意的，即使货物已经发生损失，仍可更改或补报，并不影响保险效力。这对投保人是非常有利的。因此为国际贸易提供了便利条件。在内容上，两者都订有“每船限额条款”“地点条款”和“注销条款”等。但从被保险人的角度上看，预约保险单也有一些与流动保险单不同并超越流动保险单的优点，如：

① 流动保险单规定有“总保险金额”，被保险人所装运的货物，如果超过这个金额，超过部分保险人不予承保，而预约保险单则没有“总保险金额”的规定和限制，因而预约保险单下的被保险人对其所装运的货物没有得不到保险保障之虑。

② 流动保险单的保险费是在签发保险单时，根据“总保险金额”和“平均保险费率”计算，并由被保险人全部预付；而预约保险单的保险费则是在货物装运之后，在约定的时间（如每月）按照已实际装运的货物计算收取，因而被保险人不会受到资金积压的损失。

预约保险单虽然较流动保险单有着上述优点，但它同流动保险单一样，要求被保险人在每批货物装运之后，将载货船名、货物详细情况、起讫地点、开航日期等通知保险人，这对于一些价值大、运输时间长的货物来说是适宜的，但是对于一些需要多批装运但价值不大、运输时间和距离又较短的货物来说，就有费时、费力和不经济的缺点。在船名未定的三种保险单中，只有总括保险单最能适应此种情况的货物保险。

(3) 总括保险单

总括保险单又称闭口保险单（Blanket Policy 或 Closed Policy），是保险人在约定的保险期间内对一定保险标的的总承保单。在总括保险单内，保险人与投保人就一定的保险货物商定一个总的保险金额、承保险别、起运地点、费率水平等，投保人支付一笔总的保险费，在约定的保险期限内，保险人对于被保险人每批出运的货物全部承保，也不需要逐批通知保险人。当货物发生损失，保险人的赔款应从总保险金额中扣除，总保险金额扣净后，保险人就不再承担保险责任。如被保险人仍要保持原有保险金额，可加贴“恢复条款”(Reinstatement Clause)，按比例加付保险费后，可恢复原定保险总金额的保险责任。总括保险单适用于整批成交而多次分批出运、运输距离短、每次出运货物的种类及价值相似的货物，可以简化手续，节省时间，对保险双方都方便。

（五）按保险单形式可划分为保险单、保险凭证、暂保单等

1. 保险单（Insurance Policy）

保险单俗称“大保单”或“正式保险单”，是被保险人与保险人之间订立的正式保险合同的书面凭证。在海运货物保险中，这种保险单是由保险人根据投保人逐笔投保逐笔签发的，它承保在保险单内所指定的、经由指定船舶和航次承运的货物在运输中的风险，货物安全抵达目的地，保险单的效力即告终止。

世界各地保险人签发的海运货物保险单，格式有一定差异，但其内容基本一致。

保险单是保险人印就的固定格式。但使用时还可以根据双方当事人的约定进行增、删修改，以调整双方的权利与义务。这种修改，一般采取在原保险单上加贴附加条款或其他书写语句的方式。从效力上看，书写条款的效力优先于打印的条款，打印条款优先于加贴条款，加贴条款又优先于原保险单内印就的条款。

保险单是被保险人在保险标的遭受意外事故而发生损失时向保险人索赔的主要凭证，同时也是保险人向被保险人赔偿的主要依据。

2. 保险凭证（Certificate of Insurance）

保险凭证俗称“小保单”，是保险人签发给被保险人的、用以证明保险合同业已生效的文件，是一种简化了的保险单，它同保险单具有相同的作用和效力。一般在信用证中大都规定保险单或保险凭证均可接受。它同正式保险单的区别在于，保险凭证背面没有列入保险条款，仅声明：“承保货物按照正式保险单所载全部条款及本承保凭证的特定条款办理，两者如有抵触，以本承保凭证的特定条款为准。”

在采用预约保险单或流动保险单的情况下，经常采用保险凭证，它主要包括两个部分：第一部分是记载预约保险单或流动保险单的主要条款，内容一般由保险人根据预约保险单或流动保险单事先印就在保险凭证上；第二部分是填写被保险货物的名称、数量、保险金额、航程、标志及其他细节，一般由被保险人在每批货物起运前自行填制。保险凭证一般先由保险人在空白格式上签署交给被保险人，被保险人则在每批货物装运前将第二部分内容填上并加副签，然后将副本一份送交保险人存档。保险凭证的副本可以代替起运通知书，作为被保险人根据预约保险单或流动保险单向保险人所作的申报。

3. 暂保单（Cover Note，Binder）

暂保单是一种临时性的保险单，是投保人在不了解保险货物装载船名及起航日期情况下，先行办理投保时，保险人所签发的一种非正式的保险单，待投保人获得船名及起航日期后再通知保险人，换取正式保险单，或者用批单方式加贴在暂保单上。暂保单作为一种临时性保险单，在其规定的有效期内（一般 30 天），其效力同正式保险单相同。

在国际保险市场上还有一种由保险经纪人签发的暂保单，它是保险经纪人收到被保险

人的投保委托和保险费的一种证明，不起保险单作用。保险人对经纪人签发的暂保单不负法律责任。在被保险人不知情的条件下，如经纪人疏忽未换取正式保险单时，这种暂保单可以作为被保险人向经纪人投保的证明。但在信用证支付方式下，银行一般不接受经纪人签发的暂保单。

保险人签发的暂保单为投保人，特别是按 FOB 或 CFR 条件进口的投保人提供了方便。

一般情况下，进口商无法于货物在国外装运前，甚至装运时立即获知载货船名和起航日期，待收到国外装运通知时，很可能货物已遭意外而难以办理投保。有了暂保单，进口商则可预先办妥投保，获得国外装运通知后，再行将装运细节通知保险人，换取正式保险单。

## 二、保险单的内容及缮制方法

保险单是保险人根据投保人提供的投保单的内容而制作的，因此保险人在接受投保后，所缮制的保险单内容应与投保单一致，以满足投保人对保险的要求。

除个别事项（栏目）外，保险单的多数事项（栏目）是由投保人或被保险人填制的（见附件：保险单实例）。

保险单通常包括的事项及缮制方法如下：

1. 保险公司名称。保险单最上方均事先印就保险公司的名称，如“PICC 中国人民财产保险股份有限公司”（PICC Property and Casualty Company Limited）。

2. 保险单名称。海运货物保险单的名称为“货物运输保险单”（Cargo Transportation Insurance Policy）。

3. 保险单号次（Policy No.）。这是保险公司按出单顺序对每张保险单编排的号码。

4. 被保险人名称（抬头）(Insured)。被保险人俗称“抬头”。按投保单中的内容填写，如信用证规定被保险人为某银行或某公司（Policy issued in the name of... Bank/Co.），保单抬头应直接填写该银行或公司名称（... BANK 或 ... CO.）。在 CIF 或 CIP 条件下，出口货物由出口商办理投保，即以出口商或信用证受益人为被保险人，并在“Insured”栏填写出口商或受益人的名称。在其他贸易条件下，买方也可委托卖方代办保险。

5. 标记（ Marks & Nos.）。此栏内容应与发票、提单及其他单据上的标记（唛头）一致，无唛头时应填写“N/M”。保险公司一般只填写“AS PER INVOICE No. ×××”（按发票号×××）或“SEE ATTACHMENT”。若为集装箱货物运输时，则须打上“CONTAINER SHIPMENT”(集装箱装运)。

6. 包装及数量（Quantity）。此栏应参照发票与运输单据填制，并与其保持一致。具体填写方法有：（1）以包装件数计价者，填写件数，如“袋”（Bags）、“箱”（Cases）等；有两种或两种以上包装方式时，应注明“包装件数”（Packages）。（2）以净重计价者，填写件数和净重，如“净重×××千克”（Kilos）。（3）以毛作净者，填写件数和毛重。(4) 散装货，填写“In Bulk”，并加上重量，如“M/T IN BULK”。

7. 保险货物项目（货物描述）(Description of Goods)。可参照发票中描述的货物名称填制，也可填写货物的统称并与其他单据的相同栏目内容一致。

8. 保险金额（Amount Insured）。此栏的填写应做到以下几点：

（1）保险金额（保额）要小写，如，USD 12 345.00，并与总保险金额栏内容一致。

（2）保险货币应与信用证规定一致；托收方式下，应与合同一致（UCP600 第 28 条）。

（3）保额的加成比例应严格按照信用证或合同的规定；若信用证或合同没有具体规定，应按 CIF 或 CIP 发票价格的 110% 投保（最低投保金额）。

（4）依国际保险惯例，保额一般不保留辅币，即保额小数点后的尾数一律向前进位为整数。例如，发票金额为 USD1 507.30，加一成投保，保额应为 USD1 507.30×110% = USD1 658.03，则进位后，保额应为：USD1 659.00。

（5）若加保进口关税险，需另行注明关税险的保险金额。例如，发票金额为 USD10 000，加成 10%，另加保 30% 进口关税险，应注明："PLUS LOSS OF IMPORT DUTY AT 30% OF CIF USD3 000"。

（6）SBP745K15 规定：若从信用证或提示情况可以明显看出应付金额仅是货物总价值的一部分（例如由于折扣、预付或类似情况，或由于货物的部分价款将延后支付），则应以发票或信用证上显示的货物的总价值为基础计算保险金额，且受 UCP600 第 28 条第（f)(ii）款约束。

（7）UCP600 第 28 条规定：保险单可以表明受免赔率（Franchise）或免赔额（扣减免赔额)(Excess Deductible）约束。

免赔率（额），是指保险合同规定一个不赔的比率（金额），若损失低于该比率（金额），保险人不予赔偿，只有损失超过该比率（金额）时，保险人才予赔偿。

免赔率（额）分两种：一是"相对免赔率"或"不扣减免赔率"(No-deductible Franchise)，其含义是，损失低于免赔率时，不予赔偿，但若超过免赔率，保险人则赔偿全部损失。二是"绝对免赔率（额）"或"扣减免赔率"(Deductible Franchise)，其含义是，损失超过免赔率时，保险人扣除免赔率，只赔偿超出免赔率的损失。

（8）ISBP745K14 规定：保险单据可载明保险责任受免赔率或免赔额约束（可扣减的）。但是，若信用证要求保险责任不计免赔率（Irrespective of Percentage，IOP），则保险单据不应含有表明保险责任受免赔率或免赔额约束的条款。保险单据不需表明"不计免赔率"(IOP)。

不计免赔率，是指不论损失程度如何，只要货物受损，保险人予以全部赔偿。因此，若信用证要求 IOP，则保险单上必须注明"IOP"，否则构成不符点；若保险单上加注了"IOP"，则保险单上不能含有"受免赔率约束"的条款。

9. 总保险金额（Total Amount Insured）。总保险金额以大写英文表示，如"SAY U.S. DOLLARS ... ONLY"。大写金额栏和小写金额栏填写的金额必须一致。

10. 保费（Premium）及费率（Rate）

此栏供保险公司使用。一般填写"As Arranged"(按照约定)，也可填写"Paid"或"Prepaid"。若信用证要求注明保费和费率，则应照填。

ISBP745K23 规定：保险单据上关于支付保险费的标注应不予理会，除非保险单载明若不支付保险费及表明保险费尚未支付，则保险单据不生效。

11. 装载运输工具（Per Conveyance）。保险货物海运时，此栏需与提单上的船名和航次一致。若船名未知，则填写“To be declared ”；若船舶在中途需转船，则在第一程船名后加注第二程船名，如 S. S. “ROSE KING” to be transshipped at Hong Kong on S. S... 。若二程船名无法确定，则在第一程船名后填写“W/T at××（如 Hong Kong）”。若转船地点无法确定，可填：S. S. “ROSE KING” and/or steamers。铁路运输时，此栏可填写：By Railway 或加车号，如 Wagon（Freight Car）No. 1234。航空运输时，此栏可填写：By Air。邮包运输时，此栏可填写：By Parcel。

12. 起航日期（Sailing on or Abt 或 Date of Commencement）。此栏填写运输单据的签发日期。海运方式一般填写“As per B/L”，表明以提单为准，或填写具体时间，如“1ST Sept. 2016”，或大致日期“ABOUT...”。

13. 运输起讫地（From... To...）。此栏的填写应做到以下几点。

（1）起运港（地）和目的港（地）必须与提单或其他运输单据相应的栏目内容一致。

（2）若货物需经转船到达目的港时，填写的方法是，From：装运港，To：目的港，W/T 或 VIA：中转港。若信用证要求海运从上海至伦敦，在新加坡转运，则应填写：From Shanghai W/T at（via）Singapore to London。

（3）若信用证要求海运至某目的港，而保险至内陆，此栏应先填写目的港，再填写内陆地名。例如，提单目的港为马赛，信用证要求投保至巴黎，则此栏应填写为“From ××× to Marseilles and thence to Paris”。

（4）若买方选择目的港，如 Option London/Liverpool/Manchester，则保单照填。

（5）若信用证未具体规定装卸港，只能分别填写一个具体港口。

14. 承保险别（Conditions）。出口商需按信用证或合同规定的险别在保险投保单上填写，由保险公司将承保险别的详细内容加注在正本保险单上。

例如，要求承保平安险加保战争险和短量险，应为：Covering FPA including Risks of shortage as per Ocean Marine Cargo Clauses of the People’s Insurance Company of China，2009. Including War Risks as per Ocean Marine Cargo War Risks Clauses of the People’s Insurance Company of China，2009。若要求承保伦敦保险协会 2009 年海运货物险（A），则为：Covering Marine Risks Clauses（A）as per Institute Cargo Clauses（A），2009。

UCP600 对承保险别予以具体规范。

UCP600 第 28 条：① 信用证应表明所需投保的险别及附加险（若有），若信用证使用诸如“通常风险”（usual risks）或“惯常风险”（customary risks）含义不明确的用语时，则不论是否有漏保的风险，保险单据将被接受。② 当信用证要求投保“一切险”（all risks），且提示的保险单据含有“一切险”的注记或条文时，不论保险单据是否带有“一切险”的标题，则银行不考虑任何除外不保的风险，这种保险单据是可以接受的。③ 保险单据可以引述任何除外（责任）条款。这是 UCP600 特别增加条款，该款表明若在保险单据上只附注了除外责任条款，而没有明确说明是哪个保险条款及哪个险别的除外责任条款，即保险单据可以含有任何除外责任条款的附注，银行不得以此为由拒付。

ISBP745 对承保险别作出了以下补充规定：

① 保险单据应承保信用证规定的风险，即使信用证明确列明应承保的风险，也可援引保险单据中的除外条款。(ISBP745K17)

② 若信用证要求投保“一切险”，则提示载有“一切险”条款或批注的保险单据即满足要求，无论是否载有标题为“一切险”的字样，即使该单据声明某些风险除外不保。载明承保伦敦保险协会货物保险条款（A）或伦敦保险协会货物保险条款（航空）的保险单据，若通过空运发货，也符合信用证规定投保“一切险”的条款或要求。(ISBP745K18)

③ 同一运输的同一风险应由一份保险单据承保，除非提交一份以上的载明承保部分保险的保险单据，且每一份保险单据以百分比或其他方式明确反映：a 每一保险人承保的保险金额；b 每一保险人将各自分别承担自己的责任份额，且不受其他保险人对该次装运已生效的承保的影响，以及 c 各单据的保险金额相加不少于信用证或 UCP600 第 28 条第（f）(ii) 款要求的保险金额。(ISBP745K16)

15. 保险公司在目的地的检验、理赔代理人名称及详细地址、电话号码等内容。检验代理人和理赔代理人可能是同一人，也可能不是同一人，应在保险单中注明。若最后目的地没有保险公司检验代理人，应规定可由当地合格的代理人检验（Survey to be carried out by alocal competent surveyor）。

16. 赔付地点（Claim Payable at）。按信用证或合同规定填写此栏。一般以目的地为赔款偿付地，不能把国家名称作为赔付地点。

若信用证或合同无规定，则应填写目的港名称；若信用证或合同规定了赔付的货币名称，如 Claim，if any，to be payable at KOBE in USD，则此栏应填写“At KOBE（目的港）in USD（货币名称）”。

17. 保险单的签发日期（Issuing Date）。保险单的签发日期一般要早于提单或其他运输单据的签发日期，最迟可与上述单据出单日期同为一天。

UCP600 第 28 条对此作出了以下规定：

① 保险单据的日期必须不晚于装运日期，除非从保险单据上看起来承保责任自不晚于装运日期之日起生效。保险单据的日期可能是保险责任开始生效的标志。若保险责任日期晚于装运日期则可能导致漏保。

② 保险单据必须表明至少承保信用证规定的接管地或装运地至卸货地或最终目的地之间的风险。

③ 以保险单替代保险凭证或预约保险单项下的申报单是可以接受的。

ISBP745 对此予以补偿如下：

① 保险单据不应载明保险单据项下提出索赔的截止日。(ISBP745K9)

② 保险单据不应载明装船之后保险责任才生效；若保险单据的出具日期晚于装运日期（UCP 600 第 19~25 条规定的日期），则保险单据需通过附加说明或标注清晰地载明保险责任不迟于货物装运之日生效；若载明依“仓至仓”或类似含义措辞表明保险责任已生效的保险单据，且签发日期晚于装运日期，则这不表示保险责任自不晚于装运日的某日

起生效。（ISBP745K10）

③ 若缺少其他任何作为保险单据的出具日期或保险责任生效日期，则副签的日期将视为保险责任生效日期。（ISBP745K11）

18. 保险公司签章（Authorized Signature）

保险单通常由保险公司授权的人签章才能生效。

UCP600 第 28 条规定，保险单据可以由保险公司、承保人或其代理人或其代表出具并签字。但代理人或代表的签字必须表明其系代表保险公司或承保人的签字。暂保单将不予接受。

ISBP745 对保险单的签字作了详细规定。

① 保险单据应看来是由保险公司或承保人或其代理人或代表出具并签字。例如，由“AA 保险公司”出具或签字的保险单看起来已由一家保险公司出具。若出单人被认定为“保险人”，保险单据不需要载明它是保险公司或承保人。（ISBP745K2）

② 保险单据也可在保险经纪人的信笺上出具，只要保险单据已由保险公司或承保人或其代理人或代表签字。保险经纪人可以作为具名保险公司或具名保险商的代理人（代表）身份签署保险单据。（ISBP745K3）

③ 由代理人或代表签署的保险单据应载明被代理或代表的保险公司或承保人名称，除非该保险公司或承保人的名称已在单据的其他处标明。例如，若“AA 保险公司”已被标明是保险人，则该单据可签署为“John Doe 代表保险人”或“John Doe 代表 AA 保险公司”。（ISBP745K4）

④ 若保险单据要求出单人、被保险人或具名实体副签，则必须副签。（ISBPK5）

⑤ 保险单据可在签名栏目只显示保险公司的商号，只要在该单据的其他位置能证明其是保险公司。例如，若保险单据在签名处签发为“AA”，但在该单据的其他地方显示了“AA 保险公司”及其地址和联系信息。（ISBP745K6）

⑥ 若保险单据显示由多个保险人共同承担保险责任，则保险单据可由一个代理或代表人代替所有保险人签署，或由一个保险人为（或代表）所有共保人签署。后者的例子是，若出具了一份保险单据，则出具和签署为“代表共保人的牵头保险人，AA 保险公司”。尽管在第 K2、K3 和 K4 条中有规定，即使保险单据载明由多个保险人共同承担保险责任，保险单据也不需显示每个保险人的名称或其承保的比例。（ISBP745K7）

⑦ 若信用证要求保险单据需出具一份以上正本，或保险单据载明其已出具了一份以上正本，则需要提交所有的正本且看起来已签字。（ISBP745K8）

## 三、保险单的背书

保险单和提单一样，是可以进行转让的单据，一般由被保险人背书后，保险单随提单的转移而转让。根据国际保险行业的习惯，保险单经被保险人背书后，即随同被保险货物权利的转移而自动转让给受让人，事先事后均不需通知保险人。所以，出口商只要在保险单背面背书后，就算履行了转让手续。背书的作用，主要在于使保险单的转让得以实现。

保险单的背书需在保险单的正本上进行。背书的方式分为记名背书和空白背书两种。除非信用证另有规定，保险单多为空白背书。信用证往往规定“blank endorsed”或“endorsed in blank”，其背书做法是，在正本保险单的背面注明被保险人的名称（公司名称和经办人的签名）。

依ISBP745K19-21的规定，保险单应按信用证要求的形式出具，必要时经有权索赔人背书；信用证不应要求保险单的被保险人开立成“来人”(to bearer）或“凭指示”(to order）形式；信用证应规定被保险人名称；若信用证要求保险单开立成“凭（具名实体）指示”[to order of (named entity)]，则保险单不需载明“凭指示”，只要具名实体显示为被保险人或有权索赔人，且未明确禁止通过背书转让；若信用证对被保险人未作规定，保险单不意味着保险赔偿可凭受益人或除开证行或申请人之外的具名实体的指示或以其为受款人来支付，除非其经受益人或上述具名实体的空白背书或以开证行或申请人为受款人；保险单应出具或背书为以使保险单项下的获赔权利在放单之时或之前得以转让。

（一）背书种类

常见的保险单背书有以下几种：

1. 空白背书（Endorsement in Blank）

被保险人（出口商、受益人）在保单背面作如下记载：

ABC Co., Ltd.（被保险人名称）
××××（被保险人地址）
×××（被保险人签字）

2. 记名背书（Endorsed to the Order of...）

被保险人（出口商、受益人）或被背书人（银行）在保单背面作如下记载：

（1）被保险人背书给进口商

Claim payable to the order of
XYZ Co., Ltd.（进口商名称）
××××（进口商地址）
ABC Co., Ltd.（被保险人名称）
××××（被保险人地址）
×××（被保险人签字）

（2）被保险人背书给开证行

Claim payable to the order (and benefit) of ××× Bank（开证行名称）
××××（开证行地址）
ABC Co., Ltd.（被保险人名称）
××××（被保险人地址）
×××（被保险人签字）

（3）被背书人（开证行）再背书给进口商

Claim payable to the order (and benefit) of XYZ Co., Ltd.（进口商名称）
××××（进口商地址）
××× Bank（开证行名称）

××××（开证行地址）

×××（开证行签字）

（二）背书要求及方法

信用证中关于保险单背书的要求及背书方法举例如下：

（1）若信用证规定“Insurance Policy made out to order”或“Insurance Policy endorsed in blank / in negotiable form”或“A blank endorsed Insurance Policy...”，则保险单“Insured”栏内填写出口商名称或“To order”，同时由出口商在保险单背面空白背书。

（2）若信用证对保险单未作具体规定，则一律由被保险人做成空白背书。

（3）若信用证规定被保险人做成“To order of bearer”，则保险单照填，或在“To order of”之后加注出口商名称，并由出口商空白背书。

（4）若信用证规定“Insurance Policy endorsed to order of ×××”或“Insurance Policy endorsed in favour of ×××”，则保险单的“Insured”栏填写出口商名称，然后由出口商进行记名背书，如，“Claim payable to the order of ×××”或“In favour of ×××”或“Please pay to order of ×××”或“Please pay in favour of ×××”或“Please deliver to ×××”或“Claim，if any，please pay to ×××”等。

（5）若信用证规定“Insurance Policy endorsed to order and benefit of our bank（Issuing Bank，place）”，则出口商为被保险人（“Insured”），并由出口商记名背书给开证行。

（6）若信用证规定“Loss if any，pay to×××”，则保险单“Insured”栏填写出口商名称，并由出口商空白背书，在“赔款偿付地点”后注明“pay to ×××”。

（7）在 FOB 或 CFR 条件下，若国外买方委托卖方代办保险（Insurance Policy made out in name of the buyer），“Insured”栏可填写“×××（卖方名称）on behalf of ×××（买方名称）”，由卖方按此形式背书；或在保险单“Insured”栏内先填写卖方的名称，然后再填写“Held to the order of ×××（买方名称）”，卖方无需背书。

（8）信用证要求第三者投保，即中性投保，不表明具体的名称，则在保险单“Insured”栏内填上“To whom it may concern”，意思是和谁有关，被保险人就是谁，出口商无需背书。

## 四、保险单的份数

UCP600 第 28 条规定，当保险单据表明签发超过一份以上时，所有正本都必须提示给银行。中国人保出具的保险单一式四份，包括正本（Original）两份、副本（Copy）两份。保险单上填写正本份数“TWO”。

出口商按信用证或合同要求，填制保险公司提供的投保单后，连同出口发票一起送至保险公司，由保险公司出具全套保险单一式四份。保险公司和出口商各留副本一份，其余两份正本提示给银行结汇。

附：货物运输保险单实例

# PICC 中国人民财产保险股份有限公司
## PICC Property and Casualty Company Limited

总公司设于北京　　一九四九年创立

**Head Office: Beijing　　Established in 1949**

货物运输保险单 CARGO TRANSPORTATION INSURANCE POLICY

发票号 （**INVOICE NO.**） HMHP-2007 270　　保单号次

合同号（**CONTRACT NO.**） MKDOIB-82-043　　**POLICY No.** PYCA20074601010050213

信用证号 （**L/C NO.**） LC1141750

被保险人

**INSURED** ① BEIJING ××× IMPORT & EXPORT CO., LTD

中国人民财产保险股份有限公司（以下简称本公司）根据被保险人的要求，以被保险人向本公司缴付约定的保险费，按照本保险单承保险别和背面所载条款与下列特款承保下述货物运输保险，特订立本保险单。

**THIS POLICY OF INSURANCE WITNESSES THAT PICC PROPERTY AND CASUALTY COMPANY LIMITED (HEREINAFTER CALLED "THE COMPANY" ) AT THE REQUEST OF THE INSURED AND IN CONSIDERATION OF THE AGREED PREMIUM PAID TO THE COMPANY BY THE INSURED ,UNDERTAKES TO INSURE THE UNDER-MENTIONED GOODS IN TRANSPORTATION SUBJECT TO THE CONDITIONS OF THIS POLICY AS PER THE CLAUSES PRINTED OVERLEAF AND OTHER SPECIAL CLAUSES ATTACHED HEREON.**

| 标　记<br>**MARKS & NOS** | 包装及数量<br>**QUANTITY** | 保险货物项目<br>**DESCRIPTION OF GOODS** | 保险金额<br>**AMOUNT INSURED** |
|---|---|---|---|
| ②<br>AS PER INVOICE NO.<br>HMHP-2007 270 | ③<br>1076 CARTONS | ④<br>IRON FLOWER SHELF（TYPE 3） | ⑤<br>USD 20 133.00 |

总保险金额：

**TOTAL AMOUNT INSURED:** ⑥ SAY：U.S. DOLLARS TWENTY THOUSAND ONE HUNDRED AND THIRTY THREE ONLY.

保费：　启运日期：　装载运输工具：

**PREMIUM:** ⑦ AS ARRANGED　**DATE OF COMMENCEMENT:** ⑨ AS PER B/L　**PER CONVEYANCE:** ⑧ WH 0434-748

自　经　至

**FROM** ⑩ TIANJIN，CHINA　**IVA** ______　**TO** PALERMO, ITALY

承保险别：

**CONDITIONS:** ⑪ COVERING INSTITUTE CARGO CLAUSES（B），INSTITUTE WAR SRCC CLAUSES

所保货物，如发生保险单项下可能引起索赔的损失或损坏，应立即通知本公司下述代理人查勘。如有索赔，应向本公司提交保险单正本（本保险单共有 2 份正本）及有关文件。如一份正本已用于索赔，其余正本自动失效。

**IN THE EVENT OF LOSS OR DAMAGE WHICH MAY RESULT IN A CLAIM UNDER THIS POLICY, IMMEDIATE NOTICE MUST BE GIVEN TO THE COMPANY'S AGENT AS MENTIONED HEREUNDER. CLAIMS，IF ANY，ONE OF THE ORIGINAL POLICY WHICH HAS BEEN ISSUED IN TWO ORIGINAL（S） TOGETHER WITH THE RELEVANT DOCUMENTS SHALL BE SURRENDERED TO THE COMPANY. IF ONE OF THE ORIGINAL POLICY HAS BEEN ACCOMPLISHED，THE OTHERS TO BE VOID.**

AIG EUROPE, S. A., ITALY BRANCH
VIA DELLA CHIUSA2
20123 ITALY
TEL: 39 02 36901

中国人民财产保险股份有限公司北京市分公司
**PICC Property and Casualty Company Limited , Beijing Branch**

赔款偿付地点

**CLAIM PAYABLE AT/IN** ⑫ PALERMO IN USD

⑭ 胡华宁（签字）
MANAGER

出单日期

**ISSUING DATE** ⑬ AUG .9，2007

地址：中国北京市××××大街 89 号　经办：张克　复核：李利　Settling & Customer Service Centre :

**ADD:** No.89. ×××× Avenue Beijing , China　(理赔/客户服务中心) 86 10 23456789

邮编（**POST CODE**）：100105

保单顺序号　PICC 0709123

## 五、保险单的批改和转让

### （一）保险单的批改

保险单在签发以后，在保险单有效期内，其内容一般以不作变更为佳。但在实际业务中，由于种种原因，投保人在向保险人申报时陈述错误或遗漏，是难以完全避免的。在此情况下，如不及时变更或修改，被保险人的利益就可能受到影响，甚至导致保险合同失效。此外，保险货物在运输途中，也可能遇到某些意外的新变化，如承运人根据运输合同所赋予的权力改变航行路线、变更目的地、临时挂靠非预定港口或转船等，这些新变化也要求对原保险单内容及时进行变更或修改，以便保险标的获得与新情况相适合的保险保障。

保险单内容的变更或修改，往往会影响到保险人的承保责任范围及其承担的风险。投保人或被保险人若需要对保险单内容进行变更或修改，应以书面方式向保险人申请批改。通常只要不超过保险条款规定允许的内容，保险人都会接受。若涉及扩大承保责任或增加保险金额，一般也是可以的，但必须在被保险人不知有损失事故发生的情况下，在货物抵达目的地之前申请办理，并需加缴一定的保险费。

保险人批改保险单时，一般采用签发批单（Endorsement）的方式进行。此项工作可以由保险人自己办理，可以由保险人授权的设在国外港口的代理人办理。保险人或其代理人所签发的批单，一般应加贴在原保险单上，构成原保险单的一个组成部分，对双方当事人均有约束力。批改的内容如与保险合同有抵触之处，应以批单为准。

### （二）保险单的转让

保险单的转让一般是指保险单权利的转让，即被保险人将根据保险单赋予的损害赔偿请求权及相应的诉讼权转让给受让人。这种权利的转让同被保险货物本身所有权的转让是两种不同的法律行为。买卖双方交接货物，转移所有权，并不能自动转移保险单项下所享受的权利。

根据各国保险法或海商法，关于保险单的转让一般有以下规定：

1. 海运货物保险单可以不经保险人的同意而自由转让；一般财产保险单则必须征得保险人的同意才能转让。

产生上述不同规定的原因是，海运保险的货物在整个运输过程中，始终是处于承运人的控制和保管之下，被保险人对被保险货物在运输中的安危基本上不产生影响，因而，其保险单的自由转让不会给保险人增加风险负担。同时，国际贸易海运货物在运输过程中，常需以卖路货的方式通过单据的转让进行转卖，有的货物有时需经过几次转手易主。如果货物保险单的转让须经保险人的同意，将会影响交易的进行。而一般财产保险则不同，被保险财产在保险期间始终是在被保险人的控制与管理之下，一般财产的所有权如果发生转移，往往会影响该项财产的管理水平，从而影响保险人所承担的风险。因此，为维护保险人的利益，通常规定一般财产保险单的转让必须征得保险人的同意。为此，中国《海商法》第 230 条第 1 款规定：“因船舶转让而转让船舶保险合同的，应取得保险人的同意。未经保险人同意，船舶保险合同从船舶转让时起解除；船舶转让发生在航次之中的，船舶保险合同至航次终了时解除。”中国《保险法》第 49 条规定：“保险标的的转让的，被保险人或者受让人应当及时通知保险人，但货物运输保险合同和另有约定的合同除外。”

2. 保险单的转让，必须在保险标的所有权转移之前或转移的同时进行。若所有权已经转移，事后再办理保险单的转让，这种转让是无效的。

上述规定是与可保利益原则相关联的。因为，在被保险人将保险标的所有权转移给他人之后，他对保险标的已经丧失了可保利益，因而保险单的转让也就失去了依据。

3. 在保险单办理转让时，无论损失是否发生，只要被保险人对保险标的仍然具有可保利益，保险单均可有效转让。

同上项规定一样，本项规定也与可保利益有关，即保险单的转让，是以被保险人对保险标的具有合法的经济利益——可保利益为要件，若具有可保利益，则此时即使损失已经发生，保险单的转让仍然有效。

4. 保险单的受让人只能享有与原被保险人在保险单下享有的相同的权利和义务。

在转让的保险单下，由于受让人对保险标的所享有的可保利益是一种“派生的”（Derivative）权益，因而他不能取得优于原被保险人的权利。

5. 保险单转让后，受让人有权以自己的名义向保险人进行诉讼；保险人也有权如与对待原被保险人一样，对保险合同项下引起的责任进行辩护。

在本项规定下，由于保险人在合同责任的问题上对待受让人与对待原被保险人相同，如果原被保险人有违法或违约的行为，尽管受让人对此并不知情，保险人仍可按照对待原被保险人的有关规定办理。例如，原被保险人若有不告知或违反保证的情况，保险人得以违反最大诚信原则为由，宣告解除合同义务。

6. 保险单的转让，可以采取由被保险人在保险单上背书或其他习惯方式进行。按照习惯做法，采用空白背书方式转让的保险单，可以自由转让；采用记名背书方式转让的保险单，则只有被背书人才能成为保险单权利的受让人。

## 第三节　保 险 索 赔

保险索赔，是指被保险货物遭受损失后，被保险人应按规定办理索赔手续，向保险人要求赔偿。

### 一、索赔程序

索赔时，被保险人对保险标的必须具有可保利益，以海运为例，若以 CIF 条件成交，货物的损失若是发生在起运港装上海轮之前的运输途中，应由卖方向保险人索赔；如果货物的损失发生在装上海轮之后，根据可保利益原则的规定，应由买方向保险人进行索赔。被保险人在索赔时必须履行如下手续：

#### （一）损失通知

国际贸易中的货损一般有两种情况。一是货物在运输途中因运输工具遭遇到意外事故，例如卡车倾覆、船舶触礁等而受损。二是货物在起运前后虽然因各种原因而受损，但往往由于损失程度较轻或从外表无法察觉，直到货物运抵目的港，被保险人在提货时，甚至进入收货人的最后仓库时才能发现。不管属于何种情况，一旦获悉保险货物受损，被保险人应立即向保险人或其指定的代理人发出损失通知。

保险人或指定的代理人接到损失通知后，一方面对货物提出施救意见并及时对货物进行施救，避免损失扩大；另一方面会尽快对货物的损失进行检验，核定损失原因，确定损失是发货人或是承运人的责任等，以免因时间过长而导致货物损失原因难以查清，责任无法确定。因此，被保险人若没有及时进行损失通知，保险人有权拒绝赔偿。若有特殊原因致使被保险人无法在规定的期限内发出损失通知时，被保险人应及时向保险人申请延期通知。

（二）申请检验

被保险人在向保险人或其代理人发出损失通知的同时，还应向其申请货物检验。若延误检验，不仅会使保险人难以确定货损是否发生在保险有效期内，而且可能导致损失原因无法查明，影响责任的确定。特别是当货物运抵目的地最后仓库才发现货损时，被保险人更应尽快地向保险人申请检验，以便确定损失是否在运抵目的地最后仓库前，即在保险期限内发生的。保险人对货物的损失通知和申请检验均有严格的时间限制，中国的保险公司一般要求申请检验的时间最迟不能超过保险责任终止后 10 天。

被保险人在申请检验时，应做到以下两点：

1. 申请检验的机构

在出口运输货物保险单中，均注明了检验、理赔代理人的名称、地址等详细资料。发生货损后，被保险人必须向保险单指定的代理人申请检验，而不能自行请他人进行检验，否则保险人有权拒绝接受检验报告而要求由指定的代理人重新检验。保险中指定的检验代理人有两种，一种是只有检验权的代理人，还有一种是具有核赔权，即检验、理赔合一的代理人。对于后者，在一定额度内的损失，代理人可自行核赔。目前，中国保险公司在世界主要国家或地区通常拥有具有核赔权的代理人。

在进口运输货物保险中，当货物在运抵目的地和发现有损失时，一般由保险人或其代理人和被保险人进行联合检验，共同查明损失的原因，确定损失金额以及责任归属。若货损情况非常复杂，一般应申请由检验检疫部门或保险公证机构进行检验，出具检验报告。

2. 免于申请检验

对整件短少的货物，若短少是在目的港将货物卸下海轮时发现的，被保险人应向承运人索取溢短卸证明；若短少是货物在卸离海轮以后，提货以前发现的，被保险人应向港口当局或装卸公司索取溢短证明。在此情况下，短卸证明即可作为损失依据，不需申请检验。

此外，若损失很小，申请检验，检验费用可能超过保险货物损失的金额，从经济上考虑，保险人往往不要求被保险人申请检验。对此，一般由代理人出具不检验损失报告，保险人直接按实际损失予以赔偿。

检验完成后，应由进行检验的代理人、检验检疫机构或保险人会同被保险人对损失的原因和损失程度等作出判断。检验报告是被保险人据以向保险人索赔的重要证据。但检验报告只是检验人对货损情况作出客观鉴定的证明，并不能最后决定货损是否属于保险责任以及保险人是否应对货损予以赔偿。因此，检验报告上一般注明“本检验报告不影响保险人的权利”。这意味着货物损失是否属于保险责任范围最终要由保险人根据保险合同条款决定。

（三）提交有关的单证

被保险人在向保险人或其代理人索赔时，应提交索赔所必需的各种单证，按照中国货物运输保险条款的规定，被保险人在索赔时应提供以下单证。若涉及第三者责任，还须提供向责任方追偿的有关函电及其他必要单证或文件。

1. 正本保险单（Original Policy）

保险单是保险合同的书面证明，是被保险人向保险人索赔的最基本的凭证，保险单中规定的保险人的责任范围及保险金额等内容，是确定保险人赔偿与否及赔偿金额的直接依据。索赔时，被保险人须提供保险单正本。

2. 运输单据（Transportation Document）

运输单据是证明被保险货物交付承运人进行运输时状况的依据。由于运输单据是承运人在接收货物后出立的，其中关于货物的数量及交货时是否外表状况完好等内容的记载，对保险人确定货物损失是否发生在保险期内，以及承运人是否应承担货损责任有很重要的参考作用。

3. 发票（Invoice）

发票是保险人计算保险赔款的依据之一。保险人可以通过核对发票与保险单及提单的内容是否相符，以确定赔偿金额。

4. 装箱单（Packing List）和重量单（Weight Memo）

装箱单和重量单是被保险货物在装运时的数量和重量的证明，保险人据以核定货物在数量上及重量上的损失。

5. 货损证明（Certificate of Loss or Damage）

货损证明是指货物运抵目的港或目的地卸下船舶或其他运输工具时出现残损或短少时，由承运人、港口、车站、码头或装卸公司等出具的理货单据，如货物残损单、货物溢短单和货运记录等，这类单据须由承运人或其他责任方签字认可。它既是被保险人向保险人索赔的证据，又是被保险人和保险人据以向责任方追偿的重要依据。

6. 检验报告（Survey Report）

检验报告是检验机构出具的货物质量和数量检验单据，是保险人据以核定保险责任及确定保险赔款的重要文件。检验报告的内容包括对受损货物的损失原因、损失程度、损失金额、损失价值判断或鉴定及处理损失经过等的记录。

7. 索赔清单（Statement of Claim）

索赔清单是被保险人提交的要求保险人赔偿的详细清单，主要列明索赔的金额和计算依据，以及有关费用的项目等。

8. 海事报告（Master's Report or Marine Accident Report）

这是载货船舶在航行途中遭遇恶劣天气、意外事故或其他海难，可能对保险货物造成损害或灭失时所应提供的一项重要证件，是船长据实记录的报告。其内容主要证明航程中遭遇海难，船舶或货物可能遭受损失，并声明船长及船员已经采取一切必要措施，是人力不可抗拒的损失，船方应予免责。海事报告对于海上遭受风险的情况、货损原因以及采取的措施都有记载，对于确定损失原因和保险责任具有重要参考作用。

除上述各种证明和单据外，保险人还可根据损失情况和理赔的需要，要求被保险人提供与确认保险事故性质和损失程度有关的证明和资料。所有这些证明和资料是被保险人提赔的依据，保险人是否承担赔偿责任，除根据现场调查搜集的资料外，主要是依据这些证明和资料进行判断。

### 二、被保险人应履行的义务

在保险索赔过程中，被保险人除了应及时向保险人发出损失通知，申请检验以及提交有关单证外，还应履行下列两项义务。

（一）采取施救措施，防止或减少损失

对于已发生损失的货物，若损失可能进一步扩大，被保险人应立即采取必要措施防止损失扩大，不能因为货物已经保险而任其损失扩大。依中国《海商法》《保险法》及保险条款的有关规定，一旦保险事故发生，被保险人应采取必要的合理措施，防止或减少损失。被保险人收到保险人发出的有关采取防止或减少损失的合理措施的特别通知后，应当按照保险人通知的要求处理，若被保险人违反了上述规定而造成货物损失的扩大，保险人就该扩大的损失部分不负赔偿责任。

（二）向有关责任方索赔，维护保险人的代位追偿权

被保险人或其代理人在提货时若发现货物受损，一方面应立即向保险人申请损失检验，另一方面应立即将损失情况通知有关责任方，并向其追偿损失。

若被保险人未能在规定期限内及时向有关责任方索取损失证明或进行损失通知，可能会导致诉讼时效过期，最终会影响被保险人向保险人的索赔权。为此，被保险人向责任方通知损失后，还应及时以书面形式向责任方提出索赔，并保留追偿权利，必要时还应申请延长索赔时效。根据中国海运货物保险条款的规定，被保险人向保险人索赔的时效为货物卸离海轮之日起两年，而其向有关责任方索赔的时效往往少于两年，如中国《海商法》规定，向承运人索赔的时效为货物卸离海轮之日起一年，交通部规定向港务部门索赔的时效为其编制货运记录次日起 180 天。因此，被保险人应在规定的索赔期限内向责任方提出索赔，既保护自己的索赔权，又维护保险人的代位求偿权，否则，保险人可以相应扣减保险赔款甚至拒赔。

## 第四节　保 险 理 赔

保险理赔是指保险人在接到被保险人的损失通知后，通过对损失的检验和调查研究，确定损失的近因和程度，并对责任归属进行确定，最后计算保险赔款金额并支付赔款。

### 一、确定损失的近因

对货物进行检验时，很重要的一项任务就是确定损失的原因。根据保险近因原则，保险人只对近因属于承保责任范围内的风险而导致的损失予以负责。货物损失的情况多种多样，而造成损失的原因也复杂不一，因此，保险人首先从若干致损原因中找出损失的近因，然后确定损失是否属于保险责任。在国际贸易中，导致运输货物损失的近因主要有以下几种情况：

（一）货物的本质缺陷

所谓本质缺陷，是指货物因本身缺陷造成的损失，包括货物在生产、制造、加工、装配、包装以及在起运前存放、转运过程中造成的损失，或货物品质、包装、数量等不符合买卖合同规定，不适合长途运输所造成的损失。由于原残属发货人责任所致，是保险除外

责任，保险人不予负责。此时买方应及时向有关机构申请检验，凭检验机构的检验报告及其他索赔单证向卖方直接索赔。

（二）货物在途损失

货物在运输途中遭受的损失主要有以下几种：

1. 水渍

采用海运方式时，造成货物水渍损失的原因有海水、淡水和舱汗等水渍。若因恶劣气候或意外事故而被海水浸湿，包装货物的外包装有明显的水渍痕迹，货物则应含有盐分。而且发生这种事故，船长在航海日志中均有记录，必要时可向船方索取有关资料据以证明。如果货物外包装没有明显的水湿痕迹，而在检验时发现有盐分，往往是受海面空气的作用所致，不属保险风险；若属于淡水损失，可能是因装卸驳运时受雨淋或河水溅湿所致，还可能因船上淡水管破裂，淡水溢出所致，均应有水湿痕迹；若属于舱汗所致，往往是因途中遭遇恶劣气候，关闭通风筒致使舱内水汽凝结而成，因而货物外包装一般会有汗潮迹象。采用陆运或空运方式时，造成水渍损失主要是因雨水淋湿等所致。

2. 短量、短少

包装货物整件短少的近因可能是：途中发生共同海损而被抛弃；被人整件窃走；在装卸时整件坠落引起。包装货物出现包装内数量短少，若外包装有打开过的迹象，一般是偷窃所致，还可能由于运输途中外包装破裂导致货物散失短缺。

散装货重量或数量短少，可能属自然损耗，也可能是被偷走，或是由于装卸时散落所致。若同一船舱或车厢中有多个货主的同一种散装货，也可能因先卸货的货主多卸或未扣除途耗导致最后卸货时货物短量。

（三）碰损、破碎

货物碰损、破碎的近因可能是，运输工具遭遇事故剧烈颠簸震动，或是装卸时未按规定操作或野蛮装卸，还可能是承运人配载不当或是包装不当。

此外，货物在运输途中还可能遭受火灾损失、串味损失、沾污损失，等等，均须根据实际情况确定损失的近因。

## 二、确定责任

在确定损失近因之后，保险人应根据保险条款中的保险险别以及保险期限等规定，确定损失是否属于承保责任范围。

（一）确定险别责任

保险单都明确规定了所承保的险别及适用的保险条款，保险人将以保险条款为依据，确定损失是否属承保责任。例如，按照中国海洋运输货物保险条款投保平安险，若根据检验结果及被保险人提交的海事报告，可确定因船舶在运输途中遭遇台风导致货物部分被水浸湿，据保险条款规定可知，货物因恶劣气候而致的部分损失不属平安险的承保责任，故保险人应予拒赔。

（二）确定保险期限

当确定了险别责任之后，保险人将审查保险事故是否发生在保险合同的期限内。为此，保险人审查以下的内容：① 审查保险单中被保险人的名称。卖方作为被保险人时，保险责任自货物运离发货人仓库起即开始；买方作为被保险人时，根据可保利益原则，保险责任自买方承担运输风险后才开始。② 审查货物的损失是否发生在正常运输过程中。若运输途中出现绕道、中途被迫卸货、转运等非正常运输现象，可能会增加保险人承担的风险。由于这些情况并不是被保险人所能控制的，所以保险人一般应予负责，但一般在保险条款中规定，若发生非正常运输情况，被保险人应及时通知保险人，并在必要时加缴保险费。③ 审查保险单中的责任起讫地点。例如，采用海洋运输时，有时货物在目的港卸下后，还需转运至内陆目的地。若保险单中载明的目的地为港口所在地，则在内陆运输发生的损失不在保险期限内，保险人无需负责。④ 保险单中若没有特别约定，海运时货物在目的港卸离海轮满 60 天，陆运时货物运抵最后卸载的车站满 60 天，空运时货物在最后卸离地卸离飞机满 30 天，保险责任即终止。但若被保险人要求延长保险期限，保险人已在保险单中予以确认的，则应按保险单的规定办理。

（三）审查被保险人的义务

被保险人应履行保险合同中规定的告知、保证和通知等义务，否则保险人得以拒赔甚至解除保险合同。被保险人的义务包括以下三点：① 被保险人对保险标的及相关重要事实的告知必须是真实的，若被保险人为少付保险费或为让保险人接受其投保申请等原因而故意隐瞒重要事实，保险人一旦获悉真情，即可解除保险合同，而且对发生的损失均不负责。② 被保险人应遵守其所作的承诺，一旦违反合同中的保证条款，保险人即有权解除保险合同，但对被保险人在违反保证之前发生的保险事故损失，保险人应予负责。③ 若在合同有效期间，保险货物危险程度增加，被保险人应及时通知保险人。

另外，保险人还将审查被保险人在事故发生后是否采取积极措施，防止损失扩大，否则，保险人对扩大的损失部分有权拒赔；若货损涉及第三者责任，保险人还将审查被保险人是否及时向责任方进行追偿，获取有关证明，有效地维护保险人代位求偿权的行使。若被保险人放弃向第三者要求赔偿的权利，或因被保险人的过错而使保险人丧失代位求偿权，保险人可以扣减保险赔款甚至拒付赔款。

## 三、赔偿金额的计算

保险人在完成上述程序后，若确定损失属于承保责任范围，保险人应当及时向被保

险人进行补偿。依中国《保险法》第 23 条和第 25 的规定，保险人收到索赔要求后，应当及时履行上述程序，若属于承保责任，应在同被保险人达成保险赔偿协议后 10 日内，支付保险赔款。若案情较复杂，保险人自收到索赔要求及有关资料 60 天内不能确定赔偿金额的，应当根据已有证明和资料可以确定的数额先予支付。最终确定赔款金额后，应支付相应差额。

国际贸易货物保险赔偿的范围通常包括以下两方面：

（一）货物损失的赔偿

1. 对全损的赔偿

进出口运输货物保险通常都是定值保险，保险货物遭受全部损失，包括实际全损和推定全损，均以保险单载明的保险金额为准，全额赔付。如一份保险单按货物或品种分别列明保险金额，其中一种货物或一个品种遭受全损，也按其保险金额赔付。

另外，一批货物使用驳船分批装运，若一艘驳船上装载的货物全部损失，也可视为全损，即按该驳船所载货物的保险金额全额赔付。例如，一批货物 1 000 公吨，保险金额 10

万美元，某驳船装运 300 公吨，全部灭失，则按 300 公吨的保险金额，保险人赔付 3 万美元。

2. 单独海损的赔偿

单独海损的计算，按损失情况分述如下：

（1）数量（重量）损失的赔偿

保险货物中部分货物灭失或数量（重量）短少，以灭失或损失的数量（重量）占保险货物总量之比，按保险金额计算赔款。其计算公式为：

$$\text{赔款金额}=\text{保险金额}\times\frac{\text{损失数量（重量）}}{\text{保险货物总量}}$$

例如，某货物一批共 5 箱，每箱 400 千克，保险金额为 50 000 美元，加保短量险，运输途中短少 800 千克，赔款金额应为：

$$50\ 000\times\frac{800}{5\times400}=20\ 000\text{（美元）}$$

（2）质量损失的赔偿

保险货物遭受质量损失时，应先确定货物完好的价值和受损的价值，计算出贬值率，以此乘以保险金额，即可计算出赔款金额。

完好价值和受损价值，一般以货物抵达目的地时的市场价格为准。若受损货物在中途处理，不再运往目的地，则可按处理地的市场价格为准。处理地或目的地市价，一般是指当地的批发价格。其计算公式为：

$$\text{赔款金额}=\text{保险金额}\times\frac{\text{货物完好价值}-\text{受损后价值}}{\text{货物完好价值}}$$

例如，一批货物 500 箱，保险金额为 50 000 美元，货物受损后只能按 8 折出售，当地完好价值为 60 000 美元，保险人应赔款为：

$$50\ 000\times\frac{60\ 000-48\ 000}{60\ 000}=10\ 000\text{（美元）}$$

再如，500 箱货物中只有 200 箱受损，按当地完好价值每箱 120 美元的 8 折出售，保险人应赔款为：

$$20\ 000\times\frac{(120\times200)-(96\times200)}{120\times200}=4\ 000\text{（美元）}$$

在实际业务中，往往由于一时难以确定当地的市价，经协议也可按发票价值计算。其计算公式为：

$$\text{赔款金额}=\text{保险金额}\times\frac{\text{按发票价值计算的损失额}}{\text{发票价值}}$$

按照中国《海商法》第 219 条的规定，在不定值保险条件下，货物保险价值按起运地发票价值加运费和保险费的总和（即 CIF 价值）计算。因此，赔款金额可按下列公式计算：

$$赔款金额=保险金额\times\frac{按 CIF 价值计算的损失额}{CIF 价值}$$

（3）规定有免赔率的货物损失赔偿

对易碎、易损、易耗的货物的保险，保险人往往规定有免赔率。免赔率的高低由保险人根据商品种类的不同而定，中国各保险公司采用的是绝对免赔率，即无论货物损失程度如何，对于免赔率额度内的损失，保险人均不予负责。

例如，出口散装货物一批，共 500 公吨，从上海运往美国，按中国海洋运输货物保险条款投保海运一切险，保险金额为 50 万美元，保险合同规定扣短量免赔率 2%，到目的地经检验发现该批货物短卸 12 公吨。保险人的赔偿计算应为：

$$受损率=\frac{12}{500}\times 100\%$$
$$=2.4\%$$
$$保险赔款=500\ 000\times(2.4\%-2\%)=200（美元）$$

（二）有关费用损失的赔偿

一旦发生保险事故，除了货物的损失，往往还导致费用的支付。这些费用包括施救费用、救助费用、续运费用、检验费用、出售费用以及理算费用等。

对于上述费用的支出，保险人赔付的原则是，若货物损失属于保险责任，则对费用的支出予以赔付。根据中国《海商法》第 240 条规定，被保险人为防止或减少根据合同可以得到赔偿的损失而支出的必要的合理费用，为确定保险事故的性质、程度而支出的检验、估价的合理费用，以及为执行保险人的特别通知而支出的费用，应当由保险人在保险标的的损失之外另行支付。保险人对上述费用的支付，以相当于保险金额的数额为限。对救助费用的赔偿，当救助费用可作为共同海损费用向保险人索赔时，应适用中国《海商法》第 241 条的规定，由保险人赔偿其分摊额，当保险金额低于共同海损分摊价值的，保险人按照保险金额同分摊价值的比例赔偿共同海损分摊。在其他情况下，根据货物运输保险条款的规定，保险人应对救助费用予以赔偿，但救助费用的赔偿和保险货物本身的损失赔偿之和不能超过保险金额；续运费用是指船舶遭遇海难后，在中途港、避难港由于卸货、存仓以及运送货物产生的费用，这部分费用在各国货运条款中均将其列入承保责任，由保险人负责赔偿；出售费用则应作为货物损失的一部分，和保险货物本身的损失赔偿之和不能超过保险金额。

（三）共同海损牺牲和分摊的赔偿

共同海损与海洋运输货物保险有着密切的关系。保险人承保的三种基本险别（平安险、水渍险和一切险），对共同海损的损失，包括共同海损牺牲和共同海损的分摊，都负赔偿责任。

如何确定共同海损损失，以及有关各方如何分摊这些损失，在国际航运界及保险业界都是一个重要的问题。根据中国《海商法》第 203 条的规定，共同海损理算适用合同约定的理算规定（如《约克-安特卫普规则》《北京理算规则》等），若合同没有约定，适用中国《海商法》关于共同海损的有关规定。

## 案例分析

### 案例 12-1：保险合同的订立、保险期间及可保利益争议案

**案情简介**[1]

原告：适履意贸易（上海）有限公司

被告：华泰财产保险股份有限公司（以下简称“华泰保险”）

被告：华泰财产保险股份有限公司上海分公司（以下简称为“华泰上海”）

2005 年 8 月 19 日，原告通过华泰上海投保海上货物运输险，于当日取得涉案货物的运输保险单。保险单载明：被保险人为原告，投保货物为鞋子，总保险金额为 1611878 港元，装载工具为 BLUE LAKE V. L1087N 航次，起运地香港，目的地上海，承保条件为协会货物保险（ICC1982）(A) 条款。该保险单由华泰保险签章。同年 8 月 21 日，该批货物由香港出运，货物运抵上海后，原告开箱发现部分货物发生严重湿损，经中国外轮理货公司理货后，遂由华泰保险委托中检上海于 8 月 31 日进行检验。检验人的检验报告记载，在拆箱过程中，发现集装箱底部有积水，底部货物受水损，根据对水湿样品化验，结果为淡水湿。受损皮鞋共 810 双。检验报告最终的意见为“上述货物遭损系在本港拆集装箱之前的运输过程中有水进入上述集装箱所致”。2005 年 10 月 9 日，华泰上海致函原告，确认涉案货损金额为 199 625. 20 港元，折合人民币 207 909. 65 元，并要求原告补充材料，以便于理赔。同年 10 月 14 日，华泰上海再次传真要求原告补充材料。同年 10 月 26 日，华泰上海以涉案保险事故属保险除外责任为由，以传真形式表示对原告拒绝理赔。同年 12 月 5 日，华泰上海致函原告，恢复理赔程序，但继续要求原告提供新的材料。原告在庭审中明确表示，已提供了相关索赔必需的材料，故不再向保险人提供额外的新材料。华泰上海明确表示，在此种情况下，保险人不予理赔。

涉案货物买卖合同的贸易术语是 FOB，付款方式为后 T/T 240 天，即买方收到货物后 240 天内付款。原告确认，就涉案货物其尚未支付货款。

**法院判决**

上海海事法院经审理认为，原告与华泰保险的海上货物运输保险合同关系依法成立，涉案保险事故发生于保险责任期间之内，原告对投保货物具有可保利益，华泰保险应当按照合同约定履行赔偿义务，遂判决华泰保险向原告支付相应的保险赔偿金。判决后，双方均未上诉。

如何理解法院的上述判决。

[提示：

**一、关于谁是货物运输保险人的争议**

海上保险合同的订立，与其他合同的签订一样，也是遵循要约承诺程序。中国《海商法》第 221 条规定：“被保险人提出保险要求，经保险人同意承保，并就海上保险合同的条款达成协议后，合同成立。保险人应当及时向被保险人签发保险单或者其他保险单证，并在保险单或者其他单证中载明当事人双方约定的合同内容。”投保单中一般都包括

---

① 资料来源：http：//shhsfy. gov. cn/hsinfoplat/platformData/infoplat/pub/hsfyintel_32/docs/200708/d_199622. html。

了具体保险合同的特别事项。如果被保险人如实填写此种投保单来投保，从保险公司签署该投保单时起，即认为签署双方已达成协议，海上保险合同成立，证明海上保险合同的保险单一般在此后才签发。保险人承诺的方式除了签署投保单外，还包括签发保险单、正式承诺（如发出一封承诺信件或电信）、接受被保险人支付的保险费等。

那么若未出具保险单，但保险人在投保单上签章，是否可以认定保险合同成立？一般认为即使保险人没有出具保险单，但其以签章形式同意承保，证明原、被告双方已就合同的条款达成协议，故应该认定保险合同已经合法、有效成立，保险人已同意出具保险单。在保险单出具前保险标的发生保险事故，保险人应当根据保险合同承担赔偿责任。保险单仅是保险人单方面出具的书面文件，是投保人与保险人之间海上保险合同客观存在的一种证明。没有出具保险单并不必然推论出保险合同法律关系的不存在。因此，判断保险合同关系是否成立，关键要看双方是否已经就保险一事达成一致的意思表示。判断意思表示是否一致不仅看投保单的签署或保险单的签发，保险人收取了保险费，也可以看作是一种承诺。其后的保险手续只是对保险合同的一种书面记载，并不能等同于保险合同。保险手续没有完善，不等于保险合同没有成立，而且完善手续本就是保险人的义务。

本案中，原告对于谁是保险人也无法明确，因为保险单是华泰保险签发，但其办理保险又是与华泰上海联系的，同时华泰上海又一直声称自己是保险人，故原告将华泰上海和华泰保险都诉到法院。两被告主张虽然涉案保险单抬头是华泰保险，但真正的保险人是华泰上海，并在庭审中称投保单是华泰上海所签，保险费发票也是华泰上海开具的。但其后并未提供任何证据来证明。法院根据涉案保险单的抬头为华泰保险，并由其签发，保险单记载内容亦表明华泰保险为保险人，认定与原告缔结保险合同的是华泰保险。

当然如果华泰上海能够举证其作为保险人与原告之间的要约承诺过程，则即使后来签发的保险单改变了承诺的内容，如保险人主体，也不能改变双方原已达成的海上保险合同。保险人单方面改变的内容，对被保险人无约束力，除非被保险人事后予以追认，因此，本案中如果华泰上海能够举证的话，原告被保险人则具有选择权，需要其明确，到底选择谁作为其保险合同的另一方。

**二、关于涉案保险事故是否发生于保险责任期间的争议**

根据保险单记载，保险合同双方协议选择英国协会货物保险（A）条款作为承保条件。英国协会货物保险（A）条款运送条款规定“本保险责任始于货物运离载明的仓库或储存处所开始运送之时，在通常运送过程中连续，终止于：在载明的目的地交付到收货人的或其他最后仓库或储存处所”。该条规定实际上就是一个“仓至仓”条款的规定，该规定将海上货物运输保险的保险期间，从海上航程扩展到包括两端的内陆、内水和分段海上运送的整个连续的“通常运送过程”，直至到达保单载明的目的地的收货人的或其他最后仓库或储存处所。货物要离开起运地开始运送，保险责任才开始。货物进集装箱货运站装箱的过程，属于本保险责任期间内。“仓至仓”的保险责任期间并不因集装箱或非集装箱货物而有所区别。涉案保险合同载明起运地香港，目的地上海。故保险责任期间应从香港发货人装货运输开始，终止于运抵上海收货人仓库。两被告主张应结合集装箱运输的特征，保险责任自涉案集装箱货物自码头堆场装船开始，与“仓至仓”的约定明显不符。根据检验报告记载，货物遭损系在上海港拆箱之前的运输过程中有水进入集装箱所致，因此涉案保险事故可推定发生于保险责任期间之内。而两被告未能提出反证证明涉案保险事故发生于保险责任期间之外，故法院对其抗辩主张未予支持。

三、关于原告对涉案货物是否有可保利益的争议

两被告同时还抗辩在 FOB 贸易合同中，货物灭失或受损的风险自其越过船舷后，才转移给买方，而据其认为，涉案货损应是因连降大雨引起的在起运地集装箱堆场内的湿损，届时原告作为买方尚不具有可保利益。同时，根据涉案贸易合同，付款方式是后 T/T 240 天，即货物出运后 240 天付款，诉讼时付款日期未到，原告并未遭受实际损失。庭审中原告对其未付款事实也予以确认。

在此两被告提出了一个可保利益以及该利益如何在国际货物买卖双方之间进行转移的问题。根据海上保险合同的可保利益原则，被保险人在损失发生时对保险标的应具有保险利益，即具有某种法律上所承认的利益，并且该利益可能遭受该保险合同所承保的风险，否则被保险人不能得到保险赔偿，因为只有对保险标的具有某种保险利益的人，才会因保险事故而受损害。

本案中，虽然原告尚未付款，但其承担了货物风险是明确确定的，被告坚持货损是发生在风险转移前的集装箱堆场，这只是一种推测，没有证据证明。在付款日期界至时，买方没有理由拒付货款，应该说承担了实质性的风险，因此，原告具有可保利益。]

**案例 12-2：预约保险协议争议案**

**案情简介①**

原告：中国人民财产保险股份有限公司福州市鼓楼支公司

被告：上海万行达集装箱运输有限公司

2003 年 8 月 6 日，原告的被保险人“福耀上海公司”从日本进口两套价值为 771 200 美元的自动预处理线（后档）玻璃冷加工机床设备。同年 8 月 15 日，发货人日本板东贸易公司分别将两套设备装于 2 个 40 尺平板集装箱、2 个 40 尺普通集装箱、1 个 20 尺普通集装箱内，交由“林园”轮 2246 航次承运。上述设备于同年 8 月 23 日抵达上海港后，被告在获取货主“福耀上海公司”的相关单证后，将设备从军工路集装箱码头提出并运至“福耀上海公司”。涉案箱号 CCLU9400777 的 40 尺平板集装箱货物被安排在被告驾驶员徐宝臣驾驶的 A/H8233 大型货车上，货车在途中穿越军工路立交桥桥孔时，由于驾驶员对集装箱货物高度估计不足，与立交桥桥孔产生擦碰，造成集装箱内设备顶部受损，部分部件损坏。经上海天衡保险公估公司评估，货损金额为 20 015 美元，按当时汇率 1∶8.277 计算，折合人民币 165 671.48 元。因该估损报告依据的发票金额受到被告质疑，宝山法院到货主“福耀上海公司”处对该发票进行实地查证，查得原始发票金额为13 978 美元，折合人民币 115 737.84 元，该金额与实地查得的报关单记载金额相符。另查明，其他四个集装箱已安全交付货主“福耀上海公司”。

再查明，2003 年 3 月 10 日，原告与“福耀集团公司”签订一份进口货物预约保险协议，约定“福耀集团公司”从国外进口的货物向原告预约保险。险别为货物运输一切险。保险标的为“福耀集团公司”（含长春、重庆、上海）部分进口设备，备品备件、辅料及

① 资料来源：http：//shhsfy. gov. cn/hsinfoplat/platformData/infoplat/pub/hsfyintel_32/docs/200708/d_199621. html。

原片玻璃。责任起讫：世界各地至福清，国外发货单位至“福耀集团公司”第一仓库止。保险期限一年，到期双方无异议自动顺延。“福耀集团公司”系“福耀上海公司”75％的控股股东。同年8月23日，涉案货物出险，“福耀上海公司”于同年9月15日向原告出具索赔函，原告遂委托上海天衡保险公估有限公司对涉险事故进行调查检验。2004年3月3日，原告按调查报告评估的损失金额向“福耀上海公司”支付了理赔金人民币165 671.48元，同时向上海天衡保险公估公司支付公估费、交通费人民币4 500元。同日，“福耀上海公司”向原告出具了权益转让书，同意将涉案货物的一切权益转让给原告，并保证其未放弃对第三方责任人的赔偿权。

被告辩称，原告与被保险人没有保险合同，其行使代位求偿权缺乏依据；原告起诉已超过一年诉讼时效，故请求驳回原告诉讼请求。

**法院判决**

上海海事法院经审理认为，原告已向“福耀上海公司”作出赔付，并依法取得其转让的权益，其代位求偿权并未受到预约保险协议签订人“福耀集团公司”质疑，所以本院对原告行使代位求偿权依据的保险合同效力不予审查，对原告的法律地位予以确认。同时，原告选择侵权诉因起诉被告并无不当，本案属货物运输财产侵权损害赔偿纠纷，诉讼时效应为二年。被告在承运原告货物的过程中，因未尽安全谨慎之责造成原告货损，被告作为侵权方，理应对侵害原告财产权的行为承担相应的赔偿责任。判决后，双方没有上诉。

如何理解法院的上述判决。

[提示：

**一、涉案进口预约保险协议的法律定位**

中国《海商法》第231条规定，被保险人在一定期间分批装运或者接受货物的，可以与保险人订立预约保险合同。预约保险合同应当由保险人签发预约保险单证加以确认。中国《海商法》其他关于预约保险的规定还有第232条和第233条，即关于被保险人有权要求就分批装运的货物分别签发保险单证和被保险人有义务立即通知被保险人货物装运或到达情况。但该三条均未明确规定预约保险合同的效力和对双方的约束力，规定很不完备，引起司法实践解释上和适用上的困难。如在“嘉裕”船一案中，货主与保险公司订有预约保险合同，但在得知货物随船沉没后才向保险公司申报投保。保险公司拒赔。辽宁高院在得到最高院书面答复后，判决维持一审判决，驳回货主的保险赔偿请求，主要理由有两点：一是预约保险合同不能成立直接的合同义务，货损后的投保因保险不能而无效；二是货主此前未按照预约保险合同将全部发运货物向保险公司申报投保，违反了预约保险合同。在天津海事法院审理的“LEGEND”船一案中，基于进口商（被保险人）此前已将全部货物向保险人投保，对该案中进口商在货物抵达后的投保予以承认，但判定该进口商只能投保预约保险合同中规定的平安险，而不能投保一切险。

对上述案例，实践中的认识也不一致。有学者评价，“嘉裕”船一案对于预约保险协议的法律定性过于严格。实践中一般认为，预约保险协议应是保险人与被保险人之间的一种长期协议，其中订明了预约的保险责任范围，保险财产范围、每一保险或每一地点的最高保险金额和保险费结算办法等，对双方当事人均具有约束力。除非预约保险协议对此有相反约定，如约定预约保险协议只是框架性的，每一批货物都必须有预约保险单来证明，方才有效等。在预约保险合同范围内的每一笔保险，保险人的责任是自动开始的，虽然被保险人有义务立即和正确通知每一笔保险的细节，但非故意的漏报、晚报或错报，不影响该笔保险的效力。

具体到本案中，被告抗辩预约保险协议只是合同意向，不是正式的保险协议，这是对预约保险协议的不正确理解。况且本案是原告赔付被保险人之后又提起的代位求偿之诉，其与被保险人之间的保险合同关系并非本案审查的重点。只要原告不是无保险合同赔付或明显违背保险合同作出的赔付，法院均应认定其合法取得了代位求偿权。

**二、预约保险协议中的投保人和被保险人主体地位认定**

预约保险协议的甲方是“福耀集团公司”，而原告实际赔付的是“福耀上海公司”，被告据此认为，原告赔付不当，因为“福耀上海公司”与“福耀集团公司”是两个独立法人，预约保险协议的被保险人是“福耀集团公司”而非“福耀上海公司”，“福耀上海公司”与原告之间没有保险合同关系。

实践中保险合同的订立，被保险人和投保人常常不是同一个人。实际上，在国际货物买卖中，海上货物运输保险合同并不完全是为自己利益的合同，而是大量存在着为他人利益的合同，典型的如 CIF 贸易合同。因此，有关海上保险合同的主体认定，应将《海商法》和《保险法》结合理解和适用，不能一概否定投保人的应有地位以及投保人和被保险人的必要区分。

本案中，“福耀集团公司”作为预约保险协议的甲方，在保险标的是其自己公司的进口货物时，其处在被保险人的法律地位，在保险标的是其下属或控股公司的进口货物时，其处在投保人的法律地位，具有投保人和被保险人的双重法律身份。这在预约保险协议中已有体现。根据该协议约定：“保险标的为‘福耀集团公司’（含长春、重庆、上海）部分进口设备，备品备件、辅料及原片玻璃”，可见其在订立协议时，已将“福耀上海公司”纳入了预约保险协议的保障范围，并对原告后来实际赔付给“福耀上海公司”也无任何异议。对此法院认为，原告可依法取得代位求偿权。

**三、诉讼时效问题**

被告还主张原告诉讼时效已过。根据中国《海商法》，海上货物运输合同的诉讼时效为一年，无论是货主向承运人索赔货损货差或货物灭失，还是承运人向货主索赔运费等费用，都适用这个短时效。本案货损发生在内陆运输段，原告代位的是货主，但其索赔的对象并非是全程或海运承运人，而是内陆运输段（从港口至收货人仓库）的承运人集装箱运输公司，该集装箱运输公司也并非由全程或海运承运人所委托。那么本案是否适用中国《海商法》规定的一年短时效？笔者认为不适用。一年时效是针对海上货物运输，而本案货损发生时，海运已经结束，凭单提货已经完成。货主与集装箱运输公司之间成立的是独立于海上货运合同关系之外的另一运输法律关系，不适用《海商法》，而应适用《民法通则》，时效期间应为两年。

**四、涉案内陆运输法律关系的性质**

本案中，由于没有书面的合同或委托，法律关系的性质不很明确。原告在庭审中明确表示追究被告的侵权责任，并明确其提起的是侵权之诉。庭审中，被告也不承认与原告之间有直接的委托运输关系，其自称是受案外朋友委托运输货物，事先并不知道是“福耀上海公司”的货物，也没有谈到报酬。可见，本案当事人之间事先并不存在合同关系，只能按侵权责任来处理。退一步讲，即使法院认定当事人之间存在一种事实上的运输合同关系，但该合同对于如何承担民事责任没有约定，对于货主来讲，被告的行为既违反了运输合同，同时又使其财产遭受损害，可构成侵权责任与违约责任的竞合。]

**案例 12-3：火灾造成的损失承运人免责**

**案情简介**①

原告：中国人民财产保险股份有限公司上海市分公司（以下简称“上海人保”）。

被告：天津中远国际货运有限公司（以下简称“中货公司”）。

被告：中远集装箱运输有限公司（以下简称“中集公司”）。

法院经审理查明：吉信国际贸易（上海）公司委托被告中集公司出运货物，货物名称铸盖、铸框，2002 年 10 月 29 日，原告承保该批货物，出具了货物运输保险单，其中记载被保险人为吉信国际贸易（上海）公司，保险金额为 65 357 欧元，承保险别为一切险。2002 年 10 月 30 日，被告中货公司代理被告中集公司签发了已装船正本提单，提单号为 COSU18352200，货物装在 7 个集装箱内，箱号分别为 IBNU3801240、TEXU2479951、TRIU2357094、CBHU3241024、TRIU2357638、CBHU3226328、GESU2336468。提单记载的托运人为吉信国际贸易（上海）公司，收货人凭指示，装货港中国新港，卸货港德国汉堡，承运船舶为“Hanjin Pennsylvania” v. 0005w，运费预付。涉案提单和保险单均经过吉信国际贸易（上海）公司空白背书。

2002 年 11 月 11 日，“Hanjin Pennsylvania”轮正常航行于斯里兰卡南印度洋海域时突然发生爆炸并起火。事故发生后，NOBLE DENTON PTE LTD 接受 UK 船东互保协会、托马司米勒（香港）公司（THOMAS MILLER）的指示，代表被告调查火灾事故并出具了对货舱、船载集装箱、货损的检验报告。报告表明，“Hanjin Pennsylvania”轮第 4 舱、第 5 舱甲板和第 6 舱均发生过爆炸和火灾。根据集装箱箱位图显示，涉案 7 只集装箱装在第 3 舱和第 5 舱。IBNU3801240 箱内货物 100% 灭火水湿，可能报废/补救；TEXU2479951 箱内货物 100% 灭火损坏，货物可抢救，需要重新返修；CBHU3226328 箱内货物 100% 灭火损坏影响，可抢救/报废；CBHU3241024 箱内货物 100% 灭火损坏影响，严重氧化，可抢救/报废；GESU2336468 箱内货物 100% 灭火损坏影响，严重氧化，可抢救/报废；TRIU2357094 箱内货物 100% 灭火损坏影响，严重氧化，可抢救/报废；TRIU2357638 箱内货物氧化，货物可抢救/报废。

原告提交的中外运的检验报告显示，涉案的 7 个集装箱，被认为是非常可能有价值的货物，其中箱号为 CBHU3226328 和 CBHU3241024 的集装箱被推定全损。

2003 年 10 月 24 日原告曾给被告中集公司发函称“原告已将包括本案七个集装箱在内的共十三个集装箱按推定全损赔付了被保险人吉信国际贸易（上海）公司，被保险人愿意以九万元人民币 FOB 新加坡的价格购买十三个集装箱货物的残值，但不承担运输费、停留港口保管费、拍卖费”。

法院认定，原告提交证据中的付款凭证与保险金额数额一致，时间吻合，并有权益转

① 资料来源：中国货运保险网，2006-12-26 20:47:46。

让书予以印证，可以认定原告作为海上货物运输的承保人，在发生保险事故后，全额赔付了被保险人。保险单和提单虽经背书，但均为空白背书，原告持有正本保险单和全套正本提单，因此应认定原告具有合法的代位求偿权，在本案中具有合法的主体资格。被告主张涉案保险单和提单均已背书，原告错误赔付，不具有保险利益的主张不予支持。

原告基于保险合同代位求偿权而成为海上货物运输合同的当事人，应向承运人被告中集公司索赔，而被告中货公司仅是提单记载的承运人的签单代理人，与原告及被保险人之间没有海上货物运输合同关系。原告请求判令被告中货公司承担货损赔偿责任没有事实和法律依据，法院不予支持。

对于货损的原因及承运人在本案中是否可以享受免责问题。原被告双方对“Hanjin Pennsylvania”轮发生火灾的事实均予以认可。爆炸和火灾发生在第 4 舱、第 5 舱甲板和第 6 舱，根据集装箱箱位图显示，涉案货物在紧邻爆炸点的第 3 舱和第 5 舱，在无其他证据证明货损是因其他原因造成的情况下，可以合理推定涉案货物的损害原因是因为爆炸和火灾。根据中国《海商法》第 51 条第 2 款第 2 项规定，在运输期间因火灾造成的货物灭失或损坏，承运人可以享受免责，除非由于承运人本人的过失造成的除外。本案发生火灾的原因并非是承运人的过失，因此，被告中集公司依照中国《海商法》的规定应享有免责的权利。

对于涉案货物是否还有残值的问题。原告虽然提供了中外运的检验报告，但该报告仅是显示涉案的集装箱的货物可能有残值，而被告中集公司提供的检验报告对涉案集装箱货物均有明确的描述，涉案集装箱货物均为 100% 灭火损坏影响，可抢救/报废。而从原告已按全损赔付被保险人的行为，以及被保险人“愿意出资九万元人民币购买包括本案七个集装箱在内的十三个集装箱货物的残值而不承担运输费、停留港口保管费、拍卖费”的行为可以认定本案所涉货物没有抢救价值，应认定全损。

**法院判决**

依据中国《民事诉讼法》第 64 条第 1 款，中国《海商法》第 51 条第 1 款第 2 项及第 2 款，法院作出判决：

驳回原告中国人民财产保险股份有限公司上海市分公司的诉讼请求。

本案诉讼费 9 779. 19 元人民币，由原告负担。

如何理解法院的上述判决。

（提示：本案争议焦点：1. 原告是否享有代位求偿权；2. 原告与两被告的法律关系；3. 承运人是否应当享受免责。

原告是保险合同的保险人，虽然保险单、提单均已由被保险人背书，但都是空白背书，应认定原告是合法持有保险单、提单。发生保险事故后保险人按保险合同的约定及时赔付了被保险人，取得代位求偿的资格，有权作为原告对承运人提起诉讼。

中货公司是中集公司的代理，它只是代中集公司签发提单，而原告是依运输合同提起的诉讼，中货公司不是运输合同的当事人，对货物没有运输保管的义务，因此中货公司在本案中不因承担赔偿责任。

中集公司是提单上的承运人，作为承运人有义务将承运的货物安全运抵目的港，但由于海上运输存在着较大的风险，国际公约、国际惯例、各国国内法都对承运人规定了免责事项。中国《海商法》第 51 条规定，由于火灾造成的损失，承运人不负赔偿责任，但是由于承运人本人的过失所造成的除外。主张承运人有过失的，由提出此项主张的人承担举证责任。本案货损是由于船舶突然发生爆炸并起火造成的，承运人享受免责的权利，原告没有提供证据证明船舶爆炸起火是由于中集公司过失造成的，因此本案中集公司不承担赔偿责任。)

## 复习思考题

1. 投保人或被保险人选择险别时应考虑哪些因素？
2. 如何将 CFR 转化为 CIF 计算保险金额？
3. 如何计算 CIF 条件下的保险费？
4. 投保人或被保险人在投保时应注意哪些事项？
5. 船名未定保险单包括哪几种形式？如何运用这些保险单？
6. 流动保险单、预约保险单和总括保险单各自有哪些优缺点？
7. 试述保险单的转让有哪些规定？
8. 在保险索赔中，被保险人应履行哪些义务？

## 保险计算

1. 某公司出口一批商品到英国伦敦，原报 CFR 英国伦敦港 100 万美元，投保一切险（保险费率为 0.6%）及战争险（保险费率为 0.04%），保险加成率为 10%。试计算改报 CIF 后的价格。

（答案：1 007 090 美元）

2. 一批出口货物，原报价为 CFR 1 980 美元，现客户来电要求改报 CIF 价加成 20% 投保一切险（保险费率为 1%）。试计算保险费。

（答案：24.05 美元）

3. 某公司出口一批商品到英国利物浦，原报 CFR 英国利物浦 100 万美元，投保一切险（保险费率为 0.6%）及战争险（保险费率为 0.04%），保险加成率为 10%。买方要求改报 CIF 价格加成 10% 办理保险。试计算保险金额。

（答案：1 107 799 美元）

4. 中国某公司按 CFR 价格进口一批货物到上海港，总金额为 10 000 美元，特约保险费率为 10%，平均保险费率为 8%，请计算保险金额。若按 FOB 价格进口，请计算保险金额。

（答案：11 000 美元；11 800 美元）

5. 某载货船舶在航行中发生共同海损，船体损失 30 万、货物牺牲 50 万、救助费 8 万、损失运费 2 万。设各方的分摊价值如下：船舶 700 万；货物——货主甲 120 万、货主乙 100 万、货主丙 70 万；运费 10 万；分摊总值 1 000 万。试计算各方的共同海损分摊额。

（答案：分摊比例 9%；船东分摊额 63 万，货主甲分摊额 10.8 万，货主乙分摊额 9 万，货主丙分摊额 6.3 万，承运人分摊额 0.9 万，共 90 万）

6. 一批货物共计 100 箱，保险金额 100 000 美元，货物受损后只能按 6 折出售，当地完好价值为 120 000 美元。试计算保险人应支付的赔偿金额。

（答案：40 000 美元）

7. 一批货物共计 100 箱，保险金额 100 000 美元，共有 20 箱受损，按当地完好价值每箱 1 200 美元的 6 折出售，计算保险人应该支付的赔偿金额。

（答案：8 000 美元）

8. 一批货物共计 100 箱，保险金额 100 000 美元，货物受损后只能按 6 折出售，当地完好价值为 120 000 美元，并且在出售中支付费用 12 000 美元，计算保险人应该支付的赔偿金额。

（答案：50 000 美元）

# 第十三章　出口信用保险概述

## 本章学习重点

在国际贸易中，出口商所面临的最大风险是进口商不付款，其原因主要是进口商的商业风险或进口国的政治风险。世界各国，特别是发达国家或地区为支持本国的出口贸易都大力开办或支持出口信用保险的发展，发挥其促进出口贸易的积极保障作用。为此，读者在研读本章的过程中，应掌握以下重点内容：

1. 出口信用保险的特点及其经营原则；
2. 出口信用保险承保的风险范围；
3. 中国出口信用保险的特征；
4. 中国出口信用保险的承保领域；
5. 中国出口信用保险的险种；
6. 中国出口信用保险的作用。

## 第一节　出口信用保险的特点、原则及承保风险

出口信用保险（Export Credit Insurance），也称出口信贷保险，是各国政府普遍采用的政策性金融工具，其以国家财政为后盾，以提供收汇保障、风险管理和融资支持为方式，支持本国企业开展出口贸易、海外投资和对外承包等经济活动的一项特殊的政策性措施。因其将国家的支持政策融入保险这一市场化操作过程之中，因而为世界贸易组织所允许。目前，全球贸易额的12%～15%是在出口信用保险的支持下实现的，有些国家的出口信用保险公司提供的各种出口信用保险保额甚至超过其本国出口总额的三分之一以上。

根据出口信用保险合同，出口商（被保险人）缴纳保险费，保险人将赔偿出口商因进口商不能按合同规定支付到期的部分或全部货款的经济损失。该保险对被保险人的出口货物、服务、技术和资本的出口应收账款提供安全保障，以出口贸易中买方信用风险为保险标的，承保出口商因进口商的商业风险或进口国（地区）的政治风险而遭受的经济损失。

出口信用保险已成为各国政府保障本国出口企业安全收汇，促进本国出口贸易发展的重要贸易政策和措施，也是提高贸易竞争力的重要手段之一。

## 一、出口信用保险的产生

出口信用保险是为鼓励本国出口商扩大出口贸易，开拓国外市场而提供的一种特殊的出口贸易收汇风险保障业务。它最初只是国内信用保险的延伸，到19世纪下半叶，英国海外贸易不断发展，出口货物增多，收汇风险也日益增大，信用保险才渐渐地向出口信用保险延伸。1919年英国政府创设了官方的出口信用保证机制，以鼓励向高风险地区的出口来扩大英国的出口贸易。此后，世界上越来越多的国家日益认识到出口信用保险制度对促进对外贸易、改善国际收支地位等方面所起的重要作用，以及由于政治动乱、贸易纠纷和进口国在外汇短缺条件下，限制向出口国进行外币支付等因素引起的国际贸易信用风险，导致出口商及投资者对出口信用保险产生日益强烈的需求，进而推定出口信用保险不断完善和发展。

现代社会的发展使世界各国的经济活动联系日益密切，科学技术的进步使世界经济市场日益繁荣，竞争也日益激烈。为争夺市场，世界各国都在想方设法扩大产品出口，占领国际市场。在众多的竞争手段中，出口商向进口商提供出口信用放账是一个十分有效的措施。这对于急需进口但外汇又有限的广大发展中国家而言，确实具有较大的吸引力。然而向那些外汇短缺、头寸有限的进口商提供出口信用放账虽然有利于成交，扩大产品出口，但同时也给出口商带来一系列风险，如进口商无力偿付的风险，贷款利率波动的风险，等等，若这些风险得不到保障，无疑对出口商十分不利。为鼓励本国产品出口，鼓励出口商拓展国外市场，各国政府先后建立了出口信用保险制度，为本国出口商提供风险保障。由于出口信用保险的政策性强、风险大，盈利的可能性小，因此大多为政府直接经营或政府资助民间保险机构经营。

## 二、出口信用保险机构的类型

世界各国通常根据本国的国情，选择出口信用保险经营机构的类型。目前世界上经营出口信用保险的机构大致有以下几种类型：

1. 政府设立特别机构。为促进本国贸易的发展，一些国家的政府以其财力作保证，专门成立特别机构，并在政府开设的专门账户上进行经营和管理出口信用保险。例如，英国设立的出口信用担保局（ECGD）、澳大利亚设立的出口融资与保险公司（EFIC）、日本设立的通产省贸易局出口保险课、挪威设立的出口信用担保局（GIEK）等均属于这种类型。

2. 政府设立全资国有公司。一些国家或地区的政府根据国家法律或政府命令，由财政出资设立全资国有公司，专门经营出口信用保险业务，但政府只负责制定经营方针和政策，并予以资金支持，并不参与具体经营。例如，加拿大设立的出口发展公司（EDC）、捷克设立的出口担保和保险公司（EGAP）、匈牙利设立的出口担保公司（MEHIB）以及中国香港设立的出口信用保险局（HKEC）等，均属于这种类型。

3. 政府委托私人代理。有些国家由政府委托私人信用保险公司代理政府从事官方出口信用保险业务，所有风险由政府承担，政府向私人公司支付代理费，私人公司在自负盈亏的基础上自主经营商业性出口信用保险业务。例如，德国、法国、荷兰等国家通常采用这种经营模式。

4. 政府控股公司。一些国家采取设立政府控股的有限责任公司经营出口信用保险。如波兰设立的出口信用保险公司（KUKE）、葡萄牙设立的信用保险公司（COSEC）等属于这种类型。

5. 独立于政府机构的进出口银行。有些国家由进出口银行在直接进行出口融资业务的同时兼营出口信用保险业务。美国是最典型的国家，美国通过国会立法，成立了独立于政府机构的进出口银行，从事贷款、担保和信用保险业务，支持美国的产品和服务的出口。

## 三、出口信用保险的特点

与一般商业性保险相比较，出口信用保险具有以下特点：

1. 出口信用保险承保被保险人在国际贸易中，因进口国或进口商的原因导致的货物发运后不能收回货款的风险，这种风险包括商业风险和政治风险。

2. 出口信用保险是出口国政府鼓励发展本国出口贸易的重要措施，其目的在于由政府承担国际贸易中的收汇风险，鼓励企业积极开拓国际市场，提高本国产品的国际竞争力，扩大出口。

3. 出口信用保险与出口贸易融资相结合，是出口信贷融资的重要组成部分。

4. 出口信用保险机构通常由政府出资设立或给予资金支持，并提供各种税收优惠政策，同时政府也是风险的最终承担者。

5. 出口信用保险承保的是一般商业性保险机构不愿或无力承保的业务，其中包括部分短期险业务和大部分中长期信用险业务。

## 四、出口信用保险的经营原则

出口信用保险与一般商业保险既有相同之处，也有所差别。出口信用保险的经营，双方应遵守以下原则：

1. 自愿原则。出口商自愿投保，承保机构自主决定是否承保。

2. 最大诚信原则。出口商必须如实提供与出口业务有关的情况，不得隐瞒或虚报，否则保险人不予赔付。

3. 风险共担原则。承保机构承担大部分保险责任，出口商按比例承担少量损失，以避免商业欺诈行为。

4. 合理收费原则。按照不同的贸易结算方式，放款时间的长短及进口国别或地区的风险大小，分档、分类合理收费。

5. 事先投保原则。保险必须在实际风险有可能发生之前办妥，即要求在贸易合同生效之前订立保险合同并办妥手续，缴纳相应的保险费。

6. 保密原则。保险人和被保险人不得向任何第三方透露保险的存在以及买方的有关商业秘密。

7. 不放弃债权原则。取得保险赔偿的前提条件是被保险人获得赔偿后，不得放弃应收账款的债权，且应将该债权转移给保险人，以便保险人行使代位追偿权。

8. 等待赔偿原则。保险赔偿须在债务到期后一定时间方能支付给被保险人，以避免出口商与进口商联合欺诈保险人。

### 五、出口信用保险承保的风险

出口信用保险承保的风险主要包括两大部分：商业风险与政治风险。

（一）商业风险

商业风险是指进口商付款信用方面的风险，又称买家风险，它包括以下几种：

1. 进口商破产，无力偿付货款，或其经济走向崩溃，对所购货物已无能力支付货款。

2. 进口商逾期不付款，即买方收货后拖欠货款。这里是指买方在放账期满后（一般规定4个月或半年）仍不支付货款。

3. 进口商在发货前无理终止合同或违约拒收货物。买方拒收货物或拒付货款行为并非因被保险人的过失所致，而是买方丧失信用或有其他不道德意图所致。例如，货物运抵目的地时，买方国家市场情况有变，货物不再适销，买方担心货物滞销、积压资金，违约拒收。如果由于被保险人不按时交货或货物数量、质量及规格与合同规定不符而引起买方拒收、拒付，则属于被保险人未履行贸易合同，不属于出口信用保险的责任范围。

（二）政治风险

政治风险又称国家风险，是指与被保险人进行贸易的进口商所在国家或地区内部的政治、经济状况的变化而导致的收汇风险。它主要包括以下几种：

1. 进口商所在国家或地区实行外汇管制，限制汇兑。出口信用保险单规定，若发生此类事件，买方可按保险人的要求，在指定的银行或机构存入相等于他所欠货款的本国货币，以便一旦该国或地区政府取消外汇管制时，买方可立即将该笔款项用来兑换自由货币，偿付被保险人的货款。

2. 进口商所在国家或地区实行进口管制。买方所属国家或地区为保护其企业某些产品的市场而限制或不许某些外国产品进口。

3. 进口商的进口许可证被撤销。

4. 进口商所在国或支付货款须经过的第三国颁布延期付款令。

5. 进口商所在国或地区发生战争或骚乱等。

6. 进口商所在国或任何有关第三国发生非常事件。这是指一切被保险人所属国以外的国家或地区发生被保险人或进口商无法控制的其他事件，经保险人合理认定进口商已无法履行付款义务。

## 第二节　中国出口信用保险概述[①]

与其他国家相比较，中国的出口信用保险起步比较晚，其发展还处于初级阶段，但发展速度较快，对促进中国出口贸易的发展发挥了不可替代的作用，越来越多的出口企业享受到出口信用保险所带来的好处。有理由相信，在中国，出口信用保险将成为支持出口企业开拓国际市场、扩大业务范围、提高其产品国际竞争力的最有力措施之一。

---

① 本节参考唐若昕．出口信用保险实务［M］．北京：中国商务出版社，2005：第一章（出口信用保险概述）。

## 一、中国出口信用保险的沿革

自 20 世纪 80 年代起，中国的出口信用保险一直是由中国人民保险公司和中国进出口银行共同经营。

2001 年 12 月 11 日，中国正式加入世界贸易组织（WTO），同年 12 月 18 日，中国政府成立了中国出口信用保险公司（China Export & Credit Insurance Corporation，SINOSURE，简称“中信保”）。该公司是中国政府规范出口信用保险运作，加大对出口贸易的支持力度而批准成立的全资国有公司，其主要职能是积极配合中国的外交、外贸、产业、财政和金融政策，采用政策性出口信用保险的手段，全面支持货物、技术、资本和服务的出口，为中国企业积极开拓国际市场提供收汇风险和出口融资的保障，提高中国出口企业的国际竞争力水平。与此同时，中国人民保险公司和中国进出口银行停办出口信用保险业务，其业务及其责任全部由中国出口信用保险公司承接。

中国出口信用保险公司除在北京设立了总公司营业部以外，还在全国不同地设立了分公司；此外，中信保还在英国等国家设立了代表处。

## 二、中国出口信用保险的特征

与大多数国家一样，中国出口信用保险是政策性保险，国家财政是其后盾，并以支持中国企业出口货物、服务、海外投资和对外承包工程等国际经贸活动为目的的一项特殊的政策性措施。因此，它具有以下明显的政策性特征：

### （一）承保特殊性风险

中信保承保商业性保险公司无力承保或不愿意承保的一些巨额风险，如进口商所在国政府颁布禁止进口法令、外汇管制等政治风险，进口商破产倒闭或恶意拖欠货款等商业风险。

### （二）遵从国家经济与外交政策目标

中信保为国家全资国有企业，因而它在险种设计、客户选择和确定承保国别或地区时，遵循国家制定的各项经济与外交政策，如国内产业政策、农业发展政策、中小企业政策、西部大开发战略、“走出去”和“一带一路”建设以及市场多元化、科技兴贸、以质取胜和大经贸等战略；同时，在对外交往方面，还体现中国的国别政策，服从国家经济、金融安全的要求等。

### （三）政策性企业、商业化运作及保本经营

按照世贸组织的规定，信用保险机构在较长时期内，须保持收支的基本平衡。为此，中国政府支持的出口信用保险公司，既要体现国家的政策性目标，同时，要通过商业化的运作和经营机制，找到一定时间内的“收支平衡”点，争取达到保本经营的目标。因此，中信保公司在厘定费率和定损核赔时，仅以“保本”为限，并不追求利润最大化，但也不能给国家财政造成重大损失。换言之，出口信用保险是以保险的形式，商业化操作，收支基本平衡，充分体现经济与外交政策战略的一种特殊保险。

### （四）国家财政支持和税收减免

由于中信保为国有企业，国家设立了“出口信用保险风险基金”，为其全额提供资本金，当业务规模扩大，资本金不足时由财政预算给予补充，以实现国家的政策性目标；另

外，中信保还享受税收优惠政策，如全部免除营业税，所得税实行“先征后返”的待遇。

（五）其他优惠政策

中国政府有关部门与中信保联合发布有关文件，鼓励中国出口企业充分运用信用保险手段，开拓国际市场，扩大出口规模，投保企业因此享受出口信用保险的各种政策优惠。如对高新技术产品出口提供低贷款利率的出口信贷金融支持等。此外，各级地方政府也出台了一系列相关的扶持政策，鼓励当地的出口企业投保出口信用保险。

## 三、中国出口信用保险的承保领域

中国加入世贸组织后，中国经济真正开始融入世界经济，因此，中国出口信用保险的承保领域也不断扩大，其表现有以下几方面。

（一）承保的范围

为配合中国的“走出去”项目、“一带一路”倡议及“国际产能合作”战略等，中国出口信用保险在承保传统的货物出口收汇风险的基础上，不断扩大其承保范围，其承保范围覆盖了货物、技术、服务和资本的全方位出口，陆续开发涉及上述范围的相关出口信用保险新产品，不断满足中国企业在上述战略过程中应收账款收汇安全的需要。

（二）承保的商品

就投保商品而言，中国出口信用保险可承包所有出口商品的信用风险，换言之，出口信用保险是所有出口商品都可运用的政策性工具。近年来，为了促使中国从贸易大国向贸易强国转变，中国政府提出了“以质取胜”“科技兴贸”等战略，重点扶持高科技、高附加值产品的出口，以此改变出口结构、提高出口质量、减少资源的不合理使用和环境污染。为此，出口信用保险在承保所有出口商品的同时，将机电产品、高科技产品、高附加值产品出口作为重点承保对象，保证国家方针、政策目标的实现。

（三）承保的贸易方式

由于出口信用保险主要是确保出口应收账款的安全回收，因此，中信保重点支持一般贸易方式下的出口。尽管加工贸易不像一般贸易全部收汇，但其中也包括部分增值的收汇（生产增值、税款及工资等），因而加工贸易对出口信用保险也有一定的需求，尤其是进料加工对出口信用保险有较大的需求。所以，出口信用保险对不同的贸易方式发挥不同的作用。

（四）承保的结算方式

中国出口信用保险对不同的贸易结算方式提供不同的收汇保障，其重点是承保非信用证结算方式的出口。

采用非信用证结算方式，如托收，手续简便，成本较低，有利于扩大中国商品的出口。但由于其商业信用而非银行信用，收汇风险相对于信用证结算方式而言，其风险随之增大，因而非信用证结算方式是中国出口信用保险保障的重点。若采用信用证结算方式，虽然收汇相对安全，但其不仅增加了进口商手续，进而增加其成本，同时也限制了贸易量，有可能失去贸易机会，从而阻碍中国商品出口规模的扩大。另外，采用信用证结算方式也不可能完全消除收汇风险。中信保短期信用证项下的赔付率也达到了 80% 以上。因此，信用证结算方式同样需要出口信用保险对收汇安全加以保障。

（五）承保的国别或地区

中国出口信用保险支持出口企业向全世界所有国家或地区的出口，无论出口到哪一个国家或地区的商品，均可投保出口信用保险。为配合国家的“市场多元化”战略，考虑到企业对新兴市场的开拓有一定难度，中国出口信用保险重点支持企业对非洲、拉丁美洲、中东、东欧和俄罗斯等市场的出口。近年来，中信保不断加大对上述新兴市场和“一带一路”建设出口的承保力度。

## 第三节 中国出口信用保险的险种

中信保成立以来，国家财政支持力度不断加强，保险基金的增长较快，其承保能力也有了较大的提高。中国《对外贸易法》也加入了出口信用保险内容，并规定：“国家通过用出口信贷、出口信用保险、出口退税及其他促进对外贸易的方式，发展对外贸易。”至此，中国出口信用保险业务已走上法制化、正规化轨道，并与国际惯例接轨。中信保在原有险种的基础上，不断增加新的险种，降低保费，改善服务水平。目前，中信保的险种主要包括短期出口信用保险、中长期出口信用保险、出口信用担保和海外投资保险。

### 一、短期出口信用保险

中信保成立后，已设计出近10多个品种，陆续推向市场，已满足出口企业的不同需求。目前，短期出口信用保险的品种主要包括以下几种：

（一）短期出口信用统保保险

该险主要承保企业以非信用证结算方式的出口，以最大程度支持和鼓励企业以非信用证开拓市场，扩大出口规模。若企业将其出口的所有非信用证业务全部投保，其投保金额达到一定规模，中信保将给予一个非常优惠的费率。

（二）短期出口信用证保险

该险主要承保企业以信用证结算方式的出口，其费率只相当于统保费率的50%。由于信用证结算并不能消除安全收汇的所有风险，特别是某些发展中国家的外汇管制风险，对出口企业使用的远期信用证收汇构成一定风险，因此，信用证结算方式的出口贸易同样需要出口信用保险的保障。

（三）短期出口信用保险综合险

该险主要承保企业以信用证和非信用证结算方式的所有出口业务，是将上述的统保保险和信用证保险综合在一起的一种险种，其费率更加优惠。

（四）特定保险

为重点支持机电产品和成套设备的出口，中信保专门设计了短期险项下的“特定合同保险”与“特定买方保险”，以此满足企业以非信用证结算方式出口上述产品的特别需求。

此外，中信保还专门设计了短期险项下的“买方违约保险”，支持企业充分利用分期付款方式出口。该险不仅按惯例承保出运后的风险，也承保出运前的风险。

2003年起，中信保再度开发了“农产品出口特别保险”“出口票据保险”和“海外劳务风险保障”3个新品种，以满足企业的不同需求。

1. 农产品出口特别保险。该险对企业在农产品出口后到买方办妥进口清关手续之前所遭遇的封关损失给予补偿。其风险包括进口国家或地区发布的禁止进口令、提高检验检疫标准、增加检验检疫项目或突然变更许可证而导致中国农产品无法在进口国通关。该险的最大好处是，出口企业遭遇上述风险后，中信保立即对被保险企业的损失给予补偿，而不必等到受损农产品被清理后才获补偿。

2. 出口票据保险。该险以提供出口融资的银行为被保险人，通过承保出口票据下付款人的商业信用风险和付款人所在国的政治风险，为融资银行贴现或押汇的出口票据提供收汇安全保障，以便利出口企业获得银行融资。该险既有利于银行加强对票据融资业务的风险管理，保障资金的安全性和经营的稳定性，提高银行的竞争力；同时，也有利于出口企业获得融资的便利。

3. 海外劳务风险保障。该险承保被保险人与境外雇主签订的《对外劳务合作合同》生效后，因政治风险和巨灾风险、境外雇主违约风险、外派劳务人员违约风险导致被保险人的经济损失，中信保给予补偿。该险可以保障经营公司和劳务人员的合法权益，促进中国对外劳务合作的发展，它也是一项政策性较强的综合保险。

保险费是投保的成本，保险费的高低又是影响企业投保积极性的关键因素之一。为鼓励出口企业投保，中信保的短期险平均费率不断下降。中信保与政府有关机构联合采取措施降低保险费的水平。如，在财政部规定的许可范围内主动将保险费降低 10%；对西部地区实行更优惠的保险费；对关键客户实行优惠保险费；地方政府实施各种优惠措施等。通过上述措施，投保企业的保险费负担大为降低，并与国际水平接近。

此外，中信保也不断提高和改善服务水平和质量，根据企业的不同情况，可为企业“量身定做”一些品种，以满足投保企业的特殊需求。

## 二、中长期出口信用保险

中国出口信用保险中的中长期出口信用保险通常承保信用期 1 年至 10 年，出口企业或银行在国际经济活动中，因境外政治风险或商业风险而遭受的经济损失。

该险承保金额较大、期限较长、融资需求较强、收汇风险较大的大型机电产品和成套设备的出口和海外工程承包等项目，其险种主要是出口买方信贷保险和出口卖方信贷保险。关于中长期出口信用保险的问题详见此后的论述。

## 三、出口信用担保

中国出口信用保险中的出口信用担保业务主要是支持国内企业的一般贸易、大宗机电设备产品、高新技术产品的出口和对外工程承包等。该担保业务分为融资担保和非融资担保两大类。关于出口信用担保的问题详见此后的论述。

## 四、海外投资保险

中国出口信用保险中的海外投资保险是中国政府为鼓励中国企业开展境外投资而推出的一种政策性金融工具，主要承保中国企业在海外的投资及其收益因东道国或地区的政治风险等所遭受的损失。关于海外投资保险的问题详见此后的论述。

## 第四节　中国出口信用保险的作用

中国出口信用保险为中国企业扩大出口贸易，提高国际竞争能力，开拓更广泛的国际市场发挥了不可替代的作用，成为中国加强出口贸易管理的重要政策性措施，也是中国从贸易大国向贸易强国转变的重要机制。

### 一、提供安全收汇保障，保证出口贸易稳定发展

出口信用保险的直接作用是为出口企业提供安全收汇保障，这也是保险人的最主要目标。中国出口信用保险依照合同规定及时对被保险人予以补偿，以减少企业的损失。之后，被保险人将其应收账款的所有权转移给保险人，保险人将通过代位追偿向进口商索赔而获得的收入在保险人与被保险人之间按比例分成。因此，投保企业实际获得的收益高于保险合同规定的赔偿比例。通过出口信用保险这种机制，可以保证在一定时期内，中国的出口贸易会得到稳定的发展。

### 二、保银合作，银企融资便利

出口信用保险在充分发挥其收汇保障作用的同时，还可拓展短期险项下贸易融资作用的发挥，与商业银行合作，为出口企业提供新的融资渠道，帮助出口企业在规避收汇风险的前提下，可便利地获得银行的贸易融资。与此同时，出口信用保险还可为出口企业直接进行融资担保和提供保函业务，为中长期项目的出口信贷提供信用保险。

保险公司与银行合作开办出口信用保险项下的贸易融资业务，最大的受益者是银行和出口企业。

#### （一）银行增加业务品种，分散融资风险

对参与合作的银行而言，开办出口信用保险项下的贸易融资业务，首先，可增加银行业务品种和融资产品，不再仅仅以融资客户的抵押、担保作为融资的唯一保障，可增加利息收入，扩大国际结算业务量；其次，通过与保险公司的合作，有利于银行加强贷前风险预警，贷后风险管理，从而有效地降低银行坏账损失和呆账的数量；第三，分散贸易融资风险。在放贷时由中信保、出口企业和银行各负其责，将原来出口商、进口商的风险大为分散；换言之，出口企业负责产品质量，银行审核出口商的资质条件，中信保承保进口商的信用风险。

#### （二）出口企业获得融资便利

对投保的出口企业而言，出口信用保险项下的融资比一般商业性融资更加便利，更容易取得银行的信任，因此，它是贸易融资的最大受益人。中国已有很多企业通过短期险项下的贸易融资获得多笔银行融资，这些企业既包括许多国内著名大企业，也包括大量中小企业。

### 三、完善企业风险防范机制，规避出口收汇风险

出口企业面对的最大外部风险是收汇风险，为此，出口企业必须建立风险防范机制，

如设立专门的信用机构，提取坏账、呆账风险准备金，资信调查等。若这些措施完全依靠企业自身的力量，不仅成本较大，而且效果可能不太理想。但若投保了出口信用保险，中国信保公司可以协助企业建立和完善这些防范机制和措施，并承担相应的风险；同时还可为投保企业提供系统化的增值服务，如优惠的保险费率、较大的出口信用限额、提供国家和行业信息等；为企业买方资信调查提供服务等。通过这些服务，企业的风险防范机制得到完善，风险管理更加科学，最终促使企业学会如何规避出口收汇风险。

## 四、提高出口企业竞争力，扩大出口规模

出口信用保险的最终目标是，通过保险机制提高出口企业的国际竞争能力，促进出口规模的扩大。

在目前的全球贸易中，绝大多数商品处于买方市场。若采取非信用证结算方式，不仅使出口企业简化手续，也使进口商的成本大为降低，增加出口机会，提高进口商的购买积极性，进而扩大出口规模。而出口信用保险短期险重点支持非信用证结算方式的出口，这就为出口企业在对外谈判中增加讨价还价的能力，直接为企业扩大出口，抓住成交机会创造了有利的环境。中国出口信用保险短期险业务主要为非信用证结算方式的出口。

### 案例分析

**案例 13-1：欠款追偿案例**

**案情简介**①

中国出口商D公司从2002年起与美国A公司开始海产品贸易，双方曾签署2笔海产品贸易合同，A公司付款情况正常。2003年，D公司再次与A公司签署了第3笔合同，向A公司出口价值10万美元的扇贝，支付方式为D/A 30天。为防范可能发生的信用风险，D公司向中信保投保了出口信用保险。D公司按照约定出运了货物，A公司如期承兑汇票并提取了货物。应付款日届至后，A公司未能支付货款。在D公司多次催促下，A公司才答复因产品存在质量问题，遭最终买家退货，故拒绝支付货款，但却未提供任何书面证据。D公司要求A公司提供SGS检验证明，A公司未予答复。在多次协商无果后，D公司遂委托中信保追讨欠款。

**案件处理**

收到报损通知后，为防范风险，中信保按照操作流程吊销了该买家项下的所有信用限额；同时，委托在美国的律师介入追偿。

（1）与买家初步交涉。律师很快便与债务人取得了联系，债务人称产品存在质量问题，建议被保险人将货物运回，但未提供检验报告及其他证据。

东北某贸易公司L公司与买家A公司有长期合作关系，在接到中信保的限额吊销通知后，该公司出于风险控制的考虑，停止了对买家的出运。鉴于停止出运对其近期业务有一定影响，L公司与中信保进行了沟通，提供了以往与买家合作的情况，并表示愿意协助向买家施加压力，敦促买家还款，以促成问题的尽快解决。根据L公司提供的信息，买

① 资料来源：刘宗晖．浅谈欠款追偿的谈判策略［J］．国际商报，2008-07-25。

家比较挑剔，经常会提出各种各样的问题，并要求降价，但在得到小额折扣后，一般会及时付款。

在L公司的敦促下，债务人主动致函中国信保，自称与中国出口商有13年的贸易历史，每年都从中国进口大量的海产品，信誉良好。此次未支付货款是由于D公司出口的产品存在质量问题，遭最终买家退货，并表示愿意退货或以6万美元解决纠纷。其后，债务人又向中国信保提供了由美国一家水产检验机构出具的检验报告，报告中称被检验的货物含水量超标，不符合产品质量标准。

（2）D公司的抗辩。D公司认为A公司提供的检验报告不能证明其出运的货物存在质量问题，其理由如下：首先，出具报告的检验机构不是双方共同指定的检验机构，D公司只接受SGS的检验报告；其次，D公司出口的产品为冷冻海产品，需要较严格的存储条件，A公司提供的检验报告是在货物到港后2个月才出具的，货物长期处于买家控制之下，如保存不当，仓储运输期间产品质量会发生变化，故该报告不能作为D公司提供的产品存在质量问题的证据。

此外，D公司还提出，贸易合同中约定，进口商如发现产品存在质量问题，需要在货物抵达目的港30天内提出，而A公司未在此期间内正式提出质量异议，已丧失提出质量异议的权利。且美国对进口水产品的要求十分严格，通关以前需要经过FDA的严格检验，如果确实存在产品的质量问题，货物不可能通关，更不可能被A公司提走。D公司推测，A公司可能是由于新的扇贝加工季节即将开始，导致美国市场价格走低，故拒付货款。

（3）中信保的分析意见。根据买卖双方提供的信息，中信保对案件进行了认真的分析和研究，认为买家存在一定的信用问题，理由如下：首先，被保险人在合同约定的日期出运货物给美国买方，买方承兑后收货并未提出异议，应付款日过后，被保险人多次催促买方付款后，买方才提出货物存在质量问题；其次，A公司提供的检验报告不是双方共同认可的检验机构出具的，且出口产品性质特殊，而检验报告是在双方约定的质量异议期过后才出具的，缺乏说服力。

为此，中信保根据保险合同的约定对D公司的损失进行了及时、足额赔付，同时查阅了资信评估机构出具的资信报告，综合案件信息就进一步追偿做出了如下分析：首先，资信报告显示买家财务状况尚好，未出现明显风险信号，且圣诞节期间已近，产品销售旺盛，资金较充裕，还款可能性大；其次，买家80%的产品从中国采购，对中国出口商有一定依赖，如果中国信保取消该买家信用限额，可能导致中国主要供应商停止向买家供货，对买家的经营会产生很大的影响，若以中信保的名义追偿，并与当地律师相互配合，有可能取得良好的追收效果；再次，在与其他供应商的贸易记录中，买家有习惯性拖欠并借口质量问题压价的先例，因此，可以断定买家完全不付款的可能性小，有谈判余地。

为此，中信保与律师交换了意见，制订了双方相互配合、采取协调追讨行动的方案。

**追偿谈判过程**

经与律师协商，中信保决定利用其影响力直接联系A公司，向其陈明利害，敦促其拿出解决问题的诚意。在给A公司的回函中，中信保从以下方面对债务人进行了利害分析：

（1）质量异议难以得到支持。由于A公司未在合同约定的质量异议期内提出质量异议，根据相关法律和国际公约的规定，买家已丧失提出质量异议的权利。虽然A公司称曾在30天内口头通知D公司产品存在质量问题，但口头异议难以事后举证；买家出具的检验报告并非双方认可的检验机构出具的检验报告，报告时间距货物到港时间过长，不足以作为D公司出口产品存在质量问题的证据。一旦进入诉讼程序，A公司将陷于被动地位，其诉讼请求难以得到法院的支持。

（2）面临高额的诉讼成本支出。若A公司不能以积极的态度解决欠款事宜，D公司可能提起诉讼，诉讼时间可能会长达1~2年，势必会导致大量的人力投入和律师费支出。若A公司败诉，不仅要支付欠款和利息，还将承担D公司的诉讼费用，得不偿失。

（3）商誉损毁。A公司拖欠供应商货款，会导致贸易伙伴对其信用失去信心，特别是一旦A公司败诉，其商誉将会面临严重影响；中国供应商没有出口信用保险的支持，很难为A公司以放账方式供货，A公司将面临货源和资金短缺的困境。

在以上分析的基础上，中信保建议债务人权衡利弊，综合考虑，本着双赢的原则，提出双方都能接受的解决方案，并尽快与中信保的律师联系。

债务人回函措辞激烈，表示不接受被保险人以诉讼相威胁，但2天以后，债务人突然联系中信保的律师，表示愿意以8万美元了结债务。

虽然采取诉讼方式可要求债务人支付全款，但需要承担诉讼费、律师费和当事人出庭作证的费用，最终获得的补偿可能低于和解金额。综合考虑到诉讼的成本和收益，中信保建议被保险人接受债务人的和解方案。在得到D公司授权后，律师代表D公司与债务人签署了还款协议，同时警告债务人，如再次拖欠货款，将影响中信保对其的信用评级，从而影响其从中国的进口。其后，中信保律师抓住契机、密切监督还款协议执行，最终如期收到了债务人的还款。

**案例13-2：对美国出口OA支付方式纠纷案例**

**案情简介①**

中国出口商A公司于2006年5月10日至7月14日向美国买家B公司出口价值近40万美元的蹦床，支付方式为OA 30天。应付款日截至后，B公司并未依约支付货款，同时还指出A公司存在不正当竞争、侵犯其专利权、未采用特定原材料生产以及延迟交货等问题，并要求A公司进行损害赔偿。此后，买卖双方各聘请中国律师进行了多次谈判，但始终未达成一致，A公司遂于2006年8月正式委托中信保进行追讨。

**案件处理**

B公司指出A公司存在如下问题：第一，A公司没有使用美国进口的M弹性带，造成产品安全隐患；第二，A公司侵犯了B公司的专利权；第三，A公司与B公司的顾客直接联系，构成不正当竞争；第四，A公司在国内其他供应商中散布有关B公司的谣言，对其声誉造成影响；第五，A公司延迟交货导致B公司下家主张罚金。对于B公司的指责，A公司也提出如下抗辩：第一，双方从未就产品的材料进行明确约定，A公司只对最终用品的品质负责；第二，专利权一直为自己所有，只是通过供应蹦床给B公司使用，产品的买卖并不代表对专利权的转让；第三，B公司的客户直接与己方联系，而A公司与B公司之间从未签署任何独家代理协议，即便B公司与其客户曾签署此类协议，也不应约束A公司的行为；第四，A公司为B公司生产的货物现在还在生产线上，从未对其声誉

① 资料来源：张雪．利用专业机构依法解决纠纷［J］．国际商报，2008-02-15。

进行恶意毁损；第五，B公司拖欠货款在先，A公司出于风险控制考虑才停止供货。

通过对案情的仔细研究，并与A公司主要负责人深入会谈后，中信保认为：双方争议最大的专利权和产品质量问题，在A公司追讨的初期B公司并未提出，且在双方争执不下时，B公司还曾多次要求A公司继续出运货物。虽然B公司提出诸多的理由拒绝付款并要求索赔，但综合B公司的经营情况及相关证据材料判断，B公司提出的各种理由只是其拖欠货款的借口。中信保在美国当地的律师采取了相对强硬的措施，与买家展开了多次谈判，最终迫使买家于2007年3月全额支付欠款。

**案件启示**

（1）抓住问题核心，及时介入。国际贸易中，买家拖欠后会以各种借口拖延付款甚至要求反索赔。出口商在处理此类案件时，由于经验不足，缺少必要的专业渠道，常常在前期的谈判中处于劣势地位或与买方僵持不下，国内律师往往也无法发挥实质作用。中信保介入此案后，查明买家无法提供产品因更换材料而存在质量问题的证据，核实了专利权归属这两大核心问题，从而判断债务人拖欠的深层原因是经营发生困难，现金周转存在问题。而后续调查进一步表明，债务人已经从其他渠道获得供货，圣诞期间的经营表现良好，现金周转问题可能有所好转，于是在判断A公司对买家的债权是正当的情况下，向买家施加了较大的压力。

（2）借助海外专业律师，施加压力。本案初期A公司曾聘请了国内律师来应对买家在国内聘请的律师，但双方律师无法就争议达成和解。由于B公司是一家美国公司，在国内聘请律师对其形成的压力十分有限，因此中信保介入之后，通过美国当地的资深律师对案件进行了深入分析，并要求B公司全额付款。B公司在收到律师函后，企图自行应付，但在我公司律师清晰的分析和强大的压力下不得不聘请律师应对。双方律师在就证据等方面进行多次深入沟通后，对方律师最终也承认A公司的债权是合理的，B公司有付款的义务，最终达成了还款协议。

（3）理性对待还款协议，尽快解决纠纷。还款协议的核心内容是还款的金额、还款的时间以及还款的方式，同时还包括对争议事实的陈述，免责条款，仲裁条款，等等。此案在还款协议谈判的过程中，双方曾经就还款协议仲裁地的选择存在分歧，B公司坚持在美国进行仲裁，而A公司则倾向于在中国进行仲裁。考虑到此案债务人还款意愿比较明确，而且中信保在美国具有强大的律师团队，在保证还款条件有利的情况下，中信保建议A公司接受在美国进行仲裁的要求。最终债务人按照还款协议如期支付了欠款，这也表明在还款协议谈判的过程中，需要抓住核心内容，促使纠纷尽快解决，避免因谈判时间过长引发新的风险。

综上所述，对于复杂的案件，出口商应当尽快聘请专业的机构，通过其专业知识，利用海外律师施压，尽快签订合理的还款协议，保障自身的权益。

### 案例13-3：利用美国诉讼制度解决货款拖欠案例

**案情简介**①

2007年1月，国内出口商A公司向美国买家B公司以OA 30天的支付方式出口价值

---

① 资料来源：张雪．从一宗拖欠案件看如何利用美国诉讼制度［M］．国际商报，2008-05-09。

11 万美元的货物。应付款日截止后，买家以现金流紧张为由要求延期支付货款。考虑到B公司良好的历史交易记录，A公司同意了B公司的延期付款要求。付款展延期届满后，B公司却提出A公司生产的货物存在质量问题而被下家扣款，并致函A公司称欲出售公司而无法安排付款。A公司虽多次催讨，B公司均不予答复，继续拖欠货款。万般无奈之下，A公司委托中信保代为进行海外追讨。

**案件处理**

接到A公司的委托后，中信保立即对买家B公司情况进行了调查。B公司是成立于1994年的批发商，在美国加州拥有一处办公室、两家超市和两处厂房，其资产大部分已抵押给银行。通过进一步调查，中信保发现B公司运营状况正常，并无关闭或出售的迹象。根据A公司前期自行追讨的情况，结合B公司目前的运营状况，可初步判断买家属于恶意拖欠货款，利用A公司的信任试图逃避债务。针对这种情况，经中信保律师与A公司的分析沟通，中信保随即以A公司的名义对B公司在美国提起诉讼。在接到诉状后的第15天，B公司主动与中信保律师联系，请求中方撤诉，并承诺分六期还清欠款，中信保坚持让买家全额一次性付款，否则将诉讼进行到底。在答辩期满之际，买家付清了全部11万美元的欠款。

**案件启示**

在国际贸易中，如本案中的A公司一样，许多中国出口商在国外买家拖欠初期容易轻信买家的还款承诺，希望友好解决问题后继续进行交易，并在买家未能履行还款承诺时迟迟不愿采取诉讼这一追讨措施。事实上，许多美国买家正是利用中国出口商这一心理特点，认为中国出口商无法对其经营产生实质性的威胁，从而得寸进尺、一再逃避债务。本案中，A公司通过积极利用诉讼手段，给买家施以较大的压力，最终顺利追回了欠款。因此针对美国拖欠案件，特别是金额在10万美元左右的案件，中国出口商应积极利用美国诉讼制度，变被动为主动，向美国买家施压，掌握谈判的主动权。理解美国的诉讼制度，需把握以下三点：

1. 理解中美诉讼文化差异，积极使用诉讼工具

在纠纷的解决上，中国人素来追求“无讼是求，恕让为先”的境界，其文化根源在于儒家的中庸之道。与此相反，美国人对法律有一种近乎信仰的热情。法律至上的观念在美国人的意识中已经根深蒂固，因此通过法律程序解决争议已成为其日常生活的一部分，也是商业运营中需要考虑的重要因素。由于美国法律程序完备，而且诉讼费用相对合理，若在商业经营中发生争议，美国人一般倾向于通过诉讼来解决。

2. 关注美国诉讼流程，做好诉讼准备工作

诉讼准备工作包括文件准备与心理准备。文件准备是根据诉讼需要搜集能够证明债权合法有效的文件，分析债务人是否可以提出合理的抗辩理由，如货物存在质量问题等等。如果债权清晰，且证据齐备，对诉讼将会更加有利。

心理准备是对诉讼的周期有合理的预期。美国诉讼程序包括以下几个阶段：诉状送达，被告答辩，发现程序，开庭审判，判决执行。一般来说，当诉讼金额低于10万美元，且债权债务关系清晰，债务人如果希望继续经营，节省律师费用，一般倾向于回到谈判桌前商讨和解方案。但也有债务人不愿一开始就认输，而期望通过加长诉讼时间来拖垮出口商。债务人经常采用的一个重要手段就是在答辩时提出抗辩或提起反诉，使发现程序变得

漫长。在此情况下，即使出口商债权清晰，诉讼也会持续一两年。此时，若出口商急于求成，反而落入债务人设计的陷阱。正确的态度是将案件交给法律专业人士处理，并积极配合诉讼进程，才能取得较好的效果。

3. 把握尺度，适时和解，解决纠纷

在美国启动诉讼程序相对简单，但最终以判决结案的案件很少，这是因为，95%的案件都是通过庭前和解的方式告终。因此，美国的诉讼制度实际上提供了一个在法律框架下展示证据、促成纠纷双方和解的平台。和解贯穿于诉讼始终，通过双方的博弈，和解可能发生在任何时点。

在诉讼过程中，对于债务人提出的和解方案，出口商应进行理性的分析：已掌握证据对己方是否有利；债务人是否有持续经营的能力和意愿；债务人是否拥有可供执行的财产。如果胜诉概率较大，而且债务人具有还款能力，应当通过继续诉讼迫使债务人提供更好的和解方案；如果虽然胜诉概率较大，但债务人本身只是皮包公司，偿债能力不强，就应适时接受其和解方案。

**案例 13-4：迪拜追收货款案例**

**案情简介**①

迪拜 M 公司的华人代表 A 先生与中国 F 公司接洽生意，于 2007 年 3 月 7 日签订第一笔销售合同，并顺利执行。之后又签署了价值 116 909.10 美元的贸易合同，但 M 公司在支付 13 000.00 美元并将货物全部提走后，拖欠了全部未付的款项。F 公司通过传真和电话进行催款，A 先生也曾承诺付款，但一直未汇款。之后 F 公司再打电话时，已无人接听。万般无奈之下，F 公司委托中信保代为追讨。

中信保接受 F 公司委托后，即通过传真和电子邮件向 M 公司发送了律师催收函，但一直没有反应。随后中信保试图通过电话联系，M 公司电话亦无人接听或无法接通。于是律师决定采取突然拜访的方式，与 M 公司面谈。外访结果令人失望，律师发现 M 公司已搬家，不确定是否仍在经营。通过向迪拜工商会（DCCI）查询注册信息，获取了 M 公司目前的联系方式。虽然律师坚持不懈地以各种方式与其联系，几乎每天多次电话，并且提及可能采取的法律手段，但 M 公司负责人除最初有些惊慌外，后一直采取拖延战术，甚至声称不怕被提起诉讼。

鉴于对方的“持久战”策略，律师认为有必要采取进一步措施，给 M 公司施加更大压力，以取得突破性进展。

**案件处理**

为有效推进追讨工作，中信保向 F 公司提出如下三项建议及方案，供其选择：

方案一：将 M 公司列入迪拜工商会黑名单

根据中信保对 M 公司在 DCCI 档案的调查，其营业执照目前仍在有效期内，传真等联系方式有效，外部调查也显示尚在正常经营。若中信保成功地将 M 公司列入黑名单，则其营业执照会被暂停，这将会影响其正常经营活动。而若 M 公司想要恢复会员身份，则必须按要求首先解决债务问题。该方案的好处是费用低廉且速度较快。

---

① 资料来源：蔡晓煦．一个迪拜追收案例的启示［J］．国际商报，2008-12-12。

方案二：通过法庭向M公司发送经公证的警告信

警告信会向M公司表明，这是诉讼前最后的和解机会。F公司将很严肃地对待本案，并即将进行诉讼。此举必然会带给M公司极大的压力，因为M公司知道，下一步他将不可避免地卷入诉讼并且需要支付高额法律费用。警告信也可为将来提起诉讼作铺垫，它可以向法庭表明，F公司已做出了全部非诉努力，从而在将来可能的诉讼中处于有利地位。

以中信保的经验，发送警告信之举通常很有效，但费用较方案一为高。不过，鉴于本案金额较大，这种方法非常可取。

方案三：提起诉讼

考虑到成本问题，诉讼可能不是最为经济的一种手段，但鉴于本案金额较大且诉讼能够向M公司施加最大压力，而且可能收回全部债务本金及利息，同时向M公司主张全部法律费用，中信保仍建议F公司在上述两方案无法奏效后，考虑向M公司提起诉讼。

为保证日后判决的执行，中信保还建议F公司在提起诉讼的同时申请财产保全，保全的对象可以是M公司的房地产、存货和银行账户。保全金额的上限为起诉的标的额。通过财产保全可向M公司施加更大压力。M公司可能因此而主动还款，当然也可能因此而倒闭。

迪拜司法改革之后诉讼时间大为缩短。对于F公司而言极为有利。迪拜实行三级三审制。取得一审判决大约需要3至4个月时间。一审之后，案件会被自动提至二审法院，取得二审判决又将需要3至5个月时间。从法理上讲，案件亦有可能上诉至最高法院，取得终审判决大约又需要2至3个月时间。需要注意的是，上述时间表有可能被法庭指定的审查证据专家所打破，从而延长处理时间。为保险起见，可认为如走完所有程序取得终审判决需要14至18个月时间。

经反复权衡，F公司选择了费用较为低廉的方案一。中信保律师联系DCCI安排了相关事宜。不久之后，M公司收到DCCI发来的传真。M公司负责人迅速改变了态度，从拖延变为积极。律师期望通过DCCI能促使M公司回到谈判桌来与中信保商讨债务解决问题，本案已出现转机。

**案件启示**

从本案中可得到一些启示，对于今后中国出口商或许有些借鉴作用。

1. 选择进口商或代理商应谨慎

F公司与M公司的生意往来，全部是通过A先生进行的。由于都是中国人，感觉沟通较通畅，文化理念相同，就未对买方基本信息以及资信状况进行更多调查。

中信保介入追讨后，通过电话和外访都未能在M公司找到A先生。通过调查在迪拜工商会的注册信息，发现M公司的股东/出资人中没有A先生。而F公司完全不认识M公司其他人，对其组织结构、人员安排、出资比例等一概不知。与一家不了解的公司做生意，风险是非常大的。迪拜70%的进口商品都经过这里再转口到其他国家，通常是输出到邻近的伊斯兰国家。由于迪拜在国际贸易中的特殊地位，在这里选择代理商亦很重要。在迪拜，只有持有许可证的进口商才能从事进口业务，因此，要想通过迪拜将商品转口到中东其他地区，并在迪拜建立起不断发展的商业关系，需要物色一位常驻的代理人。代理人必须是一家联合酋长国的公司或个人。但正式的代理关系只有经过一个试用期之后才能确认，因为要撤销一个代理协议非常困难。一个可靠的当地合伙人的重要性无论怎样强调也不为过。

中国企业在选择贸易伙伴或代理人时，应委托专业机构事先对该公司做资信调查、注册登记信息调查，并在可能的情况下，了解其主要出资人和经营者的履历、个性和能力。若每家企业都能做到“防患于未然”，国际贸易中的骗子公司就很难在中国得逞了。

2. 警惕海外华人买家

出于语言沟通与文化传统的原因，中国企业在与海外进口商/代理商做生意时，常常会与华人打交道。但遗憾的是，根据经验，欠款的企业若为华人企业，则追收成功率往往较低。这一方面是由于某些不法商人一开始做生意的动机就不纯，想要骗钱骗物；另一方面是由于一些海外华人企业自身抗风险能力较弱、资产及规模不大，其中有的仅是有一至两名雇员的贸易公司，使用租来的办公室工作，一旦发生不利事件将其资金链打乱，应付货款便难以为继。

在迪拜，中国商人操作的公司形式有两种：一种为有限合伙公司（通常所见到的E. S. T.），另一种为有限责任公司（通常所见到的L. L. C.）。前者是以纯粹阿联酋公民为业主的公司类型，业主可以是一个或一个以上；后者是指由不少于两位的出资方按照各自所占股份比例共同行使公司权利并承担相应责任的公司。其中规定阿联酋公民的股份比例不少于51%。

在实践操作中，很多中国公司并没有按照严格意义上的公司程序来经营公司，同时阿联酋公民也派生出一批专业从事担保工作的保人以完成这种技术上的对接。比如E. S. T.公司，中国商人成为实际的经营者，包括货物的采购、销售以及日常的公司事务全权做主。而阿联酋公民仅仅作为担保人，名义上是该公司的业主却不参与公司的具体经营以及利润分配。

L. L. C. 公司相对原有的法律概念目前也已在中国商人和当地担保人中产生了变化。当地公民并没有参与投资或准备共同经营该公司，其注册资金里的51%其实也是中国商人出具的，当然最后在利润方面也不参与分配。

因此，单纯从注册信息上有时看不出来华人企业的真实状况。一般而言，L. L. C. 公司的抗风险能力更强一些，它有不少于30万迪拉姆（约10万美元）注册资金的要求。不管怎样，对于这类没有严格按照规范来经营的公司，与其发生贸易时，深入的资信调查十分重要。

3. 追收时间与追收机构

根据F公司提供的早先的资信报告显示，A先生为M公司的董事之一。但F公司委托中信保追收后，从DCCI查找到的最新注册信息里，已无A先生的名字。即A先生不是M公司的出资人或股东之一。而且律师在与M公司的联系过程中，接触了M公司的多个人员，但A先生始终未出现。若F公司在发生逾期后及早委托，应能找到这位A先生，债务解决也就不会那么困难且旷日持久。律师与M公司负责人（出资51%的当地股东）联系时，此人声称“那些中国人的事他们自己解决，我不清楚”。接下来就是极力地躲避处理这个他“不清楚”的债务问题。委托较晚导致失去重要联系人的线索，从而错过了最佳解决时机。

**案例13-5：对美国企业的货款追偿案例**

**案情简介**[①]

美国著名公司F，在美国经营运动品牌的衣装鞋帽，2005年在亚洲的采购量高达1.8亿美元。F公司在全美拥有100余家连锁销售店，且连续数年每年在美国新开店铺30个以上。但在2007年底，F公司出现了风险异动，在传统销售高峰圣诞节之后，开始拖欠中国供应商货款。由于F公司历史付款情况良好，众多中国供应商未能及时察觉风险，仍然继续向F公司供货。2008年1月，F公司因公司资金周转困难，拒收了中国四家出口企业共计500万美元的货物，并致使货物滞港1个月。由于四家出口企业都投保了出口信用保险，这四家中国企业随即联合委托中信保介入处理。

**案件处理**

通过海外调查，中信保发现F公司为美国集团母公司S下设的专门进行采购的企业，其采购完全依照母公司指令实施。通过与母公司S进行沟通，中信保获取了S公司2006年经过审计的财报。财报显示私募股权投资（PE）公司T于2006年向该集团进行了大额注资，才使得S公司在近几年能够有资金快速扩张。但由于次贷危机，私募股权投资T公司受到了很大冲击。T公司对于S公司的投资策略也随之发生了变化，这直接改变了S公司的融资环境，S公司不得不与其他金融机构洽谈新的融资额度。S公司融资难度增大也间接导致了F公司流动资金紧缺。另一方面，F公司的客户群体主要集中于美国低端市场，次贷危机使美国消费者信心受挫、失业率上升，连锁店的经营业绩下滑，其原定于圣诞节期间的销售计划未达到预期水平，从而导致库存积压，货款回笼时间增长。在融资难度增大以及销售业绩下滑的双重冲击之下，F公司最终无法按时支付货款提取到港货物。

深入分析F公司的财务状况后，鉴于其短期偿债能力不足，中期付款能力尚可，而到港货物转卖损失较大的实际情况，中信保协助四家出口商与F公司达成以下解决方案：F公司先行支付50%货款后赎单提货；剩余50%货款F公司书面承诺在提货后的四个月内分四期清偿。目前，F公司已按照还款计划支付一期货款，还款协议仍在监督执行中。

**案件启示**

1. 关注金融危机对美国企业运营的影响

金融危机对美国经济的影响是多重的，它不仅影响到美国金融行业，使美国企业融资困难，资金周转发生问题，且引发消费者信心下挫，失业率上升等一系列问题。据统计，美国2007年11月消费者信心指数终值曾经下降到76.1，创下自1992年以来的最低水平。2007年美国平均失业率达到4.6%，2008年3月达到5.1%，是2005年以来的最高点。宏观经济走低，也影响到制造业，2007年美国制造业活动指数持续走低，至2007年底，该指数已降至48.4。种种迹象表明，美国经济可能步入周期性的低谷。这使得美国企业经营变得艰难，一方面融资成本会增加，且融资的额度往往难以满足正常经营的需要；另一方面，市场竞争会更加激烈，在整体销售趋势下降的情况下企业要维持销售量和盈利水平日益困难。

2. 关注采购公司背后集团母公司的架构，经营策略和财务状况

现在许多大型集团公司为应对国际采购中的风险，提高采购的效率，会成立专门的采

① 资料来源：董振华．宏观经济对企业违约的影响不可忽视［M］．国际商报，2008-10-24。

购公司，负责整个集团的采购活动。由于这些采购公司受母公司影响很大，因此在与这些采购公司进行合作的时候，需要采购公司背后的集团母公司的架构，经营策略和财务状况。

本案中，虽然从财务报表中可看到F公司的母公司S公司2006年所有者权益为1.3亿美元，但存货水平较高，周转率较低，负债率也很高。仔细分析其母公司的经营模式和财务状况，中国出口商就能警觉到S公司在快速扩张中存在的风险。另一方面，本案中中国出口商的合同都直接与采购公司F公司签订，由于F公司自身资本有限，而其母公司S是独立的有限责任公司，所以即使F公司拖欠货款，中国出口商也无法向S公司追索。

## 复习思考题

1. 与一般商业保险相比较，出口信用保险有哪些特点？
2. 与一般商业保险相比较，出口信用保险的经营原则是什么？
3. 出口信用保险承保哪些风险？各类风险的内容是什么？
4. 中国出口信用保险有哪些险种？
5. 简述出口信用保险对出口商所发挥的作用。
6. 简述中国出口信用保险承保的领域。

# 第十四章　中国短期出口信用保险

**本章学习重点**

短期出口信用保险是出口信用保险中最主要的业务，也是出口商最有需求的出口信用保险险种，可为出口商提供多种保障服务。读者在研读本章的过程中，应重点掌握以下内容：

1. 中国短期出口信用保险的种类、内容及特点；
2. 中国短期出口信用保险的承保风险；
3. 中国短期出口信用保险的承保程序；
4. 中国短期出口信用保险的保单条款内容；
5. 熟悉中国短期出口信用保险的各种单据及其内容。

## 第一节　中国短期出口信用保险的种类、内容及特点

中国短期出口信用保险（Short-term Export Credit Insurance），是指承保信用期限在180天内，或扩展承保信用期限在180以上、360天以内的收汇风险，主要用于以付款交单（D/P）、承兑交单（D/A）、赊账（OA）等商业信用为付款条件签订的销售合同项下的出口，或银行及其他金融机构开立的信用证项下的出口的一种出口信用保险。

### 一、中国短期出口信用保险的种类

目前，中信保开办的短期出口信用保险，凡在中国境内注册的、有出口经营权或对外承包劳务经营权的企业，均可自主选择相关险种以获得保险人提供的风险保障和融资便利。这些险种包括以下几种：

（一）综合保险（Comprehensive Cover Insurance）

该险承保出口商所有以信用证和以非信用证为结算方式出口的收汇风险。若出口商依贸易合同或信用证规定出口货物取得提交合格单据后，因进口国的政治风险或进口商的商业风险而导致出口收汇的损失，则由保险人予以补偿。这一保险的承保范围较大，保险金额较高，但保险费率较低。

（二）统保保险（Whole Turnover Insurance ）

该险承保出口商所有以非信用证为结算方式的出口收汇风险。但该险的承保条件是：

(1) 货物、技术或服务必须从中国出口或转口；(2) 结算方式为付款交单、承兑交单或赊账；(3) 付款期限在 180 天以内，但可扩展到 360 天；(4) 签订了明确规范的出口贸易合同。如果符合上述条件，一旦因进口国或进口商的政治风险或商业风险，导致出口商按合同规定出口后无法收汇，则由保险人予以补偿。

(三) 信用证保险（L/C Insurance）

该险承保出口商以信用证为结算方式的出口收汇风险。一旦出口商（受益人）依照信用证规定提交了单证相符、单单相符的单据后，因进口国或进口商的政治风险或商业风险，导致信用证受益人无法收汇，则由保险人予以补偿。但该险的承保条件是：(1) 货物、技术或服务必须从中国出口或转口；(2) 结算方式必须是不可撤销的跟单信用证；(3) 付款期限是 180 天以内，但也可扩展到 360 天。该险的费率相对较低。

(四) 特定买方保险（Specific Buyer's Insurance）

该险承保出口商对一个或几个特定买方，以非信用证为结算方式的出口收汇风险。其承保条件与统保保险相同，但由于出口商是选择性投保，其保险金额较低，因而其费率相对较高。

(五) 特定合同保险（Specific Contract Insurance）

该险承保出口商在某一特定出口合同项下的应收账款的收汇风险。它比较适合于金额较大的机电产品及成套设备等产品的出口贸易投保。与其他险种相比，该险种的承保条件较多，如：(1) 货物、技术或服务必须从中国出口或转口；(2) 出口产品必须为机电产品或成套设备等；(3) 贸易合同金额超过 100 万美元；(4) 货款结算方式必须是付款交单、承兑交单或赊账等；(5) 贸易合同明确规范；(6) 付款期限是 180 天以内，但也可扩展到 360 天。

(六) 买方违约保险（Insurance against Buyer's Break of Contract）

该险承保出口商以分期付款方式订立的合同或其他商务合同（其保险标的是出口的机电产品、成套设备以及对外工程承包或劳务合作）项下，因买方违约而遭受的出运前或出运后的收汇风险而导致的损失。与特定合同保险类似，该险要求的条件较为严格，如 (1) 货物、技术或服务必须从中国出口或转口；(2) 出口产品必须为机电产品或成套设备为主，包括船舶、高新技术和对外劳务合作等；(3) 保险标的的价值中，中国制造的比重一般不低于 70%，而船舶的价值中，中国制造比重不低于 50%；(4) 贸易合同明确规范，且合同金额超过 100 万美元，其中预付款比例一般不低于 15%；(5) 结算方式采用按工程或服务进程分期付款，最长付款间隔期限不超过 180 天。

(七) 农产品出口特别保险（Agricultural Products Export Specific Insurance）

该险主要承保中国农产品在出口之后，买方办理进口通关手续之前，因进口国或地区颁布禁止进口令，提高检验检疫标准，增加检验检疫项目或突然变更许可文件等，导致中国农产品无法在进口国入关等，保险人对出口企业因此遭受的损失给予补偿。

近年来，中国禽肉类产品出口因“禽流感”疫情，遭遇国外“封关”的事件时有发生。为保护农民利益，支持农业发展，为农产品出口企业解除后顾之忧，中信保及时开办了农产品出口特别保险。

(八) 出口票据保险（Export Bill Insurance）

该险以提供出口融资的银行为被保险人，通过承保出口票据项下付款人的商业信用风险和付款人所在国的政治风险，为融资银行贴现或押汇的出口票据提供收汇安全保障，帮助出口商获得银行融资便利。因此，凡从事出口票据融资的各类银行均可投保该险。

## 二、中国短期出口信用保险的承保风险及除外责任

出口信用保险与一般商业保险一样，既包括承保风险，也包括除外责任。

### （一）承保风险

中国短期出口信用保险的承保风险包括两大类：政治风险与商业风险。

政治风险，是指在贸易双方当事人均无法控制的前提下，国外债务人，如商业信用付款条件下的国外进口商，或在信用证付款条件下的国外开证银行或保兑银行，所在国家或地区的政治、社会、经济环境发生变动，导致上述国外债务人不能或不能按时支付货款或其他债务等各种事件。主要包括债务人所在国家或地区：

（1）禁止或限制汇兑；

（2）禁止进口商所购货物进口；

（3）撤销许可证；

（4）发布延期付款令；

（5）发生战争、暴动等政治事件等。

商业风险，是指国外进口商在商业信用付款条件下，或在信用证付款条件下，国外开证银行或保兑银行因出现信用问题，导致出口商或信用证受益人无法收汇的风险。这些风险主要包括：

（1）进口商或开证银行或保兑银行破产或无力偿付债务；

（2）进口商或开证银行或保兑银行拖欠债务；

（3）进口商拒绝受领货物；

（4）开证银行或保兑银行拒绝承兑汇票。

### （二）除外责任

除外责任，是指保险人在合同中规定的不予赔偿或补偿的损失。中信保对下列损失不承担赔偿责任：

（1）被保险人的过失或违法行为导致的损失。如被保险人或其代理人违约、欺诈以及其他违法行为所引起的损失，或者被保险人的代理人破产引起的损失；被保险人未能及时获得许可证，导致销售合同无法履行引起的损失。

（2）被保险人的其他原因导致的损失。如被保险人未获得有效信用限额且不适用自行掌握的信用限额而向进口商出口所致的损失；被保险人在已知风险的情况下出运而导致的损失；被保险人向其关联公司出口，由于商业风险所致的损失。

（3）进口商的过失导致的损失。如进口商未能及时获得许可证，导致贸易合同无法履行所致的损失；进口商的代理人破产、违约、欺诈或其他违约行为所致的损失。

（4）第三方的责任。如货物运输保险人或其他保险人承保的损失；银行擅自放单、运输代理人或承运人擅自放货所致的损失；信用证结算方式下，虚假或无效的信用证所致的损失；因单据存在不符点，或单据在传递过程中延误、遗失、残缺不全或邮递错误所致的损失。

（5）其他损失。如汇率变动所致的损失；非信用证结算方式下，货物出口前发生的

损失；信用证结算方式下，在被保险人提交单据前所发生的损失；保险单承保责任以外的其他损失。

## 第二节 中国短期出口信用保险承保程序

中国短期出口信用保险的承保程序主要包括投保、拟定承保方案、签发保单、信用限额申请与审批、出口申报及缴纳保险费。上述程序可归结为保单承保和买方承保两部分。

### 一、保单承保

保单承保是指出口商决定投保短期出口信用保险，并按照投保单的规定和要求，填写相关内容，向保险人提出申请。这是投保人（出口商）向保险人发出订立合同的要约，该要约有待保险人的承诺。这一程序主要包括投保、拟定承保方案、签发保单等。

（一）投保

若出口商决定投保，则必须按照中信保提供的投保单填制各项内容，向保险人发出投保的要约。投保人填制投保单的各项内容时，必须遵守保险的最大诚信原则，特别是应履行告知义务和保证义务；保险人应对投保人的商业秘密给予保密。

（二）拟定承保方案

若保险人同意承保，则保险人依据投保单的内容和条件，拟定承保方案，即拟定保险单明细表，该明细表主要包括以下内容。

1. 承保范围

中信保的短期出口信用保险，实行统保原则，即保险双方约定，被保险人适保范围内的全部出口，必须全部投保，换言之，被保险人不得选择某一类业务投保或某一进口商投保，也不能仅挑选风险较高的业务投保。

2. 赔偿比例

与一般商业保险的财产险不同，出口信用保险的保险人并不承担全部损失，这也是国际惯例。中国短期出口信用保险规定，通常情况下，进口商拒收所致损失的赔偿最高为80%，其他原因所致的损失，其赔偿比例最高是90%。这一规定目的是，加强被保险人的风险意识与风险管理控制能力，避免发生商业欺诈行为。此外，保险公司还可根据进口国别或地区的不同、进口商的不同以及出口商风险管理水平的不同，与投保人约定不同的赔偿比例。

3. 最高赔偿限额

最高赔偿限额，又称“保单限额”，是指保险人在保险单期限（1年）内，承担赔偿责任的最高累计限额。该限额通常控制在被保险人当年预计承保出口总额的1/3到50%。

4. 被保险人自行掌握信用限额

信用限额，是指保险人承诺对保险单项下某一特定进口商或银行，在特定结算条件下的信用风险承担赔偿责任的最高限额。短期出口信用保险保险人所承担的最高保险责任不是实际出口金额，而是以信用限额作为最高赔偿限额。当损失金额小于有效信用限额时，保险责任是损失金额×保险单规定的赔偿比例；当损失金额大于或等于信用限额时，保险责任是有效信用限额×保险单规定的赔偿比例。

被保险人自行掌握信用限额，是指保险人授权被保险人对每一进口商自己控制信用限额，并且保险人承担相应的赔偿责任。当一个付款周期内发运货物的金额不超过被保险人自行掌握的信用限额时，被保险人不须事先向保险人申请信用限额即可直接发运货物，只要在发运货物后申报期内直接向保险人申报即可。这一做法的目的是，节省被保险人办理手续的时间，降低其管理成本。

5. 出口申报

出口申报是指保险双方在保险单明细表中约定，被保险人按约定方式将具体出口业务向保险人申报。申报方式有三种：（1）即时申报，即将符合保险单承保范围的全部出口情况在发运后三个工作日内向保险人申报；（2）周申报，即每周第二个工作日前将上周的全部出口向保险人申报；（3）月申报，即每月 10 日前将上月的全部出口情况向保险人申报。

6. 保单批注

保单批注是保险人在保险单上加注的内容。它通常是保险人对保险条款的修改或补充，或其他特别规定，如扩大或缩小承保范围。

（三）签发保险单

保险人若接受投保人的投保申请，并拟定好承保方案之后，可向被保险人签发保险单。保险单是保险合同的证明及保险合同的组成部分，保险单生效后，保险双方应履行各自的义务。包括保险单在内的保险合同一般由以下几部分构成。

1. 投保单

投保单的主要内容包括出口商的基本信息、投保范围、出口产品的性质、内部风险控制制度、过去两年的出口经营状况和未来三年的出口预测、承保范围内的进口商清单、近三年逾期未收汇情况，等等。

2. 保险单条款

保险单条款是保险双方权利、义务、责任的法律依据。其中最主要的条款是承保范围、责任范围、除外责任、责任限额、出口申报、保险费、可能损失索赔与定损核赔、被保险人义务和其他规定等。

3. 保险单明细表

该表主要包括承保范围、赔偿比例、被保险人自行掌握的信用限额、最高赔偿限额、费率厘定、申报方式、保单批注、争议解决等内容。

4. 费率表

费率表是被保险人向保险公司缴纳保险费的依据。费率是被保险人获得保险保障的对价。为降低投保成本，中信保下调了短期险平均费率水平，基本达到国际平均水平。另外，中信保对关键客户实行保费优惠措施，各级财政也出台了保险费优惠扶持措施。因此，出口商的投保成本大为降低。

5. 国家（地区）分类表

保险人依据社会制度的不同、政府是否稳定、经济发展状况、外汇储备多少、法律环境、贸易习惯、对华关系等情况进行综合评价，再按风险值大小将主要国家或地区进行排列、分类，一类国家或地区风险最小，四类国家或地区的风险最大。该表中规定了对哪些国家或地区可以接受承保，而对哪些国家或地区暂不接受承保。若保险人接受某一类国家或地区承保，有可能要附加限制承保条件。

6. 批单

批单是指变更保险合同某些内容的书面文件。当保险合同订立后，由于某种原因，需要对原保险合同的某些内容予以变更或修改，保险人向被保险人出具批单，证明对原保险合同的变更或修改。当保险合同与批单相矛盾时，以批单为准。

此外，保险单签发后产生的一些书面文件，也是保险单的组成部分，即属于保险合同的组成部分，这些文件通常有：信用限额申请表、信用限额审批单、信用限额确认书及回执书、撤销信用限额通知单及出口申报单等。

（四）保险合同续转

中国短期出口信用保险合同的有效期通常为1年。保险合同期满前1个月，中信保要对保险合同的承保情况进行总结，同时重新测算保险费率，调整承保条件。若被保险人对调整结果无异议，保险合同在本期届满时，以新的承保条件转入下一期，即续转，有效期限为1年。

（五）保险合同终止、解除或撤销

若保险合同双方当事人有一方有意终止保险合同，则应提前通知对方，否则保险合同在每一期届满时自动续转。但保险合同终止的，不影响终止前保险人应承担的保险责任。

与一般商业保险合同一样，出口信用保险的被保险人有权单方面在有效期内解除保险合同。被保险人主动解除保险合同的，不影响保险人应承担的保险责任，已收取的保费则不予退还。若被保险人严重拖欠保费或在履行义务中有严重过失，甚至有欺诈行为的，保险人有权解除或撤销保险合同。在此情况下，保险人的所有保险责任全部终止，而且已收取的保费也不退还。

## 二、买方承保

买方承保是指在出口信用保险中，保险人根据每一个买方（进口商）的不同情况，对被保险人（出口商）确定承保条件，通过批复信用限额确定保险人的最高保险责任的行为过程。这是出口信用保险整个承保程序中最关键与核心的程序。在这一程序中，如何处理信用限额的问题直接关系到保险双方的切身利益。在买方承保中，通常包括以下程序：

（一）信用限额的循环使用及涵盖原则

信用限额是保险人帮助投保人（出口商）有效控制风险的重要手段和措施。信用限额包括支付条件、金额和生效时间三个基本要素，有时还规定一定的限制条件，如赔偿比例、有效期等。

在信用证支付方式下，信用限额的使用分为两种情况，一种是不可循环使用的，只适用于一笔信用证的额度，该信用证使用完毕后，信用限额自动失效；另一种是可以循环使用的，即对于同一进口商在同一银行开出的信用证的信用限额可以循环使用，某一进口商的信用限额一旦被保险人批准，对信用限额生效后的出口可循环使用，直到保险人书面变更为止。

信用限额涵盖原则是指，在同一保险合同下，对同一进口商在同一支付条件下，只能有一个有效信用限额。但同一支付条件下，信用期限长的信用限额可以涵盖信用期限短的信用限额。而不同支付条件的信用限额，则按照先 OA→D/A→D/P 的顺序，在同一信用期限下，OA 信用限额可以涵盖没有批复过信用限额的 D/A 方式或 D/P 方式的信用风险，D/A 信用限额可以涵盖没有批复过信用限额的 D/P 方式的信用风险。

（二）信用限额的申请

1. 信用限额的申请

在保险人向被保险人签发保险单后，被保险人应根据保险单承保范围出口的每一进口商和银行的具体情况，在出运前向保险人提出书面的信用限额申请，并留给保险人一个合理的时间收集、评估进口商的资信，以免货物出运时，信用限额未能得到批复而无法获得保险保障。特别是交易量和金额较大时，最好提前一个月左右的时间提出申请。

2. 特殊信用限额的申请

不论采用哪种支付方式，当运输单据以进口商为收货人或货物所有权发生转移时（如航空运单、陆运运单或一份正本提单直接寄给进口商以及记名提单），被保险人应按 OA 支付方式申请信用限额，以保证充分保障保险权益；当支付方式为 D/P 远期或 CAD（cash against documents）远期或由进口商指定货运代理时，被保险人最好按 D/A 远期或 OA 方式申请信用限额，避免因代收行或承运人擅自放单而导致的损失；当以 T/T 成交但采用先传真发票，待进口商全额付款后再转移货权时，则被保险人可按 D/P 支付方式申请信用限额，以减少保险成本支出。

3. 信用限额的重新申请与追加申请

若被保险人在新订单的付款条件比原信用限额的支付条件风险高、时间长，或贸易合同的付款条件、付款期限发生变化，以及进口商的情况发生重大变化时，则被保险人应向保险人重新申请信用限额。

若保险人批复的信用限额不能满足被保险人的出口需要，则被保险人可在一个付款周期结束并正常收汇后，可向保险人提出追加信用限额申请。追加申请视为新的申请，被保险人需要重新制作信用限额申请表，并提供该进口商的收汇记录和其他有利于提升其资信的相关信息和资料。

（三）进口商风险评估

被保人提交信用限额申请表后，保险人将在资信调查的基础上，对进口商的风险进行评估，若符合条件，将对信用限额进行审批。为此，保险人将按以下程序操作。

1. 国别（地区）风险评估

保险人首先要对进口商所在国家或地区的风险进行分析和评估，需要评估的主要因素包括该国（地区）的政治、经济、法律环境以及特殊贸易限制，尤其关注其财政实力、外汇储备、外汇管制状况等各方面的情况。

2. 进口商资信调查

对进口商资信状况进行调查是保险人审批信用限额的重要程序之一。为此，保险人通常通过各种渠道对进口商进行详细的资信状况调查。资信调查内容主要包括：进口商的基本注册信息、经营信息、财务信息、银行融资与抵押记录等。

3. 进口商风险评估

在对进口商所在国（地区）风险评估和对进口商资信状况调查的基础上，保险人对进口商的各项信息和资料进行综合分析，特别是对其财务状况重点分析，预测其经营状况、短期偿债能力、长期发展趋势，最后对其未来的信用风险做出比较科学的评估报告，作为审批信用限额的重要依据和参考。

（四）进口商总限额评定

进口商总限额是指保险人对某一进口商，依据对其风险评估的情况，核定的最高可授信额度。中国出口信用保险公司使用风险评估模型（RAM），对进口商给予评级并据此给予总限额。若进口商的正面或有利信息较多，则授信额度较大；反之，则降低授信额度或不予授信。

（五）信用限额的审批

在完成上述程序的基础上，保险人开始审批信用限额。保险人依据有效控制风险原则，在总限额可授信余额范围内合理审批有效信用限额，尽可能满足被保险人最大信用限额需求。

保险人在审批有效信用限额时参考的主要因素包括贸易合同金额、货物出运时间和频率、最高单批出运金额、信用期限、支付方式、国际惯例、出口货物的特性、运输方式与时间、进口商付款意愿和偿付能力、贸易双方交易的历史、被保险人内部经营管理与风险控制能力和水平等。

若保险人批复信用限额后，则将信用限额审批表送交被保险人备存。被保险人收到该审批单后要核对有关内容，使其与申请内容一致，特别应注意信用限额的金额、批复的支付条件和附带的特别条件等。

（六）出口申报和缴纳保险费

在短期出口信用保险项下，被保险人应向保险人履行出口申报和缴纳保险费义务，这是获得保险保障的前提条件。

（七）风险监控与信用限额调整

保险人批复信用限额后，则意味着已开始承担进口国（地区）或进口商的政治风险和商业风险，向被保险人提供保险保障。为此，保险人将采取措施进行风险监控，对已批复的信用限额进行跟踪管理。

当保险人获悉风险信息，如接到可能损失通知时，将会以书面形式通告其他被保险人撤销或下调特定进口商、特定进口国家（地区）的信用限额，协助被保险人加强风险防范与控制，避免损失扩大。但被保险人撤销或下调信用限额，不影响此前保险人已承担的保险责任；当保险人获悉风险减少的信息时，保险人可以适当上调信用额度。

此外，保险人还密切关注被保险人已获批准的信用限额的使用情况，以防止信用限额的空置和浪费。若发现被保险人空置或使用不足的信用限额，保险人有权撤销或降低该信用限额或收取一定的成本费用。

## 第三节　中国短期出口信用保险的理（索）赔与追偿

在短期出口信用保险中，若发生承保责任范围内的损失，则涉及理（索）赔与追偿的问题。理赔与追偿通常涉及可能损失、索赔、定损核赔以及境外调查与追偿等问题。这些工作与贸易商（出口企业）有着密切的利益关系，因此，作为被保险人的出口企业对这些问题应有所认识和研究，确保自己的权益获得充分的保险保障。

## 一、可能损失

当被保险人（出口商）获得损失已发生或引起损失的事件已经发生的信息后，应在保险单条款规定的时间内（10个工作日）向保险人提交可能损失通知书，告知保险人已经发生可能引起损失的事件、造成损失的原因、被保险人已经采取或准备采取何种措施减少损失或防止扩大损失等。被保险人的这一做法旨在及时将有关信息告知保险人，双方共同采取相应措施，控制风险蔓延，避免损失扩大。

（一）被保险人提交通知书的时间及要求

根据中信保的短期出口信用保险条款的规定，被保险人获悉保险单条款列明的保险责任事件已发生，致使出口收汇损失可能或已发生时，应在下列时间向保险人提交可能损失通知书：

1. 无论是在信用证还是在非信用证支付方式下，被保险人在获悉保单所列的政治风险事件已经发生、买方或开证银行已破产或无力偿付债务、开证银行拒绝承兑、买方已拒绝受领货物等情况后，应在获悉上述情况之日起10个工作日内，向保险人提交通知书。

2. 在非信用证支付方式下，被保险人在获悉买方拖欠货款，则应在应付款日后60天内，向保险人提交通知书。

3. 在信用证支付方式下，被保险人应在开证银行拖欠后15个工作日内，向保险人提交通知书。

被保险人应特别注意，上述及时通知义务对被保险人的补偿具有重要影响。若被保险人未能及时通知保险人，有可能导致损失扩大，延误保险人的调查和追偿，甚至导致保险人无法行使代位追偿权。按照保险的基本原则和惯例，保险人可能降低赔偿比例，甚至追回已赔偿的金额。

此外，被保险人在填制可能损失通知书时，必须做到内容准确、完整，尤其是发货日期、付款日、发票号码与金额、可能损失金额、案情说明、报损日期及出口申报日期等内容必须保证准确无误，否则可能影响通知时效。

（二）保险双方共同处理可能损失

当保险人接到可能损失通知书后，将在审核出运申报、有效信用限额等情况的基础上，与被保险人共同采取积极措施，控制风险，最大限度地减少损失。在出口信用保险中，常见的可能损失通常有以下情况。

1. 拖欠款项

在以D/A或OA等支付方式下，进口商很有可能因为政府的原因或自身的原因拖欠出口商（被保险人）的款项，如在规定的期限内拖延承兑出口商开立的远期汇票，或超过约定的预付款期限拖延付款。在此情况下，保险人将要求被保险人与其合作，提供相关的单据和有关情况，对拖欠的款项进行全面调查，在此基础上采取一定措施，如加紧追讨或给予被保险人赔偿等。

2. 拒绝受领货物

在以D/A或OA等支付方式下，进口商因种种原因拒绝受领货物。拒绝受领货多数情况下，就意味着拒绝付款。此时，保险人会要求被保险人在最大限度减少损失的前提下处理货物，防止货物长时间滞留港口导致货物本身损失和产生滞港费用。

3. 拒付货款

在任何支付方式下，买方或银行都可能因政治原因或商业原因拒绝向被保险人付款或拒绝承兑远期汇票。为此，保险人将与被保险人共同采取相应措施，如再次提示付款或提示承兑等。

4. 破产

买方或银行在付款或承兑前，宣布破产，导致其无力偿付债务，此时，保险人将会同被保险人先了解货物的情况。若买方尚未提货，保险人将要求被保险人先行处理货物，如转卖等；若买方已经受领货物，保险人将要求被保险人及时向当地法院申请破产债权，以求日后获得破产账产清偿。

## 二、索赔

可能损失发生后，经保险双方的共同努力，最终可能没有挽回损失。在此情况下，被保险人可向保险人提出索赔请求，并在保险单规定的期限内填制索赔申请书、索赔单证明细表等，向保险人提交有关的证明文件，办理索赔事宜。

## 三、定损核赔

定损核赔是出口信用保险发挥其保障作用的重要表现，也是保险人在损失发生后，进行理赔，确定保险责任，补偿被保险人损失的过程。这一过程包括以下程序：审核索赔单证、审核被保险人的义务履行情况、调查损失原因、确定赔偿责任、计算赔偿金额和支付赔款等环节。

## 四、追偿与分摊（享）

追偿是指保险人以自己的或以被保险人的名义，亲自或委托国外的追账公司或律师事务所等专业机构，向国外债务人（进口商或银行）追讨其所欠被保险人的债务的行为。

在追偿过程中，既可能追回欠款，又要产生追偿费用。追偿费用包括调查费、诉讼费、仲裁费、律师费、公证费、认证费、执行费等，以及追回欠款后向追偿公司等支付的佣金等。

若被保险人自己追讨欠款所产生的各种费用，则由被保险人自己承担。

若被保险人委托保险人追讨欠款，依照短期险保险条款的规定，按不同情况分别处理：若查明被保险人所受损失属于保险人的承保责任，则由保险人与被保险人按照各自权益比例分摊追讨费用；若查明被保险人的损失不属于保险人的承保范围，则追讨费用由被保险人自己承担。但作为优惠措施，中信保可承担除诉讼费、律师费、仲裁费和佣金以外的追讨费用。

同理，若保险人追回欠款，依照上述保险条款的规定，该款项按照保险人和被保险人在保单项下各自的权益比例分享；但被保险人或其代理人从买方或开证银行追回或收到的任何款项，在与保险人分享前，视为代保险人保管，被保险人应在收到上述款项后 10 个工作内将保险人应得的部分退还给保险人。

## 案例分析

### 案例 14-1：买方拒收风险案例

#### 案情简介①

国内 Z 公司与非洲某国买方 T 公司于 2007 年 7 月首次开展贸易，出口价值 7 万美元的烧碱，贸易支付方式为 D/PAT SIGHT。

2007 年 7 月 15 日，买方通过电子邮件将代收行信息提供给 Z 公司。Z 公司发货后按照 D/P 操作规则，将正本装船提单等单据通过国内托收行寄往买方指定的代收行。单据在途期间，Z 公司为了解单据寄送情况，致电买方提供的银行联系方式了解单据情况。Z 公司发现买方提供的该银行联系方式为个人电话，而不是银行对公电话。Z 公司预感到风险，立即通过国内托收行核实买方提供的代收行信息，发现买方提供的代收行地址、代码等信息均无误，但联系电话非代收银行电话。经询问买方，买方称该电话为代收行单据处理部门负责人 A 的私人电话。

因上述操作不符合托收方式惯例，且 Z 公司与买方 T 公司为首次合作，不了解 T 公司的信用状况。因此，在担心存在银行与买方串通欺诈的情况下，Z 公司当即要求托收行将正本单据退回，并寻求中信保的帮助。

#### 案件处理

中信保立即对本案涉及的代收行进行调查，发现该银行为非洲该国第一大银行，在世界银行排名中靠前，未发现联合买方欺诈出口商的不良记录。因此，中信保建议 Z 公司立即通过国内托收行发送电文联系代收行，要求代收行确认是否与买方达成了托收业务，并请代收行核实其单据处理部门负责人的姓名。代收行答复：买方在该行未设有银行账户，且代收银行也无 A 员工。代收行同时建议，如担心买方风险，可要求买方出具经代收行背书的保函。

在中信保的协助下，Z 公司联系买方要求其出具付款保证函，并要求进行银行背书。买方按要求出具了付款保证函但不愿意交由银行背书，并要求 Z 公司尽快按照合同约定寄交单据，否则将不再收取货物。

根据上述信息，中信保判断代收行联合买方欺诈的可能性较小。同时，虽然在此托收贸易中买方确实较为可疑，但没有足够的证据表明买方欺诈/违约或者即将进行欺诈/违约，如此时 Z 公司不按照合同约定将单据寄送代收行，则 Z 公司可能面临被追究违约责任的风险。但此时货物即将到港，如不尽快采取措施将产生额外的滞港等费用。因此，在基本排除银行欺诈的情况下，中信保建议 Z 公司继续通过国内托收行联系代收行对公部门寄送单据，并促请代收行务必严格按照 D/P 操作规则在买方付款后才可放单。Z 公司按照上述建议，于 8 月 7 日再次通过国内托收行将单据重新寄送代收行，并通知买方按时付款赎单。

此时，Z 公司反馈，国际市场上烧碱的价格大幅下跌，本案货物的市场价已经降为 5 万美元。中信保立即提示 Z 公司，鉴于本案买方的各种风险信号和产品市场价格的下跌，应预防买方拒收风险的发生。在中信保的协助下，Z 公司开始就本案项下涉及的烧碱寻找

① 资料来源：孙嫦婵．从一则案例看买方拒收风险［M］．国际商报，2008-08-15。

新的买方，并进行初步接洽，以应对可能发生的拒收风险。

2007 年 8 月 8 日，货物按期运抵买方指定港口；8 月 10 日，正本单据寄至代收行；8 月 14 日，托收行收到代收行电文通知：T 公司以 Z 公司未按照其要求的方式寄送单据（T 公司指示使用“FEDEX”寄送单据）为由拒绝付款赎单，并要求代收行将正本单据退回。

经向国内托收行了解，该行全部单据由 DHL 承运寄送；托收行同时表示，按照托收惯例，单据的寄送方式只要没有影响单据的到达，并不构成买方拒绝付款赎单的理由。

Z 公司立即与 T 公司联系，要求其立即到银行付款赎单，但 T 公司称目前当地市场的烧碱价格下降且行情低迷，不愿付款赎单，在表示歉意的同时让 Z 公司另寻买家。

拒收风险项下，减损措施一般有三种：一是运回国内；二是将货物在当地转卖；三是折价卖给原买家。结合本案实际情况，中信保对上述三种方案进行了比较分析。

由于货物退运成本过高，且退关手续复杂，中信保经评估后优先考虑后两种方案，在当地对货物进行减损处理。

鉴于 Z 公司首次打入该非洲国家，在该国尚无其他客户关系。因此，中信保首先尝试了第三种方案，即由 Z 公司询问 T 公司在降价的情况下是否愿意接受货物。但 T 公司回绝了 Z 公司的提议，明确表示不愿意接收货物。于是，中信保全力协助 Z 公司寻找新的买家以处理该批货物。

由于较早认识到了风险发生的可能性，并已及时对 Z 公司进行了预警，Z 公司已提前半个月在当地寻找新的买方。8 月 22 日，经同行介绍，Z 公司在邻国寻找到了新买方 U 公司，U 公司同意以 D/P AT SIGHT，6.5 万美元的价格接受该批货物。经中信保查询，U 公司在当地拥有良好的信用记录。通过执行上述转卖方案，本案最终损失被控制在 1 万美元以内。

### 案例 14-2：未规定检验条款的货物质量争议不容忽视

#### 案情简介①

2006 年 4 月，中国出口商 A 与印度尼西亚买家 B 签订了价值 90 万美元的纺织品出口合同，合同约定的付款方式为 D/A 90 天。此后，A 公司根据合同约定，如期出运了全部货物，但是 B 公司在承兑提货后仅支付了 20 万美元的货款，其余 70 万美元货款一直拖欠未付。同时 B 公司致函 A 公司并指出，A 提供的商品存在颜色不一致、款式不符、长度不一等多处质量问题，并提出将货物打折或者将剩余货物退回 A 公司等解决方案。由于投保了出口信用保险，A 公司在收到 B 公司的函电后，并未直接回复，而是将案件委托中信保进行处理。

#### 案件处理

通过对案件的分析可以发现，本案争议的核心问题是 B 公司提出的货物质量异议能否成立。由于纺织品并不属于法定必须检验的商品种类，B 公司提出的质量问题能否成立，只能根据合同约定的检验条款和检验标准进行判断。由于双方合同中没有任何关于货物质量检验条款的约定，中信保在收到案件后对相关国际公约和国际惯例的规定进行了详细的了解。

《联合国国际货物销售合同公约》第 38 条规定：“（1）买方必须在按情况实际可行的最短时间内检验货物或由他人检验货物。（2）若合同涉及货物的运输，检验可推迟到货

---

① 资料来源：魏广远．未规定检验条款的货物质量争议不容忽视［M］．国际商报，2007-08-31。

物到达目的地后进行。”第 39 条第（1）款规定：“买方对货物不符合同，必须在发现或应当发现不符情形后一段合理时间内通知卖方，说明不符合同情形的性质，否则就丧失声称货物不符合的权利”。此外，《华沙-牛津规则》第 19 条规定：“若买方没有被给予检验货物的合理机会和进行检验的合理时间，则不应认为买方已经接受了货物。此种检验是在货物到达买卖合同约定的目的地进行，还是装船前进行，可由买方自行决定。在完成此项检验后 3 天内，买方应将其认为不符合买卖合同的情况通知卖方。若不按此通知，买方便丧失其拒绝接受货物的权利。”

此外，中信保在调查中获悉，B 公司并未就该批货物申请相关检验，更没有证明货物品质的有关证书，而且该批货物已经投放市场销售。

综合考虑上述因素，中信保采取了相对强硬的追讨措施，直接致函 B 公司，若其不能支付拖欠的全部货款，将直接对 B 公司提起诉讼。此时，B 公司再次提出了支付 50 万美元了结全部债务的方案，但在方案中并未提及将剩余货物退回 A 公司的问题。分析 B 公司的态度，中信保认为其之所以拖欠货款并非货物品质真的存在问题，只不过是想以此为借口达到扣减甚至拒付货款的目的。但 A 公司出于维持与 B 公司贸易关系的考虑，不希望采取法律措施。在这种情况下，经贸易双方多轮反复谈判，A 公司最终成功收回 62 万美元，案件得以圆满解决。

**启示与建议**

分析本案的处理过程，可以发现，B 公司提出货物质量异议的根本目的在于拖欠货款，并非是货物真的存在质量问题。根据中信保的追账经验，国外买方以货物质量为由拖欠货款的现象在国际贸易实务中十分常见，如何有效规避此类风险，充分维护出口商的自身利益，是中国出口企业在签订国际贸易合同过程中不容回避的课题。

（一）最好在合同中约定质量检验条款。若买卖双方在贸易合同的签订阶段，明确约定有关检验标准、检验地点、检验机构和最终检验权的归属，可以在一定程度上保护出口商的权益。此外，出口商最好还能在合同中明确约定合理的检验期限和质量异议期，这是因为买方提出的任何超过合同约定期限的索赔主张，一般都不会得到法院或仲裁机构的支持。

（二）了解相关检验机构。随着国际贸易的发展，各国都设立了官方或民间的检验机构，可进行不同种类的货物检验活动，若能在合同中约定权威的质量检验机构，则可在一定程度上规避检验机构的道德风险。目前，国际上比较知名的检验机构主要有 SGS 集团、英国劳氏船级社（LR）、德国技术监督协会（TüV）、瑞典电气设备检验所（SEMKO）、美国保险商实验室（UL）和中国 CTI 华测检验机构等。上述机构只是众多检验机构的一部分，买卖双方可以在合同中约定任何具备合同商品检验资质的机构进行检验，但出口商最好在此之前对合同约定的检验机构及其检验标准有所了解，因为不同机构对同一产品的检验可能会得出并不完全相同的检验结果。

### 案例 14-3：FOB 条件下卖方无法行使中途停运权案

**案情介绍**[①]

国内出口商 A 公司从 2011 年 6 月起分批向澳大利亚买家 B 公司陆续出口价值 29 万美

① 资料来源：郝凌宇．从一宗破产案看中途停运权．国际贸易与出口信用保险案例集［M］，2012：66-69。

元的货物，支付方式为OA 90天。货物出运后，A公司及时向中信保申报，并向买方提供了全部单据。而令A公司始料不及的是，在距离应付款日前大约1个月的时候，买家在没有任何通知或预警信息的情况下，指定破产管理人进入自愿管理程序。A公司在收到破产管理人发来的破产通知后，立即委托中信保进行处理。

**案件处理**

中信保在接到委托之后，迅速委托海外律师向破产管理人提交债权登记书，并参加第一次债权人会议。通过审理A公司提供的贸易单证，中信保发现在A公司出口的货物中，最后一批出运日期为2011年8月3日（价值约7万美元），正好是买家进入自愿破产程序的前一天。中信保根据其在其他英美法系国家的业务经验向澳洲律师咨询，最后一批货物的货款是否可以以管理费用的名义获得优先清偿或对此批货物行使取回权。澳洲律师告知，澳大利亚破产法并不具有优先清偿的相关规定，目前出口商对最后一批货物唯一有效的减损措施就是行使中途停运权。结合律师反馈意见，中信保一方面跟踪买家自愿破产程序，积极参与破产分配的谈判和安排；另一方面搜集、研究行使中途停运权的可行性及相关程序、形式要求。

1. 澳大利亚法律中有关中途停运权的规定

在澳大利亚行使中途停运权主要是依据澳大利亚1958年《货物法》第50至第52条的相关规定，即若买方破产而尚未支付货款，卖方有权取回运输中货物的货权直至买方清偿货款。由此可见，行使中途停运的一个重要前提条件就是确认货物处于"运输"状态。对此，澳大利亚法律有较为详细的规定：（1）货物从被交付给承运人直至被买方或买方货物代理提取为止，均被视为"运输"状态。（2）若货物运至指定目的地，且承运人告知他代表买方或其代理人持有货物，并将作为买方或其代理人而继续占有货物，则"运输"状态中止。（3）当货物是由买方所租船只承运的情况下，将视个案而定货权是归属于承运人还是买方。

2.《联合国国际货物销售合同公约》中的有关规定

在《公约》"预期违约的救济"部分对卖家行使中途停运权做出规定：（1）若订立合同后，另一方当事人由于下列原因显然将不履行其大部分重要义务，一方当事人可以中止履行义务：a. 他履行义务的能力或他的信用有严重缺陷；或b. 他在准备履行或履行合同中的行为。（2）若卖方在上一款所述的条件成立以前已将货物发运，他可以阻止将货物交付给买方，即使买方持有其有权获得货物的单据。

结合本案的具体情况和相关法律规定，中信保发现：（1）根据澳大利亚法律规定，在买方尚未提取货物的情况下，卖方可以向法院主张中途停运权；经查，本案项下的货物于2011年8月16日到港并完成装卸，而A公司在8月19日才委托中信保处理这批货物，初步推测买方可能已提货，A公司已错过主张中途停运权的最佳时机。（2）本案涉及交易的贸易术语是FOB条件，即由买方租船订舱，而根据上述澳大利亚法律规定，此时货权是否移转给买方尚需根据个案情况而定，也就是卖方是否享有中途停运权又多了一个变数。（3）A公司得知B公司破产后，为确保全部债权得到及时确认，A公司已将最后一批货物作为破产债权向破产管理人申请登记；律师判断，A公司申请中途停运权有可能引起破产管理人或其他债权人的反诉，而反诉的相关费用可能高达数万美元，相比较全部货值7万美元，此举并非一个经济的选择。

综上，中信保与A公司认为，虽然理论上可以尝试主张中途停运权，以挽回部分货物，但本案因错过了行使中途停运权的最佳时间，加大了申请获得支持的不确定性和成本，再考虑货物退运或转卖的差价和费用，最终处理结果可能得不偿失。因此，当前最有效的追偿途径是密切跟踪自愿破产程序，积极与债务人及其他债权人谈判并争取获得最有利的破产分配方案。

**案例启发**

1. 出口商应密切跟踪买家经营和资产动态，及时了解买家风险变化，以便第一时间采取有效的风险控制措施。在应付款到期前，出口商不能只是被动等待，而应与买家保持定期沟通，一方面维护良好的合作关系，把握买家经营动态；一方面及时了解货物和付款是否存在争议，提醒买家按时履行付款义务。当出口商从买家或同行处获得任何风险信号时，出口商应及时采取风险控制措施，包括加大催款力度和频度，停止新的出运，要求买家提供各种形式的付款保证等，同时，尽早通知保险人，以便在保险人专业的指导下有效减损。

2. 确保对合同执行过程中重点交易环节和风险点的管控。随着国际贸易方式的多样化、流程的电子化和分工的细分化，越来越多的贸易环节被外包给不同功能的专业机构，从而使合同执行过程中诸多环节已不在出口商的直接掌握中，如货物运输、单据制作和流转、资金往来等，尤其是交易链条长、关系复杂的交易中，一旦货物出运，出口商对后续的合同执行情况可能会面临信息“真空”，甚至“失控”的风险。如本案中由B公司负责租船订仓，A公司货交承运人后几乎与货物失去联系，难以及时了解货物何时到港、是否提取，丧失了有效减损的最佳时机。因此，出口商既要关注签约、发货、收款等核心流程，也要严格控制运输、保险、对账、催款等重点交易环节和风险点，才能确保实现完整、安全的交易。

### 案例14-4：印度大额货款追偿纠纷案

**案情简介**①

中国A公司于2005年5月至12月向印度买家B公司出口价值90万美元的货物，支付方式为D/A 120天。货物出运后，B公司拖欠全部货款。由于投保了出口信用保险，A公司于2006年3月17日就B公司拖欠款项90万美元委托中信保代为追讨。

**案件处理**

1. 及时调查B公司资信状况

据A公司介绍，B公司是印度电视机行业OEM中的领先企业，2004年至2005年生产了85万台CTV，其前身系LG的合资企业，现控股股东为G家族。B公司近年来一直处于高速扩张期，资产最高值超过100亿卢比（约合20亿人民币）。

经调查追偿，中信保了解到B公司近年的财务状况持续恶化，2006年3月31日统计的销售额、营业收入和利润均较前一年同期有大幅缩水，在2003年至2005年一直处于亏损状态。

---

① 资料来源：罗苓宁．一宗大额印度追偿案件的启示［J］．国际商报，2007-07-27。

2. 深入分析B公司行业背景及拖欠原因

A、B公司自1999年建立贸易关系以来，合作一直比较顺利，贸易金额逐年增加，B公司成为A公司在印度主要的合作伙伴。B公司总裁于2005年12月初患喉癌入院，公司经营受到很大影响，再加上生产规模的持续扩张，资金链异常紧张，几乎停止了全部的对外付款。同时，B公司的纯平电视显像管生产线投产后一直不稳定，且2005年起印度CRT电视机市场日趋低迷，B公司仅能维持1/3的产量，无法如期实现投资回报。

3. 了解印度法律制度，选定追偿方案

鉴于案件金额较大，且B公司认债态度明确，A公司曾考虑通过要求B公司逐步清偿欠款的方案继续维持合作关系，前提是B公司先偿还至少100万美元，并为后续出运提供付款担保。B公司虽然表示出挽救企业、偿还债务的愿望，但一直不接受该方案。同时，B公司的大部分生产线已经停产，无法获得融资和原材料供应，曾有意收购B公司的买主也纷纷退出，B公司的财务和经营状况岌岌可危。为加大追偿力度，争取在B公司大量的债权人中占据有利地位，中信保决定启动法律程序。经与追偿律师共同分析，若在印度进行普通民事诉讼，通常需要耗时2到3年；且B公司现有银行抵押债务已远远高于其资产现值，获得清偿的可能性微乎其微。同时，在印度存在另外一种效率相对较高的法律程序——申请债务人停业整顿，此程序的特点之一是申请人可以随时撤回申请，即根据实际需要适度控制法律进程。

**印度法律程序**

1. 印度停业整顿程序规定

根据印度公司法案第433、434条的规定，在债权无争议的情况下，债权人可以书面要求债务人在21天内偿还债务，这是法律规定的最低还款期限；若债务人在规定期限内未能还款，债权人可向债务人公司注册地的高等法院提出强制债务人停业整顿的申请。

法院将在受理申请后的3到4周内举行首次听证会，若债务人对停业整顿存在异议，可以在接下来的听证会上抗辩并证明。若法庭不支持债务人的抗辩，通常会要求债务人提出债务解决方案或即时付款。通常债务人需向法庭提交一份还款计划，由法庭征求债权人意见；若债权债务双方在6到12个月的谈判之后无法达成一致的解决方案，债权人可以公告法庭作出的债务人停业整顿的判决。公告之后，债务人还有最后一次机会提出延期，如果债务人已无还款能力或意愿，法庭将指定一个清算人，负责在6到12月的时间内恢复债务人正常运行或走向破产清算。在中信保申请债务人停业整顿之后，法庭先后召开了三次听证会；在庭外，经过与债务人的多轮谈判，中信保洞察到B公司已有放弃企业的念头。

2. 印度金融和工业重组委员会决定的法律效力

果然，债务人根据印度不良工业公司法案，在法院第四次听证前自愿向印度金融和工业重组委员会申请破产保护。根据印度法律规定，印度金融和工业重组委员会做出的有关债务人进入破产保护程序的决定具有准司法性质，一经做出，法院即予认可。中信保经过多方努力取得债务人向印度金融和工业重组委员会提供的破产保护证明文件。通过详细分析，发现债务人只是利用了财务处理手法使其账面表现为资不抵债，但要获得法院支持需要大量而复杂的取证和法律程序，且此类案例的成功率非常低。尽管追偿前景不容乐观，中信保仍一方面指示律师抓紧时间搜集B公司不当账务处理的证据，以延缓B公司破产重组程序的启动；另一方面广泛联络国际商账买卖公司和投资人，希望将A公司的债权打包卖断，尽快实现经济收益。

**启示与建议**

本案是买家缺乏还款意愿和还款能力而拖欠巨额货款的典型案例。这类案件在确立债权方面往往争议不大，但由于买家总债务规模庞大，沉积多年的管理和财务痼疾一触即发，多个债权人的强力追讨经常导致买家“破罐子破摔”，使追偿工作陷于困境。处理此类案件有以下几点启示和建议：

1. 注重事前调查，全方位了解买家资信情况，同时将买家纳入其所在行业进行全面考量。

B公司近年来一直处于高速扩张中，销售额稳步上升，但盈利能力较弱；虽然总资产超过100亿卢比（约合20亿人民币），但短期流动性很差，资金链极为脆弱，风险较高。同时，在中国信保调查B公司可分配资产时发现，B公司在与A公司进行交易时就已将全部资产抵押给贷款银行，银行有担保债权已超过B公司的现有资产。也就是说，即使获得胜诉判决或债务人破产清算，就债务人现有的账面资产，很难得到经济补偿。且在此情况下，银行继续提供资金支持的可能性极小，B公司走向破产的结局亦是预料之中。

2. 针对家族企业或者个人控股的买家，要同时关注企业主要负责人或控股股东的个人变化。

B公司最大股东董事局主席个人控股63.1%，此人全权负责公司日常运营，对于B公司的命运起了决定性作用。因此，一旦此人出现健康、道德、股权等负面信息，往往会出现青黄不接、管理失控等严重后果，无法保障公司的正常经营。

3. 了解债务人所在国的相关法律制度，选择成本、效果及可控性最优结合的追偿手段。

此案中B公司的银行有担保债务超过其资产总额，若采取普通民事诉讼程序，即使获得胜诉判决也难以获得经济补偿，只会白白投入大量的时间和诉讼费用。因此，在B公司积极采取各种措施挽救公司的阶段，中信保选择了更快捷、更经济的法律程序——强制停业整顿程序，从而向B公司施加更大压力，督促其尽快提出合理有效的解决方案。而随着B公司经营情况的恶化，其逐步显示出放弃公司的消极态度，并主动申请破产保护后，中信保通过合理的法律程序延缓其走向破产保护的进程，从而为探索其他追偿方案，如引入外部投资人买断债权等，争取充足的时间。

## 复习思考题

1. 中信保已开办了哪些短期出口信用保险业务？每种业务都承保哪些风险？其承保范围是什么？

2. 中国短期出口信用保险投保单有哪些主要内容？

3. 中国短期出口信用保险保险单条款的主要规定有哪些？

4. 了解短期出口信用保险其他单据的内容。

# 第十五章　中国中长期出口信用保险

**本章学习重点**

中长期出口信用保险是承保信用期限在 1 年以上的出口收汇风险的保险。主要支持大型机电产品、成套设备出口和海外工程承包项目。这些出口项目金额大、期限长、融资需求强烈。这些项目的出口收汇风险比较大，因此需要政策性的出口信用保险支持来扩大其出口，并且鼓励信贷机构为出口商和购买本国商品及服务的外国进口商提供信贷或融资便利。

中国中长期出口信用保险主要有出口卖方信贷保险和买方信贷保险。因此，读者在研读本章过程中，应重点掌握以下内容：

1. 中长期出口信用保险的特点及作用；
2. 出口卖方信贷与出口买方信贷的概念、程序与做法；
3. 出口卖方信贷保险承保的风险范围，以及投保人资格和投保条件；
4. 出口卖方信贷保险的业务程序；
5. 出口买方信贷保险承保的风险范围，投保人资格及投保条件；
6. 出口买方信贷保险的业务程序；
7. 了解中国信保的中长期出口信用（延付合同）保险条款的主要内容。

## 第一节　中长期出口信用保险的概念、特点及作用

### 一、中长期出口信用保险的概念

中长期出口信用保险（Medium and Long-term Export Credit Insurance）是指承保信用期限为 1 年至 10 年（经协商，特殊项目的期限可为 10 年以上），出口商或银行在贸易或投资等对外经济活动中，因境外政治风险或商业风险而遭受损失的一种信用保险。

中信保开办中长期出口信用保险的宗旨是，支持中国商品和服务的出口；鼓励信贷机构为中国出口商提供融资便利；鼓励信贷机构向购买中国商品和服务的外国进口商提供信贷。目前，中信保开办的中长期出口信用保险是出口卖方信贷保险和出口买方信贷保险。

### 二、中长期出口信用保险的特点

与其他出口信用保险一样，中长期出口信用保险是出口国政府为了支持和鼓励本国出

口和境外工程承包，实施国家贸易战略和进行宏观经济调整的重要政策目标和措施。因此，中长期出口信用保险具有浓厚的政治色彩和极强的政策性。概括而言，中长期出口信用保险具有以下特点：

（一）服务于国家的经济和政治利益

任何国家的政府都有其特定的经济与政治目标和利益，但提高国内就业水平，增加外汇储备，带动相关产业的发展，扩大出口，加强与其他国家的经济与贸易交往，增强经济实力和国际竞争能力，则是所有国家的经济与政治的共同特点。为此，各国政府普遍采取的手段和措施之一就是，依靠政府的支持和国家的力量开办中长期出口信用保险，为出口企业转移收汇风险，为其获得低成本的融资提供便利。

（二）以国家信用为保证，以政府财力为后盾

由于中长期出口信用保险所承保的项目均为一些期限长、金额大、风险高的出口项目，一般商业保险公司不愿承保。但这些项目对出口国的经济发展，实现国家的经济与政治目标具有重要意义，只有政府的大力支持才能获得发展。因此，国家对中长期出口信用保险的支持首先以国家信用为保证，从立法上明确规定中长期出口信用保险业务由国家账户管理，其保险责任为国家债务，其最终承担人为财政部。为此，国家财政对信用保险机构依法注资，设立专项出口信用保险基金，规避风险。

（三）政策性保险，保本经营

中长期出口信用保险的直接目的是，促进本国大型机电产品、成套设备出口和开展境外工程承包，以此带动相关产业的发展，实现经济增长的目标。因此，国家设立政策性保险机构开办中长期出口信用保险业务，帮助出口商扩大出口，开拓国际市场，由国家为其提供收汇风险保障。这一特点决定了中长期出口信用保险的非营利性，在保本经营方式下运作，国家在税收等方面给予优惠政策。

（四）保险期限长，风险高，管理难度大

由于中长期出口信用保险期限均在 1 年以上，有些长达 10 年，加上在这期间进口国的政治环境以及进口商的经营状况可能会发生较大的变化，因此，这种信用保险面临的政治风险和商业风险比短期险更高，由此而导致其管理难度加大。这也是其难以商业化的根源所在。

## 三、中长期出口信用保险的作用

由中长期出口信用保险的特点决定，它在一国的经济发展中，特别是在对外经济活动中发挥着不可替代的作用。

（一）保障收汇安全，避免巨额损失

与短期出口信用保险一样，中长期出口信用保险的最直接表现是向出口商提供收汇安全的保障。但由于承保的期限较长，中长期出口信用保险所面临的政治风险和商业风险更高，一旦发生收汇风险，出口商将会遭受巨额损失，甚至是致命的损失。因此，若投保了中长期出口信用保险，将风险转移给保险人获得收汇风险保障，从而避免巨额损失。

（二）获得融资便利，扩大出口规模

由于大型机电产品、成套设备出口和境外工程承包需要巨额资金，完全依靠企业自有资金难以实现，因此，中长期出口项目通常要获得融资支持。

中长期出口项目的融资方式主要两种形式，一是获得政府的优惠贷款，二是获得商业性的出口信贷。政府的优惠贷款主要是低息或贴息贷款，为保证偿还政府贷款，出口商（借款人）需要借助中长期出口信用保险获得收汇风险保障；换言之，政府通过出口信用保险在信用和信用风险方面给予补偿。商业性出口信贷是大型出口项目融资的主要方式之一，若出口商投保了中长期出口信用保险，有了保险人的收汇风险保障，出口商可较容易地获得商业银行的贷款。因此，中长期出口信用保险为出口商的融资提供了便利，由此可扩大出口规模。

（三）灵活选择支付方式，增加贸易机会

对出口商而言，采用信用证支付方式，开立汇票，收取货款是比较安全的结算方式。但由于中长期出口项目的期限较长，金额较大，即使采用信用证支付货款，也无法使用汇票。因此，中长期出口项目的进口商往往要求分期付款或延期付款（OA）。但这些支付方式对出口商来说，则面临着巨大的收汇风险。若出口商接受进口商的支付方式，将其收汇风险转嫁给信用保险人，则会大大增加贸易机会。

## 第二节　中国出口卖方信贷保险

出口卖方信贷保险（Supplier's Credit Insurance）是中信保的中长期出口信用保险业务之一。该险对出口商以延期付款方式出口设备等资本货物，并在卖方信贷融资方式下可能产生的出口收汇风险加以承保。

### 一、出口卖方信贷

出口卖方信贷，是指在大型机械装备与成套设备贸易中，为方便出口商以延期付款方式出卖设备融资，出口商所在地的银行对出口商向国外进口商出售设备、技术和劳务而提供的一种贷款。出口卖方信贷具有以下特点：

1. 卖方信贷是中长期的人民币贷款，资金并不出境；
2. 卖方信贷一般使用中国人民银行颁布的指导利率；
3. 卖方信贷的商务合同一般采用延期付款方式，出口商发货后不能即期收汇，且必须承担汇率风险和进口商的信用风险；
4. 出口商必须在资产负债表上反映出该笔负债。

目前，中国绝大部分出口卖方信贷由中国进出口银行提供，其利率比商品贷款优惠。根据出口项目的不同，中国进出口银行将出口卖方信贷分为六类：

1. 设备出口卖方信贷；
2. 船舶出口卖方信贷；
3. 高新技术产品出口卖方信贷；
4. 一般机电产品出口卖方信贷；
5. 对外工程承包贷款；
6. 境外投资贷款。

出口卖方信贷的程序与做法是：

1. 出口商（卖方）以延期付款或赊销方式向进口商（买方）出售大型机械装备或成

套设备。在这种贸易方式下，出进口商签订合同后，进口商先支付 10% ~ 15% 的定金，在分批交货验收和保证期满时，再分期支付 10% ~ 15% 的货款，其余 70% ~ 80% 的货款在全部交货后若干年内分期偿还（一般每半年还款一次），并支付延期付款期间的利息。

2. 出口商（卖方）向其所在地的银行商借贷款，签订贷款协议，以融通资金。

3. 进口商（买方）随同利息分期偿还出口商（卖方）货款后，根据贷款协议，出口商再用以偿还其从银行取得的贷款。

出口商向银行借取卖方信贷，除按出口信贷利率支付利息外，并须支付信贷保险费、承担费、管理费等。这些费用均附加于出口成套设备的货价之中，但每项费用的具体金额进口商不得而知。所以，延期付款的货价一般高于以现汇支付的货价，有时高出 3% ~ 4%，有的甚至高出 8% ~ 10%。

## 二、出口卖方信贷保险承保的风险范围

出口卖方信贷保险是在卖方信贷融资方式下，保险公司向出口商提供的用于保障出口商收汇风险的一种政策性保险，对因进口国或进口商的政治风险或商业风险导致出口商在商务合同下应收的延期付款损失承担赔偿责任。

因此，该险对出口商承保以下风险：

1. 进口商和担保人破产、倒闭、解散和被清算；
2. 进口商自付款日起 6 个月仍未按合同支付货款，而且担保人也未履行合同；
3. 进口国颁布法律，使进口商合法欠债和改变付款货币种类；
4. 进口国发生政治事件、经济困难，阻碍或延误进口商履行付款义务；
5. 进口国政府政策致使合同无法执行；
6. 进口国发生战争、暴乱，致使合同无法执行。

## 三、投保人资格与投保条件

出口商若决定投保出口卖方信贷保险，必须符合下列资格和条件：

1. 出口项目符合进出口双方国家法律、法规，且不得损害中国国家利益；
2. 投保时，进口国的政治风险应属于中信保险可接受的风险范畴，且投保金额不超过投保时进口国国家限额的余额；
3. 买方和担保人的信用较好；
4. 投保人是在中国注册的具有相关出口经营权和资质的法人。在与中信保的合作经历中，不存在不良记录或违约行为；
5. 出口的标的应主要为中国生产的资本性货物、半资本性货物和与之相关的服务。船舶类产品的国产化比例一般不低于 50%，其他机电产品、成套设备的国产化比例一般不低于 70%，海外工程承包项目的中国成分应符合国家的相关规定；
6. 出口项目技术可靠，经济效益较好，且符合进口国的环保规定；
7. 商务合同金额应不低于 100 万美元；
8. 商务合同应规定有一定比例的现汇付款或预付款。船舶类产品交船前进口方现汇支付比例不低于合同金额的 20%，其他机电产品、成套设备的预付款比例一般不低于合同金额的 15%；

9. 延付期自商务合同约定的买方第一笔还款日起，至最后一笔还款日止，一般不超过10年，大型项目最长不超过12年。宽限期为商务合同生效至延付期开始之前的期限，视项目的规模和复杂程度确定，但原则上不应超过建设期或发运期2年。项目信用期（宽限期与延付期之和）最长不超过15年；

10. 买方延期付款利率应反映市场利率水平，原则上不得低于融资成本。

### 四、出口卖方信贷保险业务程序

若出口商决定投保卖方信贷保险，保险人同意承保，通常情况下，一笔保险业务大致需要经历以下程序：(1) 买卖双方签订贸易（商务）合同。(2) 进口商向该国银行申请开立延期付款保函，由该银行对延期付款进行担保。(3) 进口国的担保银行接受进口商的申请后，应对向出口商提供信贷融资的银行（卖方信贷银行）开立延期付款保函，开始承担担保责任。(4) 当卖方信贷银行接到进口国担保银行开立的保函后，将其转递给出口商，出口商可凭此投保。(5) 当出口商接到保函后，依据投保单的相关内容，填制投保单，并向保险人发出投保的要约。(6) 保险人接到出口商的投保要约后，开始对进口商以及进口担保银行的经营状况进行资信调查，对其风险进行科学的评估，以决定是否或如何承保。(7) 若保险人在风险评估后接受了出口商的投保要约，则保险人与出口商协商承保条件和条款，达成协议后向出口商签发保险单。至此，保险合同成立。(8) 保险合同成立后，出口商与卖方信贷银行协商贷款协议，达成一致后，该银行向出口商发放贷款。(9) 出口商与卖方信贷银行签订保险单项下的权益转让协议，约定一旦出口商获得了保险人的赔偿后，出口商应以该赔偿金额偿还银行的贷款。(10) 出口商按贸易（商务）合同的规定，向进口商发运合同货物，履行贸易（商务）合同义务。(11) 进口商按有关协议向开立保函的担保银行分期支付货款，履行贸易合同和保函协议的义务。(12) 当进口担保银行接到进口商的货款后，再向卖方信贷银行分期偿付贷款。(13) 卖方信贷银行接到进口担保银行转来的进口商支付的货款后，再与出口商结算贷款。(14) 若进口商的分期付款出现风险，最终将导致卖方信贷银行损失，因此，该银行将依据协议向保险人索赔损失。

### 五、出口卖方信贷保险除外责任

保险人对下列损失不承担赔偿责任：

1. 出口商不履行商务合同或违反法律所导致的损失；
2. 汇率变更引起的损失；
3. 因进口商的罚款或惩罚性赔偿引起的损失。

## 第三节 中国出口买方信贷保险

出口买方信贷保险（Buyer's Credit Insurance）是中信保的中长期出口信用保险的另一项业务。它是指在出口买方信贷融资方式下，向贷款银行提供的还款风险保障。在出口买方信贷保险中，贷款银行是被保险人。投保人可以是出口商或贷款银行。在该保险下，贷款银行可以保证按期足额收回贷款本金和利息。

## 一、出口买方信贷

出口买方信贷是指，在大型机械装备或成套设备贸易中，由出口商（卖方）的银行贷款给外国进口商（买方）或进口商的银行，用于支持进口商以即期付款形式购买出口商的产品、服务或技术的一种贷款。贷款银行可以是出口国银行，也可以是第三国银行。

出口买方信贷包括直接贷款给进口商和直接贷款给进口商银行，该银行再转贷给进口商两种形式。

出口买方信贷具有以下特点：

1. 买方信贷是一种中长期跨国的外汇贷款；

2. 买方信贷一般使用 OECD 组织公布的商业参考利率或以 LIBOR 为基础的浮动利率；

3. 买方信贷的商务合同可采用 L/C、D/P 付款方式，出口商发货后可即期收汇，不承担汇率风险和进口商的信用风险；

4. 出口商无须负债。

出口买方信贷的程序与做法是：

（一）直接贷款给进口商（买方）

这种买方信贷的程序与做法是：

1. 进口商（买方）与出口商（卖方）洽谈贸易，签订贸易合同后，进口商（买方）先缴付相当于货价 15% 的现汇定金。现汇定金在贸易合同生效日支付，也可在合同签订后的 60 天或 90 天支付。

2. 在贸易合同签订后至预付定金前，进口商（买方）再与出口商（卖方）所在地银行签订贷款协议。这个协议是以上述贸易合同作为基础的。如果进口商不购买出口国的设备，则进口商不能从出口商所在地银行取得此项贷款。

3. 进口商（买方）用其借得的款项，以现汇付款条件向出口商（卖方）支付货款。

4. 进口商（买方）对出口商（卖方）所在地银行的欠款，按贷款协议的条件分期偿付。

（二）直接贷款给进口商（买方）银行

这种买方信贷的程序与做法是：

1. 进口商（买方）与出口商（卖方）洽谈贸易，签订贸易合同，进口商（买方）先缴付 15% 的现汇定金。

2. 签订合同至预付定金前，进口商（买方）所在地的银行与出口商（卖方）所在地的银行签订贷款协议。该协议虽以前述贸易合同为基础，但在法律上具有相对独立性。

3. 进口商（买方）银行以其借得的款项，转贷给进口商（买方），后者以现汇条件向出口商（卖方）支付货款。

4. 进口商（买方）所在地银行根据贷款协议分期向出口商（卖方）所在地的银行偿还贷款。

5. 进口商（买方）与进口商（买方）银行间的债务按双方商定的办法在国内清偿结算。

上述两种形式的买方信贷协议中，均分别规定进口商或进口商银行需要支付的信贷保险费、承担费、管理费等具体金额，这就比卖方信贷更有利于进口商了解真实货价，核算进口设备成本，但有时信贷保险费直接加入贸易合同的货价中。

## 二、出口买方信贷保险承保的风险范围

该险承保借款人和担保人因政治和商业原因不能遵守协议规定偿还贷款本金和利息的风险。

但下列情况保险人不承担责任：

1. 被保险人违反保险单或贷款协议导致的损失；
2. 被保险人的过失导致保险单或贷款协议部分或全部无效。

## 三、投保人资格和投保条件

在该险下，投保人资格和投保条件与上一节中“出口卖方信贷保险”的标准基本相同。

## 四、出口买方信贷保险的贷款协议条件

1. 贷款协议的签订应符合协议双方国家法律和金融监管规定。

2. 还款期在 1 年以上。一般机电产品还款期原则上不超过 10 年，电站项目还款期不超过 12 年。

3. 贷款利率应参照同类贷款的市场利率水平，采用其他利率方式应符合中国信保公司的有关规定。

4. 贷款货币为美元或其他中国信保公司可接受的货币。

## 五、出口买方信贷保险业务程序

在出口买方信贷保险中，投保人既可以是出口商，也可以是贷款银行，因此，两种投保人业务程序也有所差别。

### （一）出口商为投保人的业务程序

这种保险业务通常是在将贷款直接提供给进口商的情况下承保的，因此，进口国的银行是转贷银行，买方信贷银行为被保险人，出口商为投保人。其业务程序如下：（1）出口商与进口商订立买卖合同，并约定以买方信贷形式偿还货款；（2）出口商以贷款银行为被保险人（或受益人）向中信保（保险人）申请投保出口买方信贷保险，提出保险要约；（3）保险人接到出口商的投保要约后，对进口商和进口商的转贷银行的经营状况进行资信调查，对其风险予以科学的评估，以决定是否或如何承保；（4）若保险人在风险评估后，接受了出口商的投保要约，则双方订立保险合同，出口商向保险人缴纳保险费，保险人对买方信贷给予承保，至此，出口买方信贷保险合同成立；（5）保险人向出口商所在地的提供买方信贷的银行签发以其为被保险人（或受益人）的保险单，保险合同生效；（6）出口商所在地的提供买方信贷的银行与进口商的转贷银行签订买方信贷协议，贷款银行开始提供买方信贷；（7）进口商的转贷银行与进口商再签订转贷协议，将买方

信贷款项转贷给进口商；（8）出口商按照买卖合同（商务合同）的约定，向进口商发运设备，履行买卖合同的义务；（9）当进口商收到设备后，通知本国的转贷银行，用贷款即期向提供买方信贷的银行支付货款；（10）进口国的转贷银行接到进口商的上述通知后，以贷款即期向买方信贷银行支付设备的货款；（11）提供买方信贷的银行接到进口国转贷银行支付的货款后，即期向出口商支付项目设备的货款；（12）进口商依协议规定，按期每半年一次向转贷银行偿还贷款本息；同时，转贷银行也同样按期每半年一次向买方信贷银行偿还贷款本息；（13）出口商发运设备后，若在协议或合同规定的期限内，因进口商或进口国转贷银行的风险（商业风险或政治风险）无法使提供买方信贷的银行获得偿还的贷款本息，当然出口商也无法获得设备货款，此时，作为被保险人的买方信贷银行可依保险合同的约定向保险人索赔损失。

（二）贷款银行为投保人的业务程序

这种保险业务是在将贷款直接提供给进口商银行的情况下承保的，因此，提供贷款的银行既是投保人，也是被保险人；而进口商银行则具有三重身份，即借款银行、转贷银行和担保人。其业务程序如下：（1）出口商与进口商订立买卖合同，并约定以直接贷款给进口商银行的买方信贷形式偿还货款；（2）贷款银行以自己为投保人和被保险人向中信保（保险人）申请投保出口买方信贷保险，提出保险要约；（3）保险人接到贷款银行的投保要约后，对进口商和作为借款人、转贷人和担保人的进口国银行的经营状况进行资信调查，对其风险予以科学的评估，以决定是否或如何承保，同时，保险人还要对出口商的出口情况予以审查；（4）保险人在对出口商、进口商以及进口商的银行进行风险评估后，若接受投保要约，则与贷款银行签订买方信贷保险协议，由投保的贷款银行支付保险费，保险合同成立；（5）提供出口买方信贷的银行与作为借款人、转贷人和担保人的进口国银行签订买方信贷协议，由前者向后者提供出口买方信贷款项；（6）进口商向其所在国的借款人、转贷人和担保人的银行申请开立保证付款的保函；（7）作为借款人、转贷人和担保人的进口国银行向出口地的提供买方信贷的银行开立保证付款的保函；（8）贷款银行接到付款保函后，向出口商转递该保函；（9）出口商接到贷款银行转递来的付款保函后，向进口商发运项目设备，履行其买卖合同的义务；（10）进口商收到设备后，通知本国的借款银行向贷款银行以贷款即期支付项目设备的货款；（11）进口商的借款银行接到进口商的上述通知后，向出口国的贷款银行以贷款即期支付设备的货款；（12）当贷款银行收到借款银行偿还的贷款后，向出口商即期支付项目设备的货款；（13）进口商收到设备后，按照合同规定，按时每半年一次向借款银行偿还贷款本息；（14）进口国借款银行按照贷款协议的规定，向出口国的贷款银行按期偿还贷款本息；（15）若进口商或借款银行由于商业风险或政治风险无法偿还出口国贷款银行的贷款，则作为被保险人的贷款银行依照保险合同的约定，有权向保险人提出索赔。

## 六、中长期出口信用（延付合同）保险条款

中信保根据业务实践，制定了中长期出口信用（延付合同）保险条款，将其作为中长期出口信用保险的保单条款。投保人和被保险人对此必须有深入的了解和研究。

## 案例分析

**案例15-1：OA支付方式追偿案**

**案情简介**①

国内出口企业A和B自2007年6月起累计向以色列买家C出运价值70万美元的冬季服装，支付方式分别为OA 90天及OA 60天。

C公司收货后，未按合同约定期限付款。由于投保了出口信用保险，A、B两公司遂以买家拖欠为由向中国信保通报出险情况，同时委托中信保介入调查追讨。

**案件处理**

（1）海外调查结果。经中信保调查发现，A、B两公司分别自1999年及2001年与C公司建立贸易关系，其后一直合作良好。考虑到涉案金额较大，买家拖欠动机不明，中信保接到出险通知后，立即委托以色列律师进行调查。律师介入后，C公司亦委托其律师向中信保出具书面声明，全盘否认与A、B两公司之间的贸易关系，声称其只与另外一家D公司存在贸易关系；C公司同时指出，其正在向D公司就货物质量问题提出索赔，且已掌握以色列标准协会提供的检验文件证明货物确有质量问题。C公司以相关交易与A、B两公司无关为由，拒绝向中信保提供任何书面证明文件。

（2）被保险人反馈。据A、B两公司介绍，C公司系一家以色列家族企业，资金实力较强，每年均保持赴中国采购2~3次的频率。C公司在中国的采购过程中，每次均由D公司带领其直接到A和B公司看样、下单，A和B公司一直认为D公司即C公司在中国地区的采购代理。因此，对于C公司完全否认交易关系，A、B两公司深表意外。另据了解，除A、B两公司外，C公司还通过D公司向中国多家出口企业进行采购，目前拖欠货款总额一百余万美元。

（3）揭开真相。根据买卖双方提供的信息，结合双方历史交易记录，中信保初步推测，C公司之所以一反常态、否认交易，很可能是其经营和资金出现了严重问题。而进一步的调查，初步验证了中信保的判断，由于以色列去年下半年气候反常、冬季推迟，C公司从中国采购的冬季服装严重滞销，加之一个重要客户突然倒闭，导致C公司大量应收账款无法收回，元气大伤。至此，C公司通过否认交易以达到逃避到期债务的企图逐渐浮出水面。

（4）追偿难点分析。A、B两公司与C公司虽有多年交易历史，但一直未曾签署正式的贸易合同。虽然提单、发票等单据资料可以在一定程度上佐证或还原贸易事实，但作为证明A、B与C公司存在的合同债权债务关系直接证据，法律效力有限。此外，关于C公司与D公司之间的代理关系，C公司并未与D公司签署过任何正式的书面委托代理协议，C公司也未向D公司出具书面授权文件，A、B两公司也未曾要求D公司出具有关C公司的书面授权文件。

因此，如何确立A、B两公司对C公司的合同债权，成为推动本案后续追偿工作的难点。从现有证据材料判断，证明A、B两公司与C公司之间直接的合同债权债务关系存在一定的不确定性，唯一的突破口就是D公司的代理人身份，但A、B公司从未见过C公司向D公司出具的书面授权文件；而且，即便C、D公司之间存在授权代理文件，C公司面

---

① 资料来源：陈婧．从以色列追偿案看国际贸易风险防范［J］．国际商报，2008-10-10。

临追讨时也不可能主动出示。那么，在此案的后续追讨工作中，D公司将起到至关重要的作用：一种可能是，D公司出具C公司的授权文件，从而证明C、D公司之间的代理关系，据此可追及被代理人C公司的付款责任；另一种可能是，D公司没有C公司的书面授权文件，但可协助证明其与C公司之间的表见代理关系，同样有利于A、B两公司向C公司直接追索欠款。

本案中，因C、D公司之间没有签订任何书面的代理协议，且事后C公司亦未对D公司的行为予以追认，因此D公司的代理行为应属无权代理。虽然从双方交易历史和习惯推断，C公司和D公司的表现直接导致了A、B两公司将D公司视为C公司的采购代理，而将其与D公司的一切交易视同于与C公司的直接交易，理论上可以构成的表见代理。但在C公司不予认可、双方对簿公堂的情况下，A、B两公司面临的最大问题将是举证责任。此案的期望在于D公司积极配合，愿意出庭提供证人证词，协助证明其与C公司之间代理关系的存在。可以想见，若D公司与C公司沆瀣一气，则A、B两公司无疑将陷入既无人证、又无物证的尴尬境地。

**案例15-2：买方受市场影响延期付款案**

**案情简介①**

2005年年底至2006年年初，中信保陆续接到5家被保险人对某巴西买方F拖欠货款的通报，拖欠总金额近620万美元。5家被保险人分别以D/A或OA支付方式，180~240天支付期限出口化工品。对于拖欠的事实和金额，F予以确认，表示由于受当地市场及其他客观因素影响，导致公司资金流转困难，无法按期支付货款。

F为巴西国内主要农药供应商之一，2004年，在当地农药企业中排名第十四。F也是巴西唯一享有合法资格生产甲胺磷的企业，而甲胺磷是巴西前两大农产品——棉花和大豆种植所需的主要杀虫剂。中国信保各被保险人出口的化工品正是生产甲胺磷所需的中间体——精胺。

**案件处理**

由于买方F拖欠货款问题涉及多家被保险人，且金额巨大，中信保接到出险通知后，立即成立了专案追讨小组。经调查，5家被保险人中有3家已办理贸易融资且未归还融资款，因此受到来自银行方面巨大的还贷压力，并可能面临银行降低信用等级甚至取消信贷额度的风险。此外，世界第一大信用保险机构——德国EULER HERMES公司也对其被保险人向买方F的出口进行了承保，EULER HERMES保险项下发生拖欠1 400余万美元；2005年底，在中信保获悉F发生拖欠风险之前，双方已签订还款协议。被保险人内外交困，EULER HERMES又抢先一步与对方达成还款协议，形势异常严峻，中国出口企业已经被推向了风口浪尖。为尽可能挽回损失，最大限度保障国内出口企业权益，追讨小组修改了原定出访计划，提前赶赴巴西进行实地考察，了解F拖欠原因及其财务、经营状况，并就解决债务问题的方法和条件进行谈判。

经多轮反复磋商，追讨小组最终与F就债务重组的条件达成了初步意向，并签署了备忘录。2006年5月，5家被保险人、F与中信保签署了正式债务重组协议。根据协议，

① 资料来源：贾菲．买方受市场影响延期付款案［J］．国际商报，2007-03-16。

除明确还款方式及还款期限外，F还同意提供包括主要生产设备、相关财产权益等抵押；F的拥有者、最大股东Mr. M以全部个人资产提供个人担保。协议条件优于EULER HERMES与F签订的还款协议，为实现被保险人权益提供了更大、更有力的保障。

**案情评析**

本案是一起买方受市场影响拖欠货款的典型案例。买方F对拖欠事实供认不讳，并在与中信保及被保险人协商解决拖欠货款问题上表现出极高的诚意，但这并不能解决因其拖欠货款而给各被保险人及中信保造成的巨大损失。本案的处理过程，给我们带来以下几点启示和建议：

出口商应充分了解出口产品及目标市场整体情况。

本案各被保险人出口的产品（精胺）一般仅用于甲胺磷生产。甲胺磷由于本身毒性大、环保性差，多年前已被欧美和大部分亚洲国家禁止生产、销售和使用，目前仅在巴西和部分非洲国家允许使用。因此，在本案买方F拖欠后，库存出口货物无法转卖，只能寄希望于各方就债务重组达成协议。

另一方面，精胺作为中间体由于用途单一、市场规模小，目前仅我国和印度仍在生产，且我国是精胺的主要生产国。因此，出口企业应关注进口国政策法规变化和行业发展，及时调整生产结构，防患于未然。

出口商应充分了解进口国相关行业生产及销售惯例。

以巴西为例，农药销售具有地区特殊性。农药的终端用户一般是农场主，农场主在每年播种季节到来前与农药供应商签订购销合同。本案中，2005年巴西遭遇罕见的干旱，造成农产品产值大幅下降，农场主无法实现预期销售收入，拖欠农药供应商农药款，最终导致农药企业资金困难，难以偿付对外欠款。F也受到大环境影响，无力按期付款。

因此，被保险人应主动了解进口国或出口产品消费地的行业惯例及其他相关情况，根据当地特点：（1）选择最优支付方式。例如：本案涉及的买方为巴西农药供应商，被保险人可将应付款日选定在5~7月左右，其间买方资金较充足、对外实际支付能力较强；（2）参考市场变动信息，在可能出现收汇风险时，及时寻求其他解决方案。

出口商应完善应收账款管理手段，选择风险分散渠道。

据中信保了解，除本案中各被保险人外，中国还有其他精胺供应商对F的应收账款未能按期收回，且目前仍未收汇。而本案中的5家被保险人平均损失超过120万美元，都得到了中国信保的及时足额赔付。对于任何一家出口企业，数十万甚至上百万美元的损失都是难以承受的，不但会影响企业的再生产、采购和其他资金安排，也会影响企业的外汇核销、清偿银行融资款等。因此，出口企业应根据自身业务特点完善和丰富应收账款管理手段，选择收汇风险分散渠道，未雨绸缪，进行事前风险控制。

**案例15-3：追讨南非债务人案例**

**案件简介**[①]

2006年11月，中国出口企业A公司向南非买家B公司出口一批纺织品，价值8万美元，支付方式为D/A 120天。货款到期后，B公司以资金周转困难为由请求延期支付货

---

① 资料来源：耿丹梦．“以静制动”追讨债务人［J］．国际商报，2007-08-10。

款，但始终未履行还款承诺。由于投保了出口信用保险，A 公司随即委托中信保进行海外追讨。

**案件处理**

中信保与 B 公司进行接触后，B 公司负责人承认拖欠 A 公司货款，并在中信保的强烈要求下出具了书面认债声明。但 B 公司同时提出，由于资金周转困难，目前无力还款，因此无法出具还款计划。对于 B 公司的行为，A 公司表示极大的“愤慨”，并提出希望中信保采取更严厉的手段迫使 B 公司还款，同时提出了以下处理方案：

1. 对 B 公司提起诉讼，并对其采取财产保全措施

中信保在追讨过程中获悉，由于资金周转不灵，B 公司有申请破产的可能。一旦 B 公司申请破产，南非法院从受理破产案件到做出破产宣告至少需要 6 个月时间。同时，南非的破产法律程序采取的是“受理开始主义”，即在破产申请被法院受理之后，破产程序即发生效力。此时，对破产企业的诉讼以及胜诉判决的执行将自动停止，而债务人的财产也会作为破产财产转交法院指定的临时财产管理人，财产之上的保全措施同时被解除。

另一方面，即使 B 公司不申请破产，以 B 公司当时的财务状况，A 公司得到胜诉判决后也难以执行。

2. 给 B 公司设定最后还款期限，否则将申请其破产

虽然 A 公司作为债权人有资格申请 B 公司破产，但根据破产法中“位于同一序列的债权人公平受偿”的基本原则，一旦 B 公司进入破产程序，A 公司作为无担保的债权人就要同其他所有 B 公司的同类债权人平等分配 B 公司的财产。由于 B 公司的财务状况已经发生恶化，A 公司获得受偿的可能性极低，而 A 公司还要支付较高的破产申请费用（5 万南非兰特，约合 6 900 美元），所以此种做法很可能“得不偿失”。

鉴于 B 公司目前的状况，中信保认为 A 公司提出的追讨方案投入费用较高，也难以实现良好的追讨效果。虽然 B 公司现在无法支付还款，但由于其负责人掌握了一定的销售渠道，而且有继续经营的意愿，因此只要其继续经营，仍有追回欠款的可能，而一味使用法律手段只会加速 B 公司的死亡。

在此期间，中信保在持续跟踪此案中得知，B 公司的经营状况有所好转。借此机会，中国在同意减免部分债务的情况下，与 B 公司签署了还款协议，成功追回绝大部分欠款。

**建议**

本案是买家承认债务并有还款意愿，但因无偿付能力而拖欠还款的典型案例。追讨此类债务人时宜采用“以静制动”的策略。此处之“静”并不是不作为，而是保持冷静，在静中做好一切准备，待时机成熟后一举发力。在具体操作中，有以下几点建议：

1. 仔细分析买家财务状况，慎重选择法律手段

对于此类买家进行诉讼、仲裁，由于其不良的财务状况，很可能使我们投入较高的成本却无法取得实际的追讨效果，并有可能加速买家破产或关闭，使案件彻底失去可追性。

2. 密切关注买家动向，争取和解方案

虽然不宜采用法律的手段追讨买家，但对此类案件还应保持持续的关注，迫使买家在心理上存在危机意识。另一方面要抓住买家经营状况改善的时机，通过减免部分债务、分期付款等方式与买家达成还款协议，最大限度地追回欠款。在签署还款协议时，应尽可能地采取“小金额、多批次、短间隔”的方式，迫使债务人充分重视还款协议，按时履行；

同时也可以为我们实时监控债务人经营状况，及时采取相应的追讨措施奠定良好的基础。

## 复习思考题

1. 中长期出口信用保险有何特点？其作用表现在哪些方面？
2. 什么是出口卖方（或买方）信贷？其程序和做法是什么？
3. 出口卖方（或买方）信贷保险承保哪些风险？
4. 投保出口卖方（或买方）信贷保险必须满足哪些条件？
5. 出口卖方（或买方）信贷保险有哪些业务程序？
6. 出口卖方信贷保险与出口买方信贷保险有何主要区别？

# 第十六章　国外投资保险与出口信用担保

**本章学习重点**

国外投资保险是投资母国以本国信誉和国家财力支持和鼓励本国企业到海外投资的一种保障制度；出口信用担保是为了提升本国出口企业的信用等级，帮助出口企业解决融资困难，为出口企业或向出口企业提供融资的银行签发保函的业务。中信保提供上述两种业务。读者在研读本章的过程中应重点掌握以下内容：

1. 国外投资保险的概念、特点及其类型；
2. 中信保开办的投资保险种类；
3. 中信保开办的出口信用担保业务种类；
4. 中国出口信用担保业务程序。

## 第一节　国外投资保险

国外投资即国外直接投资（FDI，或称国际直接投资），是以控制国（境）外企业的经营管理权为核心的对外投资。作为国际资本流动的一种形式，国外直接投资是资本、技术、经营管理经验、国际营销网络等多种经营资源的一揽子移动。

### 一、国外投资保险的概念、特点及类型

国外投资保险（Investment Insurance）又称海外投资保证（Invest-ment Guarantee），是投资母国鼓励、保护本国海外投资的基本措施，是以政府信誉及国家财力为支撑，投资母国政府实施对外经济政策的重要工具，具有明显的政策性。

投资保险承保被保险人的投资项目因投资引进国的政治局势动荡或政府某项法令变动所引起的损失。由于投资保险承担比较大的责任，而且属特殊的政治风险，因此这种保险多由政府办理。

与其他政策性保险相比较，投资保险具有以下特点：

（1）保险机构一般是政府的职能部门或直属于政府的独立机构。在中国，中信用保是唯一从事政策性海外投资保险业务的机构。

（2）承保范围只限于政治风险，主要包括外汇险、征用险、战乱险等。

（3）保险的投保人只能是被保险机构或有关部门认定的合格投资者，且有特殊的认

定标准。

（4）保险只限于海外直接投资，并且是“新”的投资，有的国家还规定必须是在发展中国家进行的投资才有资格投保。

（5）保险赔偿数额一般不是赔偿投资的全部损失，而是按投保金额的一定比例进行赔偿。

（6）保险人在向被保险人支付了赔偿后，取得代位追偿权，有权向东道国要求赔偿。其目的不仅在于事后补偿，更重要的是在于防患于未然。当然其目标的实现一般需结合两国间双边投资保护协定的建立。

从各国的国外投资保险实践看，国外投资保险分为两种类型：一种是将双边投资保护协定作为国内进行海外投资保险的法定前提，即投资者只有到与本国签有双边投资保护协定的国家去投资才能投保，这种制度即双边投资保险制度。美国与加拿大是典型的实行双边投资保险制度的国家。另一种是不以本国政府与东道国政府订有双边投资保护协定为前提，即保险制度并不与双边投资保护协定挂钩，这种制度即单边投资保险制度。日本和中国均采用此制度。

## 二、中国的国外投资保险内容

中信保开办了国外投资保险业务。该险是为了支持和促进中国企业、金融机构向海外投资，鼓励和促进国（境）外投资者来中国大陆投资，为投资者因投资所在国（地区）发生的战争、禁止汇兑、征用、政府违约等政治风险而造成经济损失提供风险保障的政策性业务。

### （一）投资保险投保人资格

下列投资者可以投保中国海外投资保险：

1. 在中国境内（香港、澳门、台湾地区除外）注册成立的金融机构和企业，但由在中国香港、澳门、台湾地区的企业、机构、公民或外国的企业、机构、公民控股的除外；

2. 在中国香港、澳门、台湾地区和中国境外注册成立的企业、金融机构，若其95%以上的股份在中国境内的企业、机构控制之下，可由该境内的企业、机构投保；

3. 其他经批准的企业、社团、机构和自然人。

### （二）投资保险的种类

中信保目前开办了海外投资保险和来华投资保险。

1. 海外投资保险（Overseas Investment Insurance）

海外投资保险承保中国企业在海外的投资及其收益和为该项投资提供贷款的金融机构的贷款本金及应得利息，因投资所在国政治风险所造成的损失予以赔偿的保险。这也是贯彻“走出去”与“一带一路”倡议，利用国外资源和国外市场，鼓励中国企业进行境外投资的一种保险。

2. 来华投资保险（Inbound Investment Insurance）

来华投资保险又称境内投资保险，它是对外国及中国香港、中国澳门、中国台湾地区的投资者的投资和既得收益，以及为中国内地投资项目提供贷款的金融机构贷款本金及利息，因承保风险发生而遭受损失给予赔偿的保险。

（三）投资保险承保的投资种类

上述两种投资保险所承保的投资包括：直接投资（Direct Investment），其中又包括股权投资（Equity Investment）、股东贷款（Shareholder Loans）等；金融机构贷款（Loans）；其他经批准的投资形式。

由任何金融机构进行的旨在支持直接投资的贷款和融资交易，都可由该金融机构投保海外投资保险。

（四）投资保险承保的风险

上述两种投资保险承保下列风险：

1. 征收（Expropriation）。这是指投资所在国政府采取批准、授权或同意对投资实行强行征用、没收、国有化或扣押等行为，使投资者无法建立或经营企业或者剥夺、妨碍投资者的权益。至少连续 360 天丧失上述权益或至少 180 天影响其货币资产。

2. 战争破坏和因战争不能经营（War Damage and Inability to Operate due to War）。这是指投资所在国参与的任何战争（无论是否宣战）和诸如国内革命、内战、叛乱、暴乱、政治性大规模骚乱或恐怖行为等类似战争的行为，造成企业有形财产的损失和因战争行为导致企业不能正常经营至少连续 120 天造成的损失。

3. 汇兑限制（Restrictions on Transfer and Conversion）。这是指投资所在国政府实施的阻碍、限制投资者将当地货币兑换为可自由兑换货币或汇出投资所在国的措施，或者使投资者必须以远高于市场汇率的价格才能将当地货币兑换为可自由兑换货币或汇出投资所在国的措施，至少连续 90 天不能汇兑或不得不以歧视性汇率汇兑。

4. 政府违约（Breach of Contract due to Government Political Incidents）。这是指投资所在国政府非法地或者不合理地取消、违反、不履行，或者拒绝承认其出具、签订的与投资相关的特定担保、保证或特许权协议等。

（五）投资保险的保额

海外投资保险有两个保险金额，即最高保险金额和当期保险金额。

最高保险金额，是指保险人在承诺保险期限内所承担的责任总限额。该限额在初始保险期限开始时，由被保险人选择决定，并经保险人同意。被保险人续保时，可以要求调低最高保险金额。最高保险金额还将在赔款发生后自动相应减少。对股权保险而言，最高保险金额一般应至少相当于承诺保险期内，某一保险期限中被保险人有可能遭受损失的投资与收益之和的最大值，但一般不超过投资额的 300%；对债权保险而言，最高保险金额应为贷款本金和利息之和。

当期保险金额，是指当前保险期限保险人所承担的责任限额。该限额在当期保险期限开始时，由被保险人选择决定，并经保险人同意。当期保险金额还将在赔款发生后自动相应减少。对股权保险而言，当期保险金额一般应相当于当期保险期限内的投资额与预期收益之和；对于债权保险而言，当期保险金额应为当期保险期限开始时，尚未偿还的贷款本金与当期利息之和。

（六）投资保险的期限

该险的保险期限有两个，即承诺保险期限和初始保险期限。承诺保险期限至少相当于项目的投资回收期（对于股权保险）、债权回收期（对于债权保险），通常为 3 年至 20 年；初始保险期限一般为 3 年，此后每期为 1 年。首期届满后，投保人是否续保有自由选择权，保险人无权拒绝续保。

（七）投资保险的费率和保费

该险的保险费率主要考虑投资所在国、投资形式、保险合同期限、投资项目、投保风险等因素，视具体情况按每一种投保风险分别厘定单一风险费率。每一投保风险的保险费率约为保险金额的0.25%~0.5%；既可投保单一风险，也可投保综合风险。

保险费=当期保险金额×保险费率×当期年限+(最高保险金额-当期保险金额)×15%×保险费率×当期年限

（八）投资保险的保单种类

该险的保险单可以分为以下3种：

1. 股权保险单（Equity Insurance Policy）；
2. 股东贷款保险单（Shareholder Loan Policy）；
3. 贷款保险单（Financial Institutions Loan Policy，又称金融机构贷款保险单）。

（九）投资保险的代位追偿权

同其他保险的代位追偿一样，在投资保险下，保险人一旦向被保险人赔付后，即可代位取得被保险人有关投资的一切权利，包括资产所有权、债权、索赔权等。向东道国代位追偿的权利，其依据还包括国际法关于外交保护权的一般原则。

（十）双边投资保护协定

双边投资保护协定（Bilateral Investment Guarantee Agreement）是指为调整国家间的直接投资关系，保护外国投资者的合法权益，维护良好的投资环境，由两国政府之间签订的一种互相促进和保护投资的双边条约。它在一定程度上能够起到防范政治风险的作用。中国已与110多个国家签署了双边政府间相互促进和保护投资的协定。

（十一）投资保险的除外责任

根据中国投资保险条款的规定，保险人对被保险人下列投资损失，不负责赔偿：

1. 被保险人的投资项目受损后造成被保险人的一切商业损失。
2. 被保险人及其代表的违背或不履行投资合同、或故意违法行为导致政府有关部门的征用或没收造成的损失。
3. 被保险人没有按照政府有关部门规定的期限汇出汇款而造成的损失。
4. 原子弹、氢弹等核武器造成的损失。
5. 投资合同范围以外的任何其他财产的征用、没收造成的损失。

（十二）投资保险索赔与赔款处理

根据中国投资保险条款的规定，按以下原则处理索赔与赔款：

被保险人应自获悉或应当获悉风险发生之日起30天通知保险人，并在该日起18个月内提出索赔。索赔时，被保险人应填写索赔申请书，并按保险人的要求提供有关详情，包括证实和支持有关索赔的真实性、有效性及索赔金额的文件、资料和信函等。

保险人的赔偿，股权保险的赔偿比例为90%；债权保险的赔偿比例为90%~95%。

## 三、投保国外投资保险的准备工作

若投资者有意投保海外投资保险，则应为此做好以下准备工作，以便及时、准确地办理投保事宜。

（一）投保者情况资料

投资者的情况资料包括：营业执照复印件、具有外贸权/外经权的证明、近三年的年度报告和财务会计报表、与投资项目相关的经验和能力证明资料。

（二）投资情况介绍

投资情况介绍包括：投资方式、投资金额、投资进度计划；出资方式、自有资金的金额和比例；融资方式和比例、融资机构（名称与地址）；还贷期限、还贷计划；投资回收计划等。

（三）投资项目情况介绍等

投资项目情况包括：投资项目背景情况及简要介绍；项目建议书和可行性研究报告；建设期限和经营期限；项目目前进度；项目受中国和东道国（地区）政府的关注程度；项目对中国和东道国（地区）的积极影响，特别是对项目所在地的自然环境和人文环境的影响等。

（四）项目企业情况介绍

项目企业情况介绍包括：项目企业名称、地址、成立日期、注册资本、法律性质、法人代表；项目企业章程、投资者占项目企业股权的比例等。

（五）合资方情况介绍

若项目企业是与东道国（地区）或他方合资设立，则应提供合资方的相关资料，其内容与上述（四）基本相同。

（六）与投资项目相关的协议

这些协议包括：已经或准备与东道国（地区）政府和其他合作方签订的与投资项目相关的特许权协议、投资保护协议、投资协议等。

（七）国内批准文件

中国政府相关部门批准的各种文件等。

（八）东道国（地区）政府文件

东道国（地区）政府相关部门批准的各种文件等。

（九）东道国（地区）的相关规定

东道国（地区）的相关规定包括：东道国（地区）政治、经济情况介绍；现行的或将要颁布的针对外国投资的征收和国有化；当地货币和其他可自由兑换货币之间的汇兑；外汇的取得、使用及资本和利润的汇出；投资回收、合资企业中外商股权转让等各方面的相关规定。

此外，投资者还必须准备项目企业目前经营状况及最新的经审计的财务报表等其他相关资料。

## 四、中国的国外投资保险投保程序

凡符合投保人资格的投资者均可投保中国海外投资保险，并按下列程序办理保险投保手续，保险人审核后决定是否承保。

（一）询保

若投资者对投资项目有投保意向，则可主动与保险人接触，向其咨询投保事项。保险双方当事人相互沟通信息，为未来的投保和承保做好准备。

（二）投保兴趣函

若投资者准备投保，但投资项目尚未最后核准，投资者可填写保险人提供的海外投资保险兴趣函申请书，并提交相关资料。保险人若有意向承保，则出具海外投资保险兴趣函，收取审核费，对项目风险进行初步评估审核。

（三）投保意向书

当投资项目被核准后，投资者若决定投保，则向保险人提交海外投资保险意向书申请书，提供相关资料；保险人若有意承保，则出具海外投资保险承保意向书，收取审核费，对项目风险进行评估审核。保险人出具的海外投资保险承保意向书有效期为半年，到期可展延一次。在此基础上，双方可继续洽谈，投资者可着手办理贷款等事宜。

（四）承保

投资者若最终决定投保，则填制投保书，同时提交全部相关资料，向保险人正式提出投保要约。保险人若最终同意承保，则向投保人提出承保方案，签发保险单，保险合同正式成立。被保险人在保险单签发之日起 30 日内缴纳保险费。

（五）保单续转

若被保险人在当期保险期限将届满时，决定续保，则应在期限届满前 60 天填写续保申请书，向保险人提出续保申请。保险人审核后，若同意续保，则向保险人签发续保通知书。

## 第二节　中国出口信用担保概论

### 一、中国出口信用担保的发展

出口信用担保业务（Bond and Guarantees）是中信保为中国国内出口企业和提供出口融资的银行提供的一种金融服务业务。该项业务是一项为了提升中国出口企业的信用等级，帮助企业解决出口融资的困难，支持企业开拓海外市场，向中国出口企业和提供出口融资的银行给予担保所签发的保函业务。

金融是市场经济的核心，而金融是建立在信用的基础之上的。借贷必须以双方恪守信用为前提，失去信用就意味着摧毁了金融的基础。但在一些市场经济发展不发达，信用经济不平衡的国家或地区，出口信贷融资风险较大，银行普遍存在惜贷现象。随着融资业务需要量的增加，越来越多的出口企业需要出口信用的担保，帮助其解决出口融资的困难。

目前，中国的出口信用担保业务尚处于起步和发展时期，中信保是唯一从事与出口相关及与信用保险相关的政策性担保业务的保险机构。其担保业务主要是支持国内企业的一般贸易产品、大宗机电设备产品、高新技术产品的出口和对外工程承包等。政策性出口信用担保业务的目的是，使企业的商业信用转变为金融信用，提升企业的信用等级，增强出口企业的国际竞争力水平。中国越来越多的国内企业参与国际竞争，国内资本海外投资逐渐增加，出口企业对出口信用担保的需要也随之增加。中信保通过加强对企业开拓新兴市场的支持，对新行业和各种贸易方式的支持，担保业务不断扩大。目前，中国出口信用担保业务客户遍及中国大中企业。

## 二、中国出口信用担保业务种类

目前，中信保开办的出口信用担保业务，主要有融资担保和非融资担保两大类。融资担保主要是为中国出口企业向国内银行、政府部门等机构融入或申请用于出口的贷款或专项基金提供还款担保。此类担保又分为出口项目贷款融资担保和出口流动资金贷款融资担保；非融资担保主要是为中国企业提供履行出口合同或对外工程承包所必需的保函。

## 三、被担保人的基本条件

中信保对申请被担保的企业要求应满足以下条件：

1. 符合《境内机构对外担保管理办法》中对被担保人的规定；
2. 符合国家的外交、外经贸政策，优先支持机电设备、船舶出口和工程承包项目；
3. 产品或项目具有良好的国际市场竞争力；
4. 企业经营状况和财务状况良好，企业履约记录良好，无不良记录；
5. 企业综合效益较高，有偿债能力。

## 四、融资担保

### （一）融资担保的含义

融资担保（Financial Guarantee），是指担保人直接向为出口商发放出口贷款的银行提供担保，保证在贷款发生损失时，由担保人给予赔偿的一种担保业务。其担保范围限于出口商的融资还款风险，因而称之为融资担保。

这种方式的担保业务，对银行而言，比单纯的信用保险所提供的保障更为全面。因为在单纯的信用保险项下，出口商转让保险单权益是有条件的，即在出口商按合同履约的情况下，因进口商的商业风险或政治风险而使融资银行的贷款遭受损失，则可以通过信用保险获得部分赔偿；但若作为被保险人的出口商违反保险合同，保险人则依据保险单的除外责任条款拒绝赔偿。这样，银行的贷款损失就无法获得补偿。而融资担保则是无条件的，即无论出口商在出口信用保险中是否存在违约行为，融资银行的贷款损失都可以获得担保人的补偿。

目前，中信保的融资担保业务，主要是出口项目贷款融资担保和出口流动资金贷款融资担保。这两项担保业务占中信保总担保业务的90%以上。

### （二）出口项目贷款担保

中信保的出口项目贷款担保业务，主要是为某一出口或海外投资项目提供的融资担保，担保的资金只能用于出口或投资项目的前期投入，项目收汇或收益用来还贷。该担保的期限通常不超过10年，出口项目的最低合同金额一般不低于50万美元。

根据项目类型的不同，出口项目贷款担保可分为出口卖方信贷项目融资担保、出口买方信贷项目融资担保和海外投资项目融资担保三种。

1. 出口卖方信贷项目融资担保

出口卖方信贷是出口国银行为支持本国商品的出口而直接向出口商提供的贷款。出口卖方信贷项目融资担保是指，担保人应卖方信贷借款人（出口商）的申请，向卖方信贷银行出具的书面保证，保证借款人及时偿还贷款本息和相关费用。

2. 出口买方信贷项目融资担保

该项担保业务只适用一些对买方信贷有特殊要求的国别或地区，使用范围较小，一般与出口买方信贷保险共同使用。

3. 海外投资项目融资担保

为了落实和贯彻国家“走出去”战略，响应“一带一路”倡议，中信保对中国企业到境外投资设厂项目、海外资源开发项目等提供融资担保服务。

（三）出口流动资金贷款融资担保

该项担保业务主要为高新技术产品出口、一般机电产品及大宗农产品的出口提供流动资金贷款担保，贷款期限限制在 1 年，最长不超过 3 年。该项担保的担保人承担以下风险：出口企业经营风险、收汇风险、还款风险和道德风险。由于流动资金贷款的风险点较多，为此，中国出口信用保险公司在提供该项担保业务时，需要对贷款企业实行严格的考核与评估。

## 五、非融资担保

（一）非融资担保的含义

非融资担保（Non-financial Guarantee），是指担保人向进口商（受益人）保证出口商按照进出口双方签订的合同履行其义务，因担保范畴不包括出口商的融资需求和还款风险，因而被称之为非融资担保。

中信保可直接对外出具非融资担保函，也可以通过国内外其他金融机构转开此类保函。目前，中信保开具的非融资担保函有投标保函、履约保函、预付款保函和质量维修保函等。

（二）投标保函

投标保函（Bid Bond），是指担保人应投标人的申请，向招标人保证投标人中标后，履行标书规定的责任和义务的书面保证文件。

在国际贸易或工程承包中，大型机械设备的买卖或工程项目的承建招标，通常要求投标人提供标价金额的 1%～5% 的投标保函，保证投标人在其投标的有效期内不撤标、不改标、不更改原报价条件，以及一旦中标后，投标人将按标书的规定，在一定时间内与招标人签订合同并提供履约保函，否则，招标人将依据投标保函索赔。

投标保函的生效日为保函的开立日，若投标人流标则发标日为失效日。但若投标人中标，只有按保函的规定提交履约保函，投标保函才可失效。

（三）履约保函

履约保函（Performance Bond），是指担保人根据出口商或工程承包商（即中标人）的申请，向进口商或业主（招标人）出具的保证出口商或中标人履行合同项下的责任和义务的书面文件。

按照国际惯例，履约保函的担保金额一般为合同金额的 10%～20%，但某些国家要求履约保函的担保金额等于合同金额。若招标人要求履约保函的担保金额较高，则对出口商或中标人的风险较大。因为招标人可能将巨额保函在国际资本市场上融资后，最终毁弃合同，这样则给出口商或中标人及担保人造成巨大损失。

（四）预付款保函

预付款保函（Advance Payment Bond），是指担保人出具的保证出口商或工程承包商履行合同项下的责任和义务，否则退还进口商或业主预付的定金的书面保证文件。

预付款保函通常在进口商的预付款到达出口商的账户后生效，否则极易导致敞口保函，一旦进口商无理索赔并未预付的定金，则出口商或担保人将十分被动，有可能须以自身资金赔偿进口商。

（五）质量维修保函

质量维修保函（Quality Maintenance Bond），是指担保人出具的保证如果出口货物质量或工程质量与合同规定不符，国内出口商或工程承包商应及时更换、维修，否则担保人将按保函金额赔偿国外进口商或业主的书面保证文件。

## 第三节　中国出口信用担保业务程序

在国际贸易或对外工程承包中，若出口商或工程承包商提出担保申请，中信保将按下列程序办理对外担保业务。

### 一、初审与受理

当中信保接到申请人提出开立保函的申请和提交的相关项目资料后，对该担保项目进行初审，并决定是否接受申请。

（一）提交材料

担保申请人提出担保申请时，一般应提交以下材料：

1. 申请担保报告书，其内容包括：项目介绍、资金来源、合同（投标）价格、支付方式、合同生效条件；申请担保项目的种类、金额、期限等；担保申请人以前经营同类项目的业绩；拟采用的反担保方式等。

2. 经过年检的营业执照副本（复印件）、业务简介以及近三年经审计的财务报表等资料。

3. 贸易合同或标书副本；项目批准文件。

4. 若采用信用反担保安排，反担保人经年检的营业执照副本（复印件）、业务简介和近三年经审计的财务报表等资料。

5. 保函或保证合同文本；可行性研究报告等资料。

（二）不予受理的项目

若担保申请人和反担保人有下列情况之一的，中信保将不予受理：

1. 近三年经营连续亏损，资不抵债；

2. 存在严重不良银行记录；

3. 不具备该项目经营权或没有相关项目的批准文件；

4. 履约能力没有保障，存在不良履约记录等。

（三）初审

中信保按照下列要求对担保申请人所提供的材料进行初审：

1. 申请材料齐全；

2. 项目符合国家有关政策；
3. 符合担保机构担保条件的要求；
4. 担保申请人和反担人经营和财务状况良好；
5. 保函或保证合同条款符合担保机构惯例或可接受的格式；
6. 保函开立路径可行。

（四）受理

通过上述程序对担保项目有关材料初审后，认为可以接受担保的，中信保决定受理，并根据担保申请人的要求，出具担保意向书，通知申请人安排相关的反担保。

若对暂不受理的担保项目，中信保将函告申请人落实相应条件；对不予受理的担保项目将函告申请人并退还所有材料。中信保在收到申请人齐全材料的10个工作日内给予是否受理的答复。

## 二、审查与评估

中信保决定受理担保后，要对担保项目、担保申请人以及其他关系人等事项进行审查与评估。审查与评估的内容通常包括以下几个方面：

（一）担保项目

对担保项目的审查与评估包括：项目是否属于担保机构支持的范围；项目批件是否完备（对可行性研究报告的批复等）；项目配套资金是否落实；项目风险；市场状况、经济与社会效益；出口商、承建商、供货商的资信和履约记录；进口商、业主的资信等。

（二）担保申请人

对担保申请人的审查与评估包括：出口或工程承包经营权、经营范围、经营业绩或履约能力；近三年的经营及财务状况；在银行的信用记录；企业领导人与管理人员结构等。

（三）贸易合同或标书

对贸易合同或标书的审查与评估包括：合同或标书的主要条款、生效条件、各方当事人的权利与义务规定，特别是对担保人承担的担保责任的要求。

（四）反担保

对反担保的审查与评估主要是对反担保方式或反担保人的审查与评估。反担保方式包括保证金、信用反担保、抵押或质押反担保。

若担保申请人提供信用反担保，则应审查与评估反担保人的资信及近三年的财务状况；反担保人的贷款证件复印件；反担保合同的金额、币种应与担保申请书一致；反担保合同中提及的合同号、担保申请人与受益人等应同担保申请书一致，其付款条件和责任必须不低于担保的条件和责任；反担保合同的期限应长于担保合同的期限，并随担保合同的展期自动展期。

若担保申请人提供抵押反担保，则应对抵押物进行审查与评估。若担保申请人提供质押反担保，则应对质押物进行核查。

（五）保函或保证合同（担保合同）

对保函或保证合同的审查与评估包括以下几方面：

1. 保函或保证合同是否符合担保机构惯例或可接受的格式；
2. 保函或保证合同的受益人是否与出口合同规定一致；

3. 保函或保证合同是直开还是转开，通知行或转开行是否明确；
4. 落实保函或保证合同的开出路径；
5. 保函或保证合同的条款是否与出口合同一致、责任是否明确；
6. 不得提供金额开口和有效期开口保函或保证合同；
7. 保函或保证合同是否规定了金额递减条款、适用法律能否被接受；
8. 原则上不接受其他银行对保函或保证合同加以保兑；
9. 保函或保证合同只能以硬通货或担保人可接受的其他币种计价。

## 三、落实担保与开立保函

经上述审查与评估，中信保同意为项目提供担保后，则需要落实与开立保函。

（一）办理反担保手续

担保项目被批准后，被担保人与中信保签订有关法律文件，办理反担手续。

若以保证金方式提供反担保，则被担保人向担保人缴存保证金；若以抵押方式提供反担保，则被担保人须与担保人签订抵押协议，办理抵押物登记和公证手续；若以质押方式提供反担保，则被担保人须与担保人签订质押协议，办理质押品登记和公证手续。

（二）收取担保费

担保人向被担保人收取担保的有关费用，包括担保费、境外银行通知费或转开费、修改费及其他费用。上述担保费原则上在对外提供保函或保证合同时一次收取，特殊情况下，也可分次收取。

（三）开立保函或签订保证合同

在落实了反担保、收取担保费，并对保函或保证合同文本确认无误后，担保人开立保函或签订保证合同。

担保与被担保关系明确后，在担保期内，担保人将对担保项目、被担保人、反担保人等进行跟踪调查，进行担保后期管理，其内容包括：资金到位与使用情况、项目合同执行情况、被担保人的经营与财务状况等。

## 四、担保责任的终止

保函或保证合同的有效期结束后，担保人的担保责任自动终止。同时，反担保合同也相应解除。若以保证金作为反担保的，保证金在担保责任终止后的5个工作日内退还被担保人，并退还有关利息；若以抵押或质押作为反担保的，在保函或保证合同注销后，解除抵押或质押关系。

## 五、索赔与代偿

在保函或保证合同有效期内，如果被担保人（债务人）不能履行其义务时，受益人将向担保人提出索赔请求。担保人将依照保函或保证合同，代债务人向债权人（受益人）履行债务。

担保人接到索赔通告后，将核实索赔理由和索赔条件，并将索赔通知转交被担保人。担保人要求被担保人在5个工作日内将不少于索赔金额的赔付准备金汇至担保人指定的账户，否则通知反担保人准备履行反担保责任。

若受益人提交的索赔文件与保函或保证合同规定相符，经各方努力仍无法在索赔有效期内通过其他途径解决索赔问题，担保人将履行担保责任，向受益人赔偿。赔偿受益人之后，担保人垫付的资金、利息和有关费用，由被担保人或反担保人承担，或处理抵押或质押物品加以补偿。

## 案例分析

### 案例 16-1：合理运用价款担保案例

**案情简介①**

国内 A 公司自 2006 年 1 月起与美国 B 公司进行贸易往来，B 公司在交易初期的付款情况正常，且双方的贸易量不断增加。2006 年 12 月，A 公司根据贸易合同的约定向 B 公司出运 14 柜货物，货物到港后，B 公司以资金短缺为由拒绝付款提货。由于投保了出口信用保险，A 公司遂向中国信保通报了存在的可能损失，并委托中信保进行海外追讨。

2007 年 2 月 7 日，B 公司致电 A 公司称因货物滞港时间过长，如再不付费清关，港口将对货物进行拍卖。考虑到每日高达 1 600 美元的滞港费用和较大的货物转卖预估损失，A 公司准备在 B 公司支付少量货款并出具付款保证函的前提下将货物电放给 B 公司，并就相关问题征求中信保的专业意见。

**案件处理**

在接到 A 公司的放货申请后，中信保对案情进行了深入分析，同时进一步了解了 B 公司的资信情况。经了解，买家付款能力出现问题的主要原因是其关联方经营出现严重亏损，资金供给链条中断，可以说 A 公司出运的 14 柜货物是当时盘活 B 公司经营的重要筹码。然而，B 公司提供的付款保证函（Payment Guarantee）措辞并不严谨且无相应财产担保，一旦 B 公司继续拖欠货款，A 公司难以获得充足的还款保证。

鉴于买家急于取得货物，中国信保建议 A 公司在针对这 14 柜货物设立“价款担保”（Purchase Money Security Interest）并对具体担保措施进行完善（perfection）的基础上，将货物电放放给 B 公司。B 公司提货后，顺利扭转了流动资金不足的被动局面，并于 2007 年 4 月支付了全部到期款项。

**案件分析**

国际贸易风云变幻，当买家因临时的资金链断裂而拖欠货款时，出口企业常常面临“财货两空”的风险。本案中，当买家出现风险异动信号后，中信保通过灵活运用“价款担保”条款，有效控制了应收账款风险，帮助买家盘活了生意，最终顺利地回笼了逾期货款。

（1）价款担保的法律意义。价款担保在美国属于一种较为常用的风险防范措施，旨在使卖方对货物本身拥有某种“权益”，从而使其获得担保债权人的地位。这种权益可以约定对货物的所有权保留，这一点类似于欧洲等地的“物权保留”（Retention of Title），即

① 资料来源：张雪．巧设价款担保从容面对风险［J］．国际商报，2007-07-06。

在买方付清全部款项之前卖方保留对货物的所有权；还可以约定买方对货物维护、避免货物被抵押以及协助进行担保的完善等义务。而且，在买方违约的情况下，卖方可以对设立价款担保的货物行使优先处置权（如直接从买方仓库取回货物，进行转售）。

在国际贸易中，出口商通常充当的是无担保债权人的角色。相对于银行和保理商等担保债权人而言，无担保债权人无法通过对抵押物品的变卖等措施得到补偿，因此当买家发生拖欠或破产风险时，出口商追回货款或获得分配的可能性将大大降低。通过设立价款担保，普通出口商有机会成为担保债权人，这无疑是一种防范风险的有效措施。

（2）签订价款担保合同的注意事项。虽然价款担保具有防范风险的作用，但是否可以在国际贸易中广泛应用呢？理论上这样做是可行的，但现实操作中会碰到诸多困难：

第一，价款担保合同的生效必须经由买家签字同意。在买方占据优势地位的行业里，如纺织行业，以目前国内出口企业的谈判能力，能成功获得订单已数不易，加之对国外客户又患得患失，出口企业与买家成功签订价款担保合同的可能性极小。

第二，价款担保合同的时效性较强。所有的程序都必须在买家收到货物之前完成，而许多出口企业由于急于出货，往往没有耐心和动力去完成所有的程序。

第三，价款担保合同对程序性要求较高。虽然《美国统一商法典》规定价款担保权益对同一抵押物优先于先前设立的担保权益，但前提是先前设立担保权益的债权人就价款担保存在的事实及时获得了书面通知，否则价款担保将视为不够完善有效，所获得的担保权益次于先前设立的担保权益。由于卖方难以完全掌握买家担保债权人的信息，因此要满足这一要求对于出口企业来讲难度不小。

第四，防范法律风险成本较高。聘请律师在美国对价款担保合同进行审核及对担保进行完善需要花费较高的费用。由于国内许多出口行业利润率较薄，因此出口企业从成本角度考虑也会放弃设立这种担保权益。

不过，中国的出口产品正在发生转型，产品的价值以及附加值都在上升，而且一些中国企业在国际贸易中的话语权在不断提升。对于机电设备等行业的出口商来说，如果能够与买家签订完善的价款担保合同，其前期投入的时间和金钱与由价款担保带来的保障相比将是一笔明智的投资。通过价款担保的巧妙设立，中国的企业将能更加从容地面对国际贸易的风起云涌。

**案例 16-2：贸易合同履行瑕疵纠纷案**

**案情简介**①

2004 年 11-12 月间，中国被保险人 H 向国外买方 C 出口价值 28 万美元的宽屏电视，C 收货后以货物存在质量问题为由拒绝支付全部货款。2005 年 4 月，H 按照保险合同要求向中信保通报相关损失。

经了解，C 为华人企业，经营电器进口及销售业务，拥有自主品牌，产品在当地中低档电器市场中具有一定的影响力。C 的采购基本来自中国，以 OEM 方式与国内多家大型电器生产企业保持长期的合作关系。

---

① 资料来源：贾菲．出口企业贸易合同履行瑕疵案［J］．国际商报，2007-05-18。

**案件处理**

根据中信保的承保记录，C与国内多家出口企业均有大金额的贸易往来，收汇情况一直比较正常。但在被保险人H承保项下，H曾于2004年8月对其4月出口的约40万美元的逾期未收汇情况向中信保进行过通报，不过10天后即表示问题已解决。接到本案通知后，中信保立即与买家C核实情况。C表示，本案项下货物存在严重的质量问题，产品投入市场流通后，短期内即发生高比例的消费者投诉及退货现象，部分零售商将产品下架，C品牌在消费者和零售商中的声誉严重受损。C同时提出，H违反了OEM协议中“质量保证和售后服务条款”的约定，要求H运回退货和库存产品，承担因退货、维修而产生的运输费用；此外，由于质量问题尚未完全显现，所以要求H承诺收回今后发生的退货并分担超出正常保修范围以外的其他修理费用。

本案是中信保第二次接到H对C的逾期未付款通报，因此要求C同时对前次情况进行详细解释。据C介绍，两次事件直接相关。2004年4月出口的电视机与本案货物同属一个型号，由于质量问题，经双方协商一致，H将货物退回国内修理后重新出口，H签署协议保证返修产品质量合格，并约定OEM协议的质量保证条款适用于返修后复出口的电视机。而本案项下发生质量问题的部分电视机正是上述返修产品。

经审查OEM协议附件中的“质量保证和售后服务条款”，双方对“开箱不合格率或早期失效率”问题进行了明确约定：货到当地港口后半年内不超过4%的情况下，由C负责维修服务；在4%~6%的范围内，由H负责免费提供所需的维修件，C负责维修；在6%~8%的范围内，如C低价处理坏机，而不是采用维修的方式，H同意赔偿坏机零售价与FOB价的差价；如超过8%，H承担全部责任，并由双方协商寻求最好的解决方案。截至2005年4月，实际退货率已达20%。

对于C的退运及赔偿要求，H表示不能接受，认为返修产品质量已达标，后续出口产品也不存在任何问题，当地消费者系无理由退货，退货比例高并不代表产品质量确有问题，故坚持要求C立即全额付款。

由于双方对于产品是否存在质量问题及如何解决的意见分歧较大，中信保在深入了解双方交易历史、贸易细节、OEM协议及其他相关附属协议的基础上，与双方高层分别进行了多次会谈，提出如下处理建议：由双方共同选定第三方独立机构对产品进行检验，以该机构的检验结果作为判断产品质量是否符合OEM要求的最终标准。对此建议，双方均表示接受；但对于检验机构、抽样方法、检测项目等细节问题，双方存在不同的要求。在中信保的反复斡旋、协调下，2005年8月，双方终于选定A机构，同时就检验具体问题基本达成一致。2006年1月，A完成了全部产品检验，结果证实电视机确实存在质量问题，检验不合格率已超过8%。

2006年1月底，双方签署了谅解备忘录，并就以下事项达成一致：（1）负责将全部货物退回中国并承担退运费用；（2）由于质量问题产生的直接损失，H承担60%，C承担40%；（3）放弃对直接损失中人工费用和各项间接损失的赔偿要求和追索。至此，本案争议得以圆满解决，同时也未影响H与C的后续合作。

**启示与建议**

本案是一起典型的出口企业贸易合同履行瑕疵案例。本案的处理过程，可以得到以下几点启示和建议：

1. 出口企业应高度关注产品质量

货物品质的瑕疵担保义务是卖方应承担的最基本的合同义务。本案中，卖方违反了OEM协议的相关约定，出口的电视机产品质量存在问题，属于“瑕疵给付”行为，因此应自行承担合同违约责任。质量是企业的生命线，只有产品质量过硬、售后服务专业，才能满足市场的要求，才能逐步扩大市场影响，树立企业品牌，赢得市场声誉。企业品牌和声誉的建立，是一个积沙成塔的艰辛过程，但其毁损却可能仅在旦夕之间。因此，出口企业应高度重视产品质量问题，严把产品质量关，只有这样，才能在日益激烈的市场竞争中立于不败之地。

2. 出口企业应积极应对争议处理，掌握主动权

本案中，无论是2004年4月第一次出口产品的返修，还是2004年底出运产品质量的争议处理，买方C都表现出了希望解决问题的积极态度，并切实付诸行动：如派遣工程师赴H的生产工厂直接沟通具体质量问题、讨论修理方案；同意重新购入返修产品并增购同型号产品；将出现产品退货及投诉的情况与H及时沟通并提供退货单据；在双方协商决定由第三方独立机构对产品质量进行检验后，积极联系有资质的机构并将检验安排及时通知H；与我公司主动保持较顺畅沟通等。

但反观H在本案中的表现，却显得相对懈怠和消极：对于质量问题的认定、解决方案的制定以及检验安排等事项不主动表态或反馈较慢。作为卖方，当被客户提出质量问题或其他问题时，应积极应对解决，提供充分证据表明己方履约无瑕疵；如确实存在问题，则应积极与对方协商处理方式，妥善解决问题。争议的处理方式往往体现了出口企业对产品及服务的负责态度，以及企业对其信誉的重视程度。按期收回货款固然可以实现企业的眼前利益，但商誉和口碑才是企业的长远利益，是企业生存和发展的重要依托。出现争议时，出口企业只有积极应对，掌握主动权，才能妥善解决问题，达成各方满意的处理结果。

**案例16-3：阿联酋拖欠货款案例**

**案情简介①**

2005年9月至2006年1月间，中国A公司向阿联酋B公司出口价值57万美元的瓷砖，B公司在支付3万美元货款后，以货物存在质量问题为由拖欠余款。由于投保了出口信用保险，A公司在多次与买家协商无果后，向中信保提出索赔申请，并委托中信保向B公司进行追偿。

**案件处理**

中信保律师介入后，B公司对债务金额并无异议，但就货物质量瑕疵提出反索赔，要求以28万美元一次性了结债务。鉴于B公司未能提供充分有效的反索赔证据，且反索赔金额过高，中国信保及A公司均拒绝接受此方案。中信保的律师要求买家尽快提供所谓质量瑕疵的书面证据，否则必须全额还款。

在律师持续的追讨压力下，B提供了一份质检报告，但经A公司核实发现，该报告的检验标的并非本案项下货物，且仅凭几张模糊不清的照片，根本无法证实货物存在质量问

① 资料来源：陈婧．一宗阿联酋拖欠案的启示［J］．国际商报，2008-10-24。

题。同时，律师了解到，出具检验报告的检验的权威性和公信力均令人质疑。进一步的调查结果显示，B公司拖欠A公司货款的真实原因在于，最终买家拖欠B公司货款导致其流动资金周转困难，故无法清偿对A公司的到期债务。在律师有理、有据的抗辩下，B公司拖欠货款的借口显得十分苍白，最终不得不签署了分期还款协议。

B公司按还款协议的约定如期支付了前两期还款，但在第三期还款到期时，B公司以资金紧张为由提出延迟付款的要求，之后虽在律师的反复催讨下支付了第三期还款，但在第四期还款到期时又故技重施，并就此搁置了其后还款计划的执行。

据律师分析，买家之所以一再违约而有恃无恐，主要是因为其深谙外国人在阿联酋追债的心态，以及阿联酋司法制度对本国债务人的有利之处。外国人在阿联酋进行民事诉讼的成本很高，且诉讼程序动辄数年甚至十年以上，因此启动司法程序的结果往往得不偿失，从而使得很多当地债务人有机可乘，逍遥法外。这也使得本案的追偿陷入两难境地：和解追讨，希望渺茫；诉诸法律，困难重重。难道就任由B公司得逞？中信保结合多年的从业经验，建议A公司就B公司的恶劣行径向当地商会进行投诉。

根据迪拜当地商会的规定，如果商会获悉并核实会员企业的拖欠行为，商会会向该企业发函正式要求其尽快履行付款义务。如该企业不遵守商会的规则，商会可以暂时中止该企业的会员资格，并将其不良记录存储在电子档案中，与当地政府机构共享，从而影响该企业今后的贸易、税收等经营活动。

在获得A公司授权后，律师向B公司发送律师函，正式通知将对其无理拖欠的行为向商会进行投诉。不出所料，时隔两日，B公司即将第四笔款项汇出。

**案件启示**

1. 洞悉买家拖欠的真实原因

在大多数拖欠案件的追偿初期，买家都会找出各种理由应对律师的专业催讨，而这些理由中尤以货物质量问题、历史账目不清和资金周转不灵为主。这就需要出口商尽早洞察买家拖欠的真实原因，准确把握追讨的切入点，选择恰当的追偿方式，抓住债务人的软肋，同时也兼顾债务人的实际情况，最大限度地维护自身权益。在此案中，如果A公司被B公司牵着鼻子走，一直纠缠于质量问题，很可能陷入旷日持久的拉锯谈判和B公司变本加厉的反索赔漩涡中；而在拨开质量索赔的迷雾、明确了拖欠责任完全在于B公司的资金困难之后，A公司接受律师的建议，及时采取了强有力的追偿措施；同时，针对B公司的实际偿付能力对B公司的延期还款做出了理智的让步，确保最终收回了全部欠款。

2. 尝试“第三种思路”

在追讨海外欠款的过程中，对于有钱不还的客户，若和解不成，诉讼或仲裁往往是必要的追偿手段，但是高昂的费用、繁冗的程序和结果的不确定性又使诉讼或仲裁这把“双刃剑”成为出口商不敢轻易动用的武器。此案涉及的国家阿联酋是这种矛盾表现突出的代表性国家，其法律、语言、司法习惯和工作效率等都对出口商进行跨国诉讼提出了巨大挑战。在这种情况下，追偿律师的作用和专业能力不仅体现在精深的理论功底上，更体现在丰富的工作经验和开放的工作思路中。当此案陷入诉与不诉的僵局时，律师建议尝试了第三条路，从而再次开启了双方和解的大门。这种商会管理制度并不适用于所有的国家，这样的追偿方式也不能在其他国家进行简单的复制。然而，创新从来都是从突破常规开始的，此案中所尝试的“第三种思路”，不失为海外追偿工作中的一项创新之举。

## 复习思考题

1. 何为国外投资保险？它有哪些特点和类型？
2. 中信保开办了哪些投资保险？
3. 中信保开办的投资保险承保哪些风险？其保额、保险期限、费率有何规定？
4. 中信保开办了哪些出口信用担保业务？其担保内容有哪些？
5. 申请办理中信保的出口信用担保业务必须满足哪些条件？

# 主要参考文献


1. 姚新超．国际贸易运输与保险（第四版）[M]．北京：对外经济贸易大学出版社，2016.

2. 刘宗荣．保险法［M]．台北：三民书局股份有限公司，1995.

3. Donald O'may & Juliam Hill. 郭国汀，等译．OMAY 海上保险法律与保险单［M]．北京：法律出版社，2002.

4. 应世昌．海上保险［M]．上海：上海财经大学出版社，1996.

5. 汪淮江．海上保险法律实务［M]．上海：人民交通出版社，1997.

6. 吴百福．国际货运风险与保险［M]．北京：对外经济贸易大学出版社，2002.

7. 曾立新．海上保险学［M]．北京：对外经济贸易大学出版社，2001.

8. 唐若昕．出口信用保险实务［M]．北京：中国商务出版社，2005.

9. 张国圣．英美协会货物保险条款之研究［M]．台北：元照出版有限公司，2007.

10. E. R. Hardy Ivamy. Chalmers'Marine Insurance Act 1906. London Butter Worths, 1983.

11. Templeman. Templeman on Marine Insurance-Its Principle and Practice. R. J. Lambeth, 1986.

12. R. H. Brown. Dictionary of Marine Insurance Terms and Clauses. Witherby & Co. Ltd., 1989.

13. R. H. Brown. Marine Insurance Vol. 1—Principles & Basic Practice; Vol. 2—Cargo Practice; Vol. 3—Hull Practice. Witherby & Co. Ltd., 1986.

14. Martin Dockray. Cases and Materials on the Carriage of Goods by Sea. 1987.

15. Clive M. Schmitthoff. Export Trade, The Law and Practice of International Trade, Tenth Edition. London Sweet & Maxwett, 2000.

16. Leslie J. Burglass. Marine Insurance & General Average in the United States, 2nd Ed., Cornell Maritime Press.

17. Alex. L. Parks. The Law & Practice of Marine Insurance and Average, Vol. Ⅰ & Ⅱ. London Stevens and Sons, 1988.

18. Robert H. Brown. Marine Insurance—Principles and Basic Practice. Witherby & Co. Ltd., 1986.

19. Arthur L. Flitner & Arthur E. Branck. Ocean Marine Insurance, Vol. Ⅰ & Ⅱ. Insurance Institute of America, 1992.